Rüdiger Schmitt-Beck

Politische Kommunikation
und Wählerverhalten

Rüdiger Schmitt-Beck

Politische Kommunikation und Wählerverhalten

Ein internationaler Vergleich

Springer Fachmedien Wiesbaden GmbH

Die Deutsche Bibliothek – CIP-Einheitsaufnahme
Ein Titeldatensatz für diese Publikation ist bei
Der Deutschen Bibliothek erhältlich

Als Habilitationsschrift auf Empfehlung der Fakultät für Sozialwissenschaften der Universität Mannheim gedruckt mit Unterstützung der Deutschen Forschungsgemeinschaft.

1. Auflage August 2000
Nachdruck Januar 2002

Alle Rechte vorbehalten
© Springer Fachmedien Wiesbaden 2000
Ursprünglich erschienen bei Westdeutscher Verlag GmbH, Wiesbaden 2000

Das Werk einschließlich aller seiner Teile ist urheberrechtlich geschützt. Jede Verwertung außerhalb der engen Grenzen des Urheberrechtsgesetzes ist ohne Zustimmung des Verlags unzulässig und strafbar. Das gilt insbesondere für Vervielfältigungen, Übersetzungen, Mikroverfilmungen und die Einspeicherung und Verarbeitung in elektronischen Systemen.

Die Wiedergabe von Gebrauchsnamen, Handelsnamen, Warenbezeichnungen usw. in diesem Werk berechtigt auch ohne besondere Kennzeichnung nicht zu der Annahme, dass solche Namen im Sinne der Warenzeichen- und Markenschutz-Gesetzgebung als frei zu betrachten wären und daher von jedermann benutzt werden dürften.

Umschlaggestaltung: Horst Dieter Bürkle, Darmstadt
Titelbild: Richard Long, „Circle of Autumn Winds" (Richard Long, „From Time to Time", Verlag Cantz, 1997)

Gedruckt auf säurefreiem und chlorfrei gebleichtem Papier

ISBN 978-3-531-13526-7   ISBN 978-3-322-80381-8 (eBook)
DOI 10.1007/978-3-322-80381-8

Inhalt

Vorbemerkung		15
1 Einleitung		17
2 Ein altes neues Thema: Informationen und Wählerverhalten in westlichen Demokratien		30
2.1	Politische Informationen, "Informiertheit" und "Informierung" von Wählern	30
2.2	Die "Informiertheit" von Wählern und das "Paradigma des uninformierten Wählers"	32
2.3	Gesellschaftliche Informationsflüsse und die Verarbeitung politischer Informationen	33
2.3.1	Politische "Informierung" als Reduktion von Ungewißheit	33
2.3.2	Das "Paradigma des vernünftig entscheidenden Wählers"	35
2.3.3	Kontexttheoretische Einwände	37
2.3.4	Das "Paradigma der politischen Beeinflussung"	40
2.3.5	Das RAS-Modell der politischen Beeinflussung	44
2.3.5.1	"Erwägungen"	45
2.3.5.2	"Meinungsstellungnahmen"	47
2.3.5.3	"Überzeugungsbotschaften"	50
2.3.5.4	Gesellschaftliche Informationsflüsse	51
2.3.5.5	Politische Prädispositionen	54
2.3.5.6	Politische Involvierung	56
2.3.6	Jenseits des reinen "Schalldruck"-Modells	62
3 Reden, Lesen, Zuschauen: Interpersonale Kommunikation und Massenkommunikation als Quellen politischer Informationen		64
3.1	Interpersonale Kommunikation und Massenkommunikation als Gegenstände politikwissenschaftlicher Forschung	64
3.2	Interpersonale Kommunikation und Massenkommunikation: eine Begriffsklärung	65
3.3	Interpersonale Kommunikation, Massenkommunikation und politische Beeinflussung	69
3.4	Moderierende Faktoren in Einflußprozessen	73
3.4.1	Politische Prädispositionen	75
3.4.1.1	Interpersonale Kommunikation	75

3.4.1.2	Massenkommunikation	79
3.4.2	Politische Involvierung	82
3.4.2.1	Interpersonale Kommunikation	82
3.4.2.2	Massenkommunikation	83
3.4.3	Qualitative Charakteristika der Informationsquellen	85
3.4.3.1	Interpersonale Kommunikation	85
3.4.3.2	Massenkommunikation	88
3.4.4	Prädispositionen gegenüber Informationsquellen	92
3.4.4.1	Interpersonale Kommunikation	93
3.4.4.2	Massenkommunikation	93
3.4.5	Wechselwirkungen zwischen interpersonaler Kommunikation und Massenkommunikation	95
3.4.5.1	Interpersonale Kommunikation	95
3.4.5.2	Massenkommunikation	96
3.5	Fragestellungen	99

4 Datenbasis und Analysestrategie ... 103

4.1	Vier Wahlen in fünf Gesellschaften	103
4.2	Begriffliche und methodische Klärungen	107
4.3	Analysestrategie	115

5 Politische Prädispositionen und Wählerverhalten ... 118

5.1	Strukturelle Prädispositionen	119
5.2	Kulturelle Prädispositionen	129
5.3	Parteiidentifikationen	137
5.4	Grundlinienmodelle	141
5.5	Politische Prädispositionen und politische Involvierung	153
5.6	Resümee	159

6 Gesellschaftliche Reichweite und Rezeptionsmuster von interpersonaler Kommunikation und Massenkommunikation ... 161

6.1	Interpersonale Kommunikation	161
6.1.1	Grundstrukturen der interpersonalen politischen Kommunikation	161
6.1.2	Indices der Intensität politischer Gespräche	171
6.1.3	Muster politischer Gesprächsaktivitäten	172
6.1.4	Politische Involvierung und Intensität politischer Gespräche	175
6.1.5	Korrelate der Intensität politischer Gespräche	176

6.2	Massenkommunikation	182
6.2.1	Grundstrukturen der politischen Massenkommunikation	182
6.2.2	Indices der Mediennutzung	195
6.2.3	Muster der Mediennutzung	196
6.2.4	Politische Involvierung und Intensität der Mediennutzung	199
6.2.5	Korrelate der Intensität der Mediennutzung	202
6.3	Zusammenhänge zwischen interpersonaler Kommunikation und Massenkommunikation	206
6.4	Resümee	213

7 Rezeption von Informationen unterschiedlicher politischer Richtungen.. 215

7.1	Interpersonale Kommunikation	216
7.1.1	Wahrnehmungen der Partei- und Kandidatenpräferenzen von Kontaktpartnern	216
7.1.2	Rezeption politisch einseitiger Informationen und die Struktur von Parteiensystemen	218
7.1.3	Rezeption politisch einseitiger Informationen und politische Prädispositionen	226
7.2	Massenkommunikation	232
7.2.1	Strukturelle und politische Verzerrungen in der Berichterstattung von Massenmedien	232
7.2.2	Einseitigkeit und Mehrseitigkeit der Medienberichterstattung in fünf Gesellschaften	236
7.2.2.1	Methodische Vorbemerkungen	236
7.2.2.2	West- und Ostdeutschland	241
7.2.2.3	Großbritannien	245
7.2.2.4	Spanien	249
7.2.2.5	USA	251
7.3	Resümee	255

8 Interpersonale Kommunikation und Wahlentscheidungen ... 257

8.1	Interpersonale Kommunikation und Wählerverhalten: Bilanz der Forschung	257
8.2	Effekte der interpersonalen Kommunikation auf Wahlentscheidungen	263
8.2.1	Methodische Vorbemerkungen	264
8.2.2	Ergebnisse	266
8.3	Zur Bedeutung der politischen Involvierung	274

8.4	Zur Bedeutung der zugeschriebenen Glaubwürdigkeit	280
8.4.1	Vertrauen	281
8.4.2	Expertise	285
8.5	Einflüsse der interpersonalen Kommunikation auf Wahlentscheidungen	292
8.5.1	Methodische Vorbemerkungen	292
8.5.2	Ergebnisse	299
8.6	Auswirkungen auf Wahlergebnisse	312
8.7	Resümee	318
9	**Massenkommunikation und Wahlentscheidungen**	**321**
9.1	Massenkommunikation und Wählerverhalten: Bilanz der Forschung	321
9.2	Effekte der Massenkommunikation auf Wahlentscheidungen	330
9.2.1	Methodische Vorbemerkungen	330
9.2.2	Ergebnisse	333
9.3	Zur Bedeutung der politischen Involvierung	343
9.4	Einflüsse der Massenkommunikation auf Wahlentscheidungen	350
9.4.1	Methodische Vorbemerkungen	350
9.4.2	Ergebnisse	353
9.5	Auswirkungen auf Wahlergebnisse	361
9.6	Resümee	366
10	**Zum Verhältnis von interpersonaler Kommunikation und Massenkommunikation**	**369**
10.1	Die Konkurrenzthese	370
10.1.1	Bilanz der Forschung	370
10.1.2	Analysen	375
10.2	Die Interaktionsthese	382
10.2.1	Die These der Sekundärdiffusion	382
10.2.1.1	Bilanz der Forschung	382
10.2.1.2	Analysen	383
10.2.2	Die Filterthese	385
10.2.2.1	Bilanz der Forschung	385
10.2.2.2	Zur politischen Zusammensetzung von Primärumwelten	388
10.2.2.3	Analysen	396
10.3	Resümee	403

11 Fazit: Converse, Lazarsfeld und das Verhalten der Wähler in fünf Gesellschaften 405

Anhang 1: Datenbeschreibung 416

Anhang 2: Beschreibung der Variablen 418

Literaturverzeichnis 422

Verzeichnis der Tabellen

Tabelle 2-1:	Typen politischer Einflüsse	43
Tabelle 4-1:	Wahlergebnisse und Präferenzverteilungen in den CNEP-Befragungen (in Prozent)	106
Tabelle 5-1:	Wahlentscheidungen nach strukturellen Prädispositionen: Westdeutschland (in Prozent)	122
Tabelle 5-2:	Wahlentscheidungen nach strukturellen Prädispositionen: Ostdeutschland (in Prozent)	123
Tabelle 5-3:	Wahlentscheidungen nach strukturellen Prädispositionen: Großbritannien (in Prozent)	125
Tabelle 5-4:	Wahlentscheidungen nach strukturellen Prädispositionen: Spanien (in Prozent)	126
Tabelle 5-5:	Wahlentscheidungen nach strukturellen Prädispositionen: USA (in Prozent)	127
Tabelle 5-6:	Ideologische Identifikationen im Vergleich (in Prozent)	131
Tabelle 5-7:	Wahlentscheidungen nach ideologischen Identifikationen (in Prozent)	133
Tabelle 5-8:	Wertorientierungen im Vergleich (in Prozent)	134
Tabelle 5-9:	Wahlentscheidungen nach Wertorientierungen (in Prozent)	136
Tabelle 5-10:	Parteiidentifikationen im Vergleich (in Prozent)	140
Tabelle 5-11:	Wahlentscheidungen nach Parteiidentifikationen (in Prozent)	140
Tabelle 5-12:	Grundlinienmodelle zur Vorhersage von Wahlentscheidungen aus politischen Prädispositionen (EXP(B))	151
Tabelle 5-13:	Erklärungskraft von Prädispositionen für Wahlentscheidungen nach politischer Involvierung (KPR^2)	158
Tabelle 6-1:	Anzahl der Kontaktpartner in ego-zentrierten Netzwerken (in Prozent)	163
Tabelle 6-2:	Zusammensetzung der ego-zentrierten Netzwerke (in Prozent)	164
Tabelle 6-3:	Häufigkeit politischer Gespräche in Dyaden (in Prozent)	166
Tabelle 6-4:	Häufigkeit politischer Gespräche in Dyaden nach Art der Beziehung (in Prozent)	167
Tabelle 6-5:	Anzahl der Diskutanten (in Prozent)	168
Tabelle 6-6:	Glaubwürdigkeit der Interaktionspartner in Dyaden (in Prozent)	169
Tabelle 6-7:	Glaubwürdigkeit der Interaktionspartner in Dyaden nach Art der Beziehung (in Prozent)	171
Tabelle 6-8:	Zusammenhänge zwischen der Intensität politischer Gespräche mit Ehepartnern und der Intensität politischer Gespräche mit anderen Kontaktpartnern (Pearson's r)	173
Tabelle 6-9:	Intensität politischer Gespräche nach politischer Involvierung	174
Tabelle 6-10:	Korrelate der Intensität politischer Gespräche nach Art der Beziehung (Pearson's r)	177
Tabelle 6-11:	Anzahl der genutzten tagesaktuellen Medienangebote (in Prozent)	183
Tabelle 6-12:	Klassifizierung der Medienangebote (Reichweiten in Prozent)	187
Tabelle 6-13:	Reichweiten von Medientypen (in Prozent)	189
Tabelle 6-14:	Zusammenhänge zwischen der Intensität der Nutzung von Printmedien und Fernsehen (Pearson's r)	197
Tabelle 6-15:	Zusammenhänge zwischen der Intensität der Nutzung von Qualitätszeitungen und der Intensität der Nutzung anderer Typen von Medien (Pearson's r)	198
Tabelle 6-16:	Intensität der Mediennutzung nach politischer Involvierung	200
Tabelle 6-17:	Korrelate der Intensität der Mediennutzung nach Art des Mediums (Pearson's r)	202
Tabelle 6-18:	Zusammenhänge zwischen der Zahl der Diskutanten und der Zahl der genutzten tagesaktuellen Medien (Pearson's r)	209
Tabelle 6-19:	Zusammenhänge zwischen der Intensität politischer Gespräche und der Intensität der Mediennutzung (Kanonische Korrelationen und standardisierte kanonische Koeffizienten)	212

Inhalt 11

Tabelle 7-1:	Bekanntheit der politischen Präferenzen der Kontaktpartner in Dyaden (in Prozent)	217
Tabelle 7-2:	Bekanntheit der politischen Präferenzen der Kontaktpartner in Dyaden nach Art der Beziehung (in Prozent)	218
Tabelle 7-3:	Anzahl der Diskutanten mit bestimmten politischen Präferenzen (in Prozent)	225
Tabelle 7-4:	Konkordanz zwischen eigenen Parteiidentifikationen und politischen Präferenzen der Diskutanten in Dyaden (in Prozent)	227
Tabelle 7-5:	Übereinstimmung zwischen eigenen Parteiidentifikationen und politischen Präferenzen der Diskutanten in Dyaden nach Parteiidentifikation	229
Tabelle 7-6:	Übereinstimmung zwischen eigenen Parteiidentifikationen und politischen Präferenzen der Diskutanten in Dyaden nach Art der Beziehung	231
Tabelle 7-7:	Präsenz und Bewertungen von Parteien in der Medienberichterstattung - Bundesrepublik Deutschland (in Prozent)	240
Tabelle 7-8:	Präsenz und Bewertungen von Parteien in der Medienberichterstattung - Großbritannien (in Prozent)	247
Tabelle 7-9:	Präsenz und Bewertungen von Kandidaten in der Medienberichterstattung - USA (in Prozent)	254
Tabelle 8-1:	Erklärungskraft von politischen Gesprächen für Wahlentscheidungen (KPR^2 bzw. ΔKPR^2)	268
Tabelle 8-2:	Effekte politischer Gespräche auf Wahlentscheidungen (EXP(B))	272
Tabelle 8-3:	Erklärungskraft von politischen Gesprächen für Wahlentscheidungen nach politischer Involvierung (ΔKPR^2)	277
Tabelle 8-4:	Effekte politischer Gespräche auf Wahlentscheidungen nach politischer Involvierung (EXP(B))	278
Tabelle 8-5:	Effekte politischer Gespräche auf Wahlentscheidungen nach wahrgenommener politischer Übereinstimmung mit den Diskutanten (EXP(B))	283
Tabelle 8-6:	Effekte politischer Gespräche auf Wahlentscheidungen nach wahrgenommener politischer Kompetenz der Diskutanten (EXP(B))	287
Tabelle 8-7:	Politische Gespräche und Wahlentscheidungen nach wahrgenommener politischer Kompetenz der Diskutanten und politischer Involvierung (EXP(B))	290
Tabelle 8-8:	Einflüsse der interpersonalen Kommunikation auf Wahlentscheidungen (geschätzte Wahrscheinlichkeiten * 100)	301
Tabelle 8-9:	Geschätzte Stimmenverschiebungen durch Einflüsse der interpersonalen Kommunikation (in Prozent)	315
Tabelle 9-1:	Erklärungskraft der Mediennutzung für Wahlentscheidungen (KPR^2 bzw. ΔKPR^2)	335
Tabelle 9-2:	Effekte der Mediennutzung auf Wahlentscheidungen (EXP(B))	338
Tabelle 9-3:	Erklärungskraft der Mediennutzung für Wahlentscheidungen nach politischer Involvierung (ΔKPR^2)	346
Tabelle 9-4:	Effekte der Mediennutzung auf Wahlentscheidungen nach politischer Involvierung (EXP(B))	349
Tabelle 9-5:	Einflüsse der Massenkommunikation auf Wahlentscheidungen (geschätzte Wahrscheinlichkeiten * 100)	354
Tabelle 9-6:	Geschätzte Stimmenverschiebungen durch Einflüsse der Massenkommunikation (in Prozent)	363
Tabelle 10-1:	Erklärungskraft von politischen Gesprächen und Mediennutzung für Wahlentscheidungen im Vergleich (ΔKPR^2)	379
Tabelle 10-2:	Erklärungskraft von politischen Gesprächen unterschiedlicher Richtungen für Wahlentscheidungen in den USA (ΔKPR^2)	384
Tabelle 10-3:	Politische Zusammensetzung der ego-zentrierten Netzwerke (in Prozent)	389
Tabelle 10-4:	Politische Zusammensetzung der ego-zentrierten Netzwerke nach politischer Involvierung (in Prozent)	394
Tabelle 10-5:	Politische Zusammensetzung der ego-zentrierten Netzwerke nach Parteiidentifikation (in Prozent)	395
Tabelle 10-6:	Erwartete Stärken politischer Medieneinflüsse in Abhängigkeit von der Zusammensetzung von Primärumwelten	397
Tabelle 10-7:	Mediennutzung und Wahlentscheidungen nach Zusammensetzung der Primärumwelten (EXP(B))	398

Tabelle 10-8:	Einflüsse der Massenkommunikation auf Wahlentscheidungen nach Zusammensetzung der Primärumwelten (geschätzte Wahrscheinlichkeiten * 100)	401
Tabelle A1:	Determinanten der Werte von spanischen EES-Befragten auf Wissensindex	420
Tabelle A2:	Korrelate der Indices der politischen Involvierung (Pearson's r)	421

Verzeichnis der Schaubilder

Schaubild 1-1:	Durchschnittliche elektorale Volatilität 1960-1998 (Pedersen-Index)	27
Schaubild 3-1:	Einflüsse von interpersonaler Kommunikation und Massenkommunikation auf Wahlentscheidungen	74
Schaubild 5-1:	Erklärungskraft von politischen Prädispositionen für Wahlentscheidungen insgesamt (KPR^2 aus multinomialen logistischen Regressionen	144
Schaubild 5-2:	Erklärungskraft von Prädispositionen für Wahlentscheidungen (KPR^2)	147
Schaubild 5-3:	Erklärungskraft von Prädispositionen für Wahlentscheidungen insgesamt nach politischer Involvierung (KPR^2 aus multinomialen logistischen Regressionen)	156
Schaubild 7-1:	Verteilungen der politischen Präferenzen von Diskutanten und Verteilungen der Wahlentscheidungen	219
Schaubild 7-2:	Begünstigung von Parteien durch Massenmedien in der Wahrnehmung der Rezipienten – Westdeutschland	242
Schaubild 7-3:	Begünstigung von Parteien durch Massenmedien in der Wahrnehmung der Rezipienten – Großbritannien	246
Schaubild 7-4:	Begünstigung von Parteien durch Massenmedien in der Wahrnehmung der Rezipienten – Spanien	250
Schaubild 7-5:	Begünstigung von Kandidaten durch Massenmedien in der Wahrnehmung der Rezipienten – USA	253
Schaubild 8-1:	Erklärungskraft politischer Gespräche für Wahlentscheidungen insgesamt (ΔKPR^2 aus multinomialen logistischen Regressionen)	267
Schaubild 8-2:	Erklärungskraft politischer Gespräche für Wahlentscheidungen insgesamt nach politischer Involvierung (ΔKPR^2 aus multinomialen logistischen Regressionen)	276
Schaubild 8-3	Einflüsse von Ehepartnern auf Wahl der CDU/CSU in Westdeutschland	296
Schaubild 9-1:	Erklärungskraft der Mediennutzung für Wahlentscheidungen insgesamt (ΔKPR^2 aus multinomialen logistischen Regressionen)	334
Schaubild 9-2:	Erklärungskraft der Mediennutzung für Wahlentscheidungen insgesamt nach politischer Involvierung (ΔKPR^2 aus multinomialen logistischen Regressionen)	345
Schaubild 9-3:	Einflüsse der ARD-Nachrichten auf Wahl der CDU/CSU in Westdeutschland	351
Schaubild 10-1:	Erklärungskraft von politischen Gesprächen und Mediennutzung für Wahlentscheidungen insgesamt (ΔKPR^2 aus multinomialen logistischen Regressionen)	376
Schaubild 10-2:	Vergleich der Erklärungskraft von politischen Gesprächen und Mediennutzung für Wahlentscheidungen insgesamt (ΔKPR^2 aus multinomialen logistischen Regressionen)	378
Schaubild 10-3:	Differenzen zwischen der Erklärungskraft von politischen Gesprächen und Mediennutzung nach politischer Involvierung (ΔKPR^2 für politische Gespräche minus ΔKPR^2 für Mediennutzung)	381
Schaubild 10-4:	Anteile politisch einseitiger und mehrseitiger Netzwerke nach Größe der Netzwerke (in Prozent)	391
Schaubild 10-5:	Einflüsse der ARD-Nachrichten auf Wahl der CDU/CSU in Westdeutschland nach Zusammensetzung der Primärumwelten	400

Vorbemerkung

Dieses Buch ist die gekürzte Fassung meiner im November 1999 von der Fakultät für Sozialwissenschaften der Universität Mannheim angenommenen Habilitationsschrift. Wie die meisten größeren wissenschaftlichen Arbeiten wäre auch diese nicht ohne die Unterstützung anderer Menschen zustandegekommen. Unsere sozialen Netzwerke üben ja nicht nur, wie auf den folgenden Seiten gezeigt, politische Einflüsse auf uns aus. Sie stellen auch Ressourcenquellen dar, ohne die Situationen besonderer Herausforderung schwieriger zu bewältigen sind. Das begründet Dankesschulden.

Danken will ich Jan van Deth. Seine intellektuelle Offenheit und seine Kollegialität, aber auch sein hoher Anspruch waren mir stets Stimulans und Ansporn. Die Ursprünge des nun beendeten Forschungsvorhabens liegen in meiner Zusammenarbeit mit Max Kaase in der "Vergleichenden Wahlstudie 1990"; ihm verdanke ich wichtige Wegweisungen. In fachlicher wie persönlicher Hinsicht eine herausgehobene Rolle spielte auch Thomas Poguntke, mit dem ich im Tandem das Habilitationsmarathon durchlief. Mein besonderer Dank gilt schließlich auch Katrin Voltmer, die mich vor den Fallstricken der Betriebsblindheit bewahrte.

Zu danken habe ich auch den Kollegen aus dem CNEP-Projektverbund, namentlich Paul Beck, John Curtice, Russ Dalton, Dick Gunther, Bob Huckfeldt, José Montero und Brad Richardson, die mir nicht nur erlaubt haben, die von ihnen erhobenen Daten für diese Studie auszuwerten, sondern mir auch darüber hinaus in vielfältiger Weise mit Rat und Tat zur Seite standen. Viele andere Kolleginnen und Kollegen haben im Laufe der Jahre durch Impulse und Informationen, durch Aufmunterung, aber auch durch peinliche Fragen an den richtigen Stellen ebenfalls wesentlich dazu beigetragen, daß das Projekt vorankam. Ich erwähne insbesondere Katja Ahlstich, Frank Brettschneider, Steffen Kühnel, Michael Minkenberg, Franz Urban Pappi, Alfredo Retortillo, Sigrid Roßteutscher, Angelika Scheuer, Hermann Schmitt, Evi Scholz und Marty Wattenberg. Gertraud Kufner-Müller, Renate Lammarsch, Hans Rodestock und Sonja Zmerli haben mit großem Einsatz die notwendigen Formatierungsarbeiten übernommen und dafür gesorgt, daß das Buch ordentlich aussieht.

Die größte Dankesschuld trage ich jedoch unzweifelhaft gegenüber meiner Familie. Meine Kinder Jan David und Leon Elias haben ihren Papa viel zu lange viel zu selten gesehen und mußten manche unverdiente Muffeligkeit ertragen. Meine Frau Ulrike Beck schulterte neben ihrer eigenen Berufstätigkeit viele familiäre und häusliche Verantwortungen im Alleingang. Es versteht sich von selbst: Diesen Dreien ist dieses Buch gewidmet.

Mannheim, im Juni 2000   Rüdiger Schmitt-Beck

1 Einleitung

Allgemeine, gleiche und freie Wahlen auf der Basis des offenen, über Argumente ausgetragenen pluralistischen Wettbewerbs gehören zu den konstitutiven Merkmalen der repräsentativen Demokratie. Sie sind das wichtigste Medium, durch das Führungsämter besetzt und die politischen Eliten legitimiert werden, und sollen gewährleisten, daß die politische Willensbildung an die Interessen und Prioritäten der Bürger rückgebunden bleibt. In der Gestalt des Instruments periodisch abgehaltener Wahlen ist die Bedingung der Möglichkeit einer regelmäßigen Selbstkorrektur des politischen Entscheidungsprozesses institutionalisiert, die nach Maßgabe der Präferenzen der Bürger erfolgt. Dieses Korrektiv kann freilich nur funktionieren, wenn es auch einen Bezug zum politischen Geschehen hat.

Damit Wahlentscheidungen diese essentielle Funktion der Rückkopplung erfüllen können, benötigen die Wähler aktuelle Erfahrungswerte, die hinsichtlich der politischen Konstellationen, über die sie zu befinden haben, bedeutungsvoll und aussagekräftig, also: *informativ* sind. Jeder Entscheidungsprozeß muß deswegen mit der Aufnahme von Informationen beginnen (Herstein 1985: 27). Politische Bedeutungsgehalte, die nicht der eigenen Gedankenwelt der einzelnen Bürger entstammen, sondern diesen aus ihrer politischen Umwelt zufließen und sie über deren Zustand unterrichten, sind unerläßlich, damit ihre politischen Entscheidungen einen Bezug zum Hier und Jetzt und erst recht zum Morgen haben.

Prozesse der politischen Informationsvermittlung, über welche die Bürger Kenntnisse und Bewertungshilfen gewinnen, stellen also eine wesentliche Voraussetzung für die Rückbindung politischer Entscheidungen an das aktuelle politische Geschehen dar. Wenn Wahlergebnisse die Funktion einer Rückkopplung zum Handeln der Eliten und zum politischen Entscheidungsprozeß erfüllen sollen, dann müssen die Wähler über Informationen verfügen, die ihnen über diese Sachverhalte Aufschluß geben. Solange Bürger nicht über Eindrücke von den politischen Akteuren, zwischen denen sie auswählen können, von ihren Aktivitäten und Plänen und von ihren Leistungen und Fehlleistungen verfügen, sind sie nicht in der Lage, mit ihren Entscheidungen auf die aktuell bestehenden politischen Problemlagen zu reagieren. Wie Robinson auf seiner einsamen Insel sind sie dann isoliert vom politischen Prozeß und nicht imstande, sinnvoll dazu Stellung zu nehmen (Oberreuter 1982: 7). Sie können ihre Wahlentscheidungen dann ausschließlich anhand der Leitgrößen tradierter und verinnerlichter politischer Loyalitäten fällen. Unter solchen Bedingungen kann der Wahlprozeß nicht als kurz- oder auch mittelfristiges politisches Feedback-Instrument fungieren. Denn mit Änderungen der Partei- und Kandidatenpräferenzen von Wählern in Reaktion auf die politische Performanz der Eliten ist dann nicht zu rechnen.

Ein auf den vergangenen und den antizipierten zukünftigen politischen Entscheidungsprozeß bezogener Wandel politischer Orientierungen, das zentrale Kontrollinstrument der Bürger in der repräsentativen Demokratie, wäre ausgeschlossen, wenn diesen Bürgern jegliche situationsbezogene Grundlage fehlte, auf welche sie ihre Urteile stützen können. Solcher politischer Wandel ist nur möglich, wenn die Bürger durch gesellschaftliche Informationsströme an die tatsächlich ablaufenden politischen Geschehnisse und Begebenheiten angeschlossen werden. Wenn Wähler bei ihren Entscheidungen keinerlei Informationen berücksichtigen würden, die über die situativen Umstände der anstehenden Wahl Aufschluß geben, dann würde das Wahlergebnis unwandelbar bei jedem Urnengang aufs Neue lediglich die im Elektorat verankerte Tiefenstruktur grundlegender politischer Loyalitäten widerspiegeln (Converse 1966: 140). Neue Informationen bergen jedoch immer ein Potential, bei Wählern Veränderungen politischer Orientierungen hervorzurufen, welche diese dazu veranlassen können, ihre Partei- oder Kandidatenpräferenzen zu wechsen. Die Verfügbarkeit und Aufnahme aktueller politischer Informationen ist daher eine wesentliche Voraussetzung für die Chance des demokratisch herbeigeführten Machtwechsels. Wenn die Wähler nicht an gesellschaftliche Informationsflüsse angebunden sind, kann das dem Institut der Wahl innewohnende Potential, als Sanktionsmechanismus für die politischen Eliten zu fungieren, nicht zum Tragen kommen.

"Political change must depend in large part upon the flow of political information. New information sets in motion the processes by which individual attitudes are formed and modified. [...] In the long term there may be certain processes of change at work - differences in mortality rates, for example - which alter the balance of party strength without any new inputs of political information. But in the short term marked changes are scarcely imaginable except in response to some information flow." (Butler/Stokes 1969: 215)

In Anbetracht dieser zentralen Bedeutung gesellschaftlicher Informationsflüsse für den demokratischen politischen Prozeß ist es erstaunlich, wie selten sich die politikwissenschaftliche Forschung in den vergangenen Jahrzehnten mit dem Stellenwert politischer Informationen für das Entscheidungsverhalten der Wähler auseinandergesetzt hat. Erst in jüngerer Zeit mehren sich Anzeichen, die auf ein wachsendes Interesse an der wahlpolitischen Bedeutung gesellschaftlicher Informationsflüsse hindeuten (Nimmo 1985; Ferejohn/Kuklinski 1990; Zaller 1992; Mutz u.a. 1996a). In diesem Zusammenhang richtet sich die Aufmerksamkeit auch wieder verstärkt auf verschiedene Untersuchungen, die theoretisch und empirisch schon früh bahnbrechende Pionierarbeit geleistet haben, ohne jedoch relevante Forschungstraditionen zu begründen.

Dazu gehört nicht zuletzt eine 1962 erstmals veröffentlichte Studie von Philip Converse, die den Titel trug: "Information Flow and the Stability of Partisan Attitudes" (Converse 1962, 1966).[1] In dieser Untersuchung wurde ein einfaches Modell vorgeschlagen, um den Stellenwert politischer Informationen bei Wahlen analytisch zu veranschaulichen. Idealtypisch vereinfacht sind diesem Modell zufolge zwei Komponenten zu unterscheiden, in die Wahlergebnisse analytisch zerlegt werden können (Converse 1966: 140-5). Die erste Komponente ist eine *Grundlinie*, die bestimmt wird durch die Verteilung der grundlegenden politischen Prädispositionen

---

1 Im folgenden wird stets auf die Wiederveröffentlichung dieses Aufsatzes aus dem Jahr 1966 Bezug genommen (Converse 1966).

in der Wählerschaft - wobei Converse in erster Linie an die Parteibindungen dachte - und die sich im Regelfall nur sehr langsam verschiebt, nämlich im Zuge der politischen Generationenfolge. Bei der zweiten Komponente handelt es sich um situativ bedingte, kurzfristige *Oszillationen* um diese Grundlinie, die mit den konkreten Umständen spezifischer Wahlen zusammenhängen. Diese Verschiebungen der politischen Präferenzen relativ zur Grundlinie werden durch gesellschaftliche Informationsflüsse hervorgerufen. Die politischen Prädispositionen der Wähler repräsentieren in diesem Modell also ein statisches Moment der Trägheit und Beharrung, während Informationen, die von den Wählern aufgenommen und verarbeitet werden, die Dynamik in den Wahlprozeß bringen. Solche Informationen können nämlich Wähler veranlassen, bei einer bestimmten Wahl entgegen ihrer Loyalitäten abzustimmen, d.h. in einer konkreten Situation der Partei, die sie normalerweise unterstützen, abtrünnig zu werden. Umgekehrt ist es aber auch möglich, daß Informationen für bestimmte Wählergruppen die Wahrscheinlichkeit erhöhen, daß deren Mitglieder ihren verinnerlichten Neigungen folgen. "Abwanderung (*defection*)" und "Verstärkung (*reinforcement*)" (Converse 1966: 143) bzw., in anderer Terminologie, "Konversion" und "Aktivierung" (Lazarsfeld u.a. 1968: 73-100) sind also die beiden individuellen Verhaltenstendenzen, welche durch die Aufnahme und Verarbeitung politischer Informationen hervorgerufen werden können.

Wie stark die Ablenkung eines Wahlergebnisses von der Grundlinie ausfällt, hängt Converse zufolge vom Umfang und von der richtungspolitischen Färbung der Informationsmenge ab, die vor der betreffenden Wahl verbreitet und von den Wählern aufgenommen wird. Fließen nur wenige Informationen, ist die Wahrscheinlichkeit gering, daß viele Wähler ihre politischen Präferenzen ändern. Infolgedessen ergeben sich auch nur geringe Verschiebungen der Stimmenanteile der Kandidaten oder Parteien. Ist die vermittelte Informationsmenge hingegen groß, gibt es mehrere Möglichkeiten: Wenn die Informationen überwiegend eine Seite im politischen Wettbewerb begünstigen, wird sich ihr Effekt kumulieren und es wird zu einer starken Verschiebung des Wahlergebnisses zugunsten eines bestimmten Wettbewerbers kommen. Halten sich jedoch Informationen unterschiedlicher Bewertungsrichtungen eher die Waage, so heben sich deren Effekte wechselseitig auf und wenig Aggregatwandel ist die Folge. Konstanz ist schließlich, wie schon bemerkt, vor allem auch dann die Konsequenz, wenn überhaupt keine Informationen fließen.

Auf hohem Abstraktionsniveau handelt es sich bei diesem Modell um eine Theorie des politischen Einflusses. In Anlehnung an Dahl (1957: 202-4, 1973: 325-9) kann man dann von politischem *Einfluß (Persuasion)* sprechen, wenn Informationen, denen eine Person ausgesetzt wird, diese dazu veranlassen, sich anders zu verhalten, als sie sich verhalten hätte, wenn sie von diesen Informationen nicht erreicht worden wäre. Wenn es zutrifft, daß Politik wesentlich mit der Ausübung von Macht zu tun hat (Rohe 1994: 82-5), dann sind Zwang auf der einen Seite und Einfluß auf der anderen Seite die Medien, über welche sich der politische Prozeß vollzieht (Knoke 1990b: 1-7). Kennzeichnendes Kriterium der Demokratie als einer Form der Herrschaftsausübung, in der Entscheidungen auf der Zustimmung möglichst breiter Kreise der Bevölkerung beruhen sollen, ist in diesem Zusammenhang das besonders große relative Gewicht von Prozessen der Beeinflussung im Verhältnis zum Zwang:

> "Politics, at its core, is about persuasion. It hinges not just on whether citizens at any moment in time tend to favor one side of an issue over another, but on the numbers of them that can be brought, when push comes to shove, from one side to the other or, indeed, induced to leave the sidelines in order to take a side. Politics is about turning minorities of today into majorities of tomorrow, and the risk as well as the strength of democratically contested politcs lies precisely in its openness to change. Persuasion is ubiquitous in the political process; it is also the central aim of political interaction. It is literally the stuff of politics: Whether the object is to deter nuclear attack, cajole an obdurate legislator, win over a Supreme Court justice, hold a supporter in place, or nudge a voter in a favorable direction, the end is *persuasion*. Democracy, in particular, is distinguished as a form of governance by the extent of persuasion relative to coercion." (Mutz u.a. 1996b: 1-2)

Die vorliegende Arbeit verfolgt das Ziel, genauer auszuloten, auf welche Weise gesellschaftliche Informationsflüsse die individuellen Entscheidungen von Wählern beeinflussen und darüber vermittelt auf die Ergebnisse von Wahlen einwirken. Wie sehen die in einer Gesellschaft verfügbaren Informationen in politischer Hinsicht aus? Für welche Parteien und Kandidaten sind diese Informationen günstig, für welche sind sie ungünstig? Wovon hängt die richtungspolitische Zusammensetzung der Informationsströme ab? Wie fließen diese Informationen durch die gesellschaftlichen Vermittlungskanäle? Welche Wähler werden durch welche Informationen erreicht? Wie reagieren die Wähler auf diese Informationen? Wenden sie sich bestimmten Informationen eher zu als anderen? Lassen sie Tendenzen erkennen, bestimmte Informationen eher zu akzeptieren als andere? In welchem Umfang sind individuelle Wahlentscheidungen und in welchem Umfang sind Wahlergebnisse im Aggregat sensibel für gesellschaftliche Informationsflüsse? Welche Eigenschaften von Wählern begründen Tendenzen, Informationen bei Wahlentscheidungen in Rechnung zu stellen oder aber unberücksichtigt zu lassen? Wie verteilen sich diese Eigenschaften in den Elektoraten verschiedener Gesellschaften? Gibt es Arten von Informationen, die besonders einflußreich sind, und Arten von Informationen, die eher geringe Einflußpotentiale besitzen? Und schließlich: Welche Rolle spielen die unterschiedlichen Formen der Vermittlung, über welche Informationen die Wähler erreichen? Das sind Fragen, auf die im Verlauf dieser Untersuchung Antworten gegeben werden sollen.

Im Mittelpunkt der Studie stehen zwei Quellen politischer Informationen, denen häufig eine besonders wichtige Rolle zugesprochen wird: die *interpersonale Kommunikation*, d.h. die politischen Gespräche, welche die Wähler mit den Mitgliedern ihrer alltäglichen Lebenswelten führen, wie z.B. ihren Ehe- und Lebenspartnern, Verwandten, Freunden, Arbeitskollegen oder Nachbarn, sowie die *Massenkommunikation*, d.h. die politischen Nachrichten und Meinungsbeiträge, die den Wählern von Medien wie der Presse und dem Fernsehen angeboten werden. Lenart kann nur zugestimmt werden, wenn er feststellt: "A full specification of political information flow effects must include both media and interpersonal sources of information."

(Lenart 1994: 116) Gleichwohl ist gerade der Mangel an Untersuchungen, die gleichzeitig beide Formen der politischen Informationsvermittlung in den Blick nehmen, eklatant (Reardon/Rogers 1988).

Dabei sind auch diese beiden spezifischeren Untersuchungsgegenstände durchaus nicht neu; schon vor einem halben Jahrhundert standen sie im Mittelpunkt einer Serie grundlegender, unter der Leitung von Paul Lazarsfeld am Bureau of Applied Social Research der Columbia University verfaßter Studien. Die erste dieser Untersuchungen, die zwischen 1944 und 1968 in drei Auflagen unter dem Titel "The People's Choice" veröffentlicht wurde, entstand anläßlich der amerikanischen Präsidentschaftswahl 1940; nach ihrem Untersuchungsort, einem Landkreis in Ohio, wird sie häufig als die "Erie County-Studie" bezeichnet (Lazarsfeld u.a. 1968). Die zweite Studie trug den Titel "Voting" und befaßte sich mit dem Verhalten der Wähler bei der Präsidentschaftswahl 1948; sie basierte ebenfalls auf lokalen Befragungen und wird nach der hierfür ausgewählten Gemeinde im Staat New York oft als "Elmira-Studie" bezeichnet (Berelson u.a. 1954). Die letzte der drei grundlegenden Columbia-Studien erschien 1955 unter dem Titel "Personal Influence" (Katz/Lazarsfeld 1955). Sie befaßte sich nicht mit dem Wählerverhalten, sondern mit der Meinungsbildung bezüglich der Politik, aber auch anderer Bereiche des alltäglichen Lebens. Befragt wurden Frauen aus Decatur in Illinois. Wesentlicher Ertrag dieser bahnbrechenden Pionierleistungen war ein Fundus an empirischen Verallgemeinerungen, der trotz zum Teil schwacher empirischer Untermauerung bald zum Kernbestand des politikwissenschaftlichen Wissens kanonisiert wurde (Berelson/Steiner 1972; Severin/Tankard 1997: 231-48; für retrospektive Würdigungen siehe Katz 1987; Noelle-Neumann 1990; McQuail 1998).

Auch die hier entwickelte Forschungsperspektive begründete jedoch keine fortdauernde Traditionslinie in der Politikwissenschaft. Über mehrere Jahrzehnte lag das Forschungsprogramm der Untersuchung der Bedeutung der interpersonalen Kommunikation und der Massenkommunikation für die politischen Entscheidungen der Wähler weitgehend brach. Stattdessen wurde die wahlsoziologische Diskussion dominiert von Modellen, welche die wesentlichen unmittelbaren Erklärungsfaktoren für Wahlentscheidungen in der individuellen Psyche verorten: dem psychologischen Michigan-Ansatz mit seiner Variablen-Trias aus Parteiidentifikation, Orientierungen bezüglich politischer Sachfragen (*issues*) und Orientierungen bezüglich der zur Wahl stehenden Kandidaten (Campbell u.a. 1954, 1960) sowie Modellen der Rationalwahl in der Tradition von Downs (1968), die in noch stärkerer Verengung allein in den Issue-Orientierungen bzw., in verallgemeinerter Form, in den ideologischen Orientierungen der Wähler die wesentlichen Bestimmungsgründe für deren politische Entscheidungen sehen (vgl. Falter u.a. 1990; Dennis 1991; Dalton/Wattenberg 1993; Bürklin/Klein 1998; Roth 1998). Begünstigt wurde dieser Trend durch die Durchsetzung national repräsentativer Befragungen von Zufallsstichproben einzeln ausgewählter Bürger als vorherrschendes Verfahren der Datenerhebung. Durch diese Erhebungstechnik wird schon in der Phase der Datensammlung die analytische Optik auf isolierte Befragungspersonen fokussiert, deren Einbindungen in Informationskontexte dadurch leicht außer Sicht geraten. Sie korrespondiert damit theoretischen Perspektiven, die Wahlentscheidungen als primär intrapsychische Vorgänge konzeptualisieren (Sheingold 1973; Knoke 1990b: 30-9; Dryzek 1992). Zur Erklärung des Verhaltens europäischer Wähler wurde daneben auch häufig auf das sozialhistorische Begründungsmuster des makroskopischen *Cleavage*-Ansatzes zurückgegriffen (Lipset/Rokkan 1967), der gleichfalls von der Einbindung der einzelnen Wähler in die gesellschaftlichen Informationsflüsse abstrahiert. Tonangebend waren in den vergangenen Jahrzehnten mithin Forschungsperspektiven, die den einzelnen Wähler als vermeintlich autonomes "Sozialatom" aus seinen Informationsumwelten herausisolierten und so die Wahlsoziologie zu einer Art "Aggregatpsychologie" gerinnen ließen (Coleman 1964: 88; siehe auch Blumer 1948; Barton 1968; Kaase 1986; Huckfeldt/Sprague 1993).

Ein "neues altes" Thema greift also nicht nur auf, wer sich allgemein mit dem Stellenwert politischer Informationsflüsse bei Wahlen auseinandersetzen will, sondern auch, wer sich spezifisch für die Bedeutung der Informationsvermittlung durch die interpersonale Kommunikation und durch die Massenkommunikation für die Entscheidungen der Wähler interessiert, und zwar erst recht dann, wenn diese beiden Kommunikationsformen simultan untersucht werden sollen. Für ein solches Analysevorhaben benötigt man das gedankliche Werkzeug einer Theorie politischer Einflußprozesse, anhand derer eine Forschungsstrategie festgelegt werden kann. Diese Theorie muß so allgemein sein, daß in ihren Termini sowohl Erwartungen hinsichtlich der Wirkungsweise der interpersonalen Kommunikation als auch der Massenkommunikation formuliert werden können. Eine solche Theorie liegt vor in Gestalt des von John Zaller entwickelten *RAS*-, d.h. *"Receive-Accept-Sample"-Modells* der politischen Beeinflussung (Zaller 1992). Dieses Modell nimmt an, daß politische Entscheidungen als Resultate einer Schrittfolge zustande kommen, die mit der individuellen *Rezeption* von Informationen beginnt. Diese Informationen werden dann von ihrem Empfänger als gültig *akzeptiert* oder nicht. Die akzeptierten Informationen werden schließlich unter bestimmten Umständen als Teil einer Gedächtnis-*Stichprobe* ausgewählt, um als Gründe in die am Ende stehende Entscheidung einzufließen.

Das RAS-Modell fußt direkt auf den Annahmen des von Converse (1966) entwickelten Modells (Zaller 1989), stellt diese jedoch auf das Fundament verschiedener Theoreme der politischen Psychologie und erreicht dadurch sehr viel genauere Aussagen über den Mechanismus der politischen Persuasion. Es konzeptualisiert Einflußprozesse ausdrücklich als Mehrebenen-Phänomene, bei denen sowohl Charakteristika der gesellschaftlichen Informationsflüsse - also eines Aggregatphänomens, das den einzelnen Wählern äußerlich ist - als auch individuelle Merkmale der Wähler, die von diesen Informationsflüssen erreicht werden, in spezifischer Weise interaktiv zusammenwirken. Für Wahlentscheidungen gilt aus Sicht dieses Modells ebenso wie für andere politische Orientierungen: "Every opinion is a marriage of

1 Einleitung

information and predisposition: information to form a mental picture of the given issue, and predisposition to motivate some conclusion about it." (Zaller 1992: 6)

Wesentliche Merkmale der gesellschaftlichen Informationsflüsse sind dabei, wie schon von Converse (1966) postuliert, ihre *richtungspolitische Zusammensetzung* sowie die *Gesamtmenge* der vermittelten Informationen. Ob rezipierte Informationen von Wählern akzeptiert werden, hängt dem Modell zufolge von deren *politischen Prädispositionen* ab. Wenn Wähler den Eindruck haben, daß die Informationen hinsichtlich ihrer Bewertungsrichtung im Widerspruch zu ihren grundlegenden politischen Loyalitäten stehen, werden sie diese Informationen nicht akzeptieren und sie infolgedessen auch nicht bei ihren Wahlentscheidungen berücksichtigen. Ob Wählern solche Inkompatibilitäten bewußt werden, hängt allerdings von einem weiteren Faktor ab, nämlich dem Grad ihrer *politischen Involvierung*. Damit ist das Ausmaß ihres politischen Verständnisses und der damit einhergehenden habituellen Aufmerksamkeit gegenüber neuen Informationen gemeint. Die individuelle politische Involvierung greift aus Sicht des RAS-Modells auf paradoxe Weise in den Prozeß der Beeinflussung von Wahlentscheidungen durch politische Informationen ein: Mit wachsender Involvierung nimmt die Wahrscheinlichkeit zu, daß Informationen rezipiert werden; es sinkt aber gleichzeitig die Wahrscheinlichkeit, daß rezipierte Informationen, die sich mit den Voreinstellungen von Wählern nicht vertragen, auch akzeptiert werden. Insgesamt ist zu erwarten, daß Einflüsse rezipierter politischer Informationen für die Entscheidungen weniger involvierter Wähler wichtiger sind als für die Entscheidungen stärker involvierter Wähler.

Das RAS-Modell begründet die Erwartung, daß sowohl die interpersonale Kommunikation als auch die Massenkommunikation (Zaller 1996) Einflüsse auf das Wählerverhalten ausüben. Hinsichtlich ihrer Richtung und Stärke sollten diese Einflüsse in Abhängigkeit von den genannten Charakteristika der über diese Kanäle vermittelten Informationen und von Individualcharakteristika der Wähler variieren. Diese Vermutungen decken sich im Hinblick auf die Zusammenhänge, die sie erwarten lassen, teilweise mit Hypothesen, die auch schon im Rahmen spezifischer Theorien über die interpersonale Kommunikation und über die Massenkommunikation entwickelt wurden. Teilweise stehen sie dazu aber auch im Widerspruch. Überdies liegen verschiedene Modelle der interpersonalen Kommunikation und der Massenkommunikation vor, denen zufolge Aspekte bei Einflußprozessen bedeutsam sind, die das RAS-Modell unbeachtet läßt. So wurde verschiedentlich vermutet, daß politische Prädispositionen nicht nur die Akzeptanz von Informationen steuern, sondern auch schon bei der Rezeption von Informationen wirksam werden. Die These der *selektiven Rezeption*, von der Varianten sowohl für die interpersonale Kommunikation als auch für die Massenkommunikation formuliert wurden, besagt, daß sich Wähler vorrangig solchen Informationsquellen zuwenden, von denen sie Informationen erwarten, die ihren politischen Prädispositionen entsprechen, während sie Informationsquellen mutmaßlich unverträglicher politischer Tendenz von vornherein eher meiden.

Darüber hinaus wurde auch Faktoren eine Moderatorrolle in Einflußprozessen zugeschrieben, die im RAS-Modell ausgeblendet bleiben, so zum Beispiel *qualitativen Merkmalen der Informationskanäle*, über welche politische Informationen die Wähler erreichen. Dies betrifft natürlich zunächst die grundsätzliche Unterscheidung zwischen interpersonaler Kommunikation und Massenkommunikation selbst, der in der vorliegenden Studie eine zentrale Rolle eingeräumt wird. Aber auch innerhalb dieser beiden Großkategorien können weitere Unterscheidungen getroffen werden, die möglicherweise für Einflußprozesse relevant sind. Im Hinblick auf die interpersonale Kommunikation betrifft dies die unterschiedlichen *Rollen*, in denen politische Gesprächspartner miteinander interagieren. Hinsichtlich der Massenkommunikation kann eine möglicherweise moderierende Funktion unterschiedlicher "*Medienformate*" in Rechnung gestellt werden. Weiterhin erscheint es sinnvoll, in Erwägung zu ziehen, daß auf Seiten der Empfänger hinsichtlich der Akzeptanz oder Nichtakzeptanz von Informationen neben den politischen Prädispositionen, welche die Inhalte dieser Informationen betreffen, auch *Prädispositionen gegenüber ihren Quellen* von Bedeutung sein könnten. Denkbar ist schließlich auch, daß die interpersonale Kommunikation und die Massenkommunikation ihre Einflüsse nicht unabhängig, sondern *in wechselseitiger Abhängigkeit voneinander* entfalten. Vielleicht macht es für das Einflußpotential der interpersonalen Kommunikation einen Unterschied, welche Informationen den Gesprächspartnern durch die Massenkommunikation zugeflossen sind. Umgekehrt ist aber auch vorstellbar, daß sich die interpersonale Kommunikation darauf auswirkt, ob und wie die Massenmedien ihr Publikum beeinflussen.

Anhand dieser Überlegungen läßt sich genauer präzisieren, welche Fragestellung die nachfolgend präsentierten Analysen beantworten sollen. *Das zentrale Ziel der vorliegenden Untersuchung besteht darin festzustellen, ob, in welchem Umfang und unter welchen Bedingungen die individuellen Entscheidungen von Wählern für oder gegen bestimmte Wahlbewerber durch interpersonal und massenmedial vermittelte gesellschaftliche Informationsflüsse beeinflußt werden und welche Folgen dies auf der Aggregatebene für die Stimmenanteile dieser Parteien bzw. Kandidaten nach sich zieht.* Sowohl für die interpersonale Kommunikation als auch für die Massenkommunikation soll geklärt werden, ob und in welchem Umfang jede dieser Kommunikationsformen überhaupt Einflüsse auf individuelle Wahlentscheidungen ausübt. Damit verbindet sich die Beantwortung der Frage, welche der beiden Kommunikationsformen individuelles politisches Verhalten stärker beeinflußt. Ferner soll untersucht werden, ob und auf welche Weise politische Prädispositionen, die politische Involvierung und Prädispositionen gegenüber Informationsquellen auf Seiten der Wähler sowie qualitative Merkmale der Informationsquellen selbst die Einflußprozesse moderieren. Außerdem ist von Interesse, ob und inwieweit beide Formen der Informationsvermittlung in wechselseitiger Verschränkung einflußreich werden. Dabei wird davon ausgegangen, daß Einflüsse darin ihren Ausdruck finden, daß Wähler, die bestimmte Informationen rezipiert haben, an der Urne Entscheidungen fällen, die mit angebbarer Wahrscheinlichkeit von der Grundlinie abweichen, die durch ihre Prädispositionen vordefiniert ist.

Die Studie setzt sich von existierenden Arbeiten mit ähnlichen Fragestellungen nicht zuletzt dadurch ab, daß sie in verschiedener Hinsicht umfassender angelegt ist. Erstens basieren die Analysen - anders als die Columbia-Studien, aber auch etliche spätere Untersuchungen - nicht auf lokalen oder regionalen, sondern auf nationalen Stichproben von Wählern. Zweitens berücksichtigen sie nach Möglichkeit alle relevanten Informationsquellen. Sie beziehen sämtliche politischen Gesprächspartner ein, anstatt - wie die meisten existierenden Studien in diesem Bereich - den analytischen Fokus von vornherein nur auf bestimmte Rollenbeziehungen zu richten, und sie beziehen in analoger Weise auch alle für die Politikvermittlung relevanten Massenmedien ein, anstatt sich - wiederum im Gegensatz zur Mehrzahl früherer Arbeiten - nur auf ausgewählte Medien zu konzentrieren. Drittens wird der Versuch unternommen, die gesamte Bandbreite politischer Prädispositionen simultan zu berücksichtigen, anstatt, wie von existierenden Studien nicht selten praktiziert, nur eine Form - häufig sind dies die Parteiidentifikationen der Wähler - zu betrachten.

Viertens bezieht sich die Untersuchung im Gegensatz zu fast allen bisherigen Analysen nicht nur auf einen einzigen sozialen und politischen Systemkontext, sondern ist interkulturell vergleichend angelegt. Sie basiert auf Daten, die in den frühen 90er Jahren anläßlich nationaler Hauptwahlen in der Bundesrepublik Deutschland, in Großbritannien, in Spanien und in den USA erhoben wurden. Aufgrund der unterschiedlichen Voraussetzungen werden west- und ostdeutsche Wähler separat analysiert, so daß im folgenden eine vergleichende Analyse von Wählern aus fünf Gesellschaften in vier Ländern präsentiert wird.

Die Durchführung von Analysen in mehr als einem Systemkontext stellt ein "effektives Antidot" gegen analytischen Ethnozentrismus und vorschnelle Generalisierungen dar (Gurevitch/Blumler 1990: 308-9). Sie schützt vor unfundierten Verallgemeinerungen systemspezifischer Erkenntnisse, indem dieselben Phänomene nicht nur in einem einzigen, sondern in mehreren politischen, sozialen und kulturellen Kontexten studiert werden. Auf diese Weise wird die empirische Basis für Aussagen verbreitert und es wird deutlich, ob und inwieweit beobachtete Zusammenhänge an spezifische Kontexte gebunden sind (Dogan/Pelassy 1984: 5-19). Seine eigentliche Rechtfertigung findet der Vergleich in der politikwissenschaftlichen Forschung jedoch, wie Sartori unterstreicht, in der Kontrolle: "[C]*omparing is controlling*. To be sure, one may engage in comparative work for any number of reasons; but one is under no obligation to compare (seriously) unless *the* reason is control." (Sartori 1994: 16) Kontrollierte Testbedingungen sind eine wesentliche Voraussetzung, um in möglichst eindeutiger Weise bestimmen zu können, ob vermutete allgemeine Gesetzmäßigkeiten des politischen Verhaltens tatsächlich auch unter variierenden Systembedingungen in derselben Weise zutage treten und in welcher Weise sie gegebenenfalls durch diese Systembedingungen modifiziert werden. Aus diesem Grund muß die Auswahl der analysierten Gesellschaften theoretischen Kriterien folgen, die sich aus der Fragestellung der Untersuchung ergeben.

Im Fall der vorliegenden Studie betrifft die Fragestellung zwei analytische Ebenen. Sie bezieht sich auf die Konsequenzen gesellschaftlicher Informationsflüsse für

Wahlergebnisse; insoweit geht es um Faktoren der analytischen Makroebene. Dieser Zusammenhang ist jedoch durch Prozesse auf der Individualebene vermittelt, nämlich durch die Einflüsse individuell rezipierter Informationen auf die politischen Entscheidungen einzelner Wähler. Die wahlpolitischen Konsequenzen der gesellschaftlichen Informationsflüsse kommen zustande durch Aggregation der von diesen Informationsflüssen insgesamt ausgehenden individuellen Einflüsse. Aufgrund der zentralen Rolle der mikroanalytischen Vermittlung sind die Analysen überwiegend auf der Individualebene angesiedelt. Es wird untersucht, welche Einflüsse empfangene Informationen auf die individuellen Entscheidungen von Wählern ausüben, wobei zusätzlich gefragt wird, auf welche Weise Merkmale der Informationen sowie individuelle Eigenheiten der Rezipienten dieser Informationen den Einflußprozeß moderieren. Von vorrangigem Interesse ist dabei, ob die vermuteten Zusammenhänge auf der Individualebene in unterschiedlichen gesellschaftlichen Kontexten in derselben Weise zutage treten. Sollten interkulturelle Unterschiede auftreten, schließt sich die Frage an, ob diese mit Kontextbedingungen der betreffenden Gesellschaften verknüpft sind.

Vor dem Hintergrund dieser Problemstellung orientiert sich die Auswahl der zu untersuchenden Gesellschaften an den Maximen des "most different systems"-Designs (Przeworski/Teune 1970: 31-46). Diese Forschungslogik geht von der Nullhypothese aus, daß die vermuteten Gesetzmäßigkeiten des individuellen Verhaltens in allen Systemkontexten in derselben Weise gelten. Um diese Annahme zu prüfen, werden die interessierenden Zusammenhänge unter möglichst stark divergierenden Systembedingungen in Augenschein genommen, in der Erwartung, daß trotz dieser Kontextunterschiede auf der Individualebene doch stets dieselben Muster sichtbar werden. Wenn dabei Unterschiede zutage treten, wird zusätzlich auf Kontextmerkmale als Erklärungsfaktoren Rekurs genommen. Dabei ist anzustreben, diese möglichst weitgehend in der theoretischen Sprache von Variablen zu fassen. "Eigennamen" von Ländern können als Erklärungsfaktoren nicht befriedigen.

In mindestens einer Hinsicht müssen in den ausgewählten Gesellschaften allerdings einheitliche Bedingungen herrschen, denn unsere Fragestellung betrifft eine politische Institution, die nicht in allen Gesellschaften vorzufinden ist: das Institut der politischen Wahl, über die bestimmt wird, in wessen Hände die Führung des Landes für eine bestimmte Zeit - eben für die Dauer einer Wahlperiode - gelegt wird. Daher ist die Grundgesamtheit der Kontexte, die für die Untersuchung in Frage kommen, begrenzt auf Gesellschaften, in denen "echte" Wahlen durchgeführt werden, d.h. kompetitive Wahlen, bei denen die Freiheit der Wahlbewerbung und die Chancengleichheit der Wahlbewerber sowie auf Seiten der Wähler die Freiheit der Auswahl zwischen den Bewerbern gewährleistet sind (Nohlen 1989: 18-20). Jenseits dieser grundlegenden Gemeinsamkeit ist jedoch eine große Variationsbreite der Kontextbedingungen wünschenswert. Die Bundesrepublik Deutschland mit ihrer inneren Differenzierung zwischen alten und neuen Bundesländern, Großbritannien, Spanien und die Vereinigten Staaten entsprechen diesem Erfordernis.

1 Einleitung 27

Schaubild 1-1: Durchschnittliche elektorale Volatilität 1960-1998 (Pedersen-Index)

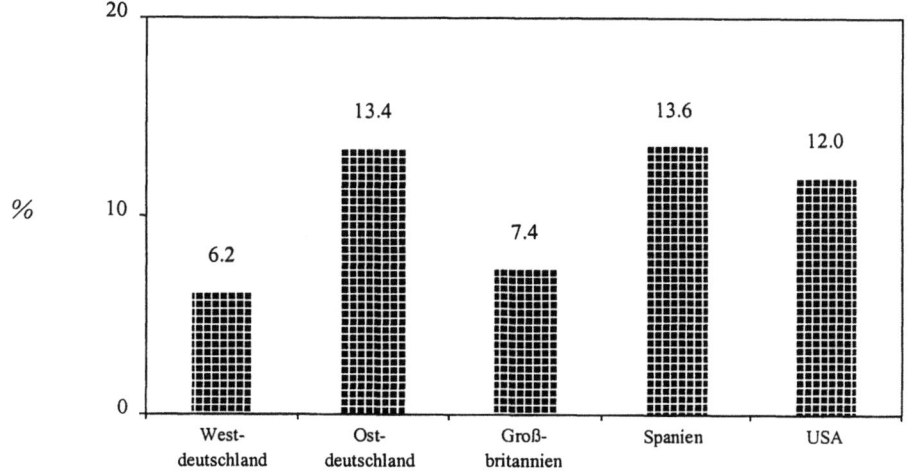

Wie Schaubild 1-1 zeigt, bestehen zwischen diesen Gesellschaften erhebliche Unterschiede im Hinblick auf das Ausmaß des Aggregatwandels im Wählerverhalten.[2] In Westdeutschland und Großbritannien haben sich in den letzten Jahrzehnten die Stimmenanteile der Parteien von Wahl zu Wahl im Schnitt deutlich weniger verändert als in Ostdeutschland und in Spanien. In einer ähnlich hohen Größenordnung lagen auch die Verschiebungen der Stimmenanteile der Präsidentschaftskandidaten in den USA. Wenn die eingangs explizierte Prämisse über den Zusammenhang zwischen der Intensität und Beschaffenheit gesellschaftlicher Informationsflüsse und der Wechselhaftigkeit des Wählerverhaltens zutreffend ist, dann müßten diesen Unterschieden ähnliche Differenzen im Hinblick auf die Bedeutung politischer Informationen für die Entscheidungen der Wähler korrespondieren. Die nachfolgenden Analysen sollen aufweisen, ob diese Vermutung zutrifft. Die wesentliche Frage ist dabei, ob solche Bedeutungsunterschiede eine Folge institutioneller oder kultureller Differenzen der Vermittlungsprozesse darstellen, oder ob sie lediglich auf in quantitativer und qualitativer Hinsicht divergierende Voraussetzungen von Einflußprozessen zurückzuführen sind, die auf der Individualebene gleichartig ablaufen.

Die untersuchten Gesellschaften variieren auch stark im Hinblick auf institutionelle Rahmenbedingungen des wahlpolitischen Prozesses. So handelt es sich bei allen drei westeuropäischen Ländern um parlamentarische Demokratien, die USA

---

2   Das Schaubild zeigt die über den Zeitraum 1960 bis 1998 gemittelte elektorale Volatilität in jeder der untersuchten Gesellschaften, die für jede Wahl durch den von Pedersen vorgeschlagenen Index gemessen wurde (jeweils Summe der Gewinne resp. Betrag der summierten Verluste aller Parteien bzw. Kandidaten; vgl. Pedersen 1990).

haben hingegen ein präsidentielles Regierungssystem. Dementsprechend werden bei den nationalen Hauptwahlen in den untersuchten europäischen Systemen faktisch Parteien, in den USA jedoch Personen gewählt. Hinsichtlich der Wahlsysteme stehen Deutschland und Spanien, die Systeme der Verhältniswahl anwenden, den angelsächsischen Demokratien gegenüber, in denen die relative Mehrheitswahl praktiziert wird. Große Unterschiede bestehen auch im Hinblick auf die Mediensysteme der untersuchten Gesellschaften. Die amerikanische Medienlandschaft ist praktisch rein kommerziell, in Westeuropa gibt es im Rundfunksektor eine starke öffentlich-rechtliche Tradition. Sämtliche amerikanischen Massenmedien gelten in politischer Hinsicht als weitgehend neutrale Mittler. In Westeuropa ist die Presse hingegen mehr oder weniger stark politisiert und die öffentlich-rechtlichen Rundfunksender sind in unterschiedlicher Weise von politischen Vorgaben abhängig (Blumler/Gurevitch 1975; Semetko 1996). Auch dürfte die Bedeutung politischer Prädispositionen für das Wählerverhalten variieren. Westdeutschland, Großbritannien und die USA haben nach Auffassung zahlreicher Autoren Perioden einer unterschiedlich tiefgreifenden Erosion von Prädispositionen und Aufweichung ihrer politischen Prägekraft durchlaufen (Dalton u.a. 1984; Crewe/Denver 1985; Franklin u.a. 1992). In den postautoritären Gesellschaften Spaniens und vor allem Ostdeutschlands haben sich politische Prädispositionen hingegen bislang nur rudimentär entwickelt. Historisch begründete interkulturelle Differenzen im Hinblick auf interpersonales Vertrauen und die Offenheit im persönlichen politischen Austausch könnten im Hinblick auf die interpersonale Kommunikation von Belang sein (Almond/Verba 1963; Newton 1999).

Die nachfolgende Untersuchung ist in drei Teile gegliedert. Im ersten Teil, der die Kapitel 2 bis 4 umfaßt, wird die Fragestellung entwickelt, theoretisch eingeordnet und in eine Analysestrategie übersetzt. *Kapitel 2* setzt sich in allgemeiner Weise mit dem Stellenwert politischer Informationen für das Wählerverhalten auseinander und diskutiert ausführlich das RAS-Modell der politischen Beeinflussung, das den nachfolgenden Analysen zugrundegelegt wird. Das *3. Kapitel* setzt sich detailliert mit der interpersonalen Kommunikation und der Massenkommunikation als den beiden wichtigsten Formen der Vermittlung politischer Informationen auseinander. Zunächst werden diese beiden Konzepte begrifflich eingegrenzt und spezifiziert. Die allgemeinen Aussagen des RAS-Modells werden dann mit spezielleren Hypothesen zur interpersonalen Kommunikation und zur Massenkommunikation in Verbindung gebracht. Diese Diskussion mündet in eine Reihe spezifischer Vermutungen über die Art und Weise, wie und unter welchen Bedingungen interpersonale Kommunikation und Massenkommunikation die politischen Entscheidungen der Wähler beeinflussen. Das *4. Kapitel* behandelt vor diesem Hintergrund methodische Aspekte der Studie. Zunächst werden die Wahlen beschrieben, anläßlich derer die ausgewerteten Befragungen durchgeführt wurden, und es wird skizziert, wie die abhängigen Variablen der Untersuchung - die Entscheidungen der Wähler bei diesen Wahlen - aussehen. Das der Untersuchung zugrundegelegte Konzept des Einflusses wird in operationalen Termini reformuliert und es wird diskutiert, welche Analysestrategie der theoretischen Zielsetzung der Studie angemessen ist.

In den folgenden Teilen der Untersuchung wird diese Analysestrategie umgesetzt. Im zweiten Teil (Kapitel 5 bis 7) wird die Ausgangsbasis für die Analysen der Einflüsse politischer Informationen erarbeitet, die den Gegenstand des dritten Teils bilden. In *Kapitel 5* werden Grundlinienmodelle entwickelt, welche die Entscheidungen der Wähler in den untersuchten fünf Gesellschaften ausschließlich unter Rekurs auf deren politische Prädispositionen erklären. Die folgenden beiden Kapitel analysieren Art und Umfang der Rezeption politischer Informationen durch die interpersonale Kommunikation und die Massenkommunikation und loten damit die R-Komponente des RAS-Modells aus. Gleichzeitig werden die Meßinstrumente entwickelt, die dann im dritten Teil eingesetzt werden, um die Existenz und Stärke von Einflüssen der interpersonalen Kommunikation und der Massenkommunikation auf das Wählerverhalten zu ermitteln. In *Kapitel 6* wird beschrieben, in welchem Umfang den Wählern vor den untersuchten Wahlen über jede der beiden Kommunikationsformen politische Informationen zugeflossen sind. Das *7. Kapitel* differenziert diese Informationsflüsse dann nach ihrer politischen Richtung.

Der dritte Teil (Kapitel 8 bis 10) bildet das Herzstück der Untersuchung. Hier geht es um die A-Komponente des RAS-Modells. In mehreren Schritten wird untersucht, welche Bedeutung die verschiedenen Informationsquellen für das Stimmverhalten der untersuchten Wähler hatten und welche Faktoren diese Einflüsse moderierten. Thema von *Kapitel 8* sind die Einflüsse der interpersonalen Kommunikation auf das Wählerverhalten, *Kapitel 9* befaßt sich in analoger Weise mit der Massenkommunikation. Das *10. Kapitel* rundet durch simultane Analysen der interpersonalen Kommunikation und der Massenkommunikation die Untersuchung ab. Dabei geht es sowohl um das Konkurrenzverhältnis der beiden Kommunikationsformen als auch um ihre Wechselbeziehungen im Prozeß der Beeinflussung von Wählern.

2 Ein altes neues Thema: Informationen und Wählerverhalten in westlichen Demokratien

2.1 Politische Informationen, "Informiertheit" und "Informierung" von Wählern

"Mass Political Behavior: Is There More to Learn?" - So lautet der provokante Titel einer jüngeren Bilanz des Forschungsstandes der Wahlsoziologie (Dunleavy 1990). In der Tat wird man schwerlich bestreiten können, daß dieser Zweig der Politikwissenschaft in den vergangenen Jahrzehnten einen hohen Kenntnisstand erreicht hat. Er verfügt über einen etablierten Theorienkanon und der Stand der Methodenentwicklung ist hoch. Der Fundus an qualitativ hochwertiger, kumulativer Forschung ist kaum überschaubar; neuere Übersichtsarbeiten legen hiervon Zeugnis ab (Dennis 1991; Dalton/Wattenberg 1993; Bürklin/Klein 1998; Roth 1998). Gleichwohl sind aber durchaus noch Fragen offen, die der intensiveren Bearbeitung harren. Dabei geht es weniger darum, die Erklärungskraft wahlsoziologischer Modelle noch um weitere entscheidende Grade zu verbessern; hierfür gibt es wohl kaum noch Spielräume. Aber über die individuellen Entscheidungsprozesse, welche zur Entstehung von Wahlentscheidungen führen, und über die Art und Weise, wie diese mit den Charakteristika der politischen und sozialen Umwelten interagieren, in welche die einzelnen Wähler eingebettet sind, ist noch relativ wenig bekannt (Lau 1986: 121; Rivers 1988: 737). Von besonderem Interesse ist in diesem Zusammenhang nicht zuletzt auch die Frage, inwieweit die Entscheidungen verschiedener Wählergruppen auf dieselbe oder aber auf systematisch unterschiedliche Weise zustande kommen (Rivers 1988).

Eine der Fragestellungen, die noch intensiverer Bearbeitung harren, betrifft den Stellenwert *politischer Informationen* für das Verhalten der Wähler (Kaase 1986; Dunleavy 1990; Carmines/Huckfeldt 1996). Wie informiert sind die Wähler? Wie verarbeiten sie politische Informationen? Welche Konsequenzen haben Verbreitung und Zugänglichkeit der Informationen in Gesellschaften für die politischen Entscheidungen der einzelnen Mitglieder dieser Gesellschaften? Man kann nicht behaupten, daß solche Fragestellungen in der Wahlsoziologie bisher überhaupt keine Rolle gespielt hätten. Aber erst seit einem guten Jahrzehnt stößt dieser Themenkreis in der Zunft auf breiteres Interesse (Nimmo 1985; Ferejohn/Kuklinski 1990).

Der Begriff "*Information*" steht allgemein für "a coherent collection of data, messages, or cues organized in a particular way that has meaning or use for a particular human system" (Ruben 1992: 19). Unter *politischen* Informationen sind infolgedessen Bedeutungsgehalte zu verstehen, welche es dem Individuum ermöglichen, sich in der politischen Welt zu orientieren. Politische Informationen sind der Rohstoff politischer Entscheidungen. "Whatever the political task, some degree of information is required to perform it. What that information is, and how much there is,

2 Informationen und Wählerverhalten in westlichen Demokratien

depends in large measure upon information available to processors." (Nimmo 1985: 361) Nicht zuletzt gilt dies auch und gerade für Wahlentscheidungen: "Information plays a central role in any plausible model of electoral decision making, because what the voter knows about the candidates will influence what the voter decides regarding which candidate to support." (Mondak 1995: 101) Die Frage, *welche Einflüsse politische Informationen auf die Wahlentscheidungen der Bürger westlicher Demokratien ausüben*, steht im Zentrum der vorliegenden Arbeit.[1] Zugespitzt ist diese Problemstellung auf die Bedeutung von zwei spezifischen Quellen politischer Informationen: die politischen Gespräche, welche die Bürger miteinander führen, und die Berichterstattung der gedruckten und der audiovisuellen Massenmedien (siehe Kapitel 3.).

Politische Informationen begegnen uns, metaphorisch gesprochen, in zwei Aggregatzuständen. Die deutsche Sprache hält leider keine eleganten Termini bereit, um diese begrifflich eindeutig voneinander zu unterscheiden. Da diese Unterscheidung für unsere Untersuchung von zentraler Bedeutung ist, müssen wir uns daher mit einer etwas plumpen Begrifflichkeit behelfen. Politische Informationen sind einerseits als Vorrat politischer Vorstellungen und Ansichten in den Köpfen der Bürger gespeichert. Der Ausdruck "Information" bezieht sich insoweit auf die "*Informiertheit*" von Bürgern. Politische Informationen fließen den Wählern aber auch unentwegt in Form politisch sinnhafter Botschaften aus ihrer sozialen Umwelt zu. Diesbezüglich bezieht sich der Begriff "Information" auf den Vorgang der "*Informierung*" von Bürgern. Beide Erscheinungsformen politischer Informationen hängen in einer dynamischen Wechselbeziehung miteinander zusammen. Aus der Umwelt aufgenommene politische Informationen bilden die Grundsubstanz für die im Geist von Individuen archivierten politischen Ideen. Die politischen Gedankenwelten von Individuen sind das Produkt der von diesen im Laufe ihres politischen Lebens aufgenommenen, politisch bedeutungsvollen Sinngehalte. Wie neue Informationen verarbeitet werden, die einem Wähler durch seine soziale Umwelt zur Verfügung gestellt werden, und welche Umorientierungen diese in seiner Gedankenwelt hervorrufen, hängt aber seinerseits davon ab, wieviele und welche Informationen diese Person bereits vorher gespeichert hat. Das ist ein grundlegender Zusammenhang, auf den Converse bereits vor Jahrzehnten hingewiesen hat (Converse 1966). Die politikwissenschaftliche Forschung hat die beiden wechselseitig miteinander verflochtenen Aspekte der "Informiertheit" und der "Informierung" in den folgenden Jahr-

---

[1] Es sei darauf hingewiesen, daß der Begriff "Information" hier in dem allgemeinen, Wertungen einschließenden Sinn verstanden wird, wie er in der Wahlsoziologie normalerweise gebraucht wird. Dem entspricht auch die weiter unten vorgenommene Konkretisierung durch das Konzept der "Überzeugungsbotschaften", welches kognitive und evaluative Elemente beinhaltet. In der politischen Kommunikationsforschung wird der Begriff hingegen häufig nur auf rein kognitive Sinngehalte bezogen und mit wertenden Aussagen kontrastiert. Dem korrespondieren dann die Wirkungsformen "Lernen" und "Persuasion" (Ansolabehere u.a. 1993: 139-56; Berghaus 1999: 192-5; siehe auch Abschnitt 9.1).

zehnten aus verschiedenen Blickwinkeln und mit sehr unterschiedlichen Schwerpunktsetzungen zu ihrem Gegenstand gemacht (Nimmo 1985).

Ein in der Vergangenheit schon intensiver verfolgter Forschungszweig widmet sich vorrangig dem Studium der politischen "Informiertheit" von Wählern. Im Mittelpunkt steht hier die Analyse des Umfangs der politischen Kenntnisse sowie der Tiefe, Abstraktheit und Differenziertheit des politischen Denkens der Bürger. Hauptuntersuchungsziele sind die taxonomische Kartierung der politischen Gedankenwelten der Wähler und die Aufdeckung ihrer organisierenden Prinzipien. Das Forschungsinteresse richtet sich auf die im Geist der Wähler eingelagerten politischen Bedeutungsgehalte sowie auf die Art und Weise, wie diese geordnet und miteinander vernetzt sind. Aufgrund der empirischen Diagnosen, zu denen Studien dieser Art regelmäßig gelangten, kennzeichneten Neumann u.a. diesen Forschungsstrang als das "Paradigma des uninformierten Wählers" (Neuman u.a. 1992: 12-4). Ein zweiter Forschungszweig konzentriert sich auf die soziale Verfügbarkeit und den individuellen Erwerb von Sinngehalten, die in der sozialen Umwelt von Individuen ihren Ursprung haben, sowie auf die daraus resultierenden Konsequenzen für die politischen Orientierungen und das politische Verhalten der einzelnen Empfänger. Hier geht es primär um die "Informierung" von Wählern. Man kann diesen Forschungsstrang vereinfachend als das "Paradigma der Informationsverarbeitung" etikettieren.

2.2 Die "Informiertheit" von Wählern und das "Paradigma des uninformierten Wählers"

Das zentrale Interesse von Analysen der *Informiertheit* von Wählern gilt der gesellschaftlichen Verteilung des politischen Sachverstandes der Bürger und den Konsequenzen, die sich aus dieser Verteilung ergeben. Die zu dieser Thematik vorgelegten Studien fokussierten auf unterschiedliche, empirisch jedoch eng miteinander zusammenhängende Facetten des Gesamtkomplexes der kognitiven, aber auch motivationalen politischen Involvierung von Wählern (Lane 1959), wie z.B. ihre politische Expertise, ihre politische "sophistication", ihr politisches Interesse oder ihr ideologisches Konzeptualisierungsvermögen (Converse 1964; Nie u.a. 1976; Barnes/Kaase u.a. 1979: 203-303; Smith 1989; Luskin 1987, 1990; van Deth 1989; Zaller 1990, 1992; Gabriel/van Deth 1995; Delli Carpini/Keeter 1996; Cassel/Lo 1997).

Die Traditionslinie, in der diese Arbeiten stehen (Dalton/Wattenberg 1993: 193-6), wurde eröffnet durch zwei klassische Untersuchungen der amerikanischen Wahlsoziologie: "Voting", die Columbia-Analyse der Präsidentschaftswahl 1948 (Berelson u.a. 1954; siehe Kapitel 1), sowie "The American Voter", eine Studie, welche die Präsidentschaftswahlen 1952 und 1956 zum Gegenstand hatte (Campbell u.a. 1960). In unterschiedlicher Weise hat jedes dieser beiden Werke bahnbrechende Pionierarbeit geleistet und die weitere Entwicklung der Disziplin nachhaltig beein-

flußt (Falter u.a. 1990; Dennis 1991). In einer Hinsicht kamen beide Untersuchungen jedoch zu sehr ähnlichen Befunden: Jede dieser Arbeiten stellte fest, daß die große Mehrzahl der Wähler keineswegs dem Idealtypus des hoch interessierten, permanent involvierten und stets gut unterrichteten Sachverständigen der Politik entsprach, den die Forscher vor dem Hintergrund ihrer Rezeption der klassischen Demokratietheorie als eine Voraussetzung für die Rationalität des politischen Prozesses und damit für eine funktionierende Demokratie angesehen und daher auch empirisch aufzufinden gehofft hatten. Ganz im Gegenteil: Die befragten amerikanischen Wähler offenbarten große Kenntnislücken im Hinblick auf Institutionen und Prozeduren des politischen Entscheidungsprozesses und hinsichtlich der aktuell verhandelten politischen Sachfragen. Sie verfügten nur über inkonsistente und instabile Vorstellungen und Einstellungen zu den politischen Problemlagen, und sie waren kaum in der Lage, zwischen verschiedenen Sachproblemen tiefere Zusammenhänge zu erkennen. Auch wurde deutlich, daß die Politik im Alltag der Wähler keineswegs einen zentralen Platz einnahm.

Diese Beobachtung wurde zum Ausgangspunkt einer bis heute fortdauernden Debatte zwischen "Revisionisten" (Rusk 1987: 105-12, 126-7) und "Gegen-Revisionisten". Sie kreist im wesentlichen um die Frage, ob sich der Umfang der politischen Kenntnisse und die Qualität des abstrakten politischen Denkvermögens der Amerikaner seit den 1940er und 1950er Jahren verbessert haben oder nicht. Manche Autoren vertreten die Auffassung, daß sich der politische Sachverstand des amerikanischen Elektorats in den vergangenen Jahrzehnten signifikant erhöht habe (Nie u.a. 1976), andere ziehen diese These mit guten Gründen in Zweifel (Smith 1989; Delli Carpini/Keeter 1996: 62-134). Es erscheint daher nicht unangemessen, wenn Converse in einem jüngeren Kommentar zur Forschungsbilanz des "Paradigmas des uninformierten Wählers" den maßgeblich von ihm selbst (Converse 1964) diagnostizierten ursprünglichen Befund erneut unterstreicht: "The two simplest truths I know about the distribution of political information in modern electorates are that the mean is low and the variance high." (Converse 1990: 372)

2.3 Gesellschaftliche Informationsflüsse und die Verarbeitung politischer Informationen

2.3.1 *Politische "Informierung" als Reduktion von Ungewißheit*

"Informationen" sind aus der "Informiertheits"-Perspektive etwas, das man besitzen kann. Um sie zu besitzen, muß man sie aber zunächst einmal erwerben. Erwerb, Verarbeitung und Konsequenzen von Informationen sind das Thema einer anderen Forschungsperspektive, die zwar mit der ersten durchaus verknüpft ist, in welcher aber der Akzent auf den Prozessen der *Informierung* von Wählern liegt. Nicht die bereits im Geist der Wähler gespeicherten Informationen stehen hier im Mittelpunkt, sondern die neuen Informationen, die ihnen aus ihrer Umwelt zufließen. "[T]aking

note of the citizen as an information processor changes the emphasis. The amounts and kinds of information possessed by citizens, although still relevant matters, are of lesser concern than the question of what it is that people do with whatever quantities and types of political information or misinformation they may have - how they process it." (Nimmo 1985: 358) Das Thema der "Informiertheit" der Wähler hat insbesondere amerikanische Politikwissenschaftler in den vergangenen Jahrzehnten ziemlich kontinuierlich beschäftigt. Das zweite Thema, die "Informierung" der Wähler und ihre Bedeutung für politische Entscheidungen, wurde zwar ebenfalls bereits sehr früh von Converse in der erwähnten klassischen Arbeit erstmals diskutiert (Converse 1966; siehe Kapitel 1). Doch wurde dieser Impuls zunächst kaum aufgegriffen. Erst in jüngerer Zeit mehren sich Studien, in denen die große Bedeutung dieses Gegenstandsbereiches gewürdigt wird (Ferejohn/Kuklinski 1990; Zaller 1992).

Prozesse politischer "Informierung" von Bürgern betreffen die Vermittlung von Bedeutungsgehalten, die zu entscheidungsrelevanten Aspekten aktueller politischer Konstellationen aussagekräftig sind. Der Begriff der politischen Informationen bezeichnet aus diesem Blickwinkel "Daten" über laufende politische Entwicklungen und die daran beteiligten Akteure (Downs 1968: 76-7), welche die Bürger in die Lage versetzen, Erwartungen im Hinblick auf die Konsequenzen ihrer politischen Entscheidungen zu entwickeln (Lupia/McCubbins 1998: 20). Der Umwelt des einzelnen Wählers entstammend, werden sie von diesem empfangen und gerinnen in seinem Geist zu Ideen, Überzeugungen, Kenntnissen und Bewertungen der politischen Akteure, Strukturen und Prozesse. Als geistige Repräsentation der politischen Welt bilden sie wichtige Ingredienzen für seine Urteile über die Parteien und Kandidaten, die bei einer anstehenden Wahl um seine Stimme wetteifern.

Informationshaltig sind diese "Daten" deswegen, weil sie etwas aussagen, das ihrem Empfänger zuvor noch nicht bewußt war. Informationen haben einen Gehalt, dessen derjenige, der sie aufnimmt, bis dahin nicht gewärtig war. Wenn eine Person Informationen akzeptiert, wird sie dadurch verändert: Sie sieht die Welt nun anders, weil sie einen Gesichtspunkt kennengelernt hat, den sie vorher noch nicht wahrgenommen hatte. Hinsichtlich einer bestimmten Facette der politischen Realität, über die sie vorher noch gar keine oder nur unscharfe Ideen, Kenntnisse oder Urteile besaß, hat sich ihre Ungewißheit verringert. Der Terminus "Information" wird infolgedessen auch definiert "als Verminderung des Kenntnis- oder Aktualitätsgefälles zwischen Kommunikator und Rezipient oder auch als *Beseitigung von Ungewißheit*" (Schulz 1994: 149; siehe auch Schement 1993: 6-9; Bentele/Beck 1994: 18-21; Luhmann 1996: 36-48). Politische Informationen als erfahrene Bedeutungsgehalte mit Neuigkeitswert sind demnach etwas, das die Gewißheit über die Beschaffenheit der politischen Welt vergrößert.

Manche Informationen fließen ihren Empfängern über Kommunikationsprozesse zu, andere werden von ihnen direkt an Gegenständen und Begebenheiten ihrer Umwelt "abgelesen", ohne ausdrücklich kommuniziert worden zu sein. Das Konzept der

"*Kommunikation*" meint dabei die *intentionale* Übertragung von Information. Kommunikationsprozesse stellen also eine Unterform von Prozessen der Informationsvermittlung dar, nämlich solche, die ihren Ausgang bei Sendern nehmen, die Informationen mit der Absicht produzieren und weiterleiten, Adressaten etwas mitzuteilen (Schement 1993: 9-13; Bentele/Beck 1994: 19-21; Schulz 1994: 160-3).

Eine intensivere wissenschaftliche Auseinandersetzung mit der wahlpolitischen Bedeutung gesellschaftlicher Informationsflüsse und "Informierungs"-Prozesse, d.h. mit Inhalten, Verbreitung, Verarbeitung und Wirkungen der Informationen, die den Wählern aus ihren Umwelten zufließen, hat, wie gesagt, erst in den letzten Jahren eingesetzt. Idealtypisch überspitzt können zwei Perspektiven dieser Forschungsrichtung unterschieden werden. Die erste Perspektive kann man in Anlehnung an Popkin (1991) als "*Paradigma des vernünftig entscheidenden Wählers*" - des "reasoning voter" - kennzeichnen. Sie ist handlungstheoretisch orientiert und begreift den Wähler als aktives Subjekt. Die andere Perspektive kann als "*Paradigma der politischen Persuasion*" etikettiert werden. Sie ist verhaltenstheoretisch orientiert und sieht den Wähler als passives Objekt. Im Zentrum der ersten Perspektive steht das Problem, wie sich Wähler politische Informationen *verschaffen*, anhand derer sie "erleuchtete" Entscheidungen (Lupia/McCubbins 1998: 68) treffen können. Analysen, die durch die zweite Perspektive inspiriert sind, untersuchen, wie Informationen, denen Wähler ausgesetzt sind, deren Entscheidungen *beeinflussen*. Das Erkenntnisinteresse der ersten Perspektive richtet sich also vorrangig auf die Frage: Wie kommt der Wähler an relevante Informationen und was macht er damit? Die zweite Perspektive fragt: Wie wird der Wähler Informationen ausgesetzt und was machen diese mit ihm? In der ersten Sichtweise geht es um das *Lernen relevanter Informationen*, in der zweiten Sichtweise geht es um *Beeinflussung (Persuasion) durch verfügbare Informationen*. Informationen werden in der ersten Variante als etwas interpretiert, das man sich aktiv holt, weil man sich davon Nutzen verspricht. In der zweiten Variante werden Informationen als etwas gesehen, dem man passiv ausgesetzt wird. Wie angedeutet, ist dies eine idealtypische Unterscheidung. In vielen einschlägige Arbeiten werden tatsächlich Argumentationsfiguren aus beiden Perspektiven miteinander verwoben (z.B. Huckfeldt 1986; Huckfeldt/Sprague 1995; Lupia/McCubbins 1998).

2.3.2 Das "Paradigma des vernünftig entscheidenden Wählers"

Diese Perspektive stellt eine theoretische Reaktion auf die oben erwähnten Befunde im Rahmen des "Paradigmas des uninformierten Wählers" dar, denen zufolge die Bürger in der großen Mehrzahl nur über unzulängliche politische Kenntnisse verfügen. Sie versucht, einen Ausweg aus der Debatte um die Qualität des politischen Sachverstandes der breiten Bevölkerung zu weisen. Statt weiter zu streiten, wie nahe die Wähler dem normativen Ideal des stets interessierten und voll informierten Bürgers kommen bzw. wie weit sie dahinter zurückbleiben, richtet dieser "new look" (Sniderman 1993) das Augenmerk auf die Frage, wie die Wähler trotz ihres begrenzten politischen Verständnisses und ihrer eingeschränkten Aufmerksamkeit für politische Geschehnisse dennoch zu politischen Urteilen gelangen können, die "vernünftig" sind. Damit sind Entscheidungen gemeint, die für diese Wähler vor dem Hintergrund ihrer persönlichen Interessenlagen sinnvoll sind und nicht "irrational" in dem Sinne, daß sie für sie selbst schädliche Konsequenzen nach sich ziehen (Lupia/McCubbins 1998: 5-6). Man reagiert also auf das Problem der geringen politischen Informiertheit der breiten Bevölkerung durch eine Refokussierung der Forschung von der Verteilung von Informationen auf die Verarbeitung von Informationen (Bartels 1996: 197). Dabei wird von der Prämisse ausgegangen, daß es gar nicht realistisch sei zu erwarten, daß eine Mehrzahl der Wähler eine so hochentwickelte politische Expertise entwickeln kann, wie es das anspruchsvolle Bürgerideal der frühen amerikanischen Wahlsoziologen verlangt. Limitierte kognitive Kompetenzen und Zeitressourcen, aber auch geringes Interesse für politische Belange im Verein mit der Komplexität und Ambiguität politischer Entscheidungsmaterien (Carmines/Kuklinski 1990: 243-5) führen dazu, daß sich die meisten Wähler vor Wahlen in einer Situation der Ungewißheit finden, die strukturell unauflösbar ist. "[U]ncertainty is pervasive when voters think about and evaluate government." (Popkin 1991: 45)

Das zentrale Interesse des "reasoning-voter"-Paradigmas richtet sich vor diesem Hintergrund auf die Frage, "how voters in advanced industrial democracies deal with the increasingly difficult task of guiding governments via the ballot box" (Dalton/Wattenberg 1993: 193). Die Antwort lautet, daß sie auf der Basis leicht beschaffbarer, begrenzter Informationen in pragmatischer Weise Entscheidungen treffen, die zwar nicht die nach allen denkbaren Kriterien beste Lösung repräsentieren mögen, die aber doch "gut genug" und damit "vernünftig" sind (Bartels 1996: 195-202). Theoretische Inspiration bezieht diese Perspektive vor allem aus zwei Quellen: der Ökonomischen Theorie der Politik in der von Downs (1968) begründeten Variante (z.B. Fiorina 1981, 1990; Grofman 1993; Fuchs/Kühnel 1994; Alvarez 1997; Lupia/McCubbins 1998) und der Kognitiven Psychologie (z.B. Hastie 1986; Ottati/Wyer 1990; Iyengar 1990; Sniderman u.a. 1991; Popkin 1991; Vowe 1994). Einige der vorliegenden Arbeiten lassen sich trennscharf einer der beiden Theorieschulen zuordnen; insgesamt dominiert aber ein eklektischer Stil, der Argumente aus beiden Denkwelten kombiniert.

Die Prämisse, daß es dem Wähler unmöglich sei, seine Entscheidungen an der Urne auf der Basis umfassender Informationen zu treffen, ist ein Kernbestandteil der von Downs (1968) entwickelten ökonomischen Theorie des Wählerverhaltens. Wenn es sehr aufwendig ist, sich entscheidungsrelevante Informationen zu beschaffen, und infolgedessen die "Informationskosten" zu hoch sind, dann ist es aus der Sicht dieser Theorie für den einzelnen Wähler auf der Basis von Kosten-Nutzen-Kalkülen nicht sinnvoll, nach solchen Informationen zu streben. Es ist dann rationaler, mehr oder weniger ignorant zu bleiben. Die Wähler werden also darauf verzichten, nach perfekten Entscheidungen auf der Basis eines "enzyklopädischen" Informationsstandes (Lupia 1994) zu streben, sondern sich stattdessen am Prinzip der beschränkten Rationalität orientieren und eine Strategie des "satisfycing" (Simon 1957) verfolgen. Sie stützen sich dabei auf "Verfahren zur Senkung der Datenkosten" (Downs 1968: 215), d.h. Mechanismen der Informationsbeschaffung und -vereinfachung, welche die Komplexität der Entscheidungssituation verringern und dadurch die Voraussetzungen schaffen, um auch bei unvollständigem Informationsgrad zu einer befriedigenden Entscheidung zu gelangen. Beispiele sind die Ausrichtung von Entscheidungen an Ideologien (Downs 1968), an der Identifikation mit einer politischen Partei (Fiorina 1981), an eigenen früheren Wahlentscheidungen (Fuchs/Kühnel 1994) oder am Amtsinhaberstatus von Kandidaten (Alvarez 1997).

Das psychologische Gegenstück zu dieser Vorstellung ist das Konzept des "kognitiven Geizkragens" (Hastie 1986: 29). Dahinter steht die Idee, daß Individuen im Alltag sehr häufig durch Entscheidungssituationen überfordert werden, weil diese zu komplex sind und die persönlichen geistigen Fähigkeiten und Zeitreserven für eine erschöpfende Auseinandersetzung mit der Situation nicht ausreichen. Ob es dabei um die Lösung einer politischen Aufgabe geht, z.B. sich bei einer Wahl für eine bestimmte Partei zu entscheiden, oder ob es sich um ein anderes Problem handelt, mit dem eine Person konfrontiert wird, ist dabei unerheblich: Bei politischen Entscheidungen, so wird angenommen, verhalten sich Individuen nicht anders als in alltäglichen Entscheidungssituationen. In beiden Fällen werden Personen dazu tendieren, sich an simplen Daumenregeln zu orientieren. Dadurch werden Entscheidungsprozesse vereinfacht und leichter Lösungen erzielt. Daß die gefundenen Urteile möglicherweise etwas weniger gut sind als Entscheidungen, die mit mehr Zeit und bei Berücksichtigung einer größeren Informationsmenge erreichbar gewesen wären, wird in Kauf genommen. Solche Faustregeln der Problemvereinfachung werden als "Urteilsheuristiken" bezeichnet (Strack 1985). Ein Beispiel, auf das wir noch mehrfach zurückkommen werden, ist die "Verfügbarkeitsheuristik": die Strategie, Entscheidungen vorrangig auf Informationen zu stützen, die leicht gewonnen werden können, während schwieriger zugängliche Informationen eher außer acht gelassen werden (Strack 1985: 242-54; Ottati/Wyer 1990: 201; Iyengar 1990: 168-80; Popkin 1991: 81-91). Andere Urteilsheuristiken stützen sich auf Affekte, auf Stereotypen, auf Ähnlichkeiten oder auf Merkmale der Quellen von Informationen (vgl. z.B. Brady/Sniderman 1985; Ottati/Wyer 1990; Mondak 1993; McDermott 1997).

2.3.3 Kontexttheoretische Einwände

Das "Paradigma des vernünftig entscheidenden Wählers" geht von der Fragestellung aus, wie sich Wähler - konfrontiert mit einer hochkomplexen Entscheidungsmaterie und nur mit unzureichenden Möglichkeiten und vielleicht auch wenig Motivation ausgestattet, sich umfassend zu informieren - eine Informationsbasis verschaffen, die ausreicht, um eine Wahlentscheidung zu treffen, die nicht "unvernünftig" ist. Als aktiver Problemlöser trifft der Wähler aus dieser Sicht vor seiner "Entscheidung in der Hauptsache", d.h. seinem Votum an der Urne, bereits diverse Vorentscheidungen, welche die Richtung dieser Hauptentscheidung kanalisieren. Unter anderem gehört dazu die Entscheidung, welche Informationen er zur Kenntnis nehmen will, um sie in seine Wahlentscheidung einfließen zu lassen (Lupia/McCubbins 1998: 21-30). Implizit mitentschieden wird dabei selbstverständlich, welche Informationen bei der Entscheidungsfindung ignoriert werden. Diese Sichtweise hebt zwar als wesentliche Prämisse hervor, daß Bürger nicht über vollständige Informationen verfügen. Sie unterstellt aber gleichzeitig implizit, daß dieselben Bürger durchaus eine sehr weitgehende Kontrolle über die Informationen ausüben können, denen sie sich aussetzen, um sich bei der Entscheidung davon leiten zu lassen. Am Beispiel von Downs (1968) stellten Huckfeldt/Sprague hierzu fest: "Downs views informational choice as being determinant: he implicitly assumes that people have the freedom to choose their own sources of information with certainty, and thus social influence becomes a direct reflection of the citizen's own prior beliefs." (Huckfeldt/Sprague 1995: 15)

Doch die Vorstellung, daß Bürger ihre Informationszufuhr vollständig unter Kontrolle haben, unterschätzt die tatsächliche Komplexität von Prozessen der politischen "Informierung". Diese Perspektive tendiert dazu, sich zu stark auf intrapsychische Prozesse der Informationsverarbeitung zu konzentrieren und darüber das *Eigengewicht der Informationsreservoirs* unterzubewerten, aus denen die Individuen ihre Informationen beziehen (Zuckerman u.a. 1998: 316/Fn. 2). Salopp gesagt, konzentriert sich das "Paradigma des vernünftig entscheidenden Wählers" bei Analysen von Prozessen der "Informierung" zu stark auf die Nachfrageseite, unter Vernachlässigung der Angebotsseite. Die sozialen Umwelten, aus denen Wähler Informationen extrahieren, um auf diese dann ihre Entscheidungen zu stützen, haben jedoch eine große, den Verarbeitungsprozessen dieser Individuen vorgelagerte und daher von diesen unabhängige Bedeutung. Sie weisen nämlich spezifische politische Färbungen auf, welche den Individuen, die darin eingebunden sind, als exogene Faktoren vorgegeben sind. Hierauf machen Huckfeldt/Sprague aufmerksam, wenn sie das "Paradigma des vernünftig entscheidenden Wählers" aus der Perspektive der Kontextanalyse kritisieren (Huckfeldt/Sprague 1993: 296-7, 1995: 14-5).

Als allgemeiner Forschungsansatz verfolgt die Kontextforschung das Ziel, individuelles politisches Verhalten in Abhängigkeit von makroskopisch definierten Merkmalen des engeren oder weiteren sozialen Umfeldes der Individuen zu studieren. Der Terminus "Kontexteffekt" bezeichnet dementsprechend "variation in political behavior that depends, systematically, on properties of the environment within which that behavior is embedded" (Sprague 1982: 99). Änderungen der Orientierungen von Wählern in Reaktion auf Prozesse der "Informierung" sind aus dem Blickwinkel der Kontextanalyse grundsätzlich als Mehrebenen-Phänomene zu interpretieren. Relevant sind aus dieser Sicht nicht nur die Vorgänge, die sich im Geist der Wähler abspielen. Es kann daher bei der Analyse nicht nur darum gehen, wie die

Wähler Informationen auswählen und interpretieren. Vielmehr kommt auch den politischen Charakteristika der sozialen Umgebungen, aus denen Wähler die für sie entscheidungsrelevanten Informationen entnehmen, wesentliche Bedeutung zu. "[T]he political opinions and behavior of individuals cannot be explained apart from the environments within which they occur. Individual characteristics alone do not determine political actions and opinions. Rather, political behavior must be understood in terms of the actor's relationship to the environment, and the environmental factors that impinge on individual choice." (Huckfeldt 1986: 1) Die Merkmale der Umwelten, in welchen sich Individuen bewegen, sind diesen nämlich zu einem erheblichen Grad vorgegeben und durch sie kaum veränderbar. Die Kontextanalyse geht daher von der Prämisse aus, daß individuelles politisches Verhalten grundsätzlich nur verstanden werden kann unter *gleichzeitigem* Rekurs auf Eigenschaften der untersuchten Individuen *und* auf Eigenschaften eines oder mehrerer Kontexte, in welche diese Individuen eingebunden sind.

Eine Analyse, welche die Bedeutung politischer Informationen für Wahlentscheidungen umfassend würdigen will, muß infolgedessen immer auch mit berücksichtigen, welche Informationen in den verschiedenen entscheidungsrelevanten sozialen Umwelten der Individuen prinzipiell verfügbar sind und wie sie sich verteilen. Wähler mögen bestrebt sein, aus den Informationsmenüs, welche ihre Kontexte bereithalten, diejenigen Informationen auszuwählen, die sie als besonders hilfreich für ihre Entscheidungsfindung einschätzen. Aber die Beschaffenheit der Menüs selber können sie nicht kontrollieren. Die Wähler müssen sich daher mit dem Informationsangebot bescheiden, das sie vorfinden. Die sozialen Umwelten von Wählern halten in angebbaren Verteilungen Informationen bereit, die bei Wahlen eher den einen oder eher den anderen Wettbewerber begünstigen. Es ergeben sich infolgedessen für jeden Wähler bestimmte Wahrscheinlichkeiten, bei der Informationssuche mit Informationen in Berührung zu kommen, die eher Entscheidungen für die eine Seite oder eher Entscheidungen für die andere Seite nahelegen. Daraus ergibt sich, daß "to the extent that informational choice is probabilistic, the incoming stream of information becomes a crucial consideration. What affects the content and composition of this incoming stream? [...] [I]ndividual social experience is best seen as the end result of a complex interplay between individual choice and environmental supply." (Huckfeldt/Sprague 1993: 299)

Insoweit Individuen ihre eigene Informationszufuhr nur begrenzt oder gar nicht steuern können, gewinnt die Einflußperspektive gegenüber der rein handlungstheoretischen Perspektive an Relevanz. Wenn für den Ausgang eines Entscheidungsprozesses die Informationen entscheidend sind, die im Verlauf des Prozesses aufgenommen und verarbeitet werden, und wenn die Beschaffenheit dieser Informationen dem Individuum, das sie verarbeitet, mehr oder weniger weitgehend vorgegeben ist, dann wird das Individuum tendenziell zum Objekt der Beeinflussung. "The search for information is bounded and constrained by availability, and availability is environmentally imposed - the *gentle coercion* that arises inevitably in the context of the citizen." (Huckfeldt/Sprague 1995: 291; Hervorhebung R.S.) Der einzelne Wähler mag aktiv versuchen, sich aus seiner Umwelt relevante und für die anstehende Entscheidung maßgeschneiderte Informationen zu verschaffen, doch wird das im Normalfall nur eingeschränkt, im Extremfall vielleicht sogar überhaupt nicht gelingen. Es erscheint daher angezeigt, bei der Analyse von Prozessen der politischen "Informierung" von Wählern und ihren Konsequenzen für die Entscheidungen dieser Wähler die ihnen vorgegebenen Verteilungen von Informationen in der Gesellschaft und die Kanäle, durch welche diese fließen, nicht zu vernachlässigen und dem Blickwinkel des "Paradigmas der politischen Persuasion" stärkeres Gewicht zuzugestehen.

Bis zu einem gewissen Grad kann man beide Paradigmen als zwei Seiten derselben Medaille sehen. Das wird deutlich am Beispiel der folgenden Definition: "Learning from others requires persuasion. We define persuasion as one person's successful attempt to change the beliefs of another. In settings where reasoned choice requires learning from others, persuasion is a necessary condition for reasoned choice." (Lupia/McCubbins 1998: 40; im Original hervorgehoben) Aus diesem Blickwinkel bedeutet Persuasion, daß sich Bürger aussuchen, von welchen Informationen sie sich überzeugen lassen wollen, ihre Orientierungen und gegebenenfalls auch ihr Verhalten zu ändern. Beide Paradigmen untersuchen denselben Prozeß - den Prozeß der "Informierung" von Wählern. Doch setzen sie dabei analytisch unterschiedliche Schwerpunkte.

Insbesondere durch die Akzentuierung des großen Stellenwertes der außerhalb des Individuums liegenden sozialen Quellen politischer Informationen hebt sich das Einfluß-Paradigma deutlich von den im Zusammenhang des "Paradigmas des vernünftig entscheidenden Wählers" dominierenden Modellen ab, denen es in erster Linie um den detaillierten Nachvollzug der Subtilitäten autonomer intrapsychischer Prozesse der Informationsverarbeitung geht (Zaller 1992: 3-4). Dabei sieht die Persuasions-Perspektive im Wähler durchaus nicht bloß ein passives Opfer. Vielmehr wird ausdrücklich konzediert, daß dieser im Rahmen der gegebenen Möglichkeiten, aber eben nur in diesem Rahmen, versucht, gezielt auszuwählen, welche Informationen er bei seinen Entscheidungen berücksichtigen will (Zaller 1992: 286). Insgesamt geht sie davon aus, daß sich politischer Einfluß entfaltet im Zusammenspiel der Zuwendung und Verarbeitung von Informationen durch die Wähler mit den von diesen nur bedingt oder gar nicht kontrollierbaren Inhalten der Informationen, die von ihren sozialen Umwelten für sie bereitgehalten werden.

2.3.4 Das "Paradigma der politischen Beeinflussung"

Während die *"reasoning voter"*-Perspektive politische Informationen als gezielt nachgesuchte Ressource begreift, die Wähler in die Lage versetzt, sinnvolle politische Entscheidungen zu treffen, werden sie im Rahmen des Persuasions-Paradigmas primär als Quelle und Medium politischen Einflusses gedeutet. Die zentrale Fragestellung dieser Perspektive lautet: *Wie beeinflussen die Informationen, welche den Wählern angeboten und von diesen aufgenommen werden, die Richtung ihrer Wahlentscheidungen?* Dabei wird davon ausgegangen, daß die Informationen, welche den Wählern verfügbar sind, bestimmte, von diesen nicht steuerbare inhaltliche Charakteristika aufweisen, und es wird gefragt, ob und wie diese Charakteristika in den Entscheidungen der Wähler einen Niederschlag finden.

Die Konzepte "*Einfluß*" bzw. "*Persuasion*" werden in der Politikwissenschaft vor allem im begrifflichen Zusammenhang von Machtbeziehungen diskutiert (Burnell/Reeve 1984; Knoke 1990b: 1-7; Boudon/Bourricaud 1992: 101-9). Einfluß wird dabei als eine bestimmte Form von Macht konzeptualisiert, die durch spezielle Merkmale gekennzeichnet ist. Im Anschluß an Dahl kann Macht als ein relationales Phänomen verstanden werden, das die Beziehung zwischen zwei oder mehr Akteuren betrifft. Dabei kann es sich um individuelle Akteure handeln, aber auch um kollektive oder korporative Akteure, bis hin zu Staaten. "Macht" wird dabei folgendermaßen definiert:

"*A* has power over *B* to the extent that he can get *B* to do something that *B* would not otherwise do." (Dahl 1957: 202-3)

Im Rahmen dieser Definition können zwei verschiedene Arten von Machtbeziehungen unterschieden werden (Knoke 1990b: 3-7). Unterscheidungskriterium ist dabei das Medium, über das die Macht ausgeübt wird: Zwang oder Information. In vielen Fällen erwächst die Macht eines Akteurs gegenüber einem anderen Akteur aus einem Sanktionspotential. Wenn Akteur *A* in der Lage ist, Akteur *B* durch Bestrafung oder Vorenthaltung von Belohnungen zu schaden, dann wird er diesen durch angedrohte oder tatsächliche Sanktionen mit hoher Wahrscheinlichkeit veranlassen können, sein Verhalten zu ändern. Verweigerung wird nämlich für Akteur *B* unangenehme Folgen nach sich ziehen. Er handelt also nicht freiwillig, sondern unter Zwang. Bei Einflußprozessen spielt Zwang demgegenüber *per definitionem* keine Rolle. Verhaltensänderungen geschehen auf der Grundlage weitgehender Freiwilligkeit (O'Keefe 1990: 15-6) und werden allein durch die Vermittlung von Informationen herbeigeführt (Knoke 1990b: 6). Das Medium, über das politischer Einfluß ausgeübt wird, ist die Vermittlung "überzeugender" Informationen.

Ein Persuasionsprozeß nimmt seinen Ausgang bei einem Akteur, der als Sender einem anderen Akteur, der die Rolle des Empfängers innehat, Informationen vermittelt. Zwischen Sender und Empfänger muß ein Vermittlungskanal existieren, über den die Informationen transferiert werden können. Die vermittelten Informationen enthalten Gesichtspunkte, welche für die Empfänger *Gründe* darstellen, ihre Orientierungen gegenüber bestimmten, durch die Informationen berührten Sachverhalten zu verändern (Zaller 1992: 41). Sofern diese Sachverhalte eine politische Entscheidung betreffen, können die modifizierten Orientierungen dann ihrerseits dazu führen, daß sich auch das Verhalten der Empfänger ändert und die Entscheidung anders ausfällt als sie ausgefallen wäre, wenn die Informationen die entscheidenden Personen nicht erreicht hätten (O'Keefe 1990: 16). Die in den Informationen enthaltenen Gesichtspunkte führen in diesem Fall dazu, daß ihre Empfänger die Folgen ihrer Entscheidungen anders einschätzen als zuvor. Politischer Einfluß bedeutet also allgemein, "that A gets B to do/believe/accept/reject something which he would not otherwise do/believe/accept/reject, by exhibiting reasons or consequences of alternatives confronting B" (Burnell/Reeves 1984: 409).

In vielen Definitionen des Konzepts "Einfluß" spielt das Kriterium der Absichten des beeinflussenden Akteurs eine Rolle. Dabei wird "Persuasion" als Vorgang der "erfolgreichen" Überzeugung eines Empfängers durch einen Sender gekennzeichnet (Miller 1987: 451; O'Keefe 1990: 15-7; Knoke 1990a: 1042, 1990b: 3; Boudon/Bourricaud 1992: 101; Lupia/McCubbins 1998: 40). Das bedeutet, daß von "Einfluß" nur dann gesprochen wird, wenn (a) ein Sender Informationen mit dem Ziel vermittelt, den Empfänger zu überzeugen, und (b) diese Informationen dem Empfänger Gründe geben, seine Orientierungen tatsächlich zu modifizieren, und zwar (c) in dem vom Sender beabsichtigten Sinne. Fälle von Einstellungs- oder Verhaltensmodifikationen durch Informationen, die nicht von einem Sender mit der Absicht der Überredung vermittelt wurden oder die Modifikationen in einer anderen als der vom Sender intendierten Richtung hervorrufen, fallen also aus dem Begriffsumfang dieser Definition heraus. Doch erscheint diese ausschließliche Fokussierung auf intentionale Überzeugungskommunikation nicht zwingend. "The problem here is notorious: is it necessary both that B be diverted from what he would otherwise have done *and* that he be successfully diverted in a direction desired by A?" (Burnell/Reeves 1984: 395)

Im Anschluß an Watzlawick u.a. kann man davon ausgehen, daß jegliches Verhalten in sozialen Situationen Mitteilungscharakter hat und daß es daher unmöglich ist, keine informativen Signale auszusenden, selbst wenn man dies versuchen würde. Infolgedessen besteht grundsätzlich auch immer die Möglichkeit, daß Interaktionspartner ihre Orientierungen und vielleicht sogar ihr Verhalten in Reaktion auf wahrgenommene Informationen ändern, unabhängig davon, ob überhaupt eine derartige Veränderung und dazu auch in der Richtung, in der sie sich tatsächlich einstellt, beabsichtigt gewesen war oder nicht. "Handeln oder Nichthandeln, Worte oder Schweigen haben alle Mitteilungscharakter: Sie beeinflussen andere." (Watzlawick u.a. 1974: 51) So müssen politische Gespräche zwischen Personen nicht zwangsläufig mit dem Ziel geführt werden, den jeweils anderen zu überzeugen. Es kann sich auch einfach um "small talk" handeln, welcher z.B. der Zerstreuung oder der persönlichen Kontaktpflege dient und nicht in der Absicht und mit der Erwartung geführt wird, beim Gegenüber eine Korrektur seiner politischen Präferenzen zu erreichen. Politische Argumente, die bei einer solchen beiläufigen Unterhaltung erwähnt werden, kann ein Zuhörer trotz dieser Beiläufigkeit überzeugend finden und als guten Grund akzeptieren, seine eigene Haltung zu ändern. Ebenfalls ist vorstellbar, daß auch die unpolitische Anwendung professioneller Berufsnormen durch Journalisten zu Nachrichten führen kann, die einigen ihrer Empfänger gute Gründe geben, ihre Meinungen zu überdenken, und in diesem Sinne "einflußreich" sind. Aus diesem Grund soll das Kriterium der Absichtlichkeit im folgenden nicht in den Katalog der konstitutiven Merkmale des Begriffs des politischen Einflusses aufgenommen werden. Ein so bestimmtes Persuasionskonzept entfernt sich einen Schritt weit vom begrifflichen Kontext des Gegenstandsbereiches der Machtbeziehungen und fokussiert stärker auf die Natur des Prozesses der Beeinflussung (Burnell/Reeves 1984: 399). "In as much as persuasion is concerned with giving reasons, 'to be persuaded' is often used to describe situations where a person has been given, or comes to have, reasons for a particular belief or action, regardless of whether these where intended to be conveyed to any other person. 'To be persuaded' can refer to the fact that one comes to have reasons, or that one is in the process of detecting, or being given, reasons." (Burnell/Reeves 1984: 397)

Tabelle 2-1: Typen politischer Einflüsse

Einflußrichtung von Informationen über Partei oder Kandidat A	Prädispositionen gegenüber Partei oder Kandidat A		
	Pro	Neutral	Contra
Pro	Aktivierung	Konversion	Konversion
Contra	Konversion	Konversion	Aktivierung

Von Prozessen der Beeinflussung oder Persuasion soll vor dem Hintergrund dieser Überlegungen im folgenden dann gesprochen werden, *wenn Informationen, denen eine Person ausgesetzt wird, diese dazu veranlassen, sich anders zu verhalten, als sie sich verhalten hätte, wenn sie von diesen Informationen nicht erreicht worden wäre* (vgl. für ähnliche Definitionen Seymour-Ure 1974: 62; Miller 1987: 451; O'Keefe 1990: 17; Ansolabehere u.a. 1993: 146; Severin/Tankard 1997: 146). In Anbetracht dessen, daß viele Wähler keine politischen Neutra sind, sondern Grundloyalitäten verinnerlicht haben, die eine Neigung zu bestimmten Parteien begründen, können in Anlehnung an Lazarsfeld u.a. (1968: 73-100; siehe auch Finkel 1993; Finkel/Schrott 1995) zwei Typen von Einflüssen unterschieden werden. Wesentlich ist dabei, ob die empfangenen Informationen die Wähler veranlassen, vor dem Hintergrund dieser politischen Prädispositionen konsistent oder inkonsistent zu wählen. "*Aktivierende*" Einflüsse veranlassen Personen dazu, *im Einklang* mit ihren Prädispositionen abzustimmen, sofern sie dies andernfalls nicht getan hätten. Empfangene Informationen geben Wählern in diesem Fall Gründe, Wahlentscheidungen zu fällen, die den Vorgaben ihrer politischen Loyalitäten entsprechen. Ohne diese Gründe hätten diese Wähler für andere Parteien oder Kandidaten votiert. Der Ausdruck "*Konversion*" bezeichnet demgegenüber Einflüsse, die dazu führen, daß Personen "abwandern", d.h. Wahlentscheidungen treffen, die ihren Prädispositionen *widersprechen*. Von Konversion soll überdies auch gesprochen werden, wenn Informationen die Entscheidungen von Wählern beeinflussen, die politisch unabhängig, d.h. im Hinblick auf Prädispositionen neutral sind (vgl. Tabelle 2-1).[2]

Wie kommt es dazu, daß Informationen Wähler beeinflussen? Wie kann man sich den Mechanismus vorstellen, über den Informationen, welche von Wählern empfangen werden, diese dazu veranlassen, ihre Orientierungen oder gar ihre Entscheidungen zu ändern? Plausible Antworten auf diese Fragen gibt das RAS-Modell der politischen Beeinflussung. Dieses Modell wurde in den letzten Jahren von John Zaller in einer Reihe von Studien ausgearbeitet (Zaller 1987, 1989, 1990, 1991, 1992, 1993, 1994, 1996; Zaller/Feldman 1992). Es knüpft direkt an das von Converse vorgeschlagene Modell der Bedeutung politischer Informationsflüsse für Wahlentscheidungen an (Converse 1966), das - abgesehen von vereinzelten empirischen Anwendungen (Butler/Stokes 1969: 220-8; Cox 1969: 178-84; Orbell 1970; Dreyer 1971; Zukin 1977) - zwei Jahrzehnte lang ohne nennenswerte Resonanz geblieben war. Es stellt die sehr allgemein gehaltenen Postulate dieses Modells auf das Fundament verschiedener Theoreme der politischen Psychologie und kommt dadurch zu sehr viel genaueren Aussagen über den Mechanismus der politischen Persuasion.

2.3.5 Das RAS-Modell der politischen Beeinflussung

Das RAS-, d.h. "*Receive-Accept-Sample*"-Modell der politischen Persuasion (Zaller 1992: 40-51) konzeptualisiert Einflußprozesse ausdrücklich als Mehrebenen-Phänomene. Als zentrale Wirkfaktoren schließt das Modell sowohl Merkmale von Individuen ein als auch Faktoren, welche die Kontexte kennzeichnen, in die diese Individuen eingebettet sind. Die beiden wesentlichen Faktoren der Individualebene sind die politischen Prädispositionen der Individuen sowie das Ausmaß ihrer "Informiertheit". Diese wird von Zaller als "political awareness" konzeptualisiert, was im folgenden mit "politische Involvierung" übersetzt werden soll. Wesentliche Merkmale der Makroebene sind die richtungspolitische Verteilung sowie die Intensität politischer Informationsflüsse (Zaller 1987: 822, 1989: 182, 1992: 58, 308). Alle diese Faktoren *interagieren* miteinander in Prozessen der politischen Beeinflussung.

Das RAS-Modell ist ein allgemeiner Ansatz zur Erklärung von Veränderungen der öffentlichen Meinung, verstanden im Sinne der Aggregatverteilung politischer Positionen, wie sie durch Umfragen sichtbar wird. Es soll das Zustandekommen vielfältiger Arten von Stellungnahmen erklären, die Bürgern in den unterschiedlichsten Entscheidungssituationen abverlangt werden. Das in unserem Zusammenhang

---

2 Lazarsfeld u.a. (1968: 87-93) diskutierten außerdem auch als dritte Variante den "Verstärkungs"-Effekt. Gemeint ist damit, daß Informationen dafür sorgen, daß Personen einmal entwickelte Präferenzen bis zur endgültigen Entscheidung am Wahltag stabil beibehalten. Verstärkungs-Effekte können in der vorliegenden Studie nicht untersucht werden, weil die dafür erforderlichen Widerholungsbefragungen nicht zur Verfügung stehen (siehe jedoch Finkel 1993).

2 Informationen und Wählerverhalten in westlichen Demokratien 45

wichtigste Anwendungsbeispiel sind individuelle Wahlentscheidungen (Zaller 1989, 1992: 216-64). Änderungen der Meinungsverteilung zu politischen Sachfragen (*issues*) sind ein zweiter Gegenstand, auf den das Modell bereits anwendet wurde (Zaller 1987, 1990, 1991, 1992: 97-214, 1993, 1994; Kriesi 1999; Marquis/Sciarini 1999). Ein drittes, ganz anders gelagertes Anwendungsbeispiel ist das Antwortverhalten von Befragten in Umfragen (Zaller 1992: 53-96; Zaller/Feldman 1992). Ob Individuen einem Kandidaten oder einer Partei ihre Stimme geben, ob sie eine Meinung zu politischen Tagesproblemen äußern, oder ob sie eine geschlossene Survey-Frage beantworten - der gedankliche Mechanismus, über den sie zu diesen Urteilen gelangen, ist dem RAS-Modell zufolge jedesmal derselbe. Sie alle sind zu verstehen als "outcome of a process in which people *receive* new information, decide whether to *accept* it, and then *sample* at the moment of answering questions" (Zaller 1992: 51). Das RAS-Modell postuliert also, daß politische Entscheidungen zustande kommen als Resultate einer Schrittfolge, welche beginnt mit der *R*ezeption von Informationen. Diese Informationen werden dann *a*kzeptiert oder nicht. Und akzeptierte Informationen werden unter Umständen als Teil einer Gedächtnis-*S*tichprobe ausgewählt, um als Gründe in die am Ende stehende Entscheidung einzufließen.

2.3.5.1 "Erwägungen"

Grundlegend für das RAS-Modell ist die Prämisse, daß in jeder der erwähnten, auf den ersten Blick sehr unterschiedlichen Anwendungssituationen dem Individuum abverlangt wird, eine potentiell sehr breite Palette relevanter Gesichtspunkte zu einem einzigen, eindeutigen Urteil zu verdichten. Sie alle tragen den Charakter summarischer Sammelstellungnahmen, in die eine große Zahl sehr vielfältiger Aspekte einfließen kann (Zaller 1992: 231). Am Beispiel der Wahlentscheidung sei diese Ausgangsüberlegung plausibilisiert:

Die politischen Konsequenzen von Wahlen sind vielfältig und können alle Lebensbereiche von Bürgern betreffen. Sie betreffen potentiell sämtliche Aspekte zukünftiger Politik. Dem Gewinner einer Mehrheit an Wählerstimmen wird ein umfassendes Mandat erteilt, in allen Politikbereichen gestaltend tätig zu werden. Dieser Konsequenzenreichtum von Wahlen hat jedoch keine Entsprechung im Modus der Stimmabgabe. Wahlentscheidungen erlauben lediglich die Festlegung auf eines von mehreren Bündeln sach- und personalpolitischer Alternativen. Diese können nur im "Paket", d.h. in pauschaler Weise unterstützt werden. Mit der Stimmabgabe für einen Präsidentschaftskandidaten "kauft" der amerikanische Wähler nolens volens dessen gesamtes politisches Programm. Bei europäischen Parteiwahlen umschließt die Entscheidung auch alle für politische Ämter vorgesehenen Kandidaten der gewählten Organisation. Das gilt auch dann, wenn dem Wähler die politischen Ziele nur in Teilen zusagen und wenn ihm nicht alle Kandidaten auf der Parteiliste gleichermaßen gut gefallen. Beim Wählen muß der einzelne Stimmberechtigte also unter Berücksichtigung einer kaum überschaubaren Fülle von Gesichtspunkten sachlicher und personeller Art eine Auswahl zwischen in sich sehr differenzierten, jedoch nur *en bloc* wählbaren Alternativen treffen.

Kernstück des RAS-Modells ist vor diesem Hintergrund eine Neukonzeptualisierung jener geistigen Orientierungen von Bürgern, die bislang zumeist mithilfe des Konzepts der *"Einstellung"* begrifflich gefaßt wurden. Nach herkömmlichem Verständnis bezeichnet dieser Begriff die psychische Tendenz eines Individuums, bestimmte Objekte - beispielsweise solche aus dem Bereich der Politik wie Kandidaten, Parteien oder bestimmte Sachpositionen - positiv oder negativ zu bewerten. Diese Bewertung kann offen ausgedrückt werden oder verdeckt bleiben, und sie kann kognitive, emotionale sowie verhaltensbezogene Dimensionen umfassen. Wesentlich am Konzept der Einstellung ist insbesondere, daß sie als eine vom Individuum dauerhaft verinnerlichte Orientierungstendenz verstanden wird. Einstellungen werden also als persönliche Dispositionen begriffen, denselben Gegenständen bei wiederholten Gelegenheiten immer wieder in derselben Weise zu begegnen (Eagly/Chaiken 1993: 1-2).

Zallers Alternativvorschlag geht aus von einer Reihe bekannter Probleme der Messung politischer Einstellungen durch Massenumfragen. So zeigt sich bei Wiederholungsbefragungen immer wieder, daß Personen zu unterschiedlichen Zeitpunkten auf dieselben Fragen anders reagieren. Auch variieren Antworten auf Survey-Fragen häufig in Abhängigkeit vom sachlichen Kontext im Fragebogen, innerhalb dessen diese Fragen gestellt werden. Oft werden auch Antwortverzerrungen beobachtet, die durch subtile Abweichungen von Frageformulierungen hervorgerufen werden (Zaller 1992: 28-39, 53-96; Zaller/Feldman 1992). Diese Eigentümlichkeiten des Befragtenverhaltens entsprechen keineswegs den Stabilitätserwartungen, die sich aus dem Einstellungskonzept ableiten lassen. Sie sind ein wichtiger Gegenstand des "Paradigmas des uninformierten Wählers" und werden in dessen Rahmen unterschiedlich gedeutet. Converse (1970) interpretierte solche Phänomene als Manifestationen von "Nicht-Einstellungen". Seiner Auffassung zufolge verfügt nur ein Teil der Bürger überhaupt über "echte" Einstellungen zu politischen Sachfragen. Der Rest sei zwar ebenfalls häufig bereit, bei Befragungen eine Position zu Protokoll zu geben. Doch seien derartige Äußerungen bedeutungslose Zufallsprodukte ohne gedankliche Grundlage. Ein optimistischeres Bild zeichnet demgegenüber die These, daß die Verschwommenheit der durch Umfragen erhobenen öffentlichen Meinung eine Folge fehlerbehafteter Meßinstrumente sei. Demzufolge beinhalten die Ergebnisse von Befragungen sehr wohl bei den meisten Befragten einen "wahren Kern" in Gestalt echter Einstellungen; dieser sei jedoch durch Meßfehler überlagert (Achen 1975).

Das Verständnis des RAS-Modells liegt zwischen diesen beiden Extrempositionen. Nach dieser Auffassung verfügen die Bürger normalerweise tatsächlich nicht über "echte" Einstellungen im Sinne auskristallisierter, in sich geschlossener Grundorientierungen gegenüber politischen Objekten, die situationsinvariant sind und von daher im Prinzip jederzeit in identischer Weise abrufbar sein sollten. Im Kopf der meisten Bürger gibt es zu den meisten politischen Gegenständen in der Tat keine festgefügten und kohärenten Einstellungspositionen, die - wie durch Öffnen der richtigen Schublade (Zaller 1992: 35) - beliebig abgerufen werden können. Die politische Gedankenwelt eines Durchschnittsbürgers besteht aber auch nicht nur aus einem "Converse'schen Vakuum". Stattdessen muß man sich das Denken der Bürger vorstellen als ein mehr oder weniger reichhaltiges Gemenge sogenannter "*Erwägungen (considerations)*". Dabei handelt es sich um Bewertungsgesichtspunkte, die definiert werden als "any reason that might induce an individual to decide a political issue one way or other" (Zaller 1990: 40). Das Konzept der Erwägungen entstammt Kelleys "einfacher Theorie der Wahlentscheidung", in deren Zusammenhang diese definiert werden als "prima facie reasons for choosing in one way or another" (Kelley 1983: 10).[3]

Eine Erwägung beinhaltet eine bestimmte Vorstellung über die politische Realität, die mit einer Bewertung verbunden ist (Zaller 1990: 126, 1992: 40). Der Begriff der Vorstellung bezieht sich dabei auf rein kognitive Orientierungen, d.h. auf neutrale Verknüpfungen von Objekten mit Attributen - "Repräsentation[en] von Wirklichkeit in unseren Köpfen" (Schönbach 1983: 26). Als Komponenten von Erwägungen sind diese Vorstellungen mit Bewertungen verknüpft. Die Spannbreite möglicher Inhalte solcher Erwägungen ist groß. Die Bewertungen müssen sich keineswegs immer an klar artikulierbaren Evaluationskriterien orientieren. Auch ziemlich einfache Affektladungen können die Funktion erfüllen, der Orientierung eine wertende Richtung zu geben. Erwägungen haben zwar einen Bezug zu bestimmten politischen Gegenständen. Keineswegs müssen aber alle Erwägungen, die sich auf denselben Gegenstand beziehen, in ihrer Gesamtheit ein konsistentes, geschlossenes, systematisch integriertes und insgesamt sinnvolles Orientierungssystem gegenüber diesem Gegenstand bilden. In der Regel tragen sie eher den Charakter einer Ansammlung mehr oder weniger unverbundener Teilgesichtspunkte, die durchaus in sich ziemlich widersprüchlich sein können. Zaller/Feldman verdichten diese Überlegung zu einem "Ambivalenz-Axiom", das besagt: "Most people possess opposing considerations on most issues, that is, considerations that might lead them to decide the issue either way." (Zaller/Feldman 1992: 585) Die geistige Repräsentation der Politik im Denken der Bürger entspricht damit der faktischen Mehrdimensionalität, Komplexität und Vielschichtigkeit der meisten politischen Probleme (Zaller 1992: 74/Fn. 24).

2.3.5.2 "Meinungsstellungnahmen"

Was geschieht nun, wenn eine Person im Rahmen einer Entscheidungssituation einen bestimmten politischen Gegenstand zu *beurteilen* hat, zum Beispiel, wenn ein

---

3   Auch in der operationalen Konkretisierung des Konzeptes orientiert sich Zaller an diesem Vorbild. Erwägungen werden operationalisiert mittels eines Standardinstrumentes der Michigan-Schule (vgl. Campbell u.a. 1960: 67-8, 222), nämlich einer offenen Frage nach den von den Wählern wahrgenommenen "guten und schlechten Seiten" der Kandidaten (vgl. Kelley/Mirer 1974; Kelley 1983; Zaller 1989, 1992: 228-53).

Interviewer ihre Meinung zu einem bestimmten politischen Problem in Erfahrung bringen will, oder wenn sie am Wahltag entscheiden soll, wem sie ihre Stimme geben will? Die "einfache Theorie der Wahlentscheidung" hatte auf diese Frage eine in der Tat einfache Antwort: Der Wähler wird seine positiven und negativen Erwägungen saldieren und entsprechend der Netto-Bilanz entscheiden. Überwiegen die positiven Erwägungen, wird er für die betreffende Partei votieren; überwiegen die negativen Erwägungen, wird er gegen sie stimmen (Kelley/Mirer 1974: 574; Kelley 1983: 11). Im Kern eine ganz ähnliche These vertritt auch Zaller (1992: 49).

Diese Vorstellung impliziert verschiedene vereinfachende Prämissen. Zum Beispiel gibt es keine einschränkenden Vorannahmen im Hinblick auf die möglichen Gegenstände entscheidungsrelevanter Erwägungen. Die inhaltliche Spannbreite potentiell bedeutsamer Erwägungen ist nicht begrenzt auf Orientierungen gegenüber politischen Problemen und gegenüber den zur Wahl stehenden Kandidaten, wie vom Michigan-Modell postuliert (Bürklin/Klein 1998: 57-64), und erst recht nicht alleine auf die politischen Sachfragen, die von Modellen des *Issue*-Wählens ins Zentrum gerückt werden (Rattinger 1980; Rusk 1987). Außerdem wird unterstellt, daß alle Erwägungen mit demselben Gewicht in den Saldierungsvorgang eingehen. Es gibt keine Unterschiede nach Intensität oder Extremität der enthaltenen Bewertungen. Das bedeutet nicht zuletzt: Jede Erwägung, die für eine Partei oder einen Kandidaten negativ ist, kann durch eine positive Erwägung aufgewogen und neutralisiert werden (Zaller 1992: 277-8).

Ebenfalls keinen Platz haben in diesem Modell Vorstellungen einer Integration von Erwägungen in komplexere gedankliche Konstrukte. Das RAS-Modell deutet die politische Gedankenwelt von Individuen als einen großen "Eimer", der mit unverbundenen Erwägungen mehr oder weniger angefüllt ist (Zaller 1992: 280). Die Gegenposition zu dieser Sichtweise beziehen Theorien, welche davon ausgehen, daß die Gedankenwelt von Individuen strukturiert und organisiert ist. Eine wichtige Rolle spielt in diesem Zusammenhang das Konzept der "kognitiven Schemata". Darunter werden allgemeine Wissensstrukturen verstanden, welche in abstrakter Weise die wichtigsten Merkmale von Gegenstandsbereichen beinhalten und gleichzeitig angeben, welche Beziehungen zwischen diesen Merkmalen bestehen. Sie stellen Konstrukte dar, in denen Vorstellungen und Bewertungen von Gegenstandsbereichen in ganzheitlicher Weise organisiert sind. Schemata sind hierarchisch aufgebaut und können unterschiedlich komplex und unterschiedlich tief gegliedert sein (Conover/Feldman 1984a: 96-8; Schwarz 1985: 272-4; Lau 1986: 95). Erwägungen stehen aus dieser Sicht nicht im Geist der Wähler unverbunden nebeneinander, sondern sind in größeren Sinnkomplexen verankert, aus denen heraus ihnen ein spezifischer Bedeutungsgehalt zuwächst.

Zaller bestreitet ausdrücklich nicht die Möglichkeit, daß das politische Denken von Bürgern solcherart in schematischer Form geordnet und vernetzt sein könnte. Um der Einfachheit des Modells willen wird jedoch darauf verzichtet, derartige Annahmen einzubauen (Zaller 1990: 148, 1992: 37-9, 115-6, 274, 280). Vielmehr beruht das RAS-Modell - insoweit der "einfachen Theorie der Wahlentscheidung"

2 Informationen und Wählerverhalten in westlichen Demokratien

analog - auf der sehr einfachen Annahme, daß Wähler zu einer Entscheidung gelangen, indem sie positive und negative Erwägungen saldieren. Allerdings beziehen sie dabei nicht alle prinzipiell verfügbaren, in ihrem Gedächtnis gespeicherten Erwägungen ein, sondern nur eine Auswahl, eine *Stichprobe*. "[I]ndividuals make decisions by averaging over a non-random but stochastic sample of relevant considerations, where the size of the sample of considerations may vary between 1 and very large." (Zaller 1992: 39) Wenn eine Person einen bestimmten politischen Gegenstand zu beurteilen hat, sei es bei einer Wahl oder sei es in einer Befragungssituation, dann wird sie eine Saldierung desjenigen Ausschnitts aus der Gesamtmenge aller prinzipiell das Beurteilungsobjekt betreffenden Erwägungen bilden, die gerade in diesem Augenblick in ihrem Geist besonders leicht zugänglich sind (Zaller 1992: 49). Es wird also unterstellt, daß sich die Wähler bei der Auswahl der zu berücksichtigenden Erwägungen an der - oben bereits erwähnten (siehe Abschnitt 2.3.2) - Verfügbarkeitsheuristik orientieren und nur diejenigen Erwägungen in die Kalkulation einbeziehen, die gerade "top of the head" sind. Diese gedankliche Zugänglichkeit von Erwägungen hängt davon ab, ob bestimmte Anlässe oder Erfahrungen die Aufmerksamkeit der Person auf diese Erwägungen gelenkt und sie so aktualisiert haben: "The accessibility of any given consideration depends on a stochastic sampling process, where considerations that have been recently thought about are somewhat more likely to be sampled." (Zaller 1992: 48) Die Reaktion der Person - eine Wahlentscheidung oder eine Survey-Antwort - ist vor dem Hintergrund dieser Annahmen nicht als Artikulation einer feststehenden "Einstellung" zu verstehen, sondern als eine situativ gefärbte "*Meinungsstellungnahme*" (Zaller 1992: 50).

Wie oben vermerkt, haben die meisten Personen zu den meisten Gegenständen gleichzeitig durchaus widersprüchliche Erwägungen verinnerlicht. Ob eine Person in einer konkreten Entscheidungssituation einen bestimmten politischen Gegenstand eher positiv oder eher negativ bewerten wird, hängt wesentlich vom Mischungsverhältnis der "Grundgesamtheit" aller relevanten Beurteilungsaspekte ab, die in ihrem Gedächtnisspeicher archiviert sind. Dieses Reservoir kanalisiert die Bandbreite möglicher Reaktionen, die in Entscheidungssituationen auftreten können. Es definiert eine zentrale Tendenz aller möglichen Meinungsstellungnahmen, die durch Saldierung aller möglichen Stichproben von Erwägungen aus diesem Reservoir gebildet werden können. An die Stelle des Konstrukts der politischen Einstellung, die als prinzipiell fixierte Position gedacht ist, tritt im RAS-Modell also eine zentrale Antworttendenz mit einer Streubreite, die bei verschiedenen Personen unterschiedlich groß ist (Zaller/Feldman 1992: 610). "[I]ndividuals do not typically possess 'true attitudes' on issues, as conventional theorizing assumes, but a series of partially independent and often inconsistent ones." (Zaller 1992: 93) Die Bandbreite möglicher Meinungsstellungnahmen wird eingegrenzt durch die Verteilung der im Gedächtnisspeicher enthaltenen Erwägungen mit unterschiedlicher Bewertungsrichtung. Solange sich an der Zusammensetzung dieses Reservoirs nichts ändert, bleibt die zentrale Tendenz stabil. Konkrete Meinungsstellungnahmen werden je nach Zusammensetzung der im Einzelfall aktualisierten Erwägungen von dieser zentralen Tendenz mehr oder weniger weit abweichen. Diese Unschärfe ist dem RAS-Modell zufolge die Ursache für die eingangs erwähnten Probleme der Umfrageforschung, die sich als Konsequenzen der unterschiedlichen Aktualisierung relevanter Erwägungen erklären lassen.

2.3.5.3 "Überzeugungsbotschaften"

Die Quelle der Bewertungsgesichtspunkte, die als Einzelkomponenten in die summarischen Meinungsstellungnahmen einfließen, sind *"Überzeugungsbotschaften (persuasive messages)"*, mit denen das Individuum über Informationskanäle in Kontakt gekommen ist, und die dann von ihm *rezipiert* und schließlich *akzeptiert* wurden. Diese Mitteilungen repräsentieren "arguments or images providing a reason for taking a position or point of view; if accepted by an individual, they become considerations" (Zaller 1992: 41). Erwägungen lassen sich also auf werthaltige Mitteilungen bezüglich bestimmter Gegenstandsaspekte zurückführen, die das Individuum über Informationskanäle erreicht haben und von diesem akzeptiert und verinnerlicht worden sind. So wie Erwägungen durchaus wenig reflektierte emotionale Reaktionen beinhalten können, beschränkt sich auch die Bandbreite von Überzeugungsbotschaften keineswegs nur auf kristallklare politische Argumente, die allen Anforderungen rationaler politischer Deliberation genügen. Auch politische Symbole, die an Affekte statt an die Vernunft appellieren (Sarcinelli 1987), können - wie Zaller ausdrücklich betont - Gegenstand von Überzeugungsbotschaften sein. "[A]lthough the model [...] has a cognitive flavor, it is, in principle, as capable of dealing with nonrational appeals and inarticulate feelings as with other kinds of political discourse." (Zaller 1992: 41)

Auch das Konzept der Überzeugungsbotschaften enthält eine Reihe vereinfachender Modellannahmen. Nicht nur hinsichtlich der Erwägungen, sondern auch hinsichtlich der Überzeugungsbotschaften wird von der prinzipiellen Gleichwertigkeit ausgegangen. Es gibt keine Annahmen über unterschiedliche Einflußpotentiale von Überzeugungsbotschaften in Abhängigkeit von Faktoren wie Qualität, Relevanz oder argumentativer Überzeugungskraft (Delli Carpini/Keeter 1996: 234-5). Auch wird der von Cobb/Kuklinski (1997) angedeuteten Möglichkeit, daß positive und negative Argumente unterschiedlich überzeugungsmächtig sein könnten, nicht Rechnung getragen. Wie bei den Erwägungen wird unterstellt, daß jede negative Überzeugungsbotschaft durch eine positive Überzeugungsbotschaft neutralisierbar ist.

Eine weitere Vereinfachung ergibt sich wiederum aus der Ausblendung der möglichen Rolle kognitiver Schemata. Das RAS-Modell begreift Prozesse der Informationsvermittlung weitgehend ähnlich wie traditionelle "Flußmodelle" (Schulz 1994: 144-8) und setzt sich dadurch ab von der "konstruktivistischen" Perspektive, die in den letzten Jahren in der Kommunikationswissenschaft an Bedeutung gewonnen hat. Dieser Perspektive zufolge ist der Prozeß der Informationsvermittlung nicht als einfacher Transfer, sondern jedenfalls teilweise auch als Vorgang der aktiven Erzeugung von Sinn durch den Rezipienten von Informationen zu verstehen. Der Bedeutungsgehalt einer Mitteilung entsteht aus dieser Sicht als Resultat von Prozessen der Interpretation und Sinnkonstruktion zumindest partiell erst im Kopf des Empfängers (Neuman u.a. 1992: 17-9; Merten 1994b: 309-13; Schulz 1997: 40). Kognitiven Schemata wird bei diesem Vorgang der Konstruktion neuer Informationen vor dem Hintergrund bereits vorhandener Informationen eine wesentliche Rolle zugesprochen. Aus dieser Perspektive können dieselben Überzeugungsbotschaften für verschiedene Empfänger unterschiedliche Bedeutungen besitzen. Demgegenüber beruht das RAS-Modell auf der sehr viel einfacheren Annahme, daß Überzeugungsbotschaften einen invarianten Bedeutungsgehalt besitzen, so daß sie von jedem Empfänger gleich verstanden werden (Zaller 1992: 274). Das Modell nimmt also an, daß der Prozeß der individuellen Informationsverarbeitung im wesentlichen "datengesteuert" funktioniert und nicht "konzeptgesteuert". Unter einem "datengesteuerten" Prozeß ist dabei ein Vorgang der Informationsverarbeitung "von unten nach oben" zu verstehen, der seinen Ausgang bei den vom Organismus wahrgenommenen Informationen nimmt, die dann zu Gedankenstrukturen verdichtet werden. "Konzeptgesteuerte" Informationsverarbeitung erfolgt demgegenüber "von oben nach unten", indem sie von existierenden kognitiven Schemata ausgeht und neue Informationen nach deren Maßgaben interpretiert (Bennett 1981: 89-93).

2.3.5.4 Gesellschaftliche Informationsflüsse

Die Transformation von Überzeugungsbotschaften in Erwägungen ist das Scharnier zwischen der Mikroebene des einzelnen Wählers und der Makroebene der gesellschaftlichen Informationsflüsse. An dieser Schnittstelle erfolgt die Übersetzung der gesellschaftlichen Informationsflüsse in politischen Einfluß auf die Orientierungen und Verhaltenstendenzen der Wähler. Gesellschaftliche Informationsflüsse besitzen ein Potential, "Einstellungen" zu verändern, indem sie den Bewertungsgesichtspunkten, die das Individuum bereits in seinem Gedächtnisreservoir gespeichert hat, neue hinzufügen. Je nach politischer Tendenz dieser neuen, aus akzeptierten Überzeugungsbotschaften hervorgegangenen Erwägungen können sie die Gesamtbalance aller verinnerlichten Erwägungen *peu à peu*, d.h. inkrementell (Zaller 1989: 231) in die eine oder die andere Richtung verschieben. Dadurch verlagert sich die zentrale Tendenz aller möglichen Stichproben, die auf der Grundlage der vorhandenen Erwägungen prinzipiell gezogen werden können. "Permanent alterations in long-term response probabilities are the [...] model's equivalent to attitude change." (Zaller 1992: 118)[4] Ein Gedankenexperiment mag dies verdeutlichen: Wenn eine Person 25

---

4 Das RAS- Modell ist eine Variante der "memory-based, moment-of-decision models" (Lau 1995: 181). Als alternatives Entscheidungsmodell wird in der politischen Psychologie das sogenannte "online"-Modell (Lodge u.a. 1989) diskutiert. Es nimmt an, daß Individuen ihre Positionen zu politischen Gegenständen beständig anhand neu eingegangener Information revidieren und aktualisieren, während sie die ausschlaggebenden Informationen selbst sofort wieder vergessen. Zaller kritisiert

Erwägungen verinnerlicht hat, welche eine politische Position *A* begründen, und 15 Erwägungen, welche für die Gegenposition *B* sprechen, dann tendiert die Wahrscheinlichkeit, daß sie sich bei konkreten Meinungsstellungnahmen für Position *A* entscheiden wird, mit wachsender Stichprobengröße und zunehmender Zahl der Entscheidungen asymptotisch zu einem Wert von P = .625. Sie wird also in nahezu zwei Dritteln der Entscheidungsfälle *A* wählen. Nimmt sie nun aus ihrer Umwelt 16 Überzeugungsbotschaften auf, von denen eine für Position *A* und 15 für Position *B* sprechen, so verschiebt sich die zentrale Tendenz so, daß Entscheidungen in Zukunft etwas eher zugunsten der Position *B* ausfallen werden (P = .536 statt .375).

Gesellschaftliche Prozesse der Informationsvermittlung können also Einflüsse auf politische "Einstellungen" ausüben, indem sie das Mischungsverhältnis der Bewertungsgesichtspunkte für politische Sachverhalte verändern, die im Kopf der Bürger gespeichert sind und in ihre Meinungsstellungnahmen einfließen können. Je nach Intensität der positiv und der negativ gefärbten Informationsflüsse, die das Individuum erreichen, verändern sich dadurch die relativen Chancen einer positiven oder negativen Gesamtbeurteilung des Gegenstandes, auf den sich diese Erwägungen beziehen. "Studies of political persuasion typically assume that attitude change involves a conversion experience in which one crystallized attitude structure replaces another. [...] [A]ttitude change within our framework must not be understood as an all-or-nothing shift in a 'true attitude', but as an adjustment in the mix of considerations relating to an issue." (Zaller/Feldman 1992: 610)

Von in diesem Sinn verstandenen echtem "Einstellungswandel" ist im Rahmen des RAS-Modells systematisch eine zweite Komponente der Variabilität in den Meinungsstellungnahmen von Personen zu unterscheiden, die als "*mood change*" bezeichnet wird (Zaller 1992: 119). Es handelt sich dabei um die Schwankungen von Meinungsstellungnahmen um die latente zentrale Tendenz, welche sich aus der unterschiedlichen Salienz von Erwägungen ergeben. Dieses Phänomen ist in der Politikwissenschaft nicht unbekannt; es wird seit einigen Jahren intensiv unter den Etiketten "Priming" und "Framing" diskutiert (Iyengar 1991: 130-4; Zaller/Feldman 1992: 602, 610; Zaller 1992: 78-85; vgl. Abschnitt 9.1). Es handelt sich dabei um eine Art von "oberflächlicher" Persuasion, die nicht auf Verschiebungen der zentralen Reaktionstendenz beruht. Vielmehr kommt sie zustande durch unterschiedliche Aktualisierungen von Erwägungen aus einem Gedächtnisreservoir, das selbst unverändert bleibt. Durch spezifische Reize werden bestimmte Erwägungen aktualisiert, so daß ihre Zugänglichkeit erhöht wird, mit der Folge, daß diese mit erhöhter Wahrscheinlichkeit bei der Formulierung von Meinungsstellungnahmen berücksichtigt werden und dieser dann eine bestimmte politische Tönung geben. Selbstverständlich ist es wünschenswert, bei Analysen politischer Einflußprozesse sowohl den "echten Einstellungswandel" als auch den bloßen "Stimmungswandel" simultan zu berück-

---

dieses Modell als Wiedereinführung des traditionellen Einstellungskonzeptes gleichsam "durch die Hintertür" und daher als unrealistisch für den Anwendungsbereich der Politik. "On-line"-Verarbeitung neuer Informationen setze mehr politisches Interesse voraus als es die meisten Bürger normalerweise aufbringen (Zaller 1990, 1992: 50, 278-9).

sichtigen (Goidel u.a. 1997). Doch kann die vorliegende Arbeit dieses Ziel nicht einlösen. "Priming"- und "Framing"-Effekte, welche die S-Komponente des RAS-Modells bilden, können hier nicht untersucht werden. Das Interesse gilt vielmehr ausschließlich dem "echten" Wandel politischer Orientierungen, d.h. der R- und der A-Komponente.

Richtung und Ausmaß jeglichen politischen "Einstellungswandels" hängen vor dem Hintergrund dieser Überlegungen entscheidend von der *Menge der vermittelten Überzeugungsboschaften* und der *Verteilung der parteipolitischen Richtungen dieser gesellschaftlichen Informationsflüsse* ab. Daß die absolute Anzahl der vermittelten Überzeugungsbotschaften wichtig ist, wird sofort ersichtlich, wenn man das oben erläuterte Gedankenexperiment variiert. Wenn wir annehmen, daß sich die absoluten Häufigkeiten der empfangenen Überzeugungsbotschaften bei gleichbleibenden relativen Häufigkeiten verdoppeln (was bedeutet, daß dem Informationsempfänger insgesamt 32 Überzeugungsbotschaften zufließen, die sich im Verhältnis 2 zu 30 aufteilen), dann wird sich die Chance der Wahl von Option *B* nicht bloß auf einen Wert von $P = .536$ erhöhen, sondern auf $P = .625$.

Dieses idealtypische Gedankenexperiment skizziert eine Konstellation sehr einseitiger Informationsflüsse, wie sie in der realen Welt eher die Ausnahme sein dürfte. In der Konkurrenzdemokratie muß man grundsätzlich davon ausgehen, daß die gesellschaftlichen Informationsflüsse den Charakter von "bundles of competing messages" (Zaller 1989: 182) tragen. Permanent überlagern und durchkreuzen sich Mitteilungen, die unterschiedliche Parteien oder Kandidaten begünstigen oder benachteiligen. Allerdings können Mitteilungen verschiedener politischer Richtungen im Rahmen solcher "differential information flows" (Zaller 1989: 197) durchaus unterschiedliche Gewichte haben, so daß die konkurrierenden politischen Lager im gesamten Informationsmenü der Gesellschaft mit verschiedenen "Lautstärken" präsent sind (Converse 1966: 143). Für die Auswirkungen gesellschaftlicher Informationsflüsse auf Wahlergebnisse ist es von entscheidender Bedeutung, ob diese Informationsflüsse eher *einseitig* sind, d.h. systematisch eine Partei oder einen Kandidaten begünstigen, oder ob sie eher *mehrseitig* sind, d.h. mehrere Parteien oder Kandidaten in ähnlicher Weise begünstigen bzw. benachteiligen.

Wenn die vermittelten Überzeugungsbotschaften systematisch eine bestimmte Partei oder einen bestimmten Kandidaten in positiverem Licht erscheinen lassen als die anderen Wettbewerber, dann werden Personen, die sie rezipieren, überwiegend Überzeugungsbotschaften nur einer einzigen Richtung ausgesetzt. Falls sie diese Informationen akzeptieren und als neue Erwägungen bei der Bildung von Meinungsstellungnahmen berücksichtigen, erhöht sich die Wahrscheinlichkeit einer Entscheidung zugunsten der Partei oder des Kandidaten, der in den Überzeugungsbotschaften begünstigt worden war. Infolgedessen steigen die Chancen dieses Wettbewerbers, gewählt zu werden. Dieses Szenario überwiegend einseitiger Informationsflüsse lag den beiden oben erläuterten Varianten unseres Gedankenexperiments zugrunde.

Sind die Informationsflüsse jedoch eher gleichgewichtig, dann wird sich dieser Effekt nicht einstellen, weil sich Überzeugungsbotschaften der unterschiedlichen politischen Richtungen gegenseitig aufheben. Auch dies läßt sich per Gedankenexperiment verdeutlichen. Wenn die 16 Überzeugungsbotschaften, welche die oben beschriebene Person aus ihrer Umwelt empfangen hat, zu gleichen Teilen (d.h. je 8) für Position *A* und für Position *B* sprechen, dann kommt es zwar dennoch zu einer leichten Verschiebung der zentralen Reaktionstendenz, mit der Folge, daß in Zukunft etwas weniger häufig Position *A* gewählt werden wird (P = .589 statt .625).[5] Aber die Verschiebung ist weitaus geringer als im Falle einseitiger Informationsflüsse. Das soll nicht besagen, daß diese Überzeugungsbotschaften dann so gut wie keine Einflüsse ausüben würden. Aber diese werden in verschiedene Richtungen gleichzeitig laufen und sich infolgedessen - per saldo - zum größten Teil wechselseitig neutralisieren. "[I]t is a serious mistake for scholars to conflate mutually cancelling effects with nonexistent or only 'minimal' effects. [...] Effects can be very great, even when [...] they function simply to cancel out the efforts of the other side." (Zaller 1996: 37) Die Berechtigung dieser Formulierung wird sofort deutlich, wenn man sich vorstellt, was geschehen würde, wenn eine der Seiten im kommunikativen Wettbewerb plötzlich verstummen würde.

Inwieweit Richtung und Struktur der gesellschaftlichen Informationsflüsse ihren Niederschlag in individuellen Wahlentscheidungen finden, wird durch zwei individuelle Faktoren moderiert: die politischen Prädispositionen von Wählern (Zaller 1992: 22-8) sowie das Ausmaß ihrer persönlichen politischen Involvierung (Zaller 1992: 16-22). Von diesen beiden Eigenschaften von Wählern hängt es ab, in welchem Umfang sie neue, potentiell einflußreiche Informationen *rezipieren* und *akzeptieren*.

2.3.5.5 Politische Prädispositionen

Die Bedeutung *politischer Prädispositionen*, welche die Entscheidungen von Wählern als verinnerlichte, stabile Leitgrößen in eine bestimmte Richtung dirigieren, ist in den meisten Theorieschulen der Wahlsoziologie unumstritten. Allgemein kann unter einer Prädisposition ein nicht beobachtbarer Faktor verstanden werden, der im Individuum eine bestimmte Verhaltenstendenz hervorruft, die beim Gegebensein spezifischer Bedingungen regelmäßig ausgelöst wird: eine relativ dauerhafte Neigung eines Individuums, auf bestimmte Umweltbedingungen in einer bestimmten Art und Weise zu reagieren (Fuchs-Heinritz u.a. 1994: 147).

Bei politischen Prädispositionen handelt es sich um langfristig wirksame, stabil in der Persönlichkeit verankerte Determinanten des Wählerverhaltens. Als grundle-

---

5 Nur wenn die relativen Häufigkeiten der akzeptierten Überzeugungsbotschaften exakt den relativen Häufigkeiten der verinnerlichten Erwägungen entsprechen würden, bliebe die zentrale Tendenz völlig konstant.

2 Informationen und Wählerverhalten in westlichen Demokratien

gende politische Loyalitäten sind sie lebensgeschichtlich früh entstanden und konstituieren wesentliche Bestandteile der persönlichen Identität von Wählern. Zurückzuführen sind sie auf frühe Sozialisationserfahrungen und andere, mit der persönlichen Lebenslage zusammenhängende Erfahrungen. Prädispositionen werden in der neueren Forschung zwar nicht mehr mit derselben Ausschließlichkeit wie in früheren Arbeiten als unverrückbar stabile Dimensionen der politischen Persönlichkeit gesehen (Campbell u.a. 1986: 106-10). Aber bei der Analyse einzelner Wahlen können sie als Langfristkomponenten klar von den kurzfristigen Aspekten unterschieden werden, welche sich auf den situativen Kontext dieser Wahlen beziehen. Da man davon ausgehen kann, daß sie selbst von den Informationsflüssen einer Wahl nicht tangiert werden[6], wird man sie bei einer solchen kurzfristigeren Analyseperspektive daher als "gegeben" voraussetzen (Miller/Shanks 1996: 192). Das bekannteste Beispiel einer politischen Prädisposition ist die Parteiidentifikation, auf die sich Converse (1966) in seinem Modell konzentriert. Aber auch andere Faktoren wie Ideologien, Wertorientierungen oder Identifikationen mit bestimmten demographisch, religiös, sozialstrukturell oder ethnisch definierten Gruppen können in ähnlicher Weise als politische Prädispositionen fungieren (Zaller 1991: 1216, 1992: 22-8).

Politische Prädispositionen steuern die Art und Weise, wie Individuen politische Informationen verarbeiten. Sie geben den politischen Orientierungen von Wählern systematisch bestimmte Färbungen und sorgen so dafür, daß diese bei jeder Wahl aufs neue mit großer Wahrscheinlichkeit in ein und derselben Weise abstimmen (Miller/Shanks 1996: xii-xiv). Wie ein "Wahrnehmungsfilter" (*perceptual screen*; Campbell u.a. 1960: 133) oder eine "Klärungsstelle" (*clearing house*; Miller/Levitin 1976: 30) moderieren sie die Verarbeitung der politischen Informationen, die das Individuum erreichen. An dieses Verständnis knüpft Zaller an, wenn er die politischen Prädispositionen von Individuen definiert als "stable, individual-level traits that regulate the *acceptance or non-acceptance* of the political communications the person receives. Because the totality of the communications that one accepts determines one's opinions [...], predispositions are the critical intervening variable between the communications people encounter [...], on one side, and their statements of political preferences, on the other." (Zaller 1992: 22-3; Hervorhebung R.S.)

Verdichtet wird diese Sichtweise im "Resistenz-Axiom" des RAS-Modells, das besagt: Individuen weisen eine Tendenz auf, von den Überzeugungsbotschaften, mit denen sie in Kontakt kommen, diejenigen nicht zu akzeptieren, die mit ihren Prädispositionen inkonsistent sind (Zaller 1992: 44). Wenn sich Wähler darüber im klaren sind, daß bestimmte Überzeugungsbotschaften nicht mit ihren politischen Grundpositionen im Einklang stehen, dann werden sie diese ablehnen und sie nicht als neue Erwägungen akzeptieren. Allerdings ist es dem RAS-Modell zufolge keineswegs selbstverständlich, daß Personen, die mit bestimmten Informationen in Kontakt

---

[6] Verschiedene Analysen politischer Wirkungen der Primärumwelten von Wählern haben Hinweise erbracht, daß der *dauerhafte* Kontakt mit Personen anderer politischer Präferenz durchaus zur Erosion und Änderung von Parteibindungen führen kann (Cox 1969; Orbell 1970; Huckfeldt 1986: 43-52; MacKuen/Brown 1987; Landua 1991; Kenny 1994; Lalljee/Evans 1998).

kommen, derartige Inkonsistenzen tatsächlich als solche erkennen. Die Wahrscheinlichkeit, daß dies gelingt, wächst mit dem Grad ihrer persönlichen politischen Involvierung. Politisch wenig involvierte Personen werden sich etwaiger Inkonsistenzen oft nicht bewußt sein und akzeptieren daher nicht selten "versehentlich" (Zaller 1992: 45) auch inkonsistente Überzeugungsbotschaften.

2.3.5.6 Politische Involvierung

Der Begriff der politischen Involvierung ist eines aus einer ganzen Familie von Konzepten (vgl. Abschnitt 2.2), die sich mit unterschiedlicher Akzentsetzung auf den im Rahmen des "Paradigmas des uninformierten Wählers" umfassend belegten Sachverhalt beziehen, daß die Wählerschaft im Hinblick auf politische Kenntnisse und politisches Verständnis sowie hinsichtlich der Motivation, sich mit politischen Gegenständen auseinanderzusetzen, und der Aufmerksamkeit, mit der dies geschieht, nicht homogen, sondern geschichtet ist. Ähnlich wie die politischen Prädispositionen wird auch die politische Involvierung als dauerhaft stabiles Persönlichkeitsmerkmal gesehen, das nicht kurzfristig veränderbar ist. Insbesondere im Hinblick auf die politische Partizipation von Bürgern hat die politische Involvierung direkte Konsequenzen. Sie leistet einen wesentlichen unabhängigen Beitrag zur Erklärung der Beteiligung an Wahlen, aber auch an anderen konventionellen oder unkonventionellen Formen der Partizipation (Neuman 1986: 84-9, 99-103; Armingeon 1994; Delli Carpini/Keeter 1996: 224-6). Bei Prozessen der politischen Beeinflussung übt sie jedoch keine direkten Wirkungen aus, sondern erfüllt eine Katalysatorrolle. "[A] unique character of cognitive phenomena such as sophistication is their propensity toward interactive effects. That is, sophistication influences the nature of the relationships between other variables." (Neuman 1986: 177) Als Moderatorvariable wirkt die politische Involvierung darauf ein, ob und in welchem Umfang gesellschaftliche Informationsflüsse auf die Wahlentscheidungen von Wählern Einflüsse ausüben.

Die These, daß Unterschiede der politischen Involvierung im Hinblick auf das Stimmverhalten von Wählern nicht folgenlos bleiben, wurde zuerst von Converse (1966) formuliert. Da diese Überlegungen in der Politikwissenschaft lange ohne größeren Nachhall geblieben sind, konnte Converse auch Jahrzehnte später noch mit guten Gründen seine Auffassung erneut bekräftigen: "The deep stratification of the electorate jointly in terms of both information possession and information receptivity is well worth keeping in mind in analyzing electoral data." (Converse 1990: 374) Erst das RAS-Modell knüpfte gezielt an diese Ideen an und führte sie konstruktiv fort. Nach Zallers Auffassung ist die politische Involvierung der Wähler ein Konzept von solcher Tragweite, daß es "deserves to rank alongside party identification and ideology as one of the central constructs in the public opinion field" (Zaller 1990: 125; siehe auch 1989: 182). Ähnliche Positionen wurden in jüngerer Zeit auch von einigen anderen Autoren bezogen. So plädierte Rivers (1988; siehe auch Achen

2 Informationen und Wählerverhalten in westlichen Demokratien

1992) dafür, die in der Wahlsoziologie vorherrschende "Homogenitätsannahme" aufzugeben. Damit meinte er die stillschweigende Prämisse, daß das Entscheidungsverhalten aller Wähler denselben Regelmäßigkeiten gehorcht und infolgedessen durch dieselben Modelle beschrieben werden kann. Stattdessen müsse der Möglichkeit Rechnung getragen werden, daß Wähler, die sich im Hinblick auf den Grad ihrer politischen Involvierung unterscheiden, nach unterschiedlichen Regeln entscheiden und insofern "Heterogenität" für das Wählerverhalten kennzeichnend sei. Mehrere jüngere Studien deuten darauf hin, daß die Bedeutung bestimmter Erklärungsfaktoren für das Wählerverhalten in der Tat nicht konstant ist, sondern nach dem Grad der politischen Involvierung variiert.[7]

Ausgangspunkt von Converse' klassischer Studie war das Phänomen der "floating voters" (Converse 1966: 137), welches mehrere der frühen wahlsoziologischen Studien in ganz ähnlicher Weise beobachtet hatten. Bereits in der Erie County-Studie war zum ersten Mal sichtbar geworden, was später - in Anspielung auf die Elmira-Studie - als das "Berelson-Paradox" bezeichnet wurde (Neuman 1986; Granberg/Holmberg 1990). Lazarsfeld und seine Mitautoren interessierten sich unter anderem auch für die Wähler, die während des Wahlkampfes ihre Präferenzen von einem zum anderen Kandidaten verlagert hatten (Lazarsfeld u.a. 1968: 67-9). Sie fanden, daß sich diese Wähler durch ein bestimmtes Merkmalsmuster klar von den anderen Wählern absetzten. Sie erreichten nämlich auf allen untersuchten Dimensionen politischer Involvierung nur sehr niedrige Werte. Weder interessierten sie sich besonders für den Wahlkampf, noch schrieben sie dem Wahlausgang eine größere Bedeutung zu. Die Autoren zogen daraus den Schluß: "The notion that the people who switch parties during the campaign are mainly the reasoned, thoughtful, conscientious people who were convinced by the issues of the election is just plain wrong. Actually, they were mainly just the opposite." (Lazarsfeld u.a. 1968: 69) Die Elmira-Studie erhärtete diese Befunde und explizierte zum ersten Mal ihre paradoxen demokratietheoretischen Implikationen: Für den in der Demokratie unabdingbaren Wandel sorgen durch ihr wechselhaftes Wahlverhalten offenbar ausgerechnet diejenigen Wähler, denen am wenigsten an der Politik liegt (Berelson u.a. 1954: 316). Die Forschergruppe des "American Voter" stellte fest, daß die Wahrscheinlichkeit von Wahlentscheidungen, die von den Vorgaben der Parteibindungen abwichen, mit abnehmender Fähigkeit der Wähler wuchs, politische Sachverhalte in

---

7 Sniderman u.a. (1991: 164-78) verglichen Wähler mit höheren und geringeren Niveaus formaler Bildung. Sie fanden, daß höher gebildete Wähler bei ihren Wahlentscheidungen eine größere Palette sachbezogener Gesichtspunkte berücksichtigten. Im Vordergrund standen dabei Faktoren, die diesen Wählern Schlüsse auf die zu erwartenden zukünftigen Leistungen von Kandidaten ermöglichten. Weniger gebildete Wähler stützten sich demgegenüber vor allem auf die in der Vergangenheit von der Regierung erbrachten Leistungen. Gebildete Wähler schienen also eher prospektiv zu entscheiden, weniger gebildete Wähler dagegen eher retrospektiv. Zu einem ähnlichen Schluß kam auch eine Analyse der Hintergründe selbstbezogener und soziotropischer ökonomischer Erwartungen (Krause 1997). Moon (1990, 1992) differenzierte Wähler anhand von Interviewereinschätzungen ihrer politischen Kenntnisse. Auch auf dieser Datengrundlage zeigte sich, daß besser informierte Wähler mehr und abstraktere Gesichtspunkte bei ihren Wahlentscheidungen berücksichtigten. Insbesondere fiel auf, daß Issues für die Entscheidungen besser informierter Wähler eine größere Rolle spielten (vgl. auch den Überblick bei Delli Carpini/Keeter 1996: 358-9/Fn. 49).

Termini abstrakter ideologischer Weltbilder zu begreifen (Campbell u.a. 1960: 121-8, 142-5, 261-5). Wie Meyer (1962) zeigte, waren neben der Wechselhaftigkeit über Zeit auch das Stimmen-Splitting und das Ausmaß der Unsicherheit über die eigenen Präferenzen im Verlauf von Wahlkämpfen invers mit verschiedenen Dimensionen der politischen Involvierung verknüpft. Vor dem Hintergrund dieser in der Grundtendenz in dieselbe Richtung deutenden Befunde erschien der elektorale Wandel in erster Linie als Resultat der wechselhaften Entscheidungen relativ unpolitischer Wähler, die ihre Stimmen, gleichsam anker- und führungslos hin- und hergetrieben, einmal der einen Seite und ein andermal der Gegenseite zukommen ließen.

Diese Befunde legten den Schluß nahe, daß der Einfluß politischer Informationen nicht bei allen Wählern gleich groß war, sondern daß er bei den politisch kaum involvierten Wählern, die nur über wenige politische Informationen verfügten, größer war als bei den stärker involvierten Wählern. Wer wenig von der Politik verstand, schien durch Informationsflüsse leichter beeinflußbar zu sein: "[T]he probability that any given voter will be suffiently deflected in his partisan momentum to cross party lines in a specified election [...] varies inversely as a function of the mass of stored information about politics." (Converse 1966: 141; im Original hervorgehoben) Paradox erschien vor dem Hintergrund der Annahme, daß politische Informationsflüsse die wesentliche Ursache für Änderungen politischer Präferenzen seien, allerdings der Befund, daß die "floating voters" seltener als andere die Massenmedien nutzten und auch weniger oft an politischen Gesprächen teilnahmen (Lazarsfeld u.a. 1968: 69; Meyer 1962: 73). Der Bewegkraft, von der angenommen wurde, daß sie für Änderungen politischer Präferenzen verantwortlich sei, nämlich politischen Informationen, waren sie also nicht etwa in besonders großem, sondern im Gegenteil nur in unterdurchschnittlichem Umfang ausgesetzt.

Geringer involvierte Wähler mögen einerseits leichter durch Informationen beeinflußbar sein. Andererseits setzen sie sich jedoch weniger häufig den politischen Informationen aus, welche die Quelle von politischem Einfluß darstellen. Die "Informiertheit" von Bürgern und das Ausmaß, in dem sie neue Informationen aufnehmen, sind miteinander verknüpft. "The highly informed voter draws a much larger sample of the current information flow than does the uninvolved voter." (Converse 1966: 144) Mit Informationen ist es, wie Converse in einem späteren Essay formulierte, wie mit materiellen Reichtümern: "Wer hat, dem wird gegeben" (*them what has gets;* Converse 1990: 373). Wer gut informiert ist, nimmt auch besonders viele neue Informationen auf, wer schlecht informiert ist, erfährt auch wenig Neues. Daraus folgt, daß es bei den weniger involvierten Wählern besonders große Unterschiede im Hinblick auf die Wahrscheinlichkeit geben sollte, die politischen Präferenzen zu wechseln, und zwar je nach Exposition gegenüber politischer Information. Zwar sind die schwach involvierten Wähler besonders beeinflußbar, aber diese Eigenschaft kommt nur dann zum Tragen, wenn diese Wähler tatsächlich von Informationen erreicht werden. Das ist bei ihnen aber seltener der Fall als bei stärker involvierten Wählern. "[V]ery uninvolved voters [...] show a high susceptibility to short-

2 Informationen und Wählerverhalten in westlichen Demokratien

term change in partisan attitudes *provided that any new information reaches them at all.*" (Converse 1966: 144)

Die politische Involvierung von Wählern greift also auf offenbar paradoxe Weise in den Prozeß der politischen Beeinflussung von Wählern ein: Sie fördert ihn einerseits, indem sie die Wahrscheinlichkeit erhöht, daß Personen mit der Quelle von Einfluß, nämlich politischen Informationen, in Berührung kommen. Und sie hemmt ihn andererseits, indem sie die Beeinflußbarkeit derselben Personen verringert. Eine wesentliche Leistung des RAS-Modells besteht nun darin, diese Paradoxie in klaren theoretischen Termini zu erfassen. Hilfreich ist dabei die Idee, den Einflußprozeß als mehrstufigen Vorgang zu konzeptualisieren. Im wesentlichen handelt es sich bei diesem Teil des Modells (der RA-Komponente) um eine Anwendung von McGuires allgemeinem sozialpsychologischem Prozeßmodell der Persuasion (Zaller 1992: 124-8). Dieses Modell erlaubt es, die von Converse beobachtete empirische Paradoxie in theoretische Begrifflichkeiten zu übersetzen. Es interpretiert den Einflußprozeß als eine Art "Hürdenlauf", in dem jede Hürde nur dann überwunden werden kann, wenn alle vorherigen Hürden bereits bewältigt sind. Die erste Hürde ist die Aufmerksamkeit, die einer potentiell überzeugungsmächtigen Botschaft entgegengebracht werden muß. Wurde die Botschaft wahrgenommen, muß sie verstanden werden. Zusammengefaßt ergeben diese beiden Schritte die Stufe der *Rezeption*. In einem nachfolgenden Schritt entscheidet sich dann, ob rezipierte Botschaften *akzeptiert* werden oder nicht (*yielding*). Wesentlich an dieser Vorstellung ist nun, daß bestimmte Persönlichkeitsfaktoren in gegenläufiger Weise auf diese Schritte einwirken. So fördert die Intelligenz einer Person zwar die Rezeption von Botschaften. Sie wirkt sich aber negativ auf die Wahrscheinlichkeit aus, daß rezipierte Botschaften auch akzeptiert werden (McGuire 1968, 1973). Wir brauchen nur die Intelligenz durch das Konzept der politische Involvierung zu ersetzen, dann haben wird das Argument vor uns, in welches Zaller diese Theorie übersetzt: "Political awareness, like the personality traits McGuire examined, would be expected to be positively correlated with the reception of persuasive communications and negatively correlated with likelihood of uncritical acceptance." (Zaller 1992: 126)

Die Doppelrolle der politischen Involvierung wird in Form von zwei Axiomen festgehalten. Das erste ist das "Rezeptions-Axiom". Es besagt, daß die Wahrscheinlichkeit, mit der ein Wähler Überzeugungsbotschaften *rezipiert*, mit dem Grad der individuellen politischen Involvierung wächst (Zaller 1992: 42). Das zweite ist das bereits erwähnte "Resistenz-Axiom" (vgl. Abschnitt 2.3.5.5). Es wird um den Zusatz erweitert, daß die Tendenz von Individuen, von den rezipierten Überzeugungsbotschaften diejenigen nicht zu *akzeptieren*, die mit ihren Prädispositionen inkonsistent sind, durch hohe politische Involvierung begünstigt wird (Zaller 1992: 44). Vor diesem Hintergrund legt Zaller seinem Modell ein Konzept politischer Involvierung zugrunde, das ausdrücklich sowohl den Aspekt der "Informiertheit" im Sinne des politischen Wissens und Verständnisses einer Person als auch den Aspekt ihrer habituellen Aufmerksamkeit gegenüber neuen Informationen in den Vordergrund stellt. Hoch involviert sind nach diesem Verständnis Personen, die über einen hohen

politischen Sachverstand verfügen und gleichzeitig beständig das aktuelle politische Geschehen verfolgen. "*[P]olitical awareness* denotes the extent to which an individual pays attention to current political events and understands what he or she has encountered. In a phrase, political awareness denotes intellectual (as against merely emotional) engagement with public affairs. A person who is highly aware knows the major political figures and their policy positions, understands the norms that govern the political system, and keeps current on new developments." (Zaller 1990: 126)

Da die "Informiertheit" einer Person ein Produkt ihrer langfristigen Akkumulation von Informationen ist, kennzeichnet die politische Involvierung gleichzeitig auch die für diese Person typische Rezeptionsintensität politischer Informationen. Aus mehreren Gründen verringert hohe Involvierung das Einflußpotential von Überzeugungsbotschaften, die mit den Prädispositionen von Individuen inkonsistent sind. Hoch involvierte Wähler werden infolgedessen von inkonsistenten Informationen, mit denen sie in Kontakt kommen, weniger stark beeinflußt. Daher werden sie seltener als weniger involvierte Wähler unter dem Einfluß von Überzeugungsbotschaften ihre politischen Präferenzen ändern.

Einer der Mechanismen, die hierfür verantwortlich sind, ist die im "Resistenz-Axiom" postulierte Tendenz von Individuen, inkonsistente Überzeugungsbotschaften erst gar nicht zu akzeptieren, sofern sie sich dieser Inkonsistenz bewußt werden. Doch woran erkennen sie die Konsistenz oder Inkonsistenz von Überzeugungsbotschaften? Zaller zufolge sind dafür "cueing messages" (Zaller 1992: 42) verantwortlich, welche eine Überzeugungsbotschaft begleiten und Kontextinformationen über deren richtungspolitische Implikationen beinhalten. Die Wähler können aus dieser Sicht nicht unmittelbar erkennen, welchen politischen "Standort" Informationen im Verhältnis zu ihren eigenen Prädispositionen einnehmen. Sie vermögen diese Überzeugungsbotschaften nur einzuordnen, wenn sie gleichzeitig Informationen - sogenannte "source cues" - erhalten, die diesen richtungspolitischen Stellenwert verdeutlichen. Parteinamen sind typische Kontextinformationen dieser Art. Wenn ein Wähler weiß, daß eine bestimmte politische Position von der Partei unterstützt wird, mit der er sich identifiziert, dann wird er diese positive Bewertung als konsistente Erwägung akzeptieren. Wenn er hingegen wahrnimmt, daß sie von der eigenen Partei kritisiert wird, tendiert er zur Nichtakzeptanz. Aufgrund ihrer größeren habituellen Aufmerksamkeit für politische Informationen werden stärker involvierte Wähler diese Kontextinformationen eher wahrnehmen als weniger involvierte Wähler. Aus diesem Grund werden letztere größere Anteile inkonsistenter Überzeugungsbotschaften akzeptieren und als Erwägungen verinnerlichen (*predispositional resistance*; Zaller 1992: 121). Speziell im Hinblick auf Wahlen dürfte dieser Mechanismus allerdings keine sehr große Rolle spielen. Im Wahlkampf werden die "cueing messages" in der Regel als integraler Teil der Informationen auf unmißverständliche Weise mitgeliefert, weil die Bezugsobjekte der Prädispositionen - die politischen Parteien und Kandidaten - selbst die Gegenstände der Überzeugungsbotschaften sind. Auch weniger involvierte Wähler werden daher zumeist keine Schwierigkeiten haben, die parteipolitischen Implikationen von Überzeugungsbotschaften zu verstehen (Zaller 1992: 241-3).

Zwei andere "Neutralisierungsmechanismen", die hoch involvierten Wählern zu Gebote stehen und ihrem Wahlverhalten zu größerer Stabilität verhelfen, betreffen nicht unmittelbar die Akzeptanz inkonsistenter Überzeugungsbotschaften und dürften auch bei Wahlen ungeschmälert wirksam werden. Schon Converse (1966: 140-1) hatte hervorgehoben, daß politisch involvierte Wähler über einen großen Vorrat an gespeicherten Erwägungen verfügen, die mit ihren Prädispositionen konsistent sind. Dem RAS-Modell zufolge denken diese Wähler aufgrund ihres größeren politischen Interesses auch häufiger über politische Themen nach, was zur Folge hat, daß ständig eine größere Menge von Erwägungen gedanklich zugänglich ist, um bei Meinungsstellungnahmen berücksichtigt zu werden. Daher fließen in diese Meinungsstellungnahmen so viele konsistente Erwägungen ein, daß eventuell akzeptierte inkonsistente neue Informationen einem sehr großen "Trägheitsgewicht" aus konsistentem "Informationsballast" (Zaller 1992: 167) gegenüberstehen und infolgedessen im Gesamtsaldo praktisch untergehen (*inertial resistance*; Zaller 1992: 121). Aufgrund ihrer überdurchschnittlichen politischen Aufmerksamkeit sind hoch involvierte Wähler auch sehr sensitiv für Überzeugungsbotschaften, die im Gesamtkonzert der gesellschaftlichen Informationsflüsse nicht im Vordergrund stehen. In Konstellationen eher einseitig die Gegenseite begünstigender Informationsflüsse werden sie infolgedessen häufiger als weniger involvierte Wähler Argumente wahrnehmen, die ihre eigene Position stützen, auch wenn diese sehr "leise" sind (*countervalent resistanc*"; Zaller 1992: 121). Illustrativ verdeutlicht, kann man diese Wähler mit Zeitungslesern vergleichen, die in ihrem Blatt nicht nur Aufmacher und Vorspann lesen, sondern jeden Artikel bis zum Ende studieren. Sie nehmen mit höherer Wahrscheinlichkeit alle publizierten Argumente wahr, weil sie auch den letzten Absatz rezipieren, in dem typischerweise der Ausgewogenheitsnorm Genüge getan wird, indem einige dem Tenor des Artikels widersprechende Stellungnahmen des gegnerischen politischen Lagers zitiert werden.

Eine alternative Sicht auf das Problem der Akzeptanz von Überzeugungsbotschaften verbindet sich wiederum mit dem Konzept der kognitiven Schemata. Prädispositionen wie die Parteiidentifikation, ideologische Identifikationen oder Gruppenidentifikationen wurden verschiedentlich als solche Schemata interpretiert (Conover 1984; Hamill u.a. 1985; Entman 1989; Richardson 1991). Politische Involvierung wird aus dieser Perspektive unter dem Aspekt der Existenz und des Komplexitätsgrades derartiger Schemata diskutiert. Wer über entwickelte politische Schemata verfügt, ist besser in der Lage, neue Informationen zu verstehen, zu interpretieren und bezüglich ihres Stellenwertes einzuordnen - die Informationsverarbeitung erfolgt dann nicht primär "daten-", sondern "konzeptgesteuert". Im Hinblick auf das mögliche Einflußpotential von Überzeugungskommunikationen ist zu erwarten, daß Schemata davor schützen, "versehentlich" inkonsistente Informationen zu akzeptieren, weil sie gedankliche Ressourcen bereitstellen, die es erlauben, diese Inkonsistenzen zu erkennen. Je umfassender, komplexer und besser integriert diese Schemata sind, desto verläßlicher wird dieser Schutzschirm funktionieren. Politische Einflüsse sind somit eher bei Personen zu erwarten, deren Schemata begrenzt und nicht sehr differenziert sind, sowie insbesondere bei "aschematischen" Personen, d.h. Wählern, die überhaupt nicht über relevante Schemata verfügen (Hamill u.a. 1985). Auf anderer theoretischer Grundlage kommt also auch dieser Ansatz zu der Erwartung, daß Wähler mit geringer politischer Involvierung leichter beeinflußbar sind und infolgedessen mit größerer Wahrscheinlichkeit wechselhaftes Wahlverhalten unter dem Einfluß politischer Überzeugungsbotschaften an den Tag legen.

2.3.6 Jenseits des reinen "Schalldruck"-Modells

Politische Informationen können den Wählern aus ganz verschiedenen Quellen zufließen. Doch diesen Aspekt läßt das RAS-Modell völlig unbeachtet. Man kann es als ein reines "Schalldruck"-Modell des politischen Einflusses charakterisieren, denn es erachtet nur Menge und politische Richtung der vermittelten Überzeugungsbotschaften als Größen, die im Einflußprozeß relevant werden. Gegenüber den Ursprüngen und Vermittlungskanälen dieser Überzeugungsbotschaften ist es "agnostisch" (Zaller 1992: 272). Zaller stellt die prinzipielle Berechtigung gezielter Analysen der Bedeutung verschiedener Kommunikationsformen nicht in Abrede, setzt sich jedoch nicht in differenzierter Weise mit dieser Thematik auseinander (Zaller 1992: 44; Mendelsohn 1996: 114).

Zwei Quellen politischer Informationen, denen häufig ein großes Gewicht zugesprochen wird, sind die interpersonale Kommunikation und die Massenkommunikation. Beispielsweise machten schon Campbell u.a. im Zusammenhang mit ihrem heuristischen Modell des hinter Wahlentscheidungen stehenden "Trichters der Kausalität" auf die Bedeutung dieser beiden Informationsquellen aufmerksam, ohne sie jedoch in ihrer umfassenden Analyse zu berücksichtigen (Campbell u.a. 1960: 31). Butler/Stokes postulierten: "The modern voter has a variety of sources of information. He may choose to rely on personal conversation or on one of the mass media - the press, magazines, radio, television, even films." (Butler/Stokes 1969: 216) In ähnlicher Weise stellte Lenart fest: "[T]he public can obtain its political information from two general sources: the mass media (television, newspapers, radio, magazines, and the like) and through interpersonal sources." (Lenart 1994: 36) Zitate ähnlichen Inhalts lassen sich auch bei etlichen anderen Autoren finden (z.B. Converse 1966: 153; Popkin 1991: 25). Wie Chaffee (1972: 95) betont, sind die meisten Wähler permanent mit Informationen aus beiden Quellen konfrontiert. Die interpersonale Kommunikation und die Massenkommunikation stellen für die Wähler zwar nicht die einzigen, aber doch die wichtigsten Informationsquellen über die Politik dar.

Vor diesem Hintergrund bilden die interpersonale Kommunikation und die Massenkommunikation das zentrale Thema der vorliegenden Untersuchung. Außer acht gelassen werden durch diese Schwerpunktsetzung Informationen, welche in den persönlichen Erfahrungen von Wählern, beispielsweise solchen ökonomischer Art,

2 Informationen und Wählerverhalten in westlichen Demokratien

wurzeln (Popkin 1991: 23-4). Unberücksichtigt bleibt auch die sogenannte "Uni-Kommunikation" (Danowski 1986: 168), d.h. die teil-anonyme Form der Informationsvermittlung über Anstecker mit Wahlkampfslogans, Autoaufkleber oder Plakate am Gartenzaun, deren Bedeutung die Kontextforschung betont (Huckfeldt/Sprague 1991: 122). Auch die Organisationskommunikation der Parteien und Verbände im Wahlkampf bleibt unbeachtet (Radunski 1980). Im Mittelpunkt der folgenden Ausführungen stehen vielmehr die Informationen, welche die Wähler bei den politischen Gesprächen aufnehmen, die sie miteinander führen, und die Informationen, die ihnen über die Presse und das Fernsehen vermittelt werden. Die wesentlichen Fragestellungen lauten dabei: Wie einflußreich sind diese politischen Informationsquellen? Von welchen Bedingungen hängen die durch sie ausgeübten Einflüsse ab?

3 Reden, Lesen, Zuschauen: Interpersonale Kommunikation und Massenkommunikation als Quellen politischer Informationen

3.1 Interpersonale Kommunikation und Massenkommunikation als Gegenstände politikwissenschaftlicher Forschung

Man kann sicherlich nicht behaupten, daß die Bedeutung der interpersonalen Kommunikation und der Massenkommunikation für das Wählerverhalten von der politikwissenschaftlichen Forschung bislang völlig ignoriert worden wäre. Mehrere, vorwiegend jüngere Untersuchungen setzten sich bereits mit der Bedeutung interpersonaler Interaktionsnetzwerke für die politischen Orientierungen der Wähler auseinander (vgl. Abschnitt 8.1). Und die politische Kommunikationsforschung hat eine reichhaltige Literatur über die Bedeutung von Massenmedien bei Wahlen vorgelegt (vgl. Abschnitt 9.1). Fast vollkommen vernachlässigt wurde in den vergangenen Jahrzehnten jedoch die simultane Analyse von interpersonaler Kommunikation und Massenkommunikation. "Media and interpersonal effects tend to be separate research agendas in political science." (Lenart 1994: 4) Aber auch für andere Sozialwissenschaften ist dieselbe Desintegration der analytischen Auseinandersetzung mit diesen beiden Informationsquellen kennzeichnend (Reardon/Rogers 1988). Die Folge ist nicht nur ein eklatanter Mangel an empirischen Befunden, welche einen Vergleich der beiden Kommunikationsformen erlauben, sondern auch - und dieses Forschungsdefizit mitbegründend - theoretische Fragmentierung. "Communication theory lacks integration. Today there is one set of theories for interpersonal communication, and a different set of theories for mass media communication." (Reardon/Rogers 1988: 295) Ohne ein theoretisches Modell, das so allgemein ist, daß für beide Formen der Informationsvermittlung Vorhersagen abgeleitet werden können, ist aber die simultane Analyse von interpersonaler Kommunikation und Massenkommunikation nicht möglich (Chaffee/Mutz 1988: 39).

Mit dem RAS-Modell steht eine Theorie zur Verfügung, welche diese konzeptuelle Integration leisten kann. Zaller selbst läßt die Quellen und Vermittlungskanäle der politischen Informationen zwar unbeachtet. Er räumt jedoch ausdrücklich ein, daß die Annahmen des RAS-Modells prinzipiell für beide Formen der Informationsvermittlung gleichermaßen Gültigkeit beanspruchen (Zaller 1992: 272-3). Aus dem Modell läßt sich also die Erwartung ableiten, daß sowohl die interpersonale Kommunikation als auch die Massenkommunikation Einflüsse auf die politischen Entscheidungen der Wähler auszuüben vermögen. Von entscheidender Bedeutung ist dabei, in welchem Umfang und mit welcher Richtungsverteilung über beide Kommunikationsformen Überzeugungsbotschaften, d.h. Stellungnahmen wertenden Charakters über politische Gegenstände, vermittelt und von den Wählern rezipiert und akzeptiert werden. Überdies ergeben sich aus dem RAS-Modell spezifische Erwartungen im Hinblick auf die Bedingungen, unter denen diese Einflüsse gefördert oder gedämpft werden. Den politischen Prädispositionen und der politischen Involvierung der einzelnen Rezipienten dieser Informationen wird diesbezüglich eine wesentliche Rolle zugesprochen. Informationen, politische Prädispositionen und politische Involvierung wirken bei der Entstehung von Einflüssen interaktiv zusammen.

Die Grundidee, daß politische Informationen Einflüsse auf individuelle Orientierungen ausüben und daß das Ausmaß dieser Einflüsse durch andere Faktoren moderiert wird, begegnet uns auch in zahlreichen Arbeiten, die sich speziell mit der interpersonalen Kommunikation oder der Massenkommunikation auseinandersetzen. Die Faktoren, die das RAS-Modell für wichtig hält - also die politischen Prädispositionen und die politische Involvierung der Empfänger von Informationen -, kommen auch in diesen Überlegungen vor. Doch geschieht dies nicht immer mit derselben Akzentsetzung, und auch Wirkungsweise und Wirkungsrichtung dieser Faktoren werden zum Teil anders gesehen. Außerdem wird weiteren Faktoren eine Moderatorrolle zugeschrieben, die im RAS-Modell ebenso ausgeblendet bleiben wie die grundsätzliche Unterscheidung zwischen interpersonaler Kommunikation und Massenkommunikation selbst. Hervorzuheben sind dabei insbesondere zwei Aspekte: qualitative Merkmale von Informationskanälen unterhalb der groben Unterscheidung zwischen interpersonaler Kommunikation und Massenkommunikation sowie die Orientierungen der Rezipienten gegenüber diesen Informationsquellen. Überdies gibt es die Vermutung, daß beide Kommunikationsformen nicht unabhängig voneinander ihre Einflüsse ausüben, sondern miteinander interagieren. In den folgenden Abschnitten werden diese zusätzlichen Komplikationen eingehender erläutert. Zuvor muß jedoch genauer geklärt werden, wovon die Rede ist, wenn wir von "interpersonaler Kommunikation" und von "Massenkommunikation" sprechen.

3.2   Interpersonale Kommunikation und Massenkommunikation: eine Begriffsklärung

Der Terminus "*interpersonale Kommunikation*" bezieht sich auf das Phänomen der "[w]ord-of-mouth communication that occurs in face-to-face interaction between two or more individuals" (Rogers 1973: 290-1). Politische Gespräche, Diskussionen oder Debatten zwischen Personen, die in direktem Kontakt miteinander stehen - das ist gemeint, wenn von interpersonaler politischer Kommunikation die Rede ist. Der wechselseitige Austausch politischer Argumente, das Hin- und Herwenden von Gesichtspunkten, die relevant sind, um politische Sachverhalte und Akteure zu bewerten, die Weitergabe politischer Fakten, auch der gezielte Versuch, andere zu überzeugen - für viele Wähler sind das selbstverständliche, alltägliche Aktivitäten. Zwar mögen sich solche Interaktionen auch gelegentlich zwischen Personen abspielen, die einander fremd sind, beispielsweise an Informationsständen politischer Parteien. Aber in erster Linie ist die unmittelbare persönliche Lebenswelt der Raum, in dem interpersonale politische Kommunikation stattfindet. Der informelle politische Austausch im Kontext alltäglicher Lebensvollzüge ist in traditionalen Gesellschaften die zentrale Quelle politischer Informationen, aber auch in modernen Gesellschaften spielt er eine große Rolle (Pye 1963). Auch heute noch werden den meisten Wählern von Verwandten, Freunden oder Bekannten mehr oder weniger regelmäßig politische Mitteilungen und Werturteile zugetragen.

Durch die interpersonale politische Kommunikation werden die Wähler mit verschiedenen, unmittelbaren Kontexten in Verbindung gebracht: mit der Kernfamilie, aber auch mit der weiteren Verwandtschaft, mit dem personalen Umfeld am Arbeitsplatz oder mit der Nachbarschaft. Die direkte sozialräumliche Reichweite der interpersonalen Kommunikation ist normalerweise sehr begrenzt. Daher handelt es sich um eine stark dezentralisierte Form des politischen Informationstransfers. Vermittelt über die Kontexte der alltäglichen Lebenswelt werden die Wähler jedoch auch an weiträumigere Informationsflüsse angeschlossen, welche die sozialen Großgruppen und Segmente der Gesellschaft durchziehen und ihrerseits in Informationsflüsse eingebettet sind, welche die Gesellschaft in ihrer Gesamtheit umspannen (Huckfeldt/Sprague 1995: 3-22).

Charakteristisch für die interpersonale politische Kommunikation ist, daß sie sich direkt an einen oder wenige Adressaten richtet. Diese sind dem Sender zumeist persönlich bekannt und stehen mit ihm in einer definierten Sozialbeziehung. Die Empfänger können in der Regel unmittelbar und ohne Verzögerung auf die erhaltenen Botschaften reagieren. Interpersonale Kommunikation ist also typischerweise dialogisch, d.h. zweiseitig. Der Kreis der Teilnehmer politischer Gespräche ist normalerweise beschränkt, denn es handelt sich in der Regel um Interaktionen privaten Charakters. Dritte, zumal wenn sie den Gesprächsteilnehmern persönlich nicht bekannt sind, können sich in derartige Transaktionen nicht einschalten, ohne Normen der Privatheit zu verletzen und dadurch die Gesprächssituation zu stören, wenn nicht gar zu zerstören. Zumindest von den strukturellen Voraussetzungen, jedoch nicht unbedingt von ihren persönlichen Voraussetzungen her, können alle Kommunikationspartner den Verlauf des Kommunikationsprozesses in mehr oder weniger gleichem Ausmaß kontrollieren. Das wichtigste Medium der interpersonalen Kommunikation ist das gesprochene Wort. Ergänzend zu den expliziten verbalen Botschaften können aber auch auf nonverbalem Wege sozio-emotionale Inhalte als Meta- und Zusatzkommunikationen übermittelt werden (Rogers 1973: 290-2; Reardon/Rogers 1988: 298; Ball-Rokeach/Reardon 1988: 140-7).

Auf die unterstellte große und nach Meinung vieler Beobachter stetig wachsende Bedeutung der *Massenkommunikation* für die politische Informationsvermittlung in westlichen Demokratien verweist die zunehmende Verwendung von Termini wie "Mediendemokratie" (Pfetsch 1997; Sarcinelli 1998), "Mediatisierung von Politik" (Böckelmann 1989; Kaase 1998), "Mediokratie" (Donsbach 1993; Gellner 1995) oder "Tele-Politik" (Plasser 1993) im jüngeren politikwissenschaftlichen Schrifttum. In der Tat sind Wahlen in modernen Massendemokratien ohne die Vermittlungsleistung der Massenmedien kaum mehr denkbar. Die Berichterstattung der Presse und des Fernsehens konstituiert für den Durchschnittsbürger eine unabdingbare "Brücke zur Welt der Politik" (Klingemann/Voltmer 1989), ohne die es ihm unmöglich wäre zu erfahren, was in Berlin, Brüssel oder Washington gerade geschieht. Die Massenkommunikation leistet den Brückenschlag zwischen der Mikro-Ebene des einzelnen Bürgers und der Makro-Ebene des gesellschaftlichen Entscheidungsprozesses, der Institutionen, innerhalb derer er sich vollzieht, und der Akteure, die an ihm beteiligt sind. Die interpersonale Kommunikation bleibt demgegenüber immer eher der unmittelbaren Lebenswelt verhaftet. Lediglich auf indirekte Weise, nämlich vermittelt über ein mehrstufiges System ineinander geschachtelter Kontexte wird der Einzelne über dieses Medium in Verbindung mit politischen Prozessen gebracht, die sich weiter entfernt von seinem unmittelbaren Erfahrungsbereich vollziehen (Huckfeldt/Sprague 1995: 3-22). Diese Brückenfunktion der Massenkommunikation läßt sich nicht zuletzt an den Anstrengungen ablesen, welche politische Akteure wie Parteien oder Kandidaten unternehmen, um ihre Inhalte zu kontrollieren (Schmitt-Beck/Pfetsch 1994).

Die Überlagerung der interpersonalen Kommunikation durch die Massenkommunikation kann als ein wesentliches Moment in Prozessen gesellschaftlicher Modernisierung gesehen werden (Pye 1963; Merten 1994a). Die interpersonale Kommunikation ist in das soziale Beziehungsgeflecht von Gesellschaften eingebettet und folgt weitgehend deren Segmentierungslinien. Demgegenüber überformt die Massenkommunikation bis zu einem gewissen Grad, nämlich insoweit sie industriell organisiert ist und nach eigenständigen, den gesellschaftlichen Konflikten enthobenen, professionellen Regeln funktioniert, die gesellschaftlichen Spaltungslinien (siehe auch Abschnitt 7.2.1). Durch ihre Multiplikatorfunktion vergrößert sie den Adressatenkreis aktueller Mitteilungen über die Grenzen sozialer Gruppen hinaus und leistet einen wesentlichen Beitrag zur Herstellung eines gruppenübergreifenden Informationsflusses, der im Vermittlungsprozeß große Reichweite mit hoher Geschwindigkeit verbindet.

Das Wesen der Massenkommunikation kennzeichnet eine bekannte Definition als "jene Form der Kommunikation, bei der Aussagen öffentlich durch technische Verbreitungsmittel indirekt und einseitig an ein disperses Publikum vermittelt werden" (Maletzke 1978: 32). Als wesentliches Kennzeichen der Massenkommunikation ist also zunächst einmal festzuhalten, daß es sich nicht um eine private, sondern um eine öffentliche, also prinzipiell für jedermann zugängliche Form der Kommunikation handelt. Allerdings betrifft dieses Merkmal vor allem die Empfängerseite, denn der Zugang zur Senderrolle ist faktisch - aufgrund der Ressourcen, die für die Teilnahme als Sender an der Massenkommunikation erforderlich sind - auf relativ wenige Kommunikatoren beschränkt. Dabei handelt es sich in erster Linie um die Inhaber professioneller Vermittlungsrollen, d.h. um Journalisten, Redakteure und Reporter sowie im weiteren Sinne auch alle anderen innerhalb von Medienorganisationen ausdifferenzierten Rollen. Bedingt gehören dazu auch politische Akteure wie z.B. politische Parteien, die bestrebt sind, mit ihren Mitteilungen per Massenkommunikation eine Höchstzahl von Empfängern zu erreichen, und teilweise die Chance erhalten, tatsächlich über die Massenmedien zu kommunizieren. Das Publikum, das die Empfängerseite des Prozesses der Massenkommunikation konstituiert, ist groß, heterogen und bleibt für die Kommunikatoren anonym. Potentiell umfaßt es die gesamte Gesellschaft.

Der Kommunikationsmodus der Massenkommunikation ist im wesentlichen monologisch, d.h. einseitig. Das Publikum kann nur in sehr eingeschränkter Form und mit großer zeitlicher Verzögerung auf die erhaltenen Botschaften reagieren, beispielsweise in Form von Leserbriefen. Die Kontrolle über die im Kommunikationsprozeß vermittelten Inhalte liegt infolgedessen praktisch ausschließlich beim Sender. Kurzfristig hat der einzelne Empfänger nur die Option, seine individuelle Kommunikationsbeziehung einseitig abzubrechen. Allerdings gibt es auch Rückkopplungsschleifen, die sich aus der Zielsetzung von Medienorganisationen ergeben, beim Publikum möglichst große Aufmerksamkeit zu erzielen. Ergebnisse publikumsbezogener Marktforschung und Verkaufsauflagen fungieren insoweit als Signale, welche andeuten, wie die vermittelten Inhalte beim Publikum ankommen, und daher zum Anlaß für Änderungen der Angebotsstruktur werden können.

In verschiedener Hinsicht handelt es sich bei der Massenkommunikation um eine unpersönliche Form der Kommunikation. So besteht zwischen Sendern und Empfängern kein unmittelbarer physischer Kontakt. Die Kommunikation ist vielmehr vermittelt über technische Trägermedien, welche die Vervielfältigung sowie die sozial und geographisch weiträumige Verteilung von Mitteilungen erlauben. Der dadurch bedingte indirekte Charakter der Massenkommunikation bringt mit sich, daß ihre Kapazität zur Vermittlung sozio-emotionaler Inhalte eher gering ist, wenngleich es diesbezüglich in Abhängigkeit vom technischen Trägermedium durchaus Variationen gibt. Audiovisuellen Medien wird ein größeres Potential zum Transport sozio-emotionaler Mitteilungen zugesprochen als der gedruckten Presse. Die Massenkommunikation ist aus demselben Grund aber auch weitaus zentralisierter als die interpersonale Kommunikation. Herstellung und Verbreitung von Mitteilungen erfolgen auf arbeitsteilige Weise im Rahmen komplex strukturierter Organisationen. Die Kommunikatoren verbreiten Informationen nicht als Persönlichkeiten mit dem Ziel des individuellen Ausdrucks, sondern als Inhaber professioneller Rollen, welche sich an mehr oder weniger deutlich festgelegten Berufsnormen orientieren. Überdies erfolgt die Herstellung und Verbreitung von Mitteilungen der Massenkommunikation im Rahmen von Rechtsnormen, welche die Bedingungen für diesen Vorgang in unterschiedlicher Weise regeln. Das Konglomerat aus technischen Trägermedien und arbeitsteiligen Organisationen, welche Aussagen herstellen und über diese Trägermedien verbreiten, bezeichnet man als "Massenmedien" (Saxer 1998: 54-6). Geht es bei der Analyse der interpersonalen Kommunikation um persönliche Interaktionen zwischen Individuen, so betrifft der Prozeß der Massenkommunikation eine Beziehung zwischen Individuen auf der Empfängerseite und gesellschaftlichen Institutionen auf der Senderseite (Rogers 1973: 290-2; Nimmo 1978: 138-41; Reardon/Rogers 1988: 298; Ball-Rokeach/Reardon 1988: 140-7; Schulz 1994: 140-4).

3.3 Interpersonale Kommunikation, Massenkommunikation und politische Beeinflussung

Die beiden Grundfragen, die durch die nachfolgenden Analysen beantwortet werden sollen, lauten: Übt die interpersonale Kommunikation entsprechend den Erwartungen des RAS-Modells Einflüsse auf Wahlentscheidungen aus? Und analog: Übt die Massenkommunikation Einflüsse auf Wahlentscheidungen aus? Das RAS-Modell postuliert, daß sich Einflüsse auf individuelles politisches Verhalten um so eher bemerkbar machen sollten, je mehr Informationen eine Person empfängt und je einseitiger diese Informationen in politischer Hinsicht sind. Die beiden aus dem RAS-Modell abgeleiteten Erwartungen lauten daher: Die interpersonale Kommunikation bzw. die Massenkommunikation üben Einflüsse auf Wahlentscheidungen aus, und zwar entsprechend dem richtungspolitischen Saldo und der Menge der durch die interpersonale Kommunikation bzw. die Massenkommunikation vermittelten Überzeugungsbotschaften. Wieviele Überzeugungsbotschaften eine Person über die interpersonale Kommunikation empfängt, hängt davon ab, mit wievielen anderen Personen sie politische Gespräche führt und wie häufig sie mit diesen Personen über Politik diskutiert. Das richtungspolitische Saldo dieser Überzeugungsbotschaften ergibt sich aus den politischen Positionen der Gesprächspartner. Wieviele Informationen eine Person über die Massenkommunikation empfängt, hängt davon ab, wieviele Medien sie nutzt, und mit welcher Häufigkeit sie die politische Berichterstattung jedes dieser Medien verfolgt. Die richtungspolitische Gesamtcharakteristik dieser Informationen hängt davon ab, in welchem Umfang und mit welcher Bewertungsrichtung die Medien wertende Stellungnahmen vermitteln.

Weitere Fragestellungen beziehen sich auf das Verhältnis dieser beiden Informationsquellen. Gerade die simultane Analyse der interpersonalen Kommunikation und der Massenkommunikation stellt, wie erwähnt, ein seit den Columbia-Studien von der politikwissenschaftlichen Forschung lange Zeit fast ganz vernachlässigtes Forschungsfeld dar. Erst in jüngerer Zeit wird ihm mehr Aufmerksamkeit zuteil (Beck 1991; Schenk/Pfenning 1991; Schmitt-Beck 1994a, 1994b; Lenart 1994; Myers 1994; Schenk/Rössler 1994; Schenk 1995; Brettschneider 1997). Im Hinblick auf die Einflußpotentiale der interpersonalen Kommunikation und der Massenkommunikation lassen sich grob zwei Perspektiven voneinander unterscheiden (Chaffee/Mutz 1988: 20-1; Wanta/Wu 1992; Lenart 1994: 39-41).

Aus Sicht der ersten Perspektive handelt es sich bei der interpersonalen Kommunikation und der Massenkommunikation um zwei voneinander unabhängige Quellen politischer Überzeugungsbotschaften, die parallel Einflüsse auf die politischen Präferenzen der Empfänger dieser Botschaften ausüben. Diese Sichtweise wird häufig als "*Konkurrenzthese*" bezeichnet, weil sie unterstellt, daß keine der beiden Informationsquellen ein Monopol besitzt, Wähler beeinflussen zu können, und mithin die politischen Orientierungen der Wähler alleine kontrolliert, sondern daß diese Orientierungen daneben immer auch von einer weiteren, unabhängigen Quelle mitgeformt werden. Daneben existiert aber auch eine zweite, komplexere Perspektive. Sie interpretiert die interpersonale Kommunikation und die Massenkommunikation nicht als zwei alternative, unverbunden koexistierende Informationsquellen, sondern postuliert, daß sie ihre Wirkungen in wechselseitiger Verschränkung und Interaktion entfalten (Katz/Lazarsfeld 1955). Diese These kann man als die "Interaktionsthese" bezeichnen. Sie wird weiter unten ausführlich behandelt (siehe Abschnitt 3.4.5).

Die Konkurrenzthese (Chaffee 1972: 100-7, 1986: 65-71; Chaffee/Mutz 1988: 20-1) geht davon aus, daß das Lesen politischer Berichte in der Presse, das Sehen politischer Fernsehsendungen sowie Gespräche über Politik mit anderen Personen für Wähler nichts anderes darstellen als verschiedene Arten, sich politischen Informationen auszusetzen. Interpersonale Kommunikation und Massenkommunikation werden als funktionale Äquivalente gesehen, die sich in einigen Kanalcharakteristika unterscheiden mögen, die aber doch im Prinzip gegeneinander austauschbar sind. Übersetzt in die Terminologie des RAS-Modells konstituieren sowohl die interpersonale Kommunikation als auch die Massenkommunikation Kanäle, über welche den Wählern in mehr oder minder dichter Konzentration Überzeugungsbotschaften von mehr oder weniger ausgeprägter politischer Einseitigkeit zugeleitet werden. Im Hinblick auf das politische Einflußpotential wird, technisch gesprochen, unterstellt, daß beide Formen der politischen Kommunikation unabhängige Haupteffekte auf die politischen Orientierungen der Bürger ausüben, die ihre Botschaften empfangen (Lenart 1994: 40).

Die zentrale Forschungsfrage im Rahmen dieser Perspektive richtet sich auf die relativen Gewichte der interpersonalen Kommunikation und der Massenkommunikation als Quellen politischen Einflusses – ein Anliegen, für das Katz/Lazarsfeld (1955: 162-6) den Ausdruck "impact analysis" geprägt haben. Gibt es Unterschiede zwischen der interpersonalen Kommunikation und der Massenkommunikation im Hinblick auf die Stärke der ausgeübten Einflüsse auf Wahlentscheidungen? Wenn ja, welche Form der Informationsvermittlung ist einflußreicher – die Massenmedien mit ihrer politischen Berichterstattung oder die politischen Gespräche, welche Wähler mit ihren Verwandten und Bekannten führen? In Übersichtsarbeiten und Gesamtdarstellungen wird häufig postuliert, daß die interpersonale Kommunikation ein stärkeres Einflußpotential habe als die Massenkommunikation (Chaffee 1972: 107, 1986: 65; Chaffee/Mutz 1988: 20; Lenart 1994: 6). Ein genaueres Durchforsten der empirischen Forschungsliteratur belegt freilich: Um diese Behauptung zu untermauern, kann fast ausnahmslos nur indirekte Evidenz ins Feld geführt werden (siehe Abschnitt 10.1.1). Die These, daß die interpersonale Kommunikation der Massenkommunikation im Hinblick auf ihre Einflußkapazität überlegen sei, ist empirisch keineswegs zufriedenstellend fundiert.

Verschiedene theoretische Erwägungen sprechen indessen durchaus für die Erwartung, daß in der Tat die interpersonale Kommunikation im Vergleich zur Massenkommunikation das größere Einflußpotential hat. Ebenso wie Nachrichten und Kommentare in den Massenmedien fungieren auch die Äußerungen von Gesprächspartnern in politischen Diskussionen als Vehikel zum Transport von Überzeugungsbotschaften. Es erscheint aber plausibel, davon auszugehen, daß die Argumente, die von Personen bei politischen Diskussionen vorgebracht werden, im Schnitt sehr viel einseitiger – "monolithischer" (McGuire 1969: 232) – sind als die Beiträge der Massenmedien. Die Mischungsverhältnisse der Überzeugungsbotschaften, die in der interpersonalen Kommunikation und in der Massenkommunikation vermittelt werden, dürften aus systematischen Gründen sehr unterschiedlich sein. Die Massenmedien sind eine gesellschaftliche Institution, deren primäre Aufgabe in modernen westlichen Demokratien nicht in der politischen Beeinflussung gesehen wird, sondern in der Kenntnisvermittlung über die Bandbreite zumindest der etablierten politischen Positionen und Akteure. Zwar kann die tatsächliche Berichterstattung durchaus in einem Spannungsverhältnis zu diesem als abstrakte Norm allgemein anerkannten Objektivitätsideal stehen und seinen Anforderungen nicht voll gerecht werden. Gleichwohl wird der Rezipient eines Mediums niemals völlig einseitig unterrichtet werden, sondern er wird immer eine partiell mehrseitige Darstellung erhalten. Zumindest in den Nachrichtenmedien finden Einseitigkeiten ihren Ausdruck nicht im völligen Fehlen oder in der ausschließlich negativ gepolten Präsenz eines der Kontrahenten im politischen Wettbewerb, sondern nur im mehr oder weniger deutlichen Überwiegen von Überzeugungsbotschaften, die für eine der Seiten günstig und für die andere Seite ungünstig sind.

In der interpersonalen Kommunikation geht es demgegenüber sehr viel ausgeprägter um einseitige Stellungnahmen. Der Anhänger einer Partei, der mit einer anderen Person über eine politische Problematik diskutiert, wird sich nicht darum bemühen, alle denkbaren Gesichtspunkte in möglichst ausgewogener Weise zu würdigen. Ganz im Gegenteil wird er bestrebt sein, in dem Dialog seine eigene ganz persönliche politische Weltsicht zu vermitteln, die vermutlich im Regelfall ziemlich einseitig ist. Das richtungspolitische Saldo der vermittelten Überzeugungsbotschaften dürfte aus diesem Grund bei der interpersonalen Kommunikation sehr viel krasser in eine bestimmte Richtung tendieren als bei der Massenkommunikation. Wenn diese Überlegung zutrifft, dann besitzt die interpersonale Kommunikation gemäß der Logik des RAS-Modells ein wesentlich höheres Einflußpotential als die Massenkommunikation.

Für einen größeren Einfluß der interpersonalen Kommunikation sprechen aber auch andere Argumente. Auch Merkmale des Kommunikationsprozesses selbst lassen ein überlegenes Einflußpotential der interpersonalen Kommunikation erwarten (Lenart 1994: 6). Katz/Lazarsfeld unterscheiden in diesem Zusammenhang zwischen der Dimension der "Repräsentation", welche die im Kommunikationsprozeß vermittelten Inhalte (als sprachliche Repräsentationen bestimmter Sachverhalte und Gegenstände) betrifft, und der Dimension der "Kontrolle", die sich auf die Möglichkeit bezieht, daß eine Informationsquelle um ihrer selbst willen einflußreich ist. Im Hinblick auf diese zweite, mit qualitativen Merkmalen des Kommunikationsprozessen zusammenhängende Dimension ist die interpersonale Kommunikation aus der Sicht dieser Autoren der Massenkommunikation weit überlegen (Katz/Lazarsfeld 1955: 184-6).

Ein wichtiger Gesichtspunkt ist, daß es sich bei der interpersonalen Kommunikation im Gegensatz zum einseitigen, formalisierten Kommunikationsprozeß der Massenkommunikation typischerweise um einen zweiseitigen, dialogischen Vorgang handelt, in dem nicht nur verbale Überzeugungsbotschaften von einem Sender zu einem Empfänger transferiert werden. Vielmehr vermitteln die Empfänger ihrerseits den Sendern durch verbale und nonverbale Reaktionen einen Eindruck davon, wie diese Botschaften aufgenommen und verarbeitet werden. Diese Möglichkeit zur sofortigen Rückmeldung ist der interpersonalen Kommunikation eigentümlich. Sie gibt beiden Diskutanten die Möglichkeit, jederzeit in Reaktion auf den anderen steuernd einzugreifen, um die Konversation in die gewünschte Richtung zu lenken (Avery/McCain 1986: 124-5). Zwischen den Massenmedien und ihrem Publikum besteht eine derartige Chance permanenter reziproker Beobachtung und flexibel reagierender ad hoc-Anpassung nicht. Die Tatsache, daß die Teilnehmer an politischen Diskussionen im Gegensatz zu Massenmedien ihre Stellungnahmen und Argumente ständig in Reaktion auf die von ihnen wahrgenommenen Adressatenreaktionen "maßschneidern" können, spricht für eine größere Einflußchance der interpersonalen Kommunikation. Der unmittelbare persönliche Kontakt zwischen Diskutanten eröffnet diesen überdies die Möglichkeit, durch Sanktionen in den Gesprächsverlauf einzugreifen. Akzeptiert ein Empfänger die politische Position eines Senders in einer Diskussion, so kann ihn dieser unmittelbar belohnen, und umgekehrt (Lazarsfeld u.a. 1968: 153-4; McGuire 1969: 233).

Eine weitere Eigenheit der interpersonalen Kommunikation, welche zu einem größeren Einflußpotential beitragen könnte, wird in der ungerichteten Beiläufigkeit gesehen, mit der sie häufig erfolgt (Lazarsfeld u.a. 1968: 152-3). Während politische Informationen in der politischen Berichterstattung der Medien den zentralen Gegenstand darstellen, werden politische Überzeugungsbotschaften in der interpersonalen Kommunikation häufig eher nebenbei im Rahmen alltäglicher Konversationen vermittelt. Dadurch wird möglicherweise die Selektivitätstendenz der Empfänger leichter überwunden und inkonsistente Botschaften haben eine größere Chance, akzeptiert zu werden. Lediglich die beiläufige Aufnahme politischer Inhalte im Rahmen unpolitisch motivierter Medienrezeption, beispielsweise beim Sehen von Unterhaltungssendungen, in denen ja verstärkt auch Politiker zu Wort kommen, kann als Äquivalent hierzu gelten (Schenk/Pfenning 1990). Normen des angemessenen Verhaltens im persönlichen Kontakt dürften ebenfalls dazu beitragen, die Selektivitätstendenz von Personen in konkreten Gesprächssituationen zu dämpfen. Ein mißliebiges Fernsehprogramm kann man abschalten, einen Artikel, der Überzeugungsbotschaften der Gegenseite enthält, kann man überblättern. Es würde jedoch als sozial unangemessenes Verhalten gewertet, eine Person, die solche Ansichten vertritt, einfach stehenzulassen und den weiteren Dialog mit ihr zu verweigern (McGuire 1969: 233-4). Die unterschiedliche sensorische Qualität von Überzeugungsbotschaften, die im persönlichen Kontakt oder durch die technischen Trägermedien der Massenkommunikation vermittelt werden, könnte ebenfalls zu einer größeren Einflußkapazität der interpersonalen Kommunikation beitragen (Avery/McCain 1986: 122-4). Nur im persönlichen Kontakt gelingt die vollständige sensorische Integration einer Mitteilung. Dadurch bestehen weitaus bessere Voraussetzungen für die parallele Vermittlung von nuancierten nonverbalen Metakommunikationen, welche verbale Botschaften interpretierend begleiten und dem Empfänger ihre Entschlüsselung erleichtern (Watzlawick u.a. 1974: 53-6).Vor dem Hintergrund all dieser Überlegungen kann begründet erwartet werden, daß die interpersonale Kommunikation Wahlentscheidungen in der Tat stärker beeinflußt als die Massenkommunikation.

3.4 Moderierende Faktoren in Einflußprozessen

Sowohl Analysen der interpersonalen Kommunikation (Nimmo 1978: 149-50; Knoke 1990b: 41; Schenk 1995: 98-9) als auch der Massenkommunikation (Katz/Lazarsfeld 1955: 21-5; Winter 1981; Merten 1982, 1991, 1994b: 309-13; Roberts/Maccoby 1985: 550-2) decken sich mit dem RAS-Modell in der allgemeinen Grundannahme, daß politische Einflüsse als Resultate von Interaktionen verschiedener Bündel von Wirkfaktoren und Randbedingungen verstanden werden müssen. Gerade in der politischen Kommunikationsforschung dürfte die allgemeine Feststellung wenig Widerspruch finden, "that most mass media effects do not occur 'across the board', but are contingent on other variables. [...] Thus, the statement that 'it depends' is an accurate description of the answer to many questions about media effects." (Severin/Tankard 1997: 322-3) Den konsequentesten Ausdruck findet diese Sichtweise im sogenannten "Transaktionalen Ansatz". Dieser geht davon aus, daß sowohl Merkmale der Massenmedien und der von ihnen vermittelten Inhalte als auch Merkmale des Publikums als gleichermaßen bedeutsame Faktoren bei der Entstehung von Medieneinflüssen interaktiv zusammenwirken (Bauer 1964; Früh u.a. 1991). Medieneinflüsse sind aus dieser Sicht das gemeinsame Produkt aus dem Zusammenspiel von Charakteristika der Medien und den Inhalten ihrer Botschaften einerseits sowie Voraussetzungen und Eigenheiten des Publikums andererseits.

Politischen Prädispositionen und Aspekten der politischen Involvierung, den Faktoren, welche durch das RAS-Modell betont werden, messen auch diese Ansätze großes Gewicht bei. Daneben wird aber auch unterstellt, daß qualitative Merkmale der Informationskanäle eine Auswirkung darauf haben, ob darüber vermittelte Informationen einflußreich werden oder nicht. Ferner ist zu bedenken, daß Individuen möglicherweise nicht nur politische Prädispositionen besitzen, sondern auch gegenüber den unterschiedlichen Informationsquellen in spezifischer Weise prädisponiert sein können, und daß dies wiederum ebenfalls Konsequenzen im Hinblick auf die Einflußpotentiale dieser Informationsquellen nach sich zieht. Schließlich ist auch an die bereits erwähnte "Interaktionsthese" zu erinnern, die besagt, daß interpersonale Kommunikation und Massenkommunikation ihre Einflüsse in wechselseitiger Abhängigkeit voneinander entfalten. Schaubild 3-1 zeigt alle diese Gesichtspunkte im

Überblick. Wirkungszusammenhänge, auf die das RAS-Modell verweist, sind durch doppelte Pfeile kenntlich gemacht.

Schaubild 3-1: Einflüsse von interpersonaler Kommunikation und Massenkommunikation auf Wahlentscheidungen

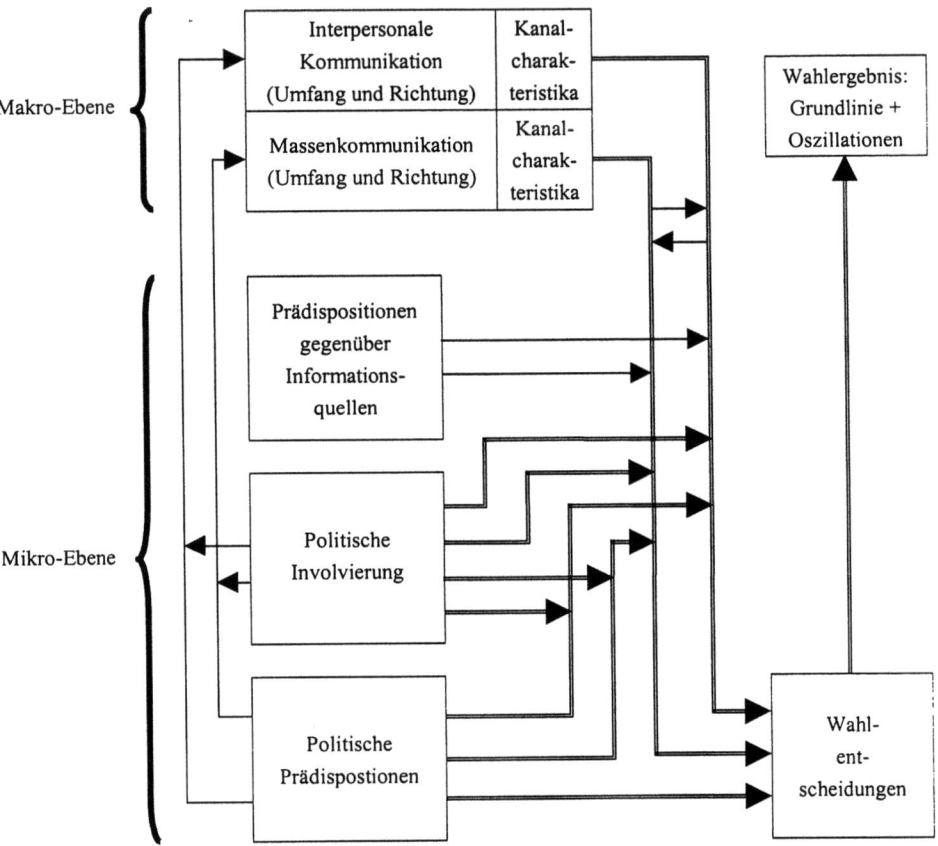

In den folgenden Abschnitten werden alle diese Gesichtspunkte eingehender diskutiert. Wir beginnen dabei mit den beiden bereits im Zusammenhang mit dem RAS-Modell behandelten Faktoren, den politischen Prädispositionen und der politischen Involvierung, und fragen, ob die Spezialliteratur zur interpersonalen Kommunikation und zur Massenkommunikation spezifische Gesichtspunkte geltend macht, die zu Erwartungen führen, welche vom RAS-Modell abweichen.

3.4.1 Politische Prädispositionen

Aus dem Resistenz-Axiom des RAS-Modells ergibt sich im Hinblick auf die Bedeutung politischer Prädispositionen bei Prozessen der politischen Beeinflussung folgende Erwartung: Je stärker die Prädispositionen einer Person in eine bestimmte politische Richtung weisen, desto eher wird der Einfluß von Überzeugungsbotschaften gefördert, wenn diese mit den Prädispositionen konsistent sind, und desto eher wird ihr Einfluß gehemmt, wenn es sich um inkonsistente Informationen handelt. Mit anderen Worten: Aktivierungen sind wahrscheinlicher als Konversionen. Der Grund hierfür wird in der selektiven Akzeptanz von Überzeugungsbotschaften gesehen. Sowohl in Arbeiten über die interpersonale Kommunikation als auch über die Massenkommunikation spielt die allgemeine Annahme einer auf Prädispositionen zurückzuführenden selektiven Tendenz der Rezipienten von Informationen ebenfalls eine wichtige Rolle. Diese wird als innerpsychischer Verteidigungsmechanismus zur Abschottung von Überzeugungen gegenüber möglichen Einflüssen dissonanter neuer Informationen gesehen, der zur Aufrechterhaltung und Stabilisierung bestehender Orientierungsmuster und Verhaltenstendenzen beiträgt. Allerdings wird sie zumeist in komplexeren Termini gefaßt. Es kann nicht Ziel der vorliegenden Untersuchung sein, die innerpsychischen Feinheiten "attitudinaler Selektivität" (Eagly/Chaiken 1993: 590-604) auszuloten. Beachtung verdient jedoch in jedem Fall das Phänomen der *selektiven Rezeption* von Informationen.

3.4.1.1 Interpersonale Kommunikation

Einer der zentralen Befunde der Columbia-Studien war die Feststellung, daß die meisten Wähler in Primärumwelten eingebettet sind, die politisch sehr homogen sind und in ihrer parteipolitischen Orientierung ihren eigenen Prädispositionen entsprechen. Wie sich bei diesen Untersuchungen zeigte, wurden politische Gespräche vor allem zwischen Personen geführt, die einander im Hinblick auf soziale Charakteristika, aber auch auf politische Orientierungen sehr ähnlich waren. Dementsprechend wurden bei diesen Diskussionen auch kaum kontroverse Standpunkte zum Ausdruck gebracht, ganz im Gegenteil: "Most of the political talk [...] involved the exchange of mutually agreeable points of view." (Berelson u.a. 1954: 108) Das Phänomen, daß soziale Interaktion in sehr hohem Maße zwischen Personen stattfindet, die einander ähnlich sind, läßt grundsätzlich zwei Interpretationen zu. Es kann zum einen - entsprechend dem Einfluß-Paradigma - ein Ausdruck von Einflüssen sein, welche die Interaktionspartner durch ihre Gespräche aufeinander ausüben. Die Ähnlichkeit der politischen Orientierungen wäre dann eine Konsequenz von Prozessen politischer Persuasion über das Medium der interpersonalen Kommunikation, mit der Folge, daß "people who live in the midst of group X tend to act in ways similar to group X" (Huckfeldt/Sprague 1993: 293). Die große "Homophilie" (Rogers/Bhowmik 1970; Rogers 1973: 300-2) der interpersonalen Beziehungen läßt sich jedoch auch anders interpretieren, nämlich als Resultat der gezielten Auswahl von Interaktionspartnern: "[P]eople who act in ways similar to group X locate themselves in the middle of group X, and thus the behavior predates the location in social structure." (Huckfeldt/Sprague 1993: 293) Dieser These zufolge versuchen Individuen, den Inhalt der Informationen, die ihnen zufließen, zu kontrollieren, indem sie Gespräche mit politisch Andersgesinnten vermeiden und stattdessen bevorzugt persönliche Kontakte pflegen, in denen sie mit Informationen rechnen können, die mit ihren Prädispositionen konsistent sind. Chaffee bringt diese Tendenz auf die knappe Formel: "[L]ike talks to like." (Chaffee 1972: 99; vgl. Katz/Lazarsfeld 1955: 59-61; Laumann 1973: 116-8; Huckfeldt/Sprague 1987: 1198-9, 1993: 293-5, 1995: 14-5; Knoke 1990a: 1043-5)

Zaller geht davon aus, daß die selektive Rezeption von Informationen kein bedeutendes Hindernis für Einflußprozesse darstellt, und verzichtet daher darauf, sie in sein RAS-Modell einzubauen (Zaller 1992: 139-40). Zur modellhaften Abbildung der selektiven Verarbeitung bereits rezipierter Informationen entwickelt er seine im Resistenz-Axiom verdichtete These der selektiven Akzeptanz (siehe Abschnitt 2.3.5.5). Dennoch erscheint es angebracht, theoretisch und empirisch der Frage nachzugehen, ob auch schon in der Stufe der Rezeption Selektionstendenzen zum Tragen kommen. Denn wenn der Mechanismus der selektiven Zuwendung umfassend greift, dann verhüten die Prädispositionen von Wählern von vornherein "den Kontakt mit Informationen und Argumenten der Gegenseite und damit Veränderungen des Einstellungssystems" (Donsbach 1992: 66). Können aber gegensinnige, den eigenen Prädispositionen widersprechende Überzeugungsbotschaften einen Wähler gar nicht erreichen, dann sinkt die Wahrscheinlichkeit, daß dieser eine mit seinen Prädispositionen inkonsistente Position übernimmt, gegen Null. In dem Maße, in dem ein solcher Selektionsprozeß effizient greift, werden Informationen, die ein Potential haben, ihre Empfänger zu anderen Orientierungen oder Verhaltensweisen zu konvertieren, vollständig abgeblockt. Neue Informationen können unter solchen Bedingungen allenfalls bestehende Prädispositionen aktivieren, aber Konversionen sind ausgeschlossen. Wenn Individuen die volle Kontrolle über die Auswahl ihrer Interaktionspartner besitzen, dann kann es also keinen den Prädispositionen widersprechenden Einfluß interpersonaler Kommunikation auf politische Entscheidungen geben - die Gesellschaft würde in diesem Fall in geschlossene soziale Interaktionsmoleküle aus Gleichgesinnten zerfallen, die sich im persönlichen Austausch unentwegt wechselseitig die Richtigkeit ihrer Auffassungen versichern.

In der Tat deuteten die Columbia-Forscher die interpersonale Kommunikation im wesentlichen als einen Mechanismus zur Aktivierung von Prädispositionen (Berelson u.a. 1954: 96). Die wesentliche Wirkung der interpersonalen Kommunikation bestand aus ihrer Sicht darin, die Entscheidungen von Wählern an die politische Richtung der sozialen Gruppen anzupassen, deren Mitglieder sie waren. Dabei korrespondierte einer im Verlauf des Wahlkampfes zunehmenden internen Homogenisierung dieser Gruppen eine wachsende Polarisierung zwischen den Gruppen (Lazarsfeld u.a. 1968: XXVI; Berelson u.a. 1954: 144). Auch andere Arbeiten interpretierten die interpersonale Kommunikation innerhalb der Primärumwelten von Wählern im wesentlichen als ein Vermittlungsmedium, das diese dazu bringt, so abzustimmen, wie es in ihren Prädispositionen angelegt ist (Engelmann/Schwartz 1974; Pappi 1977b: 175-9; Zuckerman u.a. 1994). Diesem Verständnis zufolge tragen die politischen Diskussionen zwischen Wählern nicht zum politischen Wandel bei, sondern nur zur Stabilität, indem sie dafür sorgen, daß sich das Wählerverhalten im Aggregat der Grundlinie annähert, die durch die Verteilung der Prädispositionen vorgegeben ist.

Indessen ist es aus zwei Gründen unwahrscheinlich, daß alle Wähler ausschließlich mit politisch Gleichgesinnten interagieren (Huckfeldt/Sprague 1993: 298-9, 1995: 17-8): Oft sind politisch akzeptable Gesprächspartner gar nicht in der gewünschten Anzahl verfügbar. Außerdem gibt es auch Gründe, mit anderen Personen zu interagieren, die nichts mit Politik zu tun haben und die infolgedessen als Nebenprodukt dazu führen können, daß man mit politisch Andersdenkenden in Kontakt kommt. Es ist sehr unwahrscheinlich, daß es Personen häufig gelingt, Interaktionspartner ausfindig zu machen, die ihren Neigungen in jeder denkbaren Hinsicht vollständig entsprechen. Die Auswahl der Kontaktpartner wird daher entsprechend der subjektiv empfundenen Wertigkeit der verschiedenen als wünschenswert erachteten Persönlichkeitsaspekte optimiert werden. Bei der Auswahl von Kontaktpartnern werden infolgedessen häufig Kompromisse eingegangen. Wie das "Paradigma des uninformierten Wählers" überzeugend nachgewiesen hat, stellt die Politik für viele Wähler keinen zentralen Lebensbereich dar (vgl. Abschnitt 2.2). Daher werden oft andere als politische Erwägungen und Neigungen den Ausschlag bei der Gestaltung der persönlichen Beziehungen geben: "All of us want friends who are smart, pleasant, great bridge players, and politically enlightened. But only activists and political scientists are likely to put an overwhelmingly important weight on political enlightenment." (Huckfeldt/Sprague 1995: 12) Bestimmt kommt es auch nicht selten vor, daß Personen mit Partnern in Kontakt treten, deren politische Positionen ihnen überhaupt nicht bekannt sind und erst zu einem späteren Zeitpunkt oder auch gar nicht enthüllt werden.

Selbst wenn aber die politische Affinität als Zuwendungskriterium eine sehr hohe Wertigkeit besitzt, kann es unter bestimmten Bedingungen dennoch so aufwendig sein, eine verwandte Seele ausfindig zu machen, daß man sich mit einer suboptimalen Lösung zufriedengibt. Individuen operieren nämlich bei der Auswahl ihrer Interaktionspartner im Rahmen konkreter Kontexte. Beispiele sind Familienverbände, Kirchengemeinden, Arbeitsstätten oder Wohnviertel. Diese Kontexte kanalisieren die Möglichkeiten von Bürgern, mit anderen Personen in Interaktion zu treten. Von entscheidender Bedeutung ist dabei, daß Kontexte politisch nicht neutral sind, sondern bestimmte politische Prägungen aufweisen. Jeder Kontext ist durch eine spezifische Verteilung der politischen Präferenzen seiner Mitglieder gekennzeichnet. Verschiedene Kontexte unterscheiden sich diesbezüglich erheblich. Kontexte fungieren daher als politische Gelegenheitsstrukturen, indem sie die Auswahlmöglichkeiten für personale Kontakte in politischer Hinsicht vordefinieren (vgl. Abschnitt 2.3.3). Ein sozialdemokratischer Lehrer aus München, der in die Oberpfalz versetzt wird, dürfte keine großen Aussichten haben, in seiner neuen Nachbarschaft viele Gesprächspartner derselben Überzeugung zu finden. Für CDU-Anhänger in der Belegschaft eines Oberhausener Stahlwerks dürfte umgekehrt nichts anderes gelten. Berelson u.a. waren sich dieser Problematik bewußt, als sie feststellten: "The stability of a preference [...] varies with the chances of social support for it. And the chances of social support for given political choices, in turn, vary with the distribution of such preferences in the particular segment of the community." (Berelson u.a. 1954: 126) Je nach der politischen Zusammensetzung seiner Kontexte ist die Chance für einen Wähler mehr oder weniger groß, sein persönliches Kontaktnetzwerk so zu konstruieren, daß es seinen politischen Prioritäten entspricht. Die Netzwerke der politischen Gesprächspartner von Bürgern reflektieren in ihrer politischen Zusammensetzung infolgedessen zwangsläufig nicht nur die Präferenzen, welche sie bei der Selektion von Interaktionspartnern zum Tragen bringen, sondern auch die personale Angebotsstruktur der Kontexte, welche die Reservoirs ihrer möglichen Partner bilden (Finifter 1974; Fischer u.a. 1977: 39-45, 1982: 2-8; Huckfeldt 1986: 21-2; Huckfeldt/Sprague 1993: 289-90, 1995: 3-22; Carmines/Huckfeldt 1996: 229-35).

Die politische Beschaffenheit eines Kontextes ist als exogener Faktor durch den einzelnen Wähler nicht beeinflußbar; dieser hat lediglich in bestimmten, jedoch keineswegs allen Fällen die Option, den Kontext zu verlassen und dort gar keine Beziehungen aufzunehmen. Doch sind selbst hierfür häufig tiefgreifende Lebensentscheidungen erforderlich. Wenige Bürger werden umziehen oder den Arbeitsplatz wechseln, weil in ihrem Wohnquartier oder unter ihren Kollegen eine Partei dominiert, die ihnen nicht gefällt. Im Fall der Verwandtschaft steht nicht einmal diese Option zur Verfügung. Deren politische Standpunkte muß der einzelne Wähler so hinnehmen, wie sie sind. Unter solchen strukturellen Voraussetzungen erhöht sich die Wahrscheinlichkeit, daß Wähler auch mit inkonsistenten Auffassungen konfrontiert werden, selbst wenn sie dies zu vermeiden trachten. Bei Ehe- und Lebenspartnern und bei Freunden, in geringerem Umfang aber auch bei Mitgliedern freiwilliger Vereinigungen kann das Moment der freien Auswahl hingegen eher zum Tragen kommen, weil bei diesen freiwillig eingegangen Beziehungen die Wahlfreiheit größer ist. Dementsprechend ist bei ihnen weniger zu erwarten, daß sie zur Quelle diskrepanter Überzeugungsbotschaften werden, welche die Wahrscheinlichkeit von Konversionen erhöhen (Fischer 1982: 79-122; Knoke 1990a: 1043-5; Schenk 1995: 21-8). Vollständig kann aber auch die Zusammensetzung von Freundeskreisen oder die Partnerwahl nicht durch die gezielte Selektion nach politischen Kriterien kontrolliert werden. Denn auch diese Kontaktentscheidungen sind an den Rahmen sozialräumlicher Kontexte mit bestimmten Verteilungen politischer Präferenzen gebunden. Im Ganzen gilt daher: "People exercise discretion in the choice of a discussion partner, but that choice is circumscribed by the structurally determined availability of like-minded individuals. These structurally supplied discussion partners, in turn, have important effects on vote choice." (Huckfeldt/Sprague 1995: 189) Vor dem

Hintergrund dieser Überlegungen kann die Erwartung formuliert werden, daß die Tendenz zur selektiven Rezeption allgemein die Wahrscheinlichkeit konvertierender Einflüsse der interpersonalen Kommunikation auf Wahlentscheidungen verringert, diese aber nicht völlig unmöglich macht. Gleichzeitig wird sie jedoch die Wahrscheinlichkeit von Aktivierungen vergrößern.

3.4.1.2 Massenkommunikation

Für die frühesten, zwischen der Jahrhundertwende und den späten 30er Jahren entstandenen kommunikationswissenschaftlichen Arbeiten war eine sehr eindimensionale Sichtweise charakteristisch, die im wesentlichen nur die von den Massenmedien vermittelten Botschaften selbst als wesentliche Wirkfaktoren ins Auge faßte. Unter dem Eindruck der rasanten Entwicklung der ehemals nur in schmalen Elitenzirkeln gelesenen Presse zum breit genutzten Massenmedium und der sich ausbreitenden Konsumwerbung, aber auch der politischen Indoktrination von Bürgern autoritärer und totalitärer Regimes dominierte ein "Propaganda-Modell" der Medienwirkungen (Miller 1991: 1). In Übersichtsarbeiten wird es oft auch metaphorisch als "Injektionsnadel-Modell" oder, noch drastischer, als "Kanonen-Modell" der Medienwirkungen gekennzeichnet (McQuail 1987: 260; Merten 1991: 37; Severin/Tankard 1997: 231). Inspiriert durch das psychologische Stimulus-Response-Modell nahm das "Propagandamodell" an, daß für die Erklärung von Medienwirkungen lediglich die von den Medien verbreiteten Inhalte von Belang seien. Das als "Masse" atomisierter, passiver Individuen begriffene Publikum sei den durch die "Massen"-Medien vermittelten Informationsströmen schutzlos ausgeliefert. Jeder, der mit diesen Informationen in direkten Kontakt käme, so die These, würde von diesen unweigerlich und in uniformer Weise beeinflußt. Identische Botschaften entfalten dieser Auffassung zufolge auch bei allen Individuen, denen diese Botschaften zugeleitet werden, dieselben Wirkungen, unabhängig von deren unterschiedlichen persönlichen Voraussetzungen (Schenk 1987: 22-8; Bineham 1988; Merten 1991: 37-8, 1994b: 294-6).

Das insbesondere auf die Erie County-Studie (Lazarsfeld u.a. 1968) zurückgehende "Modell der begrenzten Wirkungen" vollzog die Abkehr von dieser naiven Sichtweise. Es postulierte stattdessen eine Art von "Stimulus-response-Vorgang unter erschwerten Bedingungen" (Früh u.a. 1991: 26). An die Stelle der Annahme universal gleichartiger Wirkungen von Medienbotschaften auf alle ihnen ausgesetzten Rezipienten trat nun die Gegenthese, daß Art und Umfang von Medieneinflüssen in erster Linie durch Merkmale des Medienpublikums geprägt seien. Den wichtigsten Wirkfaktor im Prozeß der Entfaltung von Medieneinflüssen sah dieses Modell in den politischen Prädispositionen der Wähler. Von entscheidender Bedeutung für diese Revision der überkommenen Wirkungserwartungen war die Erkenntnis, daß das Publikum der Massenmedien eben keine "Masse" vereinzelter Individuen darstellt, sondern in Gruppen gegliedert ist, die sich nach politischen Loyalitäten unterscheiden. Diese Prädispositionen wurden interpretiert als eine Art "Schutzschirm" (Lazarsfeld u.a. 1968: xxxii) oder "Barriere" (Trenaman/McQuail 1961: 190-3), welche den einzelnen Wähler effektiv gegenüber Medienbotschaften abschottet, in denen politisch gegensinnige Positionen zum Ausdruck kommen. Ein wichtiger Mechanismus für diese Schutzwirkung wurde darin gesehen, daß Prädispositionen steuern, welche Medien Personen überhaupt als Informationsquellen nutzen. Es wurde postuliert, daß die Wähler eine durchgängige Neigung aufweisen, sich in selektiver Weise nur solchen Medien auszusetzen, die ihre Prädispositionen bestätigen, während sie solche, deren Mitteilungen mit diesen inkonsistent sind, eher meiden (Lazarsfeld u.a. 1968: 76, 80-2, 89-91; Berelson u.a. 1954: 240-5). Diese These beruhte auf verschiedenen Beobachtungen, die verallgemeinert wurden zu der Feststellung, daß "[b]y and large, people tend to expose themselves to those mass communications which are in accord with their existing attitudes and interests. Consciously or unconsciously, they avoid communications of opposite hue." (Klapper 1960: 19)

Ähnlich wie bei der interpersonalen Kommunikation wurde also auch im Hinblick auf die Massenkommunikation angenommen, daß Personen dazu neigen, "in der präkommunikativen Phase solche Medien aus[zuwählen], von denen sie annehmen oder wissen, daß deren redaktionelle Linie den eigenen politischen Überzeugungen möglichst nahekommt. [...] Die Vorauswahl führt in einem zweiten Schritt dazu, daß dann auch der Kontakt mit aktuellen, konkreten Informationen und Argumenten, die die eigene Meinung bestätigen, stets wahrscheinlicher ist als der Kontakt mit Informationen und Argumenten der Gegenseite." (Donsbach 1991: 207) Aufgrund der unterstellten Tendenz von Personen, Medien selektiv nach Maßgabe ihrer Prädispositionen zu nutzen, postulierte das hieraus abgeleitete "Modell der begrenzten Wirkungen", daß die Massenmedien in der Hauptsache lediglich ein Potential besitzen, die Prädispositionen der Wähler zu aktivieren. Das heißt, sie können nur dazu beitragen, latent angelegte politische Verhaltensneigungen dazu anzuregen, sich in Form politischer Entscheidungen manifest zu entfalten, sowie diese Entscheidungen durch argumentative Untermauerung zu bestärken und damit die Wahrscheinlichkeit zu erhöhen, daß diese im Sinne der Prädispositionen ausfallen. Konversionen werden hingegen allenfalls in sehr unwahrscheinlichen Ausnahmefällen für möglich gehalten (Lazarsfeld u.a. 1968: 73-100; Klapper 1960: 7-9).

Dieselben Gründe, die hinsichtlich der interpersonalen Kommunikation geltend gemacht wurden, dürften jedoch häufig verhindern, daß diese Tendenz der prädispositional gesteuerten selektiven Rezeption voll greift und Konversionen durch die Massenkommunikation strukturell ausgeschlossen werden: Beschränkungen der Auswahlmöglichkeiten sowie konkurrierende Zuwendungsmotive. Sich politisch zu unterrichten ist nicht der einzige Antrieb, der Personen veranlassen kann, Massenmedien zu nutzen. Wenn andere Bedürfnisse als wichtiger erachtet werden, dann kann dies dazu führen, daß auch Medien genutzt werden, welche aufgrund politischer Zuwendungsmotive alleine nicht in Anspruch genommen würden. Der sogenannte "Nutzenansatz" der Kommunikationsforschung hat eine ganze Palette von Bedürfnissen ermittelt, welche die Zuwendung zu Medien dirigieren können. Informationen über Politik zu erhalten, spielt dabei eine wichtige, jedoch keineswegs exklusive Rolle. Hinzu treten Motive wie Ablenkung, Zerstreuung und Zeitvertreib, emotionale Entlastung, ästhetische Erbauung, Bestärkung persönlicher Identität und Selbstfindung oder auch instrumentelle Nützlichkeitserwägungen (Schenk 1987: 392-419; Schulz 1994: 164-5). Bedürfnisse nach Unterhaltung oder auch andere thematische Interessen dürften für viele Bürger ein starkes Motiv sein, sich auch solchen Medien zuzuwenden, die politisch nicht voll auf ihrer eigenen Linie liegen. Insbesondere wenn die Prädispositionen nicht sehr intensiv sind und die politische Involvierung gering ist, dürften derartige Nutzungsentscheidungen vorkommen.

Lazarsfeld u.a. (1968: 89) stellten bereits fest, daß neben den Prädispositionen einer Person auch die Verfügbarkeit von Medien für deren Zuwendung zu Informationsquellen bestimmend ist. Die Auswahl eines als politisch konsistent wahrgenommenen Mediums als Quelle politischer Information setzt voraus, daß ein solches Medium auf dem Medienmarkt, zu dem eine Person Zugang hat, auch tatsächlich existiert. Die verfügbaren Medien dürfen also nicht alle konsonant, d.h. gleichförmig berichten (Noelle-Neumann 1979: 142) und die Angebotsvielfalt muß so breit sein, daß auch der spezifische Bedarf der betreffenden Person durch ein oder mehrere Medien abgedeckt wird (Donsbach 1991: 207). Was das Fernsehen anbetrifft, so umschreibt vor allem die begrenzte Zahl der Programmalternativen die Möglichkeiten der Auswahl. Im Bereich der Presse stellt die Angebotsstruktur im Hinblick auf die Verbreitungsgebiete von Tageszeitungen eine wichtige Randbedingung dar. Dominieren Titel regionaler oder lokaler Verbreitung, so ist entscheidend, inwieweit die Wahlmöglichkeiten auf den kleinräumigen Pressemärkten als Folge von Konzentrationsprozessen limitiert sind. In Mediensystemen mit vorwiegend national verbreiteten Titeln stellt sich dieses Problem nicht in derselben Schärfe.

In dem Maße, in dem die Steuerung der Mediennutzung aufgrund politischer Prädispositionen nicht greift, weil die dafür erforderliche Angebotsvielfalt nicht gegeben ist oder weil andere Zuwendungsgründe die politischen Motive überwiegen, öffnen sich sozusagen "Fenster der Verwundbarkeit" auch für Konversionen existierender Orientierungen oder Verhaltenstendenzen. Festzuhalten ist aber auch, daß selbst die Auswahl eines politisch als akzeptabel erachteten Mediums keine Garantie beinhaltet, daß ein Medienrezipient nicht dennoch mit inkonsistenten Überzeugungsbotschaften konfrontiert wird. Selbst Medien, die ziemlich einseitige Redaktionslinien verfolgen, bleiben dennoch normativ dem professionellen Gebot einer unabhängigen, am Objektivitätsideal orientierten Berichterstattung verpflichtet. Daher ist vollkommene Einseitigkeit in der Berichterstattung unwahrscheinlich. Das bedeutet aber, daß die Rezipienten zwar versuchen können, durch selektive Zuwendung zu einem Medium, das ihnen politisch geistesverwandt erscheint, ihre Informationszufuhr zu kontrollieren und zu steuern. Sie werden dadurch aber im Regelfall dennoch nicht vollkommen verhindern können, Überzeugungsbotschaften ausgesetzt zu werden, die gegenüber ihren Prädispositionen inkonsistent sind.

Ebenso wie im Hinblick auf die interpersonale Kommunikation kann man also auch bezüglich der Massenkommunikation resümieren, daß die Wähler bestrebt sind, sich nach Möglichkeit nur solchen Informationsquellen zuzuwenden, die mit ihren Prädispositionen im Einklang stehen. Dies muß bei allen Analysen beachtet werden. Diese Tendenz zur selektiven Zuwendung vergrößert die Wahrscheinlichkeit von Aktivierungen und vermindert die Wahrscheinlichkeit von Konversionen durch die Massenkommunikation, ohne diese jedoch völlig auszuschließen.

3.4.2 Politische Involvierung

Im Hinblick auf die Bedeutung der politischen Involvierung in Prozessen der politischen Beeinflussung nimmt das RAS-Modell an: Je stärker involviert eine Person, desto geringer ist die Wahrscheinlichkeit, daß inkonsistente Überzeugungsbotschaften das Wahlverhalten dieser Person beeinflussen, und desto größer ist die Wahrscheinlichkeit, daß konsistente Informationen Einflüsse ausüben. Das RAS-Modell nennt dafür mehrere Gründe, die sowohl die Akzeptanz von Überzeugungsbotschaften als auch das Verhältnis zwischen neuen Überzeugungsbotschaften und bereits verinnerlichten Erwägungen bei Entscheidungen betreffen. Dieselbe Erwartung, daß weniger involvierte Wähler beeinflußbarer sind als stärker involvierte Wähler, ergibt sich, mit anderer theoretischer Begründung, auch aus dem Konzept der kognitiven Schemata. Auch verschiedene Studien über die interpersonale Kommunikation und über die Massenkommunikation würdigten den Stellenwert der politischen Involvierung. Sie kamen jedoch teilweise zu anderen Schlüssen.

3.4.2.1 Interpersonale Kommunikation

Die Bedeutung der Schichtung der Wählerschaft hinsichtlich unterschiedlicher Grade politischer Involvierung wird bei der Analyse interpersonaler Einflußprozesse vor allem in Zusammenhang mit den komplementären Konzepten der *"Meinungsführerschaft"* und *"Meinungsgefolgschaft"* diskutiert, die ebenfalls auf die Columbia-Studien zurückgehen (für Überblicke siehe Schenk 1987: 244-52; Weimann 1994: 11-25). Einer der wichtigsten Befunde der Erie County-Studie war die Feststellung, daß die befragten Wähler innerhalb der Gruppen, zu denen sie gehörten, offenbar unterschiedliche Kommunikationsrollen wahrnahmen (Lazarsfeld u.a. 1968: 49-51). Bei den Analysen wurden Personen identifiziert, die sich dadurch von den anderen Wählern unterschieden, daß sie nach ihren eigenen Angaben im Wahlkampf versuchten, andere Personen von ihren Auffassungen zu überzeugen, oder auch selbst von anderen in politischen Dingen um Rat gefragt wurden. Diese Kategorie bezeichneten Lazarsfeld u.a. als die "Meinungsführer" (Lazarsfeld u.a. 1968: vi). Im Vergleich zu den anderen Wählern ließen die Meinungsführer ein größeres Interesse am Wahlkampf erkennen. Auch nutzten sie die Massenmedien intensiver und fühten häufiger politische Gespräche. Zahlreiche Folgeuntersuchungen bestätigten diese Befunde (Schenk 1993; Weimann 1994: 72-6, 91-105).

Die politisch hoch involvierten Meinungsführer werden als eine Kategorie von Wählern gesehen, die durch interpersonale Kommunikation wenig beeinflußbar ist. Von den geringer involvierten Meinungsfolgern wird hingegen angenommen, daß sie stärker beeinflußbar sind. Die Quelle des Einflusses auf die Meinungsfolger sind dieser Sicht zufolge die Meinungsführer, d.h. Meinungsführer und Meinungsfolger stehen in einer hierarchischen Einflußbeziehung (Lazarsfeld u.a. 1968: 151; Katz/Lazarsfeld 1955: 32-4). Im Hinblick auf die unterschiedliche Beeinflußbarkeit von Meinungsführern und Meinungsfolgern deckt sich diese These mit den Erwartungen des RAS-Modells. Zusätzlich wird aber auch postuliert, daß nicht jeder beliebige politische Gesprächspartner, sondern insbesondere solche mit höherer politischer Involvierung relevante Quellen einflußreicher Informationen darstellen. Es wird also im Hinblick auf die Bedeutung der politischen Involvierung von Wählern ein Interaktionseffekt postuliert: Einflüsse interpersonal vermittelter Informationen auf politische Entscheidungen sind eher bei geringer involvierten Wähler zu erwarten, und zwar vor allem dann, wenn stärker involvierte Wähler die Quelle dieser Informationen sind.

3.4.2.2 Massenkommunikation

In der politischen Kommunikationsforschung wird ebenfalls häufig die Auffassung vertreten, daß weniger involvierte Personen beeinflußbarer seien als stärker involvierte Personen (McGuire 1986: 226-7, 1992: 137-8). Nicht zuletzt das Konzept der kognitiven Schemata stellt dabei eine wichtige theoretische Inspiration dar. So postulierten Iyengar/Kinder: "Experts not only know more about particular problems, their knowledge is better organized. As a consequence, experts may possess a greater and more flexible ability to deal with new information. While experts may be free to examine the news more deeply and perhaps more critically, novices may have their minds occupied just coming to terms with what is being said, leaving them open to influence." (Iyengar/Kinder 1987: 57) Einen anderen Aspekt mit ähnlicher Implikation betont Rokkan: Möglicherweise hemmt geringe politische Involvierung die Tendenz von Wählern, sich nach Möglichkeit solchen Medien zuzuwenden, die politisch mit ihren eigenen Auffassungen auf einer Linie liegen. Für diese Personen dürften andere Nutzungsmotive eine größere Rolle spielen als politische Gesichtspunkte, während stark involvierte Wähler ihre Medienauswahl eher nach Maßgabe politischer Prioritäten treffen (Rokkan 1970b).

Gegenteilige Erwartungen verbinden sich jedoch mit dem Columbia-Konzept des Meinungsführers. Wie Lazarsfeld u.a. postulierten, werden die Meinungsfolger im Gegensatz zu den Meinungsführern von den Botschaften der Massenmedien kaum erreicht. Somit ist dann auch nur bei den Meinungsführern die Voraussetzung gegeben, daß es zu Einflüssen kommen kann (Lazarsfeld u.a. 1968: 151-2). Neuere

Konzeptionen des "*aktiven Publikums*" führen ebenfalls zu entgegengesetzten Hypothesen. Diese "publikumszentrierten" Ansätze setzen sich von der älteren "medienzentrierten" Perspektive der Kommunikationsforschung ab, indem sie die Bedeutung von Publikumseigenschaften für die Entstehung von Medieneinflüssen herausstellen (Biocca 1982; Schulz 1982: 54-6; Renckstorf 1989). Ähnlich wie das "Modell der begrenzten Wirkungen" (siehe Abschnitt 3.4.1.2) sehen Konzeptionen wie der bereits erwähnte "Nutzenansatz" (siehe Abschnitt 3.4.1.2) in Merkmalen des Publikums den entscheidenden Faktor, von dem abhängt, ob und welche Wirkungen die Massenmedien entfalten können. Dieser Vorstellung zufolge ist es inadäquat, den Rezipienten als passiven Empfänger von Mitteilungen zu deuten. Vielmehr muß man ihn als aktives Subjekt sehen, das Informationen gezielt nachfragt. Aus dieser Sicht sind die Rezipienten den Medien nicht passiv ausgeliefert. Vielmehr "benutzen" sie diese aktiv, um bestimmte Vorteile zu erlangen und Wünsche zu befriedigen (Katz u.a. 1973). Von zentraler Bedeutung im Wirkungsprozeß sind diesem Verständnis zufolge die Bedürfnisse und Notwendigkeiten des Publikums, von denen angenommen wird, daß sie die Medienzuwendung steuern. Daraus ergibt sich ein völlig neues Verständnis des Einflußprozesses: Massenmedien beeinflussen ihre Empfänger in dem Maße, wie diese das wünschen und gezielt anstreben. Medien sind also aus dieser Sicht "in dem Maße wirksam, in dem ihnen Rezipienten eine Wirksamkeit zugestehen. Das Wirkungszugeständnis wird reguliert durch die Bedürfnisse des Rezipienten; wenn sie über den Kontakt mit Massenmedien befriedigt werden können, ist deren Wirkungs-Chance groß." (Schulz 1982: 54) Offenkundig impliziert diese Perspektive einen ähnlichen handlungstheoretischen Blickwinkel (Renckstorf 1989) wie das "Paradigma des vernünftig entscheidenden Wählers" im Rahmen der Wahlsoziologie (siehe Abschnitt 2.3.2).

Im Zusammenhang mit Wahlen wird dem Bedürfnis der Wähler nach genereller "Überwachung (*surveillance*)" des politischen Geschehens, vor allem aber nach entscheidungsrelevanten und bei der Entscheidungsfindung nützlichen politischen Informationen eine wichtige Rolle zugeschrieben. Wähler unterscheiden sich dieser Sicht zufolge im Hinblick auf ihre Motivation, das politische Geschehen aktiv zu verfolgen. Wenn sie ein hohes "Orientierungsbedürfnis" haben, dann werden sie die Medienberichterstattung intensiv rezipieren, weil sie sich davon Informationen erhoffen, die ihnen helfen, zu einer Wahlentscheidung zu gelangen. Und nur wenn diese motivationale Voraussetzung vorliegt, wird auch ein Einfluß der rezipierten Informationen für möglich gehalten (Weaver 1977, 1980; McCombs/Weaver 1985). Hohe politische Involvierung wird hier also nicht als Schutzschirm gegen Medieneinflüsse gedeutet, sondern im Gegenteil als deren Voraussetzung. Die Motivation, in den Massenmedien zusätzliche Informationen über die Wahl nachzusuchen, führt aus dieser Sicht - wie auch vom RAS-Modell postuliert - dazu, daß die Medien intensiver genutzt werden. Sie führt aber auch - so die den Erwartungen des RAS-Modells diametral widersprechende Hypothese - dazu, daß Medieneinflüsse vor allem bei den stärker involvierten Wählern zu erwarten sind. Denn diese Wähler versprechen sich von den Medien Orientierungshilfen für ihre Wahlentscheidungen und *wollen* insoweit beeinflußt werden (Owen 1991: 10).

Damit läßt sich im Hinblick auf die Bedeutung der politischen Involvierung für politische Einflüsse der Massenkommunikation keine eindeutige Erwartung formulieren. Den Erwartungen zufolge, die sich aus dem RAS-Modell, aber auch aus dem Schema-Konzept ergeben, werden die Wahlentscheidungen politisch gering involvierter Wähler durch die Massenkommunikation stärker beeinflußt als die Wahlentscheidungen stärker involvierter Wähler. Theoreme des "aktiven Publikums", aber auch das klassische Meinungsführer-Konzept legen jedoch den gegenteiligen Schluß nahe.

3.4.3 Qualitative Charakteristika der Informationsquellen

Das RAS-Modell abstrahiert als reines "Schalldruck-Modell" des politischen Einflusses von der Möglichkeit, daß die interpersonale Kommunikation und die Massenkommunikation als Einflußquellen ein Eigengewicht haben und daher unterschiedlich bedeutsam sein könnten. Erst recht gänzlich unbeachtet bleiben damit zwangsläufig auch Binnendifferenzierungen innerhalb dieser beiden grundlegenden Kommunikationsformen (Zaller 1996: 21). Doch ist es für den Ablauf von Einflußprozessen möglicherweise nicht gleichgültig, von welchen Quellen die betreffenden Informationen stammen und durch welche Informationskanäle sie vermittelt werden. Im Hinblick auf die interpersonale Kommunikation sind die Rollen zu bedenken, in denen die Interaktionspartner miteinander kommunizieren. Im Hinblick auf die Massenkommunikation könnte es wichtig sein, aus welcher Art von Medienangebot Wähler politische Informationen erhalten.

3.4.3.1 Interpersonale Kommunikation

Ein Aspekt, dem im Hinblick auf die Qualität der Informationsvermittlung durch politische Gespräche und auch auf deren Einflußpotential eine große Bedeutung zugesprochen wurde, betrifft die unterschiedlichen *Rollen*, in denen die Diskutanten miteinander interagieren. Insbesondere im Unterschied zwischen "starken" Primär- und "schwachen" Sekundärbeziehungen sehen viele Arbeiten eine wesentliche Randbedingung, von der abhängt, ob die Einflüsse erleichtert oder erschwert werden. Die Columbia-Studien, aber auch die Mehrzahl der von ihnen inspirierten Folgeuntersuchungen gingen von vornherein von der Prämisse aus, daß interpersonaler Einfluß zwischen Wählern als eine innere Angelegenheit kleiner, durch enge Beziehungen zwischen den Mitgliedern gekennzeichneter Gruppen gesehen werden muß. Die Primärgruppe war der "Held" (Katz 1987: S26) des Columbia-Ansatzes. In funktional unspezifischer, d.h. in ihrer Bedeutung für das Individuum nicht an spezifische Lebensvollzüge gekoppelter Weise sind Primärgruppen gegründet auf dem stabilen Fundament der dauerhaften wechselseitigen Anziehung, Sympathie, Anerkennung und Wertschätzung ihrer Mitglieder (Katz/Lazarsfeld 1955: 48).

Verschiedene Eigenschaften von Primärbeziehungen wurden für das ihnen unterstellte überlegene Einflußpotential verantwortlich gemacht. Vor dem Hintergrund der psychologischen Kleingruppen-Forschung wurde angenommen, daß Primärgruppen gegenüber ihren Mitgliedern als Sozialisationsagenturen wirken. Die Mitgliedschaft in Primärgruppen stellt, so die Annahme, für Individuen eine wesentliche Voraussetzung dar, um ihre fundamentalen Bedürfnisse nach Akzeptanz und Wertschätzung, aber auch nach Definition ihres eigenen Selbst zu befriedigen. Die einzelnen Gruppenmitglieder sind mithin von den intimen Gruppen, zu denen sie gehören - und gehören wollen -, auf eine sehr fundamentale Weise abhängig. Gerade aus der affektiven Qualität der Bindungen zwischen ihren Mitgliedern erwächst diesen eine umfassende Kapazität, Anpassung an die Gruppennormen zu belohnen und Abweichung zu bestrafen. Primärgruppen üben also einen massiven Konformitätsdruck auf ihre Mitglieder aus. Gleichzeitig begünstigt aber auch das hohe persönliche Vertrauen, das zwischen den Mitgliedern von Primärgruppen herrscht, deren wechselseitige Einflußnahme aufeinander (Lazarsfeld u.a. 1968: 150-8; Berelson u.a. 1954: 88-101; Katz/Lazarsfeld 1955: 48-65; McClosky/Dahlgren 1959: 758-60; Finfter 1974: 607-8).

Eine Abkehr von diesem "Modell der sozialen Kohäsion" (Huckfeldt u.a. 1995: 1026-9) verbindet sich mit dem Konzept des "ego-zentrierten sozialen Netzwerks" (Eulau 1980: 225; Schenk 1983a, 1989). Ein soziales Netzwerk ist rein formal definiert als "eine durch Beziehungen eines bestimmten Typs verbundene Menge von sozialen Einheiten" (Pappi 1987: 13; vgl. auch Knoke 1990b: 8). Welche Objekte und welche Beziehungen analytisch von Interesse sind, hängt von der untersuchten Fragestellung ab. Gegenstand der vorliegenden Untersuchung sind Netzwerke von Wählern, die durch politische Gespräche definiert sind. "Ego-zentrierte" Netzwerke sind solche Netzwerke, die auf eine Person zentriert sind und durch all diejenigen Personen gebildet werden, welche mit dieser Fokusperson auf eine festgelegte Weise direkt in Verbindung stehen (Fischer u.a. 1977: 34; Pappi 1987: 13; Knoke 1990a: 1043). Auch die weniger präzisen Ausdrücke "Primärumwelt" (Scheuch 1965; Reuband 1971), "interpersonal environment" (Rossi 1966: 200), "first-order zone" (Knoke 1990b: 40) oder "primary zone" (Laumann 1973: 7; Eulau/Rothenberg 1986: 311) werden gelegentlich zur Kennzeichnung einer solchen interpersonalen Struktur verwandt.

Das Netzwerk-Konzept ist analytisch offener als das Primärgruppen-Konzept. Es verengt die Bandbreite der für potentiell bedeutsam erachteten Beziehungscharakteristika nicht von vornherein durch eine theoretische Vorentscheidung auf eine bestimmte Beziehungsqualität, nämlich die "starken", durch gemeinsame Werte bestimmten, emotional geladenen, dauerhaft stabilen und vertrauensvollen Primärbeziehungen funktional diffuser Charakteristik. Es setzt allgemeiner an, indem es auch die "schwachen" Beziehungen von Personen integriert (Schenk 1983a: 96): "Schwache soziale Beziehungen kennzeichnen [...] unsere Verhältnisse zu bloßen Bekannten, Personen, die wir nur flüchtig kennen, selten zu Gesicht bekommen und mit denen wir - zumal auf informeller Basis - nicht häufig interagieren." (Wegener 1987: 279; Granovetter 1973)

Es kann nicht ausgeschlossen werden, daß nicht nur Beziehungen, die durch Intimität und hochgradige Emotionalität charakterisiert sind, sondern auch weniger enge Sekundärbeziehungen wichtige Quellen politischen Einflusses darstellen. "None of these environments is necessarily more important than any other in influencing citizen behavior. In particular, it is a mistake to believe that more intimately defined environments are more important than environments which are larger and more impersonal." (Huckfeldt/Sprague 1995: 20) Insbesondere im Hinblick auf Prozesse der Konversion von Entscheidungen ist die mögliche Bedeutung schwacher Sekundärbeziehungen hervorzuheben. Primärgruppen involvieren *per definitionem* enge Kontakte aller Mitglieder untereinander: Personen, mit denen die Kontaktpartner eines Wählers auf einer so intimen Basis interagieren, stehen typischerweise auch mit diesem selbst in direktem Kontakt (Knoke 1990b: 11-2). Die interpersonale Kommunikation innerhalb von Primärgruppen trägt daher eher den Charakter unentwegter wechselseitiger Bestätigung der immer gleichen Standpunkte innerhalb eines kleinen Zirkels von Kommunikationspartnern, die sich alle kennen und schätzen. Der politische Austausch, der über starke Beziehungen erfolgt, ist daher eher nach außen abgekapselt und verbindet mit größerer Wahrscheinlichkeit nur Gleichgesinnte miteinander. Schwache Beziehungen nehmen demgegenüber in der interpersonalen Kommunikation Brückenfunktionen wahr. Durch sie werden Wähler indirekt mit Personen verbunden, die sie selbst nicht kennen. Sie können daher die Wähler mit heterogeneren weiteren Personenkreisen in Verbindung bringen. "Erst die schwachen Beziehungen sorgen dafür, daß aus der Umwelt der betreffenden Gruppe zusätzliche Informationen einsickern." (Schenk 1983a: 94; vgl. auch Huckfeldt u.a. 1995: 1028) Über Sekundärbeziehungen werden Wähler also mit höherer Wahrscheinlichkeit auch politischen Stellungnahmen ausgesetzt, die mit ihren eigenen Prädispositionen inkonsistent sind, so daß sich die Möglichkeit konvertierender Einflüsse eröffnet.

Die verschiedenen Rollen, in denen sich politische Gesprächspartner begegnen können, lassen sich nach dem Ausmaß ihrer Intimität und Emotionalität abstufen (Reuband 1971: 546-7; Simon 1976: 71-94). Der höchste Grad an Intimität und daraus folgender sozialer Kohäsion kommt zweifellos den Beziehungen zwischen Ehe- und Lebenspartnern zu. Durch ein hohes Maß an Vertrautheit sind aber auch andere familiäre Bindungen geprägt. Weber sah in der Familie den Idealtypus der Vergemeinschaftung am reinsten realisiert (Weber 1980: 22). "Kinship is, and has always been, the critical distinction people make among social relations. [..] What we owe to and what we can expect from relatives involves far more commitment, trust, and sacrifice than is the case with nonrelatives. [..] People largely maintain kin ties out of a sense of concern and obligation, whereas they maintain nonkin ties because of compatibility and enjoyment." (Fischer 1982: 80) In Freundschaftsbeziehungen ist das Moment der Intimität ebenfalls relativ stark ausgeprägt; es fehlt ihnen jedoch der "Zwangscharakter", der Verwandtschaftsbeziehungen kennzeichnet, in die man hineingeboren wird. "Friendship denotes a voluntarily formed and maintained relationship between two persons who more or less mutually regard each other as having a special, affectively toned relationship of mutual trust and esteem." (Laumann 1973: 83)

Studien, die von der sozialgeographisch orientierten Kontextforschung inspiriert sind, schreiben häufig den Beziehungen zwischen Nachbarn eine besondere Bedeutung zu. Sie gehen von der Annahme aus, daß Personen, mit denen Wähler aufgrund der räumlicher Nähe innerhalb ihres Wohnquartiers in Kontakt kommen, eine wichtige Rolle bei der Vermittlung von Kontexteinflüssen spielen, die sich aus der sozialen oder politischen Zusammensetzung dieser sozialgeographischen Einheiten ergeben (Eulau/Rothenberg 1986). Bei Nachbarschaftsbeziehungen handelt es sich also um einen Typ von Beziehung, der nicht notwendigerweise affektiv getönt ist, so daß keine große Kohäsion zu erwarten ist, der aber möglicherweise dennoch ein politisches Einflußpotential besitzt. Kontakte zu Nachbarn "- talks over backyard fences, casual encounters while taking walks or standing in line at the grocery, and so on - may be politically influential even though they do not occur between close and intimate associates" (Huckfeldt 1986: 130). Auch zwischen Arbeitskollegen und Personen, die sich im Rahmen von freiwilligen Vereinigungen oder Kirchengemeinden begegnen, können typischerweise keine Beziehungen vergleichbar intimer Qualität erwartet werden, wie sie innerhalb der Familie oder zwischen Freunden existieren. Dennoch ist nicht auszuschließen, daß auch sie zu Quellen von politischem Einfluß werden.

Aufgrund dieser Überlegungen kann die Erwartung formuliert werden, daß die interpersonale Kommunikation im Rahmen von Primärbeziehungen Wahlentscheidungen stärker beeinflußt als der Austausch im Rahmen von Sekundärbeziehungen. Jedoch kann auch letzteren durchaus ein Einflußpotential zugeschrieben werden. Insbesonders ist bei Sekundärbeziehungen eher mit Konversionen zu rechnen als bei Primärbeziehungen, weil sie eher als Quelle von Überzeugungsbotschaften fungieren dürften, die mit den Prädispositionen der Adressaten inkonsistent sind.

3.4.3.2 Massenkommunikation

Die politische Kommunikationsforschung behandelte das einzelne Medium lange als neutrales Transportvehikel für politische Informationen und schrieb lediglich den Inhalten der vermittelten Mitteilungen Relevanz im Hinblick auf Einflußprozesse zu. Neuere Konzeptionen gehen jedoch von der Überzeugung aus, daß - mit Zukin gesprochen - "all media are not created equal" (Zukin 1977: 245). Sie machen geltend, daß es bei der Analyse von Einflußprozessen notwendig sei, auch auf die spezifischen Kanalcharakteristika der verschiedenen Medien zu achten (Berghaus 1999: 189-92). Aus dieser Sicht ist es nicht angebracht, in den verschiedenen Massenmedien einfach neutrale Vermittler von Überzeugungsbotschaften zu sehen. Jedes Medium "prägt vielmehr die Bedeutung der Mitteilung nach Maßgabe medienspezifischer Codes und Darstellungsmittel, zwingt die Botschaft jeweils in ein besonderes 'Medienformat' und in eine spezifische 'Medienlogik'" (Schulz 1997: 41-2). Unter *"Medienformaten"* versteht man eine Art Grammatik der Präsentation von Sachverhalten durch Massenmedien: "the rules and logic that transform and mold information (content) into the recognizable shape and form of the specific medium. [...] [F]ormats are formulas that serve as strategies for presenting categorical subject matter to an audience." (Altheide/Snow 1988: 199). Medienformate sind distinkte, für die verschiedenen Medien jeweils typische Darstellungsstile. Sie sind ein Produkt des Zusammenwirkens verschiedener Merkmale von Medien. Dazu zählen die technischen Träger, über welche Aussagen vermittelt werden, und die aus diesen technischen Voraussetzungen resultierenden Notwendigkeiten im Hinblick auf die Logistik der Aussagenproduktion, aber auch die spezifische rechtliche Verfaßtheit und wirtschaftliche Situation der verschiedenen Medien. Dieselben Gegenstände der politischen Berichterstattung werden aus diesem Grund von verschiedenen Medien in unterschiedlicher Art und Weise wiedergegeben. Tageszeitungen verlassen sich im wesentlichen auf das gedruckte Wort. Aber zwischen verschiedenen Zeitungstiteln gibt es durchaus erhebliche Unterschiede im Hinblick auf die Gestaltung dieser Texte und den Stellenwert visueller Ergänzungen. Das Fernsehen hingegen benötigt Bilder, und zwar vorzugsweise solche, die bewegt sind. Darüberhinaus gibt es aber auch zwischen verschiedenen Programmen zum Teil erhebliche Differenzen. Kanaleigenheiten wie diese lassen die übertragenen Inhalte nicht unberührt; sie überformen den Sinngehalt der vermittelten Aussagen auf medienspezifische Weise. Diese Unterschiede können im Hinblick auf Einflußpotentiale von Massenmedien bedeutsam werden, denn Medienformate dirigieren die Art und Weise, wie die von den Medien vermittelten Inhalte für die Rezipienten erfahrbar werden.

Insbesondere der Unterscheidung zwischen gedruckten und audiovisuellen Medien wird oft eine gewichtige Rolle im Hinblick auf politische Einflußpotentiale zugesprochen. Das Fernsehen wird häufig als Medium etikettiert, dessen Erscheinen den gesamten Prozeß der politischen Kommunikation in den westlichen Demokratien grundlegend verändert hat (Neuman 1986: 142). "Nichts ist mehr wie vorher" - so Noelle-Neumanns (1994: 546) apodiktisches Verdikt. Unter anderem wurde dem Fernsehen eine größere Kapazität zugeschrieben, Schranken der selektiven Zuwendung und Aufmerksamkeit zu überwinden. Aufgrund seiner Präsentationslogik, die durch die Kombination von Ton, Bewegung und Farbe verschiedene Sinne gleichzeitig anspricht und den Eindruck erzeugen kann, Augenzeuge realen Geschehens zu sein, gilt das Fernsehen als ein "aufregendes" Medium, das die Aufmerksamkeit stärker fesseln kann als die "trockene" Presse. Auch kann das Fernsehen besser emotionale Inhalte vermitteln. Überdies gelten Fernsehbeiträge im Vergleich zu den notwendigerweise abstrakteren Inhalten der Presse als leichter verständlich. Fernsehsendungen können daher auch eher beiläufig verfolgt werden, während das Lesen von Zeitungsartikeln Konzentration und Aufmerksamkeit erfordert. Um den Gehalt gedruckter Artikel zu erfassen, ist im Schnitt auch eine höhere intellektuelle Befähigung notwendig. Aus diesen Gründen wird oft unterstellt, daß das Fernsehen ein größeres Potential als die Presse habe, politische Orientierungen zu beeinflussen (Neuman 1986: 139-45; Neuman u.a. 1992: 79-80; Noelle-Neumann 1994: 546-53). Der Presse wird demgegenüber eine höhere Kapazität zugeschrieben, Kenntnis und Verständnis politischer Entwicklungen zu verbessern. Dazu tragen der argumentative Stil der Präsentation von Sachverhalten ebenso bei, wie die Möglichkeit, mehr Gegenstände mit größerer Ausführlichkeit zu behandeln als das "zeitknappe" Medium Fernsehen, und die größere Kontrolle des Lesers über den Rezeptionsvorgang (Weaver/Buddenbaum 1980; Schönbach 1983: 28-35; Robinson/Levy 1986b: 57-105).

Innerhalb dieser beiden Globalkategorien kann weiter nach Angebotsformen unterschieden werden. So erscheint es sinnvoll, Medienangebote mit dem Schwergewicht auf tagesaktueller Berichterstattung von eher meinungsbetonten Formaten abzugrenzen (Page u.a. 1987). An der Norm der Faktentreue orientierte Darstellungen des aktuellen politischen Geschehens bilden das Schwergewicht der Tageszeitungen und der täglichen Nachrichtensendungen des Fernsehens. Soweit sie nicht von politischen Akteuren geäußert werden, die Gegenstand der Berichterstattung sind, haben explizite Bewertungen bei diesen Angebotsgattungen nur innerhalb der Kommentare einen Platz. Diese werden mittels entsprechender Präsentationsformen klar von den Faktenmeldungen abgesetzt (Eilders u.a. 1997). Magazinformate geben Meinungsäußerungen breiteren Raum. Die publizistische Funktion von Magazinen besteht nicht primär darin, auf tagesaktuelles Geschehen zu reagieren. Vielmehr setzen sie ihre Themenschwerpunkte weitgehend selbst. Daher folgen sie üblicherweise einem anderen Publikationsrhythmus als tagesaktuelle Medien. Magazine konzentrieren sich auf investigative Analysen, Hintergrundberichte und Meinungsbeiträge. Die Trennung zwischen faktenorientierten Nachrichten und meinungsbetonten Stellungnahmen ist bis zu einem gewissen Grad aufgehoben (Ruhland 1979: 66-7; Landgrebe 1994; Gerhards/Klingler 1995; Marcinkowski/Bruns 1996). Neben diesen beiden traditionellen Mediengattungen finden in jüngerer Zeit auch Hybridformen zunehmende Verbreitung, in denen die Präsentation politischer Informationen mit Unterhaltungselementen vermischt wird und in denen vermutlich ebenfalls Meinungsäußerungen ein relativ großes Gewicht haben. Ein Beispiel sind Talkshows. Möglicherweise sind meinungsbetonte Angebotsformen, in deren Inhalten wertgeladene Überzeugungsbotschaften größeres Gewicht haben dürften, einflußreicher als die ihrem Ethos nach parteipolitisch neutraleren Nachrichten.

Eine weitere Unterscheidung kann nach dem Kriterium der "politischen Informationsqualität" vorgenommen werden (Schmitt-Beck 1998: 234-8). In Anlehnung an Kleinnijenhuis (1991) kann darunter die Menge, Differenziertheit und Komplexität der Informationen verstanden werden, die durch ein Medium angeboten wer-

3 Interpersonale Kommunikation und Massenkommunikation

den.[1] Medienangebote mit hoher politischer Informationsqualität behandeln mehr Themen der nationalen Politik und geben diesen breiteren Raum. Ihre Berichterstattung ist tiefschürfender und versucht, der Komplexität des politischen Geschehens möglichst gerecht zu werden. Medienangebote mit geringerer politischer Informationsqualität handeln politische Gegenstände kürzer ab. Sie konzentrieren ihre Berichterstattung auf eine kleinere Anzahl politischer Themen und stellen diese in stark vereinfachter Weise dar. Mit zunehmender Informationsqualität steigen allerdings auch die intellektuellen Anforderungen an das Publikum. Beiträge hoher Informationsqualität sind typischerweise nicht leicht zu verstehen. Sie verwenden längere, kompliziertere Sätze, in denen die thematisierten Sachverhalte mittels differenzierter Argumentationen abgewogen und in Ziel-Mittel-Relationen eingeordnet sowie bezüglich ihrer Implikationen analysiert werden. Gleichzeitig setzen sie mehr Hintergrundwissen voraus. Angebote geringerer Informationsqualität verwenden hingegen leicht verstehbare, einfache Sätze, die lediglich unmittelbare Konsequenzen von Ereignissen feststellen, jedoch keine tiefergehenden Einordnungen vornehmen (Cobb/Kuklinski 1997).

Generell gilt das Fernsehen im Vergleich zur Presse als ein Medium von eher geringer Informationsqualität. Aber auch innerhalb dieser Mediengattungen gibt es weitere Untergliederungen. Sie sind eine Folge von Angebotsspezialisierungen im Hinblick auf bestimmte Publikumssegmente innerhalb differenzierter Medienmärkte. Diese Kategorisierungen überschneiden sich zum Teil mit der bereits genannten Unterscheidung zwischen fakten- und meinungsbetonten Angebotsformen. Magazine sind zumeist den Angeboten höherer Informationsqualität zuzurechnen. Bei der Tagespresse werden häufig drei Kategorien von Titeln unterschieden, denen unterschiedliche Informationsqualitäten korrespondieren (Pürer/Raabe 1994: 162-76; Huggins/Turner 1997: 399). Die Kategorie mit der höchsten Informationsqualität wird dabei von den Titeln der "Qualitätspresse" gebildet, während die "Massen-" oder "Boulevardpresse" die geringste Informationsqualität aufweist. Lokal- und Regionalblätter sind im Hinblick auf ihre Berichterstattung über Themen der nationalen Politik zumeist als Angebote mittlerer Informationsqualität einzuordnen. Bezüglich des Fernsehens kann man davon ausgehen, daß die Informationsqualität von politischen Informationsangeboten mit der Verfaßtheit der jeweiligen Rundfunkorganisationen in Zusammenhang steht. Politische Sendungen öffentlich-rechtlicher Programme dürften aufgrund der rechtlich normierten Programmgrundsätze und der größeren politischen Abhängigkeit dieser Sender eine höhere Informationsqualität aufweisen als die Angebote der kommerziellen Anbieter. Diese sind stärker am unterstellten Unterhaltungsbedürfnis des breiten Publikums ausgerichtet und setzen daher eher auf "Infotainment" (Pfetsch 1991, 1996).

Unterschiede der politischen Informationsqualität von Medien haben Konsequenzen für den Wissenserwerb ihrer Rezipienten. Medien höherer Informations-

---

1 Der Begriff "Informationsqualität" ist hier als rein analytisches Konzept zu verstehen und soll nicht mit normativen Konzepten einer nach abstrakten Kriterien "guten" Berichterstattung verwechselt werden (vgl. dazu Weiß 1998).

qualität können größere Kenntniszuwächse bewirken als Medien geringerer Informationsqualität (Weaver/Buddenbaum 1980; Schönbach 1983: 28-35; Robinson/Levy 1986b: 57-105; Schmitt-Beck 1998). Die Annahme erscheint nicht unplausibel, daß dieses größere Wirkungspotential auch für Einflüsse von Medien auf politische Orientierungen gilt. Plausibel ist aber auch die komplexere Hypothese eines interaktiven Zusammenhangs zwischen der Informationsqualität von Medien und der politischen Involvierung ihrer Publika. Dieser Annahme zufolge sind Einflüsse vor allem von Medien zu erwarten, die dem jeweiligen Niveau politischer Involvierung "angepaßt" sind. Hoch involvierte Wähler wären demzufolge eher durch anspruchsvollere Medien, weniger involvierte Wähler eher durch Medien geringerer Informationsqualität beeinflußbar (Butler/Stokes 1969: 225-7; Chaiken/Eagly 1976; Schenk/Pfenning 1990; Kleinnijenhuis 1991).

Daraus folgen unterschiedliche Hypothesen im Hinblick auf die Bedeutung verschiedener Formen von Massenmedien. Möglicherweise übt das Fernsehen stärkere Einflüsse aus als die Presse. Es kann auch gemutmaßt werden, daß meinungsbetonte Medienangebote stärkere Einflüsse ausüben als faktenorientierte Medienangebote. Es sprechen aber auch Gründe für die Vermutung, daß Medienangebote mit höherer Informationsqualität einflußreicher sind als Medienangebote mit geringerer Informationsqualität. Möglicherweise üben Medien mit höherer Informationsqualität aber auch vor allem Einflüsse auf Wähler mit hoher politischer Involvierung aus, während Angebote mit geringerer Informationsqualität eher Wähler mit niedriger politischer Involvierung beeinflussen.

3.4.4 *Prädispositionen gegenüber Informationsquellen*

Auf die Bedeutung politischer Prädispositionen bei politischen Einflußprozessen wurde bereits ausführlich eingegangen. Daneben gibt es aber auch Prädispositionen gegenüber den Quellen politischer Informationen. Diese Prädispositionen begründen typische Reaktionstendenzen gegenüber Informationen, allein aufgrund ihrer Herkunft. Sie wirken sich dadurch ebenfalls moderierend darauf aus, ob und wie politische Informationen Einflüsse auf die Entscheidungen von Wählern ausüben können (Katz/Lazarsfeld 1955: 24; Avery/McCain 1986: 125). Von besonderer Bedeutung scheint in diesem Zusammenhang zu sein, in welchem Umfang Informationsquellen zugeschrieben wird, *glaubwürdig* zu sein. Wenn eine Informationsquelle für glaubwürdig gehalten wird, könnte dies die Wahrscheinlichkeit erhöhen, daß von ihr übermittelte Überzeugungsbotschaften akzeptiert werden. "[P]ersuasion depends on individual decisions about whom to believe." (Lupia/McCubbins 1998: 45; im Original hervorgehoben) Das Konstrukt der Glaubwürdigkeit läßt sich in zwei Dimensionen aufgliedern: die *Expertise*, die einer Informationsquelle zugeschrieben wird, d.h. die dieser Quelle vom Rezipienten unterstellte Fähigkeit, richtige, sachverständige Aussagen zu machen, sowie ihre *Vetrauenswürdigkeit*, d.h. die der Quelle entgegengebrachte Erwartung, Aussagen zu machen, die sie selbst für gültig hält (Ben-

tele 1988: 410). "A message from a source that is untrustworthy or that lacks expertise on the topic is less likely to be accepted than is information from an expert or one with no reason not to be truthful." (Chaffee 1986: 66) Faktorenanalytische Studien haben diese Zweidimensionalität des Konstrukts der Glaubwürdigkeit von Informationsquellen vielfach bestätigt (O'Keefe 1990: 132-3). Zahlreiche Untersuchungen der experimentellen Psychologie haben belegt, daß diese beiden Komponenten unabhängig voneinander darauf einwirken, ob Informationsquellen Personen beeinflussen können (Schenk 1987: 64-76; Miller 1987: 464-8; Bentele 1988: 409-11).

3.4.4.1 Interpersonale Kommunikation

Verschiedene Arbeiten über die interpersonale Kommunikation in sozialen Netzwerken betonen ebenfalls die Bedeutung von Expertise und Vertrauenswürdigkeit als Voraussetzungen interpersonalen Einflusses (Knoke 1990b: 3). "[P]ersuasion requires that a listener perceive a speaker to be both knowledgeable and trustworthy." (Lupia/McCubbins 1998: 9; im Original hervorgehoben) Die Dimension der wahrgenommenen Expertise von Gesprächspartnern verweist auf das Konstrukt des Meinungsführers (Merten 1994b: 317), das schon an früherer Stelle erörtert wurde (siehe Abschnitt 3.4.2.1). Die Annahme, daß Meinungsführer über eine überlegene Einflußkapazität verfügen, deckt sich mit der Idee, daß das Ausmaß an Kompetenz, das einem Diskutanten zugeschrieben wird, wesentlich darüber entscheidet, ob dieser andere Personen beeinflussen kann. Die ebenfalls bereits diskutierte These, daß Primärbeziehungen generell größere Einflußpotentiale innewohnen, läßt sich ebenfalls in Termini der Glaubwürdigkeit von Informationsquellen interpretieren. Denn gegenseitiges Vertrauen ist eines der konstitutiven Merkmale solcher durch Intimität gekennzeichneten Beziehungen (siehe Abschnitt 3.4.3.1). Möglicherweise erschöpft sich die Bedeutung des wechselseitigen Vertrauens jedoch nicht im Unterschied zwischen Primär- und Sekundärbeziehungen (Huckfeldt/Sprague 1991, 1995: 175-7; Kenny 1994, 1998). Wenn das tatsächliche Ausmaß des Dissens in einer Beziehungsdyade unterschätzt wird, werden sogar Konversionen des Informationsempfängers durch Vertrauen wahrscheinlicher (Koßmann 1995: 46-8).

Es ist daher zu erwarten, daß Wahlentscheidungen durch Gesprächspartner, die als glaubwürdig, d.h. als politisch kompetent und als vertrauenswürdig eingeschätzt werden, stärker beeinflußt werden als durch Gesprächspartner, die für weniger glaubwürdig erachtet werden.

3.4.4.2 Massenkommunikation

Ähnlich wie bei der interpersonalen Kommunikation ist der Aspekt der Glaubwürdigkeit auch bei der Massenkommunikation nicht unabhängig von den Charakteristika der Informationsquellen, d.h. in diesem Fall den Medienformaten (siehe Abschnitt 3.4.3.2). Zahlreiche Studien belegen, daß Bürger die verschiedenen Medien, aus denen sie ihre politischen Informationen beziehen, in ganz unterschiedlichem Ausmaß für glaubwürdig halten. Die meisten Rezipienten schreiben dem Fernsehen eine höhere Glaubwürdigkeit als der Presse zu (Bentele 1988: 411-21; Friedrichsen 1995: 267-74). Aber auch innerhalb dieser beiden Mediengattungen gibt es Unterschiede hinsichtlich der wahrgenommenen Glaubwürdigkeit. In Deutschland werden die politischen Angebote des öffentlich-rechtlichen Fernsehens im Schnitt für glaubwürdiger gehalten als die des Privatfernsehens (Deimling u.a. 1993). Und Abonnementzeitungen werden für glaubwürdiger gehalten als Boulevardzeitungen (Bentele 1988: 416). Diese Unterschiede deuten darauf hin, daß die wahrgenommene Glaubwürdigkeit von Medien mit deren Informationsqualität zusammenhängt (Deimling u.a. 1993): je höher die Informationsqualität, desto größer die zugeschriebene Glaubwürdigkeit. Solche Untersuchungen differenzieren zumeist nicht zwischen den beiden Teilaspekten der Vertrauenswürdigkeit und der Expertise, die den Medien zugeschrieben werden. Man kann jedoch spekulieren, daß für den Glaubwürdigkeitsvorsprung des Fernsehens der Faktor Vertrauen von primärer Bedeutung ist, manifestiert in der naiven Überzeugung: "Bilder können nicht lügen". Der Zusammenhang von Glaubwürdigkeitszuschreibung und Informationsqualität hat jedoch vermutlich eher mit der Expertise zu tun, die bei Medien mit höherer Informationsqualität vermutet wird.

Aber auch die politische Ausrichtung von Medien fließt in solche Urteile ein. Wenn Personen die Berichterstattung von Tageszeitungen und von Fernsehnachrichten als politisch neutral empfinden, halten sie sie eher für glaubwürdig, als wenn sie der Meinung sind, daß sie einseitig eine bestimmte Partei begünstigen (Bentele 1988: 416; Friedrichsen 1995: 286-92). In Termini des RAS-Modells gedacht, werden im Falle von Medien, die als neutral eingeschätzt werden, keine "source cues" wahrgenommen, so daß unter diesen Bedingungen auch inkonsistente Überzeugungsbotschaften eher akzeptiert werden. Befunde von Donsbach lassen vermuten, daß die Wahrscheinlichkeit der Akzeptanz auch inkonsistenter Beiträge steigt, wenn sie in einer Zeitung publiziert werden, der vom Leser eine grundsätzliche politische Übereinstimmung mit den eigenen Grundpositionen zugeschrieben wird (Donsbach 1991: 209). Iyengar/Kinder zeigten, daß sich Agenda-Setting-Effekte des Fernsehens eher einstellen, wenn die Berichterstattung für akkurat und ausgewogen gehalten wird (Iyengar/Kinder 1985).

Man kann daher mutmaßen, daß Wahlentscheidungen durch Massenmedien, die als glaubwürdig gelten, stärker beeinflußt werden als durch andere Medien. Bedauerlicherweise wird es jedoch mangels geeigneter Daten nicht möglich sein, diese These im folgenden einem empirischen Test zu unterziehen.

3.4.5 Wechselwirkungen zwischen interpersonaler Kommunikation und Massenkommunikation

Politische Gespräche drehen sich häufig um Gegenstände, die zumindest einem Teil der Diskutanten aus den Massenmedien bekannt sind (Chaffee 1986: 71-3). Schon die Rezeption von Medieninhalten selbst ist oft ein sozialer und kein individueller Vorgang. Individuen nutzen Massenmedien häufig nicht allein, sondern gemeinsam mit anderen, mit denen sie dann schon während oder auch sofort im Anschluß an den Rezeptionsvorgang über die aufgenommenen Informationen reden (Bausinger 1984: 349-50; Morley 1990). Etliche Studien belegen, daß sich die Argumente, die in politischen Gesprächen ausgetauscht werden, in erheblichem Umfang auf Informationen beziehen, welche die Gesprächsteilnehmer aus den Massenmedien bezogen haben. Auch die Thematisierung politischer Gegenstände wird stark durch entsprechende Beiträge der Medien angeregt. Umgekehrt werden Sachverhalte, zu denen die Medien keine oder nur wenige Informationen anbieten, nur mit geringer Wahrscheinlichkeit zum Gegenstand politischer Diskussionen (Troldahl/van Dam 1965; Atwood u.a. 1978; Kepplinger/Martin 1986; Robinson/Levy 1986a; Schulz/ Friedrichsen 1995; Mondak 1995: 107-10). Die große Bedeutung medienvermittelter Informationen für die interpersonale Kommunikation kann für die Einflüsse, die durch die interpersonale Kommunikation und durch die Massenkommunikation ausgeübt werden, in verschiedener Hinsicht Konsequenzen haben. Das postuliert die *Interaktionsthese*, die es in zwei Varianten gibt. Die These der Sekundärdiffusion besagt, daß das Einflußpotential der interpersonalen Kommunikation von den Überzeugungsbotschaften abhängt, welche die Massenmedien den Diskutanten vermitteln. Umgekehrt behauptet die Filterthese, daß sich die politischen Gespräche der Wähler darauf auswirken, ob und inwieweit von den Massenmedien Einflüsse ausgehen können oder nicht.

3.4.5.1 Interpersonale Kommunikation

Was die vermittelten Überzeugungsbotschaften anbelangt, stellt die interpersonale Kommunikation offenbar zu einem nicht unerheblichen Anteil eine Verdoppelung der Massenkommunikation dar. Sie übernimmt die Funktion der *Sekundärdiffusion* von Medieninhalten und wird somit zum Medium indirekter Einflüsse der Massenkommunikation (Erbring u.a. 1980: 46). Sie verlängert die Reichweite der Massenmedien in diejenigen Bevölkerungssegmente hinein, die von bestimmten Informationen nicht direkt erreicht wurden. Katz/Lazarsfeld sprechen diesbezüglich von einer "Relais-Funktion" der interpersonalen Kommunikation (Katz/Lazarsfeld 1955: 45). Wenn die Stellungnahmen, die in der interpersonalen Kommunikation verwendet werden, häufig der Massenkommunikation entstammen, dann beeinflussen die Überzeugungsbotschaften, die den Wählern von den Massenmedien vermittelt werden, nicht nur deren eigene politische Positionen, sondern sie werden von ihnen auch in Diskussionen und Debatten mit anderen Personen als Argumente weiterverwendet, um die eigenen Standpunkte zu untermauern und zu verteidigen (Kepplinger/Martin 1986). Was in politischen Dialogen ausgetauscht wird, sind dann sehr häufig keine eigenen Gedanken der Gesprächspartner, sondern Zitate und Paraphrasen aus Zeitungen, Nachrichten oder Magazinen.

Möglicherweise hängt das Einflußpotential der interpersonalen Kommunikation unter diesen Bedingungen auch davon ab, in welcher Menge die Massenmedien den verschiedenen Diskutanten Argumente zur Verfügung stellen, die sie bei ihren Gesprächen einsetzen können, um ihre Standpunkte zu bekräftigen. Mit anderen Worten: die richtungspolitische Zusammensetzung der Medienberichterstattung moderiert vielleicht die Einflüsse der interpersonalen Kommunikation (MacKuen/Brown 1987: 485). Ist die Medienberichterstattung eher einseitig, dann werden vor allem diejenigen Diskutanten mit Argumenten "munitioniert", deren Präferenzen durch die Berichterstattung begünstigt werden. Anhänger des politischen Lagers, das in der Medienberichterstattung weniger positiv dargestellt wird, werden demgegenüber eher unter "Munitionsmangel" leiden. Sie werden infolgedessen bei Diskussionen weniger viele Überzeugungsbotschaften zu vermitteln haben als die Gegenseite. Daher ist zu erwarten, daß sie in politischen Gesprächen weniger Einfluß ausüben können als ihre Kontrahenten, die mit dem Medientenor auf einer Linie liegen. Man kann daher mutmaßen, daß die Stärke von Einflüssen der interpersonalen Kommunikation davon abhängt, inwieweit die vertretenen Positionen im Einklang mit dem Tenor der Massenmedien stehen. Die interpersonale Kommunikation dürfte Wahlentscheidungen um so stärker beeinflussen, je mehr sie sich auf Argumente aus den Massenmedien stützen kann.

3.4.5.2 Massenkommunikation

Eine zweite Implikation der großen Bedeutung von Medieninhalten in der interpersonalen Kommunikation besteht darin, daß sich viele Medienrezipienten die von den Medien vermittelten Überzeugungsbotschaften nicht einfach still einverleiben. Vielmehr werden sie diese Informationen mit anderen Personen erörtern und sich im Dialog damit auseinandersetzen. Die Medienbotschaften treffen also nicht auf eine Massengesellschaft atomisierter und voneinander isolierter Individuen, sondern auf ein komplex gegliedertes Geflecht von Gesprächsbeziehungen, in denen die Botschaften der Medien – die insoweit eben gerade keine "Massen"-Medien sind - verhandelt werden. "Media audiences are not masses in any serious sense, and do not behave as if they were." (Chaffee 1972: 114; vgl. auch Schenk 1987: 231-3; Lenart 1994: 3-5)

Die *Filterthese* geht davon aus, daß die Informationen, die Wählern aus den Massenmedien zufließen, nicht für sich selbst sprechen und deswegen auch nicht unbesehen akzeptiert werden. "Informal communication with others is essential to help people make sense of news media content." (Erbring u.a. 1980: 41) Die Art und

Weise, wie rezipierte Medieninhalte im Gespräch mit anderen hin- und hergewendet werden, kann als Prozeß der dialogischen Bedeutungserschließung gesehen werden, der entscheidend darauf einwirkt, ob diese Informationen akzeptiert werden und dadurch politische Einflüsse auf ihre Empfänger ausüben können. Insoweit erfüllt die interpersonale Kommunikation eine metakommunikative Funktion der Bewertung und Kommentierung massenmedialer Angebote. "[B]ei der Frage nach Wichtigkeit und Richtigkeit von Informationsangeboten, beispielsweise für Wahlentscheidungen, werden Meinungen benötigt, die als Meta-Aussage (als Bewertung der zugrundeliegenden Information) die Entscheidung für die Akzeptanz der Information erleichtern. Diese Meinungen beschafft sich der Rezipient [...] durch Diskussion und Argumentation mit anderen Personen." (Merten 1994b: 317; vgl. auch Schenk 1995: 40-2; Berghaus 1999: 186-9) Die Filterthese postuliert, daß die Medienrezipienten durch die Auseinandersetzung mit anderen Personen prüfen, was die Botschaften, die sie erhalten haben, bedeuten, wie sie verstanden werden müssen und ob sie akzeptiert werden können. Ob die Medien ihre Rezipienten beinflussen, hängt dieser Sicht zufolge davon ab, ob und in welcher Weise diese über die Medienbotschaften, die sie wahrgenommen haben, mit anderen Personen kommunizieren.

Unterhält sich eine Person ausschließlich mit Partnern derselben politischen Orientierung, dann fungiert die interpersonale Kommunikation wie eine "Schutzhülle", die Wähler vor Einflüssen diskordanter Informationen aus den Massenmedien abschirmt (Schenk 1995: 64). In homogenen Primärumwelten sieht die Filterthese eine praktisch undurchdringliche Barriere, welche das Einflußpotential medienvermittelter Überzeugungsbotschaften, die mit dem Netzwerkkonsens nicht kompatibel sind, effektiv neutralisieren kann. Sie stellen einen "sozialen Anker" dar, der verhindert, daß diskrepante Botschaften ihre erodierende Wirkung entfalten können (Katz/Lazarsfeld 1955: 44). Der Einfluß von Botschaften, die mit der "herrschenden Meinung" von Diskutantenzirkeln konkordant sind, wird hingegen sogar verstärkt. Katz/Lazarsfeld sprechen aus diesem Grund von einer "Verstärkerfunktion" der interpersonalen Kommunikation (Katz/Lazarsfeld 1955: 45). Für homogene Primärumwelten gilt daher: "[I]nterpersonal relations 'intervene' by inducing *resistance* to those influences which go counter to those ideas that individuals share with others they hold in esteem; and, on the other hand, [...] when individuals share norms which are in harmony with an outside influence or when they are willing to incorporate a proposed change into group norms, then interpersonal relations may act as *facilitators* of change." (Katz/Lazarsfeld 1955: 81)

Bei Wählern, deren Primärumwelten heterogen sind, sollten demgegenüber auch Konversionen durch die Medienberichterstattung möglich sein. Berelson u.a. interpretierten politisch heterogene persönliche Kontaktkreise als eine Art offene Flanke, durch welche entferntere Kontexte, wie z.B. die Massenmedien mit ihrer politischen Berichterstattung, Einfluß auf politische Entscheidungen gewinnen können. Diesen Zusammenhang bezeichneten sie als "breakage"-Effekt (Berelson u.a. 1954: 98-101). Man kann also die Erwartung formulieren, daß Einflüsse der Massenkommunikation in jeder Richtung nicht unbedingt begünstigt, aber doch ermöglicht werden, wenn interpersonale Umwelten politisch uneinheitlich sind. Sind die Primärumwelten jedoch homogen, dann sind Medieneinflüsse zwar nicht völlig ausgeschlossen. Sie sollten aber nur in der Richtung auftreten, die den im Netzwerk existierenden Präferenzen entspricht. Diese Einflüsse sollten dann sogar stärker sein als bei heterogenen Primärumwelten.

Ein Bedürfnis von Individuen, sich der Stichhaltigkeit oder "Viabilität" (Merten 1994b: 309) ihrer politischen Auffassungen zu versichern, kann als Motor dieser Prozesse gesehen werden. Rezipienten von Informationen aus den Massenmedien werden diese nicht fraglos akzeptieren, sondern sie zunächst einem sozialen "Realitätstest" unterwerfen (Erbring u.a. 1980: 41), indem sie mit anderen Personen darüber diskutieren (Chaffee 1986: 71). Als Referenzpersonen kommen dafür Kollegen und Nachbarn ebenso in Frage wie Verwandte und Freunde. Ein auf McPhee (1963) zurückgehendes Modell kann diesen Prozeß anschaulich machen (Sprague 1982; Huckfeldt/Sprague 1995: 18-20, 45-55). Es geht davon aus, daß Individuen die Überzeugungsbotschaften der Medien mit den Sichtweisen anderer Personen vergleichen, um größere Gewißheit darüber zu gewinnen, ob sie angemessen sind. Stoßen sie dabei auf bestätigende Reaktionen, können sie diese als Bekräftigung interpretieren und den Realitätstest einstellen. Wenn ein Individuum jedoch bemerkt, daß die in den Medien vertretenen Positionen nicht im Einklang mit den Auffassungen eines Interaktionspartners stehen, wird es diese Diskrepanz als unbefriedigend erleben, denn die Ungewißheit wird nicht verkleinert, sondern vergrößert. Es wird daher den Realitätstest durch Konsultieren weiterer Partner fortsetzen. Die politische Zusammensetzung der Primärumwelten ist dabei deswegen wichtig, weil aus ihr unterschiedliche Kontaktchancen mit Vertretern verschiedener politischer Auffassungen resultieren, so daß sich unterschiedliche Wahrscheinlichkeiten ergeben, derartige Diskrepanzen zu erfahren. Ist das Individuum in ein politisch homogenes soziales Umfeld eingebettet, so wird es die beschriebene Diskrepanz unweigerlich immer erleben, wenn es Medienbotschaften "testet", die nicht mit der von seinen Kontaktpartnern einhellig vertretenen Orientierung im Einklang stehen. Nur konkordante Überzeugungsbotschaften werden den Realitätstest überstehen. Ist die Primärumwelt, in welcher der Realitätstest durchgeführt wird, hingegen heterogen, so ist die Wahrscheinlichkeit geringer, daß ein Individuum permanent Diskrepanzerfahrungen macht. Es bestehen daher für alle Informationen Chancen in mittlerer Größenordnung, im Prozeß der Realitätsprüfung von Diskutanten bekräftigt und daraufhin auch akzeptiert zu werden.

Freilich gibt es durchaus auch Wähler, die auf derartige Realitätstests verzichten. Bei einer kritischen Auseinandersetzung mit den Konzepten der Meinungsführerschaft und Meinungsgefolgschaft stellten Troldahl/van Dam (1965) sowie Robinson (1976) fest, daß zahlreiche der "weniger aktiven" Wähler, von denen Lazarsfeld u.a. (1968: 49-51) ohne direkte Prüfung angenommen hatten, daß sie von den Meinungsführern beeinflußt würden, in Wirklichkeit überhaupt keine politischen Gespräche führten und sogenannte "Nicht-Diskutierer (*non-discussants*)" waren. Ähnlich wie bei den Wählern, die in heterogene Primärumwelten eingebunden sind, können bei solchen Wählern ebenfalls Medieneinflüsse in jeder Richtung erwartet werden (Robinson 1976).

Folgende Erwartungen erscheinen vor diesem Hintergrund plausibel: Wähler, die in politisch homogene Primärumwelten eingebunden sind, sind durch die Massenkommunikation sehr leicht beeinflußbar, wenn deren Informationen den Orientierungen der Gesprächspartner entsprechen. Sie sind jedoch nahezu immun gegen diskordante Überzeugungsbotschaften der Massenmedien. Wähler, die in politisch heterogene Primärumwelten eingebunden sind, sowie Wähler, die keine politischen Gespräche führen, sind ebenfalls beeinflußbar, und zwar weniger stark, dafür aber in jeder Richtung.

3.5 Fragestellungen

Aus den theoretischen Überlegungen, die in den letzten beiden Kapiteln diskutiert wurden, ergeben sich zahlreiche Fragestellungen und Hypothesen im Hinblick auf die Bedeutung der interpersonalen Kommunikation und der Massenkommunikation bei Wahlen. Sie sollen hier noch einmal zusammenfassend rekapituliert werden. Ziel der nachfolgend präsentierten Analysen wird es sein, diese Fragen zu beantworten.

Zu klären ist zunächst für jede dieser beiden Formen der politischen Kommunikation, ob und in welchem Umfang sie Einflüsse auf individuelle Wahlentscheidungen ausübt.

- Erwartet wird, daß solche Einflüsse sowohl für die interpersonale Kommunikation als auch für die Massenkommunikation existieren und daß sie um so stärker sind, je größer die Menge der per saldo für eine Partei oder einen Kandidaten günstigen oder ungünstigen Informationen ist, die ein Wähler aus der jeweiligen Informationsquelle empfängt.

- Darauf aufbauend ist ferner zu fragen, welche der beiden Kommunikationsformen individuelles politisches Verhalten stärker beeinflußt. Hat die interpersonale Kommunikation größere Konsequenzen für Wahlentscheidungen oder die Massenkommunikation?

Über diese einfacheren Problemstellungen hinaus sind verschiedene Fragen auszuloten, die damit zu tun haben, ob und in welcher Weise Eigenschaften von Wählern und Eigenschaften von Kommunikationskanälen die Einflüsse der interpersonalen Kommunikation und der Massenkommunikation moderieren. So ist zu erwarten, daß sich politische Prädispositionen von Wählern sowohl auf der Stufe der Rezeption als auch auf der Stufe der Akzeptanz von Informationen darauf auswirken, welche Informationen einflußreich werden und welche nicht.

- Es wird angenommen, daß sich Wähler eher solchen Informationsquellen zuwenden, von denen sie Informationen erwarten können, die mit ihren eigenen Prädispositionen konsistent sind, und daß sie von den rezipierten Informationen auch eher diejenigen als Entscheidungsgrundlagen akzeptieren, die mit diesen Prädispositionen im Einklang stehen. Daß inkonsistente Informationen Einflüsse ausüben, ist weniger wahrscheinlich, weil die Wähler die Quellen solcher Botschaften zu meiden suchen und weil sie im Falle der Rezeption solche Informationen eher nicht akzeptieren. Da die Wähler keine volle Kontrolle über ihre Informationszufuhr haben, sind jedoch auch konvertierende, d.h. den Prädispositionen entgegengerichtete Einflüsse keineswegs ausgeschlossen.

Eine weitere Frage betrifft den Stellenwert von Unterschieden der politischen Involvierung der Wähler.

- Es wird vermutet, daß weniger involvierte Wähler eher durch politische Gespräche mit anderen beeinflußbar sind als stärker involvierte Wähler.

- Speziell hinsichtlich der Massenkommunikation existieren widersprüchliche Erwartungen. Manche Theorien führen zu der Schlußfolgerung, daß bei gering involvierten Wählern stärkere Einflüsse zu erwarten sind. Andere begründen jedoch die gegenteilige Hypothese. Sie sehen in einem hohen Grad politischer Involvierung nicht ein Hindernis, sondern eine Voraussetzung für Einflüsse medienvermittelter politischer Informationen.

Ferner soll geklärt werden, ob qualitative Charakteristika der Informationskanäle im Hinblick auf ihr Einflußpotential einen Unterschied machen.

- Die Rollenbeziehungen zwischen Wählern und ihren politischen Gesprächspartnern könnten diesbezüglich wichtig sein. Es ist anzunehmen, daß die interpersonale Kommunikation zwischen Personen, die durch Primärbeziehungen miteinander verbunden sind, eher zur Quelle politischer Einflüsse wird als die Vermittlung von Informationen im Rahmen von Sekundärbeziehungen. Allerdings dürfte das relative Gewicht von Konversionen bei Sekundärbeziehungen höher sein als bei Primärbeziehungen.

- Eine analoge Rolle bei der Massenkommunikation wird den verschiedenen Formaten der Massenmedien zugeschrieben. So gibt es die Erwartung, daß das Fernsehen ein einflußreicheres Medium ist als die Presse. Überdies kann man mutmaßen, daß meinungsbetonte Angebotsformen einflußreicher sind als Angebote mit einem Schwergewicht auf der Vermittlung von Fakten. Möglicherweise sind auch Medien mit höherer Informationsqualität einflußreicher als Medien mit geringerer Informationsqualität. Denkbar ist jedoch auch, daß dies nur für Wähler mit höheren Niveaus politischer Involvierung gilt, während

3 Interpersonale Kommunikation und Massenkommunikation

Wähler mit niedriger politischer Involvierung eher durch Medien mit geringer Informationsqualität beeinflußt werden.

Vermutlich moderiert auch die Glaubwürdigkeit, die Informationsquellen zugeschrieben wird, deren Einflußpotential. Diese Hypothese kann nur für die interpersonale Kommunikation untersucht werden.

- Erwartet wird, daß Gesprächspartner, die für vertrauenswürdig gehalten werden, und Gesprächspartner, denen eine hohe politische Sachexpertise zugeschrieben wird, einflußreicher sind als andere Diskutanten. Denkbar ist aber auch, daß der größere Einfluß kompetenter Partner nur bei Wählern zum Tragen kommt, die selbst nicht stark politisch involviert sind.

Ein weiterer Satz von Hypothesen bezieht sich auf die Wechselbeziehung zwischen interpersonaler Kommunikation und Massenkommunikation.

- Diesbezüglich kann die Erwartung formuliert werden, daß Gesprächspartner, deren Positionen im Einklang mit der Berichterstattung der Massenmedien stehen, einflußreicher sind als Diskutanten, denen die Massenmedien keine Argumente liefern.

- Ferner wird vermutet, daß Wähler, die keine politischen Gespräche führen, und Wähler, die in politisch heterogene Primärumwelten eingebunden sind, leichter durch die Massenkommunikation beeinflußbar sind als Wähler, deren Interaktionspartner einheitlich eine Position vertreten, welche der Medienberichterstattung entgegengerichtet ist. Wenn sich die Standpunkte sämtlicher Diskutanten mit der Bewertungsrichtung der Medien decken, werden die Einflüsse jedoch sogar verstärkt.

Alle diese Fragen betreffen die Individualebene des einzelnen Wählers. Ihre Antworten sind essentielle Bausteine für die Analyse der Frage, welche Konsequenzen die gesellschaftlichen Informationsflüsse für Wahlergebnisse nach sich ziehen. Unter Berücksichtigung der Verteilungen aller Faktoren, die im Hinblick auf Prozesse der Beeinflussung individueller Wähler als relevant erkannt werden, kann per Aggregation abgeschätzt werden, in welchem Umfang und auf welche Weise Informationsflüsse in Wahlergebnissen einen Niederschlag finden. Von Bedeutung sind dabei insbesondere die Reichweiten der verschiedenen Informationsquellen, d.h. die Größen der Wähleranteile, die von ihren Botschaften direkt erreicht werden und sie rezipieren. Hinsichtlich der interpersonalen Kommunikation ist auch wichtig, welche quantitative Bedeutung die verschiedenen Arten von Rollenbeziehungen haben. Analog ist für die Massenkommunikation von Belang, wieviele Wähler durch die verschiedenen Arten von Medienangeboten erreicht werden. Wesentlich ist natürlich, wie die durch politische Gespräche und per Medienberichterstattung vermittelten Informationen richtungspolitisch zusammengesetzt sind. Schließlich ist auch zu fragen, in welchem Ausmaß sich die Wirkungen von Informationen gegensinniger Bewertungsrichtung kumulieren oder aber wechselseitig neutralisieren. Von großer Bedeutung ist aber vermutlich auch, wie die verschiedener Arten politischer Prädispositionen in der gesamten Wählerschaft verteilt sind, wie die Verteilung der verschiedenen Grade politischer Involvierung aussieht und in welchem Umfang die verschiedenen Informationsquellen für glaubwürdig gehalten werden. Denn von diesen Faktoren hängt möglicherweise ab, in welchem Umfang rezipierte Informationen akzeptiert und damit einflußreich werden.

4 Datenbasis und Analysestrategie

4.1 Vier Wahlen in fünf Gesellschaften

Die Analysen, die in den nachfolgenden Kapiteln vorgestellt werden, stützen sich auf Daten, die von nationalen Teilprojekten eines internationalen Projektverbundes erhoben wurden (Datenbeschreibungen siehe Anhang 1). Im Rahmen des "Comparative National Elections Project (CNEP)" wurden in den frühen 90er Jahren anläßlich nationaler Hauptwahlen repräsentative Stichproben von Wählern aus mehreren westlichen Demokratien nach ihren politischen Kommunikationsgewohnheiten und nach ihrem politischen Verhalten befragt. Vier dieser Länder - die Bundesrepublik Deutschland, Großbritannien, Spanien und die USA[1] - wurden für die vorliegende Studie ausgewählt. Die Erhebungen wurden durchgeführt anläßlich der Bundestagswahl 1990, der britischen Unterhauswahl 1992, der Wahl zu den spanischen *Cortes* im Jahr 1993 und der amerikanischen Präsidentschaftswahl 1992. Aufgrund der unterschiedlichen Voraussetzungen der west- und der ostdeutschen Wähler war es notwendig, in den neuen und den alten Bundesländern getrennte Stichproben zu befragen. Im folgenden wird also eine vergleichende Analyse von Wählern aus fünf Gesellschaften in vier Ländern präsentiert.

Die Bundestagswahl vom 2. Dezember 1990 (vgl. Gibowski/Kaase 1990; Falter 1992; Kaase 1993; Dalton 1993; Küchler 1996) war ein Urnengang von historischer Bedeutung. Nur wenige Wochen vorher war durch den Beitritt der DDR zur Bundesrepublik Deutschland die deutsche Einigung vollzogen worden. Die Bürger der neugebildeten ostdeutschen Bundesländer hatten zwar bei dieser Wahl nicht zum ersten Mal die Gelegenheit, an demokratischen Wahlen teilzunehmen. Sie hatten bereits am 18. März 1990 das Parlament der DDR, die Volkskammer, erstmals frei gewählt. Außerdem fanden unmittelbar nach der deutschen Vereinigung in den neuen Bundesländern Landtagswahlen statt. Doch bei der Bundestagswahl am 2. Dezember 1990 konnten die neuen Bundesbürger erstmals bei der Besetzung des Deutschen Bundestages und damit bei der Bestimmung der Bundesregierung mitwirken. Das Wahlergebnis bestätigte die christlich-liberale Regierungskoalition im Amt. CDU/CSU und FDP gewannen gemeinsam sowohl im Westen als auch im Osten der Republik Stimmenmehrheiten (Tabelle 4-1). In Westdeutschland unterschied sich das Wahlergebnis nur wenig von dem des Jahres 1987. Die CDU/CSU unter Führung des amtierenden Bundeskanzlers Helmut Kohl mußte gegenüber ihrem damaligen Stimmenanteil geringfügige Verluste verbuchen, die FDP gewann 1.5 Prozentpunkte hinzu und erzielte fast 11 Prozent der Zweitstimmen. Beide im Bundestag vertretenen Oppositionsparteien erlitten bei der Bundestagswahl 1990 Verluste. Die Stimmeneinbußen der von Oskar Lafontaine geführten SPD waren relativ gering.

---

1 Die Länder werden stets in alphabetischer Reihenfolge aufgeführt.

Gravierend waren jedoch die Einbußen der Grünen, die fast die Hälfte ihrer Wähler abgeben mußten. Alle anderen Parteien erreichten zusammen weniger als fünf Prozent der Zweitstimmen. Die nachfolgenden Analysen der Entscheidungen der westdeutschen Wähler konzentrieren sich daher auf die vier von diesen in den Bundestag gewählten Parteien CDU/CSU, SPD, FDP und Grüne. Zu untersuchen ist, in welchem Umfang gesellschaftliche Informationsflüsse die Wahlentscheidungen für oder gegen jede dieser Parteien beeinflußt haben. Die Verteilung der Parteipräferenzen in der rund sechs Wochen vor der Wahl durchgeführten Befragung unterscheidet sich nicht erheblich vom endgültigen Wahlergebnis. Lediglich eine leichte Unterschätzung des Anteils der FDP und eine kräftige Überschätzung des Anteils der Grünen fallen ins Auge.

Mit einer wesentlichen Ausnahme - der PDS - entsprach die Palette der Parteien, aus der die Bürger der ostdeutschen Bundesländer auswählten, dem westdeutschen Parteiensystem. Bereits im Vorfeld der ersten und einzigen freien Volkskammerwahl neun Monate vor der Bundestagswahl hatte sich unter tatkräftiger Mithilfe westlicher Parteiorganisationen eine Palette politischer Alternativen herauskristallisiert, welche dem aus der alten Bundesrepublik bekannten Parteiensystem stark ähnelte. Mit heranrückender Bundestagswahl glich sich das ostdeutsche Parteiensystem durch organisatorische Zusammenschlüsse noch weiter dem westdeutschen Modell an. Alle Parteien außer Bündnis 90/Die Grünen vollzogen noch vor dem Wahltermin die formelle Eingliederung in die westlichen Partnerorganisationen (Volkens/Klingemann 1992; Niedermayer/Stöss 1994). Lediglich die PDS, die Nachfolgeorganisation der SED, bildete eine Ausnahme und blieb eine rein ostdeutsche Regionalpartei. Bei der Bundestagswahl verlor die CDU einige Wähler, konnte aber dennoch ihren klaren Stimmenvorsprung vor allen anderen Parteien erhalten. SPD und Bündnisgrüne gewannen einige Stimmen hinzu. Besonders stark verbesserte sich die FDP, die ihren Stimmenanteil im Vergleich zum kombinierten Ergebnis ihrer Vorläuferorganisationen mehr als verdoppelte. In der ostdeutschen CNEP-Befragung ist das tatsächliche Wahlergebnis weniger gut getroffen als im Westen. Das deutet auf starke kurzfristige Wählerbewegungen im unmittelbaren Vorfeld der Bundestagswahl hin. Die Anteile von CDU und Bündnis 90/Grünen wurden überschätzt, die Unterstützung der FDP und der PDS wurde hingegen deutlich unterschätzt. Das Ergebnis der SPD ist hingegen recht genau getroffen. Der Anteil der PDS-Wähler in der Befragung ist trotz eines realen Stimmenanteils von über 11 Prozent so gering, daß die Entscheidungen für oder gegen diese Partei nicht untersucht werden können. Die Analysen des Verhaltens ostdeutscher Wähler werden daher nur die Parteien CDU, SPD, FDP und Bündnis 90/Grüne berücksichtigen.

Die britische Unterhauswahl vom 9. April 1992 (vgl. Mortimore 1992; Butler/Kavanagh 1992; Heath u.a. 1994) erscheint rückblickend als erstes Vorspiel zum Wechsel, der dann 1997 durch den überragenden Wahlsieg einer programmatisch und personell erneuerten Labour Party herbeigeführt wurde. Vor der Wahl von 1992 herrschte fast einhellig die Erwartung, daß die von Parteichef Neil Kinnock bereits auf den Reformpfad geführte Labour Party den Sieg über die Conservatives mit

4 Datenbasis und Analysestrategie

Premierminister John Major an der Spitze davontragen oder doch zumindest mit diesen gleichziehen würde. Doch blieben die von Labour tatsächlich erzielten Zugewinne trotz der hohen Erwartungen begrenzt und reichten bei weitem nicht aus, um die Dominanz der Tories zu brechen. Diese konnten ihren Stimmenanteil praktisch halten. Die Zugewinne von Labour gingen fast ausschließlich zu Lasten der Liberaldemokraten, die knapp fünf Prozentpunkte und damit fast ein Viertel ihrer Unterstützer einbüßten. Die walisischen und schottischen Nationalisten sowie Kleinparteien wie die britischen Grünen erreichten zusammen nicht mehr als sechs Prozent der Stimmen. Sie können in die nachfolgenden Analysen daher nicht einbezogen werden. Die britische CNEP-Befragung gibt das Wahlergebnis recht gut wieder. Lediglich der Stimmenanteil der Conservatives ist um einige Prozentpunkte zu hoch.

In Spanien wurde die CNEP-Erhebung anläßlich der Wahl zum Abgeordnetenhaus, den *Cortes*, am 6. Juni 1993 durchgeführt (vgl. Vallès 1994; del Castillo/López Nieto 1994; del Castillo/Delgado 1994). Diese Parlamentswahl resultierte in einer signifikanten Umstrukturierung des Parteiensystems und erscheint im Rückblick ebenfalls als Vorstufe zum Machtwechsel. Dieser trat dann bei der Folgewahl 1996 ein. Die zuvor allein regierenden Sozialisten (*PSOE - Partido Socialista Obrero Español*) erlitten unter Führung von Felipe Gonzalez geringfügige Verluste, konnten jedoch in einem Bündnis mit der katalanischen Regionalpartei CiU (*Convergéncia i Unió*) weiterregieren. Große Veränderungen gab es jedoch auf der rechten Mitte. Die von José Maria Aznar geführte konservative PP (*Partido Popular*) legte erheblich zu, und zwar vor allem zu Lasten der liberaleren CDS (*Centro Democrático Social*). Diese büßte bei einem Stimmenverlust von rund sechs Prozentpunkten drei Viertel ihrer Wähler ein und wurde damit praktisch ausgelöscht. Neben PSOE und PP konnte lediglich noch die IU (*Izquierda Unida*), ein Linksbündnis unter Führung der kommunistischen Partei PCE (*Partido Comunista Español*), als nationale Partei Stimmenanteile in relevantem Umfang verbuchen. Mit geringfügigen Einbußen gegenüber 1988 landete sie knapp unterhalb der 10-Prozent-Marke. Ähnlich wie in Westdeutschland vor Gründung der Grünen hatte sich damit in Spanien auf der nationalen Ebene ein "two-party plus"-System (Heywood 1995: 176) etabliert. Die Wahl von PSOE, PP und IU soll deswegen im folgenden untersucht werden. Nicht berücksichtigt werden die Regionalparteien, deren Unterstützung mittels nationaler Befragungen nicht sinnvoll analysiert werden kann. Mit einem nationalen Stimmenanteil von 4.9 Prozent war die katalanische CiU die erfolgreichste dieser Parteien. Die Präferenzverteilung der Befragten der spanischen CNEP-Studie überzeichnet erheblich den von der PSOE tatsächlich erzielten Stimmenanteil. Korrespondierend finden sich in der Stichprobe zu wenige Wähler der PP. Das Ergebnis der IU ist demgegenüber recht gut getroffen.

Tabelle 4-1: *Wahlergebnisse und Präferenzverteilungen in den CNEP-Befragungen (in Prozent)*

		Wahlergebnis	CNEP
Westdeutschland 1990	CDU/CSU	44.1	42.2
	SPD	35.9	36.6
	FDP	10.6	8.2
	Grüne	4.7	10.7
	(N_{Basis})		(904)
Ostdeutschland 1990	CDU	41.8	45.1
	SPD	24.3	23.6
	FDP	12.9	6.9
	Bündnis 90/Grüne	6.2	10.6
	(N_{Basis})		(492)
Großbritannien 1992	Conservatives	41.9	45.6
	Labour	34.4	34.3
	Liberal Democrats	17.8	17.1
	(N_{Basis})		(2424)
Spanien 1993	PSOE	38.8	46.6
	PP	34.8	31.2
	IU	9.6	10.7
	(N_{Basis})		(967)
USA 1992	Clinton	43.0	44.2
	Bush	37.4	38.6
	Perot	18.9	17.1
	(N)		(1004)

Anmerkung: In Deutschland Zweitstimmen; Ergebnisse sonstiger Parteien nicht ausgewiesen.

Der Wahlsieg Bill Clintons, des Gouverneurs von Arkansas, bei der amerikanischen Präsidentschaftswahl vom 3. November 1992 (vgl. Crotty 1993; Pomper u.a. 1993; Abramson u.a. 1995; Weisberg 1995) brachte nach mehr als einem Jahrzehnt Republikanischer Vorherrschaft wieder einen Demokraten an die Schaltstellen der Macht im Weißen Haus. Dem Republikanischen Kandidaten George Bush, dessen Stimmenanteil um fast 16 Prozentpunkte niedriger ausfiel als bei der Vorwahl, blieb damit - als erstem Präsidenten seit 1932 - eine zweite Amtszeit versagt. Aber auch Clinton, der mit fast sechs Prozentpunkten Vorsprung vor Bush die Wahl gewann, erzielte weniger Stimmen als sein erfolgloser Vorgänger Michael Dukakis, der Demokratische Herausforderer bei der Präsidentschaftswahl 1988. Daß die Kandidaten beider Parteien gegenüber der Vorwahl Stimmen verloren, hat mit einer wichtigen Besonderheit dieser Wahl zu tun, nämlich der Kandidatur eines parteiunabhängigen Bewerbers. Ross Perot, ein wohlhabender Unternehmer, hatte Talkshows im Fernsehen als öffentliches Podium benutzt, um seine Kandidatur bekanntzugeben, und finanzierte seinen "antipolitischen", gegen die etablierten Parteien gerichteten Wahlkampf weitgehend aus eigener Tasche. Mit einem Stimmenanteil von einem knappen Fünftel zog er mehr Wähler auf seine Seite als irgendein anderer Drittkandidat seit 1912. Die amerikanische CNEP-Befragung bildet das Wahlergebnis jedes der drei Kandidaten ziemlich genau ab.

4 Datenbasis und Analysestrategie

Zentrales Ziel der nachfolgenden Analysen ist es festzustellen, *ob, in welchem Umfang, auf welche Weise und unter welchen Bedingungen die individuellen Entscheidungen von Wählern für oder gegen eine der genannten Parteien bzw., in den USA, einen der genannten Kandidaten durch die interpersonale Kommunikation und durch die Massenkommunikation beeinflußt wurden und welche Folgen dies auf der Aggregatebene für die Stimmenanteile der Parteien und Kandidaten nach sich zog.* Diese globale Fragestellung läßt sich in eine Reihe von spezifischeren forschungsleitenden Fragen aufgliedern, zu denen theoretisch begründet mehr oder weniger präzise Erwartungen formulierbar sind (siehe Abschnitt 3.5).

4.2 Begriffliche und methodische Klärungen

Zum Problem der begrifflichen Differenzierung: Ausdrücke wie "Formen" oder auch "Medien der Informationsvermittlung", "Informationsquellen", "Informationskanäle" oder "Kommunikationsformen" werden im folgenden austauschbar benutzt. Dieser Sprachgebrauch weicht von der Modellterminologie ab, die üblicherweise bei der Beschreibung von Kommunikationsprozessen eingesetzt wird. Kommunikationsmodelle unterscheiden typischerweise zwischen "Informationen" als den in einem Kommunikationsprozeß übertragenen Mitteilungen, den "Quellen" von Informationen, womit die Sender dieser Mitteilungen gemeint sind, sowie den "Kanälen", d.h. den Mitteln, über welche diese Sender ihre Mitteilungen zu den Empfängern vermitteln. Häufig werden sogar noch erheblich feiner ziselierte begriffliche Differenzierungen vorgenommen (McQuail/Windahl 1993; Schulz 1994). Ein solcher Grad an konzeptueller Feindifferenzierung ist dann unabdingbar, wenn es darum geht, die je spezifische Eigenbedeutung von Informationen, Sendern und Kanälen im Rahmen von Kommunikationsprozessen zu erfassen. Das ist nur mit Untersuchungsdesigns möglich, die von der Anlage her in der Lage sind, analytisch alle diese Faktoren voneinander zu isolieren. Anders als durch experimentelle Verfahren kann dieses Ziel kaum eingelöst werden. Nur durch Manipulationen im Experimentallabor ist es möglich, bei Vermittlungsprozessen die Merkmale von Inhalten, Sendern und Transferkanälen unabhängig voneinander zu variieren.

Doch ist eine solche Vorgehensweise in der hier vorliegenden Untersuchung weder möglich noch unbedingt wünschenswert. Denn hier geht es nicht in abstrahierender Weise um die je spezifische Bedeutung von im beschriebenen engen Sinn definierten Sendern, Vermittlungskanälen und vermittelten Sinngehalten, sondern es geht um die Bedeutung realer politischer Informationsflüsse in den Gesellschaften ausgewählter westlicher Demokratien. In der realen Welt sind Inhalte, Sender und Vermittlungskanäle von Informationen jedoch untrennbar miteinander verwoben. Eine systematische, saubere analytische Trennung kann daher nicht vollzogen werden. Fernsehnachrichten stellen das politische Geschehen anders dar als Zeitungen, und Nachrichtenmagazine berichten über dieselben Gegenstände nicht so wie Boulevardzeitungen. Im Familienkreis wird nicht in derselben Sprache über Politik geredet, wie sie die Teilnehmer einer Talkrunde im Fernsehen verwenden. Und zwischen Nachbarn wird der Kommunikationsvorgang wiederum anders aussehen. "[T]he type of information and the channel it typically travels through are [...] hopelessly confounded in everyday life." (Chaffee/Mutz 1988: 25) Will man die politische Bedeutung realer politischer Informationsflüsse ermitteln, kann man infolgedessen nicht mit der enggefaßten Begrifflichkeit idealtypischer Kommunikationsmodelle operieren. Die im folgenden synonym benutzten, weit gefaßten Termini "Informationskanäle", "Informationsquellen" usw. bezeichnen faktisch immer Konglomerate aus Inhalten, Sendern und Kanälen. Diese werden so analysiert, wie sie real auftreten, d.h. als Komplexe aus Inhalten von spezifischer Beschaffenheit, Sendern, von denen diese Inhalte typischerweise hervorgebracht werden, und Kanälen, über welche sie dann im Regelfall übertragen werden (vgl. Nimmo 1978: 136-7; Chaffee/Mutz 1988: 24-7).

Zum Verständnis von "Einfluß": Wie in Abschnitt 2.3.4 ausgeführt, wollen wir dann von "Einfluß" sprechen, wenn Informationen, denen ein Wähler ausgesetzt ist, diesen dazu veranlassen, sich bei einer Wahl anders zu entscheiden, als er sich entschieden hätte, wenn ihn diese Informationen nicht erreicht hätten. Eine Frage nach dem Einfluß der interpersonalen Kommunikation zu stellen, heißt dann beispielsweise: Wurden bei der Bundestagswahl 1990 Wähler durch politische Diskussionen mit anderen Personen dazu veranlaßt, für die CDU/CSU zu stimmen, die sich anders entschieden hätten, wenn sie sich nicht an diesen Gesprächen beteiligt hätten? Eine Frage nach dem Einfluß der Massenkommunikation könnte analog lauten: Führte die Berichterstattung von Massenmedien bei der Bundestagswahl 1990 dazu, daß sich Wähler für die CDU/CSU entschieden, die dies nicht getan hätten, wenn sie von diesen Medien nicht erreicht worden wären? Da hier ein realisiertes Verhalten mit einer nicht eingetretenen alternativen Verhaltensmöglichkeit verglichen wird, stellt sich die Frage, wie man eine solche Gegenüberstellung methodisch durchführen kann. Dahl schlägt vor, zu diesem Zweck die Wahrscheinlichkeiten des Auftretens des interessierenden Verhaltens - in unserem Fall heißt das: der Wahl einer bestimmten Partei oder eines bestimmten Kandidaten - bei Personen, die einer bestimmten Einflußquelle ausgesetzt waren, und bei Personen, die dieser Einflußquelle nicht ausgesetzt waren, die sich aber in anderer Hinsicht nicht voneinander unterscheiden, miteinander zu vergleichen. Der Unterschied der Wahrscheinlichkeiten bestimmter Wahlentscheidungen bei diesen beiden Kategorien von Wählern kann dann als direktes Maß für die Stärke des Einflusses interpretiert werden. Das bedeutet auch: Je stärker der Einfluß einer Informationsquelle, desto mehr verbessert die Kenntnis der Intensität, mit der sich eine Person dieser Informationsquelle zuwandte, die Fähigkeit, ihre Wahlentscheidung korrekt vorherzusagen. Auf dieser Grundlage sind auch Vergleiche der Einflußkapazitäten verschiedener Quellen politischer Informationen möglich. Als einflußreicher ist dann diejenige Informationsquelle einzustufen, deren Informationen bei einem einzelnen Rezipienten mit größerer Wahrscheinlichkeit zu einer bestimmten politischen Entscheidung führen (Dahl 1957: 205-9, 1973: 46-7; siehe auch Chaffee/Mutz 1988: 24-7).

Mit diesem Verständnis setzt sich die vorliegende Untersuchung von anderen Arbeiten ab, die ebenfalls "Einflüsse" der interpersonalen Kommunikation oder der Massenkommunikation studieren, dabei jedoch andere Vorstellungen von "Einfluß" zugrunde legen. Chaffee/Mutz inventarisieren insgesamt drei solche Auffassungen (Chaffee/Mutz 1988: 27-32). Beispielsweise wird bestimmten Informationsquellen oft deshalb ein stärkerer "Einfluß" zugeschrieben, weil sie eher als andere Informationsquellen bestimmte Bevölkerungssegmente erreichen. So wird nicht selten geltend gemacht, daß das Fernsehen deswegen ein besonders einflußreiches Massenmedium sei, weil es eher als die Presse auch politisch desinteressierte Wähler erreiche (Neuman 1986: 143-5). Auch in den Columbia-Studien finden sich Beispiele derartiger Argumentationen. So stützten Lazarsfeld u.a. (1968: 150-1) ihre These von der überlegenen Einflußkapazität der interpersonalen Kommunikation im Vergleich zur Massenkommunikation unter anderem auf die Beobachtung, daß Wähler, die sich erst kurz vor der Wahl entschieden, besonders oft angaben, von anderen Personen beeinflußt worden zu sein. Die Tatsache, daß eine bestimmte Informationsquelle von bestimmten Gruppen intensiver genutzt wird als andere Informationsquellen, hat jedoch keinerlei Implikationen im Hinblick auf die Frage, welche Kommunikationsform im hier zugrunde gelegten Sinn einflußreicher ist.

Viele Arbeiten beziehen sich auch auf die gesellschaftliche Reichweite von Informationsquellen. Aus dieser Betrachtungsperspektive gelten Informationsquellen als einflußreicher, wenn mehr Menschen mit ihnen in Kontakt kommen als mit anderen Informationsquellen. Wiederum sind die Columbia-Studien als prominentes Beispiel zu erwähnen, denn sie begründeten die These der überlegenen Einflußkapazität der interpersonalen Kommunikation auch durch den Verweis auf deren insgesamt größere Reichweite (Lazarsfeld u.a. 1968: 150-1). Doch hat auch eine solche Feststellung keinen Aussagegehalt im Hinblick auf deren Potential, im hier interessierenden Sinne Einfluß auszuüben. "[T]his finding tells us nothing about the impact on individuals of messages sent through these various channels, only that interpersonal political discussion reached more people than mass media." (Chaffee/Mutz 1988: 28) In anderer Hinsicht ist die Reichweite von Informationskanälen für die Problemstellung dieser Arbeit jedoch durchaus relevant. Denn aus der doppelten Grundlage der Stärke des Einflusses einer Informationsquelle auf individuelle politische Entscheidungen und des Anteils der Bevölkerung, der von dieser Informationsquelle erreicht wird, ergibt sich durch Aggregation der individuellen Einflüsse deren gesamtgesellschaftliche Bedeutung. Wenn bekannt ist, wie stark der Einfluß einer Informationsquelle auf individuelle Wahlentscheidungen ist und wieviele Personen insgesamt Informationen über diesen Kanal rezipieren, kann man errechnen, in welchem Ausmaß Wahlergebnisse von dieser Informationsquelle bestimmt werden.

Das dritte Verständnis von politischem Einfluß entspricht der hier zugrunde gelegten Definition; Chaffee/Mutz bezeichnen es als "impact per exposure" (Chaffee/Mutz 1988: 30). Hierbei geht es um die Frage, um welchen Betrag sich die

Wahrscheinlichkeit eines bestimmten Verhaltens als Konsequenz des *individuellen* Kontaktes mit Informationsquellen bei einer *einzelnen* Person verändert. Der Vergleich von Informationsquellen zielt in diesem Zusammenhang auf die Frage, ob verschiedene Informationsquellen bei einer Person, die von ihnen erreicht wird, unterschiedlich große Wahrscheinlichkeiten bestimmter Orientierungen oder Verhaltensweisen hervorrufen.

Zur Messung von Einfluß: Um die Frage nach dem Einfluß zu beantworten, den spezifische politische Informationsquellen wie die interpersonale Kommunikation oder die Massenkommunikation auf individuelle Wahlentscheidungen ausüben, ist es vor dem Hintergrund des RAS-Modells erforderlich, die *habituelle* Rezeption von Informationen aus den verschiedenen Informationsquellen in *differenzierter* Weise zu erfassen (Zaller 1992: 334, 1996: 73/Fn. 6).[2] Dabei ist es keineswegs erstrebenswert, für die verschiedenen Informationskanäle identische Meßinstrumente zu verwenden. Aufgrund der völlig andersgearteten Charakteristika der interpersonalen Kommunikation und der Massenkommunikation ist das auch kaum möglich. Vielmehr kommt es darauf an, für jeden Informationskanal ein spezifisches Instrument zu entwickeln, das die typischen Aspekte der Informationsvermittlung durch diesen Kanal möglichst zuverlässig erfaßt (Chaffee/Mutz 1988: 32-4).

Prozesse der Informationsvermittlung selbst können außerhalb des Experimentallabors nicht direkt beobachtet werden. Daher werden indirekte Indikatoren benötigt, die dem eigentlich interessierenden Kommunikationsprozeß möglichst weit angenähert sind (Chaffee/Mutz 1988: 34-9). Die Indikatoren, die in den nachfolgenden Analysen als Substitute für direkte Messungen von Informationsflüssen eingesetzt werden, beruhen auf der Annahme, daß die verschiedenen Informationsquellen ihre Informationen in gleichbleibenden Raten verschicken. Unter dieser Voraussetzung ist die Zahl der Überzeugungsbotschaften, welche den einzelnen Wähler über

---

[2] Zaller selbst nimmt keinerlei derartige Analysen vor, da er sich nicht für die Bedeutung bestimmter Informationsquellen interessiert, sondern nur für den Gesamtfluß der politischen Informationen. Vor dem Hintergrund des Rezeptions-Axioms, das besagt, daß Personen mit höherer politischer Involvierung sensibler gegenüber den gesellschaftlichen Informationsflüssen sind und daher auch mehr Informationen rezipieren, verwendet er durchgängig allgemeine Maße der individuellen politischen Involvierung als Indikatoren für die Rezeption politischer Informationen. In den von Zaller spezifizierten Analysemodellen spielen diese Indikatoren der politischen Involvierung eine Doppelrolle. Sie fungieren einerseits - entsprechend dem Rezeptions-Axiom - als Substitute für den Umfang der rezipierten politischen Informationen. Andererseits drücken sie aber auch - gemäß dem Resistenz-Axiom - das Ausmaß der Beeinflußbarkeit durch Überzeugungsbotschaften aus, die mit den eigenen Prädispositionen inkonsistent sind. Beide Dimensionen werden in komplizierten Modellspezifikationen multiplikativ miteinander verknüpft, wobei die Modellspezifikationen im Hinblick auf die Rezeption von Überzeugungsbotschaften eine positive Beziehung und im Hinblick auf deren Akzeptanz eine negative Beziehung zu den durch diese Informationen ausgelösten Verhaltensänderungen unterstellen (Zaller 1992: 122-50). Diese Doppelrolle der politischen Involvierung ist der Grund für die nichtlineare Charakteristik vieler der von Zaller analysierten Fälle des Wandels politischer Orientierungen. Vor diesem Hintergrund geht es in der vorliegenden Arbeit darum, die Doppelrolle der politischen Involvierung gleichsam zu „dekomponieren", indem die Rezeption von Informationen unabhängig vom Grad der allgemeinen politischen Involvierung durch spezifische Indikatoren der Exposition gegenüber der interpersonalen Kommunikation und der Massenkommnikation gemessen wird.

4 Datenbasis und Analysestrategie

einen bestimmten Informationskanal erreichen, linear davon abhängig, wie oft er sich diesem Informationskanal zuwendet. Hinsichtlich der interpersonalen Kommunikation bedeutet dies: Mit der *Häufigkeit* der politischen Gespräche, die ein Wähler führt, und mit der *Anzahl der Personen*, mit denen er solche Gespräche führt, wächst die Menge der Überzeugungsbotschaften, denen er ausgesetzt wird. Analog gilt für die Massenkommunikation: Mit der *Häufigkeit*, mit der ein Wähler die politischen Angebote von Massenmedien nutzt, und mit der *Zahl der Medien*, die er nutzt, wächst die Menge der ihm zugeführten Überzeugungsbotschaften. Um Einflüsse der interpersonalen Kommunikation zu identifizieren, werden die einzelnen Befragten infolgedessen danach unterschieden, mit wievielen anderen Personen sie normalerweise wie häufig politische Diskussionen führen. Je mehr politische Gesprächspartner eine Person hat und je mehr Diskussionen sie mit diesen führt, desto größer ist die Anzahl der Überzeugungsbotschaften, welche ihr durch die interpersonale Kommunikation zufließen, und desto eher besteht die Möglichkeit, daß ihr politisches Verhalten dadurch beeinflußt wird. Um Einflüsse der Massenkommunikation zu erkennen, ist es notwendig, die Befragten danach zu unterscheiden, in welchem Umfang sie sich den Informationsangeboten der Medien auszusetzen pflegen. Je mehr Medien eine Person habituell nutzt und je häufiger sie deren politische Berichterstattung zur Kenntnis nimmt, desto mehr Überzeugungsbotschaften werden ihr durch die Massenkommunikation zufließen und desto größer ist infolgedessen die Chance, daß ihr Wahlverhalten durch die Massenmedien beeinflußt wird.

In dem Maße, in dem sich die Wahrscheinlichkeit einer bestimmten individuellen Wahlentscheidung in Abhängigkeit von der Intensität der Zuwendung der betreffenden Person zu anderen Personen oder zu Massenmedien verändert, kann davon ausgegangen werden, daß diese Informationsquellen Einflüsse auf diese Wahlentscheidung ausgeübt haben. Das Ausmaß der Veränderung der Wahrscheinlichkeit dieser Wahlentscheidung kann als Ausdruck der Menge und der saldierten politischen Richtung der Überzeugungsbotschaften gedeutet werden, welche der Person durch diese Informationsquelle zugeleitet wurden, um von ihr rezipiert, akzeptiert und dem Reservoir der Erwägungen hinzugefügt zu werden, auf das sie dann bei ihrem Votum als Entscheidungsgrundlage zurückgegriffen hat.

Diese Art von Forschungslogik ist in der politischen Kommunikationsforschung zwar nicht ungewöhnlich (vgl. z.B. Blumler/McQuail 1968: 27; Patterson/McClure 1976: 198; Bartels 1993: 274; Zaller 1996: 60). Sie ist aber auch nicht selbstverständlich. Zahlreiche Untersuchungen gehen andere Wege, um vermeintliche "Einflüsse" der interpersonalen Kommunikation oder der Massenkommunikation abzubilden. Die Columbia-Studien ließen oft einfach die Befragten selbst beurteilen, welche Informationsquelle auf sie den größten Einfluß ausgeübt hatte (Lazarsfeld u.a. 1968: 125-7; Katz/Lazarsfeld 1955: 167-74) - ein Verfahren, dessen Validität höchst fragwürdig ist, das jedoch auch in Analysen jüngeren Datums nach wie vor benutzt wird (z.B. Atkin u.a. 1973; Mendelsohn/O'Keefe 1976; Dufty 1981; O'Keefe 1982; McAllister 1985). Ein verwandtes, noch häufiger eingesetztes Instrument, um Kontakte mit Informationsquellen zu erfassen, sind die Beurteilungen von Befragten, von welcher Quelle sie die meisten politischen Informationen erhalten haben. Auch dies ist ein auf Selbsteinschätzungen beruhendes Verfahren von problematischer Validität, das eher Rezipienteneigenschaften mißt als Eigenschaften der vorgeblich analysierten Informationskanäle (z.B. Beinstein 1977; McLeod u.a. 1983; Berkowitz/Pritchard 1989; dazu kritisch Robinson/Levy 1986a: 160-1; Chaffee/Mutz 1988: 36-7; Mondak 1995: 46-61).

Nicht unerwähnt bleiben darf allerdings, daß auch die Validität der Abbildung von Informationsflüssen durch Maße der individuellen Exposition gegenüber Informationsquellen nicht optimal ist. Indem sich ein Wähler einer Informationsquelle aussetzt, schafft er die physische Voraussetzung, um Informationen empfangen zu können (Wheeless/Cook 1985: 252). Doch bedeutet Zuwendung noch nicht notwendigerweise, daß die dann zugänglichen Informationen auch tatsächlich rezipiert, d.h. aufmerksam wahrgenommen und verstanden werden (Chaffee/Schleuder 1986; Chaffee/Mutz 1988: 34-6; Price/Zaller 1993).[3] Dennoch ist die feindifferenzierte Erfassung der Exposition unumgänglich, wenn sich die Forschungsfrage, wie im vorliegenden Fall, in sehr spezifischer Weise auf die distinkten Einflüsse unterschiedlicher Informationsquellen richtet (Zaller 1992: 334; Price/Zaller 1993: 160). Wir werden daher im folgenden Indices der Intensität der Zuwendung zu Informationsquellen als zwar unvollkommene, praktisch aber alternativlose Ersatzmessungen für die Rezeption von Überzeugungsbotschaften aus diesen Informationsquellen verwenden. Wenn also bei der Beschreibung der nachfolgenden Analysen von "Rezeption" die Rede ist, so ist damit strenggenommen die Exposition gegenüber Informationen gemeint. Bartels (1993) demonstrierte anhand einer dreiwelligen Wiederholungsbefragung, daß Selbsteinschätzungen der Nutzungshäufigkeit von Massenmedien mit einem substantiellen Meßfehler behaftet sind. Allerdings führte dieser Meßfehler nicht zu einer Über-, sondern zu einer Unterschätzung der von den Massenmedien ausgeübten Einflüsse. Das Validitätsproblem, das sich daraus ergibt, daß Zuwendungsmessungen als Ersatz für genuine Messungen der Rezeption von Überzeugungsbotschaften benutzt werden, erschwert also den Nachweis von Einflüssen. Entsprechend den Maximen einer konservativen Untersuchungsstrategie (siehe Abschnitt 4.3) erscheint dieses Handicap jedoch tragbar, denn es vergrößert nicht das Risiko, daß fälschlich Einflüsse festgestellt werden, wo tatsächlich gar keine sind, sondern es verringert dieses Risiko sogar.

Zum Problem der Mehrseitigkeit von Informationsflüssen: Eines der größten Probleme bei der Untersuchung politischer Einflüsse der interpersonalen Kommunikation und der Massenkommunikation ist die wechselseitige Neutralisierung der Einflüsse politisch gegensinniger Informationen. Da sich in den gesellschaftlichen Informationsflüssen Überzeugungsbotschaften verschiedener Richtungen überlagern und durchkreuzen, ist es schwer, Einflüsse von Informationen auf die politischen

---

3   Zaller hält Indices des politischen Wissens für validere Indikatoren der Rezeption politischer Informationen als Maße der Häufigkeit politischer Gespräche oder der Häufigkeit des Kontaktes mit der Berichterstattung der Massenmedien (Zaller 1992: 333-44, 1996: 26-7; Price/Zaller 1993).

4 Datenbasis und Analysestrategie 113

Orientierungen von Wählern empirisch nachzuweisen, weil sich widerstreitende Einflüsse per saldo wechselseitig aufheben. Daß dieses Problem bei empirischen Untersuchungen oft vernachlässigt wird, ist eine der wichtigsten Ursachen für den Umstand, daß oft nur ziemlich anämische Effekte beobachtet werden konnten (Trenaman/McQuail 1961: 200-3; Converse 1966: 143; Chaffee/Hochheimer 1983: 68-9; McGuire 1986: 216, 1992: 128; Knoke 1990b: 33-4; Bartels 1993: 275-6; Zaller 1996: 19-26).

Um dieses Problem zu lösen, ist es erforderlich, "Rezeptionslücken" zu finden, "whereby individuals receive and accept messages from one campaign but not from the other" (Zaller 1996: 42). Zaller löst diese Aufgabe, indem er Situationen für die Analyse auswählt, in denen Informationsflüsse auf der Aggregatebene möglichst stark durch Einseitigkeit gekennzeichnet sind. Ein Beispiel sind Wahlen zum Repräsentantenhaus, die mit geringer Intensität geführt werden. Typisch für diese Konstellation ist, daß die Informationsflüsse im Wahlkampf von den Amtsinhabern dominiert werden, weil ihre Herausforderer nicht über die Mittel verfügen, um ähnlich intensive Wahlkampagnen zu führen. In Mehrebenen-Modellen gelingt es Zaller, den Grad der Einseitigkeit der Kampagnenkommunikation in verschiedenen Wahlkreisen anhand der Wahlkampfausgaben der Kandidaten zu simulieren. Einseitige, den Amtsinhaber begünstigende Informationsflüsse können auf diese Weise herangezogen werden, um das in der amerikanischen Politik bekannte Phänomen des Amtsinhaber-Bonus bei Kongreßwahlen zu erklären (Zaller 1989: 184-213, 1992: 217-47, 1996). Eine andere Analysestrategie besteht darin, im zeitlichen Längsschnitt Veränderungen der öffentlichen Meinung zu politischen Sachfragen zu studieren, die von den Eliten zeitweise konsensuell und zeitweise entlang der Parteilinien unterschiedlich bewertet wurden. Der Vietnamkrieg ist ein Beispiel für ein Thema, bezüglich dessen sich Elitenkonsens im Lauf der Zeit in Elitenkonflikt verwandelte. Dadurch spaltete sich ein einheitlicher in mehrere konkurrierende Informationsflüsse mit entsprechenden Folgen für die öffentliche Meinung. Ähnliche Entwicklungen gab es auch im Zusammenhang mit dem Golfkrieg gegen den Irak (*mainstream effect* und *polarization effect*; vgl. Zaller 1990, 1991, 1992: 97-117, 186-211, 1994, 1996: 51-9).

In der vorliegenden Untersuchung wird eine andere Strategie angewandt, um Rezeptionslücken offenzulegen, nämlich die *Dekomposition* von Informationsflüssen. Zaller geht bei seinen Untersuchungen zwar von einem Mikromodell der politischen Beeinflussung aus. Seine Anwendungsfälle sind jedoch gesamtgesellschaftliche Prozesse der öffentlichen Meinungsbildung. Dabei geht er von der stillschweigenden Annahme aus, daß jedem Wähler potentiell dieselben Informationen zugänglich sind. Die Unterschiede, die zwischen den Wählern bestehen, betreffen vor diesem Hintergrund lediglich das Ausmaß, in dem jeder einzelne von ihnen neben den dominanten auch die "leiseren" Komponenten des gesellschaftlichen Informationsangebotes registriert. Dies hängt vom Ausmaß der persönlichen politischen Involvierung ab. Informationsflüsse werden also nur im Aggregat betrachtet. Die Möglichkeit, daß verschiedene Personen unterschiedliche Informationsmenüs zur Kenntnis nehmen, wird nicht berücksichtigt.

Die zentrale Fragestellung der vorliegenden Untersuchung verlangt indessen, daß diese gesamtgesellschaftlichen Informationsflüsse in ihre Komponenten aufgeschlüsselt werden. Diese Zerlegung darf sich jedoch nicht nur auf die qualitativen Kanalmerkmale beschränken, die im letzten Kapitel diskutiert wurden, sondern muß auch Unterschiede der politischen Richtung der verschiedenen Informationsquellen beachten. Nur wenn politisch gegenläufige Informationsflüsse in ihre richtungspolitischen Komponenten zerlegt werden, kann es gelingen, ihre Einflüsse empirisch herauszuarbeiten. Überdies ist es dann auch möglich, das Ausmaß abzuschätzen, in dem sich widerstreitende Überzeugungsbotschaften per saldo wechselseitig neutralisieren. Bei der Untersuchung von Einflüssen der politischen Diskussionspartner von Wählern wird daher nicht nur nach Merkmalen wie dem Typ der Beziehung oder dem Grad des interpersonalen Vertrauens unterschieden, sondern auch nach den politischen Positionen, welche von den Gesprächspartnern in Konversationen vertreten werden. Analog werden die verschiedenen Massenmedien, denen die Wähler politische Informationen entnehmen können, nicht nur nach qualitativen Merkmalen der Präsentationsqualität differenziert. Zusätzlich muß auch der Möglichkeit Rechnung getragen werden, daß die verschiedenen Medien in politischer Hinsicht nicht unisono sprechen, sondern ihrem Publikum ein vielstimmiges Konzert offerieren, weil in ihrer Berichterstattung unterschiedliche Parteien oder Kandidaten begünstigt oder benachteiligt werden. Daher muß durch geeignete Verfahren ermittelt werden, in welche politische Richtung die einzelnen Medien bei ihrer Berichterstattung im Vorfeld der untersuchten Wahlen tendierten. Einflüsse der interpersonalen Kommunikation können am ehesten festgestellt werden, wenn Einflüsse von Diskutanten, die unterschiedliche politische Auffassungen propagieren, analytisch voneinander geschieden werden. Entsprechend können Einflüsse der Massenkommunikation dann am ehesten isoliert werden, wenn Medien unterschiedlicher politischer Tendenzen soweit als möglich separiert werden.

Eine solche Feinanalyse gesellschaftlicher Informationsflüsse ist nur möglich, wenn die Daten dies zulassen. Pauschale Meßinstrumente, die lediglich die allgemeine Diskussionshäufigkeit mit anderen Personen ermitteln, oder Indikatoren, die in undifferenzierter Weise die Intensität der Nutzung bestimmter globaler Medienkategorien wie Tageszeitungen oder Fernsehnachrichten abbilden, ohne die politische Richtung der vermittelten Botschaften zu erfassen, werden in einer Situation richtungspolitisch divergenter Informationsflüsse höchstwahrscheinlich insignifikante Ergebnisse liefern, auch wenn tatsächlich Einflüsse existieren. Da sie nicht zwischen Botschaften unterschiedlicher politischer Tendenz differenzieren, bilden sie lediglich die mehr oder weniger ausgeprägte "Pattsituation" (Trenaman/McQuail 1961: 200) ab, welche die gesellschaftlichen Informationsflüsse in ihrer Gesamtheit kennzeichnet. In den hier ausgewerteten Daten wurde dieser in der Forschung häufig gegangene Weg aufgrund seiner Mängel nicht beschritten. Statt allgemeine Kennziffern der Diskussionsintensität der Befragten zu erheben, wurden in differenzierter

Weise die Charakteristika ihrer ego-zentrierten Netzwerke erfaßt. Dabei wurden für eine bestimmte Anzahl von alltäglichen Kontaktpartnern persönliche Merkmale sozialer und politischer Art erfragt. Für jeden Befragten ist somit bekannt, mit wievielen Personen er politische Gespräche führte, wie häufig er mit jeder dieser Personen sprach, wo jede dieser Personen politisch stand, welcher Art die Beziehung zwischen den Diskussionspartnern war, usw. Die Mediennutzung der Befragten wurde gleichfalls in sehr differenzierter Weise erhoben, nämlich auf der Ebene der einzelnen Medienangebote. Für jeden Befragten ist somit im Detail bekannt, welche Medien er mit welcher Intensität zur Kenntnis nahm. Diese Daten werden teilweise durch Inhaltsanalysen der Medienberichterstattung ergänzt, die Aufschluß über die politische Richtung einzelner Fernsehsender und Zeitungstitel geben.

4.3 Analysestrategie

Das hier zugrunde gelegte Konzept des politischen Einflusses ist in relationalen Termini formuliert. Es geht davon aus, daß sich für jeden Wähler angeben läßt, mit welcher Wahrscheinlichkeit er eine bestimmte Partei oder einen bestimmten Kandidaten wählt. Einfluß bezieht sich dann auf Veränderungen dieser Wahrscheinlichkeit aufgrund der Rezeption und Akzeptanz politisch einseitiger Informationen, die durch die interpersonale Kommunikation und die Massenkommunikation vermittelt wurden. Die Grundlage, um die Ausgangswahrscheinlichkeit einer bestimmten Wahlentscheidung zu bestimmen, sind die *politischen Prädispositionen*, die ein Wähler verinnerlicht hat. Als eine Art "stehende Entscheidung" (Stokes 1981: 276) sorgen diese Prädispositionen dafür, daß Individuen mit hoher Wahrscheinlichkeit für die Partei stimmen, deren Wahl mit ihren Prädispositionen konsistent ist. Manche Wähler werden aber erst durch politische Gespräche oder durch die Berichterstattung von Massenmedien dazu gebracht, im Sinne ihrer Prädispositionen abzustimmen (Aktivierung). Andere werden dadurch veranlaßt, bei ihrer Entscheidung von ihren Prädispositionen abzurücken (Konversion). Einflüsse drücken sich vor diesem Hintergrund in einer erhöhten Wahrscheinlichkeit aus, Wahlentscheidungen zu fällen, die von der "Grundlinie" abweichen, die durch die Prädispositionen und die damit verbundenen Wahrscheinlichkeiten, im Sinne dieser Prädispositionen abzustimmen, vordefiniert ist. Aus diesem Grund wird den eigentlichen Analysen der Einflüsse politischer Informationsquellen im folgenden ein vorbereitender Untersuchungsschritt vorgeschaltet. Für alle Parteien und Kandidaten werden zunächst *Grundlinienmodelle* ermittelt, die zeigen, in welchem Umfang die Wahlentscheidungen bei den untersuchten Wahlen durch Prädispositionen bestimmt wurden (Kapitel 5).

Ebenfalls der Vorbereitung der eigentlichen Analysen politischer Einflüsse dient eine Bestandsaufnahme des *Angebots* und der *Rezeption* politischer Informationen über die interpersonale Kommunikation und die Massenkommunikation (Kapitel 6 und 7). Die Rezeption politischer Informationen ist Bedingung der Möglichkeit politischer Einflüsse. Gegenstand dieses Teils der Untersuchung ist, mit anderen Worten, die R-Komponente des RAS-Modells. Es wird berichtet, welche politische Zusammensetzung und welche Kanalcharakteristika die vermittelten Informationen aufwiesen und wieviele Bürger von welchen Informationen erreicht wurden - Daten, die auch für die Aggregation der Befunde auf die Ebene des Gesamtelektorats benötigt werden. Ferner wird nachgefragt, wovon die Chancen von Wählern abhingen, mit bestimmten Informationen in Kontakt zu kommen, und in welchem Umfang sich die verschiedenen Informationsströme überlagerten.

Erst die folgenden Kapitel 8 bis 10 setzen sich dann mit der A-Komponente des RAS-Modells auseinander, d.h. der *Akzeptanz* von Überzeugungsbotschaften und den dadurch bewirkten *Einflüssen*. Es wird analysiert, ob, in welchem Umfang und in welcher Richtung die politischen Informationen, die den Wählern durch politische Gespräche und durch die Berichterstattung von Presse und Fernsehen vermittelt wurden, ihre Wahlentscheidungen beeinflußt haben. Die Grundlinienmodelle werden dabei als Referenzgrößen benutzt. Kennkriterium für die Existenz von Einflüssen wird sein, ob die Wahlentscheidungen für oder gegen eine bestimmte Partei oder einen bestimmten Kandidaten bei Berücksichtigung der Informationskontakte der Wähler signifikant besser vorhergesagt werden können als durch den ausschließlichen Rekurs auf Prädispositionen.

Gleichzeitig wird durch diese Analysestrategie auch etwaigen Tendenzen der selektiven Rezeption Rechnung getragen. Denn die Möglichkeit, daß Zusammenhänge zwischen bestimmten Wahlentscheidungen und der Exposition gegenüber bestimmten Informationsquellen darauf zurückzuführen sind, daß beide Verhaltensweisen Ausdruck derselben politischen Prädispositionen sind, wird bei diesem Verfahren systematisch kontrolliert. Gemäß der von Jagodzinski/Kühnel (1990: 37-43) verwendeten Terminologie handelt es sich bei dieser Vorgehensweise um eine "konservative" Untersuchungsstrategie. Zusammenhänge zwischen der Exposition gegenüber Informationsquellen und dem politischen Verhalten werden nur in dem Maße als Ausdruck genuiner Einflüsse gewertet, in dem sie über die Erklärungskraft von Prädispositionen hinausreichen. Ziel dieser Analysestrategie ist es, eine Überschätzung der realen Einflüsse möglichst zu verhindern und dadurch ein irrtümliches Verwerfen der Nullhypothese im Hinblick auf politische Einflüsse von Informationsquellen möglichst unwahrscheinlich zu machen. Davon kann nur dann ausgegangen werden, wenn die Hürde möglicher selektiver Zuwendungstendenzen, die in Prädispositionen wurzeln, in eindeutiger Weise überwunden wird. Nur Zusammenhänge, welche auch bei Berücksichtigung eines umfassenden Satzes wahlpolitisch bedeutsamer Prädispositionen Bestand haben, sollen daher als Belege für genuine Einflüsse der interpersonalen Kommunikation oder der Massenkommunikation akzeptiert werden. Zum Vergleich werden gelegentlich auch Ergebnisse "optimistischer" Analysen berichtet, welche nicht nach Prädispositionen kontrollieren. Dadurch kann ein Eindruck von Umfang und Charakteristika der selektiven Rezeption gewonnen werden.

In einem weiteren Analyseschritt werden dann jeweils die Bedingungen, unter denen sich diese Einflüsse einstellen, genauer ausgelotet. Anhand detaillierter Analysen wird ermittelt, in welchem Umfang und auf welche Weise die Einflüsse der interpersonalen Kommunikation und der Massenkommunikation durch die politischen Prädispositionen und die politische Involvierung von Wählern sowie durch ihre Prädispositionen gegenüber den verschiedenen Informationskanälen moderiert werden. Ebenfalls untersucht wird in diesem Schritt, ob Kanalcharakteristika für den Einflußprozeß eine Rolle spielen. Schließlich wird auch diskutiert, inwieweit interpersonale Kommunikation und Massenkommunikation bei der Entstehung von Einflüssen miteinander interagieren.

Als Analyseverfahren wird bei diesen Auswertungen stets auf die multivariate Logit-Analyse zurückgegriffen (Aldrich/Nelson 1984; Urban 1993; Andreß u.a. 1997: 261-325). Dieses Verfahren ist angemessen für die Analyse kategorialer abhängiger Variablen. Wahlentscheidungen zwischen verschiedenen Parteien oder Kandidaten stellen hierfür geradezu einen prototypischen Anwendungsfall dar, wie der zunehmende Einsatz dieses Verfahrens in der wahlsoziologischen Forschung belegt. Außerdem erlaubt die Logit-Analyse die Schätzung der Wahrscheinlichkeiten von Entscheidungen für bestimmter Parteien oder Kandidaten. Sie eignet sich daher besonders gut für die operationale Umsetzung des Konzeptes von politischem Einfluß, das dieser Untersuchung zugrunde liegt (siehe Abschnitt 4.2). Zwei Arten von Logit-Analysen werden zum Einsatz kommen: binäre logistische Regressionen sowie multinomiale logistische Regressionen. Binäre logistische Regressionen analysieren die Wahrscheinlichkeiten des Auftretens einer der beiden Ausprägungen dichotomer, also zweiwertiger abhängiger Variablen. Das allgemeinere Verfahren der multinomialen logistischen Regression erlaubt es, abhängige Variablen mit mehr als zwei Ausprägungen zu untersuchen, wobei alle Ausprägungen der abhängigen Variablen paarweise miteinander kontrastiert werden.[4] Das Interesse der folgenden Analysen richtet sich insbesondere auf zwei Typen von Kennwerten aus Logit-Analysen: die Anpassungsgüte der geschätzten Modelle und die Parameterschätzungen für die einzelnen Erklärungsvariablen.[5]

---

[4] Die multinomialen Analysen wurden mit dem von Steffen Kühnel geschriebenen Programm MLOGIT durchgeführt (vgl. Kühnel 1990).

[5] Die multinomialen logistischen Regressionen werden nur eingesetzt, um einen ersten summarischen und dadurch besser vergleichbaren Eindruck von der Erklärungskraft bestimmter Faktorengruppen für Wahlentscheidungen insgesamt in jeder der fünf Gesellschaften zu erhalten. Auf die Parameterschätzungen dieser Analysen wird nicht eingegangen. Diese beziehen sich nämlich stets auf Kontraste zwischen Paaren von Parteien bzw. Kandidaten, die für unsere Fragestellung nicht von besonderem Interesse sind. Dafür sind die binären logistischen Regressionen besser geeignet, bei denen jeweils eine Partei bzw. ein Kandidat mit allen anderen Parteien bzw. Kandidaten kontrastiert wird.

5 Politische Prädispositionen und Wählerverhalten

Auf lange Sicht betrachtet zeichnen sich die Ergebnisse nationaler Hauptwahlen in westlichen Demokratien durch eine beachtliche Stabilität aus (Bartolini/Mair 1990). Diese Persistenz des Wählerverhaltens ist darauf zurückzuführen, daß die Entscheidungen der Wähler stark durch langfristig wirksame Determinanten geprägt werden, die sich bei jeder Wahl in ähnlicher Weise auswirken. Lebensgeschichtlich früh erworbene und stabil verinnerlichte Grundloyalitäten sorgen als individuelle politische Prädispositionen dafür, daß die meisten Wähler immer wieder in derselben Weise abstimmen. Wie ein Anker halten sie die einzelnen Wähler fest und begrenzen so als Trägheitsmoment die Fluktuationen der Wahlergebnisse im Aggregat (Converse 1966).

Politische Prädispositionen stellen für den einzelnen Wähler Leitlinien zur Verfügung, die es ihm ermöglichen, trotz der Komplexität und Ambiguität der Politik auf einfachem Wege zu eindeutigen Entscheidungen zu gelangen. Wie Leuchtmarkierungen im nebelhaften Ungewissen des politischen Prozesses zeigen sie Pfade, denen Wähler auch ohne intensivere Auseinandersetzung mit den aktuellen politischen Problemen und Prozessen am Wahltag folgen können. Als politische Affinitäten zu bestimmten Parteien prägen Prädispositionen das Wählerverhalten direkt, indem sie unmittelbar Entscheidungen für diese Parteien oder deren Kandidaten nahelegen. Überdies steuern sie als Wahrnehmungsfilter, wie die Individuen die politischen Informationen verarbeiten, die aus ihrer Umwelt auf sie einströmen. So finden sie auch auf indirekte Weise einen Niederschlag in den Entscheidungen der Wähler an der Urne (siehe Abschnitt 2.3.5.5). Wahlpolitisch relevante Prädispositionen sind keine idiosynkratischen Größen. Sie sind vielmehr ein Reflex der "Tiefenstruktur" zentraler soziopolitischer Spannungslinien von Gesellschaften (Pappi 1979: 465): historisch häufig weit zurückreichender Grundkonflikte, die in Interessengegensätzen zwischen gesellschaftlichen Gruppen wurzeln und in Form der Unterstützung konkurrierender Parteien durch die Mitglieder dieser Gruppen ihren politischen Ausdruck gefunden haben. Vermittelt durch die Prädispositionen spiegeln sich die soziopolitischen Konfliktlinien von Gesellschaften im politischen Verhalten ihrer einzelnen Mitglieder (Dennis 1991: 64).

Soziopolitische Konfliktlinien setzen sich auf dreierlei Weise in individuelle politische Prädispositionen um (Knutsen/Scarbrough 1995: 493-5; Dalton 1996: 34-6). Identifikationen von Wählern mit sozialen Gruppen fungieren als *strukturelle Prädispositionen*, die als "social partisanship" (Shively 1972: 1222) bestimmte Wahlentscheidungen nahelegen. Identifikationen mit weltanschaulichen Grundüberzeugungen oder Wertorientierungen begründen als *kulturelle Prädispositionen* im Sinne einer "tendance" (Shively 1972: 1224) bei Wählern spezifische parteipolitische Affinitäten. Und schließlich rufen auch affektive Bindungen unmittelbar an bestimmte Parteiorganisationen selbst (*Parteiidentifikationen*) eine Neigung hervor, bei Wahlen für diese Parteien zu stimmen. Bei der Erklärung des Wählerverhaltens werden in verschiedenen nationalen Kontexten unterschiedliche Schwerpunkte gesetzt. Um das politische Verhalten der westeuropäischen Wähler zu erklären, wird in der wahlsoziologischen Literatur bevorzugt auf das Konzept der politisierten Sozialstruktur zurückgegriffen (Lane/Ersson 1991: 52-101, 159-173; Kaase/Klingemann 1994b: 348). In den USA hat sich zur Erfassung der Langfristkomponenten des Wählerverhaltens hingegen das Konzept der Parteiidentifikation durchgesetzt (Campbell u.a. 1986). Mit fortschreitender sozioökonomischer Modernisierung hat sich während der vergangenen Jahrzehnte in den westlichen Demokratien das Gewicht der strukturellen Prädispositionen deutlich verringert, während die Bedeutung kultureller Prädispositionen für das Wählerverhalten zugenommen hat (Knutsen 1988, 1989, 1995; Scarbrough/Knutsen 1995; Levine u.a. 1997). Gleichzeitig gibt es aber auch einen in verschiedenen Ländern unterschiedlich stark ausgeprägten langfristigen Trend des "dealignment", d.h. der Erosion affektiver Parteibindungen (Schmitt/Holmberg 1995).

In den folgenden Abschnitten wird herausgearbeitet, auf welche Weise strukturelle und kulturelle Prädispositionen sowie Parteibindungen die Wahlentscheidungen in den fünf untersuchten Gesellschaften geprägt haben. Dabei wird zunächst ein beschreibender Blickwinkel eingenommen. Auf dieser Grundlage werden dann multivariate Grundlinienmodelle für alle untersuchten Parteien und Kandidaten entwickelt. Dabei kann es nicht darum gehen, Modelle zu erarbeiten, deren Struktur für alle Länder und alle Gesellschaften identisch ist. Unter dem Aspekt der Äquivalenz muß vielmehr darauf geachtet werden, daß für jede der untersuchten Gesellschaften die je spezifischen Prägekräfte identifiziert werden, welche im jeweiligen nationalen Kontext als langfristige Prädispositionen das individuelle Entscheidungsverhalten bestimmen. Diese Grundlinienmodelle sollen dann bei den späteren Analysen der Einflüsse der interpersonalen Kommunikation und der Massenkommunikation als Referenzgrößen dienen.

5.1 Strukturelle Prädispositionen

Das "strukturelle" (Knutsen/Scarbrough 1995: 500) oder "soziologische" Modell des Wählerverhaltens (Falter u.a. 1990: 4-5; Dalton/Wattenberg 1993: 196-7) geht davon aus, daß Personen für bestimmte Parteien oder Kandidaten stimmen, weil sie Mitglieder bestimmter Gruppen sind und sich mit diesen Gruppen identifizieren. Auch diese These geht auf die Pionierarbeiten der Columbia-Gruppe zurück (Lazarsfeld u.a. 1968; Berelson u.a. 1954). Wie die Erie County-Studie aufzeigte, konnte das Stimmverhalten der Wähler bei den Präsidentschaftswahlen 1940 sehr gut durch einen "index of political predisposition" vorhergesagt werden, in den der sozioökonomische Status, die Konfession und der Urbanisierungsgrad des Wohnquartiers eingegangen waren (Lazarsfeld u.a. 1968: 25-7). Diese Beobachtung wurde verallgemeinert in der Feststellung: "[A] person thinks, politically, as he is, socially.

Social characteristics determine political preference." (Lazarsfeld u.a. 1968: 27) Wenn sich Personen mit einer Gruppe identifizieren und erkennen, daß in dieser Gruppe eine Wahlnorm existiert, dann werden sie dazu tendieren, bei Wahlen für die Partei bzw. den Kandidaten der Partei zu stimmen, deren Unterstützung durch diese Wahlnorm nahegelegt wird (Campbell u.a. 1960: 295-332; Conover 1984). Solche Wahlnormen sind sozialhistorisch als Ausdruck von Vertretungskoalitionen zu verstehen, die in Mobilisierungsphasen zwischen Parteieliten und sozialen Gruppen eingegangen wurden (Stinchcombe 1975: 574-82). Identifikationen mit sekundären Assoziationen, welche sowohl mit den betreffenden Gruppen als auch mit den Parteien verbunden sind, können als vermittelnde Faktoren die Neigung, strukturell begründete Wahlentscheidungen zu treffen, zusätzlich stimulieren (Weßels 1991).

Analysen der soziopolitischen Konfliktlinien, welche dem Verhalten der westeuropäischen Wähler zugrunde liegen, stützen sich zumeist auf das von Lipset/Rokkan (1967) entwickelte sozialhistorische *Cleavage*-Modell. Dieses Modell beschreibt vier soziopolitische Konfliktpotentiale, die sich in Westeuropa im Verlauf der nationalen und der industriellen Revolution zwischen dem 18. und dem frühen 20. Jahrhundert herausgebildet haben: den Konflikt zwischen Kirche und säkularem Staat, den Konflikt zwischen nationalem Zentrum und kultureller Peripherie, den Konflikt zwischen primärem und sekundärem Wirtschaftssektor sowie den Konflikt zwischen Arbeit und Kapital. In wechselnden Konstellationen haben diese Spannungslinien die nationalen Parteiensysteme geprägt, die während des Prozesses der Ausdehnung des allgemeinen Wahlrechts entstanden sind. In den Grundzügen reflektieren die heutigen Parteiensysteme noch immer die ursprünglichen Koalitionen zwischen Parteiorganisationen und Wählergruppen.

Obwohl das von Lipset/Rokkan entwickelte Konzept der soziopolitischen Spannungslinien für den Kontext der westeuropäischen Demokratien entwickelt wurde, hat es auch in der amerikanischen Wahlsoziologie Resonanz gefunden. Auch dort wird die Vorstellung akzeptiert, daß Parteien Vertretungskoalitionen mit sozialen Gruppen eingehen, die im Stimmverhalten der Mitglieder dieser Gruppen ihren Widerhall finden (Beck 1997: 139; Carmines/Stanley 1992: 216-7). Allerdings ist die Konfliktkonstellation in der kulturell und sozialstrukturell fragmentierten Immigrantengesellschaft der USA erheblich komplexer als in den vergleichsweise homogenen westeuropäischen Gesellschaften. Überdies wird in der amerikanischen Diskussion dem Aspekt des Wandels der Koalitionen zwischen Wählergruppen und Parteien traditionell größere Aufmerksamkeit geschenkt als in Westeuropa, wo die Parteiensysteme nach Auffassung von Lipset/Rokkan in den 1920er Jahren endgültig "eingefroren" sind (Lipset/Rokkan 1967: 50). In der amerikanischen Parteiengeschichte, die allerdings auch wesentlich länger zurückreicht als die Geschichte der westeuropäischen Parteiensysteme, kam es mehrfach zu tiefgreifenden Umbrüchen, in denen die Zuordnungen von Parteiorganisationen und sozialen Gruppen neu bestimmt wurden (Campbell u.a. 1960: 531-8). Die aktuelle Konstellation der soziopolitischen "alignments" wird als das fünfte amerikanische Parteiensystem interpretiert, das sich nach Auffassung mancher Beobachter allerdings inzwischen im Übergang zu einem sechsten Parteiensystem befindet (Beck 1997: 131-6).

Es herrscht weitgehend Einigkeit darüber, daß zwei der von Lipset/Rokkan identifizierten Konfliktlinien in dem Parteiensystem, das sich in *Westdeutschland* nach 1945 herausbildete, ihren Ausdruck gefunden haben: die konfessionell-religiöse Konfliktlinie und die sozioökonomische Konfliktlinie (Pappi 1977a, 1977b; Knutsen 1988, 1989). Die westdeutsche Arbeiterschaft ist mit der SPD eine Koalition eingegangen und stimmt traditionell in ihrer Mehrheit für die Sozialdemokraten. Bindungen an eine DGB-Gewerkschaft verstärken diesen Trend bei den Arbeitern, vergrößern aber auch bei Angehörigen der neuen Mittelschicht die Unterstützung der SPD (Klingemann 1984; Pappi 1990; Weßels 1994). Die konfessionell-religiöse Konfliktlinie geht zurück auf den "Kulturkampf" des Bismarck-Staates gegen den Katholizismus in den 70er Jahren des letzten Jahrhunderts. Parteipolitisch wird sie heute von der CDU/CSU als überkonfessioneller Sammlungspartei mit einem allgemeinen Vertretungsangebot für christliche Werte repräsentiert. Sie hat einen Sinngehalt, der religiöse Überzeugungen gegen eine säkularisierte Lebensauffassung stellt. Katholiken sind aber auch heute noch die Kernwähler der CDU/CSU. Bindungen an eine christliche Kirche, besonders aber an die Katholische Kirche begünstigen zusätzlich die Stimmabgabe für die Union (Pappi 1985; Schmitt 1989; Wolf 1996). Vor allem das Abschmelzen der traditionellen Kerngruppen durch Säkularisierung und Veränderungen der Berufsstruktur, aber auch die mit fortschreitender Generationenfolge abnehmende Verpflichtungskraft von Gruppenbindungen haben dazu geführt, daß diese strukturellen Prädispositionen für das Verhalten der westdeutschen Wähler in den vergangenen Jahrzehnten an Relevanz eingebüßt haben. Gleichwohl lassen sich die Grundmuster der traditionellen soziopolitischen Konfliktlinien auch heute noch am Verhalten der Wähler ablesen (Pappi/Mnich 1992; Gabriel/Brettschneider 1994; Weßels 1994; Schnell/Kohler 1995; Gluchowski/von Wilamowitz-Moellendorff 1997; Müller 1998). Auch bei der Bundestagswahl 1990 stimmten zwei Drittel der alten Mittelschicht für eine der beiden bürgerlichen Parteien, die SPD wurde hingegen bei den Arbeitern eindeutig stärkste Partei (Tabelle 5-1).[1] Noch mehr Bedeutung als die bloße Zugehörigkeit zu Berufsgruppen hatte jedoch die Bindung an eine Gewerkschaft. Bei den Katholiken erzielte die CDU/CSU mehr als die Hälfte der Stimmen. Die Grünen wurden hingegen von Konfessionslosen sehr viel häufiger gewählt als von Kirchenmitgliedern. Wichtiger als die nominelle Konfessionszugehörigkeit war jedoch die Kirchenbindung. Von den Befragten, die empfanden, daß die Katholische Kirche ihre Interessen vertreten würde, stimmten fast zwei Drittel für die Union. Bindungen an die Evangelische Kirche wirkten sich sehr viel weniger stark zugunsten der CDU/CSU aus.

---

1 Für West- und Ostdeutschland beziehen sich die Angaben auf die objektive Berufsgruppenzugehörigkeit, für die anderen Länder hingegen - dem theoretischen Konzept der Gruppenidentifikation besser entsprechend - auf die subjektive Schichteinstufung.

Tabelle 5-1: *Wahlentscheidungen nach strukturellen Prädispositionen: Westdeutschland (in Prozent)*

	Berufsgruppe				Gewerkschaftsbindung	
	Alte Mittelschicht	Neue Mittelschicht	Arbeiter	Nicht erwerbstätig	Vorhanden	Nicht vorhanden
CDU/CSU	50.0	45.1	38.6	35.0	26.2	52.4
FDP	15.8	10.5	4.0	3.9	5.4	9.9
SPD	18.4	34.1	47.0	36.9	55.0	25.0
Grüne	13.2	9.0	6.8	22.3	10.8	10.7
(N$_{Basis}$)	(76)	(457)	(249)	(103)	(351)	(553)
Cramer's V			.15**		.32**	
	Konfession			Bindung an Kath. Kirche		Bindung an Evang. Kirche
	Katholisch	Protestantisch	Andere/Keine	Vorhanden Nicht vorhanden		Vorhanden Nicht vorhanden
CDU/CSU	52.9	38.1	25.2	63.3	38.1	47.8 41.3
FDP	8.6	7.3	10.1	10.0	7.8	11.9 7.5
SPD	29.5	42.4	37.8	22.0	39.5	32.1 37.4
Grüne	8.1	10.1	21.0	4.0	12.1	7.5 11.3
(N$_{Basis}$)	(359)	(425)	(119)	(150)	(754)	(134) (770)
Cramer's V		.17**		.21**		.09**

** P<.01, * P<.05, + P<.10

Anmerkung: Nur gültige Stimmen; sonstige Parteien nicht ausgewiesen, aber bei Prozentuierung berücksichtigt.

Angesichts der Tatsache, daß in *Ostdeutschland* die letzten freien Wahlen 44 Jahre, die letzten freien Wahlen zu einem nationalen Parlament sogar 58 Jahre zurücklagen, hingen manche Beobachter nach der "Wende" in der DDR zunächst einer "Tabula-rasa"-These an, die besagte, daß politische Prädispositionen für das Verhalten der ostdeutschen Wähler irrelevant seien (von Winter 1996: 301-4). Detaillierte Analysen erbrachten jedoch Hinweise, daß strukturelle Prädispositionen durchaus auch in den neuen Bundesländern eine Rolle spielten, jedoch durch den völlig andersgearteten Erfahrungshintergrund der ehemaligen DDR-Bürger überformt und daher zum Teil in ganz anderer Weise als vom Westen her gewohnt. Besonders auffallend war das Stimmverhalten der Arbeiter: "[C]lass voting patterns in East Germany began with a reversal of the class alignment found in virtually all Western democracies." (Dalton 1992: 62) Die CDU war bei allen Berufsgruppen, am deutlichsten jedoch bei den Arbeitern die mit Abstand stärkste Partei (Tabelle 5-2). Die Unterstützung der FDP läßt ein ähnliches Muster erkennen. Erklären läßt sich diese Anomalie unter Rekurs auf sozialstrukturelle Konfliktstrukturen in der DDR. Dem zentralen Interessenkonflikt der westlichen industriellen Gesellschaften, dem Gegensatz zwischen abhängig beschäftigter Arbeiterschaft und Kapitaleignern, fehlte in der ostdeutschen "Gesellschaft von Staatsangestellten" (Schmitt 1993: 405) die strukturelle Grundlage. An seine Stelle trat ein latenter Konflikt zwischen der faktisch nach wie vor benachteiligten Arbeiterschaft auf der einen Seite und den neuen

5 Politische Prädispositionen und Wählerverhalten

Führungsgruppen der Parteinomenklatura und der Führungskader in Wirtschaft und Verwaltung auf der anderen. Im Transformationsprozeß übersetzten sich die Interessenpositionen dieser Gruppen in unterschiedliche Präferenzen im Hinblick auf die Fragen des Fortbestandes der DDR und der Modalitäten der deutschen Vereinigung. Die Arbeiter als Angehörige einer sozialen Kategorie, die besonders stark an einem tiefgreifenden Systemwandel interessiert war, sahen ihre Anliegen am besten bei der CDU aufgehoben. Die ehemalige Führungsschicht der DDR war auf der anderen Seite am wenigsten von allen Gruppen an größeren Veränderungen interessiert und votierte aus diesem Grund für die PDS (Schmitt 1993). Das Stimmverhalten der verschiedenen Berufsgruppen reflektierte also bei der Bundestagswahl 1990 noch einen aus der DDR "ererbte[n] Konflikt" (von Winter 1996: 311). Seither hat es sich jedoch stark dem westlichen Muster angenähert. Bindungen an die Gewerkschaften erwiesen sich demgegenüber bereits bei den ersten Wahlen in Ostdeutschland als ein Faktor, der im Sinne der herkömmlichen soziöokomischen Konfliktlinie der kapitalistischen Gesellschaft die Stimmabgabe für die SPD begünstigte, wenn auch weitaus schwächer als im Westen (Gabriel/Brettschneider 1993: 34-8; Weßels 1994).

Tabelle 5-2: Wahlentscheidungen nach strukturellen Prädispositionen: Ostdeutschland (in Prozent)

	Berufsgruppe				Gewerkschaftsbindung	
	Alte Mittelschicht	Neue Mittelschicht	Arbeiter	Nicht erwerbstätig	Vorhanden	Nicht vorhanden
CDU	46.2	43.3	51.3	6.3	42.0	48.2
FDP	7.7	6.3	7.8	6.3	4.9	8.8
SPD	27.7	23.8	20.8	31.3	27.2	20.1
B90/Grüne	6.2	13.9	5.2	25.0	11.5	9.6
PDS	6.2	6.0	3.9	12.5	5.8	5.2
(N$_{Basis}$)	(65)	(252)	(154)	(16)	(243)	(249)
Cramer's V		.13*			.12	

	Konfession			Bindung an Kath. Kirche		Bindung an Evang. Kirche	
	Katholisch	Protestantisch	Andere/Keine	Vorhanden	Nicht vorhanden	Vorhanden	Nicht vorhanden
CDU	50.0	53.7	39.5	63.4	43.5	52.1	42.3
FDP	0.0	7.9	6.9	7.3	6.9	7.7	6.6
SPD	37.5	20.3	24.4	17.1	24.2	19.0	25.4
B90/ Grüne	4.2	6.2	13.7	7.3	10.9	6.3	12.3
PDS	4.2	2.3	7.6	4.9	5.5	2.8	6.6
(N$_{Basis}$)	(24)	(177)	(291)	(41)	(451)	(142)	(350)
Cramer's V		.15*			.13		.16*

** P<.01, * P<.05, + P<.10

Anmerkung: Nur gültige Stimmen; sonstige Parteien nicht ausgewiesen, aber bei Prozentuierung berücksichtigt.

Im Hinblick auf die konfessionell-religiöse Konfliktlinie ist eher Kontinuität zu konstatieren. In ähnlich großem Umfang wie im Westen stimmten Katholiken, aber auch Protestanten für die CDU (Wolf 1996). Aber auch hinter der religiösen Konfliktlinie verbirgt sich in den neuen Bundesländern eine andere Geschichte als im Westen. Als Konsequenz der offiziell forcierten Säkularisierung der DDR-Gesellschaft sind die Angehörigen beider Konfessionen in den neuen Bundesländern heute nur noch Minderheiten. Nahezu zwei Drittel der Ostdeutschen gehören keiner Religionsgemeinschaft mehr an; die Bevölkerung der neuen Bundesländer ist damit weitaus säkularer als die der alten Bundesländer. Dies ist das Resultat einer jahrzehntelangen Politik der Zurückdrängung der Kirchen aus dem öffentlichen Leben der DDR, die zu einem Abschmelzen, aber auch zu einer defensiven milieuartigen Verdichtung der verbleibenden Kirchenmitglieder führte. Bei den ersten freien Wahlen gingen diese dann mehrheitlich eine Koalition mit der CDU ein (Schmitt 1993). Unterdurchschnittlich schnitt die Union demgegenüber bei den Konfessionslosen ab, die korrespondierend eine verstärkte Neigung zu den Bündnisgrünen und zur PDS an den Tag legten.

Nur einer der vom *Cleavage*-Modell beschriebenen Interessengegensätze zwischen sozialen Gruppen prägt traditionell das Verhalten der *britischen* Wähler: die sozioökonomische Konfliktlinie. Andere Spaltungslinien, etwa solche religiöser Art, haben seit dem 19. Jahrhundert ihre parteipolitische Relevanz weitgehend eingebüßt (Norris 1997: 118-47; Rohe 1998). Alfords vergleichende Analyse der Unterstützung linker Parteien durch Arbeiter zeigte, daß der Gegensatz zwischen manuell und nicht-manuell tätigen Berufsgruppen in Großbritannien einen stärkeren Einfluß auf Wahlentscheidungen ausübte als in jeder anderen angloamerikanischen Demokratie (Alford 1963). Aufgrund der traditionell engen, erst neuerdings gelockerten Verflechtung zwischen Labour Party und Gewerkschaften kann es nicht verwundern, daß nicht nur die Berufsgruppenzugehörigkeit, sondern insbesondere auch die Gewerkschaftsbindung eine wesentliche strukturelle Determinante des Wählerverhaltens darstellt. Allerdings hat auch in Großbritannien, wie in anderen westlichen Demokratien, aufgrund geringerer struktureller Bindungen nachwachsender Wählergenerationen die Prägekraft der sozioökonomischen Konfliktlinie für das Wählerverhalten nachgelassen. Überdies konnte sich mit den Liberal Democrats zwischen Labour und Conservatives mit wechselnden Erfolgen eine Kleinpartei etablieren, deren Unterstützung nur sehr schwach mit sozialstrukturellen Kategorien verknüpft ist (Franklin 1992; Denver 1994: 60-72). Wie Tabelle 5-3 zeigt, votierten bei der Unterhauswahl 1992 Angehörige der Mittelschicht, aber auch gewerkschaftsgebundene Wähler etwas eher für die Liberaldemokraten. Weitaus größer und vor allem konsistenter sind aber die Unterschiede im Hinblick auf die Unterstützung von Labour und Conservatives.

Tabelle 5-3: Wahlentscheidungen nach strukturellen Prädispositionen: Großbritannien (in Prozent)

	Berufsgruppe		Gewerkschaftsbindung	
	Mittelschicht	Arbeiter	Vorhanden	Nicht vorhanden
Conservatives	61.0	34.6	38.4	55.8
Labour	17.2	46.4	40.2	25.8
Liberal Democrats	20.0	15.2	18.1	15.8
(N_{Basis})	(875)	(1403)	(1402)	(1014)
Cramer's V		.32**		.18**

** $P<.01$, * $P<.05$, + $P<.10$

Anmerkung: Nur gültige Stimmen; sonstige Parteien nicht ausgewiesen, aber bei Prozentuierung berücksichtigt.

Der sozioökonomische Konflikt, der Religionskonflikt und der Zentrum-Peripherie-Konflikt sind die traditionellen soziopolitischen Spannungslinien der *spanischen* Politik. Immer wieder, zuletzt im Bürgerkrieg 1936 bis 1939, wurden diese Konflikte äußerst gewalttätig ausgetragen. Sie bleiben aber auch für die Politik der nachfranquistischen Demokratie kennzeichnend, wenngleich in sehr viel moderaterer Form, da die Eliten während der Demokratisierung in den 70er Jahren durch eine konsensorientierte Politik vermieden, die alten Konfliktpotentiale aktiv wiederzubeleben (Gunther u.a. 1986; McDonough u.a. 1988). Der Konflikt zwischen Zentrum und Peripherie (Gunther u.a. 1986: 16-7, 241-61) findet seinen Ausdruck in eigenständigen regionalen Parteiensystemen; in einigen der Autonomen Gemeinschaften sind regionale Parteien die dominierenden politischen Kräfte (Heywood 1995: 208-11). Aufgrund des nationalen Fokus kann dieser Aspekt der spanischen Politik jedoch in der vorliegenden Untersuchung nicht berücksichtigt werden. Die spanischen Arbeiter wählen auch heute noch eher sozialistisch oder kommunistisch und die Mittelschicht eher bürgerlich oder konservativ (Gunther u.a. 1986: 178-219; Lancaster 1992). Die von beiden Linksparteien traditionell unterhaltenen engen Bindungen zu den Gewerkschaften haben sich in den vergangenen Jahren gelockert. Dennoch ist offenkundig, daß Wähler, die sich von den Gewerkschaften vertreten fühlten, bei der Parlamentswahl 1993 sehr viel eher die PSOE oder die IU unterstützten als die PP (Tabelle 5-4). Anders als von vielen Beobachtern erwartet, entstand bei der Demokratisierung keine christdemokratische Konfessionspartei nach italienischem Vorbild. Jedoch versuchten die konservativen Parteien, sich programmatisch als politische Angebote für religiöse Wähler zu profilieren, zeitweilig unterstützt durch indirekte Wahlempfehlungen des Episkopats (Gunther u.a. 1986: 223-4). Die Konfessionszugehörigkeit selbst kann in einem Land, in dem fast alle Bürger offiziell Angehörige der Katholischen Kirche sind, keine politische Relevanz entfalten. Aber die Kirchenbindung spielt wahlpolitisch eine erhebliche Rolle (Gunther u.a. 1986: 220-40; Lancaster 1992). Wähler, die sich durch die (Katholische) Kirche vertreten fühlten, tendierten 1993 sehr viel eher zur Wahl der PP, areligiöse Wähler hingegen zur PSOE oder zur IU. Insgesamt ist jedoch festzuhalten, daß infolge der auf Entpolarisierung gerichteten Strategie, welche die Eliten im Transformationsprozeß verfolgten, aber auch infolge der sozioökonomischen Modernisierung, die schon während des Franco-Regimes einsetzte, die Bedeutung struktureller Prädispositionen auch in Spanien eher begrenzt ist und weiter zurückgeht (McDonough u.a. 1988; Montero 1998: 69-70).

Tabelle 5-4: Wahlentscheidungen nach strukturellen Prädispositionen: Spanien (in Prozent)

	Berufsgruppe			Gewerkschaftsbindung		Kirchenbindung	
	Mittelschicht	Arbeiter	Keine	Vorhanden	Nicht vorhanden	Vorhanden	Nicht vorhanden
PSOE	33.6	53.8	49.9	62.6	37.8	39.1	50.3
PP	43.4	23.7	28.9	11.8	41.8	51.0	21.5
IU	10.9	12.8	8.2	18.8	6.2	2.3	14.7
(N_{Basis})	(304)	(392)	(353)	(372)	(677)	(343)	(706)
Cramer's V		.14**		.38**		.32**	

** $P<.01$, * $P<.05$, + $P<.10$

Anmerkung: Nur gültige Stimmen; sonstige Parteien nicht ausgewiesen, aber bei Prozentuierung berücksichtigt.

Das gegenwärtige *amerikanische* Parteiensystem ist eine partiell erodierte Version des sogenannten "New Deal-Parteiensystems". Seine historischen Wurzeln liegen nicht nur in Präsident Roosevelts sozialstaatlicher Politik des "New Deal" in den 30er Jahren, sondern auch im Bürgerkrieg und seinen Folgen für die Südstaaten sowie in der Bürgerrechtsgesetzgebung der 60er Jahre. Die intakte "New Deal-Koalition" vereinigte "southern whites, African Americans, Catholics, Jews, labor union members and their households, and poorer individuals in general, such as those who regarded themselves as working class" in der Unterstützung der Demokratischen Partei (Stanley/Niemi 1995: 220). Die Unterstützer-"Koalition" der Republikaner war das Gegenstück hierzu, eine - wie Axelrod lapidar feststellte - "coalition of the nonpoor" (Axelrod 1972: 13). Die meisten dieser Gruppen sind ihrer parteipolitischen Grundorientierung immer noch relativ treu - jedoch nicht alle. Gleichzeitig wurden neue Konflikte politisiert, wodurch sich die politische Konfliktstruktur in der amerikanischen Wählerschaft weiter verkompliziert hat.

Die Arbeiterschaft unterstützte bis in die 60er Jahre an der Urne verläßlich die Demokraten (Campbell u.a. 1960: 301-32; Alford 1963: 219-49). Seither hat sich das Ausmaß des schichtspezifischen Wählens jedoch ebenso wie in anderen westlichen Demokratien abgeschwächt (Stanley/Niemi 1991, 1995; Miller/Lockerbie 1992). Aber auch 1992 stimmten die Arbeiter immer noch deutlich eher für den Demokratischen Kandidaten Clinton (Tabelle 5-5). Ross Perot erhielt jedoch ebenfalls überdurchschnittliche Unterstützung aus der Arbeiterschaft. Wähler aus der

5 Politische Prädispositionen und Wählerverhalten

Mittelschicht votierten hingegen eher für den Republikanischen Amtsinhaber Bush. Gewerkschaftliche Bindungen erhöhen traditionell die Neigung, die Kandidaten der Demokraten zu unterstützen (Stanley/Niemi 1991, 1995; Abramson u.a. 1995: 150-2). Wähler, die sich von den Gewerkschaften vertreten fühlten, votierten 1992 fast doppelt so häufig für Clinton wie die anderen Wähler. Mit der Stimmabgabe für Perot war die Identifikation mit einer Gewerkschaft jedoch nicht verknüpft.

Tabelle 5-5: *Wahlentscheidungen nach strukturellen Prädispositionen: USA (in Prozent)*

	Berufsgruppe		Gewerkschaftsbindung	
	Mittelschicht	Arbeiter	Vorhanden	Nicht vorhanden
Clinton	42.5	46.8	62.0	32.1
Bush	44.5	32.2	21.4	51.0
Perot	13.3	20.9	16.5	16.8
(N)	(528)	(444)	(411)	(588)
Cramer's V		.14**		.32**

		Rasse und Region		
	Weiße: Südstaaten	Weiße: Sonstige	Schwarze	Sonstige
Clinton	23.7	43.6	87.8	56.9
Bush	59.0	38.8	6.8	25.9
Perot	17.3	17.7	5.4	17.2
(N)	(156)	(707)	(74)	(58)
Cramer's V		.22**		

	Religiöse Identifikation (nur Weiße)					
	"Mainline"-Protestanten	Evangelikale Protestanten	Katholiken	Juden	Sonstige	Areligiöse
Clinton	33.6	26.0	51.6	83.3	44.0	58.8
Bush	48.3	60.7	34.0	5.6	33.7	13.7
Perot	18.1	13.3	14.4	11.1	22.3	27.5
(N)	(321)	(150)	(215)	(18)	(166)	(51)
Cramer's V		.20**				

** P<.01, * P<.05, + P<.10

Anmerkung: Nur gültige Stimmen.

Im Norden der USA angezogen durch die "New Deal"-Politik, im Süden durch das Voting Rights Act von 1965, sind die afroamerikanischen Wähler traditionell - und stabil - die verläßlichsten Unterstützer Demokratischer Präsidentschaftskandidaten (Gurin u.a. 1989: 17-62; Tate 1995). Clinton erhielt 1992 fast 90 Prozent der schwarzen Stimmen. Bush und Perot wurden fast nur von Weißen gewählt (Abramson u.a. 1995: 133, 144-7). Der Wandel des Wählerverhaltens war demgegenüber bei keiner Gruppe größer als bei den weißen Wählern aus den Staaten des alten Südens. Einst ein fester Eckpfeiler der "New Deal-Koalition", ist der weiße Süden in den vergangenen Jahrzehnten zur Gegenseite übergelaufen. Bürgerkrieg und Rekonstruktionsperiode hatten diese Wählergruppe an die Seite der Demokraten gebracht und den "Solid South" etabliert (Beck 1997: 142) - eine im Rest der USA nicht gekannte Konstellation praktisch uneingeschränkter Einparteiendominanz. Als Reaktion auf die zunehmend liberaleren Positionen der Demokraten in der Bürgerrechtspolitik wanderte diese Wählergruppe jedoch zu den Republikanern ab. 1992 war der Süden die einzige Region der USA, in der Bush vor Clinton in der Wählergunst führte (Stanley/Niemi 1991, 1995; Miller/Lockerbie 1992; Abramson u.a. 1995: 137-8, 147-50; Miller/Shanks 1996: 279-80).

In sehr komplexer Weise fungieren auch religiöse Identifikationen in den USA als strukturelle Prädispositionen. Bei fortbestehender Dominanz des protestantischen Erbes der Siedlerepoche hat sich im Zuge von Einwanderungswellen und Erweckungsbewegungen eine kaum überschaubare Vielfalt religiöser Vergemeinschaftungen und Überzeugungssysteme herausgebildet. Heute existieren rund 1.200 Religionsgemeinschaften (*denominations*), die sich allerdings größtenteils einer der fünf wichtigsten religiösen Traditionen des Landes zuordnen lassen. Die größte einheitliche Religionsgemeinschaft ist die zentralistische Katholische Kirche. Der insgesamt dominierende Protestantismus zerfällt in eine Vielzahl von Denominationen, die auch in politischer Hinsicht unterschiedliche Bedeutungen haben. So ist es unerläßlich, zwischen Protestanten schwarzer und weißer Hautfarbe zu unterscheiden (Leege/Kellstedt u.a. 1993: 77). Weiße Protestanten können weiter differenziert werden in Angehörige der "Mainline"-Tradition und der evangelikalen Tradition. Eine weitere religiöse Tradition von politischer Bedeutung sind die Juden (Leege/Kellstedt u.a. 1993: 53-8). Die Zahl der explizit areligiösen Wähler ist im internationalen Vergleich gering und hat - entgegen dem typischen Säkularisierungstrend westlicher Industriegesellschaften - in den vergangenen Jahrzehnten auch nicht substantiell zugenommen (Wald 1992: 9). Die Demokratische Partei konnte sich im frühen 20. Jahrhundert erfolgreich als Interessenvertreter für katholische und jüdische Immigranten etablieren. Während die Loyalität der Katholiken in den vergangenen Jahrzehnten etwas abnahm, zählen die Juden nach wie vor zu den verläßlichsten Unterstützern der Demokraten (Wald 1992: 81-3; Abramson u.a. 1995: 141-3, 156-8). Über die Hälfte der Katholiken und über 80 Prozent der Juden stimmten 1992 für Bill Clinton. Eine der wichtigsten Neuentwicklungen der amerikanischen Politik ist eine massive Politisierung religiöser Themen in den vergangenen beiden Jahrzehnten, die von evangelikalen Protestanten mit konservativer Stoßrichtung vorangetrieben wird (Wald 1992: 222-78). Zwar neigen die Mitglieder protestantischer Denominationen traditionell eher zu den Repulikanern. Aber die Ergebnisse der Präsidentschaftswahl 1992 verdeutlichen, daß diese Tendenz inzwischen bei den evangelikalen Protestanten besonders massiv ausgeprägt ist (Abramson u.a. 1995: 141-3, 155-8; Layman 1997). Areligiöse Wähler unterstützten hingegen den Kandidaten der Demokraten, wie sie das auch in den vergangenen Jahrzehnten immer getan hatten (Erikson u.a. 1989). Aber auch Perot gewann bei den areligiösen Wähler einen überdurchschnittlichen Stimmenanteil.

5.2 Kulturelle Prädispositionen

Ebenso wie sich die politischen Parteien im Hinblick auf ihre programmatischen Ziele, auf die Mittel, die sie einsetzen wollen, um diese Ziele zu erreichen, und auf die Werte, aus denen sich diese Ziele ableiten, in typischer Weise unterscheiden, sind auch die Wählerschaften der westlichen Demokratien im Hinblick auf politische Weltanschauungen und Visionen erstrebenswerter Gesellschaftsordnungen gespalten. Diese Unterschiede der Grundüberzeugungen der Wähler können als kulturelle Prädispositionen die Richtung von Wahlentscheidungen steuern. "[I]n voting, electors are choosing, or lending support to, one image of society rather than others, to some way of viewing problems rather than others, to some set of values and goals rather than others, to some forms of public action rather than others." (Scarbrough 1984: 54) Bei Wahlentscheidungen, die in kulturellen Prädispositionen wurzeln, versuchen Wähler, ihre eigenen politischen Grundpositionen mit den entsprechenden Profilen der Parteien zur Deckung zu bringen. Sie werden sich für diejenigen Parteien entscheiden, die ihren eigenen weltanschaulichen Prioritäten am nächsten kommen (Downs 1968: 93-9). Die Wähler lassen sich in ihrem Abstimmungsverhalten also vom Grad der Übereinstimmung zwischen ihren Grundüberzeugungen und den politischen Weltsichten und Zielorientierungen leiten, die sie bei den Parteien wahrnehmen. Kulturelle Prädispositionen steuern Wahlentscheidungen allerdings nur in Zweiparteiensystemen in eindeutiger Weise. Im Kontext von Mehrparteiensystemen stellen die Grundorientierungen der Wähler hingegen als "räumliche Identifikationen" (Sani/Montero 1986: 196) eine Leitlinie dar, die eine Affinität zu den Parteien eines bestimmten "Lagers" begründet, jedoch nicht unbedingt die Auswahl einer ganz bestimmten Partei nahelegt (Shively 1972: 1224; Pappi 1977b: 79). In jedem Fall immunisiert sie jedoch gegen den Wechsel zu Parteien anderer weltanschaulicher Ausrichtungen (Scarbrough 1984: 209-12).

Wir können zwischen zwei Formen kultureller Prädispositionen unterscheiden, nämlich Ideologien und Wertorientierungen. Mit Downs kann man eine Ideologie definieren als ein "sprachliches Bild der idealen Gesellschaft und der wichtigsten Mittel, die zum Aufbau einer solchen Gesellschaft nötig sind" (Downs 1968: 93). Voll entwickelte Ideologien stellen komplexe Überzeugungssysteme (*belief systems*) dar, d.h. sinnhaft organisierte, konsistente Gedankengebäude mit kognitiven, evaluativen sowie affektiven Komponenten, deren Gegenstand tatsächliche und wünschenswerte Ausprägungen der sozialen und politischen Ordnung sowie des Handelns ihrer Mitglieder sind (Campbell u.a. 1960: 192-4; Converse 1964: 207-9; Sniderman u.a. 1991: 140-63). Scarbrough vergleicht sie mit Landkarten, die aufzeigen, "where we are, where we are going, the best way to get there, what to do next, and why the map is to be trusted" (Scarbrough 1984: 27). Zahlreiche Untersuchungen im Rahmen des "Paradigmas des uninformierten Wählers" (siehe Abschnitt 2.2) haben belegt, daß nur eine kleine Minderheit der Wähler über ideologische Überzeugungssysteme verfügt, die in diesem Sinne voll entwickelt sind (Kinder/Sears 1985: 664-71).

Doch können Wähler auch ohne tiefes und differenziertes Verständnis abstrakter ideologischer Konzepte und Prinzipien ideologische Identifikationen entwickeln und diese als Orientierungsinstrumente im politischen Raum einsetzen. Als Wahrnehmungsfilter helfen diese, der unübersichtlichen politischen Welt Ordnung und Kohärenz zu verleihen. Sie ermöglichen, politische Objekte wie Parteien und andere politische Organisationen, Politikprogramme sowie soziale Gruppen anhand sinnhafter Maßstäbe zueinander in Beziehung zu setzen, sie hinsichtlich ihrer politischen Bedeutung einzuordnen und Relationen der Nähe oder Distanz zwischen ihnen festzustellen (Inglehart/Klingemann 1976: 245; Conover/Feldman 1984b; Sani/Montero 1986: 155-9). In allen untersuchten Gesellschaften stellt die Polarisierung zwischen "links" und "rechts" bzw., im Fall der USA, zwischen "liberal" und "konservativ" einen grundlegenden ideologischen Orientierungscode gegenüber politischen Objekten dar, der politische Orientierungen und Entscheidungen prägt (Fuchs/Klingemann 1989). Diese ideologischen Dimensionen sind Substrate historischer Konfliktkonstellationen der westlichen Gesellschaften, von denen sich auch ihr Bedeutungsgehalt ableitet. Sie stehen insoweit in direktem Bezug zu den im letzten Abschnitt diskutierten strukturellen Prädispositionen. Allerdings sind die strukturellen Fundamente von Ideologien in vielen Gesellschaften im Zuge fortschreitender Modernisierungsprozesse partiell erodiert, ohne daß es zu einer parallelen Auflösung des "kulturellen Überbaus" dieser Konflikte gekommen wäre. Die Ideologien haben sich also zum Teil gegenüber ihren strukturellen Grundlagen verselbständigt (Knutsen/Scarbrough 1995).

Werte kann man allgemein definieren als Konzeptionen des Wünschenswerten, welche die Auswahl von Handlungsformen, -mitteln und -zielen steuern. Als allgemeine normative Standards zur Beurteilung vielfältiger Objekte bilden sie relativ dauerhaft im Individuum verankerte, objektunspezifische Orientierungsmaßstäbe, die bei der Ausformung konkreter Orientierungen und bei der Steuerung von Verhalten als Dispositionen wirksam werden (van Deth/Scarbrough 1995). Jüngere Theorien des gesellschaftlichen Wertewandels haben die Aufmerksamkeit auf die Möglichkeit gelenkt, daß Prozesse des sozialen Wandels Verschiebungen gesellschaftlicher Wertprioritäten nach sich ziehen können, die sich außerhalb der tradierten ideologischer Deutungsmuster vollziehen und keinen Bezug zu den soziopolitischen Konfliktlinien haben, die diesen zugrunde liegen. Eine der einflußreichsten jüngeren Theorien der politischen Soziologie behauptet, daß sich in den westlichen Industriegesellschaften in den letzten Jahrzehnten ein tiefgreifender Wandel von "materialistischen" zu "postmaterialistischen" Werten vollzogen habe, der auch für das politische Verhalten der Bürger nicht konsequenzenlos geblieben sei (Inglehart 1971, 1977, 1990).

Die politische *Links-Rechts*-Metaphorik geht zurück auf die Sitzordnung in der französischen Nationalversammlung des Revolutionsjahres 1789 und diffundierte im Verlauf des 19. Jahrhunderts, getragen von der Ausbreitung parlamentarischer Institutionen und der sozialistischen Bewegung, über Europa und die europäisch geprägten Regionen der Welt. Heute stellt dieser Code eine Art von "politischem Esperanto" dar, das weltweit benutzt und verstanden wird (Laponce 1981: 47-68). Mit einer eher "linken" politischen Position geht traditionell eine Präferenz für Wandel in Richtung einer politisch und sozial egalitären Gesellschaft einher. "Rechts" ist demgegenüber das Beharren auf dem Status Quo größerer Ungleichheit und einer stärker hierarchisch gegliederten sozialen Ordnung. Gleichzeitig steht "links" auch für eine eher säkulare Grundposition, während das hierarchische Moment "rechter" Positionen auch die Unterordnung gegenüber göttlicher Allmacht einschließt, die dem religiösen Glauben immanent ist (Laponce 1981: 115-37). In eine ähnliche Richtung deutet der Sinngehalt der in der politischen Debatte der USA gebräuchlicheren Unterscheidung zwischen "liberal" und "konservativ" (Conover/Feldman 1984b).

Zwar sind nur Minderheiten der Bürger westlicher Demokratien "Ideologen", deren politisches Denken sich jederzeit stringent an den Vorgaben überwölbender ideologischer Abstraktionen ausrichtet. Dennoch verfügen die meisten von ihnen über klare ideologische Identifikationen, die sie auch ohne tiefergehende inhaltliche Substantiierung in die Lage versetzen, sich selbst in inhaltlich unspezifischer, aber gleichwohl eindeutiger und über Zeit relativ stabiler Weise auf der Links-Rechts-Dimension bzw. der "Liberal-Conservative"-Dimension zu lokalisieren (Inglehart/Klingemann 1976; Levitin/Miller 1979; Fuchs/Klingemann 1989). Auch in den neu demokratisierten Gesellschaften Ostdeutschlands und Spaniens ist der Links-Rechts-Code mehrheitlich geläufig (Sani/Montero 1986: 159-64, 185-95). Tabelle 5-6 zeigt, daß die Verteilungen der ideologischen Positionen der Wähler nicht überall gleich sind. In Westdeutschland waren vor der Bundestagswahl 1990 die linke und die rechte Seite des Spektrums ungefähr gleich stark, während die ostdeutschen Wähler insgesamt eher nach links tendierten. Auch in Großbritannien[2], vor allem aber in Spanien gab es mehr linke als rechte Wähler. In den USA war es hingegen umgekehrt: Dort dominierte klar das konservative über das liberale Spektrum (siehe auch Falter u.a. 1994: 195-9; Dalton 1996: 135-7).

Tabelle 5-6: *Ideologische Identifikationen im Vergleich (in Prozent)*

	West-deutschland	Ost-deutschland	Groß-britannien	Spanien	USA
Links	25.2	29.1	24.5	46.7	21.6
Mitte	48.9	46.2	58.2	33.8	40.2
Rechts	25.9	24.7	17.3	19.6	38.2
(N)	(1331)	(688)	(2601)	(1374)	(1315)

[2] Die Verteilungen für Großbritannien können aufgrund der abweichenden Indexkonstruktion nicht direkt mit den anderen Ländern verglichen werden.

Die Wähler sind nicht nur in der Lage, sich selbst auf dem Links-Rechts-Kontinuum einzustufen. Auch die Parteien bzw. Kandidaten können die meisten auf dieser Dimension einordnen. Im Aggregat decken sich die Wahrnehmungen der Wähler mit den Urteilen von Experten und mit den ideologischen Zuordnungen, die aus Analysen von Parteiprogrammen ableitbar sind; sie sind also insoweit "korrekt" (Castles/Mair 1984; Laver/Schofield 1990: 245-66; Huber/Inglehart 1995; Knutsen 1998). Von daher kann es nicht überraschen, daß die ideologischen Identifikationen der Wähler in systematischer Weise mit ihren Partei- bzw. Kandidatenpräferenzen verknüpft sind (Inglehart/Klingemann 1976: 252-7). Die Zusammenhänge übertreffen an Stärke ausnahmslos jene zwischen strukturellen Prädispositionen und Wählerverhalten. Verschiedene Studien zeigten im Westen Deutschlands kräftige, im Osten etwas schwächere, in der Ausrichtung bemerkenswerterweise aber sehr ähnliche lineare Effekte der Links-Rechts-Selbsteinstufung auf die Parteipräferenzen der Wähler (Schmitt 1992: 247-50; Rattinger 1994: 294-312; Listhaug u.a. 1994: 135-8). Bei der Bundestagswahl 1990 votierten Wähler, die sich selbst eher rechts sahen, in weit überdurchschnittlichem Umfang für die Union (Tabelle 5-7). Umgekehrt unterstützten linke Wähler sehr viel häufiger die Sozialdemokraten, die Grünen oder - in den neuen Bundesländern - die PDS. Die Stimmenanteile der FDP waren bei rechten Wählern und bei Wählern, die sich in der Mitte placierten, ähnlich hoch; lediglich von linken Wählern erhielt die FDP kaum Unterstützung. Auch in Großbritannien spielt die ideologische Identifikation der Wähler für ihre Entscheidungen eine Rolle (Heath u.a. 1991: 197-8). Rechte britische Wähler unterstützten 1992 sehr viel häufiger die Conservatives, linke Wähler hingegen die Labour Party. Die Liberal Democrats gewannen in nahezu gleichem Umfang Stimmen der linken Wähler und der Wähler der Mitte, während ihre Attraktivität für Wähler rechts der Mitte deutlich geringer war.

In Spanien ist die wahlpolitische Bedeutung der Links-Rechts-Polarisierung größer als in jeder anderen der hier untersuchten Gesellschaften. Wiederholt haben Analysen des Verhaltens der spanischen Wähler belegt, daß "identification with an abstract ideological position on the left or the right appears to act powerfully in dictating a particular party preference. This enduring left-right dimension, harshly impressed on the collective psyche by the Civil War, continues to motivate a good deal of voting in today's Spain." (Lancaster/Lewis-Beck 1986: 670; vgl. auch Sani/Montero 1986: 195-200; Lancaster 1992). Aufgrund der Instabilität des spanischen Parteiensystems, dessen Geschichte seit der Demokratisierung durch große organisatorische Diskontinuitäten gekennzeichnet war, sehen verschiedene Autoren in den ideologischen Identifikationen der Wähler einen wichtigeren Anker für das Wählerverhalten als in den Parteibindungen, die sich mangels organisatorischer Kontinuität der Parteien kaum entwickeln konnten (siehe Abschnitt 5.3). Bei der Parlamentswahl 1993 votierte die große Mehrheit der rechten Wähler für die PP, während die Stimmen der linksgerichteten Wähler fast ausschließlich PSOE und IU zugutekamen. Auch amerikanische Wähler lassen sich bei der Stimmabgabe von ihren ideologischen Positionen leiten, wenngleich in weniger scharf konturierter

Weise als die europäischen Wähler (Holm/Robinson 1978; Levitin/Miller 1979; Tedin 1987: 87-91). Liberale Wähler tendieren normalerweise dazu, die Kandidaten der Demokraten zu unterstützen. Auch Clinton profitierte 1992 von den Stimmen dieses Wählersegments. Konservative votieren üblicherweise für die Republikanischen Kandidaten, 1992 stimmte die Mehrheit von ihnen für Bush. Der unabhängige, ideologisch in der Mitte placierte Kandidat Perot war bei Wählern aus dem linken und mittlerem Spektrum erfolgreicher als bei rechten Wählern, jedoch sind diese Unterschiede nur gering (siehe auch Flanigan/Zingale 1994: 184-6; Miller/Shanks 1996: 289-94).

Tabelle 5-7: *Wahlentscheidungen nach ideologischen Identifikationen (in Prozent)*

	Links	Mitte	Rechts
Westdeutschland			
CDU/CSU	5.1	43.1	76.2
FDP	1.6	11.5	9.8
SPD	64.8	37.3	8.7
Grüne	26.5	6.5	1.9
(N_{Basis})	(253)	(383)	(265)
Cramer's V		.45**	
Ostdeutschland			
CDU	25.2	46.9	62.8
FDP	2.8	9.0	8.0
SPD	36.4	24.6	8.8
Bündnis 90/Grüne	20.3	7.6	5.1
PDS	12.6	2.8	2.2
(N_{Basis})	(143)	(211)	(137)
Cramer's V		.31**	
Großbritannien			
Conservatives	6.6	49.4	91.0
Labour	70.0	27.2	1.5
Liberal Democrats	18.4	20.3	7.2
(N_{Basis})	(558)	(1276)	(404)
Cramer's V		.42**	
Spanien			
PSOE	70.1	39.7	1.7
PP	2.1	35.5	91.9
IU	19.2	3.2	0.4
(N_{Basis})	(532)	(282)	(235)
Cramer's V		.58**	
USA			
Clinton	70.2	50.7	25.1
Bush	10.6	30.7	61.2
Perot	19.3	18.6	13.7
(N)	(218)	(371)	(410)
Cramer's V		.30**	

** P<.01, * P<.05, + P<.10

Anmerkung: Nur gültige Stimmen; sonstige Parteien nicht ausgewiesen, aber bei Prozentuierung berücksichtigt.

Materialistische Wertorientierungen geben den Zielen der physischen Erhaltung, Versorgung und Sicherheit höchste Priorität. *Postmaterialisten* streben hingegen nach Selbstverwirklichung, Anerkennung sowie intellektueller und ästhetischer Befriedigung, kurz: nach "Lebensqualität". Die Theorie des postmaterialistischen Wertewandels postuliert, daß als Konsequenz von steigendem Wohlstand und außenpolitischer Sicherheit in den westlichen Industriegesellschaften in den vergangenen Jahrzehnten postmaterialistische Werte stark an Bedeutung gewonnen haben, während die Bedeutung materialistischer Werte gleichzeitig abgenommen hat. Der Mechanismus, über den sich dieser gesellschaftliche Wertewandel vollzieht, ist die Generationenfolge. Jüngere Bürger, zumal solche mit höheren Niveaus formaler Bildung, sind die Kernträgergruppe des Postmaterialismus (Inglehart 1977: 21-98, 1990: 66-103). Tatsächlich hat sich das quantitative Verhältnis zwischen Postmaterialisten und Materialisten in vielen westlichen Demokratien in den letzten Jahrzehnten erheblich zugunsten der Postmaterialisten verschoben (Inglehart 1990: 71-103; Scarbrough 1995; Abramson/Inglehart 1995: 9-24). In Westdeutschland kam es allerdings Ende der 80er Jahre zu einer Trendwende, die auf die ökomomischen Folgelasten der deutschen Vereinigung zurückgeführt werden kann (Scarbrough 1995: 132; Abramson/Inglehart 1995: 17-8). In Ostdeutschland gab es schon 1990 erheblich weniger Postmaterialisten als im Westen; im weiteren Verlauf des Transformationsprozesses ging dieser Anteil dann noch weiter zurück (Abramson/Inglehart 1995: 37-8). Die geringere wirtschaftliche Leistungsfähigkeit der DDR und das dadurch verursachte Wohlstandsgefälle zwischen Ost und West kann diesen Unterschied erklären (Tabelle 5-8).

Tabelle 5-8: *Wertorientierungen im Vergleich (in Prozent)*

	West-deutschland	Ost-deutschland	Groß-britannien	Spanien	USA
Postmaterialisten	21.6	15.9	8.8	14.7	21.6
Mischtypen	52.2	56.9	52.0	56.3	65.0
Materialisten	26.2	27.2	39.2	29.0	13.5
(N)	(1289)	(673)	(2107)	(1312)	(1285)

Gehörte Westdeutschland von Anfang an zu den Ländern, in denen sich der Trend zu höheren Anteilen postmaterialistischer Wähler am deutlichsten zeigte, so erwies sich das in der Nachkriegszeit wirtschaftlich schwächere Großbritannien umgekehrt schon früh als "Schlußlicht" mit einem relativ niedrigen Anteil postmaterialistischer Wähler bei gleichzeitig nur geringen Zuwachsraten (Inglehart 1971). Stimuliert durch rapiden soziöokomischen Wandel hat sich demgegenüber in Spanien in den letzten Jahrzehnten ein rapider Wertewandel vollzogen, der das Land im Hinblick auf die Bedeutung der Postmaterialisten rasch auf das Niveau der wirtschaftlich höher entwickelten westlichen Demokratien brachte (Scarbrough 1995: 133). In den USA verdoppelte sich der Anteil der Postmaterialisten an den Wahlberechtigten

5 Politische Prädispositionen und Wählerverhalten 135

zwischen 1972 und 1992 und erreichte damit das Niveau Westdeutschlands, während sich der Anteil der Materialisten gleichzeitig halbierte (Abramson/Inglehart 1995: 19-20).

Der Wertewandel hat Konsequenzen für vielfältige Sphären des gesellschaftlichen Lebens, von den Arbeitsorientierungen bis zu den Sexualnormen, nicht zuletzt aber auch für die politischen Orientierungen. Eine zentrale Annahme der Postmaterialismus-Theorie besagt, daß im Gefolge des Wertewandels eine neue, quer zur traditionellen Links-Rechts-Dimension stehende "postindustrielle" politische Konfliktachse entstanden sei (Dalton 1996: 152-61). Damit verbindet sich die Erwartung, daß die Verlagerung zu postmaterialistischen Werten auch im Wählerverhalten Spuren hinterläßt. Postmaterialisten haben andere politische Ziele als Materialisten. Höchste Priorität haben für sie Anliegen einer "Neuen Politik", beispielsweise der Umweltschutz, die Gleichstellung der Frau, die Erhaltung des Friedens oder die Förderung gesellschaftlicher Minderheiten (Inglehart 1977: 262, 1984: 33-53; Hildebrandt/Dalton 1977: 236-42). Wähler mit diesen politischen Zielen wenden sich von Parteien ab, die programmatisch und politisch an materialistischen Zielen festhalten, und unterstützen statt dessen politische Akteure, die als Vertreter postmaterialistischer Anliegen wahrgenommen werden (Dalton 1986: 450-1). Ein solcher Prozeß der Verlagerung von Parteipräferenzen setzt voraus, daß die Parteiensysteme tatsächlich Repräsentationsangebote für die Postmaterialisten bereitstellen. Tritt dies nicht ein, führt der postmaterialistische Wertewandel eher zu parteiinternen Fragmentierungen zwischen Postmaterialisten und Materialisten als zu eindeutigen Zuordnungen von Wertetypen zu Parteien. Solche Vertretungsangebote können die Form neugegründeter Parteien haben. Die ökologischen Parteien, die in vielen europäischen Ländern entstanden sind, stellen das markanteste Beispiel für diesen Trend dar (Poguntke 1989). Möglich ist aber auch, daß bestehende Parteien die Anliegen der Postmaterialisten aufgreifen. In allen westlichen Länder kommen die Stimmen der Postmaterialisten jedenfalls linken, veränderungsorientierten Parteien häufiger zugute als rechten Parteien (Inglehart 1971: 1009-13, 1977: 184-234, 1984: 64).

Am deutlichsten tritt die Relevanz des Wertewandels für das Wählerverhalten in Westdeutschland zutage. Sie steht dort heute der Bedeutung der traditionellen Scheidelinien des Wählerverhaltens nicht mehr nach (Knutsen 1988: 338, 1989: 511, 1995: 488). Zunächst profitierte nur die SPD von den postmaterialistischen Stimmen, heute muß sie mit der genuin postmaterialistischen Partei der Grünen darum konkurrieren (Poguntke 1993; Schmitt-Beck 1994c). Bei der Bundestagswahl 1990 schnitten die Grünen ungewöhnlich schlecht ab. Dennoch wurden sie auch bei dieser Wahl von den Postmaterialisten erheblich häufiger gewählt als von den anderen Werttypen. Noch mehr Postmaterialisten stimmten allerdings für die Sozialdemokraten (Tabelle 5-9). In Ostdeutschland ist das Bild bei ähnlichen Grundtendenzen sehr viel weniger scharf konturiert. Aber auch dort waren die Grünen gemeinsam mit den Bürgerrechtlern des Bündnis 90 für die Postmaterialisten attraktiver als für andere Wählergruppen. Allerdings fand die SPD in den neuen Bundesländern eher die Unterstützung von Materialisten als von Postmaterialisten. Weniger klar als im

Westen erwies sich im Osten die CDU im Hinblick auf die Wertgrundlagen der Wählerverhaltens als parteipolitischer Antipode der Grünen.

Tabelle 5-9: *Wahlentscheidungen nach Wertorientierungen (in Prozent)*

	Postmaterialisten	Mischtypen	Materialisten
Westdeutschland			
CDU/CSU	22.2	45.6	53.6
FDP	6.1	7.6	9.7
SPD	42.9	36.7	31.6
Grüne	25.3	8.0	3.8
(N_{Basis})	(198)	(450)	(237)
Cramer's V		.22**	
Ostdeutschland			
CDU	43.5	43.7	46.9
FDP	5.9	7.5	6.3
SPD	21.2	23.1	26.0
Bündnis 90/Grüne	16.5	12.3	3.9
PDS	7.1	6.0	3.9
(N_{Basis})	(85)	(268)	(127)
Cramer's V		.11	
Großbritannien			
Conservatives	16.4	47.2	54.9
Labour	47.4	30.5	28.1
Liberal Democrats	30.5	19.0	15.0
(N_{Basis})	(158)	(948)	(719)
Cramer's V		.15**	
Spanien			
PSOE	42.0	48.0	44.6
PP	17.5	30.3	39.3
IU	23.8	9.8	6.3
(N_{Basis})	(143)	(561)	(303)
Cramer's V		.16**	
USA			
Clinton	58.3	38.8	49.6
Bush	24.6	42.4	42.7
Perot	17.1	18.8	7.6
(N)	(211)	(634)	(131)
Cramer's V		.14**	

** $P<.01$, * $P<.05$, + $P<.10$

Anmerkung: Nur gültige Stimmen; sonstige Parteien nicht ausgewiesen, aber bei Prozentuierung berücksichtigt.

In Großbritannien wurde möglichen wahlpolitischen Konsequenzen des postmaterialistischen Wertewandels aufgrund des geringen Gewichts der Postmaterialisten wenig Beachtung geschenkt (Curtice 1994: 277). International vergleichende Analysen rechtfertigen diese Ausblendung freilich nicht (Knutsen 1995: 488-9). Auch in Großbritannien machen Wertorientierungen für das Wählerverhalten einen Unterschied (Inglehart 1990: 458). Die Postmaterialisten stimmten 1992 überdurchschnittlich häufig für Labour, insbesondere aber für die Liberal Democrats. Materialistische Wähler unterstützten demgegenüber in der großen Mehrheit die Conservatives. In Spanien profitiert nur eine der Linksparteien von den Stimmen der Postmaterialisten, nämlich die IU, die aus einem Bündnis der PCE mit Gruppierungen der neuen sozialen Bewegungen hervorgegangen ist (Inglehart 1990: 459; Montero/Torcal 1994: 36-43). 1993 votierten die Postmaterialisten mit stark überdurchschnittlicher Häufigkeit für diese Partei. Die PSOE als traditionelle sozialistische Kraft war für die Postmaterialisten demgegenüber eher weniger attraktiv als für andere Wähler. Am seltensten stimmten die Postmaterialisten für die PP, die demgegenüber auf die Materialisten die stärkste Anziehungskraft entfaltete.

Amerikanische Postmaterialisten tendieren seit den 80er Jahren verstärkt zur Unterstützung Demokratischer Kandidaten, die gegenüber den Anliegen der "Neuen Politik" aufgeschlossener sind, während Materialisten eher Republikanisch wählen (Inglehart 1990: 458; Dalton 1996: 189; Carmines/Layman 1997). Bei der Präsidentschaftswahl 1992 votierte eine klare Mehrheit von ihnen für Clinton. Der Kandidat der Demokraten war aber auch für materialistische Wähler attraktiv, wie der Vergleich mit dem Stimmverhalten der sogenannten "Mischtypen" ohne klares Werteprofil zeigt. Bush erhielt von den Postmaterialisten besonders wenige Stimmen. Perot wurde umgekehrt nur von Materialisten in unterdurchschnittlichem Umfang unterstützt, während Postmaterialisten und "Mischtypen" ähnlich häufig für ihn stimmten.

5.3 Parteiidentifikationen

Das Konzept der Parteiidentifikation wurde im Rahmen des sozialpsychologischen Ansatzes der sogenannten Michigan-Schule der Wahlsoziologie entwickelt (Campbell u.a. 1954: 88-111, 1960: 120-67) und hat in der amerikanischen wahlsoziologischen Diskussion eine derart herausragende Position erlangt, daß man es mit Beck nachgerade als den "keystone of the Michigan 'arch'" kennzeichnen kann (Beck 1986: 253; für einen Überblick siehe Campbell u.a. 1986). Es bezeichnet eine stabile, tief in der Persönlichkeit verankerte, gefühlsmäßige Bindung von Individuen an bestimmte politische Parteien. Ausgehend von Bezugsgruppentheorie und Kleingruppenforschung impliziert das Konzept der Parteiidentifikation die Annahme, daß die Bindung an eine politische Partei in ganz ähnlicher Weise wie beispielsweise die religiöse Identität in langfristig stabiler Weise einen Kernbestandteil der Selbstdefinition von Individuen ausmacht (Campbell u.a. 1954: 88-90, 1960: 121-2; Miller 1976: 22-3; Miller/Levitin 1976: 30-3; Miller/Shanks 1996: 120-3).

Die Parteiidentifikation eines Wählers stellt eine der wichtigsten Prägekräfte für sein Entscheidungsverhalten an der Urne dar. Wie eine Art "Markentreue" (Dennis 1991: 59) legt sie die Entscheidung einer Person bei jeder Wahl mehr oder weniger stark in Richtung derjenigen Partei fest, mit der sich diese identifiziert. Zwar ist keineswegs ausgeschlossen, daß Individuen unter bestimmten situativen Bedingungen auch einmal gegen ihre Parteiidentifikation abstimmen. Doch wird davon ausgegangen, daß dies ohne Rückwirkungen auf die Parteiidentifikation selbst bleibt und diese unter normalen Umständen unverändert beibehalten wird (Campbell u.a. 1960: 136-42). Immer jedoch wird die Parteiidentifikation wie eine getönte Brille die Wahrnehmung politischer Informationen filtern. Indem sie hilft, die einströmenden politischen Signale zu verarbeiten, fungiert sie für den einzelnen Wähler wie ein politischer Kompaß. Dies versetzt den Wähler in die Lage, seine Entscheidung für die von ihm favorisierte Partei nicht nur rein affektiv, sondern jedesmal auch anhand subjektiv guter Gründe zu treffen (Campbell u.a. 1960: 128-36; Miller 1976: 23-4).

Verschiedentlich wurde die kritische Frage aufgeworfen, inwieweit es sinnvoll ist, das Konzept der Parteiidentifikation auch auf andere politische Kontexte, wie z.B. die Parteiendemokratien Westeuropas, zu übertragen (Holmberg 1994: 94-100; Schmitt/Holmberg 1995: 97-9). Empirische Analysen stellten unter anderem fest, daß die Anteile der Wähler, die entgegen der Parteilinie stimmen, bei Wahlen in Westeuropa regelmäßig sehr viel kleiner sind als bei amerikanischen Wahlen. Manche Beobachter zogen daraus den Schluß, daß es in europäischen politischen Systemen überhaupt keine genuinen, von den aktuellen Parteipräferenzen der Wähler unabhängigen Parteiidentifikationen gebe. Gleichzeitig wurde aus funktionalistischem Blickwinkel geltend gemacht, daß europäische Wähler aufgrund der Wirksamkeit struktureller und kultureller Prädispositionen auch gar keinen Bedarf an derartigen Parteibindungen als Leitlinien für ihr politisches Verhalten hätten. Indessen lassen sich aus komparativer Sicht verschiedene Argumente anführen, welche die Unterschiede zwischen amerikanischen und westeuropäischen Wählern verständlich machen können. Eine wichtige Rolle spielen beispielsweise die unterschiedlichen Wahlsysteme: Es kann nicht überraschen, daß Parteiidentifikationen enger mit der Wahl von Parteien - dem in europäischen parlamentarischen Demokratien dominierenden Wahlmodus - verknüpft sind als mit der Wahl von Personen. Überdies kann man geltend machen, daß es gerade in einem traditionell durch tiefe soziopolitische Spaltungen gekennzeichneten soziopolitischen Kontext wie dem europäischen sogar besonders wahrscheinlich ist, daß viele Wähler dauerhafte Bindungen an die Parteien entwickeln, die diese Konflikte politisch artikulieren (Richardson 1991: 753). Die vermeintlichen Anomalien stellen also keine Belege für die Unbrauchbarkeit des Konzeptes der Parteiidentifikation in außeramerikanischen Kontexten dar, sondern deuten darauf hin, daß Systemmerkmale erhebliche Auswirkungen auf Erscheinungsbild und Wirkungsweise von Parteibindungen haben. Vor diesem Hintergrund kann begründet angenommen werden, "that European voters do indeed have lasting, affective identifications with the parties and that party identification measurements, as well as elections, register this quite well" (Holmberg 1994: 100). Konstruktvalidierungen untermauern diese Schlußfolgerung (Falter 1977; Gluchowski 1978, 1983).

Einen Sonderfall stellen allerdings die Wähler in den ostdeutschen Bundesländern dar. Zwar gaben sie nach der "Wende" ihre Stimme für politische Organisationen ab, die ihnen aus der Zuschauerperspektive - vermittelt durch das Westfernsehen

5 Politische Prädispositionen und Wählerverhalten

und persönliche Kontakte zu Westdeutschen - seit langem vertraut gewesen waren. Dieser Sachverhalt führte zu der These, daß viele Ostdeutsche bereits zu DDR-Zeiten eine Art von "virtuellen Identifikationen" mit westdeutschen Parteien entwickelt hätten, die dann nach der Wende Ausdruck in ihrem Wahlverhalten fanden (Kreikenbom/Bluck 1994). Doch für die Ausbildung genuiner Parteiidentifikationen fehlten zu diesem Zeitpunkt noch alle Voraussetzungen. Erst mit zunehmender Wahlerfahrung im demokratischen Kontext der Bundesrepublik kann mit der allmählichen Kristallisierung "echter" Parteiidentifikationen gerechnet werden (Rattinger 1994). Daher können Parteiidentifikationen nicht in den Kranz der Prädispositionen aufgenommen werden, mit denen das Wahlverhalten der ostdeutschen Wähler erklärt werden soll. Bei den Analysen der ostdeutschen Wähler werden im folgenden nur strukturelle und kulturelle Prädispositionen berücksichtigt.

Tabelle 5-10 zeigt, daß die untersuchten Gesellschaften in sehr unterschiedlichem Maße entlang der Linien affektiver Parteibindungen gegliedert waren. In Großbritannien gab es vor der Unterhauswahl 1992 nur eine geringe Anzahl parteipolitisch ungebundener Wähler; weniger als ein Zehntel der Wähler identifizierte sich nicht mit einer politischen Partei. In Westdeutschland und den USA lagen die Anteile der parteiunabhängigen Wähler mehrfach höher. In Westdeutschland fühlten sich über ein Viertel, in den USA sogar über ein Drittel der Wähler nicht an eine Partei gebunden. Trotz dieser Unterschiede gilt aber: In jeder dieser älteren Demokratien empfanden die Wähler mehrheitlich feste Loyalitäten gegenüber bestimmten politischen Parteien. Völlig anders dagegen die Situation in der jungen Demokratie Spaniens: Bei der Parlamentswahl 1993 waren fast zwei Drittel der Wähler parteipolitisch unabhängig. Ebenso wie andere Organisationen sind auch die politischen Parteien in der spanischen Gesellschaft im Vergleich zu anderen westlichen Demokratien nur außerordentlich schwach verankert (del Castillo 1990). Die Depolitisierung durch den Autoritarismus Francos (McDonough u.a. 1981: 51), der elitenzentrierte, nicht durch Massenmobilisierung abgestützte Demokratisierungsprozeß sowie die darauf folgende organisatorische "Volatilität" des Parteiensystems (Barnes u.a. 1986) haben dazu beigetragen, daß die spanischen Parteien in der Gesellschaft nur schwer Wurzeln schlagen konnten. Als einzige Partei, die nach der Demokratisierung organisatorisch stabil blieb und stets unter demselben Namen am politischen Wettbewerb teilnahm, verfügte die PSOE über das mit Abstand größte Reservoir parteigebundener Wähler (Barnes u.a. 1985: 703). Gleichwohl hatte auch diese Partei weitaus weniger feste Anhänger als die Großparteien in den anderen westlichen Demokratien. Im Unterschied zu den anderen hier untersuchten Ländern, in denen in den letzten Jahrzehnten mehr oder weniger ausgeprägte Prozesse des "dealignment", d.h. des Niedergangs der Parteibindungen verzeichnet wurden, gibt es in Spanien allerdings einen allmählichen Aufwärtstrend (Schmitt/Holmberg 1995; Dalton 1996: 208-13).

Tabelle 5-10: *Parteiidentifikationen im Vergleich (in Prozent)*

Westdeutschland		Großbritannien		Spanien		USA	
CDU/CSU	31.9	Conservatives	44.3	PSOE	18.9	Demokraten	30.4
FDP	2.7	Labour	31.7	PP	9.2	Republikaner	31.4
SPD	30.7	Liberal		IU	3.4		
Grüne	6.0	Democrats	11.7	Sonstige			
		Sonstige		Parteien	6.1		
		Parteien	2.8				
Keine	28.6	Keine	9.5	Keine	62.4	Keine	38.2
(N)	(1212)	(N)	(2630)	(N)	(1431)	(N)	(1308)

Tabelle 5-11: *Wahlentscheidungen nach Parteiidentifikationen (in Prozent)*

Westdeutschland	CDU/CSU	FDP	SPD	Grüne	Keine
CDU/CSU	87.8	14.8	5.0	3.3	41.1
FDP	8.3	77.8	3.1	0.0	9.9
SPD	1.8	7.4	82.7	10.0	31.8
Grüne	1.8	0.0	8.4	83.3	9.3
(N_{Basis})	(336)	(27)	(323)	(60)	(151)
Cramer's V			.56**		
Großbritannien	Conservatives	Labour	Liberal Democrats	Sonstige Parteien	Keine
Conservatives	91.0	1.7	11.7	4.7	39.5
Labour	2.5	87.8	6.9	13.0	31.2
Lib. Democrats	5.6	8.9	80.9	13.1	25.9
(N_{Basis})	(1039)	(755)	(279)	(62)	(137)
Cramer's V			.73**		
Spanien	PSOE	PP	IU	Sonstige Parteien	Keine
PSOE	87.6	1.8	5.0	11.7	45.0
PP	6.6	96.5	15.0	10.0	32.0
IU	4.5	0.0	80.0	6.7	11.0
(N_{Basis})	(242)	(114)	(40)	(60)	(584)
Cramer's V			.51**		
USA	Demokraten		Republikaner		Keine
Clinton	82.2		10.2		46.0
Bush	5.5		76.8		29.3
Perot	12.3		13.0		24.8
(N)	(309)		(354)		(335)
Cramer's V			.47**		

** $P<.01$, * $P<.05$, + $P<.10$

Anmerkung: Nur gültige Stimmen; sonstige Parteien nicht ausgewiesen, aber bei Prozentuierung berücksichtigt.

Schon die frühen Studien der Michigan-Schule belegten, daß amerikanische Wähler, die sich mit einer Partei identifizierten, in der großen Mehrheit auch dazu neigten, dem Präsidentschaftskandidaten dieser Partei ihre Stimme zu geben (Campbell u.a.

1954: 107-10, 1960: 136-42). Daran hat sich auch in den Folgejahren nichts geändert (Miller/Shanks 1996: 146-8; Beck 1997: 156-9). Allerdings ist die Prägekraft der Parteiidentifikation für das Wählerverhalten bei amerikanischen Präsidentschaftswahlen stets geringer als bei europäischen Parteiwahlen (Holmberg 1994: 95-6). Das wird auch aus Tabelle 5-11 ersichtlich. Wähler, die sich an eine der großen europäischen *Cleavage*-Parteien gebunden fühlten, waren besonders parteitreu (vgl. auch Barnes 1989: 251-8; Zelle 1995: 156-7). Die Anteile konsistenter Wähler lagen bei diesen Parteien bei mindestens 88 Prozent. Lediglich die SPD bildete eine Ausnahme, denn von ihrem Unterstützerstamm votierte 1990 ein ungewöhnlich großer Anteil für andere Parteien. Die Anhänger der europäischen Kleinparteien gaben in ähnlichem Umfang Voten ab, die ihren Parteibindungen nicht entsprachen. Die instabilste dieser Parteien war die FDP, die von über einem Fünftel ihrer Anhänger nicht unterstützt wurde. Noch größer waren jedoch die Abwanderungen, welche die Republikaner bei der Präsidentschaftswahl 1992 hinnehmen mußten. Fast ein Viertel ihrer Anhänger stimmte nicht für den eigenen Kandidaten George Bush. Überwiegend verbesserten die Stimmen dieser Abwanderer die Bilanz des unabhängigen Herausforderers Perot, der bei Republikanern auf mehr Resonanz stieß als bei Demokraten (Luttbeg/Gant 1995: 75-6). Den stärksten Zuspruch erfuhr Perot allerdings naturgemäß durch parteipolitisch ungebundene Wähler (Beck 1997: 162-3).

5.4 Grundlinienmodelle

Im folgenden Abschnitt geht es nun darum, die in den vorangegangen Abschnitten zusammengetragenen deskriptiven Befunde in multivariate Grundlinienmodelle der Wahlentscheidungen umzusetzen. Diese Grundlinienmodelle sollen alle in den untersuchten Gesellschaften relevanten politischen Prädispositionen einschließen. Sowohl strukturelle Prädispositionen, als auch kulturelle Prädispositionen und Parteiidentifikationen sollen simultan als Erklärungsfaktoren für Wahlentscheidungen berücksichtigt werden. Ausgehend von diesen Grundlinienmodellen soll dann in späteren Kapiteln analysiert werden, ob interpersonale Kommunikation und Massenkommunikation bei den untersuchten Wahlen Einflüsse auf die Wahlentscheidungen ausgeübt haben.

Wie schon verschiedentlich angedeutet, müssen strukturelle Prädispositionen, kulturelle Prädispositionen sowie Parteiidentifikationen keineswegs voneinander unabhängig sein. Tatsächlich ist es sogar sehr wahrscheinlich, daß strukturelle Prädispositionen nicht ausschließlich direkt, sondern häufig auch vermittelt durch kulturelle Prädispositionen oder Parteibindungen die Entscheidungen von Wählern steuern. Häufig erlernen Individuen während ihrer primären Sozialisationsphase bestimmte politische Grundüberzeugungen, deren Sinngehalt von ihrer Position in der Sozialstruktur abhängig ist (Pappi/Laumann 1974). Soziale Gruppen können als Sozialisationsagenturen auch zur Entstehung und Verfestigung von Parteiidentifikationen bei ihren Mitgliedern beitragen (Campbell u.a. 1960: 327-31; Stinchcombe

1975: 580). Aber auch kulturelle Prädispositionen können ganz oder teilweise durch Parteiidentifikationen vermittelt sein (Inglehart/Klingemann 1976). Campbell u.a. zeichnen diese Zusammenhänge in ihrem Konzept des "Trichters der Kausalität" nach (Campbell u.a. 1960: 24-32). Auf der anderen Seite ist aber auch mit der Möglichkeit zu rechnen, daß historisch unter Umständen weit zurückdatierende, für frühere Generationen noch geltende Verknüpfungen von Strukturfaktoren mit politischen Loyalitäten nicht in die Gegenwart tradiert wurden, sondern durch den fortschreitenden sozialen Wandel verwischt wurden, so daß kulturelle Prädispositionen und Parteiidentifikationen zu eigenständigen Erklärungsfaktoren für das Wählerverhalten geworden sind. Nur durch die gleichzeitige Analyse der Prägekräfte sämtlicher Prädispositionen für das Wählerverhalten mittels multivariater Analyseverfahren kann diesen Verflechtungen zwischen den verschiedenen Formen politischer Prädispositionen in angemessener Weise Rechnung getragen werden.

Die meisten Analysen von Einflüssen politischer Informationsquellen sind nur an der Stärke der Effekte einzelner Erklärungsvariablen interessiert. Sie beachten nicht die Gesamterklärungsleistung der untersuchten unabhängigen Variablen oder gar die Veränderungen dieser Erklärungskraft, die durch einzelne Variablen oder Variablenblöcke bewirkt werden. Gerade für komparative Analysen, welche die Bedeutung bestimmter Informationsquellen in verschiedenen Gesellschaften oder auch verschiedener Informationsquellen innerhalb einzelner Gesellschaften vergleichend abschätzen wollen, macht es jedoch Sinn, auch die gemeinsame Erklärungskraft ganzer Bündel von Erklärungsvariablen anhand geeigneter Maßzahlen zu inspizieren. Maße, welche die Güte von Analysemodellen anhand des Kriteriums ihrer Anpassung an die beobachteten Datenstrukturen ausdrücken, können diesen Zweck erfüllen (Gunther/Montero 1994: 513-36). Für Logit-Modelle gibt es eine ganze Palette solcher Kennwerte, die unterschiedlichen Logiken folgen (Hagle/Mitchell 1992). Die im folgenden benutzte Maßzahl basiert auf dem von McFadden vorgeschlagenen Index Pseudo-R^2, der sich am Vorbild des Determinationskoeffizienten R^2 der linearen OLS-Regression orientiert (McFadden 1974: 122). Da in den nachfolgenden Kapiteln dieser Untersuchung häufig Modelle mit sehr unterschiedlichen Anzahlen geschätzter Parameter miteinander verglichen werden, wird eine Variante dieses Index benutzt, die nach der Zahl der geschätzten Parameter korrigiert (Andreß u.a. 1997: 287-93).[3] Sie wird im folgenden mit dem Kürzel KPR^2 (für "Korrigiertes Pseudo-R^2") bezeichnet. Im Vergleich zu einem Modell, das nur die Konstante enthält, gibt diese Maßzahl an, um wieviel besser die geschätzten Wahrscheinlichkeiten eines Modells, das eine oder mehrere Erklärungsvariablen berücksichtigt, die tatsächlichen Ausprägungen der abhängigen Variablen des Modells vorhersagen. Es handelt sich also um ein Maß der proportionalen Fehlerreduktion. Ein KPR^2 von .000 würde bedeuten, daß durch die Berücksichtigung der ausgewählten unabhängigen Variablen die Ausprägungen der abhängigen Variablen überhaupt nicht besser vor-

---

[3] Die unkorrigierten Werte von McFaddens Pseudo-R^2 wachsen nicht nur mit steigender Modellgüte, sondern auch mit zunehmender Zahl der geschätzten Parameter. D.h. Modelle mit mehr Erklärungsvariablen erreichen automatisch höhere Werte von Pseudo-R^2.

5 Politische Prädispositionen und Wählerverhalten

hergesagt werden können. Ein KPR^2 von 1.000 würde demgegenüber bedeuten, daß bei Kenntnis der Ausprägungen der unabhängigen Variablen die beobachteten Werte der abhängigen Variablen für sämtliche Fälle der Stichprobe mit absoluter Sicherheit vorhergesagt werden. Letzteres kommt in der Praxis natürlich nicht vor. Im Normalfall gelten Werte unterhalb von .050 als schwach, Werte oberhalb von .200 hingegen als stark.

Wir beginnen die Analyse mit einem summarischen Blick auf die Erklärungskraft politischer Prädispositionen für sämtliche Wahlentscheidungen innerhalb jeder der untersuchten Gesellschaften. Schaubild 5-1 ist zu entnehmen, um wieviel besser das Verhalten der Wähler in jeder der fünf untersuchten Gesellschaften vorhergesagt werden kann, wenn deren Prädispositionen bekannt sind. Die in dem Schaubild ausgewiesenen Werte basieren auf multinomialen logistischen Regressionsanalysen, d.h. sie beziehen sich für jede Gesellschaft auf die gesamte Palette der zur Wahl stehenden Parteien bzw. Kandidaten. Mit anderen Worten: Es handelt sich um Kennwerte, welche jede der untersuchten Gesellschaften in summarischer Weise insgesamt charakterisieren und sich nicht, wie die späteren Analysen, in zugespitzter Weise auf Entscheidungen für oder gegen bestimmte Parteien bzw. Kandidaten beziehen.[4]

Die Erklärungskraft struktureller Prädispositionen ist in allen betrachteten Gesellschaften begrenzt; bei Kenntnis von kulturellen Prädispositionen oder Parteiidentifikationen sind in fast allen Fällen bessere Vorhersagen der Entscheidungen der Wähler möglich. Überdies prägen Parteiloyalitäten in den meisten Kontexten die Wahlentscheidungen stärker als die kulturellen Prädispositionen. In den USA erbringen die strukturellen Prädispositionen allerdings eine etwas bessere Erklärungsleistung als die kulturellen Prädispositionen. In Spanien sind die kulturellen Prädispositionen sogar insgesamt am bedeutsamsten; sie übertreffen selbst die Parteibindungen. Mit Verbesserungen der Vorhersagbarkeit des Wählerverhaltens um rund 11 Prozentpunkte wirken sich strukturelle Prädispositionen in Spanien und den USA am stärksten aus, in Ostdeutschland ist ihre Erklärungskraft hingegen bei einer Größenordnung von kaum zwei Prozentpunkten fast vernachlässigbar. Dieser Befund deckt sich nicht mit der öfter geäußerten These, daß die Prägekraft struktureller Prädispositionen für das Wählerverhalten in den USA im internationalen Vergleich in der Regel als relativ gering zu veranschlagen sei (Miller/Lockerbie 1992: 369).

---

4   Parteien, die im folgenden nicht gesondert analysiert werden, wurden in Residualkategorien zusammengefaßt. In Westdeutschland mußte diese - mit N=20 allerdings auch sehr kleine - Restkategorie aufgrund von Schätzproblemen aus der Analyse ausgeschlossen werden. Damit sehen die abhängigen Variablen dieser Analyse folgendermaßen aus: West- bzw. Ostdeutschland: CDU[/CSU] - SPD - FDP - [Bündnis 90/]Grüne; Großbritannien: Conservatives - Labour Party - Liberal Democrats - Sonstige Parteien; Spanien: PSOE - PP - IU - Sonstige Parteien; USA: Clinton - Bush - Perot. Die Operationalisierung der unabhängigen Variablen entspricht den Tabellen 5-1 bis 5-5, 5-7, 5-9 und 5-11.

Schaubild 5-1: Erklärungskraft von politischen Prädispositionen für Wahlentscheidungen insgesamt (KPR² aus multinomialen logistischen Regressionen)

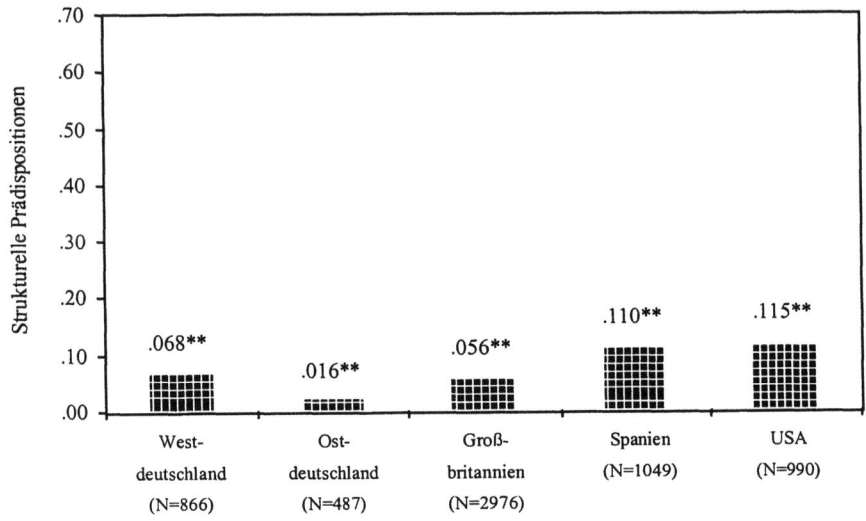

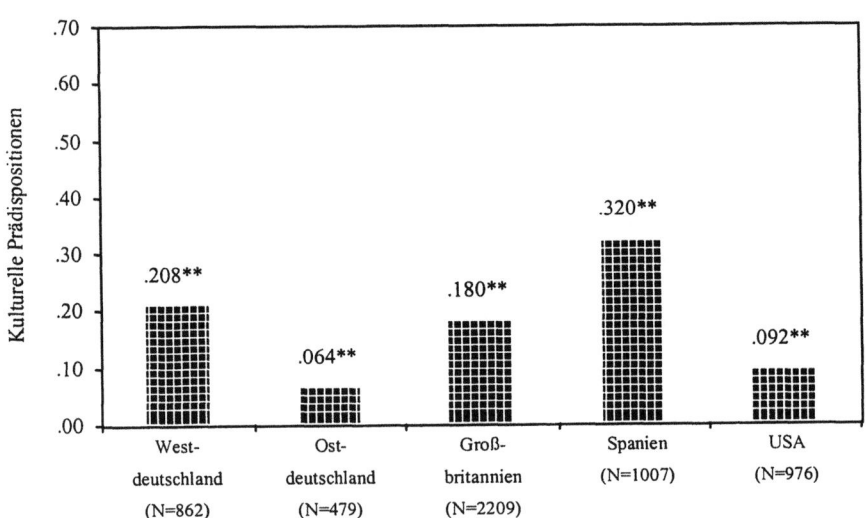

5 Politische Prädispositionen und Wählerverhalten

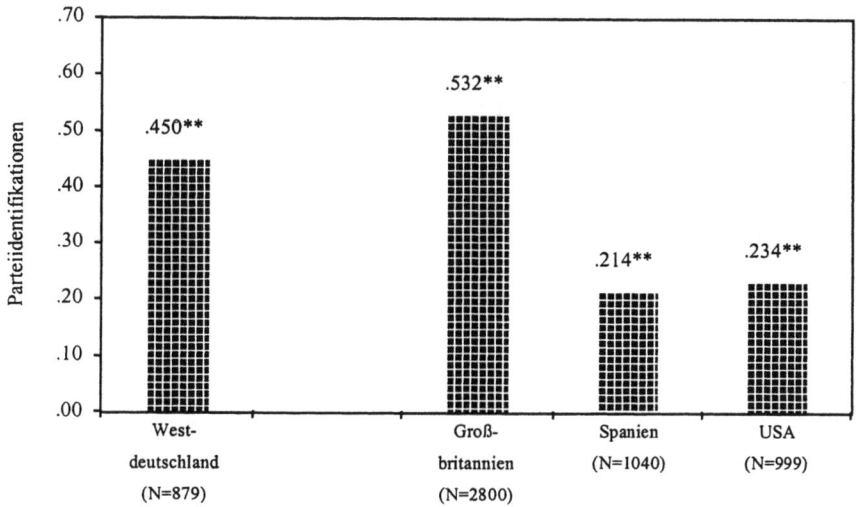

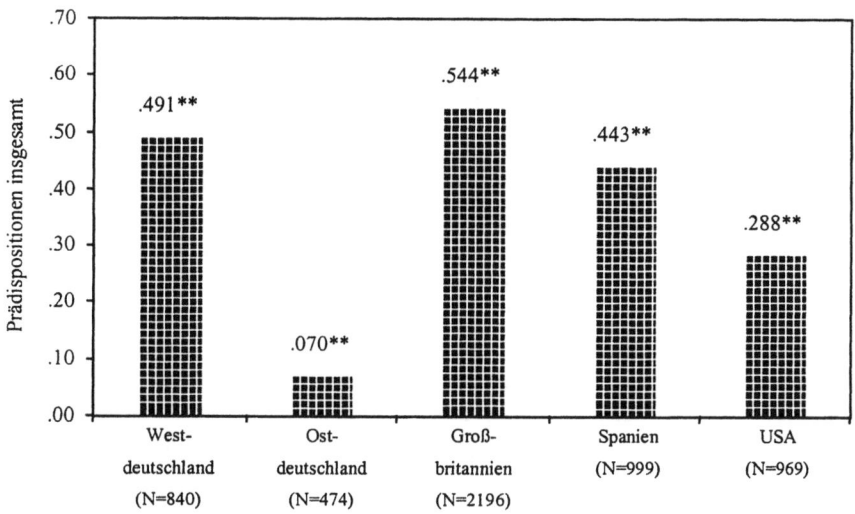

** P<.01, * P<.05, + P<.10

Kulturelle Prädispositionen wirken sich in Spanien mit einem Erklärungsbeitrag von 32 Prozentpunkten weit stärker aus als in den anderen Gesellschaften. In den USA und in den neuen Bundesländern ist ihre Bedeutung hingegen außerordentlich gering; die Vorhersageverbesserungen liegen dort unterhalb der Marge von 10 Prozentpunkten. Wenn die Parteibindungen der Wähler bekannt sind, dann kann der Vorhersagefehler bezüglich der Wahlentscheidungen in Westdeutschland und Großbritannien außerordentlich stark, nämlich um rund die Hälfte reduziert werden. Sowohl in Spanien als auch in den USA ist die dadurch erzielte Vorhersageverbesserung hingegen nur rund halb so groß. Das ist in Spanien auf den hohen Anteil parteiunabhängiger Wähler, in den USA hingegen auf die relativ geringe Prägekraft der Parteibindungen für das Stimmverhalten zurückzuführen.

Ein Blick auf die gemeinsame Erklärungskraft sämtlicher politischer Prädispositionen verdeutlicht zunächst, daß in keiner der untersuchten Gesellschaften ein bestimmter Typ von Prädispositionen schon die ganze Geschichte erzählt. Immer übersteigt die Erklärungskraft aller Prädispositionen zusammen die Erklärungskraft, die durch die erklärungsstärkste Art von Prädispositionen allein erzielt wird. Das bedeutet: Es ist in der Tat notwendig, das analytische Netz sehr weit auszuwerfen und alle denkbaren Arten politischer Prädispositionen zu berücksichtigen. Nur eine Form von Prädispositionen herauszugreifen, hätte eine Unterschätzung der Bedeutung politischer Prädispositionen für Wahlentscheidungen zur Folge. Im Sinne einer konservativen Untersuchungsstrategie (siehe Abschnitt 4.3) wäre dies nicht wünschenswert. Bemerkenswert ist insbesondere aber auch, daß politische Prädispositionen in den verschiedenen Gesellschaften in sehr unterschiedlichem Ausmaß die politischen Entscheidungen der Wähler festlegen. In Westdeutschland und Großbritannien ist die Gesamterklärungskraft der Prädispositionen sehr groß. Bei Kenntnis der Prädispositionen der Wähler wird die Fehlerhaftigkeit vorhergesagter Wahlentscheidungen um die Hälfte oder mehr reduziert. In Spanien ist die Erklärungsleistung der Prädispositionen etwas geringer. In den USA liegt sie noch einmal erheblich niedriger, nämlich deutlich unterhalb eines Drittels. In Ostdeutschland läßt sich das Wählerverhalten nur sehr schlecht aus den Prädispositionen der Wähler vorhersagen. In Anbetracht der historischen Umbruchsituation, in deren unmittelbarem Gefolge die erste gesamtdeutsche Bundestagswahl stattfand, kann dies nicht überraschen. Damit entsteht bereits in diesem frühen Analysestadium der Eindruck, daß in den verschiedenen Gesellschaften sehr unterschiedliche Spielräume für Einflüsse politischer Informationsquellen bestanden. In Großbritannien und Westdeutschland reflektierte das politische Verhalten in sehr hohem Maße die politischen Prädispositionen der Wähler; Einflüsse politischer Informationsquellen hatten dort möglicherweise keine große Bedeutung. In den anderen drei Gesellschaften war die prädispositionale Verankerung politischer Entscheidungen schwächer, zum Teil sogar erheblich schwächer. Hier erscheinen größere Einflüsse denkbar.

Im nächsten Schritt geht es nun darum, die eigentlichen Grundlinienmodelle zu schätzen. Dies geschieht für alle untersuchten Parteien und Kandidaten getrennt. Die

5 Politische Prädispositionen und Wählerverhalten

Fragestellung für diese Analysen lautet: Welchen Beitrag leisten politische Prädispositionen zur Erklärung von Entscheidungen für oder gegen die CDU/CSU, für oder gegen die SPD, usw.? Mittels binärer logistischer Regressionen wurde ermittelt, inwieweit die verschiedenen politischen Prädispositionen sich darauf auswirkten, ob die Wähler ihre Stimme der jeweils betrachteten Partei bzw. dem jeweils betrachteten Kandidaten oder aber einer der konkurrierenden Parteien bzw. einem der anderen Kandidaten gegeben hatten. D.h. die Analyse fokussiert auf jeweils eine Partei bzw. einen Kandidaten und behandelt die korrespondierenden politischen Alternativen als Sammelkategorie. Schaubild 5-2 zeigt, um wieviel besser Entscheidungen für oder gegen jede der verschiedenen Parteien und Kandidaten bei Kenntnis der politischen Prädispositionen der Wähler vorhergesagt werden können.

Auffällig ist zunächst, daß die Erklärungskraft politischer Prädispositionen für das Stimmverhalten nach Ländern und nach Parteien erheblich variiert. Hinter den in Schaubild 5-1 dargestellten summarischen Kennziffern für die verschiedenen Gesellschaften verbergen sich also Zusammenhänge, die für die verschiedenen Parteien bzw. Kandidaten ziemlich unterschiedlich aussehen. Sehr hoch ist die Erklärungskraft von Prädispositionen bei den großen *Cleavage*-Parteien CDU/CSU und SPD in Westdeutschland, Conservatives und Labour in Großbritannien sowie PSOE und PP in Spanien. Extrem gering ist sie hingegen bei sämtlichen Parteien in den neuen Bundesländern sowie bei dem amerikanischen unabhängigen Präsidentschaftskandidaten Ross Perot. Erklärungsleistungen in mittlerer Größenordnung entfalten Prädispositionen im Hinblick auf Entscheidungen für oder gegen die Wahl der kleineren Parteien in Westdeutschland, Großbritannien und Spanien, aber auch der von den amerikanischen Parteien nominierten Präsidentschaftskandidaten.

Schaubild 5-2: Erklärungskraft von Prädispositionen für Wahlentscheidungen (KPR²)

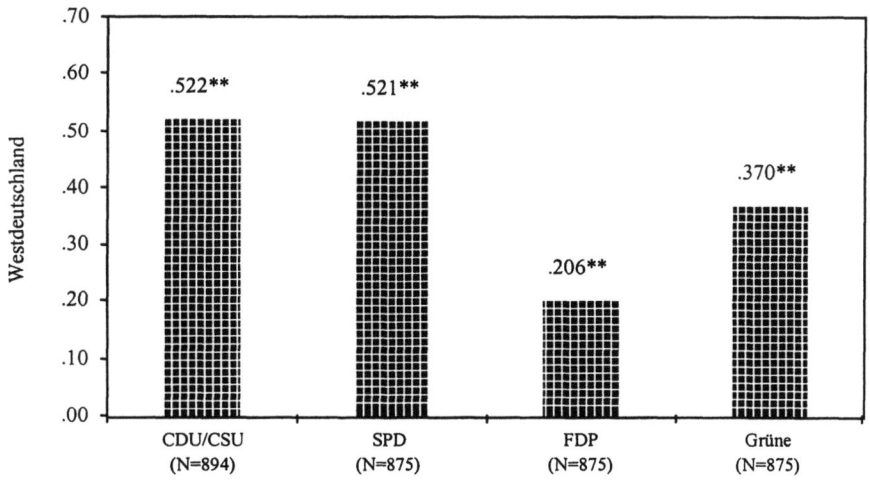

148 5 Politische Prädispositionen und Wählerverhalten

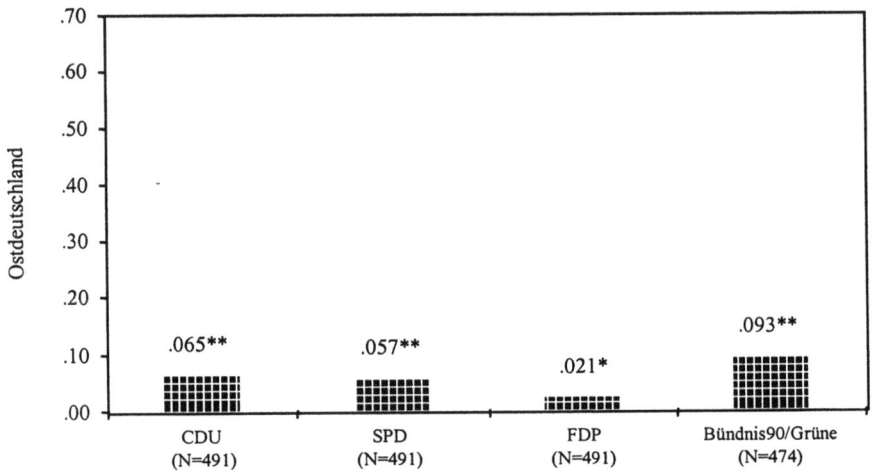

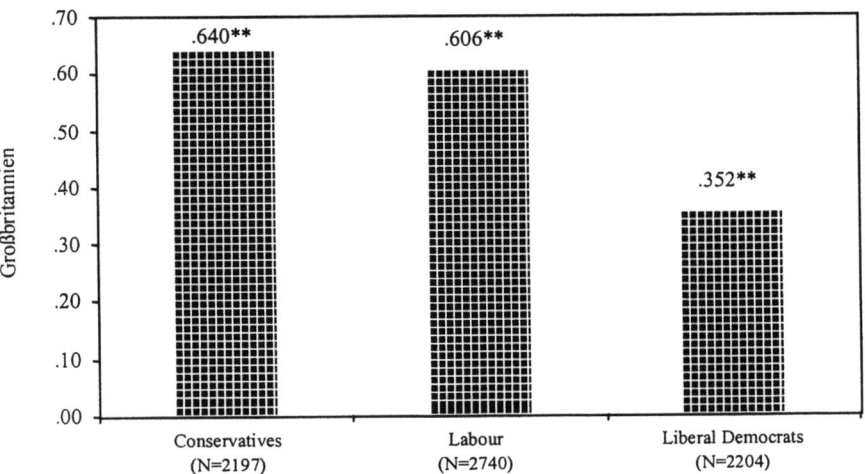

5 Politische Prädispositionen und Wählerverhalten

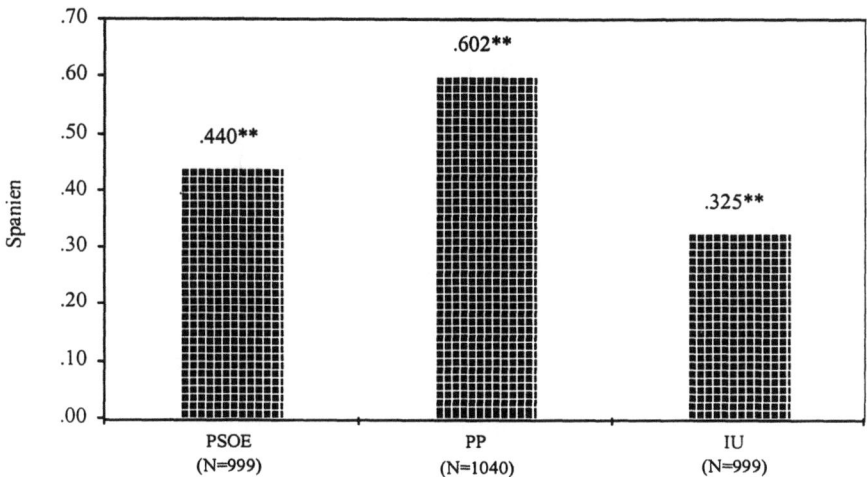

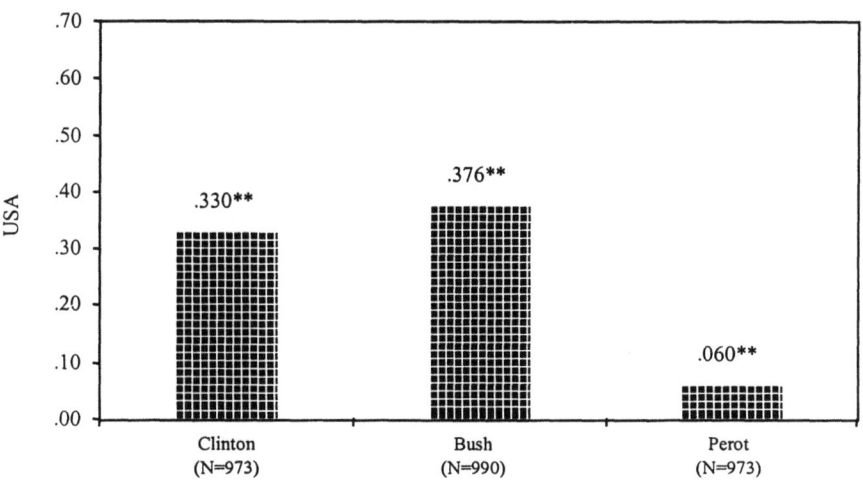

** P<.01, * P<.05, ⁺ P<.10

Welche Bedeutung haben die verschiedenen politischen Prädispositionen für jede der untersuchten Parteien bzw. Kandidaten? Tabelle 5-12 zeigt die Parameterschätzungen der Grundlinienmodelle.[5] Bei den ausgewiesenen Werten handelt es um die unstandardisierten Effektkoeffizienten EXP(B)[6] der Modelle, deren Anpassungsgüte in Schaubild 5-2 wiedergegeben ist. Ein solcher Koeffizient ist allgemein zu interpretieren als der Faktor, um den sich das Verhältnis der Wahrscheinlichkeit des Eintretens der einen Ausprägung einer dichotomen abhängigen Variablen zur Wahrscheinlichkeit des Eintretens der anderen Ausprägung dieser abhängigen Variablen verändert, wenn sich der Wert der betreffenden unabhängigen Variablen um eine Einheit verschiebt. Diese Koeffizienten sind in Tabelle 5-12 nur für diejenigen Prädispositionen ausgewiesen, die sich in sukzessiven Modelloptimierungen anhand inferenzstatistischer Kriterien als relevant erwiesen haben. Alle Prädispositionen gingen in Form sogenannter Dummy-Variablen in die Modelle ein (Hardy 1993).[7] Dadurch erhalten die Effektkoeffizienten eine sehr anschauliche Interpretation. Am Beispiel der Wahl der CDU/CSU in Westdeutschland sei dies erläutert. Der Koeffizient von 8.23 für die Parteiidentifikation pro CDU/CSU bedeutet, daß - bei Kontrolle aller anderen Prädispositionen - Wähler, die sich vor der Bundestagswahl 1990 mit einer Unionspartei identifizierten, im Vergleich zu den ungebundenen Wählern eine mehr als achtfach höhere Wahrscheinlichkeit aufwiesen, CDU/CSU zu wählen. Umgekehrt war die Wahrscheinlichkeit, daß Wähler für die Union stimmten, die sich mit einer anderen Partei als der CDU/CSU identifizierten, mehr als neunmal geringer als bei parteiunabhängigen Wählern.

Werden sämtliche Prädispositionen gleichzeitig in die Analyse einbezogen, wird deutlich, daß strukturelle und kulturelle Prädispositionen zum Teil durch die Parteibindungen vermittelt wurden. Sie wirkten sich aber in der Mehrzahl der Fälle durchaus auch unabhängig von den Parteibindungen auf die Entscheidungen der Wähler aus. Strukturelle und kulturelle Prädispositionen entfalteten ihre Bedeutung also nicht nur indirekt, d.h. vermittelt durch Parteiidentifikationen, sondern sehr wohl

---

5   Die Konstanten sind aus Gründen der Übersichtlichkeit nicht ausgewiesen.
6   Die „eigentlichen" Regressionskoeffizienten der logistischen Regression sind die Logit-Koeffizienten B. Diese sind sehr unanschaulich und daher nur sehr eingeschränkt interpretierbar. Daher wird hier die durch Entlogarithmisierung transformierte Version EXP(B) der Logit-Koeffizienten vorgezogen.
7   Das bedeutet zunächst, daß alle Prädispositionen in kategorialer Form abgebildet wurden. Auch die Links-Rechts-Identifikationen, die wie üblich mittels einer Links-Rechts-Skala gemessen wurden, gingen nicht in der kontinuierlichen Form der Ausgangsskala in die Modellschätzungen ein, sondern in der in Tabelle 5-7 ausgewiesenen kategorial zusammengefaßten Form. Variablen mit mehreren Ausprägungen, z.B. die Links-Rechts-Identifikationen und die Parteiidentifikationen, wurden einer Dummy-Recodierung unterzogen, d.h. sie wurden in mehrere dichotome Variablen aufgelöst. Bei dieser Vorgehensweise wird jeweils eine Ausprägung der Ausgangsvariablen nicht als Dummy-Variable in das Schätzmodell aufgenommen. Sie fungiert dann als implizite Referenzkategorie. Im vorliegenden Fall ist dies z.B. bei der Links-Rechts-Identifikation die Kategorie der ideologischen Mitte, bei der Parteiidentifikation ist es die Kategorie der parteipolitisch ungebundenen Wähler. Der momentane Vorteil dieses Vorgehens besteht in der leichteren Interpretierbarkeit der Ergebnisse der Grundlinienmodelle. Der Hauptgrund für das gewählte Vorgehen ist jedoch, daß dadurch bei den späteren Analysen der Einflüsse der interpersonalen Kommunikation und der Massenkommunikation auf einfachere Weise das Ausmaß der selektiven Akzeptanz von Informationen in Abhängigkeit von den politischen Prädispositionen bestimmt werden kann.

5 Politische Prädispositionen und Wählerverhalten 151

zum Teil auch direkt. Das in vielen Untersuchungen politischer Kommunikationswirkungen verbreitete Vorgehen, nur die Parteiidentifikation als Kontrollvariable heranzuziehen, greift also zu kurz. Bindungen an die politischen Parteien erwiesen sich allerdings - mit der Ausnahme Ostdeutschlands - in allen Fällen als sehr wirksame Prägefaktoren für das Abstimmverhalten. Unabhängig davon wirkten sich aber auch die ideologischen Identifikationen der Wähler stets auf ihre Wahlentscheidungen aus. Nur bei der PSOE und der PP übertraf die Bedeutung der Ideologie jene der Parteiidentifikation, in allen anderen Fällen war sie geringer. Manche Entscheidungen wurden auch von Wertorientierungen beeinflußt. Unabhängig von ihren anderen Prädispositionen stimmten Postmaterialisten in Westdeutschland eher für die Grünen, in Großbritannien eher für die Liberal Democrats, in Spanien eher für die IU und in den USA eher für Clinton. Umgekehrt mieden sie in Großbritannien eher die Conservatives und in Spanien eher die PSOE. Ostdeutsche Materialisten tendierten dazu, gegen die Bündnisgrünen zu votieren, amerikanische Materialisten unterstützten wie die Postmaterialisten Bill Clinton, stimmten jedoch eher gegen Perot. Mehrere strukturelle Prädispositionen steuerten die politischen Präferenzen unabhängig von Parteiidentifikationen und kulturellen Prädispositionen. In West- und Ostdeutschland unterstützten die Katholiken, in Ostdeutschland aber auch die Protestanten die Union. Von ostdeutschen Kirchenmitgliedern klar gemieden wurden hingegen die Bündnisgrünen. Westdeutsche Gewerkschaftsanhänger tendierten zur SPD, die gleichzeitig von Angehörigen der Alten Mittelschicht eher nicht unterstützt wurde. Arbeiter wählten in Westdeutschland eher eine andere Partei als die FDP, während sie sich in den neuen Bundesländern häufiger gegen Bündnis 90/Grüne entschieden.

Tabelle 5-12: Grundlinienmodelle zur Vorhersage von Wahlentscheidungen aus politischen Prädispositionen (EXP(B))

Westdeutschland	CDU/CSU	SPD	FDP	Grüne
Alte Mittelschicht		$2.68^{-1}*$		
Arbeiter			$2.18^{-1}*$	
Bindung an Gewerkschaft		$1.92**$		
Mitglied Kath. Kirche	$1.79**$			
Bindung an Kath. Kirche				
Bindung an Ev. Kirche				
Linke ideol. Identifikation	$6.66^{-1}**$	$2.50**$	$5.74^{-1}**$	$2.08*$
Rechte ideol. Identifikation		$2.45^{-1}**$		$3.08^{-1}*$
Postmaterialist				$2.32**$
Materialist				
Parteiidentifikation pro	$8.23**$	$7.46**$	$22.72**$	$46.31**$
Parteiidentifikation contra	$9.22^{-1}**$	$11.08^{-1}**$	$1.98^{-1}*$	

Ostdeutschland	CDU	SPD	FDP	B90/Grüne
Alte Mittelschicht				
Arbeiter				2.27 $^{-1}$*
Bindung an Gewerkschaft				
Mitglied Kath. o. Ev. Kirche	1.54 *			2.06 $^{-1}$*
Bindung an Kath. Kirche				
Bindung an Ev. Kirche				
Linke ideol. Identifikation	2.46 $^{-1}$**	1.75 *	3.28 $^{-1}$*	2.81 **
Rechte ideol. Identifikation	1.91 **	3.41 $^{-1}$**		
Postmaterialist				
Materialist				3.01 $^{-1}$*
Großbritannien	Conservatives	Labour		Liberal Democrats
Arbeiter				
Bindung an Gewerkschaft	1.44 $^{-1}$*			
Linke ideol. Orientierung	3.62 $^{-1}$**	2.07 **		
Rechte ideol. Orientierung	3.83 **	7.89 $^{-1}$**		2.13 $^{-1}$**
Postmaterialist	2.93 $^{-1}$**			2.41 **
Materialist				
Parteiidentifikation pro	9.56 **	12.89 **		11.59 **
Parteiidentifikation contra	11.75 $^{-1}$**	8.46 $^{-1}$**		4.35 $^{-1}$**
Spanien	PSOE	PP		IU
Mittelschicht	1.92 $^{-1}$**	2.59 **		
Arbeiter				
Bindung an Gewerkschaft		1.73 $^{-1}$*		1.94 **
Bindung an Kirche		1.87 **		3.10 $^{-1}$**
Linke ideol. Identifikation	3.95 **	16.30 $^{-1}$**		7.60 **
Rechte ideol. Identifikation	29.90 $^{-1}$**	14.23 **		
Postmaterialist	2.22 $^{-1}$**			2.16 **
Materialist				
Parteiidentifikation pro	8.64 **	12.43 **		21.16 **
Parteiidentifikation contra	11.35 $^{-1}$**	3.72 $^{-1}$**		4.00 $^{-1}$**
USA	Clinton	Bush		Perot
Arbeiter		1.47 $^{-1}$*		1.91 **
Bindung an Gewerkschaft	1.74 **	1.74 $^{-1}$**		
"Mainline"-Protestant (weiß)				
Evangelikaler Protest. (weiß)				
Katholik (weiß)				
Jude (weiß)				
Areligiös (weiß)		4.86 $^{-1}$**		
Schwarz	4.83 **	2.85 $^{-1}$*		4.24 $^{-1}$**
Weißer Südstaatler	2.11 $^{-1}$**	2.26 **		
Liberale ideol. Identifikation		2.31 $^{-1}$**		
Kons. ideol. Identifikation	2.12 $^{-1}$**	2.21 **		1.47 $^{-1}$*
Postmaterialist	1.61 *			
Materialist	2.13 **			3.12 $^{-1}$**
Parteiid. Demokraten	4.00 **	4.58 $^{-1}$**		2.29 $^{-1}$**
Parteiid. Republikaner	5.57 $^{-1}$**	6.04 **		1.97 $^{-1}$**

** P<.01, * P<.05, $^{+}$ P<.10

Anmerkung: Fallzahlen siehe Schaubild 5-2.

In Großbritannien spielte lediglich die Gewerkschaftsbindung als strukturelle Prädisposition eine Rolle: Wer sich einer Gewerkschaft verbunden fühlte, votierte eher gegen die Conservatives. In Spanien begünstigte die Gewerkschaftsbindung die IU, gleichzeitig führte sie zur Abkehr von der PP. Mit der Kirchenbindung verhielt es sich gerade umgekehrt. Angehörige der Mittelschicht fanden sich eher unter den Wählern der PP statt unter den Wählern der PSOE. In den USA tendierten Arbeiter eher zu Perot und eher nicht zu Bush. Wer sich an eine Gewerkschaft gebunden fühlte, stimmte gleichfalls eher gegen Bush, jedoch eher für Clinton. Die Bedeutung der Religion war in den USA fast vollständig durch kulturelle Prädispositionen und Parteibindungen vermittelt. Lediglich areligiöse Wähler ließen unabhängig von diesen Faktoren eine verminderte Neigung erkennen, für den Kandidaten der Republikaner zu votieren. Einen unabhängigen Effekt von bedeutender Größenordnung übte die Hautfarbe aus. Afroamerikaner stimmten mit stark erhöhter Wahrscheinlichkeit für Clinton und gegen Bush und Perot. Weiße aus den Südstaaten unterstützten hingegen Bush, während sie gleichzeitig Clinton mieden.

5.5 Politische Prädispositionen und politische Involvierung

Ein wichtige, schon von Converse (1966) formulierte und durch Zallers RAS-Modell theoretisch präzisierte, aber auch durch andere Theoreme begründbare Erwartung ist, daß Wähler mit geringeren Niveaus politischer Involvierung stärker durch politische Informationen beeinflußt werden als höher involvierte Personen. Dies hat zur Folge, daß sich weniger involvierte Wähler häufiger gegen die Richtung entscheiden, die durch ihre Prädispositionen nahegelegt wird, als Wähler, die politisch sachverständiger sind. Converse zufolge sollte dieser Sachverhalt darin seinen Ausdruck finden, daß der statistische Zusammenhang zwischen Prädispositionen und Wahlentscheidungen bei stärker involvierten Wählern größer ist als bei weniger involvierten Wählern (Converse 1966: 141). Aus dieser Überlegung ergibt sich für Converse eine Forschungsstrategie, der auch in der vorliegenden Untersuchung gefolgt wird: die Partitionierung der Befragten in Subgruppen, die sich im Hinblick auf das Ausmaß ihrer politischen Involvierung unterscheiden, und die nach Subgruppen getrennte Untersuchung politischer Einflüsse (siehe auch Rivers 1988: 738; Zaller 1990: 130). Als ersten Schritt in diese Richtung wollen wir im folgenden, Converse' Anregung aufgreifend, prüfen, inwieweit die Erwartung zutrifft, daß die Zusammenhänge zwischen politischen Prädispositionen und Wahlentscheidungen bei höher involvierten Wählern stärker sind als bei geringer involvierten Wählern. Dadurch wäre zwar noch nicht belegt, daß die Stärke der Einflüsse politischer Informationsquellen wie der interpersonalen Kommunikation und der Massenkommunikation nach dem Grad der politischen Involvierung variiert. Aber die Möglichkeit variierender Einflußstärken wäre dann nicht ausgeschlossen. Sollten sich jedoch keine Unterschiede zwischen höher und geringer involvierten Wählern oder gar Unterschiede in der falschen Richtung finden, dann wäre die These der höheren Beeinflußbarkeit geringer involvierter Wähler in Zweifel zu ziehen.

Die Grundlogik der Analyse orientiert sich an den Vorgaben Converse' (1966: 145-8). Allerdings ist die Untersuchungsanlage in einem Aspekt komplizierter. Es werden nämlich nicht nur bivariate Zusammenhänge mittels einfacher Korrelationsmaße inspiziert. An deren Stelle tritt im folgenden die Maßzahl KPR^2, die aus kausalanalytischem Blickwinkel die Prägekraft ganzer Variablenbündel für Wahlentscheidungen zum Ausdruck bringt. Bezüglich eines anderen Aspektes ist die Analyse gegenüber dem Vorbild vereinfacht. Im Hinblick auf die Stärke der politischen Involvierung unterscheiden wir nicht wie Converse (1966: 146) fünf Subgruppen, sondern nur zwei. Feinere Differenzierungen verbieten sich aus Gründen zu niedriger Fallzahlen. Einem verbreiteten Sprachgebrauch folgend, werden diese beiden Wählerkategorien im folgenden der Einfachheit halber als "*Experten*" und "*Novizen*" etikettiert (vgl. z.B. Iyengar/Kinder 1987).

Um die Befragten nach dem Ausmaß ihrer politischen Involvierung zu unterscheiden, folgen wir Zallers Anregung, der in Indices der politischen Kenntnisse von Wählern die besten Indikatoren für ihre politische Involvierung sieht (Zaller 1992: 332-44; Variablenbeschreibung siehe Anhang 2). Ein Problem stellt in diesem Zusammenhang die Äquivalenz der verwendeten Meßinstrumente dar. Um verschiedene Populationen hinsichtlich des Ausmaßes ihrer politischen Kenntnisse vergleichen zu können, werden vergleichbare Meßinstrumente benötigt. Solche Instrumente stehen für die vorliegende Untersuchung nicht zur Verfügung. Die verwendeten Indices der politischen Involvierung sind kontextspezifisch und haben keinen gemeinsamen Maßstab. Aus diesem Grund sind im folgenden keine vergleichenden Aussagen möglich, welche die Höhe der politischen Involvierung betreffen. Alle in dieser Arbeit vorgestellten Analysen, die sich mit der politischen Involvierung beschäftigen, machen lediglich relationale Aussagen, die sich auf Vergleiche zwischen Wählern mit höherer und Wählern mit geringerer politischer Involvierung beziehen.

Da kein gemeinsamer Maßstab vorhanden ist, der es ermöglichen würde, die Stichproben in Segmente zu partitionieren, die sich hinsichtlich ihrer politischen Involvierung entsprechen, wird für die Unterteilung statt dessen ein formales Kriterium angewandt. Jede der Stichproben wird am Median der jeweiligen kontextspezifischen Skala der politischen Involvierung geteilt. Wir vergleichen also im folgenden immer die obere Hälfte - "Experten" genannt - mit der unteren Hälfte - den "Novizen" - der "Involvierungs-Schichtung" jeder Gesellschaft. Die dabei festgestellten Relationen zwischen Experten und Novizen werden dann ihrerseits zwischen den Gesellschaften verglichen. Ob z.B. die britischen Experten politisch kompetenter sind als die spanischen Experten kann auf dieser Grundlage nicht entschieden werden. Wohl kann aber festgestellt werden, ob sowohl in Großbritannien als auch in Spanien politische Prädispositionen bei den Experten eine stärkere Prägekraft auf Wahlentscheidungen ausüben als bei den Novizen, oder ob es diesbezüglich zwischen diesen Ländern Unterschiede gibt.

Schaubild 5-3 vermittelt dieselbe Information wie Schaubild 5-1, jedoch getrennt für Experten und Novizen. Die Erwartung ist, daß die Erklärungskraft politischer Prädispositionen für Wahlentscheidungen bei den Experten größer sein sollte als bei den Novizen. Sowohl Converse' eigene Befunde als auch Ergebnisse anderer Studien legen nahe, daß in den USA in der Tat der Grad der politischen Involvierung in erheblichem Umfang die Übersetzung von politischen Prädispositionen in politische Entscheidungen in der vermuteten Weise moderiert (Campbell u.a. 1960: 350-6; Converse 1966: 145-8; Dreyer 1971; Zukin 1977; Knight 1985; Zaller 1989: 214-9; Delli Carpini/Keeter 1996: 254-8, 360/Fn. 55). Unklar ist aber, in welchem Umfang dies auch für die westeuropäischen Demokratien zutrifft. Wie Inglehart zeigte, wirkt sich der Grad der politischen Involvierung in Westeuropa stark und in der vermuteten Richtung auf den Zusammenhang zwischen Wertorientierungen und Parteipräferenzen aus (Inglehart 1990: 375-8). Andererseits fand eine vergleichende Untersuchung amerikanischer und schwedischer Wähler, daß das Bildungsniveau den Zusammenhang zwischen ideologischen Identifikationen und Parteipräferenzen in Schweden sehr viel schwächer moderiert als in den USA (Granberg/Holmberg 1988: 27-30). Insgesamt ist der Forschungsstand zu diesem Problem also fragmentarisch und uneindeutig.

Wie Schaubild 5-3 zeigt, lassen sich Wahlentscheidungen bei den Novizen in der Tat insgesamt zumeist schlechter aus politischen Prädispositionen vorhersagen als bei den Experten. Am wenigsten deutlich wird dieses Muster im Hinblick auf die strukturellen Prädispositionen. Relativ markant zeigt es sich in Westdeutschland, schwächer wird es sichtbar in Großbritannien und den USA, und überhaupt nicht in den neuen Bundesländern und in Spanien. Sehr stark wird hingegen die Bedeutung der kulturellen Prädispositionen durch die politische Involvierung moderiert. Um volle 10 Prozentpunkte überwiegt sowohl in Westdeutschland als auch in Großbritannien und den USA die Erklärungskraft der kulturellen Prädispositionen für die Wahlentscheidungen der Experten die Erklärungskraft desselben Faktorenbündels für die Entscheidungen der Novizen. Etwas geringer ist der Unterschied zwischen Experten und Novizen in Ostdeutschland. Eine anomaler Fall ist Spanien; entgegen der Erwartungen sind dort die Wahlentscheidungen der Novizen stärker mit kulturellen Prädispositionen verknüpft. Das mag mit der Sonderrolle der Ideologie zusammenhängen, die in Spanien gleichsam als traditionelle "Leitprädisposition" fungiert (siehe Abschnitt 5.2). Hinsichtlich der Prägekraft von Parteibindungen finden sich große Unterschiede zwischen Experten und Novizen in Spanien und den USA. Die Richtung dieser Zusammenhangsmuster ist in beiden Fällen erwartungskonform. In Großbritannien gibt es keine Anzeichen, daß Novizen leichter als Experten von ihren Parteibindungen abzulenken sind. In Westdeutschland setzen sich Parteiidentifikationen sogar bei den Novizen verläßlicher in entsprechende Wahlentscheidungen um als bei den Experten. Dies ist die zweite Anomalie, bei der das Vorzeichen nicht mit den Erwartungen übereinstimmt.

Schaubild 5-3: Erklärungskraft von Prädispositionen für Wahlentscheidungen insgesamt nach politischer Involvierung (KPR² aus multinomialen logistischen Regressionen)

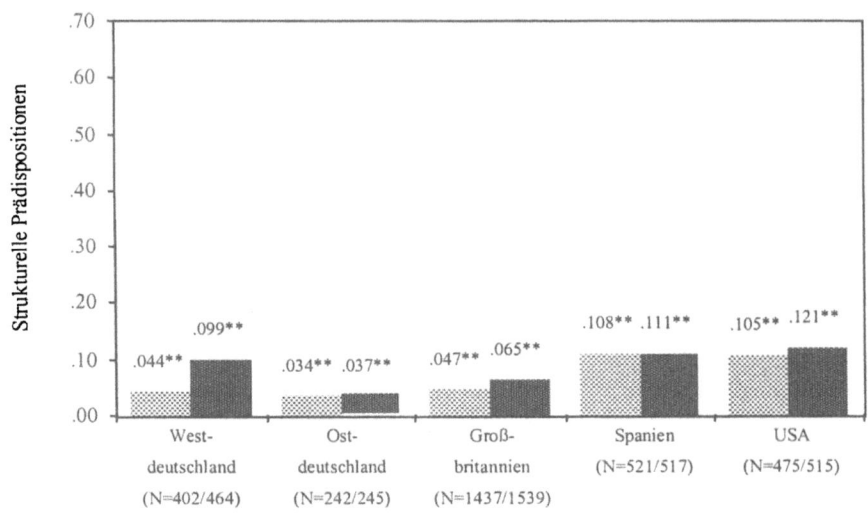

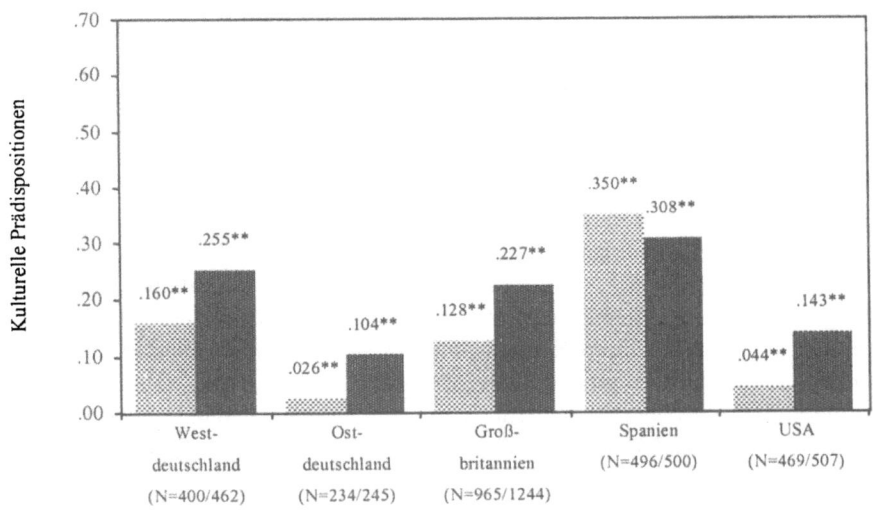

5 Politische Prädispositionen und Wählerverhalten

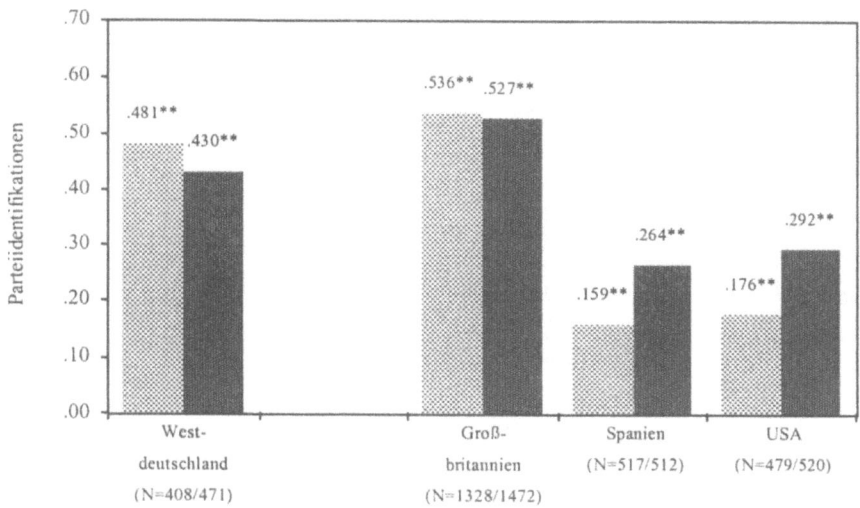

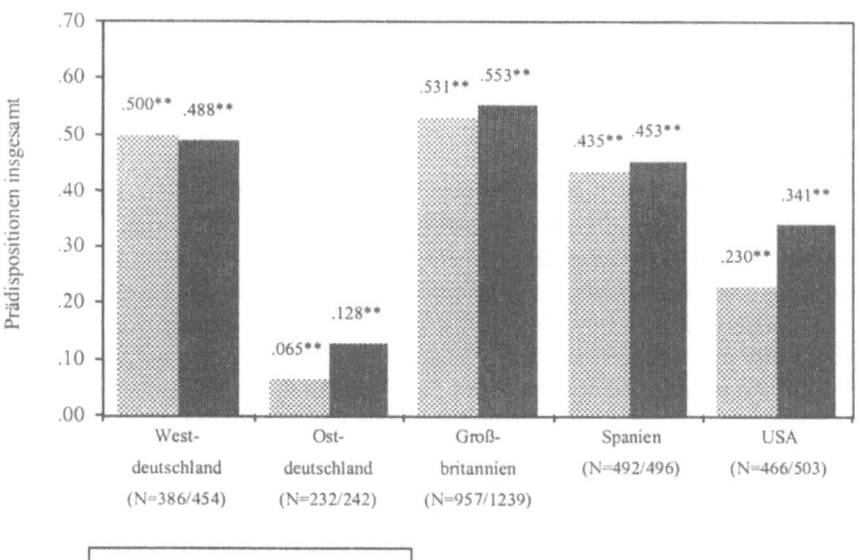

** P<.01, * P<.05, + P<.10

Tabelle 5-13: *Erklärungskraft von Prädispositionen für Wahlentscheidungen nach politischer Involvierung (KPR^2)*

	Novizen	Experten	Differenz (Exp.-Nov.)
Westdeutschland			
CDU/CSU	.550 **	.497 **	-.053
SPD	.564 **	.488 **	-.076
FDP	.265 **	.187 **	-.078
Grüne	.293 **	.422 **	+.129
(Mindest-N)	(403)	(470)	
Ostdeutschland			
CDU	.025 **	.143 **	+.118
SPD	.041 **	.059 **	+.018
FDP	.020 +	.019 +	-.001
Bündnis 90/Grüne	.044 *	.133 **	+.089
(Mindest-N)	(232)	(242)	
Großbritannien			
Conservatives	.626 **	.650 **	+.024
Labour	.633 **	.582 **	-.051
Liberal Democrats	.351 **	.351 **	.000
(Mindest-N)	(961)	(1239)	
Spanien			
PSOE	.462 **	.434 **	-.028
PP	.580 **	.624 **	+.044
IU	.166 **	.392 **	+.226
(Mindest-N)	(492)	(496)	
USA			
Clinton	.275 **	.378 **	+.103
Bush	.281 **	.465 **	+.184
Perot	.070 **	.052 **	-.018
(Mindest-N)	(467)	(506)	

** P<.01, * P<.05, + P<.10

Das für unsere Fragestellung wichtigste Kriterium ist jedoch die Gesamtbedeutung aller Prädispositionen für die Wahlentscheidungen von Experten und Novizen. Diesbezüglich fällt nur Westdeutschland aus der Reihe. Dort heben sich im Zusammenklang die Unterschiede, die hinsichtlich der Wirkungen der verschiedenen Arten von Prädispositionen zwischen Experten und Novizen bestehen, wechselseitig auf. Daher kann im Endergebnis nicht festgestellt werden, daß das politische Verhalten der Novizen weniger stark als das der Experten durch die politischen Prädispositionen festgelegt wird. In allen anderen Gesellschaften hängen die Wahlentscheidungen der Experten erwartungsgemäß enger mit ihren Prädispositionen zusammen als die Voten der Novizen. In Großbritannien und Spanien betragen diese Unterschiede jedoch nicht mehr als rund zwei Prozentpunkte und sind mithin ziemlich gering. In Ostdeutschland, insbesondere aber in den USA sind sie jedoch erheblich. In den neuen Bundesländern ist die Erklärungskraft der Prädispositionen bei Experten doppelt so groß wie bei Novizen. In den USA - wo Prädispositionen insgesamt deutlich wichtiger sind als im jüngst demokratisierten deutschen Osten - liegt sie um etwa die Hälfte höher.

Den Abschluß dieses Kapitels bildet eine analoge, jedoch nach Parteien und Kandidaten differenzierende Analyse. Tabelle 5-13 zeigt dieselben Befunde wie Schaubild 5-2, jedoch aufgeteilt nach dem Grad der politischen Involvierung der Wähler. Unter den summarischen Globalwerten verbirgt sich ein feindifferenziertes Bild mit viel Variation zwischen den verschiedenen Parteien und Kandidaten. Bei den westdeutschen Wählern löst sich der Gleichstand zwischen Experten und Novizen in gegenläufige Tendenzen auf, sobald die Entscheidungen für oder gegen die einzelnen Parteien separat analysiert werden. Die Entscheidungen für oder gegen die CDU/CSU, die SPD und die FDP lassen sich bei Novizen deutlich besser aus den individuellen Prädispositionen vorhersagen als bei den Experten. Bei den Grünen ist es jedoch umgekehrt; lediglich dieses Ergebnis deckt sich mithin mit den Erwartungen. Bei bekannten Prädispositionen verringert sich die Fehlerwahrscheinlichkeit von Vorhersagen der Grün-Wahl bei den Experten sehr viel mehr als bei den Novizen. In Ostdeutschland entsprechen demgegenüber alle Parteien mit Ausnahme der FDP den Erwartungen, und zwar sehr deutlich. Bei Experten setzten sich die politischen Prädispositionen weitaus verläßlicher in Wahlentscheidungen für oder gegen die CDU, die SPD und die Bündnisgrünen um als bei Novizen. In Großbritannien sind die Ergebnisse ähnlich widersprüchlich wie in Westdeutschland. Hinsichtlich der Conservatives verhielten sich die Experten eher im Sinne ihrer Prädispositionen, hinsichtlich der Entscheidung pro oder contra Labour war es jedoch umgekehrt. Bei den Liberaldemokraten ist kein Unterschied zwischen Experten und Novizen feststellbar. Die spanischen Experten setzten ihre Prädisposition etwas weniger stringent als die Novizen in Entscheidungen für oder gegen die PSOE um. Entscheidungen bezüglich der PP und vor allem der IU waren jedoch bei den Experten deutlicher als bei den Novizen in den politischen Prädispositionen verwurzelt. In den USA beobachten wir wiederum erwartungskonforme Unterschiede von erheblichem Ausmaß im Hinblick auf die Wahl von Clinton und von Bush. Hinsichtlich der Entscheidung, den unabhängigen Kandidaten Perot zu wählen, funktionierten Prädispositionen naturgemäß überwiegend als Bremse. Dieses Trägheitsmoment war allerdings überraschenderweise bei den Novizen etwas stärker als bei den Experten.

5.6 Resümee

Die Erklärungskraft politischer Prädispositionen für das Wählerverhalten ist in den verschiedenen Gesellschaften sehr unterschiedlich. In Westdeutschland und Großbritannien werden Wahlentscheidungen sehr weitgehend durch Prädispositionen festgelegt. In Spanien und den USA ist die Bedeutung von Prädispositionen hingegen deutlich geringer. Und in der Transitionsgesellschaft der neuen Bundesländern läßt sich das Wählerverhalten noch schlechter aus den Prädispositionen der Wähler vorhersagen. Das hat unterschiedliche Gründe: Die USA haben eine lange "dealignment"-Periode durchlaufen, in der insbesondere die Bedeutung der Parteibindungen für das Wählerverhalten stark nachgelassen hat (Beck 1984; Zelle 1995). Die post-autoritäre spanische Gesellschaft kann man demgegenüber als "prealigned" kennzeichnen (McDonough/Lopez Pina 1984: 367), und dasselbe gilt erst recht auch für die ostdeutsche Wählerschaft. In Westdeutschland und Großbritannien ist demgegenüber - trotz mehrfach geäußerter Erosionsthesen (Alt 1984; Dalton/Rohrschneider 1990) - die prädispositionale Verankerung des Wählerverhaltens aus vergleichendem Blickwinkel nach wie vor sehr stark. Wichtig sind überdies Unterschiede der Wahlverfahren: Bei amerikanischen Präsidentschaftswahlen stimmen die Wähler über Personen ab, bei europäischen Parlamentswahlen hingegen über Parteien. In den verschiedenen Gesellschaften scheinen daher sehr unterschiedliche Spielräume für Einflüsse politischer Informationsquellen zu bestehen. In Großbritannien und Westdeutschland haben gesellschaftliche Informationsflüsse möglicherweise keine große Bedeutung für das Wählerverhalten. In den anderen drei Gesellschaften ist die prädispositionale Verankerung politischer Entscheidungen schwächer. Hier erscheinen insgesamt größere Einflüsse denkbar.

Unterschiede hinsichtlich der Erklärungskraft politischer Prädispositionen bestehen aber auch zwischen Parteien und Kandidaten innerhalb derselben politischen Systeme. Sehr hoch ist die Erklärungskraft von Prädispositionen bei den großen westeuropäischen *Cleavage*-Parteien. Die Wahl der kleineren Parteien in Westdeutschland, Großbritannien und Spanien, aber auch der Kandidaten der etablierten Parteien in den USA läßt sich weniger gut aus Prädispositionen vorhersagen. Extrem gering ist die Erklärungskraft von Prädispositionen nicht nur bezüglich sämtlicher Parteien in den neuen Bundesländern, sondern auch im Hinblick auf die Wahl des unabhängigen Präsidentschaftskandidaten Ross Perot in den USA. Möglicherweise variiert reziprok dazu die Bedeutung politischer Informationen.

In den meisten Gesellschaften werden die Wahlentscheidungen höher involvierter Wähler stärker durch politische Prädispositionen geprägt als die Voten der weniger involvierten Wähler. Am größten sind diese Unterschiede in Ostdeutschland und den USA. In Westdeutschland läßt sich hingegen das Wahlverhalten von Novizen und Experten gleichermaßen gut aus Prädispositionen vorhersagen, auch wenn zwischen Novizen und Experten Unterschiede hinsichtlich der Bedeutung der verschiedenen Arten von Prädispositionen bestehen. In der Mehrzahl der Gesellschaften können vor diesem Hintergrund größere Einflüsse politischer Informationen bei den Novizen erwartet werden. Allerdings gibt es auch diesbezüglich Unterschiede nach Parteien und Kandidaten innerhalb der Gesellschaften.

6 Gesellschaftliche Reichweite und Rezeptionsmuster von interpersonaler Kommunikation und Massenkommunikation

Sollte sich bei den späteren Analysen ein politischer Informationskanal als einflußreich erweisen, so ist es wichtig zu wissen, wieviele, aber auch welche Bürger über diesen Kanal erreicht wurden. Denn nur Wähler, welche die Überzeugungsbotschaften einer bestimmten Quelle rezipieren, können auch von diesen überzeugt werden. Aus der doppelten Grundlage sowohl der Einflußstärke als auch der gesellschaftlichen Reichweite und Rezeptionsintensität kann durch Aggregation der Umfang abgeschätzt werden, in dem Informationsquellen den Ausgang von Wahlen mitbestimmen. Daher sind folgende Fragen von Interesse: Wieviele Wähler wurden in jeder der untersuchten Gesellschaften über die interpersonale Kommunikation und über die Massenkommunikation von politischen Informationen erreicht? Wie intensiv war die Rezeption politischer Informationen über jeden dieser beiden Kanäle? Welchen Stellenwert hatten die unterschiedlichen Arten von Rollenbeziehungen und die verschiedenen Arten von Massenmedien für die Vermittlung politischer Informationen? Welche Merkmale von Wählern gingen mit einer höheren und welche gingen mit einer geringeren Wahrscheinlichkeit einher, über jeden dieser unterschiedlichen Kanäle politische Informationen zu empfangen? In diesem Zusammenhang von besonderem Interesse: Welche Bedeutung hatte die politische Involvierung der Wähler im Hinblick auf die Rezeption politischer Informationen? Und schließlich: Wie waren die verschiedenen Informationskanäle hinsichtlich ihrer Rezeptionsintensität miteinander verknüpft? Das folgende Kapitel soll diese Fragen beantworten.

6.1 Interpersonale Kommunikation

6.1.1 Grundstrukturen der interpersonalen politischen Kommunikation

Im Unterschied zu den meisten vorliegenden Untersuchungen zu individuellen Diskussionsaktivitäten, die auf eher undifferenzierten Erhebungsinstrumenten beruhen, wurden in der vorliegenden Studie detaillierte Angaben über die ego-zentrierten Netzwerke der Befragten erhoben. Um die persönlichen Beziehungen von Befragungspersonen zu erfassen, hat die Netzwerkforschung eine Reihe alternativer Erhebungsinstrumente entwickelt, die als Namensgeneratoren bezeichnet werden (Schenk 1995: 28-40). Im Rahmen der CNEP-Befragungen wurde in West- und Ostdeutschland, Großbritannien und den USA ein Namensgenerator eingesetzt, der von Burt entwickelt wurde (Burt 1984; siehe auch Pappi/Melbeck 1988: 232; Schenk 1995: 34). Den Befragten wurde folgende Frage vorgelegt:

"Hin und wieder besprechen die meisten Leute wichtige Angelegenheiten mit anderen. Wenn sie an die letzten sechs Monate zurückdenken: Mit wem haben Sie in dieser Zeit über Dinge gesprochen, die Ihnen wichtig waren?"

Für jeden der genannten Kontaktpartner wurden in einem weiteren Schritt mehrere soziale und politische Merkmale registriert. Der Befragte selbst fungierte dabei als Gewährsmann. Die Wahrnehmungen der Befragten dienten bei dieser Befragungsmethode als Ersatz für die methodisch sehr viel aufwendigere direkte Messung der interessierenden Eigenschaften der Netzwerkpartner mittels Schneeballerhebungen (Pappi 1987: 20-5). Es ist hervorzuheben, daß das Erhebungsinstrument keine vorgeschaltete Eingrenzung auf bestimmte Rollenbeziehungen vornahm. Durch diese Offenheit setzt sich die Untersuchung von den meisten vorliegenden Studien über die Bedeutung persönlicher Interaktionspartner für das Wählerverhalten ab, die sich von vornherein nur auf "Partialnetzwerke" (Schenk 1995: 14) konzentrierten, die durch bestimmte Arten von Rollen definiert waren, beispielsweise Ehepartner (Landua 1991), Freunde (Laumann 1973), Nachbarn (Eulau/Rothenberg 1986) oder auch generell nicht zur Familie gehörende Personen (Curtice 1995; Huckfeldt/Sprague 1995: 170-88). In den verschiedenen Ländern wurden unterschiedlich viele Kontaktpartner in die Erhebung einbezogen. In Deutschland und den USA wurden bis zu fünf Partner berücksichtigt, in Großbritannien bis zu drei.

Wie sich bei den Analysen der erhobenen Netzwerkdaten zeigte, ist der gewählte Namensgenerator nicht optimal geeignet, um Beziehungen zwischen Ehepartnern zu erfassen. Viele der verheirateten Befragten[1] dachten erstaunlicherweise bei der Frage, mit wem sie "wichtige Angelegenheiten" besprachen, nicht an ihren Lebenspartner. In Westdeutschland und Großbritannien betraf dies rund ein Drittel, in Ostdeutschland sogar knapp die Hälfte, in den USA hingegen nur ein Viertel dieses Personenkreises. Dieses Problem antizipierend, wurden in der amerikanischen Erhebung jedoch gezielt zusätzlich auch Kenndaten über diejenigen Ehepartner erhoben, die nicht spontan als Netzwerkpartner genannt worden waren. Dadurch liegen für manche der amerikanischen Befragten Angaben über die Merkmale von insgesamt sechs Kontaktpartnern vor. Praktisch alle Ehepartner von Befragungspersonen aus den USA sind infolge der gezielten Erfassung in den auf diese Weise erhobenen ego-zentrierten Netzwerken vertreten. Die spanische Erhebung beinhaltete eine noch stärker abgewandelte Vorgehensweise. Dort wurden alle Teilnehmer der Untersuchung zunächst ausdrücklich nach ihren Ehepartnern befragt. Dadurch wurde von vornherein das Risiko vermieden, daß über Ehepartner von Befragten keine Angaben vorlagen. Die Paarbeziehungen der spanischen Befragten können daher ebenfalls nahezu vollständig bei den Analysen berücksichtigt werden. In einem zweiten Schritt wurden auf ähnliche Weise wie in den anderen Befragungen Merkmale von bis zu zwei weiteren Kontaktpartnern festgehalten.

---

1   Hier und im folgenden meint der Ausdruck "Ehepartner" immer auch Lebenspartner, die mit den Befragten nicht verheiratet waren, aber mit diesen im selben Haushalt lebten.

Tabelle 6-1: *Anzahl der Kontaktpartner in ego-zentrierten Netzwerken (in Prozent)*

	West-deutschland	Ost-deutschland	Großbritannien	Spanien	USA
Kein Partner	16.0	20.4	31.2	5.9	5.5
1 Partner	22.7	15.9	9.6	35.9	18.6
2 Partner	23.6	22.1	28.0	40.3	14.9
3 Partner	18.9	18.1	31.2	17.9	18.2
4 Partner	14.7	15.6	-	-	18.9
5 Partner	4.2	7.9	-	-	21.5
6 Partner	-	-	-	-	2.3
(N)	(1340)	(692)	(2676)	(1374)	(1318)

Tabelle 6-1 ist zu entnehmen, wie groß die auf diese Weise erhobenen ego-zentrierten Netzwerke der Befragten in den verschiedenen untersuchten Gesellschaften waren. Es fällt sofort auf, daß in Spanien und den USA nur für sehr wenige Befragte keine Angaben über Netzwerkpartner vorlagen; das ist natürlich eine Folge der gezielten Erfassung aller Ehepartner und kein Unterschied in der Substanz. Davon abgesehen ist in Großbritannien der Anteil der Befragten ohne Angaben über Interaktionspartner mit 31 Prozent am größten, in Westdeutschland ist er mit 16 Prozent am kleinsten. Hervorzuheben ist auch, daß in denjenigen Ländern, in denen Angaben über mehr als drei Interaktionspartner erhoben wurden, dennoch nur Minderheiten der Befragten (19 Prozent in Westdeutschland, 23 Prozent in Ostdeutschland, immerhin 43 Prozent in den USA) vier oder mehr Interaktionspartner nannten.

Wie waren die ego-zentrierten Netzwerke zusammengesetzt? In welchen Rollen begegneten sich die Kontaktpartner? Tabelle 6-2 gibt hierüber Aufschluß. Diese Tabelle enthält zwei Arten von Informationen, die sich auf unterschiedliche Analyseebenen beziehen. Sie zeigt zunächst, wie groß die Anteile der Befragungspersonen waren, in deren ego-zentrierten Netzwerken mindestens eine Person des angegebenen Beziehungstyps vertreten war. D.h. diese Angaben beziehen sich auf die Analyseebene, die auch ansonsten in dieser Arbeit im Mittelpunkt steht, nämlich die Ebene des individuellen Wählers. Zweitens beschreibt Tabelle 6-2, wie die Beziehungen zwischen Befragten und Netzwerkpartnern in ihrer Gesamtheit zusammengesetzt waren. Die Analyseebene ist hier die Ebene der Dyaden, d.h. der Paare, die gebildet werden aus den Befragten und jeder einzelnen der von ihnen genannten Kontaktpersonen (vgl. Wolf 1993). Die Fallzahlen dieser Analyse entsprechen für jede Gesellschaft der Gesamtzahl sämtlicher von den Befragten angegebenen Kontaktpartner.

Tabelle 6-2:   *Zusammensetzung der ego-zentrierten Netzwerke (in Prozent)*

Analyse-ebene	Art der Beziehung[1]	West-deutschland	Ost-deutschland	Groß-britannien	Spanien	USA
Wähler[2]	Ehepartner	45.3	39.5	47.6	69.3	62.2
	Verwandte	29.0	33.4	38.2	42.2	54.9
	Freunde	39.4	23.4	23.6	30.8	65.4
	Arbeitskollegen	16.0	34.4	15.8	6.6	29.1
	Nachbarn	11.5	14.7	2.7	5.7	21.2
	Selber Verein	3.8	5.1	2.0	-	-
	Selbe Kirchengemeinde	-	-	1.7	-	18.7
	Sonstige Beziehungen	6.8	2.5	-	2.4	-
(N$_{Basis}$)		(1340)	(692)	(2676)	(1374)	(1318)
Dyaden[3]	Ehepartner	22.0	18.4	30.1	40.7	20.9
	Verwandte	21.3	24.9	31.8	29.2	31.6
	Freunde	31.5	16.4	20.2	21.0	45.1
	Arbeitskollegen	11.1	28.0	12.9	4.1	15.6
	Nachbarn	7.1	9.1	1.9	3.5	9.7
	Selber Verein	2.8	3.1	1.7	-	-
	Selbe Kirchengemeinde	-	-	1.3	-	8.9
	Sonstige Beziehungen	5.5	1.5	-	1.5	-
Summe		101.3	101.4	100.0	100.0	131.8
(N$_{Basis}$)		(2763)	(1498)	(4262)	(2339)	(3955)

1 Mehrfachnennungen möglich (außer in Spanien).
2 Werte geben an, wieviel Prozent der Befragten mindestens einen Partner vom jeweiligen Beziehungstyp haben.
3 Werte geben an, wieviel Prozent aller Netzwerkpartner in der angegebenen Beziehung zu den Befragten stehen, von denen sie genannt wurden.

Neuere Untersuchungen der sozialen Netzwerke deutscher und amerikanischer Wähler deuten übereinstimmend darauf hin, daß Primärbeziehungen nach wie vor einen hohen Stellenwert besitzen. Ehepartner, Verwandte und Freunde stellen das Gros der Partner, mit denen die Wähler in ihrem Alltag interagieren (Marsden 1987: 124-7; Pappi/Melbeck 1988: 233; Straits 1991; Beck 1991: 374; Schmitt-Beck 1994a, 1994b; Schenk 1995: 120-31, 140-1; Voltmer u.a. 1995: 247; Huckfeldt/Sprague 1995: 109-18). Unsere Ergebnisse bestätigen diesen Befund und verdeutlichen überdies, daß diese Regelmäßigkeit bei geringfügigen Variationen im Detail auch für die anderen untersuchten Gesellschaften gilt. Mit wachsender Netzwerkgröße verringert sich allerdings die relative Bedeutung der Primärbeziehungen. Der Eindruck, daß Ehepartner in Spanien und den USA eine viel wichtigere Rolle zu spielen scheinen als in den anderen Ländern, ist zwar den unterschiedlichen Erhebungsverfahren geschuldet. Gleichwohl stellen Ehepartner stets denjenigen Beziehungstyp dar, zu dem die meisten Wähler Kontakt hatten. In Deutschland und den USA machten Ehepartner rund ein Fünftel, in Großbritannien ein knappes Drittel, in Spanien sogar über 40 Prozent aller Kontaktpersonen aus. Eine sehr wichtige Rolle spielten auch Verwandte, die mit ebenfalls sehr hohen Anteilen überall an zweiter oder dritter Stelle der Wichtigkeit folgen. In Westdeutschland hatten 29 Prozent der

6 Gesellschaftliche Reichweite und Rezeptionsmuster

Wähler Kontakt mit einem oder mehreren Verwandten, überall sonst lagen die entsprechenden Anteile noch höher. Spitzenreiter sind die USA, wo über die Hälfte der Befragten Verwandte in ihren persönlichen Kontaktnetzen hatten. Insgesamt fast ein Drittel der amerikanischen, aber auch der britischen Kontaktpartner waren mit den Wählern, von denen sie genannt wurden, verwandt. Außer in Spanien war die Gesamtzahl der Verwandten in den Netzwerken überall gleich groß oder sogar größer als die der Ehepartner. Das hat natürlich damit zu tun, daß es den meisten Wählern möglich ist, mit mehreren Verwandten soziale Kontakte zu pflegen, daß jedoch jeder von ihnen nur mit einem einzigen Partner verheiratet sein kann. Diese Feststellung ist nicht trivial, denn gegebenenfalls kann eine höhere Zahl mäßig einflußreicher Verwandter den möglicherweise größeren individuellen Einfluß von Ehepartnern im Endeffekt wettmachen.

Freundschaftliche Bindungen waren in den amerikanischen, aber auch in den westdeutschen Primärumwelten noch wichtiger als verwandtschaftliche Bande. Fast 40 Prozent der Westdeutschen und volle zwei Drittel der Amerikaner gaben an, wichtige Dinge mit Freunden zu besprechen. Ein knappes Drittel aller westdeutschen und etwas weniger als die Hälfte aller amerikanischen Dyaden waren Beziehungen zwischen Freunden. In Ostdeutschland, Großbritannien und Spanien interagierten jedoch weniger Wähler mit Freunden als mit Verwandten. Auf die im internationalen Vergleich herausragende Bedeutung von Freundschaftsbeziehungen in den USA verweist auch eine Studie von Höllinger/Haller (1990). Freilich hat dies mit einer unterschiedlichen kulturellen Bedeutung des Konzepts "Freundschaft" zu tun. "Americans [...] consider many persons as friends, which Europeans would at best call close acquaintances." (Höllinger/Haller 1990: 121) Diese Einschätzung wird ein eindrucksvoller Weise dadurch bestätigt, daß die amerikanischen Befragten - in krassem Unterschied zu den europäischen Befragten - in der Tat ihre Sekundärkontakte mehrheitlich nicht nur durch die entsprechenden funktionalen Beziehungen charakterisierten, beispielsweise als Kollegen oder Nachbarn. Vielmehr bezeichneten sie über 90 Prozent der genannten Kollegen, Nachbarn usw. gleichzeitig auch als Freunde. An der durch diese Mehrfachnennungen stark aufgeblähten Summe in Tabelle 6-2 läßt sich dieser Sachverhalt ablesen. Lediglich 38 Prozent der in den USA angegebenen Freunde waren "nur Freunde" (Fischer 1982: 114-8), d.h. standen nicht gleichzeitig in einer funktional bestimmten Sekundärbeziehung zu den Befragten. Aus Gründen der interkulturellen Äquivalenz werden bei allen nachfolgenden Analysen in der Kategorie der Freundesbeziehungen nur diese "reinen" Freunde berücksichtigt; alle anderen "Freunde" gehen nur über die jeweiligen Sekundärbeziehungen in die Analysen ein.

Auffallend nachrangig waren Freundschaften demgegenüber in den Netzwerken der Ostdeutschen. Dort spielten statt dessen Arbeitskollegen eine weitaus gewichtigere Rolle als in allen anderen Gesellschaften. Doch ist dies die einzige Ausnahme von der Regel, daß Primärbeziehungen insgesamt in den persönlichen Umwelten der Wähler eine erheblich größere Bedeutung einnahmen als Sekundärbeziehungen. Beziehungen zwischen Arbeitskollegen spielten zwar nirgendwo eine so überragende Rolle wie in den neuen Bundesländern. Aber überall waren sie von allen schwachen Bindungen die wichtigsten. Kontakte zu Nachbarn waren in allen Gesellschaften deutlich seltener von Relevanz - ein Befund, der den Sinn von Studien, die auf Nachbarschaftsnetzwerke fokussieren, nachhaltig in Frage stellt (z.B. Eulau/Rothenberg 1986). Am größten scheint die Bedeutung der Nachbarn in den USA zu sein, wo immerhin ein Fünftel aller Befragten auch mit Nachbarn wichtige Dinge erörterte. Noch geringer waren die Anteile der Wähler, die mit Bekannten aus Assoziationen wie Vereinen, Clubs oder auch Kirchengemeinden interagierten. Insgesamt weniger als ein Zehntel aller Dyaden betraf Beziehungen zwischen Personen, die sich im Kontext solcher freiwilligen Vereinigungen begegneten.

In welchem Umfang wurden die Primärumwelten der Wähler zu Quellen politischer Informationen? Nur in wenigen dyadischen Beziehungen zwischen Wählern und ihren Kontaktpartnern wurde nicht zumindest gelegentlich auch über ein politisches Thema gesprochen (Tabelle 6-3). Besonders auffällig ist die extrem hohe Politisierung der Primärumwelten der Bürger der neuen Bundesländer. Im situativen Kontext der Periode tiefgreifender Umwälzungen, welche die Ostdeutschen im Jahr 1990 durchlebten, ist das indessen nur allzu verständlich. In den alltäglichen Interaktionen der Spanier spielte die Politik demgegenüber von allen untersuchten Gesellschaften die geringste Rolle. In fast einem Fünftel der Interaktionspaare blieb die Politik gänzlich ausgeblendet. Dies ist ein Reflex der geringen Politisierung der spanischen Gesellschaft, die auch in geringem Interesse an der Politik, im weitgehenden Fehlen von Parteibindungen (siehe Abschnitt 5.3) sowie einer extrem geringen Bereitschaft zur Beteiligung in freiwilligen Vereinigungen ihren Ausdruck findet (Lancaster/Lewis-Beck 1986: 649-52; Montero 1998: 65-6).

Tabelle 6-3:   Häufigkeit politischer Gespräche in Dyaden (in Prozent)

	West-deutschland	Ost-deutschland	Groß-britannien	Spanien	USA
Nie	9.7	0.9	6.6	17.6	4.1
Selten	26.0	8.0	24.4	28.6	24.0
Manchmal	47.9	39.2	61.9	39.6	50.5
Oft	16.4	51.8	7.1	14.2	21.3
(N)	(2756)	(1492)	(4212)	(2325)	(3951)

Die verschiedenen Arten von Beziehungen waren als Quellen politischer Informationen unterschiedlich wichtig (Tabelle 6-4). Allerdings kristallisiert sich diesbezüglich kein interkulturell einheitliches Muster heraus. Mit der nächstliegenden Person, nämlich dem Ehepartner, unterhielten sich westdeutsche und amerikanische Wähler überproportional häufig über Politik, nicht jedoch die Wähler aus den anderen Gesellschaften. Spanische Paarbeziehungen waren sogar besonders unpolitisch. Verwandte spielten in keiner der untersuchten Gesellschaften eine herausragende

6 Gesellschaftliche Reichweite und Rezeptionsmuster

Rolle als politische Informationsquellen. Westdeutsche und britische Wähler hielten ihren Verwandtenkreis sogar häufig ganz politikfrei. Am Arbeitsplatz waren Westdeutsche, aber auch Spanier hingegen ausgesprochen diskussionsfreudig. In Ostdeutschland und Großbritannien waren die Vereinsbekanntschaften in besonders hohem Maße politisiert.

Tabelle 6-4: *Häufigkeit politischer Gespräche in Dyaden nach Art der Beziehung (in Prozent)*

	Westdeutschland	Ostdeutschland	Großbritannien	Spanien	USA
Nie politische Gespräche					
Ehepartner	5.0	0.4	5.0	24.2	2.5
Verwandte	15.3	1.3	8.4	13.9	3.5
Freunde	9.8	0.4	6.9	11.1	5.9
Arbeitskollegen	1.3	1.2	2.2	12.5	2.9
Nachbarn	9.3	0.7	7.4	20.5	4.9
Selber Verein	13.0	0.0	9.7	-	-
Selbe Kirchengemeinde	-	-	7.7	-	6.3
Sonstige Beziehungen	22.2	4.3	-	6.9	-
Oft politische Gespräche					
Ehepartner	20.9	52.2	6.7	13.4	29.9
Verwandte	12.9	48.2	5.6	14.3	19.1
Freunde	15.4	52.9	9.5	15.4	19.3
Arbeitskollegen	25.1	51.4	5.3	21.9	19.4
Nachbarn	6.2	47.4	7.4	7.2	18.2
Selber Verein	11.7	72.3	22.2	-	-
Selbe Kirchengemeinde	-	-	11.5	-	18.6
Sonstige Beziehungen	14.4	60.9	-	13.8	-
(Mindest-N_{Basis})	(77)	(23)	(52)	(29)	(350)

Tabelle 6-5 zeigt, mit wievielen verschiedenen Personen die Wähler politische Gespräche führten. Dabei ist zunächst hervorhebenswert, daß entgegen der Befunde früherer amerikanischer Studien, die auf der Grundlage weniger differenzierter Erhebungstechniken von hohen Anteilen sogenannter Nicht-Diskutierer (*non-discussants*) berichtet hatten (Troldahl/van Dam 1965; Robinson 1976), überall große Mehrheiten von mindestens zwei Dritteln aller Wähler mit mindestens einer anderen Person politische Gespräche führten. Ferner wird ersichtlich, daß in jeder der untersuchten Gesellschaften große Anteile der Wähler mit mehr als einer Person kommunizierten. Nur in Spanien diskutierte weniger als die Hälfte aller Wähler mit zwei oder mehr Personen über Themen der Politik. Damit war für substantielle Anteile der untersuchten Elektorate die strukturelle Voraussetzung für die Möglichkeit mehrseitiger interpersonaler Informationsflüsse gegeben. Personen mit nur einem politischen Gesprächspartner werden zwangsläufig auf dem Wege der interpersonalen Kommunikation nur von einseitigen Botschaften erreicht. Wenn man jedoch mit mehreren Partnern seine politischen Ansichten austauscht, besteht grundsätzlich die Chance, daß mindestens einer der Diskutanten Ansichten vertritt, die von den Positionen der anderen abweichen. Eine solche Konstellation mehrseitiger Informationsflüsse würde gleichzeitig implizieren, daß wenigstens einer der Interaktionspartner Meinungen zum Ausdruck bringt, die mit den eigenen Prädispositionen des Wählers nicht konsistent sind.

Tabelle 6-5: Anzahl der Diskutanten (in Prozent)

	West-deutschland	Ost-deutschland	Groß-britannien	Spanien	USA
Kein Partner	22.8	20.9	35.3	20.9	6.7
1 Partner[1]	21.6	15.7	9.8	32.4	19.7
2 Partner	21.5	22.1	26.0	32.6	15.6
3 Partner	18.2	18.2	28.9	14.2	18.5
4 Partner	12.4	15.6	-	-	18.3
5 Partner	3.4	7.6	-	-	19.0
6 Partner	-	-	-	-	2.2
(N)	(1335)	(688)	(2641)	(1363)	(1314)
	Pr.[2]	Sk.[3]	Pr.	Sk.	Pr.	Sk.	Pr.	Sk.	Pr.	Sk.
Kein Partner	29.9	68.6	35.2	52.3	38.1	80.2	23.4	88.0	11.1	50.6
1 Partner	31.6	18.2	27.2	20.4	17.9	13.6	36.1	11.3	32.5	26.2
2 Partner	17.6	9.6	22.8	16.2	28.3	5.3	30.7	0.7	23.8	13.7
3 Partner	13.3	2.3	7.0	8.2	15.7	0.9	9.7	-	16.2	6.8
4 Partner	6.3	1.1	5.5	2.5	-	-	-	-	10.7	2.3
5 Partner	1.3	0.1	2.3	0.4	-	-	-	-	5.1	0.4
6 Partner	-	-	-	-	-	-	-	-	0.5	-
(N)	(1335)	(1339)	(688)	(692)	(2652)	(2672)	(1367)	(1370)	(1317)	(1318)

1 Kontaktpartner, mit denen zumindest selten politische Gespräche geführt wurden.
2 Primärbeziehungen.
3 Sekundärbeziehungen.

Die Unterscheidung nach Primärbeziehungen (Ehepartner, Verwandte und Freunde) und Sekundärbeziehungen (alle anderen Beziehungen) verdeutlicht, daß nur extrem wenige Wähler ausschließlich mit Kollegen, Nachbarn oder sonstigen Sekundärpartnern über Politik sprachen. Am häufigsten kam dies in Ostdeutschland vor, was auf den dominanten Stellenwert der Arbeitskollegen zurückzuführen ist. In allen Gesellschaften wurde weniger als die Hälfte der Wähler überhaupt über Sekundärbeziehungen von politischen Informationen erreicht. Besonders gering waren die entsprechenden Anteile in Westdeutschland, Großbritannien und Spanien. Zwar wird häufig gemutmaßt, daß der Prozeß der sozioökonomischen Modernisierung das relative Gewicht der Primärbeziehungen in den persönlichen Netzwerken der Wähler reduziert und die Bedeutung von Sekundärbeziehungen vergrößert habe (Schenk

6 Gesellschaftliche Reichweite und Rezeptionsmuster

1987: 176-9, 1995: 20; Haller/Höllinger 1990: 103-4). Aber Primärbeziehungen haben offenkundig ihre dominante Position als Träger der interpersonalen politischen Kommunikation auf jeden Fall noch nicht eingebüßt. Bei durchaus nicht unerheblichen Unterschieden ist insgesamt festzuhalten, daß in allen untersuchten Gesellschaften bedeutende Anteile der Wähler durch Ehepartner, Verwandte oder Freunde mit politischen Botschaften konfrontiert wurden, und zwar häufig nicht nur ausgehend von einem, sondern von mehreren dieser Partner.

Manche Autoren sehen in der Glaubwürdigkeit, die Diskussionspartnern zugeschrieben wird, ein wichtige Bedingung, von der abhängt, in welchem Maße diese politischen Einfluß ausüben können. Dabei können zwei Dimensionen der Glaubwürdigkeit unterschieden werden: die Kompetenz und die Vertrauenswürdigkeit (siehe Abschnitt 3.4.4.1). Möglicherweise sind namentlich solche Personen einflußreich, bei denen eine besondere Expertise für politische Fragen vermutet wird und die in politischer Hinsicht für vertrauenswürdig gehalten werden. Als Indikator für die politische Kompetenz, die Wähler ihren Diskutanten unterstellen, kann gelten, wieviel Wissen über politische Gegenstände und Sachverhalte sie diesen zuschreiben. Die Wahrnehmung, mit einem Diskutanten bei Gesprächen überwiegend oder sogar immer einer Meinung zu sein, kann als Ausdruck einer hohen Vertrauenswürdigkeit interpretiert werden, die dieser Person zugeschrieben wird (Chaffee 1986: 66; Lupia/McCubbins 1998: 188).

Tabelle 6-6: Glaubwürdigkeit der Interaktionspartner in Dyaden (in Prozent)

	West-deutschland	Ost-deutschland	Großbritannien	Spanien	USA
Wahrgenommenes politisches Wissen des Partners[1]					
Hoch	28.1	37.5	-	10.0	29.0
Durchschnittlich	57.6	56.5	-	41.8	62.8
Gering	14.4	6.0	-	48.2	8.2
(N)	(2724)	(1471)	-	(2246)	(3928)
Wahrgenommener Dissens bei politischen Gesprächen					
Nie	10.3	5.7	7.4	-	8.8
Selten	34.6	32.6	32.3	43.2	35.7
Manchmal	41.3	44.1	45.4	51.6	44.5
Oft	13.8	17.6	14.8	5.2	10.9
(N)	(2736)	(1490)	(3901)	(2143)	(3786)

1 In Großbritannien nicht erhoben.

Tabelle 6-6 gibt Aufschluß darüber, wie die Befragten ihre Interaktionspartner in dieser Hinsicht wahrgenommen haben. Im Hinblick auf die politische Kompetenz der Diskutanten finden wir eine Rangfolge der Gesellschaften, die jener der Intensität politischer Gespräche ähnelt: Wo politische Konversationen häufiger geführt wurden, waren auch mehr Wähler der Meinung, daß ihre Gesprächspartner eine Menge von Politik verstünden. Besonders hoch war dementsprechend der Anteil der Diskutanten, die als kompetent galten, in Ostdeutschland, gefolgt von Westdeutschland und den USA. Auffallend wenig politischen Sachverstand trauten auf der anderen Seite die Spanier ihren Gesprächspartnern zu. Weit geringer waren die interkulturellen Unterschiede im Hinblick auf die wahrgenommene Übereinstimmung mit den Netzwerkpartnern bei politischen Gesprächen. Subjektiv harmonischer waren die dyadischen Beziehungen der Westdeutschen, Amerikaner und Spanier. Relativ disharmonisch waren sie in Ostdeutschland, was ein Ausdruck der politischen Übergangssituation sein dürfte, in der die politischen Orientierungen der Wähler noch wenig kristallisiert waren (Kaase/Klingemann 1994a). Insgesamt entsteht der Eindruck, daß die interpersonale politische Kommunikation zumindest in der Wahrnehmung der Beteiligten überall sehr viel eher durch Konsens als durch Dissens geprägt war. Daß Beziehungen als überwiegend disharmonisch erlebt wurden, kam nur sehr selten vor (siehe auch Schenk 1995: 109-10). Teilweise variierten diese Zuschreibungen in Abhängigkeit von der Art der Beziehung (Tabelle 6-7). Kaum Auffälligkeiten im Hinblick auf die politische Kompetenz lassen die Primärbeziehungen erkennen. Überraschend ist allerdings, daß die Amerikaner ihren Ehepartnern - obwohl sie sich mit diesen besonders oft über Politik unterhielten - deutlich seltener als allen anderen Diskutanten zuschrieben, über eine größere Expertise in politischen Fragen zu verfügen. Arbeitskollegen, aber auch Bekannten aus Vereinen unterstellten sowohl West- als auch Ostdeutsche oft einen hohen Sachverstand bezüglich politischer Fragen.

Deutlichere Regelmäßigkeiten bestanden im Hinblick auf das wahrgenommene Ausmaß von Konsens und Dissens bei politischen Gesprächen. Beziehungen zwischen Ehepartnern waren in allen Gesellschaften überdurchschnittlich häufig durch subjektiven Konsens geprägt. Dieser Befund deckt sich mit der These, daß die persönliche Zuneigung zu einer anderen Person eine Tendenz hervorruft, diese Person für vertrauenswürdig zu halten, während Zuschreibungen intellektueller Merkmale wie der politischen Kompetenz hiervon unberührt bleiben (O'Keefe 1990: 139). Allerdings erstreckte sich diese Regelmäßigkeit nicht auf Verwandte und Freunde. In Freundschaftsbeziehungen war sogar das Ausmaß des wahrgenommenen Dissens geringfügig erhöht, jedenfalls in Westdeutschland, Großbritannien und Spanien. Das überrascht um so mehr, als Freundschaft ein affektiv geprägter Beziehungstyp ist, den im Vergleich zu den meisten anderen Arten von Beziehungen ein höheres Maß an Wählbarkeit kennzeichnet (Fischer 1982: 114). Wie es scheint, stellt die politische Übereinstimmung bei Freundschaftswahlen kein dominantes Kriterium dar. Durchweg merklich unter dem jeweiligen Durchschnitt aller Diskutanten lag der Grad der wahrgenommenen Übereinstimmung bei Diskussionen am Arbeitsplatz. Zwischen Kollegen war das politische Vertrauen in allen Gesellschaften ziemlich gering. Das ist ebenfalls ein hervorhebenswerter Befund, denn er drückt aus, daß es Wählern gerade am Arbeitsplatz schwerfällt, durch gezielte Auswahl der Ge-

6 Gesellschaftliche Reichweite und Rezeptionsmuster

sprächspartner ein politisch vertrauensvolles Beziehungsgeflecht herzustellen (Finifter 1974).

Tabelle 6-7: *Glaubwürdigkeit der Interaktionspartner in Dyaden nach Art der Beziehung (in Prozent)*

	West-deutschland	Ost-deutschland	Groß-britannien	Spanien	USA
Wahrgenommenes politisches Wissen des Partners hoch					
Ehepartner	27.9	32.2	-	9.1	24.1
Verwandte	28.1	34.7	-	10.9	29.9
Freunde	28.5	39.5	-	11.4	30.9
Arbeitskollegen	33.1	41.3	-	11.1	28.5
Nachbarn	15.5	30.6	-	3.8	27.3
Selber Verein	31.1	63.8	-	-	-
Selbe Kirchengemeinde	-	-	-	-	35.0
Sonstige Beziehungen	29.3	39.1	-	10.7	-
(Mindest-N_{Basis})	(74)	(23)	-	(28)	(343)
Wahrgenommener Dissens bei politischen Gesprächen selten oder nie					
Ehepartner	47.4	44.9	41.8	50.7	46.0
Verwandte	44.9	36.5	41.6	42.6	43.5
Freunde	40.5	40.0	37.8	36.8	45.4
Arbeitskollegen	36.5	33.2	29.9	24.7	38.0
Nachbarn	49.2	43.0	44.7	20.3	40.9
Selber Verein	40.8	42.6	41.5	-	-
Selbe Kirchengemeinde	-	-	50.0	-	59.7
Sonstige Beziehungen	42.4	26.0	-	42.9	-
(Mindest-N_{Basis})	(76)	(23)	(48)	(28)	(328)

6.1.2 Indices der Intensität politischer Gespräche

Alle nachfolgend präsentierten Analysen stützen sich auf Indices der Intensität der interpersonalen politischen Kommunikation, welche auf der Basis der im letzten Abschnitt beschriebenen Daten gebildet wurden. Die Indices wurden additiv konstruiert und basieren auf der Überlegung, daß die Menge der politischen Informationen, die einen Wähler durch die interpersonale Kommunikation erreichen, von zwei Faktoren abhängt: der Zahl der Personen, mit denen er über Politik diskutiert, und der Häufigkeit, mit der er dies mit jeder einzelnen dieser Personen tut. Die Grundlogik dieser Indices besteht darin, die Gesprächshäufigkeiten aller von einem Befragten genannten Diskutanten mit bestimmten Eigenschaften aufzusummieren. Diesem Prinzip folgend, wurden analoge Indices für verschiedene Arten von Diskutanten gebildet. Auf der ersten - und einzigen in diesem Kapitel behandelten - Differenzierungsstufe wurde nach den verschiedenen Rollenbeziehungen zwischen den Diskutanten unterschieden. In späteren Kapiteln werden weitere Merkmale eingeführt, die zu feiner differenzierten Indices führen.

Am einfachsten war die Indexbildung natürlich für die Ehepartner, von denen jeder Wähler nur einen haben kann. Die Indices für Ehepartner können daher nur vier verschiedene Werte annehmen: Der Wert 0 steht für Wähler, die entweder nicht verheiratet sind oder mit ihrem Ehepartner nie über Politik sprechen. Der Wert 1 wurde an Wähler vergeben, die einen Ehepartner hatten, mit diesem jedoch nach eigenem Bekunden nur selten politische Themen verhandelten. Der Wert 2 wurde zugeordnet, wenn Wähler angaben, manchmal mit ihrem Ehepartner politische Unterhaltungen zu führen, der Wert 3 schließlich bedeutet, daß Politik in der betreffenden Paarbeziehung ein häufiger Diskussionsgegenstand war. Die Indices für Verwandte, Freunde usw. folgen derselben Logik, wobei aber zusätzlich die Werte für alle genannten Verwandten, Freunde usw. jedes einzelnen Befragten addiert werden. Ein Indexwert von 0 für Verwandte bedeutet mithin, daß ein Befragter überhaupt keine Kontakte zu Verwandten hat oder daß er sich mit keinem seiner Verwandten über politische Fragen austauscht. Der höchstmögliche Wert, den der Index annehmen kann, variiert in Abhängigkeit von der Zahl der jeweils erfragten Kontaktpartner. In West- und Ostdeutschland sowie den USA liegt er beispielsweise bei 15. Für Verwandte würde dieser Wert bedeuten, daß der betreffende Befragte fünf Verwandte angegeben hat und mit jedem von ihnen häufig über Politik spricht.

6.1.3 Muster politischer Gesprächsaktivitäten

Wie Tabelle 6-8 zeigt, bestanden keine sehr prononcierten Zusammenhänge im Hinblick auf die Intensität, mit der die Wähler mit verschiedenen Arten von Kontaktpersonen ihre politischen Meinungen austauschten. Um eine Vergleichsbasis zu gewinnen, fungiert in dieser Tabelle durchgängig die Intensität politischer Diskussionen mit Ehepartnern als Anker. Die ausgewiesenen Werte zeigen, wie stark die Intensität des politischen Austausches zwischen Ehepartnern mit der Intensität der interpersonalen politischen Kommunikation mit Personen korreliert war, mit denen die Wähler im Rahmen anderer Rollenbeziehungen interagierten. Die Muster, die sichtbar werden, sind allesamt ziemlich schwach ausgeprägt. Ein Grund hierfür ist, daß die politischen Konversationen der Befragten mit anderen Personen in analytischer Hinsicht partiell den Charakter von alternativen Handlungen mit eingeschränkter Variationsbreite haben. Die meisten Individuen verfügen offenbar nur über eine begrenzte Kapazität, mit anderen Personen intensiven Kontakt zu pflegen. Sie setzen daher in ihren Primärumwelten gleichsam Schwerpunkte und unterhalten nur mit einem überschaubaren Kreis von Personen wirklich enge Interaktionsbeziehungen.[2]

---

2 Dazu kommt ein methodischer Gesichtspunkt: Da von allen Befragten nur eine relativ geringe Anzahl von Kontaktpartnern genannt werden konnte, verringerte sich mit jedem genannten Diskutanten

Tabelle 6-8: *Zusammenhänge zwischen der Intensität politischer Gespräche mit Ehepartnern und der Intensität politischer Gespräche mit anderen Kontaktpartnern (Pearson's r)*

	West-deutschland	Ost-deutschland	Groß-britannien	Spanien	USA
Verwandte	.13**	.10**	.25**	.18**	.03
Freunde	-.02	-.00	.02	.03	-.10**
Arbeitskollegen	.14**	.10**	.11**	.12**	.10**
Nachbarn	.07*	.06+	.04*	.02	-.05+
Selber Verein	.01	-.04	.02	-	-
Selbe Kirchengemeinde	-	-	.03	-	-.04
Sonstige Beziehungen	-.02	-.03	-	.02	-
(Mindest-N)	(1334)	(686)	(2656)	(1370)	(1292)

** P<.01, * P<.05, + P<.10

Überdies dürften die schwachen Zusammenhänge aber auch eine Folge der ungezielten Beiläufigkeit sein, mit der die Politik als Gesprächsthema häufig in alltägliche Interaktionen einfließt (Huckfeldt/Sprague 1995: 17). Insgesamt weist die interpersonale Kommunikation der Wähler jedenfalls nur einen geringen "Spezialisierungsgrad" im Hinblick auf bestimmte Rollenbeziehungen auf. Gleichwohl heben sich zumindest zwei Regelmäßigkeiten ab, die der Erwähnung wert sind: Wähler, die sich häufig mit ihrem Ehepartner über Politik unterhielten, thematisierten diesen Gegenstand auch intensiver im Verwandtenkreis. Das galt für alle europäischen, jedoch nicht für die amerikanischen Wähler. In jeder der untersuchten Gesellschaften war die Intensität der interpersonalen Kommunikation mit dem Ehepartner überdies positiv mit der Frequenz politischer Debatten mit Arbeitskollegen assoziiert. Wer oft beim Abendessen mit dem Ehepartner debattierte, unterhielt sich auch bei der Frühstückspause in der Fabrik oder im Büro häufiger über Politik. Insoweit die Gesprächspartner bei diesen Gesprächen widerstreitende Positionen vertraten, implizierten zunehmende Intensitäten der politischen Diskussionen aufgrund dieser positiven Verknüpfungsmuster automatisch eine Zunahme mehrseitiger interpersonaler Informationsflüsse.

---

der Spielraum, um noch weitere Diskutanten anzugeben. Die verschiedenen Interaktionsbeziehungen schlossen sich somit tendenziell aus. Um dies an einem Beispiel zu verdeutlichen: Wenn sich unter den fünf wichtigsten Interaktionspartnern eines Befragten ein Ehepartner befand, dann bestand für diesen, selbst wenn er es gewollt hätte, nicht mehr die Möglichkeit, fünf Verwandte anzugeben, mit denen er ebenfalls "wichtige Dinge" besprach. Dasselbe galt natürlich analog auch für alle anderen Arten von Beziehungen. Die Tatsache, daß in jeder der untersuchten Gesellschaften nur kleine Minderheiten von Befragten die Maximalzahlen angebbarer Kontaktpartner ausschöpften (Tabelle 6-1), während die meisten Befragten nur eine geringere Anzahl von Netzwerkpersonen nannten, legt allerdings den Schluß nahe, daß dieser methodische Aspekt weniger wichtig war als der substantielle.

Tabelle 6-9: Intensität politischer Gespräche nach politischer Involvierung

	Westdeutschland		Ostdeutschland		Großbritannien		Spanien		USA	
	Novizen	Experten	Novizen	Experten	Novizen	Experten	Novizen	Experten	Novizen	Experten
Ehepartner	40.8[1]	45.1	39.2	38.8	36.9	52.9	49.5	56.3	56.6	65.6
	0.82[2]	0.86	0.97	0.95	0.68	1.00	0.80	1.08	1.13	1.50
	.07**[3]		.03		.19**		.13**		.23**	
Verwandte	28.4	21.5	28.1	37.9	30.8	39.0	35.7	36.8	47.9	60.5
	0.76	0.60	1.14	1.41	0.67	0.93	0.72	0.84	1.49	2.09
	-.04		.10**		.12**		.10**		.19**	
Freunde	28.9	41.7	20.2	26.7	16.2	27.3	21.2	34.0	24.6	37.3
	0.82	1.37	0.75	0.95	0.35	0.72	0.40	0.79	0.66	1.21
	.18**		.07+		.17**		.20**		.19**	
Arbeitskollegen	13.6	18.0	25.6	43.8	9.7	20.7	3.6	8.3	22.0	36.4
	0.43	0.50	1.16	1.81	0.22	0.50	0.07	0.18	0.64	1.20
	.08**		.13**		.16**		.11**		.19**	
Nachbarn	8.3	12.7	15.7	13.4	2.4	2.5	4.4	4.6	20.1	20.9
	0.18	0.26	0.53	0.41	0.04	0.05	0.07	0.10	0.52	0.56
	.08**		.01		.01		.06*		.03	
Selber Verein	2.0	4.7	2.2	8.2	1.2	2.5	-	-	-	-
	0.06	0.13	0.06	0.31	0.03	0.07	-	-	-	-
	.05+		.10**		.04+					
Selbe Kirchengemeinde	-	-	-	-	0.9	2.0	-	-	16.5	19.2
	-	-	-	-	0.02	0.04	-	-	0.42	0.55
					.05*				.08**	
Sonstige Beziehungen	7.3	2.9	1.4	3.3	-	-	0.9	3.1	-	-
	0.25	0.08	0.04	0.13	-	-	0.02	0.06	-	-
	-.07**		.07+				.09**			
(Mindest-N)	(681)	(654)	(360)	(327)	(1272)	(1369)	(683)	(669)	(703)	(594)
	(1335)		(687)		(2661)		(1352)		(1297)	

** P<.01, * P<.05, + P<.10

1   Anteil der Wähler, die mit mindestens einem Partner vom betreffenden Typ zumindest selten politische Gespräche führen.
2   Mittelwert der Expositionsintensität durch politische Gespräche.
3   Korrelation (Pearson's r) der Expositionsintensität durch politische Gespräche und der politischen Involvierung (nicht zusammengefaßter Index der politischen Involvierung).

6.1.4 Politische Involvierung und Intensität politischer Gespräche

Einer der wesentlichen Bausteine des RAS-Modells ist das Rezeptions-Axiom. Es postuliert, daß stärker involvierte Wähler mehr politische Informationen rezipieren als weniger involvierte Wähler, weil sie stärker motiviert sind, sich politischen Informationen zuzuwenden und diese aufzunehmen (Zaller 1992: 42). Wenn dieses Axiom für die interpersonale Kommunikation als spezifische Form der Informationsvermittlung zutreffend ist, sollte dies darin seinen Ausdruck finden, daß die Intensität politischer Gespräche bei Experten höher ist als bei Novizen. Das soll in diesem Abschnitt geprüft werden. Überdies ist von Interesse, ob der Zusammenhang zwischen der Zahl der Gesprächspartner und der Häufigkeit der Gespräche, die mit diesen geführt werden, durch die Art der Rollenbeziehung moderiert wird, die zwischen den Wählern und ihren verschiedenen Gesprächspartnern besteht. Differenziert nach den verschiedenen Arten von Beziehungen zeigt Tabelle 6-9 die bivariaten Zusammenhänge zwischen der politischen Involvierung der Wähler und ihrer Diskussionsintensität. Die Tabelle enthält drei verschiedene Informationen. Sie vergleicht, welche Anteile der Novizen und der Experten mit mindestens einer Person vom jeweiligen Beziehungstyp zumindest selten politische Gespräche führten. Dadurch wird deutlich, wieviele Novizen und Experten überhaupt durch Ehepartner, Verwandte usw. mit politischen Informationen konfrontiert wurden. Zweitens werden die Mittelwerte der nach Beziehungstypen differenzierten Indices der politischen Diskussionsintensität für Experten und für Novizen angegeben. Drittens schließlich sind die bivariaten Korrelationskoeffizienten der Diskussionsintensität und der politischen Involvierung ausgewiesen.

Beim ersten Inspizieren der Tabelle wird sofort klar, daß sich Experten und Novizen im Hinblick auf die Intensität der interpersonalen Kommunikation unterschieden und daß diese Unterschiede fast alle in der vermuteten Richtung liegen. Experten führten in der Tat fast durchgängig mit größerer Wahrscheinlichkeit politische Gespräche mit anderen Personen als Novizen. Gleichzeitig war die Diskussionsintensität der Experten im Schnitt höher als die Diskussionsintensität der Novizen: Sie unterhielten sich mit mehr Personen häufiger über Politik. Dementsprechend lassen sich auch positive Korrelationen zwischen der politischen Involvierung und der Intensität politischer Gespräche feststellen. Freilich waren diese Zusammenhänge nicht uniform, sondern variierten nach Ländern und nach der Art der Beziehung. Auch waren die Zusammenhänge im großen und ganzen nicht sehr kräftig. Im Schnitt waren sie in den USA am markantesten. Durchweg signifikante Kovariationen zwischen politischer Involvierung und politischer Diskussionsneigung kennzeichneten die Beziehungen der Wähler zu ihren Freunden und zu ihren Arbeitskollegen. Diese Formen der interpersonalen Kommunikation entsprachen in allen Kontexten recht deutlich den Erwartungen des Rezeptions-Axioms. Die Häufigkeit politischer Gespräche mit Ehepartnern war zwar ebenfalls fast überall bei Experten größer als bei Novizen. Ostdeutschland bildete hiervon jedoch eine Ausnahme. Im Hinblick auf Diskussionen mit Verwandten bildete demgegenüber Westdeutschland eine Ausnahme vom ansonsten einheitlichen Trend signifikanter positiver Verknüpfungen.

Die Erwartungen des Rezeptions-Axioms werden also in qualifizierter Weise bestätigt. Novizen nahmen insgesamt durch die interpersonale Kommunikation weniger politische Informationen auf als Experten. Aber die Unterschiede zwischen Experten und Novizen waren zumeist nicht sehr groß. Auch den Novizen flossen in erheblichem Umfang aus ihren Primärumwelten politische Überzeugungsbotschaften zu, woran alle Arten persönlicher Beziehungen Anteil hatten. Auch die Novizen beteiligten sich also in erheblichem Umfang an Gesprächen, in denen sie politischen Überzeugungsbotschaften ausgesetzt wurden. Damit war die Voraussetzung gegeben, daß sie durch die interpersonale Kommunikation politisch beeinflußt werden konnten.

6.1.5 Korrelate der Intensität politischer Gespräche

Das Ausmaß der Rezeption politischer Informationen, die über die interpersonale Kommunikation vermittelt werden, variiert nicht nur nach dem Grad der individuellen politischen Involvierung. Auch stellt nicht jede Art von Rollenbeziehung für alle Wähler eine gleichermaßen wichtige Quelle politischer Informationen dar. Die festgestellten Unterschiede im Hinblick auf die politische Involvierung verweisen auf die Bedeutung der Motivation des einzelnen Bürgers, sich mit Politik zu befassen und Informationen darüber aufzunehmen. Doch variiert die Wahrscheinlichkeit, mit bestimmten Kontaktpartnern ins Gespräch zu kommen, nicht nur nach der individuellen Motivation, sondern auch nach Voraussetzungen, die strukturell angelegt sind und unterschiedliche Gelegenheitsstrukturen erzeugen (Straits 1991). Die Wähler unterscheiden sich nicht nur im Hinblick auf ihr Interesse an politischen Informationen, sondern auch hinsichtlich der Chancen, mit Informationen von unterschiedlichen Quellen überhaupt in Kontakt zu kommen. Wer aus motivationalen Gründen bestimmte Arten politischer Informationen nicht rezipieren will oder wer sie aus strukturellen Gründen nicht rezipieren kann, ist durch diese auch nicht beeinflußbar. Welche Faktoren für die Rezeption von Informationen durch politische Gespräche mit anderen Personen, mit denen Wähler in bestimmten Beziehungen stehen, wichtig und welche weniger wichtig sind, verdeutlicht Tabelle 6-10. Sie zeigt die bivariaten Korrelationen zwischen der wiederum nach Beziehungstyp unterschiedenen Diskussionsintensität und einer Anzahl weiterer motivationaler Merkmale sowie struktureller Kennzeichen der Wähler. Diese deskriptiven Befunde sind ziemlich komplex. Einige Regelmäßigkeiten gelten für alle untersuchten Gesellschaften gleichermaßen, andere Zusammenhänge sind nur in bestimmten Gesellschaften zu beobachten.

6 Gesellschaftliche Reichweite und Rezeptionsmuster

Tabelle 6-10: Korrelate der Intensität politischer Gespräche nach Art der Beziehung (Pearson's r)

	West-deutschland	Ost-deutschland	Groß-britannien	Spanien	USA
Politisches Interesse[1]					
Ehepartner	.11**	-.05	-	.21**	.15**
Verwandte	.09**	-.04	-	.13**	.15**
Freunde	.19**	.16**	-	.20**	.10**
Arbeitskollegen	.16**	.10**	-	.07**	.09**
Nachbarn	.05+	.02	-	.00	.02
Selber Verein	.05+	.14**	-	-	-
Selbe Kirchengemeinde	-	-	-	-	.06*
Sonstige Beziehungen	.03	.08*	-	.07*	-
(Mindest-N)	(1334)	(683)	-	(1368)	(1294)
Stärke der Parteibindung[2]					
Ehepartner	-.02	-	.10**	.12**	.04
Verwandte	-.01	-	.10**	.10**	.07*
Freunde	.06*	-	.06**	.11**	.10**
Arbeitskollegen	.06*	-	.08**	.05+	.05+
Nachbarn	.10**	-	.03+	.07**	-.01
Selber Verein	.02	-	.03+	-	-
Selbe Kirchengemeinde	-	-	-.02	-	.05+
Sonstige Beziehungen	.03	-	-	.02	-
(Mindest-N)	(1199)	-	(2622)	(1322)	(1295)
Bildungsniveau					
Ehepartner	.08**	.00	.17**	.05+	.10**
Verwandte	.02	.00	.08**	.06*	.09**
Freunde	.27**	.10*	.18**	.26**	.16**
Arbeitskollegen	.08**	.04	.18**	.07*	.10**
Nachbarn	-.03	-.07+	-.02	-.02	.04
Selber Verein	.00	.13**	.04+	-	-
Selbe Kirchengemeinde	-	-	.02	-	.08**
Sonstige Beziehungen	.08**	.06	-	.04	-
(Mindest-N)	(1315)	(644)	(2620)	(1370)	(1295)
Geschlecht (1 = m, 0 = w)					
Ehepartner	.01	-.08*	-.04*	-.06*	.05*
Verwandte	-.05+	-.09*	-.11**	-.07**	-.18**
Freunde	.03	-.02	.03	.12**	.03
Arbeitskollegen	.21**	.13**	.14**	.16**	.14**
Nachbarn	.03	.02	-.00	-.02	.03
Selber Verein	.01	.10*	.06**	-	-
Selbe Kirchengemeinde	-	-	-.00	-	-.04
Sonstige Beziehungen	-.01	.11**	-	.03	-
(Mindest-N)	(1335)	(687)	(2661)	(1370)	(1297)

Alter					
Ehepartner	-.06*	-.05	-.09**	.06*	.03
Verwandte	-.01	-.07⁺	-.05**	-.06*	-.03
Freunde	-.21**	-.14**	-.10**	-.17**	-.03
Arbeitskollegen	-.13**	-.15**	-.13**	-.07**	-.14**
Nachbarn	.09**	.13**	.05**	-.01	.10**
Selber Verein	.04	.02	.03	-	-
Selbe Kirchengemeinde	-	-	.05**	-	.01
Sonstige Beziehungen	-.03	-.03	-	-.05⁺	-
(Mindest-N)	(1335)	(687)	(2628)	(1370)	(1292)
Familienstand (1 = verh., 0 = sonst.)					
Ehepartner	.51**	.39**	.44**	.50**	.82**
Verwandte	.03	-.03	-.05**	-.06*	-.04
Freunde	-.04⁺	-.08*	-.15**	-.14**	-.15**
Arbeitskollegen	.08**	.15**	.06**	.04	.05⁺
Nachbarn	.06*	.00	-.01	-.00	-.07*
Selber Verein	.02	.00	.02	-	-
Selbe Kirchengemeinde	-	-	.01	-	-.07*
Sonstige Beziehungen	.06*	.01	-	-.02	-
(Mindest-N)	(1334)	(687)	(2660)	(1370)	(1296)
Kinder im Haushalt³					
Ehepartner	.20**	.16**	-	-	.24**
Verwandte	.04	.04	-	-	-.02
Freunde	.02	.05	-	-	-.12**
Arbeitskollegen	.10**	.15**	-	-	.09**
Nachbarn	-.02	-.07⁺	-	-	-.05⁺
Selber Verein	.00	.01	-	-	-
Selbe Kirchengemeinde	-	-	-	-	-.00
Sonstige Beziehungen	-.00	-.04	-	-	-
(Mindest-N)	(1335)	(687)	-	-	(1296)
Erwerbstätigkeit					
Ehepartner	.03	.11**	.15**	.10**	.12**
Verwandte	-.02	-.04	.02	-.01	-.04
Freunde	.04	.07⁺	.02	.11**	-.07*
Arbeitskollegen	.29**	.31**	.30**	.22**	.43**
Nachbarn	-.07*	-.10**	-.07**	-.00	-.10**
Selber Verein	.01	.02	.02	-	-
Selbe Kirchengemeinde	-	-	-.02	-	-.05⁺
Sonstige Beziehungen	-.02	.01	-	.04	-
(Mindest-N)	(1319)	(684)	(2661)	(1370)	(1296)

Ortsgröße⁴					
Ehepartner	-.02	-.02	-	-	-
Verwandte	-.00	.07⁺	-	-	-
Freunde	.13**	.07⁺	-	-	-
Arbeitskollegen	-.01	-.01	-	-	-
Nachbarn	.01	-.11**	-	-	-
Selber Verein	.00	-.04	-	-	-
Selbe Kirchengemeinde	-	-	-	-	-
Sonstige Beziehungen	.02	-.05	-	-	-
(Mindest-N)	(1335)	(687)	-	-	-

** $P<.01$, * $P<.05$, ⁺ $P<.10$

1   In Großbritannien nicht erhoben.
2   In Ostdeutschland nicht erhoben.
3   In Großbritannien und Spanien nicht erhoben.
4   In Großbritannien, Spanien und den USA nicht erhoben.

Das motivationale Moment spielt offenkundig in allen Gesellschaften und für die meisten, jedoch keineswegs für alle Arten von Beziehungen eine bedeutende Rolle (siehe auch Kuo 1986; Straits 1991; Beck 1991: 374-7; Myers 1994: 150-1). Je größer die politische Neugier einer Person, die sich im Ausmaß des Interesses an der Politik ausdrückt, das sie sich selbst zuschreibt (van Deth 1989: 278), um so höher ist die Zahl der Personen, mit denen sie politische Gespräche führt, und um so öfter finden solche Gespräche statt. Dieser Zusammenhang ist nahezu universell. Die Intensität des politischen Austausches mit Nachbarn blieb allerdings vom politischen Interesse der Wähler weitgehend unberührt. Wie oft die Bürger der neuen Bundesländer im engsten Kreis ihrer Ehepartner und Verwandten politische Gegenstände thematisierten, wurde vom Umfang ihres politischen Interesses ebenfalls nicht tangiert. Das könnte eine Nachwirkung DDR-typischer Verhaltensmuster sein, denn im autoritären SED-Regime blieben offene politische Äußerungen ganz auf die Nischen der intimsten Primärbeziehungen beschränkt (Pappi 1998: 592-3). Wie es scheint, war das politische Interesse in den neuen Bundesländern vor allem für politische Konversationen in gleichsam öffentlichen Kontexten wichtig.

Bindungen an politische Parteien gingen in allen Ländern mit leicht erhöhten Neigungen einher, sowohl im Freundeskreis als auch am Arbeitsplatz über Politik zu diskutieren. Lediglich in Westdeutschland verbanden sich Parteibindungen nicht mit einer erhöhten Neigung, politische Fragen mit Verwandten zu erörtern. Nur in Großbritannien und Spanien tauschten sich parteipolitisch gebundene Wähler häufiger als ungebundene Wähler mit ihren Ehepartnern aus. Das Moment der Motivation, aber auch der kognitiven Fähigkeit, gedanklich mit politischen Abstraktionen umzugehen, sind Teilaspekte des Niveaus der formalen Bildung. Auch mit steigendem Bildungsniveau erhöhte sich in allen Gesellschaften die Neigung, mit Freunden, aber auch mit Arbeitskollegen politische Diskussionen zu führen. In den neuen Bundesländern war die Intensität des politischen Austausches mit Kollegen allerdings vom Bildungsniveau unabhängig, wodurch erneut die Sonderrolle dieses Beziehungstyps in Ostdeutschland unterstrichen wird. Ganz irrelevant war das Bildungsniveau in den neuen Bundesländern auch im Hinblick auf Gespräche im Familienkreis. Überall sonst stieg auch die Intensität der Kommunikation mit Ehepartnern und Verwandten - bei letzteren mit Ausnahme Westdeutschlands - parallel zum Bildungsniveau. In Bezug auf andere Sekundärbeziehungen ist das Bild uneinheitlich.

Unter Berücksichtigung der Befunde für die politische Involvierung (siehe Abschnitt 6.1.4) führen diese Beobachtungen zu dem Schluß, daß die meisten Arten persönlicher Beziehungen eher für solche Wähler als Quellen politischer Informationen fungierten, bei denen im Lichte unserer Erwartungen von einer vergleichsweise geringen Beeinflußbarkeit auszugehen ist, nämlich hoch involvierten, politisch interessierten, kognitiv kompetenten und parteipolitisch gebundenen Wählern (siehe Abschnitte 3.4.1.1 und 3.4.2.1). Allerdings sind die Zusammenhänge durchweg recht schwach. Nur der Tendenz nach entspricht das Bild im Hinblick auf die interpersonale Kommunikation somit dem "Flaschenhals der Konversion" (Lazarsfeld u.a. 1968: 95), d.h. dem paradoxen Muster, daß die mutmaßlich am stärksten beeinflußbaren Wähler am wenigsten von politischen Informationen erreicht werden. Überdies wird aufgrund der nach Beziehungsarten differenzierten Untersuchungsanlage deutlich, daß selbst dies nicht für alle Arten von Beziehungen zutrifft. Insbesondere bei einigen Arten von Sekundärbeziehungen, in West- und Ostdeutschland teilweise aber auch gerade bei den besonders intimen Beziehungen zu Ehepartnern und Verwandten, war die Intensität der interpersonalen politischen Kommunikation von der politischen Motivation unabhängig. Insoweit decken sich die Befunde nicht mit den Erwartungen des Rezeptions-Axioms.

Interessanterweise variierte die Intensität politischer Konversationen auch in komplexer Weise nach dem Geschlecht. Diese Zusammenhänge drücken nicht immer reale Unterschiede zwischen den Männern und Frauen aus, sondern zum Teil auch divergierende Interpretationen des politischen Gehaltes derselben Sozialbeziehungen. Deutlich wird dabei, daß die Verwandtschaft in allen Gesellschaften tendenziell eher für Frauen eine Quelle politischer Informationen darstellte, der Kollegenkreis hingegen für Männer (siehe auch Beck 1991: 376-7; Yum/Kendall 1995). Hierin drückt sich aus, daß die sozialen Aktionsräume von Männern und Frauen, vermutlich nicht zuletzt aufgrund der unterschiedlichen Erwerbsbeteiligung (s.u.), sehr verschieden sind. In Ostdeutschland, Großbritannien und Spanien sahen Männer im Ehepartner etwas seltener als Frauen einen politischen Gesprächspartner. Das kann nur bedeuten, daß Ehefrauen dazu tendieren, Unterhaltungen als politische Gespräche zu interpretieren, die von ihren Ehemänner nicht so gedeutet werden (Huckfeldt/Sprague 1995: 197). Entgegen den Befunden anderer Studien (Berelson u.a. 1954: 102-3; Huckfeldt/Sprague 1995: 191-204; Yum/Kendall 1995) war in den USA bemerkenswerterweise ein umgekehrter, allerdings auch nur sehr schwacher Zusammenhang festzustellen. Ebenfalls schwächere, jedoch durch ihre Ähnlichkeit auf klare interkulturelle Regelmäßigkeiten hindeutende Zusammenhänge bestanden auch zwischen der politischen Diskussionsintensität und dem Lebensalter von Wählern, das in diesem Zusammenhang als Indikator für lebenszyklische Prozesse zu interpretieren ist. Insbesondere im Hinblick auf politische Konversationen mit Freunden, Arbeitskollegen, aber auch Nachbarn erweist sich das Lebensalter als signifikantes Korrelat. Freunde (mit Ausnahme der USA) sowie Arbeitskollegen waren überall etwas wichtiger für jüngere Wähler, Nachbarn hingegen - mit Ausnahme Spaniens - für ältere Wähler.

Eine sehr wichtige Rolle als Gelegenheitsstruktur spielt der Familienstand. Verheiratet zu sein oder mit einem Lebenspartner im gemeinsamen Haushalt zu leben, ist eine essentielle Voraussetzung, um den politischen Austausch mit einem Ehe- oder Lebenspartner pflegen zu können. Singles können zwangsläufig von Ehepartnern keine politischen Informationen erhalten und von diesen infolgedessen auch nicht beeinflußt werden. Nicht selbstevident ist jedoch, daß die Bedeutung von Freunden als politische Gesprächspartner für verheiratete Wähler in allen Gesellschaften etwas geringer war als für Unverheiratete. Mit der Eheschließung scheinen Freunde als Diskutanten an Bedeutung zu verlieren. Der Arbeitsplatz war hingegen sowohl in West- und Ostdeutschland als auch in Großbritannien ein Fokus für politische Konversationen, der für verheiratete Wähler etwas wichtiger war als für unverheiratete Wähler. Bei Wählern, in deren Haushalt Kinder lebten, zeigte sich gleichfalls die größere Bedeutung des Ehepartners, aber auch der Arbeitskollegen als Partner für den politischen Austausch. Ähnlich wie der Familienstand stellt auch die Erwerbstätigkeit eine wichtige strukturelle Voraussetzung dar, ohne die Kontakte und damit auch politische Gespräche mit bestimmten Personen - nämlich Arbeitskollegen - überhaupt nicht möglich wären. Nur für Wähler, die einer Erwerbstätigkeit nachgehen, wird der Arbeitsplatz zu einem Fokus, an dem sie die politischen Meinungen von Kollegen kennenlernen können. Gleichzeitig ging mit der Erwerbstätigkeit überall außer in Westdeutschland aber auch eine etwas erhöhte Neigung zu verstärktem politischem Austausch mit dem Ehepartner sowie - mit Ausnahme Spaniens - zu verringertem Austausch mit den Nachbarn einher. Zum "Plausch über den Gartenzaun" (Curtice 1995) haben aushäusig Erwerbstätige vermutlich seltener Gelegenheit. In der Netzwerkforschung wurde häufig die These diskutiert, daß die Umstrukturierung der persönlichen Kontakt- und Aktionsräume durch den Prozeß der Urbanisierung die sozialen Beziehungen nachhaltig in Richtung einer größeren Bedeutung von Sekundärbeziehungen und von freier wählbaren Beziehungen verändert wird (Fischer 1982; Pappi/Melbeck 1988; Schenk 1995: 24-8). Diesbezüglich lassen sich nur für West- und Ostdeutschland Aussagen machen. In Westdeutschland, tendenziell aber auch in Ostdeutschland pflegten Städter etwas intensivere Diskussionen mit Freunden (siehe auch Schenk 1995: 141), in Ostdeutschland sank mit zunehmender Verstädterung hingegen die Bedeutung politischer Gespräche mit den Nachbarn.

Auch strukturelle Merkmale hingen also in zum Teil vielschichtiger Weise mit der Intensität der interpersonalen Kommunikation zusammen. Mit Abstand am wichtigsten waren dabei der Familienstand und die Erwerbstätigkeit – Merkmale, die als Gelegenheitsstrukturen festlegen, ob Personen mit bestimmten Arten von Partnern, nämlich Ehepartnern bzw. Arbeitskollegen, überhaupt in Kontakt kommen können oder nicht. Alle anderen Zusammenhänge markierten demgegenüber lediglich ziemlich schwache Tendenzen.

6.2 Massenkommunikation

6.2.1 Grundstrukturen der politischen Massenkommunikation

Ebenso wie bei der interpersonalen Kommunikation ging auch bei der Messung des Kontaktes der Wähler zur Berichterstattung der Massenmedien das Bestreben dahin, die habituelle Nutzung der politischen Angebote der Massenmedien in möglichst vollständiger und möglichst differenzierter Weise abzubilden. Zu diesem Zweck fokussierten die Befragungen nicht verallgemeinernd auf ganze Mediensparten, sondern waren zugespitzt auf die einzelnen Medienangebote, die in jeder der untersuchten Gesellschaften zur Verfügung standen. Insbesondere die Rezeption der tagesaktuellen politischen Berichterstattung wurde sehr präzise erfaßt. So wurde detailliert in Erfahrung gebracht, welche Tageszeitungen die befragten Wähler lasen. Dabei wurde auch der Möglichkeit Rechnung getragen, daß Wähler nicht nur eine Zeitung nutzten, sondern habituell zwei verschiedene Titel zur Kenntnis nahmen. Die Häufigkeit der Lektüre wurde in Tagen pro Woche gemäß Selbsteinschätzung gemessen. Hinsichtlich des Fernsehens wurde nach der Häufigkeit gefragt, mit der die wichtigsten Nachrichtensendungen gesehen wurden. Gemessen wurde die Rezeptionshäufigkeit wiederum aufgrund einer Selbsteinschätzung in Tagen pro Woche. Daneben wurde, wenngleich nicht in jedem Fall in ebenso feindifferenzierter Weise, zum Teil auch erfaßt, ob Wähler politische Nachrichtenmagazine lasen und ob sie neben den Nachrichten noch andere politische Angebote des Fernsehens verfolgten. Die Rezeptionshäufigkeit wurde bei diesen Medien anhand von Selbsteinschätzungen der Regelmäßigkeit gemessen, mit der diese genutzt wurden.

Tabelle 6-11 vermittelt einen Eindruck vom Umfang der Palette der tagesaktuellen – also faktenorientierten – Medienangebote, aus denen die Wähler in den untersuchten Gesellschaften zumindest selten politische Informationen bezogen. Zeitungstitel und Fernsehsender wurden dabei als Einzelmedien aufgefaßt. Soweit erhoben, wurden verschiedene Nachrichtensendungen desselben Senders unter dem jeweiligen Sender rubriziert. Beispielsweise wurden 'Tagesschau' und 'Tagesthemen' als ARD-Nachrichten zusammengefaßt. Es fällt sofort auf, daß es überall nur sehr wenige Wähler gab, die überhaupt nicht von der politischen Berichterstattung der Massenmedien erreicht wurden. Die Columbia-Forscher hatten dezidiert die Auffassung vertreten, daß die interpersonale Kommunikation eine größere Reichweite habe als die Massenkommunikation (Lazarsfeld u.a. 1968: 150). Ausweislich der in Tabelle 6-11 abgebildeten Befunde ist dieses Postulat sicher nicht mehr haltbar. Eine

6 Gesellschaftliche Reichweite und Rezeptionsmuster

geringere Reichweite als die interpersonale Kommunikation hat die Massenkommunikation mitnichten. In Deutschland und den USA, jedoch nicht in Großbritannien und erst recht nicht in Spanien leistet die Presse dazu einen erheblichen Beitrag. Überall aber ist es insbesondere das Fernsehen, dessen flächendeckende Ausbreitung dazu geführt hat, daß heute fast alle Wähler zumindest in begrenztem Umfang von der Massenkommunikation erreicht werden (Klingemann 1986).

Während in allen anderen Ländern nur äußerst wenige Wähler ohne jeden Kontakt zur Massenkommunikation blieben, bezog allerdings in Spanien immerhin mehr als jeder zehnte Wähler keine politischen Informationen aus irgendeinem Massenmedium. Dies ist eine weitere Manifestation des außerordentlich geringen Politisierungsgrades der spanischen Gesellschaft. Unter dem Aspekt der potentiellen Mehrseitigkeit der über die Massenkommunikation vermittelten politischen Informationen ist es wichtig, wie vielen verschiedenen Medien - d.h. wie vielen Zeitungstiteln und wie vielen Rundfunkanbietern - sich ein Wähler zuwendet. Auch diesbezüglich ist Spanien ein Sonderfall, denn volle 28 Prozent der Wähler bezogen dort ausschließlich Informationen aus einer einzigen Quelle. In allen anderen Gesellschaften nutzten deutlich über 90 Prozent aller Wähler zwei oder mehr Medien, in Spanien betrug dieser Anteil jedoch nicht mehr als 60 Prozent.

Tabelle 6-11: *Anzahl der genutzten tagesaktuellen Medienangebote (in Prozent)*

	West-deutschland	Ost-deutschland	Groß-britannien	Spanien	USA
Kein Medium	2.0	0.9	1.8	11.9	0.8
1 Medium[1]	3.8	2.7	5.4	28.1	3.1
2 Medien	20.4	9.9	26.3	27.6	20.9
3 Medien	31.0	26.5	37.0	18.8	45.1
4 Medien	23.1	35.5	22.9	10.2	30.1
5 Medien	13.8	24.6	6.6	3.4	-
6 Medien	6.0	-	-	0.0	-
(N)	(1323)	(676)	(2297)	(1330)	(1315)

	Tz.[2]	TV[3]	Tz.	TV	Tz.	TV	Tz.	TV	Tz.	TV[4]
Kein Medium	27.0	4.5	10.0	3.0	33.7	3.2	54.7	15.0	16.2	3.0
1 Medium	48.7	7.9	43.8	16.0	42.9	11.7	27.3	44.1	49.1	11.7
2 Medien	24.3	53.4	46.2	28.7	23.3	64.3	18.0	32.3	34.7	85.3
3 Medien	-	13.8	-	52.4	-	20.8	-	8.6	-	-
4 Medien	-	20.4	-	-	-	-	-	0.0	-	-
(N)	(1340)	(1323)	(692)	(676)	(2847)	(2303)	(1354)	(1349)	(1317)	(1316)

1 Angegeben sind Anteile der Befragten, die ein Medium an wenigstens einem Tag pro Woche nutzen.
2 Tageszeitungen.
3 TV-Sender.
4 Hinsichtlich Network-Nachrichten und CNN keine Mehrfachnennungen möglich; Fokussierung erfolgte auf den "normalerweise" gesehenen Sender.

Tabelle 6-11 unterstreicht, wie wichtig es ist, bei Erhebungen der Mediennutzung nach zwei Zeitungstiteln zu fragen, denn nicht wenige Wähler lasen in der Tat zumindest hin und wieder mehr als eine Tageszeitung. Am häufigsten kam dies mit einem Anteil von 46 Prozent in den neuen Bundesländern vor, am seltensten, mit 18 Prozent, wiederum in Spanien. Tageszeitungen hatten insgesamt in Spanien eine erheblich geringere Bedeutung als in den anderen untersuchten Gesellschaften. Vor der Parlamentswahl 1993 verzichtete deutlich mehr als die Hälfte der spanischen Wähler ganz darauf, sich überhaupt aus einer Tageszeitung zu informieren. Zusammen mit Griechenland und Portugal bildet Spanien im Hinblick auf die Reichweite der Tagespresse das Schlußlicht unter den Ländern Westeuropas (Schmitt-Beck 1998: 226). Die größte Aufmerksamkeit wurde den Tageszeitungen in Ostdeutschland zuteil (90 Prozent), gefolgt von den USA (84 Prozent). In Westdeutschland wurden immerhin drei von vier Wählern von der Tagespresse erreicht, in Großbritannien lediglich zwei von drei Wählern. Etwas weniger als ein Viertel der Westdeutschen und der Briten nahm zumindest hin und wieder Berichte aus zwei Blättern zur Kenntnis. In Westdeutschland und den USA gab es allerdings auch in signifikantem Umfang Wähler, die zwar auf die Lektüre einer Tageszeitung verzichteten, aber mehr oder weniger häufig ein politisches Wochenmagazin zur Hand nahmen (nicht tabellarisch ausgewiesen). Völlig "print-abstinent" waren infolgedessen in Westdeutschland nur 16 Prozent und in den USA nur 10 Prozent aller Wähler. Bestehen hinsichtlich der Bedeutung der Tageszeitungen zwischen verschiedenen westlichen Demokratien erhebliche Unterschiede, so ist das Fernsehen demgegenüber überall ein nahezu ubiquitäres Medium. In allen westlichen Ländern werden nur kleine Minderheiten der Bürger nicht wenigstens ab und zu von politischen Beiträgen des Fernsehens erreicht (siehe auch Schmitt-Beck 1998: 225-6). Den größten Anteil von - jedenfalls im Hinblick auf politische Informationen - fernsehabstinenten Wählern hatte wiederum Spanien mit 15 Prozent. Überall sonst lagen die Anteile der Bürger, die niemals eine Nachrichtensendung verfolgten, unter fünf Prozent.

Die Zahl der Rundfunkveranstalter, deren politische Sendungen in den verschiedenen Gesellschaften gesehen werden konnten, hing von der Angebotsstruktur ab, die von Land zu Land unterschiedlich aussah und deshalb detaillierter erläutert werden muß. Der Erwähnung bedarf auch, daß in den meisten nationalen Befragungen aufgrund der zum Teil sehr vielfältigen, aber auch fluiden Angebotsstrukturen im Fernsehbereich Schwerpunkte auf die in quantitativer Hinsicht wichtigsten Angebote gelegt werden mußten. Die Rundfunklandschaft in beiden Regionen Deutschlands war zum Zeitpunkt der Erhebung besonders stark im Fluß. Westdeutschland hatte ein halbes Jahrzehnt im sogenannten dualen Rundfunksystem hinter sich, und der völlige Durchbruch des Privatfernsehens war noch nicht erreicht. Seit 1984 waren privatwirtschaftlich verfaßte Sender zugelassen worden, die mit den beiden öffentlich-rechtlichen Kanälen ARD und ZDF um Zuschauer konkurrierten. Die in der Publikumsgunst erfolgreichsten von damals rund 20 Privatprogrammen, RTLplus (heute RTL) und SAT1, wurden neben ARD und ZDF bei der Befragung

6 Gesellschaftliche Reichweite und Rezeptionsmuster 185

berücksichtigt. 1990 verfügten allerdings sehr viele Zuschauer noch nicht über die technischen Voraussetzungen, um diese Programme empfangen zu können. Die sogenannte "technische Reichweite" von RTLplus und SAT1 lag erst bei rund 60 Prozent der Fernsehhaushalte (Stuiber 1998: 628). Vor diesem Hintergrund nahm vor der Bundestagswahl 1990 nur ein gutes Drittel der Befragten Nachrichtensendungen von mehr als zwei Sendern zur Kenntnis. Die hier präsentierten Befunde sind insoweit zeitgebunden.

In den neuen Bundesländern ist das Privatfernsehen heute populärer als in den alten Bundesländern (Stuiber 1998: 1059-61). Technisch ermöglicht durch den Satellitendirektempfang, fand es dort aber auch im Jahr der deutschen Einheit schon Interesse. Wegen ihrer noch vergleichsweise geringen Bedeutung blieben die Privatsender in der ostdeutschen Befragung jedoch unberücksichtigt. Stattdessen mußte dem Umstand Rechnung getragen werden, daß die meisten Bürger der neuen Bundesländer neben den zwei Programmen von DFF, dem ehemaligen Staatssender der DDR, auch die zu dieser Zeit noch rein westdeutschen Angebote von ARD und ZDF intensiv verfolgten. Mehr als die Hälfte der Ostdeutschen sah tatsächlich Nachrichten aller drei Sender. Die britischen Fernsehzuschauer konnten 1992 im wesentlichen zwischen Informationssendungen von drei verschiedenen Programmanbietern auswählen, die für jedermann empfangbar waren: BBC (mit zwei Programmen), ITN (Channel 3) und Channel 4. Die per Satellit verbreiteten Abonnement-Programme des privaten BSkyB-Konsortiums wurden aufgrund ihrer minimalen Reichweite nicht in die CNEP-Erhebung aufgenommen; ihr Marktanteil lag 1992 bei vier Prozent (Negrine 1994: 196). In Spanien wurde privaten Fernsehanbietern erstmals im Jahr 1989 eine Sendelizenz erteilt. Da die Programme der privaten Anbieter von Beginn an terrestrisch verbreitet wurden, waren sie jedoch sofort für alle Fernsehteilnehmer zugänglich und erreichten rasch substantielle Marktanteile (Europäische Audiovisuelle Informationsstelle 1995: 204). Somit bestand für die spanischen Fernsehzuschauer die Möglichkeit, Nachrichtensendungen von bis zu vier Anbietern zu konsumieren: TVE (mit zwei Programmen) sowie Antena 3, Tele 5 und Canal +. Bei letzterem Sender handelte es sich allerdings um ein kostenpflichtiges Abonnement-Programm (*Pay-TV*); der Zuschaueranteil war dementsprechend sehr klein. Praktisch niemand sah infolgedessen vor der Parlamentswahl 1993 Nachrichtensendungen auf allen vier Sendern, immerhin 41 Prozent der spanischen Wähler verfolgten aber die Nachrichten auf zwei oder drei Programmen.

In der amerikanischen Erhebung wurde nur eingeschränkt versucht, die parallele Nutzung mehrerer Nachrichtenangebote abzubilden. Gemessen wurde vielmehr, welcher der insgesamt vier dominierenden nationalen Anbieter für jeden Befragten den wichtigsten Nachrichtenlieferanten darstellte: eines der drei Networks ABC, CBS oder NBC oder der per Kabel verbreitete Nachrichtensender CNN. Zumindest was die Networks anbelangt, ist allerdings nicht davon auszugehen, daß Zuschauer überhaupt in nennenswertem Umfang mehrere Nachrichtenangebote gleichzeitig nutzten. Denn die Hauptnachrichtensendungen von ABC, CBS und NBC werden alle zur selben Zeit ausgestrahlt und haben normalerweise ihr eingeschworenes Publikum. Umrahmt werden die Nachrichtensendungen der Networks typischerweise von Lokalnachrichten. Diese werden von den lokalen Fernsehstationen produziert, welche mit den Networks "affiliiert" sind und vor Ort die nationalen Network-Nachrichten ausstrahlen.[3] Sie behandeln neben örtlichen "soft news" in begrenztem Umfang auch Themen der "großen Politik" in Washington (Just u.a. 1996: 93). Das Zuschauerinteresse an dieser Form der politischen Berichterstattung ist in den vergangenen Jahren erheblich gewachsen; sie findet inzwischen mehr Zuspruch als die nationalen "news shows" der Networks. Weit über 80 Prozent der Amerikaner sahen 1992 sowohl nationale Nachrichten eines Networks oder von CNN, als auch die Lokalnachrichten örtlicher Sender. Ausgeblendet blieben in der CNEP-Befragung Angebote für politisch hoch interessierte Minderheiten wie die auf politische Information spezialisierten, von der Regierung betriebenen C-SPAN-Kabelkanäle sowie die Nachrichten des öffentlichen Fernsehens PBS, das insgesamt nur einen Marktanteil von drei Prozent erreichte.

Wie erläutert, sind unter dem Aspekt der Kanalcharakteristika der politischen Medienangebote zwei Dimensionen wesentlich: der Grad der Faktenorientierung bzw. Meinungsorientierung der Berichterstattung sowie die Informationsqualität (siehe Abschnitt 3.4.3.2). Da die Nutzung der verschiedenen Medienangebote überwiegend in feindifferenzierter Form erhoben wurde, können die einzelnen Angebote im Hinblick auf diese beiden Dimensionen eingeordnet werden. Tabelle 6-12 zeigt, wie die einzelnen Medien klassifiziert wurden und wie groß ihre Reichweite im einzelnen war, d.h. wie groß die Anteile der Wähler waren, welche von jedem Medium zumindest selten erreicht wurden. Tabelle 6-13 ist zu entnehmen, wieviele Wähler Informationen von mindestens einem Angebot aus jeder der dabei gebildeten Klassen von Medien rezipierten.

Medien, die der tagesaktuellen Berichterstattung verpflichtet sind, wie Tageszeitungen und Fernsehnachrichten, orientieren sich an der Norm der Trennung von Nachricht und Meinung und stellen die Faktendarstellung in den Vordergrund. Diese Norm verlangt, daß Meinungsäußerungen lediglich im begrenzten Rahmen von Kommentaren erfolgen, die mittels entsprechender journalistischer Stilmittel ausdrücklich als solche gekennzeichnet werden (Schönbach 1977: 15-27). Demgegenüber ist die Trennung zwischen Nachricht und Meinung in politischen Magazinen bis zu einem gewissen Grad aufgehoben (Robinson/Sheehan 1983: 64).

---

3 Das amerikanische Fernsehens hat eine dezentrale Grundstruktur. Im Jahr 1994 waren beispielsweise landesweit insgesamt 1.516 Fernsehstationen auf Sendung, davon 1.153 kommerzielle (Redelfs 1996: 139). Alle diese Fernsehstationen (mit Ausnahme der Kabelsender) verbreiten ihre Programme lokal. Die meisten dieser Sender kooperieren mit einem der drei nationalen Networks und beziehen von diesen den größten Teil der von ihnen ausgestrahlten Sendungen, darunter auch die nationalen Hauptnachrichtensendungen. Die Networks sind also keine Sender, sondern Produzenten und Zulieferer für Programme. Für die Verbreitung ihrer Programme entrichten sie an die "affiliates" Gebühren und erhalten im Gegenzug den Erlös aus den Werbeeinnahmen, die im Rahmen dieser Sendungen erzielt werden. Die "affiliates" bestreiten normalerweise rund zwei Drittel ihrer Sendezeit mit Network-Zulieferungen.

Tabelle 6-12: *Klassifizierung der Medienangebote (Reichweiten in Prozent)*

	Westdeutschland	Ostdeutschland	Großbritannien	Spanien	USA
Tageszeitungen:					
• "Qualitätspresse"	'Die Welt' (1.0)[1] 'Frankfurter Allgemeine Zeitung (FAZ)' (3.7) 'Süddeutsche Zeitung (SZ)' (3.1) 'Frankfurter Rundschau (FR)' (2.8) 'die tageszeitung (TAZ)' (1.1)		'Times' (2.3) 'Daily Telegraph' (7.7) 'Guardian' (3.6) 'Financial Times' (0.7) 'Independent' (4.3)	'ABC' (4.2) 'Ya' (0.7) 'El Mundo' (4.9) 'Vanguardia' (3.5) 'Diario 16' (2.3) 'El Pais' (11.0)	'New York Times (NYT)' (4.4) 'Washington Post' (2.9) 'Los Angeles Times (LAT)' (4.0)
• Mittlere Informationsqualität	Lokal- und Regionalzeitungen (54.2)[2]	Lokal- und Regionalzeitungen (85.8)[2]	'Daily Express' (8.4) 'Daily Mail' (11.7) 'Today' (2.6) Lokal- und Regionalzeitungen (5.9)[2]	Lokal- und Regionalzeitungen (30.9)[2]	'USA today' (5.6) Lokal- und Regionalzeitungen (77.4)[2]
• "Massenpresse"	'Bild-Zeitung' (25.7) Sonstige Boulevardzeitungen (3.6)[2]	'Bild-Zeitung' (42.1) Sonstige Boulevardzeitungen (3.3)[2]	'Sun' (17.4) 'Daily Star' (3.7) 'Daily Mirror' (20.2)		
Nachrichtenmagazine	'Der Spiegel' (43.5) 'Die Zeit' (22.5)	'Der Spiegel' (21.7) 'Die Zeit' (6.3)		'Cambio 16', 'Interviu', 'Panorama' und/oder 'Tiempo' (4.4)[3]	'Time', 'Newsweek' und/oder 'U.S. News and World Report' (57.9)[3]

	Westdeutschland	Ostdeutschland	Großbritannien	Spanien	USA
Fernsehnachrichten:					
• Öffentl.-rechtliche Sender	ARD (91.7) ZDF (84.2)	ARD (80.5) ZDF (71.8) DFF (77.5)	BBC (93.4)	TVE (62.1)	
• Privatsender	RTLplus (33.4) SAT1 (27.5)		ITN (88.0) Channel 4 (22.9)	Antena 3 (39.0) Tele 5 (25.6) Canal + (1.6)	NBC (20.3) CBS (21.7) ABC (19.7) CNN (20.6) Lokalnachrichten (95.4)[3]
Sonstige Fernsehformate	ARD-Magazine (86.0) ZDF-Magazine (82.1)	ARD-Magazine (77.8) ZDF-Magazine (75.8) DFF-Magazine (82.7)			Magazine (88.8)[3] Talkshows (83.4)[3]

1   Anteil der Wähler, die das betreffende Medium mindestens selten nutzen.
2   Aufgrund lokal oder regional begrenzter Verbreitung in Sammelkategorie zusammengefaßt.
3   Als Sammelkategorie erhoben.

6 Gesellschaftliche Reichweite und Rezeptionsmuster

Daher kann die Unterscheidung zwischen eher faktenorientierten und eher meinungsorientierten Medienformaten durch die Trennung tagesaktueller Informationsangebote von politischen Magazinen umgesetzt werden. Hauptfunktion von Magazinen ist nicht die Faktenvermittlung, sondern die "Meinungsbildung". Man kann also davon ausgehen, daß die Bedeutung von Überzeugungsbotschaften in ihrer Berichterstattung größer ist als in der Berichterstattung der tagesaktuellen Medien.

Tabelle 6-13: Reichweiten von Medientypen (in Prozent)

	West-deutschland	Ost-deutschland	Groß-britannien	Spanien	USA
Qualitätszeitungen	11.0[1]	-	16.0	21.4	13.6
Zeitungen mittlerer Informationsqualität	54.2	85.1	26.5	31.8	77.4
Boulevardzeitungen	28.2	43.5	35.0	-	-
Nachrichtenmagazine	44.7	21.7	-	4.4	57.9
Nachrichten öffentlich-rechtlicher Sender	93.5	97.0	93.4	62.1	-
Nachrichten von Privatsendern	38.2	-	88.8	50.5	97.0
Politische Magazine	88.7	97.5	-	-	88.8
Talkshows	-	-	-	-	83.4
(Mindest-N_{Basis})	(1323)	(676)	(2303)	(1349)	(1316)

1 Angegeben sind Anteile der Befragten, die mindestens ein Medienangebot der betreffenden Kategorie zumindest gelegentlich nutzen.

Im Printsektor ist dabei vor allem an die in wöchentlichem Turnus publizierten Nachrichtenmagazine zu denken. Der älteste dieser Titel, das amerikanische Magazin 'Time', diente als Modell für Journale wie den 'Spiegel' in Deutschland oder 'Tiempo' in Spanien (Landgrebe 1994). Nachrichtenmagazine ergänzen die Nachrichten der Tagespresse um ausführliche Hintergrundanalysen und haben einen Schwerpunkt im Bereich des investigativen Enthüllungsjournalismus (Neuman u.a. 1992: 50). In Deutschland ist neben dem 'Spiegel' auch die Wochenzeitung 'Die Zeit' als ein Periodikum zu berücksichtigen, das seine Funktion weniger in der Darstellung von Fakten als in der Analyse und Meinungsbildung sieht (Pürer/Raabe 1996: 180-7). In den USA rezipierten fast 60 Prozent aller Wähler Berichte aus Nachrichtenmagazinen, in Westdeutschland immerhin rund 45 Prozent. In den neuen Bundesländern stießen westliche Presseerzeugnisse - mit Ausnahme der 'Bild-Zeitung' - nach der Wende generell nur auf sehr wenig Interesse (Voges 1995). Den 'Spiegel' oder die 'Zeit' lasen im Osten nur rund halb so viele Wähler wie im Westen. In Spanien hatte die politische Wochenpresse nach den ersten Jahren der Demokratisierung rapide an Bedeutung verloren. Die ursprüngliche Zahl der Titel war stark geschrumpft und die verbliebenen Magazine erreichten nur noch sehr wenige Leser - vor der Parlamentswahl 1993 gerade noch vier Prozent der spanischen Wählerschaft.

Auch viele Fernsehsender bieten ihrem Publikum in wöchentlichem Rhythmus politische Magazine an. Wie die gedruckten Nachrichtenmagazine legen auch die Fernsehmagazine das Schwergewicht auf investigative Hintergrundanalysen zu kontroversen Themen und auf kritische politische Recherchen (Gerhards/Klingler 1995; Redelfs 1996: 151-5, 262-5). Nur wenige Fernsehzuschauer in West-, aber auch in Ostdeutschland rezipierten 1990 nie eine Sendung wie 'Panorama', 'Report' oder 'Monitor' in der ARD oder 'Kennzeichen D' und 'Studio 1' im ZDF. In den neuen Bundesländern kamen die Angebote des DFF hinzu (z.B. 'Controvers'), die ebenfalls auf breites Interesse stießen. Auch in den USA finden politische Magazine generell große Beachtung. '60 Minutes' von CBS ist eine der erfolgreichsten Sendungen des amerikanischen Fernsehens überhaupt. Sowohl in beiden Regionen Deutschlands als auch in den USA rezipierten rund 90 Prozent aller Wähler zumindest hin und wieder ein politisches Magazin. In den Programmen der britischen Sender ist der Stellenwert politischer Magazine ziemlich gering. Die britische Befragung verzichtete daher darauf, die Rezeption dieser Art von Sendungen zu messen. Im spanischen Fernsehen gibt es dieses Sendungsformat nicht (Hajok/Schorb 1998: 335).

Im Hinblick auf die Informationsqualität, insbesondere unter den Aspekten der Tiefe und Differenziertheit sowie der Abstraktheit der Behandlung der thematisierten Gegenstände, sind die politischen Magazine eher im oberen Bereich der Skala anzusiedeln (Mutz 1994: 694). Die tagesaktuellen Medien decken demgegenüber hinsichtlich der Informationsqualität ein breites Spektrum ab (Schmitt-Beck 1998: 234-8). Huggins/Turner sortierten die Titel der britischen Tagespresse nach dem Grad ihrer Intellektualität in die drei Kategorien "qualities", "middle market" und "mass market" (Huggins/Turner 1997: 399). Analoge Differenzierungen sind auch hinsichtlich der deutschen Presse üblich (Pürer/Raabe 1996: 162-76). Auf den Medienmärkten Spaniens und der USA ist die Angebotspalette weniger breit, denn es existiert dort kein Äquivalent zur deutschen und britischen "Massen-" oder "Boulevardpresse". Distinktes Kennzeichen der sogenannten Qualitätspresse ist, daß sie umfassend, tiefschürfend und mit hohem intellektuellem Anspruch eine breite Palette von Themen behandelt. Für sie ist neben der umfangreichen aktuellen Berichterstattung der hohe Stellenwert typisch, der auf "Hintergrund, Analyse, Einordnung" gelegt wird (Riehl-Heyse 1997). Eine wichtige Zielgruppe dieser Titel sind die gesellschaftlichen Eliten; zugleich erfüllen sie oft innerhalb der nationalen Mediensysteme eine Meinungsführerfunktion (Merrill/Fisher 1980: 3-23; Mathes/Czaplicki 1993). Als formales Kriterium ist anzuführen, daß die Qualitätszeitungen zwar oft als Metropolenzeitungen erscheinen, jedoch in der Regel auch überregional vertrieben werden. In allen untersuchten Gesellschaften erreichte die Qualitätspresse nur relativ kleine Segmente der Wählerschaft. Bemerkenswert ist allerdings, daß gerade in Spanien als dem Land, in dem die Presse insgesamt nur eine sehr geringe Reichweite hatte, der Anteil der Leser einer Qualitätszeitung am größten war. Über ein Fünftel der Spanier lasen 'El País' oder einen anderen Titel der Qualitätspresse. In Großbritannien, den USA und Westdeutschland fanden Qualitätszeitungen deutlich weniger Aufmerksamkeit. In den neuen Bundesländern existierte 1990 keine eigenständige Qualitätspresse. Aber auch die einschlägigen Erzeugnisse aus Frankfurt, München oder Berlin fanden dort praktisch keinen Absatz.

Eine Gemeinsamkeit der Presselandschaften West- und Ostdeutschlands, Spaniens und der USA ist ihre starke Dezentralisierung. In allen diesen Ländern hat die große Mehrzahl der Zeitungstitel nur relativ kleinräumige Verbreitungsgebiete und relativ geringe Auflagen. Das hat für unsere Untersuchung eine methodische Konsequenz: Da die einzelnen Titel der Lokal- und Regionalpresse nur mit sehr kleinen Fallzahlen in den auf nationalen Stichproben basierenden Erhebungen vertreten sind, können sie nicht separat in den Analysen berücksichtigt werden. Statt dessen werden sie in Sammelkategorien zusammengefaßt. Die Lokal- und Regionalzeitungen erreichen in der Regel hinsichtlich der Ereignisse der nationalen Politik nicht die Informationstiefe und -menge der Qualitätspresse. Ihr Schwerpunkt liegt statt dessen auf der Berichterstattung über örtliche Begebenheiten. Man kann sie daher als Zeitungen mittlerer Informationsqualität einordnen. Als lokale Unterausgaben von 120 sogenannten "publizistischen Einheiten"[4] erschienen 1990 in Westdeutschland insgesamt rund 1.300 Zeitungstitel, die 54 Prozent der Wählerschaft - und damit einen weit größeren Anteil als die Qualitätspresse - erreichten. In Ostdeutschland war im Gefolge der "Wende" eine neue Presselandschaft im Entstehen. Nach einer Phase vorher und nachher unerreichter Vielfalt in den Jahren 1990 und 1991 näherte sich diese freilich in ihren Grundzügen bald wieder den alten Strukturen der DDR-Presse an. Als ökonomisch erfolgreichste Zeitungsprojekte erwiesen sich nämlich die von westdeutschen Großverlagen im Zuge der Privatisierung der DDR-Presse übernommenen ehemaligen Bezirkszeitungen der SED. Neue Titel und solche aus Westdeutschland fanden bei den ostdeutschen Lesern hingegen kaum Anklang. Vor diesem Hintergrund rezipierte die große Mehrzahl - rund 86 Prozent - der ostdeutschen Wähler 1990 eine von rund 300 Lokalzeitungen, die zu 35 publizistischen Einheiten gehörten (Pürer/Raabe 1996: 163-6, 442-59; Streul 1996: 445-8). In Spanien erreichten rund 130 verschiedene Lokalzeitungen (Salomon 1993: 113) nicht mehr als ein knappes Drittel aller Wähler. Die amerikanische Presselandschaft ist äußerst differenziert; 1992 wurden rund 1.570 verschiedene lokale Tageszeitungen publiziert (Salomon 1993: 135). Auf dem mittleren Niveau der Informationsqualität kann man daneben auch die erste eigentliche nationale Tageszeitung der USA einordnen:

---

4   Unter einer "publizistischen Einheit" versteht man eine redaktionell selbständige Tageszeitung mit einer Vollredaktion, die den gesamten redaktionellen Teil mit sämtlichen Ressorts abdeckt. Die zu einer publizistischen Einheit gehörenden Unterausgaben unterscheiden sich zumeist nur im Lokalteil, haben aber denselben "Mantel", der die Berichte über die nationale und internationale Politik enthält (Pürer/Raabe 1996: 111).

'USA Today', ein erst 1982 gegründetes Blatt, das sich konsequent am Präsentationsstil des Fernsehens (kurze Texte, viel Farbe) orientiert (Weischenberg 1995: 330-42). Zusammen kamen die Zeitungen mittlerer Informationsqualität in den USA auf eine Reichweite von rund 77 Prozent.

Ein großes Problem dieser stark regionalisierten Presselandschaften ist die mangelnde Vielfalt infolge von Konzentrationsprozessen auf den lokalen Pressemärkten (Edo 1994: 99-115; Pürer/Raabe 1996: 112-34, 451-9; Ruß-Mohl 1996). In vielen Regionen stehen den Lesern nur ein oder höchstens zwei Titel zur Auswahl. Wer diese nicht lesen will, kann nur auf eine überregionale Qualitätszeitung ausweichen und bleibt dann im Hinblick auf örtliche Belange uninformiert. Die Lokalberichterstattung ist aber für viele Zeitungsleser ein wichtigeres Motiv bei der Zeitungsauswahl als die Berichterstattung über die nationale oder gar internationale Politik (Wilke 1994). Es ist daher zu vermuten, daß Tendenzen der selektiven Nutzung von Tageszeitungen in diesen Gesellschaften eine vergleichsweise geringe Rolle spielen. Mangels Alternativen oder aufgrund konkurrierender Zuwendungsmotive, die als wichtiger erachtet werden, dürften viele Leser auch Informationen zur Kenntnis nehmen, die ihnen politisch nicht unbedingt zusagen. Eine andere Situation besteht diesbezüglich in Großbritannien. Dort dominieren überregionale Titel die gesamte Tagespresse (Gellner 1998: 544-6). Lokalzeitungen spielen lediglich in Schottland und Wales eine Rolle. Auch die Kategorie der Tageszeitungen mittlerer Informationsqualität, die in Großbritannien allerdings insgesamt nur ein gutes Viertel der Wähler erreichte, setzte sich überwiegend aus Zeitungen mit nationaler Verbreitung zusammen. Alle britischen Wähler konnten also auf jeden Fall auch innerhalb dieses Segments der Tagespresse zwischen mehreren Titeln auswählen.

Boulevardzeitungen, die sich an ein "Massenpublikum" wenden, spielen in relevantem Umfang bloß in Deutschland und Großbritannien eine Rolle. Kennzeichnend für solche Titel ist die Konzentration auf "drama, violence, celebrity gossip, and sex" (Hume 1996: 144). Die politische Berichterstattung konzentriert sich auf wenige Themen, die stark vereinfacht, ereignisorientiert und unter weitgehender Ausblendung von Hintergründen und Zusammenhängen dargestellt werden. Der Präsentationsstil ist emotional und sensationalistisch, im Vordergrund stehen Personen und ihre Handlungen statt abstrakter Prozesse. Politische Information wird durchmischt mit unterhaltenden Elementen (Klingemann/Klingemann 1983: 253-8; Bruck/Stocker 1996: 9-33; Negrine 1996: 55-6). In Deutschland wird dieses Segment der Tagespresse dominiert von der 'Bild-Zeitung', der nur in wenigen Großstädten lokale Boulevardblätter, wie der Kölner 'Express' oder die Münchner 'tz', Konkurrenz machen (Pürer/Raabe 1996: 173). 'Bild' ist mit großem Abstand die meistgelesene deutsche Tageszeitung. Als einziges Erzeugnis der Westpresse fand sie 1990 auch in den neuen Bundesländern ein interessiertes Publikum, das dort sogar noch umfangreicher war als in den alten Bundesländern. In Großbritannien liegen sogar zwei Boulevardtitel vor allen anderen Tageszeitungen hinsichtlich der Auflagen an der Spitze, nämlich die 'Sun' und der 'Daily Mirror' (Gellner 1998: 545). Zusammen mit dem wesentlich seltener gelesenen 'Daily Star' erreichten diese beiden Titel bei der Unterhauswahl 1992 - wie Tabelle 6-13 ausweist - über ein Drittel aller britischen Wähler. Damit konstituierte die Boulevardpresse in Großbritannien den meistgelesenen Zeitungstyp überhaupt. Noch umfangreicher war der Anteil der Rezipienten von Boulevardzeitungen in den neuen Bundesländern, im Westen Deutschlands lag er hingegen etwas niedriger.

Was die Fernsehnachrichten anbelangt, können wir zwischen zwei Kategorien unterscheiden, von denen vermutet werden kann, daß sie sich hinsichtlich der Informationsqualität unterscheiden. Wichtig ist in diesem Zusammenhang die rechtliche Verfaßtheit und die damit verknüpfte ökonomische Orientierung des jeweiligen Rundfunkveranstalters. Öffentlich-rechtliche Rundfunkorganisationen unterliegen einer mehr oder weniger weitreichenden Kontrolle durch die politischen Eliten (Semetko 1996: 258-9). Gleichzeitig sind sie an Programmaufträge gebunden, die in der Regel auch die Verpflichtung beinhalten, das Publikum mit - im normativen Sinne - qualitativ hochwertiger politischer Information zu bedienen (Scharf 1981; Negrine 1994: 82-3; Humphreys 1996b: 116-22). Der private Rundfunk folgt einer anderen Logik. Sie besteht - salopp gesagt - darin, der werbetreibenden Wirtschaft Publika zu verkaufen (Neuman 1986: 135; Bruns u.a. 1996: 34). Dementsprechend ist die Publikumsattraktivität die primäre Maxime bei der Programmgestaltung. Für öffentlich-rechtliche Sender ist diese unmittelbare Orientierung an den unterstellten Wünschen eines möglichst breiten Publikums zwar gewiß nicht irrelevant, aber weniger zentral. Vergleichende Untersuchungen deutscher Fernsehprogramme legen den Schluß nahe, daß diese unterschiedlichen Funktionslogiken öffentlich-rechtlicher und privater Sender auch in der Gestaltung der politischen Informationsangebote ihren Niederschlag finden, mit der Folge, daß Nachrichtensendungen öffentlich-rechtlicher Sender im Schnitt eine höhere Informationsqualität aufweisen als die Angebote der Privatsender. Im Vergleich zu den öffentlich-rechtlichen Programmen nimmt die Politik bei den privaten Fernsehanbietern weniger Raum ein (Krüger 1992). Sie bleibt auf schmal geschnittene Sendeplätze innerhalb eines von Unterhaltung dominierten Programmumfeldes beschränkt. Das betrifft einerseits das Gesamtprogramm, andererseits aber auch die einzelnen Informationssendungen, in denen unpolitische "Human-Interest"-Beiträge einen höheren Stellenwert besitzen als beim öffentlich-rechtlichen Fernsehen. Die Politikpräsentation erfolgt knapper, mit weniger Tiefe und stärker vereinfachend. Zugleich ist sie dramatischer und legt größeres Gewicht auf interessant visualisierbare "action" (Pfetsch 1991: 78-134, 1996).

In Westdeutschland betrifft diese Unterscheidung einerseits die Nachrichtensendungen der beiden öffentlich-rechtlichen Sender ARD und ZDF, denen sich nur ein sehr kleines Segment der Wähler niemals zuwandte, sowie andererseits die Privatsender RTLplus und SAT1. Diese erreichten 1990 - wie schon erwähnt - nicht mehr als ein gutes Drittel der Wähler. In den neuen Bundesländern sind neben ARD und ZDF auch die Informationssendungen des DFF der Rubrik der öffentlich-rechtlichen Angebote zu subsummieren. Der ehemalige Staatssender der DDR wurde gemäß einer im Einigungsvertrag getroffenen Regelung bis zu seiner Auflösung

Ende 1991 unter der Leitung eines Rundfunkbeauftragten nach den Prinzipien öffentlich-rechtlicher Sendeanstalten betrieben (Streul 1996: 449-52). Die öffentlich-rechtlichen Nachrichtenangebote wurden in den neuen Bundesländern sogar von noch mehr Wählern zur Kenntnis genommen als in den alten Bundesländern. Gleichfalls eine Reichweite von deutlich über 90 Prozent erzielten die Nachrichtensendungen der beiden Programme der britischen BBC. Die privaten Anbieter blieben dahinter jedoch nicht weit zurück. Großbritannien betreffend, ist als Besonderheit zu beachten, daß dort die Überlegungen im Hinblick auf die kommerzielle Funktionslogik privater Fernsehveranstalter nur eingeschränkt gelten. Das private dritte Fernsehprogramm ITV entstand nämlich nicht im Zuge der europaweiten Welle der Deregulierung des Rundfunks in den 80er Jahren, sondern ging unter völlig anderen Voraussetzungen bereits 1955 auf Sendung. Die Organisationsstruktur war jener der BBC nachempfunden und ein öffentlich kontrolliertes Treuhändergremium überwachte die Programmgestaltung. Aufgrund strikter Trennung der Einkünfte (ausschließlich Gebühren für die BBC, ausschließlich Werbung für ITV) und einem rechtlich fixierten Monopol für ITV wurden auch der kompetitiven Marktorientierung Grenzen gesetzt. Allerdings hatte die Regierung Thatcher in den 80er Jahren Reformen des ITV-Systems eingeleitet, die auf eine umfassende Einführung marktwirtschaftlicher Prinzipien abzielten (Gellner 1998: 548-9). Inhaltsanalysen deuten darauf hin, daß sich die Politikberichterstattung von ITV vor diesem Hintergrund bis zur Unterhauswahl 1993 bereits deutlich in Richtung einer stärkeren Betonung der für kommerzielle Sender typischen Wesenszüge verändert hatte (Nossiter u.a. 1995). Die über ITV ausgestrahlten ITN-Nachrichten wurden von sehr viel mehr Wählern gesehen als die Informationssendungen von Channel 4, einem Programm, das als eine Art Ableger von ITV gegründet wurde und sich dezidiert an anspruchsvolle Minderheiten richtet (Negrine 1994: 81-99).

Der britischen Konstellation gerade entgegengesetzt, stellt in Spanien das öffentlich-rechtliche Fernsehen TVE einen Sonderfall dar. Dieser Sender ist nämlich nicht gebührenfinanziert und daher in außergewöhnlich hohem Maße auf Einkünfte aus der Werbung angewiesen. Die nur in geringem Umfang durch direkte Staatszuschüsse gemilderte Abhängigkeit von Werbeeinnahmen veranlaßt den Sender zu einer Programmpolitik, die jener privatwirtschaftlich verfaßter Sender angenähert ist, wenngleich die Bedeutung politischer Informationssendungen immer noch etwas größer ist als bei den privaten Anbietern (Bustamante 1989: 73-6; Europäische Audiovisuelle Informationsstelle 1995: 208). Anders als in Deutschland und Großbritannien stellen die öffentlich-rechtlichen Nachrichten in Spanien offenbar nicht das "Leitmedium" im Informationsbereich dar, das praktisch jedermann zur Kenntnis nimmt. Weniger als zwei von drei Wählern wurden bei der Parlamentswahl 1993 von ihnen erreicht. Aber auch die Nachrichten der drei Privatsender Antena 3, Tele 5 und Canal + hatten keine sehr bedeutende Reichweite. Zusammengenommen wurden sie von der Hälfte der spanischen Wähler gesehen. Während die Nachrichten der Privatsender in West- und Ostdeutschland und in Großbritannien offenbar nur als Ergänzung zu den öffentlich-rechtlichen Nachrichten rezipiert wurden, deuten diese spanischen Befunde auf eine Aufteilung des Nachrichtenkonsums auf mehrere konkurrierende Angebote hin.

Die USA sind bekanntlich das Land, in dem das Fernsehen erstmals aus dem Experimentierstadium heraustrat und massenhafte Verbreitung fand. Schon Ende der 40er Jahre begann es seinen Siegeszug, ein Jahrzehnt später verfügten bereits 90 Prozent der Amerikaner in ihren Haushalten über einen Fernsehempfänger. Im Gegensatz zu den "dualen" Rundfunksystemen Deutschlands, Großbritanniens und Spaniens ist das amerikanische Fernsehen fast ausschließlich kommerziell geprägt (Comstock 1991; Ansolabehere u.a. 1993: 11-37, 42-9; Kleinsteuber 1996). So gut wie alle amerikanischen Wähler rezipieren dementsprechend die Nachrichtenangebote von Privatsendern, die untereinander in scharfem Wettbewerb um die Aufmerksamkeit der Zuschauer stehen. Eine weitere Besonderheit der USA, und dabei speziell des Präsidentschaftswahlkampfes 1992, war die gewachsene Bedeutung sogenannter "nicht-traditioneller" Medien als Träger politischer Informationen, insbesondere unterhaltungsbetonter Talkshows, in denen es die drei Kandidaten auf zusammen 96 Auftritte brachten (Donsbach 1993: 244-6; Lemert u.a. 1996: 41-125). Im Vergleich zu den redaktionell kontrollierten Nachrichten- und Magazinsendungen gaben derartige Fernsehformate den Kandidaten die Möglichkeit, die Zuschauer direkter, d.h. ohne journalistische Vermittlung anzusprechen (Just u.a. 1996: 135-48). Über 80 Prozent der Wähler wurden durch diese Art von Angeboten erreicht.

6.2.2 Indices der Mediennutzung

Analog der interpersonalen Kommunikation wurden auch für die Massenkommunikation additive Indices der Kommunikationsintensität gebildet, auf die sich alle nachfolgend präsentierten Analysen stützen. Basis war dabei die selbsteingeschätzte Häufigkeit, mit der jedes der in den Erhebungen berücksichtigten Medien genutzt wurde. Analog dem Vorgehen bei den Indices der Intensität der interpersonalen Kommunikation wurden jeweils die Häufigkeiten der Nutzung sämtlicher Medien einer bestimmten Kategorie aufsummiert. Die Indices drücken also aus, wieviele der verschiedenen Arten von Medienangeboten einer Kategorie von einem Befragten in Anspruch genommen und mit welcher Häufigkeit diese genutzt wurden. Dahinter steht die Idee, daß die beiden Faktoren der Zahl der genutzten Medien und die Nutzungshäufigkeit jedes dieser Medien ein indirektes Maß für die Menge der politischen Informationen darstellen, welche eine Person rezipiert hat.

Bei Tageszeitungen beispielsweise steht somit der Indexwert 0 für Befragte, die niemals eine Zeitung des betreffenden Typs lasen, während der Maximalwert 14 bedeutet, daß der Befragte an jedem Tag der Woche zwei gleichartige Zeitungen zur Kenntnis nahm. Ereichbar ist dieser höchste Wert natürlich nur bei Titeln, von denen auch Sonntagsausgaben publiziert werden. Bei Periodika mit wöchentlicher Erscheinungsweise wurde die Nutzungshäufigkeit gröber gemessen; hier zeigt wiederum der Code 0 an, daß das betreffende Printmedium überhaupt nicht rezipiert wurde, während der Wert 3 für eine nach eigenem Bekunden "regelmäßige" Nutzung steht. Auf dieser Grundlage wurden analog der Tagespresse additive Indices gebildet. Hinsichtlich des Fernsehens wurde im Prinzip ebenso verfahren, wobei allerdings in Fällen, in denen mehrere Sendungen desselben Senders bei der Erhebung berücksichtigt wurden, zunächst die Sehhäufigkeiten aller dieser Sendungen additiv kombiniert wurden, um zu einem Kennwert für den Sender zu gelangen. Diese senderbezogenen Indexwerte wurden dann wieder in additiver Weise nach Angebotskategorien zusammengefaßt. So liegt der höchste mögliche Indexwert für die öffentlich-rechtlichen Nachrichten in Westdeutschland bei 28 und sagt aus, daß der Befragte nach eigenem Bekunden sowohl 'Tagesschau' und 'Tagesthemen' als auch 'heute' und 'heute-journal' an jedem Wochentag zur Kenntnis nahm. Der Wert 0 steht für Befragte, die nie eine dieser vier Sendungen verfolgten. Der höchste Wert für öffentlich-rechtliche Magazine liegt bei 24 und bedeutet, daß insgesamt fünf verschiedene politische Magazine der ARD und drei Magazine des ZDF "regelmäßig" gesehen wurden.[5]

6.2.3 Muster der Mediennutzung

Wie in Abschnitt 6.1.2 gezeigt, ist der Grad der "Spezialisierung" der Wähler in der interpersonalen Kommunikation ziemlich gering. Es gibt nur schwache Muster, die auf eine Neigung der Wähler hindeuten, bei politischen Gesprächen gezielt Partner zu "kombinieren", mit denen sie in spezifischen Rollenbeziehungen stehen. Hinsichtlich der Intensität der Nutzung verschiedener Medienangebote lassen sich hingegen deutlichere Zusammenhänge entdecken. Sie entsprechen auf den ersten Blick nahtlos der schon von den Columbia-Studien postulierten "the more, the more"-Regel, die besagt, daß Wähler verschiedene Medien nicht komplementär, sondern supplementär nutzen. "[P]eople who read more campaign material in the newspaper also read more in magazines and listened to more over the radio. [...] Beyond minimum exposure levels, there is a consistent and concentrated audience rather than a random and dispersed one." (Berelson u.a. 1954: 241; siehe auch Lazarsfeld u.a. 1968: 121-4) Es wurde also postuliert, daß sich die Wählerschaft nicht aufgliedert in Segmente, die jeweils ganz spezifische Medien gezielt in Anspruch nehmen und gleichzeitig andere ignorieren, sondern daß sich die Wähler danach unterscheiden, mit welcher Intensität sie die politische Berichterstattung sämtlicher Medien gleichermaßen verfolgen.

---

5 Als Besonderheit ist darauf hinzuweisen, daß die Häufigkeit der Nutzung tagesaktueller Medien in Großbritannien nicht in einzelnen Tagen pro Woche erfaßt wurde, sondern mittels gröberer Intervalle (1 Tag / 2-3 Tage / 4-5 Tage / Täglich). Dadurch können die geschätzten Parameter mit jenen für die anderen Länder nicht verglichen werden.

Tabelle 6-14: Zusammenhänge zwischen der Intensität der Nutzung von Printmedien und Fernsehen (Pearson's r)

	West-deutschland	Ost-deutschland	Groß-britannien	Spanien	USA
Tageszeitungen und Fernsehnachrichten	.18** (1271)	.20** (667)	.13** (2295)	.25** (1304)	.13**[1] (1271)
Nachrichtenmagazine und Fernsehmagazine	.32** (1308)	.24** (645)	-	-	.15* (1316)

** P<.01, * P<.05, + P<.10

1 Nur nationale Nachrichtensendungen (Networks und CNN).

Tabelle 6-14 scheint diese Hypothese zu bestätigen. Sie weist für jede untersuchte Gesellschaft aus, in welcher Weise einerseits die Nutzungsfrequenzen der verschiedenen tagesaktuellen Medien, d.h. von Tageszeitungen und Fernsehnachrichten, verknüpft waren. Andererseits zeigt sie die Zusammenhänge zwischen den Nutzungsintensitäten für die meinungsorientierten Medien, d.h. die Nachrichten- und Fernsehmagazine. Alle diese Korrelationen sind positiv und signifikant. Sowohl bei fakten- als auch bei meinungsorientierten Formaten ging die Zuwendung zu Printmedien Hand in Hand mit der Zuwendung zu den entsprechenden Angeboten des Fernsehens (siehe auch Patterson 1980: 59-61). Besonders deutlich zeigte sich diese Tendenz in Spanien, wo das Zeitungslesen am wenigsten den Status einer selbstverständlichen Alltagspraxis hatte. Überdies war sie bei den Magazinen zumeist stärker als bei den tagesaktuellen Angeboten. Daß die Zusammenhänge für Nachrichtenangebote nicht größer waren, läßt sich dadurch erklären, daß sich Wähler den Medien nicht immer nur gezielt zuwenden, um politische Informationen zu erhalten, sondern daß deren politische Inhalte häufig im Zuge unpolitisch motivierter Mediennutzung "mitgenommen" werden (Berelson u.a. 1954: 244-5) Gerade die Botschaften der Fernsehnachrichten dürften sehr häufig in dieser Weise "nebenbei" im Verlaufe eines Abends vor der Mattscheibe rezipiert werden (Klingemann/Voltmer 1989: 230-3).

Tabelle 6-15 zeigt jedoch, daß die Verhältnisse etwas komplizierter liegen. Hier werden alle politischen Angebote der Massenmedien berücksichtigt, und zwar differenziert nach der Informationsqualität. Wie schon im letzten Abschnitt wird auch hier wieder eine bestimmte Informationsquelle als Anker benutzt. Ausgewählt wurde hierfür die Qualitätspresse als der Medientyp mit der insgesamt höchsten Informationsqualität. Die Tabelle weist aus, wie die Intensität der Nutzung aller anderen Medien mit der Häufigkeit verknüpft war, mit der in jeder der betrachteten Gesellschaften Qualitätszeitungen (in den neuen Bundesländern: Regionalzeitungen) gelesen wurden. Die Gesetzmäßigkeit, die in diesen Befunden zum Ausdruck kommt, ist keine einfache, sondern eine mehrdimensionale "the more, the more"-Regel. Es wird erkennbar, daß sich die Mediennutzung in dem Rahmen, in dem dies die Medienmärkte erlauben, durchaus tendenziell in verschiedene übergreifende Orientierungen der Medienzuwendung ausdifferenziert. Diese Spezialisierung im Rezeptionsverhalten folgt den Abstufungen der Informationsqualität (Neuman 1986: 134-139). Leser von Qualitätszeitungen wiesen überall eine klare Tendenz auf, auch die anderen Medienangebote mit höherer Informationsqualität verstärkt zu nutzen: Nachrichtenmagazine, Magazine im Fernsehen sowie, weniger deutlich ausgeprägt, auch die Nachrichten des öffentlich-rechtlichen Fernsehens. Korrespondierend dazu ließen die Rezipienten der Qualitätspresse in Westdeutschland, aber auch in Großbritannien eine leichte Tendenz erkennen, die Nachrichten der privaten Anbieter zu meiden (siehe auch Miller 1991: 28-34; Kiefer 1992: 212-8).

Tabelle 6-15: Zusammenhänge zwischen der Intensität der Nutzung von Qualitätszeitungen und der Intensität der Nutzung anderer Typen von Medien (Pearson's r)

	West-deutschland	Ost-deutschland[1]	Groß-britannien	Spanien	USA
Zeitungen mittlerer Informationsqualität	-.16**	-	-.06**	-.00	-.22**
Boulevardzeitungen	-.11**	-.17**	-.24**	-	-
Nachrichtenmagazine	.30**	.14**	-	.24**	.12**
Nachrichten öffentlich-rechtlicher Sender	.07*	-.16**	.11**	.06*	-
Nachrichten von Privatsendern[2]	-.06*	-	-.06**	.18**	.01
Politische Magazine	.16**	.17**	-	-	.04
Talkshows	-	-	-	-	.00
(Mindest-N)	(1298)	(594)	(2345)	(1304)	(1271)

** P<.01, * P<.05, + P<.10

1 In Ostdeutschland Zusammenhänge zwischen der Intensität der Nutzung von Regionalzeitungen und Intensität der Nutzung anderer Typen von Medien.
2 USA: nur nationale Nachrichtensendungen (Networks und CNN).

Es gibt allerdings auch Ausnahmen: Bemerkenswerterweise scheinen in Spanien öffentlich-rechtliches und privates Fernsehen die Rollen getauscht zu haben, denn Leser der Qualitätspresse sahen öfter die Nachrichten auf einem privaten Kanal als bei TVE. Auffällig ist auch, daß die Intensität jeglichen Fernsehkonsums in den USA von der Lektürehäufigkeit der Qualitätszeitungen unabhängig war. Tendenziell negativ waren demgegenüber die Korrelationen zwischen der Nutzungsintensität von Qualitätszeitungen und der Lektüre anderer Tageszeitungen. Obwohl die Leser im Prinzip die Möglichkeit haben, mehrere Zeitungen zur Kenntnis zu nehmen, und dies zu geringeren Anteilen auch tun (Tabelle 6-11), spezialisieren sie sich doch in der Mehrzahl auf ein bestimmtes Blatt. Logischerweise verringert sich dadurch der Konsum der auf dem Markt verfügbaren Alternativangebote. Die einfache "the more, the more"-Regel beschreibt einigermaßen zutreffend das Medienverhalten in Mediensystemen, die keine breitere Palette von Angeboten mit unterschiedlicher Informationsqualität ausdifferenziert haben, wie dies insbesondere in den USA der Fall ist (siehe auch Mutz 1994: 697-8). In Mediensystemen, in denen eine breitere Palette von Angeboten verschieden hoher Informationsqualität zur Verfügung steht, ist diese Regel hingegen zu krude; dort überlagern sich mehrere, einander entgegengesetzte kumulative Effekte, die zwar je für sich dieser Regel entsprechen, aber in der Gesamtheit dafür sorgen, daß große Teile der Gesellschaft in durchaus substantiellem Umfang politische Informationen erhalten. Jedoch unterscheiden sich diese Informationen stark im Hinblick auf die Präsentationsformate. Das Muster, welches die Inanspruchnahme der Angebote mit hoher Informationsqualität beschreibt, entspricht dem von Neuman formulierten "Gesetz der inversen Beziehung". Es besagt, daß mit zunehmendem Abstraktions- und Komplexitätsgrad politischer Informationsangebote das Publikum, das sich ihnen aufmerksam zuzuwenden bereit ist, immer kleiner wird, gleichzeitig aber auch eine immer größere Informationsmenge aufnimmt (Neuman 1986: 134-139). Andere Wähler sind an diesen anspruchsvollen Medien nicht interessiert; sie verzichten aber nicht ganz auf politische Informationen, sondern wenden sich statt dessen vermehrt - und ebenfalls kumulativ - den verschiedenen Angeboten mit geringerer Informationsqualität zu.

6.2.4 Politische Involvierung und Intensität der Mediennutzung

Das Rezeptions-Axiom behauptet eine sehr enge Verknüpfung zwischen der politischen Involvierung von Bürgern und der Intensität, mit der sie politische Informationen aus den Massenmedien aufnehmen. Oft wurden Maßzahlen der Medienexposition sogar unmittelbar als Indikatoren der politischen Involvierung benutzt. Nicht zuletzt die Analyse von Converse selbst sowie einige der dadurch stimulierten Replikationen sind hierfür prominente Beispiele (Converse 1966; Butler/Stokes 1969: 220-8; Dreyer 1971; Zukin 1977). Wenn man die politische Involvierung jedoch durch geeignete Instrumente auf direkterem Wege mißt, dann ist es möglich, das Rezeptions-Axiom auch im Hinblick auf die Massenkommunikation einem empirischen Test zu unterwerfen. Wie bei der interpersonalen Kommunikation ist auch im Hinblick auf die Massenkommunikation von besonderem Interesse, ob tatsächlich alle Arten von Medien von stärker involvierten Wählern intensiver genutzt werden als von geringer involvierten Wählern. Wie ein Blick in Tabelle 6-16 verrät, ist das keineswegs der Fall. Einige Medien versorgten zumindest in bestimmten Ländern Experten und Novizen im selben Umfang mit politischen Informationen. Andere wurden sogar häufiger von weniger involvierten als von stärker involvierten Wählern genutzt.

Tabelle 6-16: Intensität der Mediennutzung nach politischer Involvierung

	Westdeutschland		Ostdeutschland		Großbritannien		Spanien		USA	
	Novizen	Experten	Novizen	Experten	Novizen	Experten	Novizen	Experten	Novizen	Experten
Qualitätszeitungen	5.6[1]	16.7	-	-	4.4	27.4	11.9	31.6	9.0	19.0
	0.21[2]	0.79	-	-	0.14	0.98	0.49	1.44	0.30	0.73
	.20**[3]				.34**		.21**		.15**	
Zeitungen mittlerer Informationsqualität	54.0	54.3	86.3	87.2	20.9	32.0	22.3	41.7	78.1	76.7
	3.11	3.06	5.30	5.43	0.75	1.19	0.95	2.13	4.85	4.80
	.04		.10**		.15**		.23**		.02	
Boulevardzeitungen	30.2	26.2	41.3	45.9	43.8	26.3	-	-	-	-
	1.17	0.97	0.80	1.10	1.83	1.10	-	-	-	-
	-.03		.10*		-.17**					
Nachrichtenmagazine	36.2	53.7	18.0	25.8	-	-	1.3	7.4	49.7	67.5
	0.89	1.39	0.37	0.60	-	-	0.01	0.07	0.89	1.27
	.21**		.16**				.15**		.22**	
Nachrichten öffentlich-rechtlicher Sender	92.6	94.4	96.6	97.5	90.7	95.8	60.6	63.5	-	-
	9.24	9.97	12.91	14.90	3.65	4.45	4.35	4.20	-	-
	.10**		.12**		.23**		-.02			
Nachrichten von Privatsendern[4]	41.9	34.4	-	-	87.2	90.3	45.0	56.5	86.7	87.1
	1.72	1.22	-	-	2.84	2.86	3.26	4.04	4.11	3.93
	-.09**				.01		.09**		-.02	
Politische Magazine	85.1	92.4	96.3	98.8	-	-	-	-	86.1	91.9
	8.68	10.20	11.55	14.16	-	-	-	-	1.71	1.89
	.18**		.22**						.13**	
Talkshows	-	-	-	-	-	-	-	-	82.2	84.8
	-	-	-	-	-	-	-	-	1.57	1.67
									.06*	
(Mindest-N)	(678)	(645)	(352)	(323)	(1133)	(1214)	(673)	(653)	(712)	(604)
	(1302)		(657)		(2348)		(1310)		(1307)	

** P<.01, * P<.05, + P<.10
1 Anteil der Wähler, die mindestens ein Medienangebot der betreffenden Kategorie zumindest gelegentlich nutzen.
2 Mittelwert der Expositionsintensität durch Medienrezeption.
3 Korrelation (Pearson's r) der Expositionsintensität durch Mediennutzung und der politischen Involvierung (nicht zusammengefaßter Index der politischen Involvierung).
4 USA: nur nationale Nachrichtensendungen (Networks und CNN).

In jeder der fünf untersuchten Gesellschaften nutzten Experten deutlich intensiver als Novizen die Printmedien mit hoher Informationsqualität, d.h. die tagesaktuelle Qualitätspresse und die Nachrichtenmagazine. In Ostdeutschland, Großbritannien und noch ausgeprägter in Spanien nahmen sie auch eher die Berichte der Zeitungen mittlerer Informationsqualität zur Kenntnis. In Westdeutschland und den USA erreichte dieses Segment der Tagespresse jedoch Leser mit geringer politischer Involvierung genauso oft wie Leser mit starker Involvierung. Informationen aus Boulevardtiteln wurden insbesondere in Großbritannien von Novizen sogar intensiver rezipiert als von Experten. In Westdeutschland war die Nutzung dieser Art von Tageszeitungen von der politischen Involvierung unabhängig. In den neuen Bundesländern bestand ein - allerdings schwacher - positiver Zusammenhang, so daß nur dort auch die Nutzung dieser Sparte der Tagespresse den Erwartungen des Rezeptions-Axioms entsprach. Die Nachrichten öffentlich-rechtlicher Fernsehstationen wurden ebenfalls von Experten öfter gesehen als von Novizen, jedoch mit Ausnahme Spaniens. Doch selbst dort, wo Zuwendungsunterschiede bestanden, wurden mindestens 90 Prozent der Novizen dennoch von diesem Medium erreicht. In Spanien rezipierten Novizen und Experten gleich häufig die Sendungen des öffentlich-rechtlichen Fernsehens; allerdings verfolgten dort Experten deutlich häufiger als Novizen die Angebote der Privatsender - ein weiterer Hinweis auf einen möglichen Sonderstatus der kommerziellen Anbieter in Spanien. Der umgekehrte Zusammenhang bestand in Westdeutschland. In Großbritannien und den USA war die politische Involvierung nicht mit der Intensität der Nutzung der Nachrichten privater Anbieter verknüpft. Ähnlich wie die Nachrichtenmagazine wurden auch die politischen Magazine des Fernsehens in allen Ländern eher von höher involvierten Wählern verfolgt. Aber auch Novizen sahen mit Anteilen von 85 Prozent oder mehr zumindest gelegentlich eine solche Sendung. Die amerikanischen Talkshows schließlich erreichten die Novizen nur geringfügig seltener als die Experten.

Deutlicher als bei der interpersonalen Kommunikation – so bleibt festzuhalten – trafen die Erwartungen des Rezeptions-Axioms bei den Massenmedien zu, und zwar insbesondere bei den Medien mit höherer Informationsqualität. Dennoch wurden aber auch die Novizen in ganz erheblichem Umfang von medienvermittelten politischen Informationen erreicht. Dazu trugen nicht unerheblich Differenzierungen von Medienmärkten bei. Diese stellten weniger anspruchsvolle Angebote bereit, welche entweder von Novizen und Experten gleichermaßen häufig rezipiert wurden oder sogar bei den Novizen auf besonders große Aufmerksamkeit stießen. Auch das Fernsehen erweist sich als ein Medium, dessen politischen Angeboten sich zwar die Experten in vielen Fällen etwas häufiger zuwandten als die Novizen. Aufgrund seiner insgesamt sehr großen Reichweite macht es aber auch den Novizen politische Informationen in hohem Maße zugänglich. Im Hinblick auf die Massenkommunikation ist mithin ebenfalls davon auszugehen, daß die notwendigen Voraussetzungen für politische Einflüsse auf die Novizen in allen untersuchten Gesellschaften gegeben waren.

6.2.5 Korrelate der Intensität der Mediennutzung

Ähnlich wie bei der interpersonalen Kommunikation differiert auch die Zuwendung zur Massenkommunikation nicht nur nach dem Ausmaß der individuellen politischen Involvierung (Tabelle 6-17). Motivationale, in geringerem Ausmaß aber auch strukturelle Faktoren wirken sich ebenfalls darauf aus, in welchem Umfang Wählern aus den verschiedenen Arten von Massenmedien politische Informationen zufließen (siehe auch Patterson 1980: 73-4; Kuo 1986; Saxer u.a. 1989: 48-75; Beck 1991: 381-3; Miller 1991: 34-47; Kiefer 1992: 76-98; Myers 1994: 153-5; Voltmer u.a. 1995: 241-5; Oehmichen/Simon 1996; Kramer 1996; Schulz 1997: 111-8; Bennett 1998; Schönbach/Lauf 1998; Spangenberg 1998: 625). In nahezu uniformer Weise und auf deutlich höherem Niveau als bei der interpersonalen Kommunikation ging ein stärkeres politisches Interesse von Bürgern mit einer intensiveren Zuwendung zu allen Arten von Massenmedien einher. Lediglich die Sehhäufigkeit der Nachrichten der westdeutschen Privatsender differierte nicht nach dem politischen Interesse. Und die deutschen Boulevardzeitungen wurden in den neuen Bundesländern von wenig interessierten Wählern ebenso oft, in den alten Bundesländern sogar etwas öfter gelesen als von politisch stärker interessierten Wählern. Das politische Interesse begründete also fast durchgängig eine höhere Chance, politische Informationen aus den Massenmedien aufzunehmen. Weniger deutlich sind die Zusammenhänge mit der Stärke der Parteibindungen. Vor allem die Nachrichten der öffentlich-rechtlichen Sender in Westdeutschland und Großbritannien wurden von parteipolitisch gebundenen Wählern intensiver verfolgt als von parteiunabhängigen Wählern. Die anderen Medien erreichten ungebundene Wähler allenfalls in leicht verringertem Maße.

Tabelle 6-17: Korrelate der Intensität der Mediennutzung nach Art des Mediums (Pearson's r)

	West-deutschland	Ost-deutschland	Groß-britannien	Spanien	USA
Politisches Interesse[1]					
Qualitätszeitungen	.23**	-	-	.24**	.11**
Zeitungen mittl. Info.qualität	.13**	.25**	-	.19**	.12**
Boulevardztgn.	-.07*	.02	-	-	-
Nachrichtenmag.	.31**	.22**	-	.17**	.24**
Nachrichten öff.-rechtl. Sender	.27**	.23**	-	.07*	-
Nachrichten von Privatsendern[2]	-.02	-	-	.14**	.20**
Pol. TV-Magazine	.34**	.33**	-	-	.34**
Talkshows	-	-	-	-	.22**
(Mindest-N)	(1301)	(600)	-	(1326)	(1278)

6 Gesellschaftliche Reichweite und Rezeptionsmuster

Stärke der Parteibindung[3]					
Qualitätszeitungen	.02	-	.05*	.06*	.05*
Zeitungen mittl. Info.qualität	-.01	-	.08**	.13**	.06*
Boulevardztgn.	.05⁺	-	.01	-	-
Nachrichtenmag.	.02	-	-	.09**	.07*
Nachrichten öff.-rechtl. Sender	.19**	-	.16**	.07*	-
Nachrichten von Privatsendern[2]	.02	-	.08**	.06*	.01
Pol. TV-Magazine	.14**	-	-	-	.06*
Talkshows	-	-	-	-	.08**
(Mindest-N)	(1171)	-	(2324)	(1284)	(1276)
Bildungsniveau					
Qualitätszeitungen	.29*	-	.32**	.31**	.18**
Zeitungen mittl. Info.qualität	.00	.18**	.06**	.15**	.05⁺
Boulevardztgn.	-.20**	-.06	-.24**	-	-
Nachrichtenmag.	.44**	.27**	-	.18**	.26**
Nachrichten öff.-rechtl. Sender	-.01	.10*	.09**	-.05⁺	-
Nachrichten von Privatsendern[2]	-.08**	-	-.11**	.11**	-.06*
Pol. TV-Magazine	.14**	.18**	-	-	-.01
Talkshows	-	-	-	-	-.10**
(Mindest-N)	(1282)	(563)	(2314)	(1328)	(1279)
Geschlecht (1 = m, 0 = w)					
Qualitätszeitungen	.11**	-	.08**	.16**	.02
Zeitungen mittl. Info.qualität	-.01	.03	.02	.19**	.03
Boulevardztgn.	.08**	.04	.09**	-	-
Nachrichtenmag.	.10**	.10*	-	.09**	.01
Nachrichten öff.-rechtl. Sender	.04	.07⁺	.03	.01	-
Nachrichten von Privatsendern[2]	.01	-	.05*	.04	-.03
Pol. TV-Magazine	.15**	.14**	-	-	-.02
Talkshows	-	-	-	-	-.01
(Mindest-N)	(1302)	(602)	(2348)	(1328)	(1278)
Alter					
Qualitätszeitungen	-.09**	-	.03	-.11**	-.01
Zeitungen mittl. Info.qualität	.06*	.09*	.11**	-.08**	.24**
Boulevardztgn.	.04	-.01	-.00	-	-
Nachrichtenmag.	-.19**	-.09*	-	-.08**	-.02
Nachrichten öff.-rechtl. Sender	.25**	.19**	.18**	.21*	-
Nachrichten von Privatsendern[2]	-.12**	-	.19**	-.10**	.30**
Pol. TV-Magazine	.05*	-.06	-	-	.16**
Talkshows	-	-	-	-	.05⁺
(Mindest-N)	(1302)	(601)	(2322)	(1328)	(1276)

Familienstand (1 = verh., 0 = sonst.)					
Qualitätszeitungen	.07*	-	.03+	-.05+	-.05+
Zeitungen mittl. Info.qualität	.08**	.14**	.03+	-.00	.06*
Boulevardztgn.	.02	.01	.00	-	-
Nachrichtenmag.	.06*	.03	-	.01	-.05+
Nachrichten öff.-rechtl. Sender	.08**	.09*	.09**	.07**	-
Nachrichten von Privatsendern[2]	.06*	-	.04*	.01	-.03
Pol. TV-Magazine	.13**	.17**	-	-	-.01
Talkshows	-	-	-	-	-.02
(Mindest-N)	(1301)	(602)	(2347)	(1328)	(1280)
Kinder im Haushalt[4]					
Qualitätszeitungen	-.04	-	-	-	-.06*
Zeitungen mittl. Info.qualität	.06*	.02	-	-	-.03
Boulevardztgn.	.01	-.02	-	-	-
Nachrichtenmag.	.03	.03	-	-	-.03
Nachrichten öff.-rechtl. Sender	-.05+	-.07+	-	-	-
Nachrichten von Privatsendern[2]	.09**	-	-	-	-.12**
Pol. TV-Magazine	.02	.10**	-	-	-.08**
Talkshows	-	-	-	-	.01
(Mindest-N)	(1302)	(602)	-	-	(1280)
Erwerbstätigkeit					
Qualitätszeitungen	.10**	-	.07**	.13**	.02
Zeitungen mittl. Info.qualität	.03	.01	.01	.22**	-.02
Boulevardztgn.	.02	.04	-.01	-	-
Nachrichtenmag.	.17**	.13**	-	.12**	.04
Nachrichten öff.-rechtl. Sender	-.09**	-.06	-.06**	-.09*	-
Nachrichten von Privatsendern[2]	.01	-	-.13**	.06*	-.21**
Pol. TV-Magazine	.09**	.09*	-	-	-.09**
Talkshows	-	-	-	-	-.10**
(Mindest-N)	(1286)	(599)	(2348)	(1328)	(1280)
Ortsgröße[5]					
Qualitätszeitungen	.08**	-	-	-	-
Zeitungen mittl. Info.qualität	-.09**	-.01	-	-	-
Boulevardztgn.	.10**	.11**	-	-	-
Nachrichtenmag.	.04	.01	-	-	-
Nachrichten öff.-rechtl. Sender	-.06*	-.09*	-	-	-
Nachrichten von Privatsendern[2]	.14**	-	-	-	-
Pol. TV-Magazine	.01	.01	-	-	-
Talkshows	-	-	-	-	-
(Mindest-N)	(1302)	(602)	-	-	-

** $P<.01$, * $P<.05$, + $P<.10$

6 Gesellschaftliche Reichweite und Rezeptionsmuster

1   In Großbritannien nicht erhoben.
2   USA: nur nationale Nachrichtensendungen (Networks und CNN).
3   In Ostdeutschland nicht erhoben.
4   In Großbritannien und Spanien nicht erhoben.
5   In Großbritannien, Spanien und den USA nicht erhoben.

Auch die Bildung der Wähler war stärker mit der Intensität der Mediennutzung als mit der Intensität politischer Gespräche verknüpft. Qualitätszeitungen und Nachrichtenmagazine, in Ostdeutschland und Spanien aber auch die Titel mit mittlerer Informationsqualität wurden von Wählern mit höheren Niveaus formaler Bildung erheblich intensiver zur Kenntnis genommen als von weniger gebildeten Wählern. Letztere rezipierten hingegen überall mit größerer Intensität die Berichterstattung der Boulevardblätter. Dasselbe gilt - weniger prägnant und mit der Ausnahme Spaniens - auch für die Nachrichten der Privatsender sowie für die amerikanischen Talkshows. In Ostdeutschland und Großbritannien, nicht jedoch in Westdeutschland und Spanien sahen die weniger gebildeten Wähler hingegen etwas seltener als andere die Nachrichten der öffentlich-rechtlichen Anbieter. Auch die politischen Magazine des Fernsehens waren in beiden Regionen Deutschlands etwas eher für die gebildeten Wähler attraktiv. Die Neigung von Personen mit höherer Bildung, Medien intensiver zu rezipieren, wurde in allen untersuchten Gesellschaften durch Medien gebrochen, die für weniger gebildete Wähler genauso anziehend oder sogar anziehender waren. Insgesamt war der motivationale "Flaschenhals der Konversion" bei der Massenkommunikation sogar noch etwas enger als bei der interpersonalen Kommunikation, soweit es die generelle politische Involvierung betrifft. Er war jedoch eher etwas weniger eng im Hinblick auf die Frage der Erreichbarkeit parteipolitisch ungebundener Wähler.

Anders als bei der interpersonalen Kommunikation hingen strukturelle Merkmale ausnahmslos weniger stark mit der Mediennutzung zusammen als motivationale Faktoren. Nur in Ausnahmefällen indizieren strukturelle Merkmale von Wählern im Hinblick auf die Massenkommunikation so wie bei der interpersonalen Kommunikation "harte" Gelegenheitsstrukturen, die scharf definieren, wer mit einer bestimmten Informationsquelle in Kontakt kommen kann und wer nicht. Lediglich der Faktor Wohnortgröße, der in Westdeutschland 1990 noch mit unterschiedlichen technischen Empfangsvoraussetzungen für das Privatfernsehen verkoppelt war, kann eindeutig so interpretiert werden.

Bemerkenswerterweise variierte die Intensität der Mediennutzung häufig - wenngleich nicht stark - nach dem Geschlecht. Lediglich in den USA wurde dieser Zusammenhang überhaupt nicht sichtbar. In Westdeutschland und Großbritannien rezipierten Männer etwas häufiger als Frauen die Berichterstattung von Qualitäts- und Boulevardzeitungen sowie Nachrichtenmagazinen und Fernsehmagazinen. In Ostdeutschland beschränkte sich dieser Zusammenhang auf alle Arten von Magazinen, in Spanien betraf er hingegen sämtliche Printmedien. Deutlicher und uniformer als in anderen Ländern macht sich in den USA hingegen eine Verknüpfung der Mediennutzung mit dem Lebensalter bemerkbar (Bennett 1998). Sowohl Zeitungen mittlerer Informationsqualität als auch die Nachrichten und Magazine des Fernsehens erreichten dort ältere Wähler häufiger als jüngere. Dasselbe galt in Europa übereinstimmend nur für die Nachrichten der öffentlich-rechtlichen Anbieter, in Großbritannien überdies auch für die Nachrichten der Privatsender und die Zeitungen mittlerer Informationsqualität. Den Privatsendern wandten sich in Großbritannien und Spanien demgegenüber jüngere Wähler intensiver zu. In Spanien erreichten auch sämtliche Printmedien eher die jüngeren Wähler, in Westdeutschland hingegen nur die Qualitätszeitungen und die Nachrichtenmagazine.

Verheiratete Wähler waren in Deutschland geringfügig eifrigere Leser von Qualitäts- und Regionalzeitungen, sahen aber auch etwas öfter die Magazine im Fernsehen. Nur in den USA wurden Eltern mit Kindern etwas seltener von den Fernsehnachrichten erreicht. Die Integration ins Erwerbsleben ging in Spanien mit generell erhöhtem Konsum der Printmedien einher, in den anderen europäischen Ländern war sie zumindest mit dem Lesen von Nachrichtenmagazinen positiv verknüpft. Mit den Nachrichten im Fernsehen kamen Erwerbstätige insbesondere in den USA, in geringerem Maße jedoch auch in den europäischen Ländern seltener als andere Wähler in Berührung. Dies mag mit dem beschränkten Zeitbudget von Personen zu tun haben, die außer Haus einer beruflichen Tätigkeit nachgehen. Mit der Wohnortgröße wuchs in Westdeutschland vor allem die Chance, Nachrichten privater Anbieter zu konsumieren, was auf den besseren Zugang zu den Kabelnetzen zurückzuführen sein dürfte. Auch Qualitätszeitungen und Boulevardzeitungen lasen Städter öfter, während die Regionalpresse in ländlicheren Regionen eine geringfügig größere Bedeutung hatte.

Genau wie hinsichtlich der interpersonalen Kommunikation ist somit festzuhalten, daß die unterschiedlichen motivationalen, aber auch strukturellen Voraussetzungen von Wählern zum Teil mit unterschiedlichen Wahrscheinlichkeiten einhergingen, überhaupt durch die Massenmedien politischen Informationen ausgesetzt zu werden, zum Teil aber auch unterschiedlich große Chancen begründeten, mit spezifischen massenmedialen Quellen politischer Informationen in Kontakt zu kommen. Einige dieser Merkmale hatten eher generelle Bedeutung für die Massenkommunikation insgesamt, beispielsweise das politische Interesse. Andere, wie zum Beispiel die Bildung und das Lebensalter, ließen sehr spezifische und zum Teil gegenläufige Zusammenhänge mit der Nutzungsintensität der unterschiedlichen Arten von Massenmedien erkennen.

6.3 Zusammenhänge zwischen interpersonaler Kommunikation und Massenkommunikation

In welchem Verhältnis stehen interpersonale Kommunikation und Massenkommunikation als Quellen politischer Informationen für die Wähler? Werden die Wähler typischerweise überwiegend nur von einer Form der politischen Kommunikation erreicht oder wenden sie sich eher beiden Informationsquellen gleichzeitig zu?

6 Gesellschaftliche Reichweite und Rezeptionsmuster

Diesbezüglich gibt es zwei konkurrierende Annahmen (Mondak 1995: 102-3; Voltmer u.a. 1995: 237). Die eine These besagt, daß sich die Wähler spezialisieren und sich vorwiegend von einer der beiden Quellen mit Informationen versorgen lassen, während sie die andere eher vernachlässigen. Die Gegenthese behauptet, daß die Wähler dazu tendieren, sich beiden Quellen politischer Informationen mit ähnlicher Aufmerksamkeit zuzuwenden.

Die erste These unterstellt, daß interpersonale Kommunikation und Massenkommunikation in einer "konfliktiven" Beziehung stehen (Mondak 1995: 102). Die beiden Grundformen der politischen Kommunikation stellen aus dieser Sicht als potentielle Quellen politischer Informationen Alternativen dar, zwischen denen die Wähler eine Auswahl treffen. Sie wenden sich derjenigen von ihnen zu, die leichter für sie zugänglich ist und von der sie erwarten, daß sie am ehesten die benötigten Informationen bereithält (Chaffee 1986: 75-6). Die Intensität der Informationsnachfrage gegenüber den beiden Kanälen wird wie ein System kommunizierender Röhren gesehen. Wähler, denen viele Informationen über einen der beiden Kanäle zufließen, werden dem zweiten Kanal nur noch wenig Aufmerksamkeit entgegenbringen, und umgekehrt. Die bekannteste Variante dieser Vermutung ist die zuerst in der Erie County-Studie formulierte These des Zwei-Stufen-Flusses der Kommunikation, in der das in anderem Zusammenhang bereits erläuterte Konzept des Meinungsführers eine wichtige Rolle spielt (siehe Abschnitt 3.4.2.1). In der ursprünglichen Formulierung postulierte diese These, daß "ideas often flow *from* radio and print *to* the opinion leaders and *from* them to the less active sections of the population" (Lazarsfeld u.a. 1968: 151; siehe auch Merten 1988). Es wurde also zwischen zwei Typen von Wählern unterschieden, den Meinungsführern und den "weniger aktiven" restlichen Wählern, und es wurde angenommen, daß für die Meinungsführer die Massenmedien die wichtigste Informationsquelle darstellten, für die restlichen Wähler hingegen das Gespräch mit anderen Personen und dabei insbesondere der Kontakt mit den Meinungsführern.

Auch die Gegenthese geht auf die Columbia-Studien zurück. Es handelt sich um eine erweiterte Version der "the more, the more"-These, die bereits im Hinblick auf die verschieden Formen der Massenkommunikation zur Sprache kam (siehe Abschnitt 6.2.3). Sie behauptet, daß Wähler nicht nur dazu tendieren, die verschiedenen Arten von Massenmedien gleichermaßen selten oder häufig zu nutzen, sondern daß auch die Intensität ihrer politischen Gespräche mit der Intensität der Mediennutzung positiv verbunden ist. Als Erklärung wird vermutet, daß zwischen interpersonaler Kommunikation und Massenkommunikation eine transaktionale Beziehung besteht. In einem spiralartigen Prozeß schaukeln sich demzufolge beide Formen der politischen Kommunikation wechselseitig auf. Die intensivere Teilnahme an der Massenkommunikation führt zu einer verstärkten Neigung, mit anderen Personen politische Gespräche zu führen, und häufige politische Diskussionen ziehen ihrerseits eine verstärkte Nutzung der Massenmedien nach sich (Berelson u.a. 1954: 246-8; Chaffee 1986: 76).

Schon die Befunde der Columbia-Studien selbst paßten eher zu den Erwartungen der zweiten These. Die Elmira-Studie deckte auf, daß der Anteil der Wähler, die mit anderen Personen politische Gespräche führten, in der Kategorie derjenigen mit höherer Medienexposition höher war als bei denjenigen, welche die Medien seltener nutzten (Berelson u.a. 1954: 246/Fn. 6). Analysen von Meinungsführern deuteten überdies darauf hin, daß sich diese zwar häufiger aus den Massenmedien informierten als andere Wähler, daß sie aber politischen Gesprächen als Informationsquellen keineswegs eine weniger gewichtige Rolle zuschrieben als die restlichen Wähler (Katz/Lazarsfeld 1955: 309-20). Neuere empirische Untersuchungen aus den USA, aber auch aus Deutschland, deuten in dieselbe Richtung. So zeigten verschiedene kausalanalytische Studien, daß eine höhere Intensität der interpersonalen Kommunikation Wähler dazu veranlaßt, die Berichterstattung der Massenmedien aufmerksamer zu verfolgen. Allerdings scheinen für Presse und Fernsehen, aber auch für verschiedene Gesellschaften nicht dieselben Regelmäßigkeiten zu gelten. In den USA und in Westdeutschland, nicht jedoch in Ostdeutschland stimulieren politische Gespräche offenbar deutlich stärker die Lektüre von Tageszeitungen als die Zuwendung zu Fernsehnachrichten (Atkin 1972; Tan 1980; Kuo 1986; Hügel u.a. 1992: 151-4; Schenk/Rössler 1994: 282-3; Voltmer u.a. 1995). Umgekehrt trägt die Rezeption von Printmedien in Westdeutschland ebenso wie in den USA sehr viel deutlicher als die Fernsehnachrichten zur Diskussionsfreudigkeit bei (Kuo 1986). Eine Studie kam sogar zu dem Schluß, daß erhöhter Fernsehkonsum die Neigung senkt, sich an politischen Konversationen zu beteiligen (Voltmer u.a. 1995).

Erwähnenswert sind auch die Ergebnisse einer von Mondak durchgeführten quasi-experimentellen Untersuchung. In dieser Arbeit wurden Wähler aus zwei amerikanischen Großstädten verglichen, die sich hinsichtlich der Versorgung mit Massenmedien unterschieden. In einer dieser Städte (Pittsburgh) stand den Wählern zum Erhebungszeitpunkt aufgrund eines Streiks keine lokale Tageszeitung als Informationsquelle zur Verfügung, während dies in der als "Kontrollgruppe" ausgewählten zweiten Stadt (Cleveland) wie gewohnt der Fall war. Aus der Konfliktthese folgt die Erwartung, daß die Wähler in dem zeitungslosen Kontext verstärkt auf die interpersonale Kommunikation ausweichen sollten, um ihren Informationsbedarf zu befriedigen. Ein solcher Trend wurde jedoch nicht erkennbar; in beiden Städten unterhielten sich die Wähler nahezu gleich häufig über Politik (Mondak 1995: 118-21). Auch dieser Befund widerspricht der Konfliktthese.

Die nachfolgend diskutierten Ergebnisse stehen ebenfalls eher im Einklang mit den Erwartungen der "the more, the more"-Regel. Das betrifft zunächst einmal die Zahl der Informationsquellen, aus denen politische Botschaften rezipiert werden. Je mehr Medien eine Person nutzte, desto größer war auch die Zahl der Diskutanten, mit denen sie politische Themen erörterte. Diesen Zusammenhang findet man in jeder der fünf untersuchten Gesellschaften, am ausgeprägtesten in Spanien (Tabelle 6-18). Diese Feststellung hat eine bedeutsame Implikation im Hinblick auf Einflüsse gesellschaftlicher Informationsströme. Mit der Zahl der Informationsquellen, denen sich ein Wähler aussetzt, wächst generell die Wahrscheinlichkeit, daß er zur gleichen Zeit Informationen unterschiedlicher politischer Richtungen ausgesetzt ist. Wie Tabelle 6-18 zeigt, betrifft dies alle Quellen politischen Informationen und bleibt nicht auf die verschiedenen Formen der interpersonalen Kommunikation oder der Massenkommunikation beschränkt.

Tabelle 6-18: Zusammenhänge zwischen der Zahl der Diskutanten und der Zahl der genutzten tagesaktuellen Medien (Pearson's r)

Westdeutschland	Ostdeutschland	Großbritannien	Spanien	USA
.12**	.20**	.17**	.30**	.13**
(1323)	(676)	(2297)	(1330)	(1315)

** P<.01, * P<.05, + P<.10

Die oben zitierten Analysen der Kovariationen zwischen interpersonaler Kommunikation und Massenkommunikation differenzierten zum Teil gar nicht, zum Teil nur sehr grob zwischen verschiedenen Arten von Massenmedien. Lediglich zwischen Tageszeitungen und Fernsehnachrichten wurde getrennt, die weiteren möglichen Untergliederungen blieben unbeachtet. Die interpersonale Kommunikation wurde zumeist noch pauschaler behandelt. Bei solcherart rudimentärer Messung durch wenige, relativ undifferenzierte Indikatoren kann das Verhältnis zwischen interpersonaler Kommunikation und Massenkommunikation mit einfachen statistischen Mitteln abgebildet werden. Aus guten Gründen hat die vorliegende Untersuchung ein solches Meßverfahren jedoch nicht gewählt. Unser feiner untergliedertes Analyseraster verlangt freilich auch eine komplexere Vorgehensweise, um auszuloten, in welcher Beziehung die Rezeption politischer Informationen via interpersonaler Kommunikation und die Rezeption durch die Massenkommunikation zueinander stehen. Denn wir sind nicht an den einfachen Assoziationen zwischen einzelnen Variablen interessiert, sondern an dem Verhältnis, in dem zwei umfangreiche *Sätze* von Variablen zueinander stehen: die nach Rollenbeziehungen unterscheidenden Indices der Intensität der interpersonalen Kommunikation einerseits und die Indices der Intensität der Nutzung der verschiedenen Arten von Massenmedien andererseits.

Die kanonische Korrelation ist ein Analyseverfahren, das es ermöglicht aufzuschlüsseln, ob und in welcher Weise zwei Blöcke von Variablen voneinander abhängig sind (Gaensslen/Schubö 1976: 165-91). Diese Analysetechnik läßt sich am besten über ihre Ähnlichkeit zu dem bekannteren Verfahren der Hauptkomponentenanalyse veranschaulichen. Ziel der Hauptkomponentenanalyse ist es, in der ersten Stufe einer Folge von Analyseschritten einen Satz von Variablen in einer solchen Weise linear zu kombinieren, daß die gebildete Zusammenfassung den größtmöglichen Anteil der Varianz in den Ausgangsvariablen erklärt. Dem schließen sich weitere Schritte an, in denen nach demselben Optimierungskriterium weitere Linearkombinationen (Hauptkomponenten) derselben Variablen gebildet werden, die jeweils ein Maximum der verbliebenen Restvarianz erklären. Beendet werden diese Operationen, wenn so viele Hauptkomponenten erzeugt sind, wie Variablen in die Analyse eingegangen waren. Auch bei der kanonischen Korrelationen werden Linearkombinationen von Variablen erzeugt. Jedoch gehen anstelle eines Satzes zwei Sätze von Variablen in die Analyse ein, für die jeweils eine eigene Linearkombination gesucht wird. Diese als "kanonische Variaten" bezeichneten Linearkombinationen werden so gebildet, daß die bivariate Korrelation (Pearson's r) der jeweiligen Variatenpaare möglichst hoch ist. Für die auf beiden Seiten verbliebene Restvarianz wird das Verfahren dann so oft wiederholt, bis die Zahl der Variatenpaare gleich der Zahl der Variablen im kleineren Variablenblock ist. Die standardisierten Koeffizienten der kanonischen Variaten lassen sich wie die Faktorladungen bei der Hauptkomponentenanalyse als standardisierte Regressionsgewichte interpretieren. D.h. sie geben Aufschluß über die inhaltlichen Charakteristika jeder der beiden optimal korrelierenden Linearkombinationen. Anders als bei der Hauptkomponentenanalyse gibt es bei der kanonischen Korrelation ein inferenzstatistisch fundiertes Abbruchkriterium für die Interpretation der Variaten und ihrer Korrelationen. Das Verfahren stellt fest, mit welcher Wahrscheinlichkeit sich die Korrelationen jedes der Variatenpaare in der Grundgesamtheit von Null unterscheiden. Nur signifikante Korrelationen können sinnvoll interpretiert werden. Die Eigenwerte, die dem Quadrat der kanonischen Korrelationen entsprechen, geben Aufschluß über den Anteil der Varianz, der beiden Variablenkombinationen gemeinsam ist.

In jeder der untersuchten Gesellschaften wurden zwei signifikant miteinander korrelierende Variatenpaare ermittelt (Tabelle 6-19). Die für die ersten Variatenpaare gefundenen Korrelationen sind substantiell, wenngleich nicht überragend; sie bewegen sich in der moderaten Größenordnung von .30 bis .40. Interpersonale Kommunikation und Massenkommunikation sind also in nicht unerheblichem Ausmaß miteinander assoziiert, und zwar positiv. Die jeweils als zweite Variatenpaare extrahierten Faktoren korrelieren zwar - mit Werten oberhalb von .20 - in West- und Ostdeutschland sowie Spanien stärker miteinander als in Großbritannien und den USA. Aber insgesamt sind alle zweiten kanonischen Korrelationen ziemlich schwach. Von analytischem Interesse sind also in erster Linie die ersten kanonischen Korrelationen und ihre Spezifika. Die gefundenen Zusammenhänge weisen eine erhebliche Variationsbreite auf. Welche Formen der interpersonalen Kommunikation und welche Massenmedien am ehesten gleichzeitig als Quellen politischer Information in Anspruch genommen werden, unterscheidet sich von Gesellschaft zu Gesellschaft. Hinter den Variationen im Detail verbergen sich aber Kernbefunde, die auf interkulturell wirksame Regelmäßigkeiten hindeuten. Es fällt insbesondere auf, daß die ersten Variaten der interpersonalen Kommunikation allesamt stark durch die Intensität der Gespräche mit Freunden geprägt sind. Mit größeren Schwankungen erweisen sich überall auch politische Konversationen im Verwandtenkreis und am Arbeitsplatz als bedeutsam für die inhaltliche Bestimmung dieser Dimension. Es kristallisiert sich also ein Muster der interpersonalen Kommunikation heraus, das wesentlich durch politische Diskussionen mit Freunden, aber auch mit Verwandten und Kollegen geprägt ist. In Westdeutschland, Großbritannien und Spanien schließt dieses Muster tendenziell auch den Austausch mit Ehepartnern ein, in Ostdeutschland und den USA hingegen Gespräche mit Nachbarn.

Diese Dimension ist positiv mit Mustern der Mediennutzung verknüpft, die besonders durch die anspruchsvolleren Printmedien definiert sind. Unser Befund deutet also auf differenzierterer Grundlage in eine ähnliche Richtung wie die Ergebnisse früherer Studien. Wer häufig mit Freunden, Verwandten und Kollegen sowie je nach gesellschaftlichem Kontext auch mit anderen Personen über politische Themen diskutierte, wandte sich gleichzeitig eher den tagesaktuellen sowie teilweise auch den meinungsorientierten Angeboten der Presse zu. Ausgenommen waren hiervon in Westdeutschland und Großbritannien, nicht aber in Ostdeutschland die Boulevardzeitungen. Hinsichtlich des Fernsehens bestanden noch größere Unterschiede: In West- und Ostdeutschland umfaßte dieses Syndrom der Mediennutzung auch den intensiveren Konsum von Fernsehmagazinen, in Großbritannien hingegen das Sehen der BBC-Nachrichten und in Spanien das Sehen der Nachrichten privater Anbieter.

Die zweiten Variatenpaare lassen kaum übergreifende Regelmäßigkeiten erkennen. Hervorhebenswert ist allerdings, daß sowohl hinsichtlich der interpersonalen Kommunikation als auch hinsichtlich der Massenkommunikation im Gegensatz zu den ersten Variatenpaaren klare Bipolaritäten deutlich werden. So standen Gespräche mit Verwandten und Ehepartnern in Westdeutschland dem politischen Austausch mit Freunden entgegen, in Großbritannien und Spanien hingegen vor allem den Diskussionen mit Arbeitskollegen. Der auffälligste Befund ist, daß überall außer in den USA die Intensität politischer Gespräche mit dem Ehepartner zu den vorrangigen Prägefaktoren der Dimension der interpersonalen Kommunikation gehörte. In Westdeutschland, Spanien und den USA fügten sich auch Diskussionen mit Verwandten in dieses Kommunikationsmuster ein. Hinsichtlich der Massenkommunikation überwogen die Unterschiede noch stärker die Gemeinsamkeiten. Immerhin deutet sich in den britischen, spanischen und amerikanischen Befunden eine Entgegensetzung der Nutzung des Fernsehens und der Presse an, wobei der häufigere Kontakt mit Angeboten des Bildschirmmediums jeweils mit einer höheren Gesprächsintensität mit dem Ehepartner bzw. den Verwandten und mit einer selteneren Involvierung in politische Diskussionen mit Kollegen (in Großbritannien und Spanien) oder auch Nachbarn (in den USA) einherging.

Tabelle 6-19: Zusammenhänge zwischen der Intensität politischer Gespräche und der Intensität der Mediennutzung (Kanonische Korrelationen und standardisierte kanonische Koeffizienten)

	Westdeutschland		Ostdeutschland		Großbritannien		Spanien		USA	
	1. Varia-tenpaar	2. Varia-tenpaar	1. Varia-tenpaar	2. Varia-tenpaar	1. Varia-tenpaar	2. Varia-tenpaar	1. Varia-tenpaar	2. Varia-tenpaar	1. Varia-tenpaar	2. Varia-tenpaar
Kanonische Korr.	.36**	.25**	.32**	.22**	.31**	.10*	.38**	.21**	.29**	.13*
Eigenwert	.13	.06	.10	.05	.10	.01	.14	.04	.08	.02
Chi²	278.3	111.4	104.2	45.8	270.3	38.4	275.1	77.2	151.0	42.5
Freiheitsgrade	49	36	35	24	35	24	30	20	36	25
Ehepartner	.37	.36	.04	.46	.47	.49	.48	.41	.26	-.14
Verwandte	.52	.47	.32	.07	.40	-.27	.45	.40	.65	-.66
Freunde	.69	-.64	.51	.61	.51	.21	.61	-.29	.70	-.04
Arbeitskollegen	.44	.03	.82	-.19	.42	-.75	.34	-.64	.62	.43
Nachbarn	.12	.16	.39	.11	.06	-.42	-.06	.36	.46	.47
Selber Verein	.24	.05	.45	-.59	.05	.09	-	-	-	-
Selbe Kirchengemeinde	-	-	-	-	.12	-.16	.16	-.15	.11	-.39
Sonstige Beziehungen	.30	-.22	.40	.04	-	-	-	-	-	-
Qualitätszeitungen	.20	-.09	-	-	.67	-.62	.41	-.37	.42	.66
Zeitungen mittl. Info.qual.	.37	.41	.58	.11	.24	.16	.55	-.69	.43	.47
Boulevardzeitungen	.04	-.13	.44	.39	-.25	-.24	-	-	-	-
Nachrichtenmagazine	.56	-.77	-.01	-.52	-	-	.07	.35	.42	-.21
Nachr. öff.-rechtl. Sender	-.11	.15	-.03	-.92	.47	.49	.26	.59	-	-
Nachr. v. Privatsendern	.07	.04	-	-	-.01	.50	.54	.59	-.20	-.22
Politische Magazine	.49	.53	.63	.40	-	-	-	-	.36	-.72
Talkshows	-	-	-	-	-	-	-	-	.37	.17
(N)	(1240)		(544)		(2279)		(1283)		(1254)	

** P<.01, * P<.05, + P<.10

Anmerkung: Indices der Intensität politischer Gespräche basieren aus Gründen der Vergleichbarkeit nur auf Ehepartnern und den beiden erstgenannten weiteren Diskutanten.

6.4 Resümee

Wenn politische Informationen nicht rezipiert werden, können sie auch keine Einflüsse auf politische Entscheidungen ausüben. In allen untersuchten Gesellschaften empfingen große Mehrheiten der Wähler politische Informationen, und zwar sowohl solche, deren Ursprung politische Gespräche mit anderen Wählern waren, als auch solche, die der Berichterstattung der Massenmedien entstammten. Die Hypothese der Columbia-Schule, daß die interpersonale Kommunikation mehr Wähler erreiche als die Massenkommunikation, kann keinesfalls mehr Gültigkeit beanspruchen. Die Beziehung zwischen beiden Formen der Informationsvermittlung entspricht der "the more, the more"-Regel: Wer viele Medien häufiger nutzt, diskutiert auch mit einer größeren Anzahl von Personen öfter über Politik. Insbesondere betrifft dieser Zusammenhang Gespräche mit Freunden, Verwandten und Arbeitskollegen sowie die Printmedien mit höherer Informationsqualität.

Entgegen vielfach geäußerter Vermutungen, daß sich die persönlichen Netzwerke der Wähler im Zuge sozioökonomischer Modernisierungsprozesse öffnen und "schwache" Sekundärbeziehungen zunehmend die Primärbeziehungen verdrängen, ist zu konstatieren, daß affektive, vertrauensvolle und durch Intimität gekennzeichnete Primärbeziehungen zwischen Ehepartnern, Verwandten und Freunden immer noch die mit Abstand wichtigsten Träger der interpersonalen politischen Kommunikation sind. Im Rahmen der Sekundärbeziehungen kommt politischen Konversationen mit Arbeitskollegen eine herausragende Rolle zu. Allerdings waren die Beziehungen zu Arbeitskollegen in allen untersuchten Gesellschaften vergleichsweise wenig durch wechselseitiges Vertrauen geprägt. Ausgesprochen hoch war der subjektiv empfundene Konsens bei politischen Unterhaltungen nur zwischen Ehepartnern.

Erhebliche interkulturelle Unterschiede waren insbesondere hinsichtlich der Intensität des politischen Austausches im Rahmen der Primärumwelten der Wähler festzustellen. In den neuen Bundesländern wurde während des Einheitsjahres 1990 extrem viel politisch diskutiert. Außerordentlich gering war die politische Interaktionsintensität demgegenüber in der auch auf vielen anderen Dimensionen "untermobilisierten" spanischen Gesellschaft. In Gesellschaften, in denen häufiger politische Gespräche geführt wurden, waren auch mehr Wähler der Auffassung, daß ihre Diskutanten über einen erheblichen politischen Sachverstand verfügten.

Wähler mit höherer und Wähler mit geringerer politischer Involvierung unterschieden sich im Hinblick auf die Intensität politischer Diskussionen: Experten beteiligten sich in höheren Anteilen und mit größerer Häufigkeit an solchen Gesprächen als Novizen. Allerdings waren diese Unterschiede nicht sehr bedeutend, so daß auch Novizen in erheblichem Umfang durch die interpersonale Kommunikation mit politischen Informationen konfrontiert wurden. Auch Zusammenhänge mit dem politischen Interesse und dem Bildungsniveau deuten darauf hin, daß der Motivation im Hinblick auf die Intensität politischer Gespräche eine gewisse Rolle zukommt. Wichtiger sind jedoch Gelegenheitsstrukturen, und dabei insbesondere der Familienstand und die Erwerbstätigkeit. Nur verheiratete Wähler können mit Ehepartnern diskutieren und nur berufstätige Wähler können sich mit Kollegen unterhalten.

Die große Reichweite der Massenkommunikation verdankt sich im wesentlichen dem Fernsehen, das ein ubiquitäres Medium ist; die Bedeutung der Presse variiert stark zwischen Gesellschaften. In dem Rahmen, in dem dies die jeweiligen Marktstrukturen zuließen, nutzten die Wähler die verschiedenen Medienangebote gemäß einer mehrdimensionalen "the more, the more"-Regel. Je nach individueller Nutzungsorientierung wurden entweder eher Angebote mit höherer Informationsqualität oder eher Angebote mit niedriger Informationsqualität im Verbund genutzt. Die Existenz von Angeboten mit niedriger Informationsqualität führte auch partiell dazu, daß das Rezeptions-Axiom im Hinblick auf die Massenmedien durchbrochen wurde und weniger involvierte Wähler bestimmte Medien intensiver nutzten als höher involvierte Wähler. Davon abgesehen entsprach die Massenkommunikation jedoch deutlicher den Erwartungen dieses Axioms als die interpersonale Kommunikation. Auch Faktoren wie das politische Interesse und das Niveau der formalen Bildung waren – mit signifikanten Ausnahmen - stärker positiv mit der Nutzung von Massenmedien verknüpft als mit der Intensität politischer Gespräche. Strukturelle Faktoren spielten demgegenüber als Vorbedingungen für den Kontakt mit der Berichterstattung von Massenmedien keine gewichtige Rolle.

7 Rezeption von Informationen unterschiedlicher politischer Richtungen

Folgt man bei der Untersuchung politischer Einflüsse der interpersonalen Kommunikation und der Massenkommunikation den Überlegungen des RAS-Modells, so erscheint es angezeigt, Informationsquellen, deren Überzeugungsbotschaften verschiedene politische Richtungen begünstigen, analytisch möglichst weitgehend voneinander zu trennen. Dem RAS-Modell zufolge werden politische Einflüsse von Informationsquellen nämlich nur oder zumindest besser erkennbar, wenn Informationsflüsse isoliert werden, die mehr oder weniger ausgeprägt eine der Seiten im politischen Wettbewerb bevorzugen (siehe Abschnitt 4.2). Sowohl im Hinblick auf die Teilhabe von Wählern an politischen Diskussionen mit den Mitgliedern ihrer Primärumwelten als auch hinsichtlich ihrer Rezeption von Medienbotschaften wurde diesem Gesichtspunkt in vielen früheren Untersuchungen zu wenig Rechnung getragen. Wird diese Maxime nicht befolgt, so werden die empirisch gefundenen Zusammenhänge mit hoher Wahrscheinlichkeit nicht sehr eindrucksvoll ausfallen, selbst wenn sich dahinter Einflüsse in substantiellen Größenordnungen verbergen. Diese bleiben dem analytischen Blick jedoch verborgen, weil sie in gegensätzliche Richtungen wirken und sich per saldo wechselseitig aufheben. In der vorliegenden Studie soll deswegen, soweit dies möglich ist, zwischen Quellen unterschiedlicher politischer Ausrichtung unterschieden werden.

Dazu müssen jedoch zunächst die politischen Richtungen der verschiedenen Informationsquellen durch geeignete Verfahren identifiziert werden. Dies ist das Ziel des vorliegenden Kapitels. Die wesentliche Fragestellung lautet also: Welche Parteien und Kandidaten wurden durch die Informationen, die den Wählern durch ihre politischen Gesprächspartner und durch die Massenmedien vermittelt wurden, begünstigt, welche wurden benachteiligt? Speziell für die interpersonale Kommunikation werden außerdem eingehender einige Faktoren analysiert, die sich darauf auswirkten, mit welcher Wahrscheinlichkeit Informationen einer bestimmten Richtung rezipiert wurden. Aufgrund des in richtungspolitischer Hinsicht diffuseren Charakters der Medienberichterstattung ist das für die Massenkommunikation nur eingeschränkt möglich. Als maßgebliche Faktoren werden politische Prädispositionen sowie Strukturen von Parteiensystemen und von Mediensystemen diskutiert.

7.1 Interpersonale Kommunikation

7.1.1 Wahrnehmungen der Partei- und Kandidatenpräferenzen von Kontaktpartnern

Um herauszufinden, ob von Gesprächen mit anderen Personen Einflüsse auf individuelle Wahlentscheidungen ausgehen können, reicht es nicht aus zu analysieren, ob die Intensität der politischen Kommunikation im Verwandten-, Freundes- und Bekanntenkreis mit Wahlentscheidungen zusammenhängt. Analysen von Einflüssen der interpersonalen Kommunikation auf politische Entscheidungen müssen die politische Richtung der Informationen, welche den Wählern durch ihre politischen Gespräche vermittelt werden, in geeigneter Weise berücksichtigen. Eine Schwierigkeit ist dabei, daß die tatsächlichen politischen Gesprächsaktivitäten nationaler Stichproben von Wählern der unmittelbaren Beobachtung nicht zugänglich sind (Chaffee/Mutz 1988: 36). Welche Meinungen, Argumente und Gesichtspunkte diese Personen bei ihren alltäglichen politischen Unterhaltungen mit den Mitgliedern ihrer Primärumwelten austauschen, entzieht sich dem direkten methodischen Zugriff. Um zu erfassen, welche Überzeugungsbotschaften Wählern bei ihren Diskussionen zufließen, muß deshalb auf ein indirektes Meßverfahren zurückgegriffen werden. Man kann sich dabei auf die plausible Annahme stützen, daß Personen, die bei einer Wahl eine bestimmte Partei oder einen bestimmten Kandidaten unterstützen, in ihren politischen Gesprächen Überzeugungsbotschaften vermitteln, welche die betreffende Partei bzw. den betreffenden Kandidaten in günstigem Licht erscheinen lassen. Soweit sie sich gleichzeitig über die konkurrierenden Parteien bzw. Kandidaten äußern, werden sie eher gegen diese argumentieren (Huckfeldt/Sprague 1995: 133). Begründen läßt sich diese Prämisse durch Befunde, die darauf hindeuten, daß Wähler ihre Vorstellungen über die parteipolitischen Präferenzen ihrer Diskussionspartner eher indirekt über die Inhalte der von diesen geäußerten politischen Stellungnahmen erschließen als anhand direkter Mitteilungen dieser Wahlabsichten. Einschätzungen der politischen Präferenzen von Diskutanten reflektieren also die Inhalte der von diesen zum Ausdruck gebrachten politischen Informationen (Scheuch 1965: 187-92). Zusätzlich wird - wie bereits erläutert (siehe Abschnitt 4.2) - unterstellt, daß die Menge der vermittelten Überzeugungsbotschaften mit zunehmender Diskussionshäufigkeit linear zunimmt (Mondak 1995: 114). Um diese Überlegungen umzusetzen, ist es erforderlich, zusätzlich zu den bereits im letzten Kapitel diskutierten Merkmalen der dyadischen Beziehungen - der Diskussionsintensität, der Art der Rollenbeziehung sowie der wahrgenommenen Glaubwürdigkeit - auch die politischen Präferenzen der Diskutanten in die Analyse einzubeziehen.

Wir greifen zu diesem Zweck im folgenden auf die Wahrnehmungen zurück, welche die befragten Wähler von den Partei- bzw. Kandidatenpräferenzen ihrer politischen Gesprächspartner hatten. Dabei gehen wir beispielsweise davon aus, daß Wähler von Diskutanten, die nach ihrer Wahrnehmung die CDU/CSU unterstützten, vorwiegend Überzeugungsbotschaften empfangen, welche die Unionsparteien be-

7 Rezeption von Informationen unterschiedlicher politischer Richtungen

günstigten und für andere Parteien unvorteilhaft waren. Präferierten Gesprächspartner aus Sicht der Befragten hingegen die SPD, so wird unterstellt, daß diese in politischen Unterhaltungen für die Sozialdemokraten und gegen andere Parteien eintraten. Zwischen den verschiedenen untersuchten Gesellschaften bestehen große Unterschiede im Hinblick auf das Ausmaß, in dem die Wähler Angaben über die politischen Präferenzen ihrer Kontaktpartner machen konnten (Tabelle 7-1). In Großbritannien und den USA gaben die Befragten für rund 90 Prozent ihrer Netzwerkpartner solche Einschätzungen ab. In West- und Ostdeutschland war dagegen die politische Position jedes vierten Kontaktpartners unbekannt. In Spanien konnte sogar mehr als ein Drittel der Kontaktpersonen durch die Wähler parteipolitisch nicht eingeordnet werden. Wahrscheinlich reflektieren diese Unterschiede zumindest zum Teil kulturelle Differenzen im Hinblick auf das persönliche Vertrauen, das sich die Bürger wechselseitig entgegenbringen. Die Annahme erscheint plausibel, daß persönliche, aber auch ererbte kollektive Erfahrungshintergründe in autoritären Herrschaftssystemen auf sehr lange Sicht die Bereitschaft von Bürgern hemmen, sich offen zu ihren politischen Standorten zu bekennen (Scheuch 1965: 200). In den 50er Jahren stellten Almond/Verba in ihrer klassischen vergleichenden Untersuchung politischer Kulturen fest, daß die Westdeutschen ihren Mitbürgern wesentlich weniger vertrauten als die Briten und die Amerikaner (Almond/Verba 1963: 284-8). Seither hat sich zwar die Distanz zwischen diesen Ländern verringert. Doch auch in den 80er Jahren begegneten die Bürger der alten angelsächsischen Demokratien anderen Personen noch wesentlich vertrauensvoller als die Westdeutschen, aber auch als die Spanier (Inglehart 1990: 36-7). Wie es scheint, teilen Briten und Amerikaner anderen Personen recht freimütig ihre politischen Auffassungen mit. In Westdeutschland und ähnlich vielleicht auch in Spanien sowie erst recht in Ostdeutschland gelten politische Standpunkte hingegen offenbar immer noch - wie von Scheuch in den 60er Jahren beschrieben - als sehr "private" Überzeugungen, ähnlich der Religion, die man nicht gerne offenlegt (Scheuch 1965: 192).

Tabelle 7-1:   *Bekanntheit der politischen Präferenzen der Kontaktpartner in Dyaden (in Prozent)*

	Westdeutschland	Ostdeutschland	Großbritannien	Spanien	USA
Wahlentscheidung bekannt[1]	73.0	75.7	88.9	62.6	91.5
(N_{Basis})	(2459)	(1422)	(4192)	(2339)	(3936)

1   Einschließlich Nichtwahl.

Wie Scheuch in seiner Untersuchung ebenfalls feststellte, variierte der Grad, in dem die Bürger über die Parteipräferenzen ihrer Interaktionspartner orientiert waren, nach der Art der Beziehung. Insbesondere erwies sich die Offenheit innerhalb von

Familien am größten, gegenüber Arbeitskollegen und Nachbarn war sie hingegen deutlich geringer (Scheuch 1965: 175). Zum Teil gelten diese Regelmäßigkeiten auch heute noch (Tabelle 7-2). Überdies handelt es sich offenbar nicht um Spezifika der westdeutschen Wähler. In jeder der untersuchten Gesellschaften waren die Wähler über die Präferenzen ihrer Ehepartner deutlich besser im Bilde als über alle anderen Kontaktpartner. Wähler aus Westdeutschland wußten auch über die Parteineigungen ihrer Verwandten vergleichsweise gut Bescheid. Ostdeutsche Wähler verfügten hingegen über besonders gute Kenntnisse der parteipolitischen Standpunkte ihrer Arbeitskollegen und Vereinsbekanntschaften. In den anderen Gesellschaften, und dabei besonders prononciert in Spanien, war es hingegen für die Wähler zumeist relativ schwierig, Personen einzuordnen, mit denen sie nur über Sekundärbeziehungen verbunden waren.

Tabelle 7-2: Bekanntheit der politischen Präferenzen der Kontaktpartner in Dyaden nach Art der Beziehung (in Prozent)

	West-deutschland	Ost-deutschland	Groß-britannien	Spanien	USA
Wahlentscheidung bekannt[1]					
Ehepartner	78.5	83.2	95.1	73.3	96.2
Verwandte	77.0	72.6	87.5	59.9	92.1
Freunde	69.4	73.9	86.2	53.2	89.7
Arbeitskollegen	72.2	79.5	85.6	47.9	92.2
Nachbarn	72.3	59.8	84.0	44.6	85.9
Selber Verein	68.1	88.6	78.9	-	-
Selbe Kirchengemeinde	-	-	81.1	-	87.7
Sonstige Beziehungen	58.2	80.0	-	41.2	-
(Mindest-N_{Basis})	(72)	(20)	(53)	(34)	(350)

1   Einschließlich Nichtwahl.

7.1.2 Rezeption politisch einseitiger Informationen und die Struktur von Parteiensystemen

Einflüsse, die eine Partei oder einen Kandidaten begünstigen, können entsprechend unserer Vorannahmen nur von Diskutanten erwartet werden, welche diesen politischen Akteur wahlpolitisch unterstützen. Korrespondierend dazu können Einflüsse zum Nachteil eines Wettbewerbers, welche dazu führen, daß dieser Stimmen an die Konkurrenz abgeben muß, nur von Gesprächspartnern ihren Ausgang nehmen, die eine andere Partei oder einen anderen Kandidaten bevorzugen. Wovon hängen die Chancen eines Wählers ab, durch politische Gespräche Informationen ausgesetzt werden, die für bestimmte Parteien oder Kandidaten vorteilhaft und für andere unvorteilhaft sind?

7 Rezeption von Informationen unterschiedlicher politischer Richtungen 219

Schaubild 7-1: Verteilungen der politischen Präferenzen von Diskutanten und Verteilungen der Wahlentscheidungen

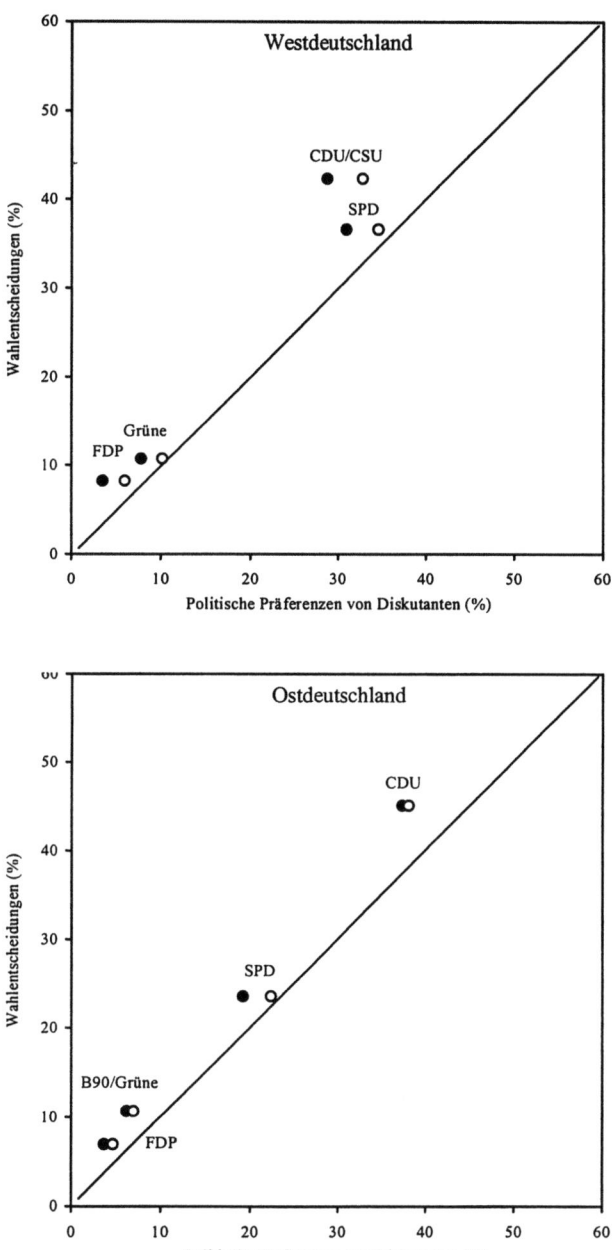

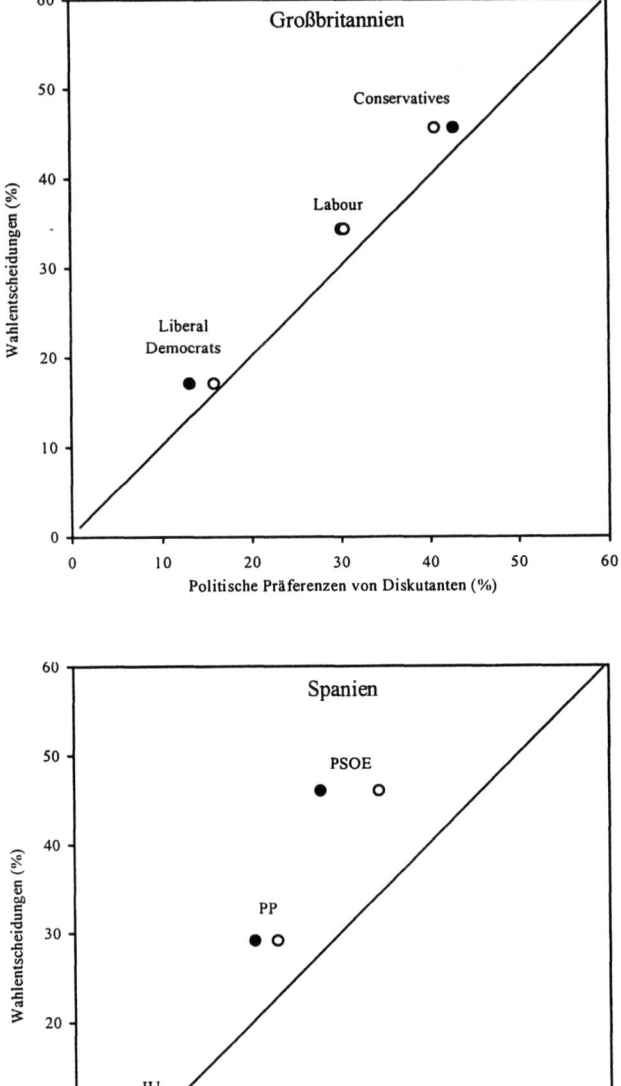

7 Rezeption von Informationen unterschiedlicher politischer Richtungen 221

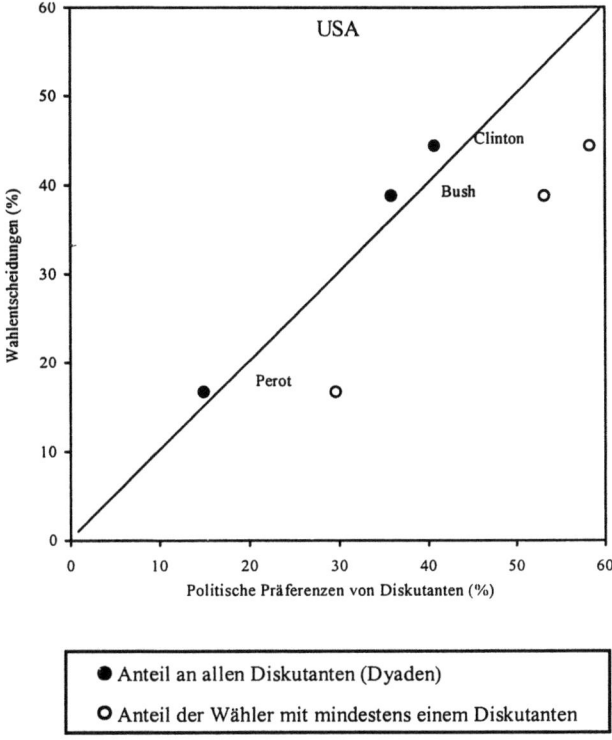

● Anteil an allen Diskutanten (Dyaden)
○ Anteil der Wähler mit mindestens einem Diskutanten

Ein Faktor von entscheidender Bedeutung ist die gesellschaftliche Verteilung der Partei- bzw. Kandidatenpräferenzen der Personen, mit denen die Wähler politische Diskussionen führen. Sie legt für die einzelnen Wähler eine durchschnittliche Wahrscheinlichkeit fest, mit der sie mit Anhängern der verschiedenen Wettbewerber ins Gespräch kommen. Und sie definiert im Aggregat, wie groß die Anteile der Wähler sind, die mit Sympathisanten jeder der verschiedenen Parteien bzw. Kandidaten in Kontakt stehen. Bereits die Elmira-Studie wies auf die Bedeutung der Verteilung politischer Präferenzen in bestimmten Kontexten hin, als sie feststellte: "The stability of a preference [...] varies with the chances of social support for it. And the chances of social support for given political choices, in turn, vary with the distribution of such preferences in the particular segment of the community." (Berelson u.a. 1954: 126) Denselben Sachverhalt arbeitete auch Miller in einer klassischen Studie heraus, in der er das Verhalten von Wählern analysierte, die sich in einer strukturellen Minderheitenposition befanden, weil sie in Wahlkreisen lebten, in denen die große Mehrheit der Wähler die Gegenpartei unterstützte (Miller 1956; siehe auch Huckfeldt/Sprague 1988, 1995: 146-58; Zuckerman u.a. 1998: 302-6). Aus der Tatsache, daß jeder Wähler auch – von der Warte der anderen Wähler aus gesehen - in die Rolle des Diskutanten schlüpfen kann, folgt zwangsläufig, daß sowohl die parteipolitische Zusammensetzung der Diskutanten als auch die individuellen Chancen von Wählern, mit einem oder mehreren Unterstützern einer bestimmten Partei bzw. eines bestimmten Kandidaten ins Gespräch zu kommen, eng mit der Verteilung der wahlpolitischen Präferenzen in der Gesellschaft insgesamt zusammenhängen. Diesem Zusammenhang gilt das Interesse etlicher Kontextanalysen in der Tradition der erwähnten klassischen Arbeiten, welche typischerweise auf der Ebene von kleinräumigen politisch-geographischen Einheiten wie z.B. Wahlkreisen angesiedelt sind. Man kann dieselben Überlegungen jedoch auch bei Vergleichen zwischen verschiedenen Gesellschaften mit unterschiedlichen Parteiensystemen geltend machen (Schaubild 7-1).

Die Struktur von Parteiensystemen unter dem Aspekt der Größenverhältnisse zwischen den Parteien definiert, mit welcher Wahrscheinlichkeit Wählern durch die interpersonale Kommunikation Informationen zufließen, welche für die verschiedenen Parteien bzw. Kandidaten günstig oder ungünstig sind. In Mehrparteiensystemen mit Parteien ungefähr gleicher Stärke, aber auch in Zweiparteiensystemen wie dem amerikanischen verfügen alle Konkurrenten über ähnlich viele Anhänger. In dieser Situation wird keiner von ihnen durch die interpersonale Kommunikation gegenüber dem Konkurrenten strukturell entscheidend bevorteilt oder benachteiligt. Im Rahmen eines Zweiparteiensystems, in dem keine der Parteien dominiert, hat der durchschnittliche Wähler z.B. ungefähr dieselben Chancen, mit Botschaften, die für die eine Partei vorteilhaft und für die Gegenpartei unvorteilhaft sind, oder mit Botschaften des gegenteiligen Inhalts konfrontiert zu werden. In politischen Systemen, in denen Parteien mit sehr unterschiedlichen Ausgangsstärken um die Voten der Wähler konkurrieren, d.h. in Parteiensystemen mit einer oder zwei dominanten Großparteien sowie einer oder mehreren Kleinparteien (Ware 1996: 161-8), verhält sich das jedoch anders. Die Wahrscheinlichkeiten, im Rahmen politischer Gespräche Informationen zu rezipieren, die für eine Partei günstig oder aber ungünstig sind, sind hier für die verschiedenen Parteien sehr unterschiedlich. Die Konstellationen in allen hier untersuchten europäischen Ländern entsprachen diesem ungleichgewichtigen Muster. Sie unterschieden sich aber in einem wichtigen Unteraspekt, nämlich im Hinblick darauf, ob eine Großpartei deutlich stärker war als ihr Hauptkonkurrent oder ob zwei ähnlich starke Großparteien den politischen Wettbewerb dominierten. Letzteres war in Westdeutschland der Fall. Die ostdeutsche, die britische und die spanische Konstellation lagen bei den untersuchten Wahlen jedoch näher beim Muster der Einparteiendominanz. In den USA war 1992 durch den unabhängigen Kandidaten Perot eine Sondersituation gegeben, welche den Bedingungen europäischer "Zweieinhalb"-Parteiensysteme verwandt war.

Am Beispiel der britischen Parteien sei der Zusammenhang veranschaulicht. In der Erhebung gaben 46 Prozent der Befragten an, die Conservatives gewählt zu haben. Gleichzeitig wurden 43 Prozent aller Diskutanten als Anhänger der Conservatives wahrgenommen (Basis: Dyaden), und 39 Prozent aller Wähler besprachen mit mindestens einer Person politische Themen, in der sie einen Wähler der Conservatives erkannten. Ein gutes Drittel der britischen Wähler stimmte für die Labour

Party, der Anteil ihrer Unterstützer unter den Diskutanten belief sich auf 30 Prozent, und 29 Prozent aller Wähler kommunizierten mit mindestens einem Diskutanten, der für Labour votierte. Der Stimmenanteil der Liberal Democrats lag bei 17 Prozent, 13 Prozent aller Diskutanten unterstützten diese Partei und 15 Prozent aller Wähler diskutierten mit mindestens einem ihrer Anhänger über Politik. Gleichartige lineare Zusammenhänge finden wir auch in Ostdeutschland und den USA. Eine geringfügige Anomalie ist in Westdeutschland erkennbar: Relativ zu ihrem tatsächlichen Stimmenanteil traten Anhänger der CDU/CSU als Diskutanten insgesamt etwas zu selten in Erscheinung. Unter den Diskutanten, deren Parteipräferenzen nicht eingeschätzt werden konnten, müssen sich also überdurchschnittlich viele Unionswähler befunden haben. In Spanien gab es sogar einen leichten Trend mit ähnlicher Charakteristik: Je größer die Partei, desto mehr wurde ihre Stärke in den Wahrnehmungen der Diskutanten unterschätzt. Eine mögliche Erklärung für diese Abweichungen vom linearen Trend könnte darin bestehen, daß sich die Anhänger verschiedener Parteien systematisch hinsichtlich ihrer Neigung unterscheiden, sich bei politischen Gesprächen offen zu ihren Positionen zu bekennen und offensiv ihre Standpunkte zu vertreten.

Doch sind diese Abweichungen nicht sehr bedeutend, und es dominiert insgesamt der Eindruck klarer linearer Zusammenhänge zwischen der gesellschaftlichen Unterstützung von Parteien bzw. Kandidaten und ihren strukturell bedingten Aussichten, vermittelt über die interpersonale Kommunikation Wähler zu erreichen. Das ist auch nicht überraschend, sondern logisch zwingend. Von den Konsequenzen her betrachtet, kann man hierin jedoch eine weitere Manifestation des Satzes sehen: Wer hat, dem wird gegeben (siehe Abschnitt 2.3.5.6). Je größer nämlich die Zahl der Wähler, die eine Partei unterstützen, desto höher ist die Wahrscheinlichkeit für andere Wähler, mit einem dieser Unterstützer in Kontakt zu kommen und durch ihn Überzeugungsbotschaften ausgesetzt zu werden, welche die betreffende Partei begünstigen. Dieselbe Regel gilt selbstverständlich auch umgekehrt: Je kleiner die Zahl der Wähler, die zu einer Partei stehen, desto geringer ist die Wahrscheinlichkeit für andere Wähler, mit einem ihrer Anhänger zu kommunizieren und von ihm Argumente zu hören, welche für diese Partei vorteilhaft sind. Große Parteien mit zahlreichen Anhängern befinden sich also im Hinblick auf die interpersonale Kommunikation in einer strukturell begünstigten Ausgangslage. Unter der Maßgabe, daß sich politische Gespräche tatsächlich als wirkungsvolles Medium des politischen Einflusses erweisen, haben diese Parteien im Vergleich zu Kleinparteien bessere Aussichten, durch den Multiplikatoreffekt diskussionsfreudiger Anhänger weitere Unterstützer zu gewinnen. Korrespondierend dazu sind die Kleinparteien schon allein aufgrund der Tatsache ihrer geringen Anhängerzahl strukturell benachteiligt. Denn ihre wenigen Unterstützer kommen nur mit einer relativ geringen Anzahl anderer Personen ins Gespräch. Und zugleich werden diese Kontakte mit hoher Wahrscheinlichkeit durch die zahlreicheren Diskutanten konterkariert, welche für eine der anderen Parteien eintreten (Schmitt-Beck 1994a, 1994b).

Der beschriebene Zusammenhang tangiert nicht nur die Wahrscheinlichkeit, mit der ein Wähler überhaupt durch politische Gespräche Überzeugungsbotschaften ausgesetzt wird, welche bestimmte Parteien begünstigen. Er betrifft vielmehr die Intensität politischer Gespräche insgesamt und wirkt sich damit unmittelbar auf die Menge der Informationen aus, die auf dem Wege der interpersonalen Kommunikation vermittelt werden. Ein durchschnittlicher Wähler wird mit größerer Wahrscheinlichkeit mit einem Diskutanten ins Gespräch kommen, der sich für eine große Partei einsetzt, als mit einem Diskutanten, der eine kleine Parteien befürwortet. Gleichzeitig erhöht sich mit zunehmender Parteigröße aber auch die Wahrscheinlichkeit, nicht nur von einem, sondern gleich von mehreren Anhängern der größeren Partei Überzeugungsbotschaften zu empfangen (Tabelle 7-3). Beispielsweise unterhielten sich knapp 31 Prozent aller westdeutschen Wähler mit mindestens einem Anhänger der CDU/CSU über Politik. Weniger als sechs Prozent kamen hingegen durch Gespräche in Kontakt mit Personen, welche die FDP unterstützten. Das Reservoir potentiell durch interpersonale Kommunikation zugunsten der CDU/CSU beeinflußbarer Wähler umfaßte also etwas weniger als ein Drittel des westdeutschen Elektorats. Es war damit fünfmal größer als der Anteil der Wähler, bei denen die Möglichkeitsbedingungen für Einflüsse zugunsten der FDP erfüllt waren. Mit gleich zwei Unions-Wählern diskutierten immerhin 16 Prozent, mit zwei Anhängern der FDP jedoch weniger als ein Prozent aller westdeutschen Wähler. Fast ebenso groß wie der Anteil der Wähler, die überhaupt mit Liberalen diskutierten, war der Anteil, der gleichzeitig von nicht weniger als drei Anhängern der CDU/CSU politische Stellungnahmen empfing. Wähler, die mit mehr als drei FDP-nahen Diskutanten sprachen, gab es - jedenfalls in der befragten Stichprobe - überhaupt nicht. Sehr wohl wurden aber einige Personen durch Informationen von vier oder sogar fünf Anhängern der Union erreicht. Bei denjenigen Wählern, die mindestens einen solchen Gesprächspartner hatten, lag die durchschnittliche Anzahl aller unionsnahen Diskutanten bei 1.70. Der korrespondierende Wert für die FDP betrug lediglich 1.13. Wer mit einem Liberalen ins Gespräch kam, wurde also mit größter Wahrscheinlichkeit nur durch diese eine Person mit Argumenten konfrontiert, welche die FDP begünstigten. Wähler, die politische Unterhaltungen mit Anhängern der Union führten, kommunizierten hingegen sehr häufig gleich mit zwei oder sogar noch mehr Personen, welche für die CDU/CSU eintraten.

Zusammenfassend ist also festzuhalten, daß ein durchschnittlicher Wähler im allgemeinen mit größerer Wahrscheinlichkeit durch persönliche Gespräche von Überzeugungsbotschaften erreicht wird, welche eine große Partei bevorteilen, als von Stellungnahmen, die für eine kleine Partei günstig sind. Überdies wird im Schnitt auch die Zahl derjenigen unter seinen Diskutanten, die für eine Großpartei eintreten, größer sein als die Zahl der Gesprächspartner, die eine kleine Partei befürworten. Dergestalt strukturell begünstigt waren in Westdeutschland gleichermaßen die CDU/CSU und die SPD sowie in den USA die Kandidaten Clinton und Bush. In Ostdeutschland war die Ausgangslage für die CDU etwas vorteilhafter als für die SPD, in Großbritannien war sie für die Conservatives etwas günstiger als für

7 Rezeption von Informationen unterschiedlicher politischer Richtungen

Labour und in Spanien stellte sie sich für die PSOE etwas positiver dar als für die PP. Strukturell klar benachteiligt waren demgegenüber in Deutschland die Grünen und noch ausgeprägter die FDP (siehe auch Reuband 1971; Pfenning u.a. 1989), in Großbritannien die Liberal Democrats (siehe auch Curtice 1995: 203-4), in Spanien die IU und in den USA Ross Perot.

Tabelle 7-3: Anzahl der Diskutanten mit bestimmten politischen Präferenzen (in Prozent)

	Westdeutschland				
	pro-CDU/CSU	pro-SPD	pro-FDP	pro-Grüne	pro-Sonstige Parteien
Kein Diskutant[1]	69.3	67.4	94.4	90.4	97.4
1 Diskutant	16.0	17.3	4.9	6.4	2.1
2 Diskutanten	9.0	9.2	0.6	2.0	0.5
3 Diskutanten	4.7	4.4	0.1	0.8	0.0
4 Diskutanten	0.9	1.5	0.0	0.2	0.0
5 Diskutanten	0.1	0.3	0.0	0.1	0.0
(N)	(1223)	(1223)	(1223)	(1223)	(1223)
Durchschnittliche Anzahl der Diskutanten (N)[2]	1.70 (376)	1.73 (399)	1.13 (68)	1.49 (117)	1.19 (32)
	Ostdeutschland				
	pro-CDU	pro-SPD	pro-FDP	pro-B90/Grüne	pro-Sonstige Parteien
Kein Diskutant	60.6	75.8	93.7	90.9	90.0
1 Diskutant	15.9	12.8	4.8	6.6	6.6
2 Diskutanten	12.4	7.7	1.5	1.5	2.1
3 Diskutanten	7.3	2.3	0.0	0.5	0.9
4 Diskutanten	3.0	1.2	0.0	0.2	0.2
5 Diskutanten	0.9	0.2	0.0	0.3	0.2
(N)	(662)	(662)	(662)	(662)	(662)
Durchschnittliche Anzahl der Diskutanten (N)	2.00 (261)	1.68 (160)	1.24 (42)	1.45 (60)	1.50 (66)
	Großbritannien				
	pro-Conservatives	pro-Labour	pro-Liberal Democrats	pro-Sonstige Parteien	
Kein Diskutant	61.3	71.3	84.7	97.5	
1 Diskutant	19.5	16.5	11.9	2.0	
2 Diskutanten	14.2	9.0	2.9	0.4	
3 Diskutanten	5.0	3.3	0.5	0.1	
(N)	(2650)	(2650)	(2650)	(2650)	
Durchschnittliche Anzahl der Diskutanten (N)	1.63 (1027)	1.54 (761)	1.25 (406)	1.26 (68)	

	Spanien			
	pro-PSOE	pro-PP	pro-IU	pro-Sonstige Parteien
Kein Diskutant	70.9	79.3	92.0	90.2
1 Diskutant	21.1	14.4	6.3	7.4
2 Diskutanten	6.8	5.2	1.5	1.9
3 Diskutanten	1.2	1.1	0.3	0.4
(N)	(1374)	(1374)	(1374)	(1374)
Durchschnittliche Anzahl der Diskutanten (N)	1.32 (400)	1.35 (284)	1.25 (110)	1.28 (134)
	USA			
	pro-Bush	pro-Clinton	pro-Perot	
Kein Diskutant	46.8	41.7	70.4	
1 Diskutant	25.6	26.6	20.1	
2 Diskutanten	13.6	14.7	7.0	
3 Diskutanten	8.4	9.8	2.1	
4 Diskutanten	3.4	5.1	0.4	
5 Diskutanten	1.9	2.1	0.0	
6 Diskutanten	0.3	0.0	0.0	
(N)	(1313)	(1313)	(1313)	
Durchschnittliche Anzahl der Diskutanten (N)	1.93 (698)	1.99 (765)	1.42 (389)	

1 Werte geben an, wie groß die Anteile der Wähler sind, die mit der angegebenen Zahl von Unterstützern der betreffenden Partei bzw. des betreffenden Kandidaten zumindest selten politische Gespräche führen.
2 Durchschnittliche Anzahl der Diskutanten mit der angegebenen Präferenz, bezogen auf Wähler mit mindestens einem Diskutanten mit dieser Präferenz (Bsp.: 376 Befragte führen mit mindestens einer Person mit CDU/CSU-Präferenz politische Gespräche; für diese Wähler beträgt die durchschnittliche Anzahl der pro-CDU/CSU-Diskutanten 1.70).

7.1.3 Rezeption politisch einseitiger Informationen und politische Prädispositionen

Die These der selektiven Rezeption besagt, daß Wähler vor dem Hintergrund ihrer politischen Prädispositionen bestrebt sind, vorrangig mit solchen Personen politische Gespräche zu führen, von denen sie erwarten, daß sie ihre politischen Positionen bekräftigen, während sie gleichzeitig dazu tendieren, Kontakten zu Andersdenkenden aus dem Wege zu gehen (siehe Abschnitt 3.4.1.1). Diese Überlegung führt zu der Erwartung, daß die Zahl der *konkordanten* Diskutanten, deren Parteipräferenzen mit den Prädispositionen der Wähler, mit denen sie sprechen, im Einklang stehen, die Zahl *diskordanter* Diskutanten, deren Überzeugungsbotschaften eine andere Partei begünstigen als diejenige, deren Wahl durch die Prädispositionen des Empfängers nahegelegt wird, systematisch überwiegt. Diese auf die Rezeption interpersonal vermittelter Informationen bezogene Erwartung hat auch eine wichtige Implikation im Hinblick auf mögliche Einflüsse: Von konkordanten Diskutanten können

7 Rezeption von Informationen unterschiedlicher politischer Richtungen

möglicherweise Aktivierungen ihren Ausgang nehmen, keinesfalls jedoch werden sie zum Auslöser von Konversionen. Gespräche mit diskordanten Diskutanten können jedoch möglicherweise Konversionen nach sich ziehen, d.h. Wahlentscheidungen, die mit den Prädispositionen von Wählern inkonsistent sind (siehe Abschnitt 2.3.4). Wie die relativen Chancen von Wählern mit unterschiedlichen Prädispositionen aussahen, mit konkordanten bzw. diskordanten Diskutanten in Kontakt zu kommen, wird im folgenden untersucht. Da eine Berücksichtigung sämtlicher relevanter Prädispositionen sehr komplizierte und unanschauliche Analysen erfordern würde, beziehen wir uns dabei nur auf die Parteibindungen. Als Prädispositionen zeichnen sich diese durch die für die Analyse günstige Eigenschaft parteipolitischer Eindeutigkeit aus. Ostdeutschland muß dadurch allerdings bei der folgenden Betrachtung ausgeklammert bleiben.

Tabelle 7-4: *Konkordanz zwischen eigenen Parteiidentifikationen und politischen Präferenzen der Diskutanten in Dyaden (in Prozent)*

	Konkordanter Diskutant[1]	Diskordanter Diskutant[2]	Parteipolitisch neutraler Diskutant[3]	Keine eigene Parteiidentifikation	(N)
Westdeutschland	40.0	16.3	14.9	28.7	(2195)
Großbritannien	58.4	25.8	9.4	6.3	(3843)
Spanien	22.1	7.8	13.1	57.0	(1896)
USA	39.3	21.0	5.0	34.7	(3765)

1 Partei- bzw. Kandidatenpräferenzen der Diskutanten decken sich mit eigenen Parteiidentifikationen.
2 Partei- bzw. Kandidatenpräferenzen der Diskutanten weichen von eigenen Parteiidentifikationen ab.
3 Nichtwahl, keine Präferenz oder "Weiß nicht".

Tabelle 7-4 zeigt auf der Basis der Dyaden von Wählern und ihren Gesprächspartnern das Ausmaß, in dem die Wähler in den ausgewählten vier Gesellschaften Gespräche mit konkordanten und diskordanten Netzwerkpartnern führten. In jeder der untersuchten Gesellschaften überwog der Anteil der konkordanten Paare von Wählern und Diskutanten sehr deutlich den Anteil diskordanter Paare. In den europäischen Gesellschaften war dieses Muster merklich stärker ausgeprägt als in den USA. Sowohl in Westdeutschland als auch in Großbritannien und Spanien, nicht jedoch in den USA überwog die Zahl der konkordanten Dyaden die Zahl der diskordanten Paare um mehr als das Doppelte. Dieser Unterschied könnte darauf zurückzuführen sein, daß die Amerikaner bei Präsidentschaftswahlen zwischen Personen und nicht zwischen Parteien eine Auswahl treffen. Diskordanz bedeutet in den USA, daß ein Wähler, der sich mit einer bestimmten Partei identifiziert, mit einem Partner kommuniziert, der für einen anderen als den von der eigenen Partei nominierten Kandidaten, nicht jedoch direkt für eine andere Partei votiert.

Insgesamt wird jedoch bestätigt, was Analysen der Primärumwelten von Wählern seit den Columbia-Studien immer wieder festgestellt haben: Politische Gespräche finden überwiegend zwischen Gleichgesinnten statt, die parteipolitisch auf derselben Seite stehen (Lazarsfeld u.a. 1968: 137-49; Berelson u.a. 1954: 101-9; Pfenning u.a. 1989; Schenk 1993, 1995: 150-84; Schmitt-Beck 1994a, 1994b). Diese Homogenität wurde oft als Indiz für die Wirksamkeit des Mechanismus der selektiven Rezeption interpretiert (siehe Abschnitt 3.4.1.1). Doch ruhen solche Deutungen zumeist nur auf zweifelhaften Grundlagen, denn sie setzten nur Augenblickspräferenzen von Wählern und Diskutanten zueinander in Beziehung. Eine solche Operation läßt aber zumindest in der Querschnittsbetrachtung keine Rückschlüsse auf die Kausalitätsrichtung zu. Die Frage, ob sich die Korrespondenz Prozessen der Selektion oder Prozessen der Beeinflussung verdankt, ist auf dieser Basis nicht beantwortbar. Im Gegensatz dazu demonstriert Tabelle 7-4 eine hohe Entsprechungsrate zwischen den Positionen der Diskutanten und den politischen Prädispositionen der Empfänger ihrer Botschaften. Vor dem Hintergrund unserer Prämisse, daß Prädispositionen nicht auf Informationsflüsse reagieren, spricht dieser Befund in eindeutigerer Weise für Tendenzen der selektiven Zuwendung.

Im letzten Abschnitt wurde gezeigt, daß die gesellschaftliche Verteilung der Parteipräferenzen, mit denen die Wähler durch politische Gespräche in Berührung kommen, als eine wesentliche strukturelle Voraussetzung determiniert, mit welchen Wahrscheinlichkeiten sie Informationen rezipieren, die von Unterstützern der verschiedenen Parteien und Kandidaten stammen und deswegen für diese günstig sind. Diese Gesetzmäßigkeit findet auch im Hinblick auf das Verhältnis von Konkordanz bzw. Diskordanz in den persönlichen Beziehungen der Wähler ihren Niederschlag. Wie Tabelle 7-5 ausweist, waren die Chancen, mit Diskutanten ins Gespräch zu kommen, die konsistente, mit den eigenen Standpunkten im Einklang stehende Argumente vertraten, für Wähler, die sich mit einer großen Partei identifizierten, und für Wähler, die sich einer Kleinpartei verbunden fühlten, sehr unterschiedlich. Personen, die sich mit einer der kleinen Parteien identifizierten, wurden sehr viel häufiger als Anhänger großer Parteien mit inkonsistenten Überzeugungsbotschaften konfrontiert. Gleichzeitig waren für sie die Aussichten erheblich ungünstiger, daß ihre Positionen durch Gespräche mit Gleichgesinnten bestätigt wurden. Besonders kraß zeigt sich das bei der FDP und den Liberal Democrats. Unter den Gesprächspartnern der Anhänger dieser beiden Parteien waren Personen, die eine andere Partei präferierten, sogar gegenüber den Gleichgesinnten in der Überzahl. Sofern die bei diesen Gesprächen vermittelten Botschaften zur Quelle von Einflüssen wurden, besteht infolgedessen bei den Anhängern großer Parteien ein größeres Potential für Aktivierungen als bei Anhängern kleiner Parteien, während umgekehrt bei letzteren im Vergleich zu ersteren das Potential für Konversionen bedeutender ist.

Tabelle 7-5: *Übereinstimmung zwischen eigenen Parteiidentifikationen und politischen Präferenzen der Diskutanten in Dyaden nach Parteiidentifikation*

	I. Anteil konkordante Beziehungen (Prozent)	II. Anteil diskordante Beziehungen (Prozent)	III. Verhältnis konkordante/ diskordante Beziehungen (I./II.)	$(N_{Basis})^1$
Westdeutschland				
CDU/CSU	58.1	20.6	2.82	(627)
SPD	59.2	20.2	2.93	(721)
FDP	30.4	40.6	1.33^{-1}	(69)
Grüne	45.7	37.1	1.23	(140)
Großbritannien				
Conservatives	68.7	21.0	3.27	(1855)
Labour	66.5	24.8	2.68	(1098)
Liberal Democrats	37.5	51.4	1.37^{-1}	(547)
Spanien				
PSOE	58.5	16.4	3.57	(390)
PP	52.4	12.0	4.37	(225)
IU	40.7	25.9	1.57	(81)
USA				
Demokraten	64.9	27.6	2.35	(1158)
Republikaner	56.0	36.1	1.55	(1299)

1   Sonstige Kategorien nicht ausgewiesen.

Für das Verhältnis von Konkordanz und Diskordanz bei politischen Konversationen ist jedoch nicht nur die Struktur von Parteiensystemen eine wesentliche Bestimmungsgröße. Auch die Art der Beziehungen, in denen Wähler und Diskutanten zueinander stehen, wirkt sich diesbezüglich aus. Wie in Abschnitt 3.4.3.1 betont, wurde verschiedentlich vermutet, daß sich Sekundärbeziehungen durch ein höheres Maß politischer Heterogenität von Primärbeziehungen abheben (Liu/Duff 1972; Schenk 1983a: 93-5). Wenn diese Annahme zutrifft, dann werden Wähler über Sekundärbeziehungen mit höherer Wahrscheinlichkeit Überzeugungsbotschaften ausgesetzt, die ihren eigenen Prädispositionen widersprechen. Verschiedene Untersuchungen der Korrespondenz der Parteipräferenzen, aber auch anderer politischer Einstellungen von Kontaktpartnern deuten darauf hin, daß Primärbeziehungen in der Tat sehr homogen sind. So wurde mehrfach gezeigt, daß sehr ähnliche politische Orientierungen für Ehepartner kennzeichnend sind (McClosky/Dahlgren 1959; Lazarsfeld u.a. 1968: 140-5; Campbell u.a. 1960: 77; Robinson 1976: 317-8; Landua 1991; Huckfeldt/Sprague 1995: 197-203). Aber auch die politische Gleichsinnigkeit von Verwandten hat sich schon verschiedentlich als ziemlich hoch erwiesen - eine Beobachtung, die Berelson u.a. zu der Feststellung veranlaßte: "In the end many American families vote as a unit, making joint decisions in voting as in spending parts of the common family income. It would not be inappropriate to consider the family as the primary unit of voting analysis." (Berelson u.a. 1954: 92-3; siehe auch Lazarsfeld u.a. 1968: 140-5; Campbell u.a. 1960: 77). Hoch ist aber auch die politische Harmonie in Freundesbeziehungen (Berelson u.a. 1954: 93-8; McClosky/Dahlgren 1959; Campbell u.a. 1960: 77; Laumann 1973; Fischer u.a. 1977: 59-78; Schenk 1995: 107-49). Verschiedenen Studien zufolge scheinen weniger intime Beziehungen hingegen nicht ganz so homogen zu sein (Berelson u.a. 1954: 37-53, 93-8, 120-22; Campbell u.a. 1960: 77; Simon 1976: 81-4, 88-94; Beck 1991: 377-9; Myers 1994: 151-3). Zu fragen ist indes, ob sich diese punktuellen Befunde auch auf die Frage der Konkordanz und Diskordanz zwischen den von Diskutanten vorgetragenen politischen Argumenten und den Parteibindungen der Wähler aus verschiedenen Gesellschaften verallgemeinern lassen.

Wie Tabelle 7-6 belegt, verdeckt die pauschale Unterscheidung zwischen starken Primär- und schwachen Sekundärbeziehungen deutliche Kontraste innerhalb dieser beiden Oberkategorien. Die Erwartung einer besonders hohen Konkordanz der Primärbeziehungen erfüllt sich eindeutig und in allen Gesellschaften gleichermaßen nur für die Ehepartner. Von ihren Lebensgefährten empfingen überall weitaus größere Prozentsätze von Wählern Stellungnahmen, die sich mit ihren eigenen Prädispositionen deckten, als Argumente, welche damit nicht vereinbar waren. Gänzlich ausgeschlossen war diese Möglichkeit jedoch mitnichten, selbst in Westdeutschland nicht, wo der Überhang konkordanter Beziehungen zwischen Ehepartnern besonders stark ausgeprägt war. Von den verheirateten Personen, die mit ihrem Ehepartner politische Gespräche führten, wurden in Westdeutschland und Spanien etwas weniger als ein Zehntel, in Großbritannien und den USA sogar fast jeder fünfte am heimischen Herd mit inkonsistenten Überzeugungsbotschaften konfrontiert. Von den strukturellen Voraussetzungen her gesehen sind Konversionen durch Ehepartner also keineswegs ausgeschlossen. Das gilt natürlich erst recht, wenn man auch die Wähler mitbedenkt, die von ihren Ehepartnern politische Signale einer bestimmten Tendenz erhielten, jedoch selbst parteipolitisch ungebunden waren.

Auch bei sämtlichen anderen Arten von Beziehungen dominierten zwar in allen Gesellschaften die konkordanten über die diskordanten Dyaden. Aber überdurchschnittlich stark zugunsten politisch homogener Paarungen verschoben war dieses Verhältnis nur in Ausnahmefällen. Der Grad der politischen Einhelligkeit, der zwischen Verwandten herrschte, wich in allen vier Gesellschaften nur wenig vom Gesamtdurchschnitt ab. Freundesbeziehungen waren sogar überall relativ disharmonisch. Neben dem vergleichsweise geringen Ausmaß des subjektiv empfundenen Konsens bei politischen Gesprächen (siehe Abschnitt 6.1.1) ist dies ein weiterer Befund, der darauf hindeutet, daß die politische Seelenverwandtschaft bei Freundeswahlen häufig nicht das ausschlaggebende Kriterium darstellt. Zu überdurchschnittlich vielen Begegnungen mit diskordanten Diskutanten kam es in allen Gesellschaften auch im Rahmen des Erwerbslebens. Wer einer Berufstätigkeit nachging, mußte damit rechnen, aus dem Kollegenkreis heraus ziemlich oft mit inkonsistenten Überzeugungsbotschaften konfrontiert zu werden. Auch dieser Befund hat eine Parallele in der Analyse des Vertrauens bei politischen Gesprächen (siehe Abschnitt 6.1.1). Die These, daß Primärbeziehungen relativ homogen, Sekundärbeziehungen hingegen eher heterogen seien, ist in ihrer Pauschalität jedenfalls im Hinblick auf die Diskordanz und Konkordanz zwischen den eigenen Parteibindungen von Wählern und den Informationen, die sie von ihren Diskutanten erhalten, inadäquat. Lediglich die Beziehungen zwischen Ehepartnern und zwischen Arbeitskollegen entsprechen eindeutig den behaupteten Trends.

Tabelle 7-6: *Übereinstimmung zwischen eigenen Parteiidentifikationen und politischen Präferenzen der Diskutanten in Dyaden nach Art der Beziehung*

	I. Anteil konkordante Beziehungen (Prozent)	II. Anteil diskordante Beziehungen (Prozent)	III. Verhältnis konkordante/ diskordante Beziehungen (I./II.)	$(N_{Basis})^1$
Westdeutschland				
Ehepartner	48.1	9.0	5.34	(511)
Verwandte	39.4	17.1	2.30	(457)
Freunde	35.5	18.8	1.89	(687)
Arbeitskollegen	40.1	19.0	2.11	(269)
Nachbarn	42.6	18.5	2.30	(162)
Selber Verein	41.7	13.3	3.13	(60)
Sonstige Beziehungen	26.0	24.7	1.05	(73)
Großbritannien				
Ehepartner	69.1	18.7	3.69	(1194)
Verwandte	58.7	26.4	2.22	(1208)
Freunde	49.9	32.4	1.54	(783)
Arbeitskollegen	49.6	31.9	1.55	(524)
Nachbarn	51.4	27.0	1.90	(74)
Selber Verein	47.6	30.2	1.58	(63)
Selbe Kirchengemeinde	42.6	23.4	1.82	(47)
Spanien				
Ehepartner	28.4	7.7	3.69	(715)
Verwandte	19.4	7.1	2.73	(576)
Freunde	16.8	8.6	1.95	(429)
Arbeitskollegen	15.7	10.8	1.45	(83)
Nachbarn	21.2	7.6	2.79	(66)
Sonstige Beziehungen	18.5	3.7	5.00	(27)
USA				
Ehepartner	42.6	18.2	2.34	(795)
Verwandte	39.9	20.5	1.95	(1200)
Freunde	39.8	23.2	1.71	(628)
Arbeitskollegen	37.8	25.0	1.51	(596)
Nachbarn	29.9	20.8	1.44	(365)
Selbe Kirchengemeinde	41.2	18.3	2.25	(328)

1 Sonstige Kategorien nicht ausgewiesen.

7.2 Massenkommunikation

7.2.1 Strukturelle und politische Verzerrungen in der Berichterstattung von Massenmedien

Auch bei der Untersuchung von Einflüssen der Massenkommunikation empfiehlt es sich, Informationsflüsse verschiedener politischer Richtungen nach Möglichkeit voneinander zu separieren. Dieses Ziel wird im folgenden dadurch umgesetzt, daß Massenmedien, die in ihrer politischen Berichterstattung die verschiedenen Parteien bzw. Kandidaten in systematischer Weise unterschiedlich günstig oder ungünstig präsentierten, getrennt in die Analysen eingehen. Ein Medium, das einen bestimmten Kandidaten oder eine bestimmte Partei vorteilhaft darstellt, vermittelt seinen Rezipienten mehr für diesen Akteur positive und für die anderen Wettbewerber negative Informationen als andere Medien. Wähler, die ein solches Medium nutzen, werden mehr Überzeugungsbotschaften aufnehmen, die für diesen Akteur und gegen die konkurrierenden Akteure sprechen, als Wähler, die ein Medium nutzen, das diesen Akteur nicht favorisiert, und selbstverständlich auch als Wähler, die überhaupt keine Informationen aus den Medien rezipieren.

Nun handelt es sich bei der Massenkommunikation um ein Phänomen, das sich von der interpersonalen Kommunikation in vielerlei Hinsicht gravierend unterscheidet (siehe Abschnitt 3.2). Ein wichtiger Unterschied betrifft die Art der vermittelten Inhalte. Die interpersonale Kommunikation dient wesentlich dem Austausch von Meinungen, d.h. von offenkundigen Überzeugungsbotschaften mit klarer politischer Tendenz. Die Vermittlung von Faktenkenntnissen spielt in der interpersonalen Kommunikation eine geringere Rolle und ist auch häufig mit mehr oder minder deutlichen Meinungsbekundungen vermischt. Gerade in der Bereitstellung von Wissen über die Beschaffenheit sozialer und politischer Sachverhalte und Geschehnisse wird aber häufig die Hauptfunktion der Massenmedien gesehen (Rogers 1973: 291; Chaffee/Hochheimer 1983: 84; siehe auch Abschnitt 3.3). Die moderne Systemtheorie deutet die Massenmedien als ein eigenständiges gesellschaftliches Subsystem, dessen Funktion darin besteht, zur Integration der funktional differenzierten Gesellschaft beizutragen, indem es dieser ermöglicht, sich selbst zu beobachten und sich dadurch als Ganzheit zu erfahren (Alexander 1990; Marcinkowski 1993; Gerhards 1994; Luhmann 1996: 173-82). Die Primärfunktion der Massenmedien liegt aus dieser Sicht "in der Beteiligung aller an einer gemeinsamen Realität oder, genauer gesagt, in der Erzeugung einer solchen Unterstellung, die dann als operative Fiktion sich aufzwingt und zur Realität wird" (Luhmann 1981: 320).

Praktischen Ausdruck findet diese Funktionsbestimmung in der weitgehend unstrittigen professionellen Leitnorm, daß die Berichterstattung dem Kriterium der Objektivität zu entsprechen habe (Erbring 1989). Als objektiv gelten politische Medienbeiträge dann, wenn sie alle relevanten Themen aufgreifen, wenn sie die bedeutsamen, vor allem aber auch die strittigen Aspekte der behandelten Themen ausgewogen würdigen, wenn sie akkurat und wirklichkeitsgetreu berichten und wenn ihre

Produzenten strikt darauf achten, daß ihre subjektiven Meinungen und Werthaltungen nicht in die von ihnen veröffentlichten Aussagen einfließen (McQuail 1992: 184). Diese Anforderungen ließen sich indessen nur dann leicht einlösen, wenn die naive Vorstellung zutreffend wäre, daß die Medienberichterstattung ein Spiegelbild der Wirklichkeit sein könnte, die ihren Gegenstand bildet. Das kann sie jedoch schon allein deswegen nicht sein, weil sie aus ganz praktischen Gründen mit Notwendigkeit selektiv sein muß (Schulz 1989). Bereits Lippmann stellte in seiner klassischen Studie über die öffentliche Meinung fest, daß "[a]ll the reporters in the world working all the hours of the day could not witness all the happenings in the world" (Lippmann 1932: 338). Aus einer kaum überschaubaren, komplizierten, vielschichtigen und interdependenten Wirklichkeit materieller Gegenstände und immaterieller Ideen, individueller und kollektiver Akteure, kurzfristiger Ereignisse und langfristiger Prozesse - kurz: "the circumstances in all their sprawling complexity" (Lippmann 1932: 349) - destillieren die Massenmedien einen Extrakt, und diesen machen sie dann ihren Rezipienten zugänglich.

Die Berichterstattung der Massenmedien stellt mithin nicht einfach nur eine Sehhilfe dar, die den Bürger in die Lage versetzt, wie durch ein Fernrohr Ereignisse zu verfolgen, die weit außerhalb seiner unmittelbaren Erfahrungswelt geschehen. Die Mediendarstellung muß vielmehr als eine Realität eigener Art begriffen werden - als "Medienrealität", die nach spezifischen Regelmäßigkeiten konstruiert ist (Gamson 1988; Schulz 1989). Die Massenmedien funktionieren also nicht wie ein Spiegel, sondern sind eher mit einem Prisma zu vergleichen, durch das die Ereignisse der politischen Welt gebrochen werden müssen, um für die Allgemeinheit faßbar zu werden (Davis 1992: 16-7).

Wie das Realitätsbild aussieht, das die Massenmedien ihren Rezipienten vermitteln, hängt entscheidend davon ab, wie sich der Prozeß abspielt, durch den aus "Ereignissen" Nachrichten werden. Verschiedene Modelle versuchen, den Prozeß der Produktion von Nachrichten durch die Massenmedien theoretisch zu fassen (Kepplinger 1992: 46-59; Davis 1992: 16-27; Schulz 1997: 47-86). Eines dieser Modelle geht von der Tatsache aus, daß Nachrichten im Rahmen komplexer bürokratischer *Organisationen* erzeugt werden, und interpretiert die Aussagenproduktion als einen nach Routinen ablaufenden, arbeitsteiligen Prozeß der Komplexitätsreduktion, der unter Bedingungen knapper Ressourcen ständig optimiert werden muß. Die politischen, ökonomischen und kulturellen Kontexte, innerhalb derer die Medienorganisationen operieren, aber auch logistische Zwänge, die mit dem Charakter des jeweiligen Mediums zusammenhängen, stellen dabei wesentliche Rahmenbedingungen dar, die sich darauf auswirken, welches Bild der Realität erzeugt und vermittelt wird. Im Zentrum eines anderen Modells stehen die *professionellen Rollen* der Reporter, Journalisten und Redakteure, welche die Urheber der durch die Medien veröffentlichten Aussagen sind. Es wird davon ausgegangen, daß die Personen, die in diesen Rollen an der Nachrichtenerzeugung mitwirken, professionsgebundene Sozialisationsprozesse durchlaufen und sich dabei spezifische Berufsnormen und Arbeitsroutinen aneignen. Die habituelle Orientierung an allgemein geteilten Kriterien für den Nachrichtenwert von Ereignissen ist ein Beispiel für diese Art von Professionalität (Schulz 1997: 68-78).

Ein drittes Modell geht von der Vorstellung aus, daß in der Medienberichterstattung politische Voreingenommenheiten und Loyalitäten ihren Ausdruck finden. Es beinhaltet die Annahme, daß Medien versuchen, selbst als *Akteure* in den politischen Wettbewerb einzugreifen, indem sie ihre Berichterstattung so gestalten, daß sie den von ihnen präferierten politischen Kräften nutzt und deren Kontrahenten schadet (Kepplinger 1992: 60-77; Page 1996a; Donsbach 1997: 152-4). Aus dieser Sicht versuchen Massenmedien, bestimmten Wettbewerbern im Konkurrenzkampf um die politische Macht Vorteile zu verschaffen, indem sie diese in ihrer Berichterstattung begünstigen. Die Gesamttendenz der Berichterstattung eines Mediums verdichtet sich dann in einer spezifischen "Redaktionslinie" oder "redaktionellen Tendenz" (Donsbach 1990: 275). In der Essenz behauptet dieses Modell, daß die von der Systemtheorie postulierte Ausdifferenzierung der Massenmedien als unabhängiges, nach eigensinnigen Codes funktionierendes gesellschaftliches Subsystem nicht komplett vollzogen wurde (Alexander 1990: 344). Die Massenmedien reflektieren vielmehr aus dieser Sicht auch heute noch in mehr oder minder großem Umfang das Erbe ihrer historischen Anfänge, als sie eng mit der Politik verschwistert waren.

Die Zeitungen fungierten ursprünglich primär als Sprachrohre sozialer und politischer Gruppierungen. Als "Gesinnungspresse" (Jarren 1998: 76) traten sie offen für bestimmte politische Anliegen ein, und die einzelnen Titel hatten ihren festen Platz im Gefüge der soziopolitischen Konfliktstrukturen (Rokkan 1970b). Erst allmählich gewann die Presse größere institutionelle Autonomie. In ihrer Berichterstattung trat die Orientierung an Partikularperspektiven gegenüber der neutralen Orientierung aufs Ganze zurück. In manchen Ländern setzte dieser Differenzierungsprozeß früher ein, in den USA beispielsweise schon im letzten Jahrhundert, und es wurde eine größeres Maß an Unabhängigkeit vom politischen Subsystem erreicht (Davis 1992: 43-117). In anderen Ländern gab die Presse ihre politischen Affiliationen erst später und nicht immer zur Gänze auf. In Westdeutschland setzte dieser Prozeß erst nach dem 2. Weltkrieg ein. In Ländern wie Schweden und Norwegen dominierten sogar noch lange nach 1945 Parteizeitungen die Pressemärkte. In manchen Gesellschaften entsprechen die Medien daher eher dem Ideal, von allen Gruppierungen der Gesellschaft als neutrale Beobachter der laufenden Ereignisse akzeptierbar zu sein, in anderen reflektieren die Realitätsbeschreibungen der verschiedenen Medien noch mehr oder weniger deutlich die Blickwinkel bestimmter Segmente der Gesellschaft (Alexander 1990). Das Fernsehen ist allerdings als historisch jüngeres Medium sehr viel weniger als die Presse in tradierten soziopolitischen Konfliktstrukturen verwurzelt; seine politischen Inhalte waren daher von Anfang an parteipolitisch neutraler (Rokkan 1970a: 430; Jarren 1998: 76-7).

Die Umsetzung politischer Redaktionslinien in der täglichen Berichterstattung muß vermutlich nicht permanent im organisatorischen Redaktionsalltag durchgesetzt werden, sondern stellt sich als Resultat einer Palette verschiedener Mechanismen quasi naturwüchsig von selbst ein. Eine gezielte Personalpolitik dürfte das wichtigste Mittel sein, um innerhalb einer Medienorganisation auch ohne ständige Überwachung und Intervention der Leitungsspitze eine bestimmten redaktionellen Tendenz durchzusetzen. Beispielsweise ist es kein Geheimnis, daß Positionen innerhalb der deutschen und der spanischen öffentlich-rechtlichen Rundfunkanstalten in erheblichem Umfang nach parteipolitischen Gesichtspunkten besetzt werden (Bustamante 1989; Stuiber 1998: 798-877). Durch eine Personalauswahl nach politischer Affinität kann aber auch in privatwirtschaftlich verfaßten Medienorganisationen wirkungsvoll die Richtung der produzierten Inhalte in die von Verlegern und Chefredakteuren präferierte Richtung kanalisiert werden. Da die politischen Linien von Medien oft bekannt sind, dürfte aber auch Selbstselektion eine erhebliche Rolle spielen: Journalisten schreiben lieber für ein Medium, dessen politische Linie ihnen zusagt (Koszyk/Prause 1990: 625). Zu verweisen ist nicht zuletzt auch auf redaktionsinterne Sozialisationsprozesse sowie auf die Möglichkeiten der innerorganisatorischen sozialen Kontrolle (Schönbach 1977: 133-43; Page 1996a: 22-3).

Positiv oder negativ wertende Stellungnahmen über Parteien und Kandidaten haben auch in Medien, die sich strikt an der Objektivitätsnorm orientieren, einen legitimen Platz, und zwar in den explizit als solche kenntlich gemachten Kommentaren oder *op/ed*-Sektionen (Erbring 1989; Eilders u.a. 1997). Mittels verschiedener Techniken der "Editorialisierung" (Kraus/Davis 1980: 222-5) können politisch einseitige Färbungen aber auch durchaus in der faktenorientierten Berichterstattung untergebracht werden, so daß diese mit dem Tenor der Kommentierung "synchronisiert" wird (Schönbach 1977: 177; Page 1996b: 112-6; Donsbach 1997: 162-3). Möglichkeiten, die politische Tendenz von Nachrichten zu steuern, ergeben sich beispielsweise im Zusammenhang mit der Auswahl der Primärquellen, die zitiert werden, der Selektion der Zitate und der Länge der Stellungnahmen, die auf diese Weise weitergegeben werden (Hagen 1992). Bei der Berichterstattung über einen Sachverhalt können gezielt diejenigen damit verknüpften Seitenaspekte hochgespielt werden, die den präferierten politischen Akteur in ein positives Licht setzen; Kepplinger u.a. (1989) bezeichneten dies als "instrumentelle Aktualisierung". Dasselbe kann durch die Wahl eines entsprechenden Bezugsrahmens für die Präsentation von Geschehnissen erreicht werden (Iyengar 1991; Entman 1993). Schließlich ist auch mit der Möglichkeit zu rechnen, daß in die Sprache faktenorientierter Beiträge auf mehr oder minder subtile Weise regelrechte Wertungen eingeflochten werden. In den visuellen Medien kann zusätzlich auch das Mittel der "optischen Kommentierung" zum Einsatz kommen (Donsbach u.a. 1993).

Alle beschriebenen Modelle der Nachrichtenproduktion heben sich vom naiven Spiegel-Modell ab, weil sie davon ausgehen, daß zwischen der Wirklichkeit, die den Gegenstand der Medienberichterstattung bildet, und der Wirklichkeit, die vom Medienrezipienten erkannt werden kann, eine Kluft existiert. Jedoch unterscheiden sich die Annahmen dieser Modelle über die Art der Diskrepanz, die in den Informationen, die durch die Medien vermittelt werden, ihren Niederschlag findet. Das Organisationsmodell postuliert ebenso wie das Professionsmodell eine "strukturelle Verzerrung (*structural bias*)", welche in den Umständen der Nachrichtenproduktion und damit im Medium selbst gründet. Diese Modelle gehen davon aus, daß "journalists are driven by news opportunities, not by political values" (Patterson 1997: 447). Das Modell der politisierten Nachrichtenproduktion unterstellt demgegenüber eine "politische Verzerrung (*political bias*)"; es behauptet, daß die Berichterstattung absichtsvoll zugunsten oder zuungunsten bestimmter politischer Akteure eingefärbt werde (Hofstetter 1976: 32-6, 186-90; Ranney 1983: 34-7). "Während der strukturelle Bias in allen Medien zu finden ist, die unter ähnlichen Bedingungen produzieren, beruht der politische Bias auf der Entscheidung einzelner Medien und deren Präferenz für bestimmte politische Interessen, Gruppierungen oder Ideologien." (Voltmer 1997: 175)

7.2.2 *Einseitigkeit und Mehrseitigkeit der Medienberichterstattung in fünf Gesellschaften*

7.2.2.1 Methodische Vorbemerkungen

Vor dem Hintergrund dieser Überlegungen wird im folgenden der Versuch unternommen auszuloten, ob und in welcher Weise die Medienberichterstattung in den verschiedenen Gesellschaften vor den untersuchten Wahlen "Verzerrungen" politischer oder struktureller Art enthielt, wie sie eine notwendige Voraussetzung für politische Einflüsse der Massenkommunikation darstellen.[1] Wenn bestimmte Parteien oder Kandidaten in der Medienberichterstattung günstiger präsentiert werden als ihre Konkurrenten, so bedeutet dies, daß über sie mehr positive und weniger negative Überzeugungsbotschaften vermittelt werden, während für die anderen Wettbewerber das Umgekehrte gilt. Möglicherweise ziehen solche Verzerrungen in der Medienberichterstattung am Wahltag Konsequenzen für das Stimmverhalten der Wähler nach sich (Hofstetter 1976: 205). Im Anschluß an Hofstetter gehen wir im folgenden davon aus, daß starke Unterschiede in der Berichterstattung verschiedener Medien über denselben Gegenstand, beispielsweise in der Form, daß ein Medium

---

1   Nicht von Belang ist für diese Analyse das kontrovers diskutierte Problem, ob und inwieweit die Medienberichterstattung die "wirkliche" politische Realität entstellt. Ein solches Ansinnen würde auch unweigerlich auf erkenntnistheoretische Probleme stoßen. Wir schließen uns zwar diesbezüglich nicht der Auffassung des sogenannten "radikalen Konstruktivismus" an, demzufolge die Frage nach der Natur der objektiven Realität, die den Gegenstand der Medienberichterstattung darstellt, ganz unsinnig sei (Schmidt 1994). Vielmehr halten wir einen begrenzt "realistischen" Standpunkt für adäquat. Dieser erkennt die Schwierigkeit an, unabhängige Vergleichsmessungen der Wirklichkeit "an sich" durchzuführen, hält sie jedoch durchaus zumindest näherungsweise für machbar (Schulz 1989; Kepplinger 1990). Doch muß die Frage nach Ausmaß und Eigenart der "Störungen" bei der Repräsentation der "realen" politischen Verhältnisse durch die Medien der Massenkommunikation für das hier verfolgte Anliegen auch nicht beantwortet werden. Vielmehr gehen wir von der Prämisse aus, daß die Medienberichterstattung zwar eine konstruierte Realität ist, aber gleichwohl für das Medienpublikum zum Bezugspunkt von Handeln wird und infolgedessen für dieses in gewisser Weise "realer" ist als eine irgendwie geartete Realität "an sich". Vor diesem Hintergrund lautet die Zentralfrage der vorliegenden Untersuchung, ob sich mit empirischen Mitteln zeigen läßt, daß und wie die Rezipienten bei ihren politischen Entscheidungen auf die von ihnen wahrgenommene politische Medienrealität reagieren.

7 Rezeption von Informationen unterschiedlicher politischer Richtungen 237

konsistent günstiger über eine Partei oder einen Kandidaten berichtet als ein anderes Medium, auf die Existenz politischer Verzerrungen hindeuten. Insoweit sich die Berichterstattung verschiedener Medien jedoch ähnelt, gehen wir davon aus, daß sie eine strukturelle Verzerrung zum Ausdruck bringt, welche mit dem Medium und seinen Produktionsbedingungen selbst zu tun hat, nicht jedoch mit politischen Zielsetzungen (Hofstetter 1976: 190-5).

Zu bedenken ist dabei, daß die Massenmedien in allen analysierten Gesellschaften den Prozeß der Ausdifferenzierung als eigenständiges gesellschaftliches Subsystem zumindest bis zu einem gewissen Grad durchlaufen haben. Es ist also davon auszugehen, daß sich die Medien überall zumindest partiell von den soziopolitischen Konfliktlinien entkoppelt haben. Lediglich regelrechte Parteiorgane wie der 'Bayernkurier' der CSU dürften hiervon noch eine Ausnahme bilden. Doch spielen diese auf den hier studierten Medienmärkten quantitativ keine bedeutsame Rolle mehr. Daher ist kaum zu erwarten, daß sich bei den nachfolgenden Analysen ein Medium findet, das eine parteipolitisch vollkommen einseitige Berichterstattung pflegt. Die Orientierung an der Ausgewogenheitsregel bewirkt, daß selbst Medien, die relativ stark einer bestimmten Partei zuneigen, bis zu einem gewissen Grad auch den politischen Kontrahenten und seine Auffassungen in ihrer Berichterstattung berücksichtigen müssen. Als politische Informationsquellen unterscheiden sich Massenmedien also von Diskutanten dadurch, daß sie ihren Rezipienten auf jeden Fall keine vollkommen einseitigen Informationen anbieten werden. Nicht nur zwischen den Massenmedien, sondern auch innerhalb der Berichterstattung jedes einzelnen Mediums wird bis zu einem gewissen Grad eine Situation der politischen Mehrseitigkeit gegeben sein (siehe auch Abschnitt 3.3). Die nachfolgende Analyse der "Partei-" bzw. "Kandidatenpräferenzen" von Presse und Fernsehen soll vor diesem Hintergrund zeigen, ob diese medieninterne Vielstimmigkeit per saldo bei bestimmten Medien gleichsam eine "Schlagseite" in die eine oder andere Richtung aufwies.

Parteipolitische Einseitigkeit meint also im Zusammenhang mit der Massenkommunikation im Regelfall etwas Diffuseres als bei der interpersonalen Kommunikation. Dort läßt sich die Einseitigkeit der politischen Informationen, die einem Wähler von einem Diskutanten vermittelt werden, anhand der Partei- oder Kandidatenpräferenz dieses Diskutanten in ziemlich eindeutiger Weise bestimmen. Der politische Standpunkt von Massenmedien ist schwieriger festzulegen. Im folgenden werden zu diesem Zweck drei Arten von Daten zusammengeführt. Als Hintergrundfolie der Analyse kann selbstverständlich nicht unberücksichtigt bleiben, was aus früheren Untersuchungen über die konstanten politischen Charakteristika der Massenmedien in den hier untersuchten Gesellschaften bekannt ist. Zweitens wird als situationsbezogene Ergänzung auf die "Expertenurteile" der Rezipienten der verschiedenen Medien zurückgegriffen: Welche Eindrücke hatten Zeitungsleser und Fernsehzuschauer hinsichtlich der Frage, ob die Medienangebote, die sie verfolgten, vor den untersuchten Wahlen bestimmte Parteien oder Kandidaten in ihrer Berichterstattung begünstigten? Dieser Analyseschritt entspricht der Untersuchung der Wahrnehmungen der Wähler von den politischen Präferenzen ihrer Diskutanten.

Allerdings wird hinsichtlich der Massenmedien, ähnlich wie in der Analyse von Schönbach (1977: 69), eine Aggregatperspektive eingenommen. Die Verteilung der Einschätzungen eines Mediums durch seine Rezipienten dient dabei als Indikator für Richtung und Eindeutigkeit seiner redaktionellen Tendenz.

Dabei werden soweit als möglich einzelne Zeitungstitel und Fernsehsender isoliert betrachtet. Aufgrund der dezentralen Strukturen im Pressebereich, die in den Erhebungen zu kleinen Fallzahlen für Lokalzeitungen führen, ist es jedoch unumgänglich, daß zum Teil auch Sammelkategorien gebildet werden (siehe auch Abschnitt 6.2.1). Es versteht sich von selbst, daß Befunde, die sich auf diese Sammelkategorien beziehen, keine Aussagekraft für die einzelnen Medien besitzen, aus denen sich diese Klassen zusammensetzen. Die gemeinsame Analyse mehrerer Medien birgt natürlich auch ein unvermeidbares Restrisiko, daß existierende politische Tendenzen unerkannt bleiben, weil sie sich im Nettoeffekt wechselseitig überdecken. Die Gruppierung der Zeitungen orientiert sich an dem Prinzip: So viel wie nötig, aber so wenig wie möglich. Insbesondere bei interessanten Einzeltiteln wird dieser Philosophie folgend bisweilen auch auf Zusammenfassung verzichtet, selbst wenn die Fallzahlen sehr klein sind (ähnlich auch Miller 1991: 189).

Als dritte Datenquelle werden neben diesen subjektiven Eindrücken auch objektive Daten aus Inhaltsanalysen der Medienberichterstattung herangezogen, die zumindest für einen Teil der studierten Medien vorliegen. Lediglich für Spanien stehen derartige Daten überhaupt nicht zur Verfügung. Wie bei der Untersuchung der Rezipientenwahrnehmungen ist die Analyseeinheit hierbei das einzelne Medium. Beobachtungseinheiten sind die durch diese Medien publizierten Beiträge, in welchen die untersuchten Parteien bzw. Kandidaten den Hauptakteur darstellen (Datenbeschreibungen siehe Anhang). Die richtungspolitischen Merkmale dieser Beiträge werden durch Aggregation zusammengefaßt, um zu einer Aussage über die Gesamtcharakteristika der verschiedenen Medien zu gelangen. Dabei werden zwei Fragestellungen verfolgt. Den Annahmen des RAS-Modells zufolge ist es für das Einflußpotential von Informationsquellen von wesentlicher Bedeutung, wieviele Informationen diese über die verschiedenen Parteien bzw. Kandidaten bereitstellen. Aus diesem Grund wird untersucht, mit welchen Anteilen die konkurrierenden Parteien bzw. Kandidaten als Hauptakteure von Beiträgen in der Berichterstattung *präsent* waren. Widmeten die einzelnen Medien jedem Wettbewerber dieselbe Aufmerksamkeit, oder wurde über manche von ihnen öfter berichtet als über andere? Bestand somit strukturell eine Chance, daß den Wählern über manche Wettbewerber mehr Überzeugungsbotschaften zuflossen als über andere, oder waren die Chancen für alle Wahlbewerber gleich? Im weiteren geht es bei den Inhaltsanalysen um die Überzeugungsbotschaften selbst: Welchen Stellenwert hatten wertende Stellungnahmen überhaupt in der Berichterstattung der Massenmedien? Publizierten bestimmte Medien oder Mediensparten vorwiegend Überzeugungsbotschaften, welche für bestimmte Parteien oder Kandidaten günstig und für andere ungünstig waren? Tendierten bestimmte Medien also zu einseitiger Berichterstattung? Und wenn ja, mit welcher Intensität und zu wessen Gunsten oder Ungunsten? Oder wurden alle politischen Akteure ähnlich

7 Rezeption von Informationen unterschiedlicher politischer Richtungen

bewertet? Nur wenn sich Einseitigkeiten in der Berichterstattung feststellen lassen, können wir davon ausgehen, daß das betreffende Medium ein Potential besaß, Einflüsse auf die politischen Präferenzen seiner Rezipienten auszuüben.

Im Hinblick auf die wertenden Aussagen von Medien sind für jede Partei bzw. jeden Kandidaten und jedes Medium zwei Kennwerte von Interesse: die Bewertungsdichte und die Bewertungstendenz. Beide Indices fußen auf Einschätzungen von Codierern, ob die Beiträge über die verschiedenen Parteien und Kandidaten wertende Tendenzen beinhalteten, welche für diese Parteien oder Kandidaten günstig oder ungünstig waren. Der Index der *Bewertungsdichte* eines Mediums ergibt sich aus der Addition des Anteils der positiv und des Anteils der negativ wertenden Beiträge, die durch dieses Medium veröffentlicht wurden. Er verdeutlicht, wie groß der Gesamtanteil wertender Beiträge über jeden der politischen Akteure in der Berichterstattung des betreffenden Mediums war. Die Bewertungsdichte kann zwischen 0.0 (= der Akteur wurde in dem Medium nicht bewertet) und 100.0 (= alle Beiträge über den Akteur enthielten Wertungen) variieren. Die *Bewertungstendenz* ist eine direkte Umsetzung von Converse' Überlegungen über den Zusammenhang zwischen der Menge vermittelter Informationen und ihrer Einseitigkeit (Converse 1966: 143). Der Index ergibt sich - wiederum separat für jeden politischen Akteur und jedes Medium - aus der Subtraktion des Anteils negativ wertender Beiträge vom Anteil positiv wertender Beiträge. Diese Saldierung drückt für jedes Medium die Gesamttendenz sämtlicher Wertungen aus, die über eine Partei bzw. einen Kandidaten veröffentlicht wurden. Die Bewertungstendenz kann zwischen -100.0 (= sämtliche Beiträge über einen Akteur bewerteten diesen negativ) und +100.0 (= alle Beiträge über einen Akteur waren für diesen günstig) variieren. Die neutrale Mittelkategorie 0 bedeutet, daß es entweder gar keine wertende Beiträge gab oder aber daß ebenso viele günstige wie ungünstige Beiträge veröffentlicht wurden, so daß netto ebenfalls keine bestimmte politische Richtung bevorzugt wurde. Die Bewertungstendenz ist also ein Kennwert für das relative Überwiegen von positiven oder negativen Überzeugungsbotschaften in der Berichterstattung eines Mediums über eine Partei oder einen Kandidaten. Sie ist ein Maß des informationsbezogenen "Schalldrucks" zugunsten oder zuungunsten dieses Wahlbewerbers. Je näher die Bewertungsdichte und der Betrag der Bewertungstendenz numerisch beieinander liegen, desto deutlicher ist die wertende Berichterstattung des Mediums durch Einseitigkeit im Sinne des RAS-Modells geprägt. Wenn die Bewertungsdichte sehr viel größer ist als der Betrag der Bewertungstendenz, bedeutet dies, daß die vermittelten Wertungen zwar per saldo eine leichte Tendenz in eine bestimmte Richtung haben, daß in der Berichterstattung dieses Mediums aber auch sehr viele entgegengerichtete Bewertungen vermittelt wurden. Die vermittelten Informationen waren also mehrseitig mit einem leichten Überhang zu einer Seite.

Tabelle 7-7: Präsenz und Bewertungen von Parteien in der Medienberichterstattung - Bundesrepublik Deutschland (in Prozent)

	Tageszeitungen					Nachrichten-magazine		TV-Nachrichten					TV-Magazine		
	'Welt'	FAZ	SZ	FR	TAZ	'Bild'	'Sp.'[1]	'Zeit'	ARD	ZDF	SAT1	RTL+	DFF	ARD	ZDF	DFF
Präsenz[2]																
CDU/CSU	39.5	36.9	40.6	35.6	35.0	36.8	52.2	33.3	44.3	46.1	40.9	35.2	47.5	20.8	66.7	40.0
FDP	11.6	18.4	12.0	14.4	8.0	12.0	13.0	5.6	10.1	11.4	13.9	9.9	10.8	8.3	0.0	40.0
SPD	19.4	16.2	16.7	15.1	17.0	24.8	21.7	16.7	16.1	15.6	15.7	16.9	10.8	29.2	33.3	0.0
Grüne	1.6	4.5	4.0	7.5	11.0	1.5	0.0	5.6	3.4	1.8	3.5	2.8	5.0	0.0	0.0	20.0
(N$_{Basis}$)	(129)	(179)	(251)	(146)	(100)	(133)	(23)	(18)	(149)	(167)	(115)	(71)	(139)	(24)	(3)	(5)
Bewertungen																
CDU/CSU																
Dichte	41.1	25.8	48.1	63.5	60.0	46.9	66.7	33.3	13.6	13.0	23.4	40.0	7.5	100.0	100.0	100.0
Tendenz	5.9	-4.6	-6.9	-32.7	-31.4	26.5	-16.7	33.3	-7.6	-2.6	6.4	0.0	1.5	-20.0	0.0	0.0
(N$_{Basis}$)	(51)	(66)	(102)	(52)	(35)	(49)	(12)	(6)	(66)	(77)	(47)	(25)	(66)	(5)	(2)	(2)
FDP																
Dichte	53.3	33.3	20.0	47.6	25.0	37.5	100.0	100.0	26.7	10.5	43.8	28.6	6.7	50.0	-	50.0
Tendenz	13.3	15.1	0.0	0.0	-25.0	37.5	100.0	100.0	13.3	10.5	18.8	0.0	6.7	50.0	-	50.0
(N$_{Basis}$)	(15)	(33)	(30)	(21)	(8)	(16)	(3)	(1)	(15)	(19)	(16)	(7)	(15)	(2)	(0)	(2)
SPD																
Dichte	76.0	55.1	61.9	81.8	58.8	48.5	80.0	66.7	50.0	46.2	33.4	66.7	40.0	71.5	100.0	0.0
Tendenz	-36.0	6.9	14.3	36.4	11.8	6.1	40.0	66.7	8.4	0.0	22.2	16.7	40.0	14.3	-100.0	0.0
(N$_{Basis}$)	(25)	(29)	(42)	(22)	(17)	(33)	(5)	(3)	(24)	(26)	(18)	(12)	(15)	(7)	(1)	(0)
Grüne																
Dichte	100.0	25.0	40.0	54.6	54.6	50.0	-	100.0	20.0	33.3	50.0	0.0	28.6	-	-	0.0
Tendenz	0.0	0.0	0.0	0.0	-18.2	-50.0	-	-100.0	-20.0	-33.3	50.0	0.0	0.0	-	-	0.0
(N$_{Basis}$)	(2)	(8)	(10)	(11)	(11)	(2)	(0)	(1)	(5)	(3)	(4)	(2)	(7)	(0)	(0)	(1)

1 'Spiegel'.
2 Anteile sonstiger Parteien sowie Anteile von Parteienkombinationen (z.B. Regierungskoalition) nicht ausgewiesen.

7.2.2.2 West- und Ostdeutschland

Je mehr Informationen die Massenmedien über eine Partei oder einen Kandidaten vermitteln, desto größer ist die Wahrscheinlichkeit von politischem Einfluß – unter der Voraussetzung, daß die Informationen einseitig sind. Tabelle 7-7 zeigt, wie die deutschen Qualitätszeitungen, die 'Bild-Zeitung' als größtes Boulevardblatt und meistgelesene aller deutschen Tageszeitungen, die beiden führenden Titel der meinungsorientierten Wochenpresse 'Spiegel' und 'Zeit' sowie die Nachrichten und Magazine der wichtigsten Fernsehsender ihre Aufmerksamkeit auf die Parteien verteilten, die bei der Bundestagswahl 1990 um die Stimmen der Wähler konkurrierten. Sie bestätigt unzweideutig, was auch andere Studien sowohl am Beispiel der Bundestagswahl 1990 als auch anderer Bundestagswahlen übereinstimmend gezeigt haben: die Parteien, aber auch die Spitzenkandidaten der Regierungskoalition genießen in der Berichterstattung sämtlicher Medien stets einen kräftigen Beachtungsvorteil, den sogenannten "Regierungsbonus" (Weiß 1982; Koszyk/Prause 1990: 632, 637; Kepplinger u.a. 1994: 46-8; Semetko/Schönbach 1994: 50-1, 54-6; Schmitt-Beck/Pfetsch 1994: 128-9; Kepplinger/Rettich 1996; Friedrichsen 1996; Schulz 1996; Schulz u.a. 1998). Der CDU/CSU widmete jedes Medium mindestens doppelt so viele Beiträge wie der SPD. Lediglich in der 'Bild-Zeitung' war dieses Übergewicht weniger ausgeprägt, die Magazine der ARD kümmerten sich sogar öfter um die SPD als um die Union. Selbst der kleine Regierungspartner FDP wurde nicht viel seltener thematisiert als die größte Oppositionspartei, und er hatte insbesondere auch einen gewaltigen Präsenzvorsprung vor der anderen Kleinpartei, den Grünen. Lediglich die 'Tageszeitung (TAZ)' berichtete öfter über die Grünen als über die FDP und widmete diesen auch insgesamt erheblich mehr Aufmerksamkeit als die anderen Medien. Die von Knoche/Lindgens für die Bundestagswahl 1987 beschriebene mediale Aufmerksamkeitshürde gegenüber den Grünen scheint auch 1990 noch stabil gewesen zu sein (Knoche/Lindgens 1990). Aufgrund seiner Uniformität liegt es nahe, den Regierungsbonus als Ausdruck einer strukturellen Verzerrung zu interpretieren. Er kommt zustande aufgrund des Nachrichtenwertes, den die deutschen Medien den Aktionen der Amtsinhaber zuschreiben. Im Gegensatz zur Opposition ist die Regierung als politisches Machtzentrum der gestaltende Akteur und kommt aus diesem Grund in den Genuß privilegierter Medienaufmerksamkeit (Semetko/Schönbach 1994: 132; Schulz u.a. 1998).

Im Hinblick auf die politische Einflußkapazität der Medien ist die Frage zentral, in welchem Umfang diese politischen Informationen wertender Natur waren. Welche Wahrnehmungen hatten diesbezüglich die Rezipienten? Schaubild 7-2 zeigt, wie groß die Prozentsätze der westdeutschen Zeitungsleser und Fernsehzuschauer waren, welche den Eindruck hatten, daß das von ihnen rezipierte Medium eine politische Partei unterstützte (die Befunde für ostdeutsche Medienrezipienten sind aufgrund ihrer großen Ähnlichkeit nicht wiedergegeben).[2] Da solche Wahrnehmungen nicht nur in Deutschland, sondern auch in den anderen Gesellschaften fast ausnahmslos nur im Hinblick auf eine der beiden großen Parteien existierten, sind überall nur diese in der graphischen Darstellung berücksichtigt. Die dadurch auf zwei Dimensionen reduzierte Darstellung ist leicht zu interpretieren: Je weiter die Position eines Mediums von der eingezeichneten Diagonallinie abweicht, die einer völlig balancierten Gesamteinschätzung entspricht, desto einseitiger wird es von der Gesamtheit seiner Rezipienten wahrgenommen. Die Entfernung der Position vom Ursprung drückt aus, wie stark politisiert das betreffende Medium insgesamt gesehen wurde. Je näher am Ursprung ein Medium lokalisiert ist, desto geringer ist der Anteil seiner Rezipienten, die politische Einseitigkeiten beobachteten bzw. desto größer ist der Anteil derjenigen Leser bzw. Zuschauer, die das Medium als politisch neutral beurteilten. Je weiter also die Placierung eines Mediums von der Gleichgewichtslinie abweicht und je weiter sie vom Ursprung entfernt ist, desto größer ist der Anteil unter seinen Nutzern, die eine einseitige Begünstigung einer Partei wahrnahmen.

Schaubild 7-2: Begünstigung von Parteien durch die Massenmedien in der Wahrnehmung der Rezipienten – Westdeutschland

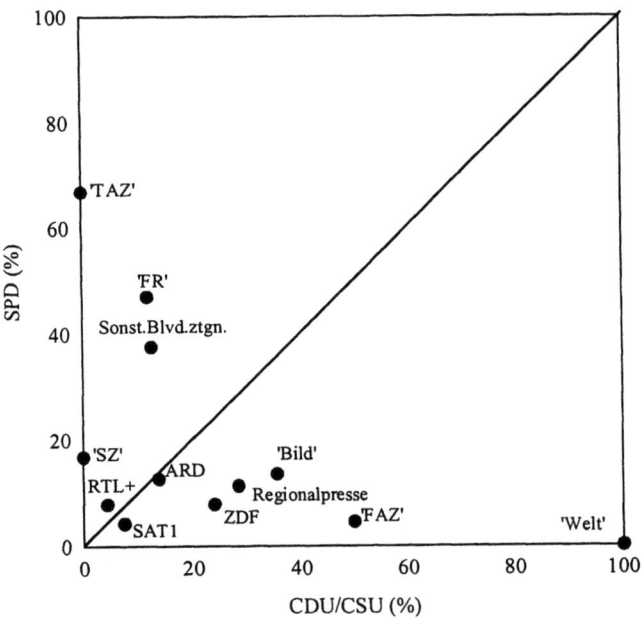

2 Die Fallzahlen sind für die verschiedenen Medien sehr unterschiedlich. Besonders klein sind sie bei manchen Qualitätszeitungen. Der Wert für die TAZ basiert auf nur 3, der für die 'Welt' auf nur einem einzigen Fall. Die höchste Fallzahl erreichen die ARD-Nachrichten mit N=396.

7 Rezeption von Informationen unterschiedlicher politischer Richtungen

Am Beispiel der 'Frankfurter Allgemeinen Zeitung (FAZ)' sei dies veranschaulicht. Das Schaubild zeigt, daß rund die Hälfte der westdeutschen Leser der FAZ der Meinung waren, daß diese die CDU/CSU bevorzugte, während nur vier Prozent eine Bevorzugung der SPD festzustellen glaubten. Im Schaubild nicht sichtbar wird, daß einige Leser auch eine Begünstigung der FDP erkannten. Diese Befunde interpretieren wir als Indiz, daß die Berichterstattung der FAZ in der Tat für die CDU/CSU und vielleicht auch für die FDP ziemlich vorteilhaft war. Dem Urteil ihrer Leser zufolge neigte neben der FAZ auch die 'Welt' eher zur CDU/CSU, die TAZ sowie die 'Frankfurter Rundschau (FR)' und die 'Süddeutsche Zeitung (SZ)' hingegen mehr oder minder deutlich zur SPD. Nur wenige Leser einer der Qualitätszeitungen glaubten, eine Bevorzugung einer der kleinen Parteien zu erkennen. Allerdings waren zwei Drittel der TAZ-Leser der Auffassung, daß ihre Zeitung die Grünen unterstützte. Die politische Positionierung der fünf Qualitätszeitungen durch ihre Leser entspricht ziemlich genau dem *common sense*, wie er in deskriptiven Darstellungen des deutschen Mediensystems wiedergefunden werden kann (Pürer/Raabe 1996: 166-72), und sie deckt sich auch mit den Expertenurteilen von Politikern (Schönbach 1977: 69) und Journalisten (Donsbach u.a. 1996: 347-8). Mehrfach und anhand unterschiedlicher Kennkriterien wurde auch inhaltsanalytisch belegt, daß sich die tagesaktuelle Qualitätspresse von TAZ bis 'Welt' auf einem parteipolitischen und ideologischen Links-Rechts-Kontinuum anordnen läßt (Schönbach 1977; Kepplinger 1985: 22-9; Kepplinger u.a. 1989; Hagen 1992; Reiser 1994: 175-8; Voltmer 1997). Vor der Bundestagswahl 1990 schlugen sich diese Redaktionslinien auch in den Bewertungen der Spitzenkandidaten Kohl und Lafontaine nieder, wenngleich in den Monaten vor der Wahl eine Erosion der Unterstützung Lafontaines durch die linksliberale Qualitätspresse zu beobachten war, während sich die Urteile über Kohl verbesserten (Schulz/Kindelmann 1993; Kindelmann 1994: 68-83). Ähnliche Unterschiede fanden sich auch in der kandidatenzentrierten Berichterstattung zur Bundestagswahl 1994 (Kepplinger/Rettich 1996; Donsbach 1997)

Die Inhaltsanalyse vermittelt den Eindruck, daß wertende Stellungnahmen zwar keinen überwiegenden, aber doch einen substantiellen Anteil der Presseberichterstattung ausmachten (Tabelle 7-7). Allerdings wogen sich positive und negative Überzeugungsbotschaften zum größten Teil gegenseitig auf, wie an den erheblichen Differenzen zwischen den Beträgen der Bewertungsdichte und der Bewertungstendenz abzulesen ist. Kaum jemals hatten alle oder auch nur die meisten wertenden Beiträge dieselbe politische Tendenz. Die Links-Rechts-Anordnung der Qualitätspresse wird in den Beträgen über die SPD, aber auch über die FDP deutlicher sichtbar als in den Beiträgen über die CDU/CSU. In der FAZ überwogen dieser Analyse zufolge sogar die negativen leicht die positiven Beiträge über die Union. Bemerkenswert ist aber auch, daß sich bezüglich der Grünen nur in der TAZ eine klare Bewertungsrichtung herausschälte; allerdings war diese negativ.

Auch die deutsche Regionalpresse ist politisch nicht uniform. Die von Schönbach (1977) analysierten Regionalzeitungen neigten zwar ausnahmslos eher zur CDU/CSU. Eine Analyse der Berichterstattung nordrhein-westfälischer Regionalzeitungen vor der Bundestagswahl 1987 ergab jedoch, daß manche Titel in ihren Bewertungen auch die SPD begünstigten (Koszyk/Prause 1990: 632-40). Den Wahrnehmungen ihrer Leserschaft zufolge neigte die Regionalpresse jedoch insgesamt eher zur Union. Allerdings wurden die ostdeutschen Titel deutlich neutraler wahrgenommen als die westdeutschen. Beobachter der Medienlandschaft in den neuen Bundesländern entdeckten nach der "Wende" nicht nur in der Presse, sondern auch im Fernsehen eine Haltung betonter politischer Zurückhaltung. Sie führten dies auf die Rollenunsicherheit der ostdeutschen Journalisten zurück, die ihre professionelle Sozialisation im Kontext des zentral gelenkten Mediensystems eines autoritären Staates erfahren hatten (Streul 1996: 456-61).

Auch in der Berichterstattung der 'Bild-Zeitung' erkannten die Leser mehrheitlich eine leichte Tendenz zugunsten der Union. Die Sammelkategorie der anderen Boulevardblätter wurde von ihren Lesern hingegen eher SPD-nah placiert. Die Einordnung von 'Bild' deckt sich mit den Urteilen von Experten (Schönbach 1977: 69; Donsbach u.a. 1996: 347-8), aber auch mit den Befunden verschiedener Inhaltsanalysen (Schönbach 1977; Kindelmann 1994: 164-7; Semetko/Schönbach 1994: 53-4). Unserer Inhaltsanalyse zufolge setzte 'Bild' insbesondere die Union und die FDP in ein sehr vorteilhaftes Licht, berichtete aber auch leicht positiv über die SPD. Lediglich die Grünen wurden eindeutig ungünstig beurteilt. Was die Wochenpresse anbelangt, sprechen Einschätzungen von Kommunikationswissenschaftlern (Pürer/Raabe 1996: 183-7), aber auch die Ergebnisse von Expertenbefragungen für eine linksliberale bis linke, SPD-, aber auch Grünen-nahe Verortung vor allem des 'Spiegels', aber auch der 'Zeit' (Donsbach u.a. 1996: 347-8). Die Inhaltsanalysen ergeben hingegen kein sehr klares Bild. Im 'Spiegel' wurden die Union eher negativ, FDP und SPD aber eher positiv beurteilt. Die 'Zeit' bewertete die CDU/CSU, aber auch die FDP und die SPD positiv. Ähnlich uneindeutig waren auch die Ergebnisse einer Analyse der kandidatenbezogenen Berichterstattung des Wahljahres 1990: Sie fiel im 'Spiegel' für Lafontaine etwas günstiger aus als für Kohl, während es sich bei der 'Zeit' umgekehrt verhielt (Kindelmann 1994: 68-83, 164-7).

Das Fernsehen wurde im Vergleich zur Presse eindeutig als parteipolitisch neutraleres Medium wahrgenommen. Die Inhaltsanalyse bestätigt, daß die Bedeutung wertender Beiträge im Fernsehen in der Tat erheblich geringer war als in der Presse. Die westdeutschen Kanäle gingen offenbar freigiebiger mit wertenden Stellungnahmen um als der DFF. ARD und DFF wurden von ihren Zuschauern direkt auf der Gleichgewichtslinie placiert. Auffällig ist, daß west- und ostdeutsche Fernsehzuschauer übereinstimmend beim ZDF eine Neigung zur CDU/CSU zu beobachten glaubten. Die politische Berichterstattung der Privatsender wurde deutlich öfter als die der westdeutschen öffentlich-rechtlichen Kanäle als neutral empfunden. Das dürfte nicht zuletzt ein Reflex der insgesamt geringeren Bedeutung politischer Informationssendungen in den Programmschemata dieser Sender sein (Krüger 1992). RTLplus neigte aus Sicht seiner Zuschauer geringfügig eher der SPD zu, SAT1 dagegen etwas eher der CDU/CSU. Auch die Wählereinschätzungen der verschiedenen Rundfunkorganisationen entsprechen größtenteils den Perzeptionen von Politikern und Journalisten (Schönbach 1977: 69; Donsbach u.a. 1996: 347-8). Befunde verschiedener Inhaltsanalysen legen zumeist dieselben Zuordnungen nahe (Schönbach 1977; Mathes/Freisens 1990; Semetko/Schönbach 1994: 53-4; Kindelmann 1994: 166; Reiser 1994: 175-8; Kepplinger/Rettich 1996; Schulz 1996; Schulz u.a. 1998). Unserer Inhaltsanalyse zufolge überwogen in Nachrichten und Magazinen der ARD geringfügig die negativen Beiträge über die Unionsparteien, bei SAT1 hingegen die positiven. Die FDP wurde auf allen Sendern recht günstig porträtiert, die SPD ebenfalls, jedoch mit Ausnahme des ZDF. Über die Grünen war aus dem Fernsehen insgesamt nicht viel zu erfahren. Ihr Bild in den Nachrichten der öffentlich-rechtlichen Sender war klar negativ, jedoch wurden sie auf SAT1 eher positiv darstellt.

7.2.2.3 Großbritannien

Den deutschen Tageszeitungen lassen sich zwar Positionen auf dem ideologischen Spektrum zuordnen, aus denen sich naheliegende Affinitäten zu politischen Parteien ergeben. Aber es gehört nicht zum üblichen Stil der deutschen Printmedien, völlig unverschleierte Wahlaufrufe abzugeben. Gerade dies ist aber das hervorstechende Kennzeichen der britischen Tagespresse. "The press has always been partisan. With a very few exceptions, it has been the custom for newspapers to give clear advice to their readers on how to vote, and in almost all cases this editorial opinion has influenced the coverage of news throughout the campaign." (Butler 1989: 93; siehe auch Harrop 1986, 1988; speziell zur Unterhauswahl 1992: Harrop/Scammell 1992; McKie 1995) Fast alle überregionalen Tageszeitungen lassen sich eindeutig bestimmten Parteien zuordnen, wobei zumeist die Conservatives und Labour die parteipolitischen Bezugspunkte bilden. Die parteipolitische Einseitigkeit der Presse ist so eklatant, daß es keiner subtilen Inhaltsanalysen bedarf, um sie zu erkennen. Sie liegt offen zutage. Nicht wenige Darstellungen der britischen Medienlandschaft enthalten Übersichten der Tagespresse, die neben Auflagenzahlen und Reichweiten als weitere "harte" Basisinformation auch den parteipolitischen Standort jedes Titels mitteilen (Harrop 1988: 165-6; Butler 1989: 94-5; Harrop/Scammell 1992: 181-2; McNair 1995: 54). Den Lesern dieser Zeitungen sind diese Einseitigkeiten auch wohl bewußt, wie Schaubild 7-3 ausweist (siehe auch Harrop 1988: 187; Rose 1989: 203-5; Miller 1991: 106-17).[3]

---

3 Die kleinste Fallzahl hat die 'Financial Times' mit N=10, die größte haben die BBC-Nachrichten mit N=5049 (die Höhe der Fallzahl kommt dadurch zustande, daß drei Nachrichtensendungen der BBC separat eingestuft wurden; diese Ergebnisse wurden kumuliert).

Schaubild 7-3: Begünstigung von Parteien durch Massenmedien in der Wahrnehmunng der Rezipienten - Großbritannien

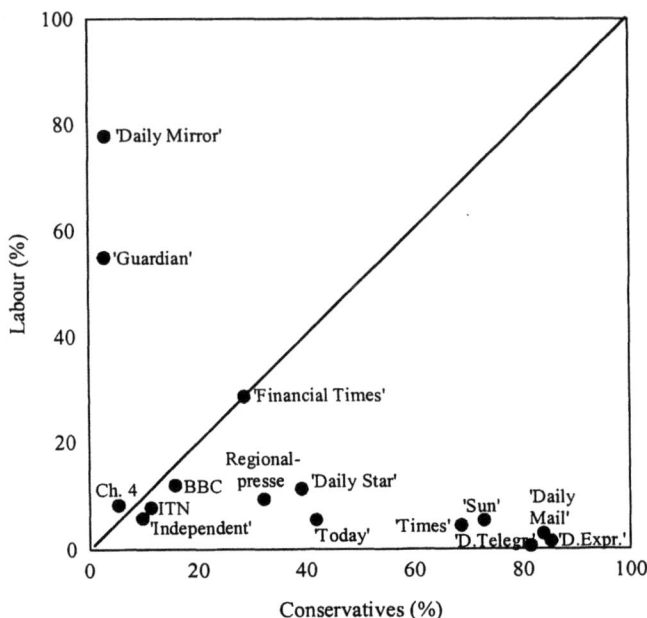

Besonders unmißverständlich ist offenkundig die parteipolitische Richtung der Zeitungen mit mittlerer und geringer Informationsqualität. Mindestens drei Viertel der Leser dieser Titel waren in der Lage, sie korrekt einzustufen. Insbesondere die Boulevardzeitungen kultivierten einen Stil der Politikberichterstattung, der – in der ironischen Formulierung McKies – den Eindruck erweckte, als orientierte er sich, in Umkehrung eines Leitprinzips journalistischer Ethik, an der Maxime: "facts were free and comment was sacred" (McKie 1995: 125). Während die Qualitätszeitungen typischerweise stärker auf die Trennung von Nachrichten und Meinungsäußerungen achteten, näherten sich die politischen Beiträge der Titel geringerer Informationsqualität der puren Propaganda (McNair 1995: 68; McKie 1995: 121-2). So titelte der 'Daily Mirror' am Wahltag 1992: "The time is now - Vote Labour". Die 'Sun' konterte mit mehr Witz, aber genauso unmißverständlich: "If Kinnock wins today will the last person in Britain please turn out the lights" (Harrop/Scammell 1992: 184; siehe auch Seymour-Ure 1995). Ebenfalls klar auf Seiten der Tories standen die 'Daily Mail', der 'Daily Express', der 'Daily Telegraph', der 'Daily Star' sowie aus der Kategorie der Qualitätszeitungen die 'Times'. Blätter, die eindeutig für Labour eintraten, waren demgegenüber klar in der Minderzahl. Neben dem 'Daily Mirror' war dies nur noch der Qualitätstitel 'Guardian'. Die 'Financial Times' besetzte in den Augen ihrer Leserschaft keine eindeutige Position; obwohl vom Hintergrund her

7 Rezeption von Informationen unterschiedlicher politischer Richtungen   247

eigentlich eher konservativ, hatte sie sich kurz vor der Wahl für die Unterstützung von Labour ausgesprochen. 'Today' hatte ebenfalls keinen klaren Standort. Dieses Blatt war 1987 für die sozialliberale Allianz eingetreten und begünstigte auch 1992 zunächst die Liberal Democrats, bevor es schließlich unmittelbar vor der Wahl doch zu den Conservatives umschwenkte (Harrop/Scammell 1995: 189). Damit unterstützten am Ende alle fünf Tageszeitungen der Verlagsgruppe von Rupert Murdoch die amtierende konservative Regierung. Völlig neutral war nur eine einzige der nationalen Tageszeitungen, nämlich der erst 1986 mit dem ausdrücklichen Anliegen einer parteiunabhängigen Berichterstattung gegründete 'Independent'. 1992 bezog der 'Independent' allerdings - so McKie (1995: 122) - zum Teil Labour-kritische Positionen, was indessen in der Inhaltsanalyse nicht zum Ausdruck kommt. Die schottischen und walisischen Regional- und Lokalzeitungen sind normalerweise weniger einseitig (Harrop 1988: 175), unterstützten aber insgesamt aus Sicht ihrer Leser eher die Conservatives.

Tabelle 7-8:   *Präsenz und Bewertungen von Parteien in der Medienberichterstattung - Großbritannien (in Prozent)*

	Tageszeitungen						TV-Nachrichten	
	'Sun'	'Daily Mail'	'Times'	'Daily Mirror'	'Guardian'	'Independent'	BBC	ITN
Präsenz[1]								
Conservatives	39.0	41.7	59.8	63.4	73.8	55.0	66.0	72.8
Labour	62.7	66.7	61.3	37.9	56.1	41.7	64.7	68.8
Liberal Democrats	10.0	12.5	35.9	5.6	31.5	21.7	50.0	56.0
(N_{Basis})	(262)	(24)	(67)	(251)	(130)	(60)	(156)	(125)
Bewertungen								
Conservatives								
Dichte	78.5	8.3	82.5	89.0	75.8	8.0	25.4	37.4
Tendenz	68.3	8.3	7.5	-85.2	-48.4	-8.0	-9.8	-26.4
(N_{Basis})	(79)	(12)	(40)	(155)	(95)	(25)	(102)	(91)
Labour								
Dichte	88.2	57.1	63.4	88.3	75.0	6.3	19.0	21.2
Tendenz	-73.0	-57.1	24.4	88.3	30.6	6.3	-7.0	-9.4
(N_{Basis})	(144)	(7)	(41)	(94)	(72)	(16)	(100)	(85)
Liberal Democrats								
Dichte	55.6	0.0	83.4	38.5	64.1	0.0	11.7	10.1
Tendenz	-22.2	0.0	75.0	7.7	23.1	0.0	3.9	4.3
(N_{Basis})	(18)	(3)	(24)	(13)	(39)	(11)	(77)	(69)

1   Mehrfachnennungen möglich. Anteile sonstiger Parteien nicht ausgewiesen.

Hinsichtlich der Affiliationen zwischen Presse und Parteien bestätigt die CNEP-Inhaltsanalyse die Wahrnehmungen der Wähler (Tabelle 7-8). Sie zeigt darüber hinaus aber auch, auf welche Weise die Redaktionslinien in der Berichterstattung umgesetzt wurden. Die meisten Zeitungen thematisierten die gegnerische Großpartei deutlich öfter als die eigene Partei (siehe auch Harrop/Scammell 1992: 188), und sie taten dies in ausgesprochen kritikgesättigter Weise. Zwar fielen die Beiträge über die begünstigten Parteien fast ausschließlich positiv aus. Aber quantitativ spielten negative Artikel über den Gegner insgesamt eine erheblich gewichtigere Rolle. Die vermittelten Informationen besaßen also eher ein Potential, Wähler von Parteien zu entfremden, als Wähler für Parteien zu gewinnen.

Sind die britischen Tageszeitungen durch ein außerordentlich hohes Maß an parteipolitischer Einseitigkeit gekennzeichnet, so gilt das Fernsehen der Insel im internationalen Vergleich geradezu als Musterbeispiel an Überparteilichkeit und Ausgewogenheit. Dem *public-service*-Ethos folgend, erhebt der *Code of Practice* der BBC diese Anforderungen zu ausdrücklichen Grundsätzen der Programmgestaltung. Die Abhängigkeit von der Regierung ist zwar formal relativ groß, aber in der Praxis war das Verhalten der Regierungsparteien gegenüber der öffentlich-rechtlichen Rundfunkorganisation stets durch Zurückhaltung geprägt. Dieselben anspruchsvollen Grundsätze und Verfahrensgewohnheiten galten traditionell auch für das Privatfernsehen und wurden erst mit dem stärker marktorientierten Rundfunkgesetz von 1990 gelockert (Negrine 1994: 81-117; Humphreys 1996a; Gellner 1998). Anschauliches Symbol dieser Programmphilosophie ist die Stoppuhr. In der Praxis wird die Ausgewogenheit der politischen Berichterstattung nämlich dadurch sichergestellt, daß die auf die drei relevanten Parteien entfallende Sendezeit in den Nachrichten streng nach dem Proporzschlüssel verteilt wird, der für die Vergabe der Sendeplätze für die Werbesendungen der Parteien festgelegt ist (Nossiter u.a. 1995: 87). In der Vergangenheit wurde diese Regel auch penibel eingehalten, wie Harrisons Analyse der Parteienpräsenz in der Berichterstattung zur Unterhauswahl 1987 zeigt (Harrison 1988: 143). Tabelle 7-8 belegt, daß sowohl BBC als auch ITV auch 1992 recht genau darauf achteten, jeder Partei den Präsenzanteil einzuräumen, der ihr nach den Regeln gebührte. Das Übergewicht der beiden großen Parteien gegenüber den Liberal Democrats ist eine direkte Folge der Anwendung des Proporzkriteriums. Ansonsten ist lediglich ein leichter Regierungsbonus für die Conservatives zu erkennen (siehe auch Harrison 1992: 166-1). In der Wahrnehmung des Publikums berichteten beide Sender ebenso wie Channel 4 praktisch völlig neutral über die Wahl (siehe auch Rose 1989: 201; Miller 1991: 106-17). Die Inhaltsanalyse zeigt, daß nur ein geringer Teil der Fernsehberichte Wertungen enthielt. Sie offenbart aber auch eine Tendenz zu einer eher negativ getönten Berichterstattung über die beiden großen Parteien, die freilich längst nicht die Größenordnung des Negativismus der Tageszeitungen erreichte. Insbesondere fällt auf, daß die ITN-Nachrichten über die Conservatives eine recht ungünstige Färbung aufwiesen, zumal im Vergleich zur Berichterstattung der BBC.

7.2.2.4 Spanien

Das spanische Mediensystem weist Ähnlichkeiten, vor allem im Fernsehbereich aber auch klare Unterschiede zum deutschen Mediensystem auf. Was die Präsenz der verschiedenen Parteien anbelangt, zeigt auch die Berichterstattung der spanischen Medien einen generellen Regierungsbonus, von dem 1993 die PSOE profitierte (Diez Nicolas/Semetko 1995: 271). Die Titel der Qualitätspresse lassen sich in Spanien ähnlich wie in Deutschland auf der ideologischen Links-Rechts-Dimension anordnen (Nohlen/Hildenbrand 1992: 245-6; de Mateo/Corbella 1992: 195-8). 'El País', die "große Tageszeitung der *transición*" (Castellani 1998: 565) und bis heute wichtigste der spanischen Tageszeitungen, verfolgt eine linksliberale, parteiunabhängige, jedoch der damaligen sozialistischen Regierung im allgemeinen freundlich gesonnene Redaktionslinie (Castellani 1998: 574-6). Ein erheblicher Anteil der Leser nahm 'El País' denn auch eindeutig als PSOE-nah wahr (Schaubild 7-4).[4] Direkter Gegenspieler von 'El País' im Mediensystem ist 'ABC', ein Blatt, das während der zweiten Republik und der Franco-Periode eine monarchistische und regime- sowie kirchentreue Linie verfolgt hatte und heute als strikt konservatives Unterstützungsorgan der PP gilt (Merrill/Fisher 1980: 33-7; Edo 1994: 177-88). Ebenfalls dem konservativen Spektrum wird das katholische Traditionsblatt 'Ya' zugerechnet. 'El Mundo' wurde erst 1989 gegründet, konnte jedoch in kurzer Zeit in die Spitzengruppe der meistverkauften Titel aufsteigen. Vor der Parlamentswahl 1993 verfolgte 'El Mundo' einen dezidiert PSOE-kritischen Kurs und setzte auf einen bis zur offenen Feindseligkeit (Heywood 1995: 77) gehenden aggressiven Enthüllungs- und Meinungsjournalismus (Castellani 1998: 576-9). Vor allem 'ABC', aber auch 'El Mundo' und 'Ya' wurden von ihren Leser eindeutig eher der PP zugeordnet. 'Diario 16' sowie 'La Vanguardia' neigten in der Leserwahrnehmung weder der PP noch der PSOE zu. Zahlreiche Leser der in Barcelona erscheinenden 'Vanguardia' meinten jedoch, diese unterstütze die katalanische CiU. Die Nachrichtenmagazine wurden von ihren Lesern auf einer relativ neutralen Position mit leichter Neigung zur PP lokalisiert. Die Regionalpresse wurde von der großen Mehrheit ihrer Konsumenten neutral eingestuft; soweit Parteineigungen perzipiert wurden, balancierten sie sich in der Gesamtbetrachtung aus.

Das öffentlich-rechtliche Fernsehen TVE stellt nicht nur hinsichtlich seiner Finanzierungsbasis (siehe Abschnitt 6.2.1), sondern auch hinsichtlich seiner Organisationsstruktur einen atypischen Ausnahmefall in der europäischen Fernsehlandschaft dar (Bustamante 1989: 84). Es ist nämlich in ungewöhnlichem Ausmaß direkt vom Staat abhängig. Im autoritären Franco-Regime war der Sender ein unmittelbarer Teil des Herrschaftsapparates und fungierte als eines der wichtigsten Propagandainstrumente. Aber auch nach der Demokratisierung erfolgte nur eine zögerliche Öffnung. Die demokratisch gewählten Regierungen behielten eine "paternalistische" Haltung (Bustamante 1989: 69) zum Fernsehen bei, das weiterhin unter staatlicher Aufsicht verblieb (López-Escobar 1992: 244-5). Unter den meisten Beobachtern

---

4 Die kleinste Fallzahl hat 'Ya' mit N=10, die größte haben die TVE-Nachrichten mit N=999.

herrscht Einigkeit, daß alle Regierungen diese Machtposition zu ihren Gunsten ausgenutzt haben. "In each electoral campaign, public television has been blatantly partial in favor of the incumbent government and its political party. The party in power receives substantially more, and more favorable, news coverage and more opportunities to present its program in a favorable light. The government's agenda dominates public television news coverage of campaigns, the images that are shown overwhelmingly favor the government party, and the government party is depicted as representing the 'natural majority' in the country. In short, public television attempts to mobilize support for the government." (Rospir 1996: 165; siehe auch Bustamante 1989; Nohlen/Hildenbrand 1992: 246; Heywood 1995: 172) Die Wahrnehmungen der Zuschauer von TVE deckten sich mit dieser Diagnose; praktisch niemand von ihnen glaubte, daß dieser Kanal die PP begünstigte, aber immerhin ein Viertel stellte fest, daß die PSOE positiv dargestellt wurde. Generell ist auffällig, daß das Fernsehen in Spanien, anders als in allen anderen untersuchten Gesellschaften, kaum weniger einseitig perzipiert wurde als die Presse.

Schaubild 7-4: Begünstigung von Parteien durch Massenmedien in der Wahrnehmung der Rezipienten - Spanien

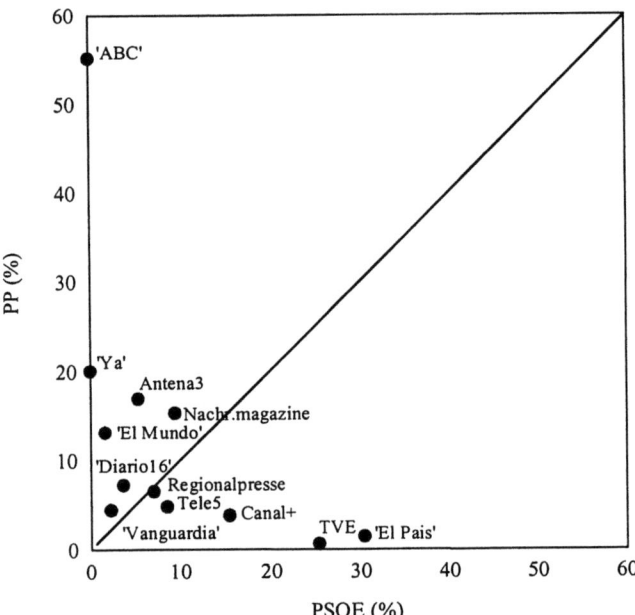

Der Durchbruch zu einem dualen Rundfunksystem erfolgte in Spanien einige Jahre später als in der Bundesrepublik. 1989 konnten insgesamt drei private Veranstalter mit ihren Angeboten auf Sendung gehen: Antena 3 und Tele 5, zwei voll werbefinanzierten Programmen, sowie Canal+ España, einem Pay-TV-Kanal. Die Besitzverhältnisse dokumentieren einen beträchtlichen Grad medienübergreifender Konzentration (Salamanca O. 1996). Antena 3 und Tele 5 werden betrieben von Konsortien zum Teil als konservativ geltender Zeitungsverleger. Zu den Anteilseignern des Canal+ zählt hingegen unter anderem auch Prisa, der Verlag von 'El País'. Die Eindrücke der Zuschauer dieser Programme deuten darauf hin, daß die politischen Affinitäten der Programmbetreiber nicht ohne Echo im Programm geblieben sind. Aus Sicht der Zuschauer fungierte Antena 3 als publizistisches Gegengewicht zu TVE und begünstigte eher die PP. Der wenig gesehene Abonnementsender Canal+ wurden hingegen eher als PSOE-nah eingestuft, wenngleich bei weitem nicht so krass wie TVE.

7.2.2.5 USA

Das politische Erscheinungsbild der amerikanischen Massenmedien unterscheidet sich wesentlich von dem ihrer europäischen Pendants. Während die Redaktionslinien europäischer Medien insbesondere im Pressesektor, in manchen Fällen aber auch bei den audiovisuellen Medien ideologisch und parteipolitisch mehr oder weniger deutlich divergieren, gibt es zwischen den verschiedenen amerikanischen Medien in dieser Hinsicht keine größeren Differenzen. "[T]he national news media in the U.S. are very much of a piece. They all tend to report the same kinds of messages. [...] [T]he contents of one medium is a good indicator of the content of many media." (Page u.a. 1987: 39; siehe auch Graber 1997: 246-51) Die ersten amerikanischen Zeitungen im frühen 18. Jahrhundert waren noch stark durch parteipolitische Loyalitäten geprägt gewesen. Mit der Entstehung einer Massenpresse im späten 19. Jahrhunderts begannen sich jedoch die parteipolitischen Bindungen zu lockern. Sie waren dem kommerziellen Erfolg einer nun primär an einer möglichst breiten Leserschaft und hohen Einkünften aus dem Anzeigengeschäft interessierten Presse hinderlich. "Although the exact timing is disputed, at some point during the last quarter of the nineteenth century American campaign reporting moved into the age of objectivity, leaving behind the era of partisan press. Before this revolution, content was notoriously subjective and partisan. After this revolution, content was increasingly objective and impartial, at least in coverage of national political campaigns." (Robinson/Sheehan 1983: 257-8; siehe auch Davis 1992: 43-79). Zurückhaltung bei der Kommentierung wurde zum Geschäftsgrundsatz der meisten amerikanischen Zeitungen: Man will es allen Lesern recht machen und möglichst niemanden vor den Kopf stoßen (Ruß-Mohl 1996: 37). Auch die drei Titel der Qualitätspresse, 'Washington Post', 'New York Times (NYT)' und 'Los Angeles Times (LAT)', decken nicht, wie ihre Gegenstücke in Europa, eine Palette ideologischer Positionen ab. Da die Network-Nachrichten im direkten Wettbewerb miteinander versuchen, größtmögliche Zuschauerquoten zu erreichen, werden richtungspolitische Festlegungen auch bei ihnen weitestgehend vermieden. Der Maxime des "least objectionable programming" (Redelfs 1996: 116) folgend, sind sie bestrebt, ihr Angebot möglichst für alle Zuschauer interessant und politisch akzeptabel zu gestalten. Sie versuchen daher, Stellungnahmen zu vermeiden, die bei Segmenten des Publikums auf Mißfallen stoßen könnten (Ranney 1983: 43-5). Dementsprechend verorten Experten alle Medien in einem schmalen ideologischen Sektor in der Mitte des Links-Rechts-Spektrums. Die Streuung dieser Positionen ist bei weitem nicht so breit wie bei den europäischen Medien (Donsbach u.a. 1996: 348-9). In der Vergangenheit war es zwar nicht unüblich, daß amerikanische Zeitungen kurz vor dem Wahltag Wahlempfehlungen (*endorsements*) der Herausgeber veröffentlichen (Joslyn 1984: 149-50). Doch hat sich deren Zahl stark reduziert und umfaßte 1992 nur noch rund ein Drittel der Tageszeitungen. Überdies folgen die *endorsements* generell nicht unbedingt starren ideologischen Rastern, sondern können durchaus von Wahl zu Wahl wechseln.

Indes scheinen die Wahrnehmungen, welche die amerikanischen Medienrezipienten über die Berichterstattung vor der Präsidentschaftswahl 1992 hatten, in krassem Gegensatz zu dieser Beschreibung zu stehen. Aus der Sicht ihrer Leser und Zuschauer begünstigten nämlich sämtliche Tageszeitungen und Fernsehsender den Demokratischen Kandidaten Bill Clinton; kaum jemand hatte den Eindruck, daß ein Medium über den Amtsinhaber George Bush günstig berichtete (Schaubild 7-5).[5] Ross Perot erfuhr der Wahrnehmung des Publikums zufolge so gut wie keine Unterstützung in den Medien. Am deutlichsten war der Überhang zugunsten Clintons in den Qualitätszeitungen, das Fernsehen wurde generell neutraler wahrgenommen. Dieser Unterschied der Wahrnehmungen von Presse und Fernsehen ähnelt den in Deutschland und Großbritannien gefundenen Mustern und deckt sich auch mit den Ergebnissen anderer amerikanischer Studien (Robinson 1972: 240; Beck 1991: 383-5; Myers 1994: 155-6). Die Resultate der Inhaltsanalyse liegen mit den Wahrnehmungen der Leser und Zuschauer weitgehend auf einer Linie, vermitteln zusätzlich aber auch einen Eindruck von der Behandlung Perots durch die Medien (Tabelle 7-9). Die Bewertungstendenz war in sämtlichen Medien günstig für Clinton, und zwar besonders ausgeprägt in allen drei Titeln der Prestigepresse, in 'USA Today' sowie bei NBC. Bush wurde hingegen in der gesamten Tagespresse sehr ungünstig präsentiert, und auch bei allen drei Networks ließen die Beiträge über ihn einen deutlichen Überhang ins Negative erkennen. Besonders akzentuiert wurde der ungünstige Eindruck von Bush, den die Rezipienten aus den Medien empfingen, zusätzlich dadurch, daß alle Networks und die meisten Titel der Tagespresse einen deutlichen Regierungsbonus aufwiesen, mit der Folge, daß über Bush als amtierenden Präsidenten öfter als über seine Konkurrenten berichtet wurde (siehe auch Just u.a. 1996: 140). Auch Perot, den alle Medien am seltensten in ihrer Berichterstattung berücksichtigten, wurde – nach einem "Honeymoon" während der Vorwahlperiode – im Hauptwahlkampf überwiegend in ziemlich ungünstigem Licht dargestellt (Zal-

---

5   Die kleinste Fallzahl hat die 'Washington Post' mit N=36, die größte haben die CBS-Nachrichten mit N=285.

7 Rezeption von Informationen unterschiedlicher politischer Richtungen 253

ler/Hunt 1995). Unsere Inhaltsanalyse deutet darauf hin, daß ihn lediglich die 'Washington Post' wenigstens neutral präsentierte. Dieses allen Medien gemeinsame Gesamtmuster der Kandidatenpräsentation findet sich auch in den Resultaten einer ganzen Reihe anderer Inhaltsanalysen wieder, die ebenfalls anläßlich der Präsidentschaftswahl 1992 durchgeführt wurden (Patterson 1993: 100-33; Noyes u.a. 1993; Kerbel 1994: 51-64; Just u.a. 1996: 104-12). Auch in den *endorsements* der Tageszeitungen lag Clinton vor Bush in Führung; Perot erfuhr fast keine derartige Unterstützung durch die Presse (Democracy in Action 1996).

Schaubild 7-5: Begünstigung von Kandidaten durch Massenmedien in der Wahrnehmung der Rezipienten - USA

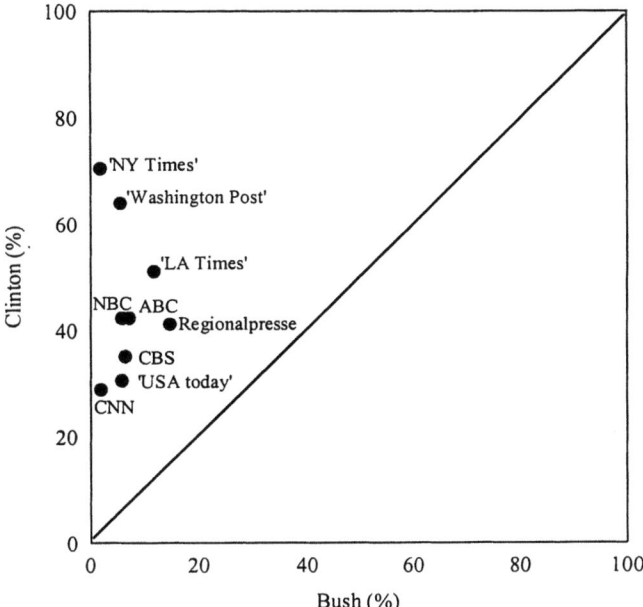

Diese Befunde passen nicht gut zu der Behauptung, daß die amerikanischen Medien in ideologischer und parteipolitischer Hinsicht neutral seien. In der Tat wurde ihnen auch schon oft, nicht zuletzt auch im Kontext der Präsidentschaftswahl 1992, vorgehalten, einen generellen "liberaler Bias" zu kultivieren (Ranney 1983: 37-9; Reeves 1997). Ordnet man das Muster der kandidatenbezogenen Wertungen in den Beiträgen zur Präsidentschaftswahl 1992 jedoch in den längerfristigen Zusammenhang der Berichterstattung über Präsidentschaftswahlen ein, entsteht ein anderer Eindruck. Zwar fiel die Berichterstattung der Medien auch bei der Wahl von 1976 für den Demokratischen Kandidaten günstiger aus als für den Republikaner. 1972 und 1980 war es jedoch gerade umgekehrt: Bei diesen Wahlen wurden die von den Republikanern nominierten Kandidaten positiver bewertet als ihre Demokratischen Kontrahenten. Und jedesmal waren die Unterschiede der Beurteilungen der verschiedenen Kandidaten innerhalb der einzelnen Medien größer als die Unterschiede der Behandlung derselben Kandidaten durch verschiedene Medien, d.h. die Einseitigkeit durchzog mehr oder weniger gleichförmig das gesamte Mediensystem. Bei der Präsidentschaftswahl 1988 bewerteten hingegen zumindest die Fernsehnachrichten sogar beide Kandidaten gleich (Hofstetter 1976: 47-76; Robinson/Sheehan 1983: 91-139; Noyes u.a. 1993; Patterson 1993: 94-133).

Tabelle 7-9: *Präsenz und Bewertungen von Kandidaten in der Medienberichterstattung - USA (in Prozent)*

	Tageszeitungen					TV-Nachrichten		
	'New York Times'	'Washington Post'	'Los Angeles Times'	'USA Today'	Regionalpresse	ABC	NBC	CBS
Präsenz								
Bush	42.5	53.5	43.3	40.0	51.5	51.8	50.0	54.5
Clinton	41.1	36.0	41.9	38.3	30.9	32.1	32.4	26.0
Perot	16.4	10.5	14.8	21.7	17.6	16.1	17.6	19.5
(N_{Basis})	(207)	(86)	(203)	(120)	(3574)	(112)	(68)	(123)
Bewertungen								
Bush								
Dichte	70.5	63.0	55.7	87.5	68.9	62.1	73.6	62.7
Tendenz	-47.7	-50.0	-39.7	-45.9	-42.7	-31.1	-20.6	-29.9
(N_{Basis})	(88)	(46)	(88)	(48)	(1842)	(58)	(34)	(67)
Clinton								
Dichte	82.4	54.8	75.2	95.6	74.4	63.8	77.3	68.8
Tendenz	42.4	48.4	40.0	34.8	18.4	25.0	59.1	18.8
(N_{Basis})	(85)	(31)	(85)	(46)	(1103)	(36)	(22)	(32)
Perot								
Dichte	79.4	66.6	63.4	100.0	72.0	44.5	50.0	62.5
Tendenz	-44.2	0.0	-30.0	-53.8	-20.8	-33.3	-16.6	-37.5
(N_{Basis})	(34)	(9)	(30)	(26)	(629)	(18)	(12)	(24)

Während die Befunde für die europäischen Medien auf die Existenz politischer Verzerrungen hindeuten, entspricht das in den USA gefundene Gesamtbild genau den Kriterien, welche eine strukturelle Verzerrung der Medienberichterstattung kenntlich machen. Positive und negative Bewertungstendenzen sind bei Präsidentschaftswahlen jeweils in allen Medien sehr ähnlich, aber sie begünstigen nicht konstant dieselbe Partei, sondern fallen je nach situativen Gegebenheiten unterschiedlich aus. Die Begünstigungen sind nicht eine Folge politischer Voreingenommenheiten von Medienorganisationen oder Journalisten, sondern ergeben sich aus der medienübergreifend gleichförmigen Anwendung von Kriterien des Nachrichtenwerts (Ranney 1983: 42-55; Graber 1993: 248-51). Vor entscheidender Bedeutung war diesbezüglich bei der Präsidentschaftswahl 1992 die schlechte Wirtschaftslage der USA (Hetherington 1996). Unabhängig von seiner Parteizugehörigkeit wird ein amtierender Präsident in einer unerfreulichen ökonomischen Situation als "natürlicher" Verantwortlicher dargestellt. In diesem thematischen Bewertungskontext fallen die Urteile selbstredend negativ aus. Dieses schlägt sich wiederum in sinkenden Popularitätswerten in den Wahlumfragen nieder. Aus dem starken Akzent, den die amerikanischen Medien auf die "horse race"-Berichterstattung legen, in welcher der Wahlkampf als eine Art sportlicher Wettkampf vorgeführt wird, ergab sich 1992 das zweite negative Attribut, mit dem Bush in den Medien konstant versehen wurde, nämlich das Image des Verlierers. "Bush's bad press was mainly a function of journalistic values. The news form itself affected both the content and the slant of most of his coverage. Bush's story was that of a re-election campaign in deep trouble. [...] Bush was saddled with a stagnant economy, and each new indicator of the economy's poor condition [...] brought more bad news to his campaign coverage. Each new poll did the same. The impact of the economy on Bush's re-election bid was so basic to the press's game commentary that the president's efforts to raise other subjects were treated as attempts to hide the real issue." (Patterson 1993: 106; siehe auch Kerbel 1994: 202-3; Just u.a. 1996: 112) Auch Ross Perots schlechte Presse läßt sich durch einen sozusagen ohne Ansehen der Person wirksamen Mechanismus der Nachrichtenproduktion erklären: eine generelle, auch für andere Kandidaten beschreibbare Tendenz der amerikanischen Medien, neue und unerfahrene, jedoch als politisch aussichtsreich gehandelte Kandidaten besonders kritisch zu durchleuchten (Zaller/Hunt 1995).

7.3 Resümee

Die Wahrscheinlichkeit, daß Wählern durch den Kanal der interpersonalen Kommunikation von Informationen bestimmter politischer Färbungen erreicht wurden, hing wesentlich von der Struktur der Parteiensysteme im Hinblick auf die Größenverhältnisse der Parteien ab. Wähler kamen mit größerer Wahrscheinlichkeit mit Anhängern von Großparteien ins Gespräch, die über eine breite Unterstützerbasis verfügten, als mit Sympathisanten von Kleinparteien. Außerdem war auch die durchschnittliche Zahl der Diskutanten, die eine bestimmte Partei favorisierten, größer, wenn es sich dabei um eine Großpartei handelte. Der interpersonalen Kommunikation wohnt zumindest im Hinblick auf die Vermittlung und Rezeption von politischen Informationen ein struktureller "Konservatismus" (Berelson u.a. 1954: 127) inne, der Großparteien begünstigt und Kleinparteien, aber auch unabhängige Kandidaten in den USA benachteiligt. Daneben steuerten entsprechend der These der selektiven Rezeption auch die politischen Prädispositionen der Wähler ihren Kontakt zu Informationsquellen. Infolgedessen ergab sich ein größeres Potential für Aktivierungen als für Konversionen. Allerdings galt das nicht unbedingt auch für Kleinparteien.

Strukturell ausgeschlossen waren Konversionen aber auch bei Wählern, die sich mit Großparteien identifizierten, keineswegs.

Hinsichtlich der politischen Charakteristika der Berichterstattung der Massenmedien zeigten sich zwei unterschiedliche Grundmuster: Die Berichterstattung der amerikanischen Medien ließ eine ausgeprägte, in den professionellen Regeln der Nachrichtenproduktion wurzelnde strukturelle Verzerrung erkennen, die dazu führte, daß Bill Clinton in allen Medien ziemlich vorteilhaft, George Bush und Ross Perot hingegen stets recht ungünstig präsentiert wurden. Die Berichterstattung der europäischen Medien korrespondierte eher einem Muster, das sich kennzeichnen läßt als strukturelle Verzerrung, die durch politische Verzerrungen, d.h. Färbungen der Berichterstattung zugunsten oder zuungunsten bestimmter Wahlbewerber, überlagert wurde. Im Hinblick auf das Ausmaß dieses politischen "Bias" bestanden zwischen den verschiedenen europäischen Gesellschaften erhebliche Unterschiede. Den einen Pol bildete Großbritannien mit einem nahezu vollständigen und eindeutigen "Parallelismus" zwischen Tageszeitungen und politischen Parteien (Seymour-Ure 1974). Den Gegenpol bildeten die neuen Bundesländer, deren Medien im Transitionsprozeß einen betont neutralen Stil der politischen Berichterstattung pflegten. Zwischen diesen Polen kann man Westdeutschland und Spanien einordnen: Gesellschaften mit einer Presse, die zwar ideologischen Tendenzen, aber nicht unbedingt unverhüllt ganz bestimmten Parteien verbunden war, sowie weniger stark politisierten, aber doch jedenfalls nicht völlig unparteiischen Fernsehanstalten.

8 Interpersonale Kommunikation und Wahlentscheidungen

In diesem Kapitel wird analysiert, welche Einflüsse die interpersonale Kommunikation in den fünf für die Untersuchung ausgewählten Gesellschaften auf die Entscheidungen der Wähler ausübte. Nach einer Bilanz des Forschungsstandes wird untersucht, ob politische Gespräche dazu beitrugen, daß Wähler für oder gegen bestimmte Parteien bzw. Kandidaten stimmten. Weitere Fragestellungen beziehen sich auf die Spezifika dieser Einflußprozesse: Welche Unterschiede bestanden zwischen den verschiedenen untersuchten Gesellschaften im Hinblick auf die Bedeutung der interpersonalen Kommunikation für das Wählerverhalten? Waren bestimmte Arten persönlicher Beziehungen wirksamer als andere? Inwieweit moderierten politische Prädispositionen, die politische Involvierung sowie die Glaubwürdigkeit, die Diskussionspartnern zugeschrieben wurde, die von diesen ausgehenden Effekte? Gab es diesbezüglich interkulturelle Unterschiede? Auf diese Befunde aufbauend wird dann bestimmt, wie groß die Einflüsse der interpersonalen Kommunikation waren. Abschließend wird der Frage nachgegangen, welche Konsequenzen die interpersonalen Einflußprozesse für das Abschneiden der Parteien und Kandidaten bei den untersuchten Wahlen hatten.

8.1 Interpersonale Kommunikation und Wählerverhalten: Bilanz der Forschung

Es kann keinen Zweifel daran geben, daß die Columbia-Studien im Hinblick auf das Studium der politischen Bedeutung der Primärumwelten von Wählern bahnbrechende Pionierarbeit geleistet haben (Sheingold 1973; Eulau 1980). Obwohl die Erie County-Studie ursprünglich das Ziel hatte, den starken Einfluß der Massenmedien auf die politischen Entscheidungen der Wähler sichtbar zu machen (Katz 1987: S34-7; Weimann 1994: 12), der vor dem Hintergrund des in der zeitgenössischen Diskussion dominanten "Propaganda-Modells" der Medienwirkungen allgemein unterstellt wurde (siehe Abschnitt 3.4.1.2), gelang dies nur in äußerst begrenztem Maße (siehe Abschnitt 9.1). Statt dessen schienen die Ergebnisse dieser wie auch der Folgeuntersuchungen darauf hinzudeuten, daß die Wähler bei ihren Wahlentscheidungen von anderen Personen beeinflußt wurden, mit denen sie während des Wahlkampfes interagierten. Die Beobachtungen wurden in der Schlußfolgerung verdichtet, daß "a decisive element in decision making is the receipt of information and influence through interpersonal communication" (Sheingold 1973: 714).

So zeigten sich große Übereinstimmungen zwischen den Kandidatenpräferenzen von Familienmitgliedern, die sich mit fortschreitendem Wahlkampf sogar noch vergrößerten. Auch fällten die Mitglieder politisch homogener Familien ihre

Wahlentscheidungen früher und behielten sie verläßlicher bei als andere Wähler (Lazarsfeld u.a. 1968: 137-49). Die Wahrscheinlichkeit bestimmter Wahlentscheidungen war auch um so höher, je größer die Anzahl der Freunde eines Wählers war, die nach seiner Wahrnehmung denselben Kandidaten präferierten. Zu Änderungen individueller politischer Präferenzen kam es im Verlauf des Wahlkampfes zwar insgesamt nur selten. Am häufigsten geschah dies jedoch bei Wählern, die angaben, sich kürzlich mit einer Person unterhalten zu haben, die einen anderen politischen Standpunkt vertrat. Generell änderten Wähler ihre Wahlabsichten vergleichsweise häufig, wenn diese nicht mit den Standpunkten von Familien, Freundeskreisen und Arbeitskollegen übereinstimmten. Umgekehrt kam es bei Wählern, die in politisch gleichgerichtete Primärumwelten eingebunden waren, nur sehr selten zum Wechsel von Präferenzen. Personen, deren Familien, Freunde und Kollegen unterschiedliche Kandidaten unterstützten, fiel es vergleichsweise schwer, sich selbst endgültig für einen Kandidaten zu entscheiden; sie fällten ihre Wahlentscheidungen erst relativ spät. Die wesentliche Wirkung der interpersonalen Kommunikation schien in der Anpassung der Entscheidungen von Wählern an die politische Richtung der Primärgruppen zu bestehen, deren Mitglieder sie waren. Wie durch eine Art von "Ansteckung" infolge des persönlichen Kontakts (Berelson u.a. 1954: 122) erhöhte sich die Übereinstimmung zwischen den Mitgliedern dieser schon von vornherein sehr homogenen Gruppen während des Wahlkampfes noch weiter. Neben diesem gruppeninternen Uniformisierungseffekt der interpersonalen Kommunikation gab es jedoch durchaus auch Hinweise auf Konversionswirkungen: Die Minderheit von Wählern, die berichtete, mit Anhängern der gegnerischen Partei kommuniziert zu haben, ließ eine Neigung erkennen, ihre eigene Entscheidung an den politischen Standpunkten dieser Gesprächspartner auszurichten (Berelson u.a. 1954: 88-149).

Von vereinzelten Ausnahmen abgesehen wurde das in den Arbeiten der Columbia-Schule angelegte Forschungsprogramm des Studiums der interpersonalen politischen Kommunikation zunächst nicht weiterverfolgt. Bei den wenigen Ausnahmen handelte es sich überwiegend um Untersuchungen der Auswirkungen sozialer Kontexte auf das politische Verhalten (Books/Prysby 1991: 28-31). Kontextanalysen verfolgen das Ziel, individuelles Verhalten in Abhängigkeit von makroskopisch definierten Merkmalen der sozialen Umgebung zu studieren (siehe Abschnitt 2.3.3). Sie beruhen auf der Annahme, daß sozialgeographische Umgebungen wie Wohnbezirke, Gemeinden und Landkreise, aber auch nicht geographisch definierte Umwelten von Wählern, beispielsweise Arbeitsstätten, Kirchengemeinden oder freiwillige Assoziationen, potentielle Quellen von Einflüssen auf deren politisches Verhalten darstellen. Sowohl in sozialen als auch in politischen Merkmalen dieser Kontexte werden dabei Eigenschaften von möglicher politischer Tragweite gesehen. Die Mehrzahl der vorliegenden Analysen befaßt sich mit sozialgeographisch definierten Kontexten. Ein prominentes Beispiel hierfür ist Tingstens (1963) zuerst 1937 veröffentlichte klassische Studie, welche die Unterstützung Stockholmer Wähler für die sozialistische Partei in Abhängigkeit von der Klassenzusammensetzung ihrer Wohnviertel analysierte. Ähnlichen Fragestellungen gingen seither insbesondere britische

8 Interpersonale Kommunikation und Wahlentscheidungen

Untersuchungen nach (Butler/Stokes 1969: 144-50; Curtice 1995). Vereinzelt wurde dieses Thema aber auch in Deutschland aufgegriffen (Scheuch 1969; Pappi 1977b). Eine amerikanische Studie analysierte die Auswirkungen der sozialstrukturellen Komposition von Wohnquartieren auf die Parteiidentifikationen ihrer Einwohner (Huckfeldt 1986: 43-52). Größeres Augenmerk galt in der amerikanischen Kontextforschung jedoch den Auswirkungen der politischen Zusammensetzung sozialgeographischer Einheiten. So analysierten Miller (1956) und Putnam (1966) die Auswirkungen des parteipolitischen Gefüges amerikanischer Landkreise (*counties*) auf die darin lebenden Wähler. Brown (1981) studierte die Konsequenzen geographischer Mobilität, durch die Wähler zwischen Wohnquartieren mit unterschiedlicher parteipolitischer Zusammensetzung wechselten, für individuelle Wahlentscheidungen und Parteiidentifikationen.

Zwar werden bei Kontextanalysen typischerweise Individual- und Aggregatdaten kombiniert (Pappi 1977b: 140-65). Dennoch stellt die Kontextforschung eine wichtige Inspirationsquelle für das individualanalytisch angelegte Studium der Bedeutung der interpersonalen Kommunikation für das politische Verhalten von Wählern dar. Eine der wichtigsten Problemstellungen innerhalb der Kontextforschung betrifft nämlich die Frage, wie die beobachteten Kontexteinflüsse eigentlich zustande kommen (Sprague 1982; Huckfeldt/Sprague 1993). In der interpersonalen Kommunikation vermuten viele Autoren einen wesentlichen, wenn nicht den zentralen Vermittlungsmechanismus, durch den Kontextcharakteristika ihren Niederschlag im individuellen politischen Verhalten finden (Putnam 1966; Cox 1969; Orbell 1970; Pappi 1977b: 175-86; Weatherford 1982: 120-3; Eulau/Rothenberg 1986; MacKuen/Brown 1987; Curtice 1995). Eine komplexere Variante dieser These ist das bereits in Abschnitt 3.4.1.1 diskutierte "choice within constraint"-Modell. Es deutet persönliche Netzwerke als Produkt der gezielten Auswahl von Interaktionspartnern, deren strukturelle und politische Variationsbreite durch den Rahmen der kontextuell vorgegebenen Gelegenheitsstrukturen eingegrenzt wird (Fischer u.a. 1977: 39-45, 1982: 2-8; Huckfeldt/Sprague 1987, 1995: 124-45).

In jüngerer Zeit hat sich das Interesse der Politikwissenschaft an den Konsequenzen sozialer Interaktionen für das politische Verhalten von Wählern wieder verstärkt. Aus einer Reihe von Ländern liegen inzwischen Studien vor, die darauf hindeuten, daß es für die politischen Orientierungen und Entscheidungen von Wählern Konsequenzen hat, mit wem sie auf einer alltäglichen Basis in Kontakt kommen. Ein frühes Beispiel ist eine amerikanische Untersuchung von Putnam (1966), die sich mit der erwähnten Hypothese auseinandersetzte, daß die interpersonale Kommunikation die politischen Wirkungen von Kontexten vermittelt. Sie stellte fest, daß die Korrelation zwischen der parteipolitischen Zusammensetzung von Landkreisen und individuellen Wahlentscheidungen verschwand, wenn nach den politischen Präferenzen der Freunde von Wählern kontrolliert wurde. Dies ist ein starker Hinweis, daß Kontexteinflüsse in der Tat durch die politischen Charakteristika persönlicher Kontaktkreise vermittelt werden. Er impliziert, daß diese ihrerseits unmittelbar die Wahlentscheidungen beeinflussen. In einer anderen Untersuchung konnte Geer (1985) zeigen, daß sich Wahlentscheidungen besser vorhersagen lassen, wenn zusätzlich zu den Kandidatenbewertungen der Wähler auch die politischen Präferenzen ihrer Ehepartner, Familienmitglieder und Freunde bekannt sind.

Der erste groß angelegte Versuch, Einflüsse ego-zentrierter Netzwerke auf politische Orientierungen und politisches Verhalten zu studieren, wurde im Rahmen der *American National Election Study* 1980 unternommen (Eulau/Rothenberg 1986). Entsprechend ihrer theoretischen Verankerung in der Kontextforschung konzentrierte sich diese Erhebung auf Nachbarschaftsnetzwerke. Wie sich herausstellte, bewerteten Wähler eine Partei und ihren Präsidentschaftskandidaten um so positiver, je einhelliger ihre Nachbarn diese Partei unterstützten. Mit zunehmender Dichte und Politisierung der Einbindungen in die Nachbarschaftsnetzwerke verstärkte sich dieser Zusammenhang. Jedoch konnten weder im Hinblick auf die Wahlabsicht vor der Wahl noch im Hinblick auf die tatsächliche Wahlentscheidung analoge, von der eigenen Parteiidentifikation unabhängige und über deren Wirkung hinausgehende Effekte beobachtet werden. Eine andere Studie konnte allerdings anhand derselben Daten demonstrieren, daß die Parteiidentifikationen von Wählern auf die wahrgenommenen Parteibindungen ihrer Diskutanten reagierten (MacKuen/Brown 1987: 483-4). Politische Konsequenzen der Einbindung in ego-zentrierte Netzwerke, die nicht von vornherein auf bestimmte Rollenbeziehungen eingegrenzt waren, untersuchte erstmals Knoke (1990a, 1990b) auf der Basis des *General Social Survey* 1987. Als Namensgenerator wurde in dieser Studie der auch in der vorliegenden Studie verwandte Stimulus von Burt (1984) benutzt, wobei bis zu drei Kontaktpartner angegeben werden konnten (siehe Abschnitt 6.1.1). Bei Berücksichtigung demographischer Merkmale und der Parteiidentifikation als Kontrollvariablen zeigte sich: Je einmütiger alle drei Kontaktpartner von Wählern derselben parteipolitischen Richtung anhingen, desto häufiger gaben diese Wähler an, bei der Präsidentschaftswahl 1984 für den von dieser Partei nominierten Präsidentschaftskandidaten gestimmt zu haben. In ähnlicher Weise, jedoch auf der Basis einer lokalen Befragung, demonstrierte eine andere Studie, daß die Parteipräferenzen der beiden wichtigsten politischen Gesprächspartner von Wählern Effekte auf deren Wahlentscheidungen hatten, und zwar sowohl bei Präsidentschaftswahlen als auch bei Kongreßwahlen, nicht jedoch bei Senatswahlen (Mondak 1995: 110-23).

Die sogenannte South Bend-Studie stellt den bislang ehrgeizigsten und ertragreichsten Versuch dar, die politische Bedeutung der Interaktionspartner von Wählern zu durchleuchten (Huckfeldt/Sprague 1991, 1995; Kenny 1994, 1998). Sie basierte allerdings ebenfalls nur auf einer lokalen Erhebung. Im Gegensatz zu den anderen erwähnten Untersuchungen stützte sich diese Studie nicht auf die Wahrnehmungen der Wähler, sondern ermittelte durch Schneeballbefragungen die tatsächlichen politischen Orientierungen der Netzwerkpartner. Erhoben wurden Informationen über bis zu drei Personen, mit denen die Hauptbefragten nach eigenem Bekunden am meisten über die Ereignisse im Zusammenhang mit der Präsidentschaftswahl 1984 gesprochen hatten. Auch diese Untersuchung war also nicht durch einen Vorfilter auf bestimmte Beziehungstypen festgelegt. Ein weiterer Unterschied zu den bisher

8 Interpersonale Kommunikation und Wahlentscheidungen

erwähnten Studien besteht darin, daß Beobachtungs- und Analyseeinheiten dieser Untersuchung nicht die einzelnen Wähler waren, sondern Dyaden, d.h. Paare von Wählern und Diskutanten (vgl. Abschnitt 6.1.1). Analysiert wurde also nicht die Bedeutung der kompletten Primärumwelten von Wählern, sondern der Einfluß, der von einzelnen Diskutanten ausging. Auch diese Studie fand einen signifikanten Effekt der politischen Präferenzen der Diskutanten auf die Wahlentscheidungen, der auch die Kontrolle nach Faktoren wie Parteiidentifikation, Gewerkschaftsmitgliedschaft, Bildung, Einkommen und Religion überstand (Huckfeldt/Sprague 1991, 1995: 159-90).

In anderen Ländern wurden derartige Fragestellungen bislang nur sporadisch angegangen. In einer der wenigen deutschen Studien fand Reuband (1971), daß die Wahrscheinlichkeit, für die SPD zu stimmen, nicht nur nach der Sympathie variierte, die für diese Partei empfunden wurde, sondern zusätzlich auch nach den wahrgenommenen Parteipräferenzen der Interaktionspartner am Wohnort. Auf einen relevanten Effekt der parteipolitischen Zusammensetzung von Freundeskreisen lassen die Befunde einer anderen deutschen Studie schließen (Pappi 1977b: 459-72; 487-92). In einer Analyse von Zuckerman u.a. (1998: 290-2) erwiesen sich die Entscheidungen der britischen Wähler auch bei konstant gehaltener Parteiidentifikation als sensibel für die politischen Präferenzen von bis zu zwei politischen Diskutanten. Erwähnung verdient schließlich auch eine Studie aus Israel, die fand, daß die wahrgenommenen Parteibindungen von Ehefrauen und Freunden unabhängige Auswirkungen auf die Parteipräferenzen von Wählern hatten (Burstein 1976).

Mehrere Arbeiten legten eine dynamische Untersuchungsperspektive zugrunde und demonstrierten, daß sich die parteipolitischen Positionen von persönlichen Interaktionspartnern auch auf die Stabilität und den Wandel von Wahlentscheidungen auswirken können. In sehr ähnlicher Weise wie die Columbia-Studien zeigte eine amerikanische Studie, daß die Wahrscheinlichkeit gleicher Entscheidungen bei aufeinanderfolgenden Wahlen größer war, wenn sie mit den Standpunkten von Eltern, Ehepartnern und Freunden übereinstimmten, und zwar insbesondere dann, wenn diese Primärgruppen politisch homogen waren (McClosky/Dahlgren 1959). Anhand neuerer Befragungen aus Großbritannien und den USA zeigten Zuckerman u.a. (1994, 1998: 292-9) sowie Curtice (1995: 203), daß die Stabilität von Wahlentscheidungen wächst, wenn sie durch Diskutanten mit gleichsinnigen Präferenzen abgestützt werden. Arbeiten aus den USA deuten auch darauf hin, daß die politische Komposition von Kontaktkreisen Auswirkungen darauf hat, in welche Richtung Wahlentscheidungen verändert werden (Eulau/Rothenberg 1986: 320-2; Kenny 1998). Selbst Stabilität und Wandel von Parteiidentifikationen scheinen nicht vom Einflußpotential politischer Kontaktpartner unabhängig zu sein, wie Analysen aus den USA, Großbritannien und Westdeutschland belegen (Landua 1991; Kenny 1998; Lalljee/Evans 1998). Eine anläßlich der Präsidentschaftswahl 1988 durchgeführte lokale Befragung zeigte, daß die wahrgenommene Kandidatenunterstützung von Personen, die von Wählern als ihre wichtigsten politischen Gesprächspartner bezeichnet wurden, auch unabhängige Einflüsse auf Änderungen der Sympathie gegenüber Präsidentschaftskandidaten ausübte (Lenart 1994: 84-5).

Besonders bemerkenswert sind die Befunde einer Reanalyse der von Eulau/Rothenberg (1986) benutzten Daten durch MacKuen/Brown (1987), bei der es ebenfalls um die Bedingungen der Änderung von Bewertungen der Präsidentschaftskandidaten und ihrer Parteien ging. Sie zeigte, daß die Wähler ihre Urteile an die Orientierungen ihrer Nachbarn anpaßten. Dabei stellten die aktuellen Präferenzen der Diskutanten einen wichtigeren Bezugspunkt dar als deren wahrgenommene langfristige Parteibindungen. Die Autoren interpretierten diese Beobachtung als Beleg, daß nicht subtile psychologische Konformierungsprozesse, sondern in der Tat die Inhalte der interpersonalen Kommunikation für die politischen Effekte von Netzwerkpartnern verantwortlich seien. "[M]ost of the social effect is generated by the neighbors' voting intentions rather than by their partisan loyalties. [...] When it comes to shaping information about the candidates of the parties, it is clear that we observe the effects of transitory biases, hot communication, rather than the effects of a socially anchored partisanship. [...] [T]hese results indicate that it is not the fundamental character of one's social milieu that matters; it is what people think and say at the moment that carries the day." (MacKuen/Brown 1987: 481-2) Damit bekräftigt diese Studie die in der vorliegenden Arbeit gewählte Untersuchungsperspektive.

Daß die Intensität der interpersonalen Kommunikation Berücksichtigung findet, ist bei Analysen der Konsequenzen der politischen Charakteristika der Primärumwelten von Wählern nicht selbstverständlich. Viele Studien begnügen sich damit, die Auswirkungen des bloßen Vorhandenseins von Interaktionspartnern mit bestimmten politischen Orientierungen festzustellen. Allerdings gibt es durchaus vereinzelte Evidenzen, welche die Annahme zusätzlich bekräftigen, daß politische Gespräche der Kanal sind, über den der interpersonale Einfluß ausgeübt wird. So stellte Weatherford (1982) fest, daß die Politisierung von Nachbarschaftsnetzwerken im Sinne der Zahl und der Anteile von Kontaktpersonen, mit denen politische Gespräche stattfanden, dem Effekt der politischen Struktur von Netzwerken auf Einstellungen zu politischen Sachfragen förderlich war. Die Intensität politischer Diskussionen stellte auch ein Element der als "politische Verstrickung (*political knit*)" bezeichneten Kompositvariable dar, welche den Befunden von Eulau/Rothenberg (1986: 317-8) zufolge den Zusammenhang der Kandidaten- und Parteienbewertungen von Wählern mit der politischen Zusammensetzung ihrer Nachbarschaftsnetzwerke vermittelte. Lenarts (1994: 84-5) oben beschriebener Befund stützte sich auf ein Meßinstrument, bei dem die Präferenzen des Gesprächspartners mit der Häufigkeit der mit ihm geführten politischen Gespräche gewichtet wurden (Lenart 1994: 58). Kenny zeigte, daß häufige Diskussionen den Einfluß der Standpunkte von Diskutanten auf Änderungen der Kandidatenpräferenzen und Parteibindungen von Wählern teilweise verstärkten, teilweise sogar erst ermöglichten (Kenny 1994: 722-4, 1998: 239-40).

Verschiedene länderspezifische Befunde bekräftigen also die allgemeine Vermutung, daß politische Gespräche mit anderen Personen, mit denen Wähler in ihrem

Alltag zusammenkommen, die politischen Präferenzen dieser Individuen beeinflussen können. Freilich belassen es diese Studien zumeist bei der Feststellung, daß derartige Einflüsse existieren, und verweisen als Belege auf Zusammenhangskoeffizienten, die in multivariaten Kausalmodellen auch unter Berücksichtigung von Kontrollvariablen dem Kriterium der statistischen Signifikanz genügen. Doch sind diese Einflüsse in allen Gesellschaften gleich stark? Und sind sie für alle Arten von Beziehungen gleich oder unterscheiden sie sich in dieser Hinsicht? Die erste dieser beiden Fragen kann nur durch komparative Analysen beantwortet werden. Solche Untersuchungen liegen bislang noch nicht vor. Die Beantwortung der zweiten Frage setzt Analysen voraus, die erstens nicht schon durch eine entsprechende Vorauswahl von Kontaktpersonen auf eine bestimmte Art von Beziehungen fokussieren, und die zweitens nach der Art der Beziehung differenzieren. Nur so kann gewährleistet werden, daß keine Interaktionspartner unberücksichtigt bleiben, die möglicherweise politisch einflußreich sind, und daß sichtbar wird, ob und inwieweit sich die Einflußpotentiale der verschiedenen Arten von Beziehungen unterscheiden.

Wie bereits ausgeführt, konzentrierten sich viele Untersuchungen nur auf bestimmte Rollenbeziehungen und ließen alle anderen Interaktionspartner der befragten Wähler unbeachtet (siehe Abschnitt 6.1.1). Andere Arbeiten verzichteten zwar auf derartige Vorfilter und setzten Erhebungsverfahren ein, die hinsichtlich des Beziehungstyps unspezifisch waren, nahmen jedoch bei den Analysen keine Unterscheidungen nach der Art der Rollenbeziehung vor (z.B. Knoke 1990a, 1990b; Mondak 1995: 110-23). Nur selten wurde der Versuch unternommen, systematisch verschiedene Arten von Rollenbeziehungen im Hinblick auf ihre politische Einflußstärke zu vergleichen (Huckfeldt/Sprague 1991, 1995: 159-90; Kenny 1994, 1998). Der nachfolgende Abschnitt präsentiert Analysen der Effekte politischer Gespräche mit anderen Personen auf Wahlentscheidungen, die beide Einschränkungen vermeiden. Alle relevanten Arten von Interaktionspartnern werden in die Analysen einbezogen. Und bei den Analysen wird, soweit dies möglich ist, nach der Art der Beziehung unterschieden, so daß deutlich werden kann, ob und inwieweit sich die verschiedenen Beziehungstypen hinsichtlich ihrer Einflußstärke voneinander abheben. Gleichzeitig wird geprüft, ob sich die gefundenen Zusammenhangsmuster in allen untersuchten Gesellschaften gleichen, oder ob es bedeutsame interkulturelle Unterschiede gibt.

8.2 Effekte der interpersonalen Kommunikation auf Wahlentscheidungen

Im folgenden wird durch eine Serie von Modellschätzungen herausgearbeitet, ob, in welchem Umfang und auf welche Weise von politischen Gesprächen im Rahmen der Primärumwelten der Wähler in den fünf untersuchten Gesellschaften Effekte auf individuelle Wahlentscheidungen ausgehen. Das besondere Augenmerk gilt dabei drei Arten von Vergleichen: Erstens dem Vergleich der Gesamtbedeutung der interpersonalen Kommunikation als Faktor zur Erklärung von Wahlentscheidungen in den verschiedenen untersuchten Gesellschaften, zweitens Vergleichen der Bedeutung der verschiedenen Arten von Rollenbeziehungen innerhalb jeder dieser Gesellschaften sowie - drittens - dem interkulturellen Vergleich der Muster der relativen Bedeutung der verschiedenen Beziehungsarten.

8.2.1 Methodische Vorbemerkungen

Ausgangspunkt der Analysen sind die in Kapitel 5 entwickelten Grundlinienmodelle. Zur Erinnerung: Die Grundlinienmodelle sagen die Entscheidungen von Wählern unter Rückgriff auf diejenigen Faktoren voraus, die sich für diese Parteien und Kandidaten als relevante politische Prädispositionen erwiesen haben. Bei den nachfolgenden logistischen Regressionen werden diese Variablenblöcke jeweils durch einen zweiten Satz von Variablen ergänzt, der sich zusammensetzt aus den in den Kapiteln 6.1 und 7.1 diskutierten, nach Beziehungen getrennten Indices der Intensität politischer Diskussionen mit anderen Personen, die aus Sicht der Wähler mit bestimmten Parteien oder Kandidaten sympathisierten. Bei den Analysen einzelner Wahlentscheidungen mittels binärer logistischer Regressionen wird für jede Art von Beziehung unterschieden zwischen Diskutanten, welche die interessierende Partei bzw. den interessierenden Kandidaten unterstützten, und Diskutanten, welche nach Meinung der Befragten für eine andere Partei bzw. für einen anderen Kandidaten stimmten. So wird beispielsweise die Wahl der CDU/CSU in Westdeutschland in dem für diese Partei ermittelten Grundlinienmodell vorhergesagt aus der Parteiidentifikation, der (Nicht-)Identifikation mit der ideologischen Linken und der Zugehörigkeit zur Katholischen Kirche. Zusätzlich zu diesen Faktoren berücksichtigt das im nächsten Abschnitt diskutierte Analysemodell für die CDU/CSU auch die Häufigkeit der politischen Gespräche mit Ehepartnern, Verwandten, Freunden, Kollegen, Nachbarn, Vereinsbekannten sowie Personen, mit denen die Befragten in anderen Beziehungen standen. Mit Ausnahme der Ehepartner, von denen es immer nur höchstens einen gibt, werden dabei die Gesprächshäufigkeiten über alle Partner vom selben Beziehungstyp aufsummiert. Zusätzlich wird stets danach unterschieden, ob die Diskutanten aus Sicht des Befragten Anhänger einer Unionspartei waren oder ob sie eine andere Partei mit ihrer Stimme unterstützten. Parteipolitisch neutrale Diskutanten bleiben bei den Analysen unberücksichtigt.[1] Für die Analysen der Unterstützung der Kleinparteien in Westdeutschland und sämtlicher Parteien in Ostdeutschland werden alle Sekundärbeziehungen mit Ausnahme der Arbeitskollegen zusammengefaßt, da die Fallzahlen für detaillierte Einzelanalysen dieser Beziehungstypen im Rahmen multivariater Logit-Modelle nicht ausreichen.

Ziel der Analysen ist es zu bestimmen, ob die politischen Informationen, welche den Wählern durch politische Gespräche mit anderen Personen vermittelt wurden, genuine, von den Prädispositionen eindeutig unabhängige Effekte auf die individu-

---

1 "Neutral" bedeutet, daß die Diskutanten aus Sicht des Hauptbefragten Nichtwähler waren oder daß die Hauptbefragten über die Parteipräferenzen der Diskutanten keine Auskunft geben konnten.

ellen Entscheidungen dieser Wähler ausgeübt haben. Es geht also darum herauszufinden, ob Wähler Informationen, die ihnen durch die interpersonale Kommunikation zugeflossen sind, akzeptiert und als Entscheidungsgrundlage bei der Stimmabgabe mitberücksichtigt haben. Es ist von größter Bedeutung für den Erfolg dieses Bemühens, daß die beobachteten Zusammenhänge der Indices der politischen Kommunikationsintensität mit den Wahlentscheidungen tatsächlich die Akzeptanz einflußreicher Gesprächsinhalte abbilden und nicht in Wirklichkeit unabhängig davon existierende Eigenschaften der Wähler selbst zum Ausdruck bringen. Die Gefahr, daß dies geschieht, ist groß, wenn nicht der möglichen Bedeutung der selektiven Rezeption durch Berücksichtigung der Prädispositionen der Wähler Rechnung getragen wird (siehe Abschnitte 3.4.1.1 und 7.1.3). Eine solche Kovariation kann ja auch darauf zurückzuführen sein, daß Personen mit bestimmten Prädispositionen sowohl dazu neigen, bestimmten Parteien ihre Stimme zu geben als auch bevorzugt mit Interaktionspartnern politische Gespräche zu führen, die demselben politischen Lager angehören. Dies hätte jedoch nichts mit Einfluß im hier verstandenen Sinne zu tun. Um diesem Problem zu begegnen, wird eine konservative Analysestrategie angewandt, bei der es darauf ankommt, ein irrtümliches Verwerfen der Nullhypothese im Hinblick auf Diskutanteneinflüsse möglichst unwahrscheinlich zu machen (siehe Abschnitt 4.3). Mögliche Effekte der politischen Diskussionsintensität auf Wahlentscheidungen sollen nur dann als Ausdruck genuiner, d.h. von Prädispositionen unabhängiger Einflüsse interpretiert werden, wenn sie die Hürde möglicher selektiver Zuwendungstendenzen, die in Prädispositionen wurzeln, in eindeutiger Weise überwunden haben. Nur Zusammenhänge, welche auch bei Berücksichtigung aller als relevant erkannten Prädispositionen Bestand haben, sollen als Indikatoren für genuine Einflüsse der interpersonalen Kommunikation akzeptiert werden.

Als Kriterium hierfür sollen zwei Bedingungen erfüllt sein: Bei Kontrolle nach Prädispositionen soll für mindestens einen der in den Modellen enthaltenen Indices der Intensität politischer Diskussionen ein Koeffizient beobachtbar sein, der signifikant von Null verschieden ist. Gleichzeitig soll sich auch die in der Anpassungsgüte ausgedrückte Erklärungskraft des Gesamtmodells, das sowohl Prädispositionen als auch Diskussionsbeziehungen umfaßt, im Vergleich zum reinen Grundlinienmodell signifikant verbessern, wenn politische Gespräche berücksichtigt werden. Nur wenn diese beiden Kriterien erfüllt sind, wird ein Befund als Hinweis gewertet, daß die beobachteten Zusammenhänge nicht lediglich auf die selektive Rezeption zurückzuführen sind. Als kritische Signifikanzschwelle wird ein Wert von $P < .05$ zugrunde gelegt. Da die ostdeutsche Erhebung nur relativ wenige Befragte umfaßt und auch einige der in späteren Abschnitten vorgestellten Subgruppenanalysen nur auf recht geringen Fallzahlen beruhen, wird bei Fallzahlen unterhalb von $N = 750$ das Schwellenkriterium etwas gelockert: Hier wird ein Wert von $P < .10$ als ausreichend erachtet.

Durch den Akzent, der auf die Gesamterklärungsleistung der interpersonalen Kommunikation als Prägefaktor für Wahlentscheidungen gelegt wird, unterscheidet sich diese Untersuchung von den meisten vorliegenden Analysen der politischen

Bedeutung persönlicher Diskussionen. Diese richteten das Augenmerk nahezu ausschließlich auf die Frage, ob sich für die Diskutantenvariablen signifikante Parameterschätzungen ergaben. Sie unternahmen jedoch zumeist keinen Versuch zu erkunden, in welchem Umfang die zusätzliche Kenntnis der politischen Gesprächsbeziehungen von Wählern im Vergleich zur bloßen Kenntnis ihrer Prädispositionen bessere Vorhersagen ihrer Wahlentscheidungen ermöglichte (Ausnahme: Geer 1985). Gerade aus vergleichendem Blickwinkel ist dies jedoch ein Gesichtspunkt von größtem Interesse. Denn er erlaubt einen direkten methodischen Zugang zu der Frage, ob die interpersonale Kommunikation überall gleich wichtig respektive unwichtig war, oder ob ihre Bedeutung für die Erklärung von Wahlentscheidungen in den verschiedenen untersuchten Gesellschaften variierte.

8.2.2 Ergebnisse

Analog zur Diskussion der Grundlinienmodelle im Abschnitt 5.4 steht am Beginn der Analyse ein summarischer Blick auf die Gesamterklärungskraft politischer Gespräche für alle Entscheidungen der Wähler in jeder der untersuchten Gesellschaften. Auf der Basis multinomialer logistischer Regressionen zeigt Schaubild 8-1, um welchen Betrag Wahlentscheidungen in jeder dieser fünf Gesellschaften insgesamt besser vorhergesagt werden können, wenn bekannt ist, mit welcher Intensität die Wähler politische Gespräche mit anderen Personen führten, mit denen sie durch bestimmte Rollenbeziehungen verbunden waren und die sie als Anhänger bestimmter Parteien oder Kandidaten wahrnahmen.[2] Ausgewiesen sind die Zuwächse an Erklärungskraft, die durch die zusätzliche Einbeziehung politischer Gespräche gegenüber den reinen Grundlinienmodellen erzielt werden. Die Gesamterklärungskraft der multinomialen Modelle ist die Summe der in Schaubild 5-1 wiedergegebenen Gesamtwerte für alle Prädispositionen zusammen und der in Schaubild 8-1 ausgewiesenen Zuwächse. Diese Zuwächse werden im folgenden mit dem Kürzel ΔKPR^2 bezeichnet (für "*Änderung* des *Korrigierten Pseudo-R^2*"). Das Ergebnis bedarf nicht vieler Worte: In jeder Gesellschaft trug die Rezeption politischer Informationen im Rahmen persönlicher Gespräche signifikant zur Formierung der Wahlentscheidungen bei. Unübersehbar ist jedoch, daß die Prägekraft der interpersonalen Kommunikation für Wahlentscheidungen ganz erheblich zwischen den verschiedenen untersuchten Gesellschaften variierte. Sie war ziemlich gering - in der Tat sogar noch deutlich geringer als die Erklärungskraft der ziemlich erklärungsschwachen strukturellen Prädispositionen - in Westdeutschland und in Großbritannien. Und sie war demgegenüber ziemlich groß in Spanien und in Ostdeutschland sowie besonders in den USA. In Spanien erhöhte sich die Erklärungskraft gegenüber den rein prädispositionalen Modellen um rund ein Fünftel. In den USA, wo die Prädispositionen insgesamt keinen sehr großen Beitrag zur Festlegung der Wahlentscheidungen leiste-

---

[2] Zur Codierung der abhängigen Variablen siehe Fußnote 4 in Kapitel 5. Als Diskutanten-Variablen wurden die pro-Indices aus Tabelle 8-2 benutzt.

8 Interpersonale Kommunikation und Wahlentscheidungen

ten, verbesserte sich die Vorhersagequalität sogar um fast zwei Drittel, wenn Intensität, Beziehungscharakteristika und Inhalte der persönlichen Gespräche der Wähler zusätzlich in Rechnung gestellt wurden. Die Kenntnis der Einbindungen der ostdeutschen Wähler in Diskussionsnetzwerke verbesserte die Fähigkeit, ihre Wahlentscheidungen vorherzusagen, sogar insgesamt um einen höheren Betrag als die Kenntnis sämtlicher bei ihnen wirksamen Prädispositionen.

Schaubild 8-1: Erklärungskraft politischer Gespräche für Wahlentscheidungen insgesamt (ΔKPR^2 aus multinomialen logistischen Regressionen)

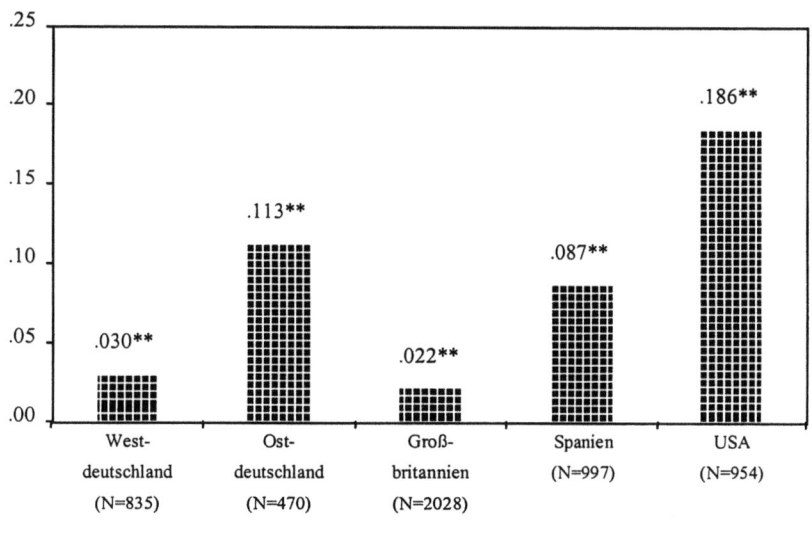

** P<.01, * P<.05, + P<.10

Die nach Parteien und Kandidaten disaggregierten Ergebnisse der binären logistischen Regressionen, auf die sich alle weiteren Ausführungen beziehen, lassen ähnliche Unterschiede zwischen den Gesellschaften im Hinblick auf die Größenordnungen erkennen, variieren aber auch erheblich innerhalb jeder dieser Gesellschaften (Tabelle 8-1). Ausnahmslos für sämtliche Parteien und Kandidaten gilt: Die Wahrscheinlichkeit ihrer Wahl wurde signifikant durch die Informationen beeinflußt, welche den Wählern durch politische Unterhaltungen mit den Mitgliedern ihrer Primärumwelten zuflossen. In Westdeutschland wirkten sich diese Diskussionen relativ stark auf die Chancen der SPD aus, während die Wahl der Grünen vergleichsweise wenig davon tangiert wurde. Ostdeutsche Diskutanten beeinflußten überdurchschnittlich stark die Neigung der Wähler, für oder gegen die FDP, aber auch für oder gegen die SPD zu stimmen. Auch in den neuen Bundesländern wirkte sich die interpersonale Kommunikation eher weniger auf die Entscheidungen für oder wider die Grünen aus. In Großbritannien hatten politische Konversationen den stärksten Effekt auf die Wahrscheinlichkeit der Wahl der Liberal Democrats und den geringsten Effekt auf die Wahl der Conservatives. Aber diese Unterschiede waren nicht bedeutend. In Spanien war das Abschneiden der PSOE etwas stärker als das der anderen beiden Parteien durch Gespräche betroffen. Amerikanische Wähler ließen sich bei ihren Entscheidungen zugunsten oder zuungunsten Bushs und Perots eher von ihren Diskutanten leiten als bei Entscheidungen für oder gegen Clinton.

Tabelle 8-1: *Erklärungskraft von politischen Gesprächen für Wahlentscheidungen (KPR² bzw. ΔKPR²)*

	D	D|P
Westdeutschland		
CDU/CSU	.235**	.036**
SPD	.254**	.053**
FDP	.071*	.040*
Grüne	.164**	.025**
(Mindest-N)	(899)	(870)
Ostdeutschland		
CDU	.154**	.109**
SPD	.151**	.135**
FDP	.155**	.154**
Bündnis 90/Grüne	.130**	.079**
(Mindest-N)	(488)	(470)
Großbritannien		
Conservatives	.242**	.016**
Labour	.235**	.025**
Liberal Democrats	.125**	.033**
(Mindest-N)	(2806)	(2185)
Spanien		
PSOE	.335**	.119**
PP	.384**	.092**
IU	.237**	.098**
(Mindest-N)	(1047)	(997)
USA		
Clinton	.337**	.126**
Bush	.405**	.180**
Perot	.215**	.189**
(Mindest-N)	(984)	(958)

** $P<.01$, * $P<.05$, + $P<.10$

D Nicht nach Prädispositionen kontrolliert.
D|P Nach Prädispositionen kontrolliert.

Zum Vergleich mit diesen Kennziffern der genuinen Erklärungsleistung der interpersonalen Kommunikation für politische Entscheidungen (Kürzel D|P) weist die erste Spalte von Tabelle 8-1 die Werte für die Gesamterklärungskraft politischer Gespräche aus, die sich ergeben, wenn Prädispositionen außer acht bleiben (Kürzel D). Im Sinne von Jagodzinski/Kühnel handelt es sich dabei um die Ergebnisse "op-

8 Interpersonale Kommunikation und Wahlentscheidungen 269

timistischer" Schätzungen (Jagodzinski/Kühnel 1990: 37-43). Auch ohne Kenntnis der politischen Prädispositionen von Wählern können ihre Wahlentscheidungen auf dieser Basis fast immer ziemlich gut vorhergesagt werden, d.h. es bestehen deutliche Zusammenhänge zwischen den Partei- und Kandidatenpräferenzen einerseits sowie der Menge und Richtung der durch politische Gespräche rezipierten politischen Informationen andererseits. Wir können davon ausgehen, daß sich die in der ersten Spalte der Tabelle ausgewiesenen Werte in zwei Komponenten zerlegen lassen: einen Anteil, der dem genuinen Einfluß der interpersonalen Kommunikation korrespondiert, und einen Anteil, der die politisch motivierte selektive Zuwendung von Personen mit bestimmten Prädispositionen zu bestimmten personalen Informationsquellen widerspiegelt. Die Größe der Differenzen zwischen den beiden Spalten vermittelt also einen Eindruck vom Stellenwert der selektiven Rezeption bei politischen Gesprächen.

Die gezielte Auswahl von Gesprächspartnern hatte in der Mehrzahl der Fälle eine große Bedeutung. Die Wähler tendierten stark dazu, aufgrund ihrer Prädispositionen sowohl für bestimmte Parteien oder Kandidaten zu votieren als auch mit bestimmten Partnern politische Diskussionen zu führen und mit anderen Personen gerade keine solchen Kontakte zu suchen. Darauf hatten ja auch schon die in Abschnitt 7.1.3 präsentierten Befunde hingedeutet. Mit wenigen Ausnahmen gingen mindestens die Hälfte, in Großbritannien sogar bis zu neun Zehntel der Beträge der in der ersten Spalte ausgewiesenen Zusammenhänge der interpersonalen Kommunikation mit den Wahlentscheidungen auf das Konto der selektiven Rezeption. Die Ausnahmen betrafen sämtliche Wahlentscheidungen in den neuen Bundesländern sowie die Entscheidungen der amerikanischen Wähler für oder gegen den unabhängigen Kandidaten Ross Perot. In den neuen Bundesländern hatten sich politische Prädispositionen zum Zeitpunkt der ersten gesamtdeutschen Bundestagswahl noch kaum kristallisiert. Dementsprechend konnten sie auch kaum als Grundlage für die gezielte Auswahl kongenialer Gesprächspartner wirksam werden. Prädispositionen, die Wähler dazu veranlaßten, gezielt den Kontakt mit Perot-Anhängern zu suchen, konnten bei einem parteiunabhängigen Kandidaten *per definitionem* nicht existieren. Dementsprechend drücken die Kovariationen zwischen den Charakteristika der interpersonalen Kommunikation und den Entscheidungen der Wähler in diesen Fällen im wesentlichen genuine Einflüsse aus.

Welche Bedeutung hatten die verschiedenen Interaktionspartner der Wähler als Quellen politischer Informationen? Trugen sie alle gleichermaßen dazu bei, die Wahlentscheidungen zu beeinflussen, oder war die Chance, daß Überzeugungsbotschaften akzeptiert und infolgedessen einflußreich wurden, in bestimmten Rollenbeziehungen größer als in anderen? Folgte der interpersonale Einfluß in allen untersuchten Gesellschaften denselben Regelmäßigkeiten oder gab es diesbezüglich interkulturelle Unterschiede? Frühere Studien konzentrierten sich vorwiegend auf Primärbeziehungen und ließen Sekundärbeziehungen weitgehend unbeachtet. Jüngere Arbeiten, insbesondere solche, die sich auf das Konzept der ego-zentrierten

Netzwerke stützen, sind diesbezüglich offener. Dennoch haben bislang nur wenige Studien amerikanischen Ursprungs den Versuch unternommen, systematisch die Einflußkapazität verschiedener Arten von Rollenbeziehungen zu vergleichen. Aber auch diese Studien kategorisierten die verschiedenen Beziehungsarten nur relativ grob. Dabei erwiesen sich stets Ehepartner im Vergleich zu anderen Beziehungsformen als besonders einflußreich. Politische Konversationen mit Freunden waren zwar konsequenzenreicher als Gespräche mit - als Kategorie nicht weiter untergliederten - bloßen Bekannten, ihr Einflußpotential war aber geringer als das der Ehepartner (Huckfeldt/Sprague 1991: 133-4, 1995: 169-70; Kenny 1994: 721-2, 1998: 236).

Tabelle 8-2 zeigt, welche Effekte politischer Gespräche auf Wahlentscheidungen sich im einzelnen hinter den in Tabelle 8-1 wiedergegebenen Werten für die Erklärungskraft der interpersonalen Kommunikation verbergen. Ausgewiesen sind die Parameterschätzungen für die nach Beziehungstypen und parteipolitischen Inhalten differenzierten Indices der Intensität politischer Gespräche. Bei den ausgewiesenen Werten handelt es sich – analog Tabelle 5-12 - um unstandardisierte Effektkoeffizienten. In Termini des RAS-Modells gibt die Höhe der Effektkoeffizienten an, in welchem Umfang *rezipierte* Überzeugungsbotschaften von ihren Empfängern *akzeptiert* wurden. Die als unabhängige Variablen benutzten Indices der Intensität politischer Gespräche sind Maße für die Menge der rezipierten Überzeugungsbotschaften (siehe Abschnitt 4.2). Je stärker diese Indices mit der Richtung der Wahlentscheidung kovariieren, desto größer ist der Anteil der innerhalb einer "Intensitätseinheit" der interpersonalen Kommunikation empfangenen Überzeugungsbotschaften, welche nicht nur rezipiert, sondern auch akzeptiert wurden und in die Wahlentscheidung einflossen. Ein großer Effektkoeffizient im Vergleich zu einem kleinen Effektkoeffizienten bringt also – unter der Voraussetzung, daß beide zugehörigen Diskussionsindices gleich skaliert sind, was hier stets der Fall ist - zum Ausdruck, daß dieselbe Menge rezipierter Informationen im einen Fall einen stärkeren Effekt auf die Wahlentscheidung hatte als im anderen Fall. Entsprechend der Logik des RAS-Modells bedeutet dies, daß im ersten Fall eine größere Menge der rezipierten Überzeugungsbotschaften akzeptiert wurde als im zweiten Fall. Bei der Modellspezifikation wurde versucht, dem Resistenz-Axiom des RAS-Modells Rechnung zu tragen. Wie erinnerlich, behauptet dieses Axiom, daß Wähler dazu neigen, Überzeugungsbotschaften, die mit ihren Prädispositionen inkonsistent sind, nicht zu akzeptieren (siehe Abschnitt 2.3.5.5). Das Axiom unterstellt also einen Interaktionseffekt zwischen den Inhalten der von Informationsquellen übermittelten politischen Informationen und den politischen Voreingenommenheiten der Wähler: Je nach ihrer Übereinstimmung mit den Prädispositionen werden rezipierte Überzeugungsbotschaften akzeptiert und als neue Erwägungen in die eigene Denkwelt eingegliedert oder nicht. Diese These aufgreifend, wurde versucht, die vermuteten Interaktionen bei der Modellspezifikation zu berücksichtigen, um eine präzisere Abbildung der empirischen Zusammenhänge zu erreichen. In einer induktivkombinatorischen Vorgehensweise wurde - mit Ausnahme Ostdeutschlands - für alle

8 Interpersonale Kommunikation und Wahlentscheidungen 271

Indices der Intensität politischer Gespräche im Verbund mit dem wichtigsten und parteipolitisch eindeutigsten Typ von Prädispositionen, den Parteiidentifikationen, systematisch getestet, ob die Modellspezifikationen durch den zusätzlichen Einschluß multiplikativer Interaktionsterme signifikant verbessert werden konnten (Friedrich 1982; Hardy 1993: 29-48; Urban 1993: 72-4). Multiplikative Terme, welche den oben skizzierten Signifikanzkriterien genügten, wurden bei der Spezifikation der endgültigen Analysemodelle beibehalten.

Der Gesamteindruck deutet darauf hin, daß die Wirkungsweise der interpersonalen Kommunikation wesentlich komplexer ist, als dies in den üblichen Studien sichtbar werden kann, die sich zumeist mit der Analyse einer einzigen Wahlentscheidung bescheiden. In Westdeutschland erhöhte sich beispielsweise die Neigung von Wählern, für eine Unionspartei zu stimmen, unabhängig von ihrer Parteibindung, ihrem ideologischen Standort und ihrer Konfession, wenn sie mit einem Ehepartner diskutierten, der für die CDU/CSU eintrat. Andersgesinnte Ehepartner schwächten jedoch die Unterstützung der CDU/CSU. Auch für Wahlentscheidungen bezüglich der SPD, der FDP und den Grünen hatten Gespräche mit Ehepartnern Konsequenzen, die für diese Parteien teilweise positiv, teils aber auch negativ waren. Gespräche im Verwandtenkreis wirkten sich ebenfalls ziemlich durchgängig auf das Verhalten westdeutscher Wähler aus. Alle anderen Arten von Beziehungen waren nur im Ausnahmefall von Belang. Gespräche mit Freunden waren nur im Hinblick auf die Wahl der SPD und der Grünen wichtig. Ein sehr eigentümlicher Befund betrifft Nachbarn, die nicht die SPD unterstützten. Er suggeriert, daß Gespräche mit SPD-fernen Diskutanten Wähler, die sich mit anderen Parteien als der SPD identifizierten, veranlaßten, entgegen ihrer Prädisposition und entgegen den Inhalten dieser Diskussionen für die Sozialdemokraten zu stimmen - ein paradoxer Zusammenhang, der sich theoretisch nicht sinnvoll einordnen läßt und an ein stichprobenbedingtes Zufallsergebnis denken läßt. In den neuen Bundesländern, in denen das politische Verhalten nur eine sehr schwache prädispositionale Fundierung hatte, scheint politisch gesteuerte selektive Zuwendung keine große Rolle gespielt zu haben. Gespräche unter Ehepartnern hatten wie in Westdeutschland eine große Bedeutung für die Wahlentscheidungen; Unterhaltungen im Verwandtenkreis konnten der CDU, der FDP und den Grünen Wähler zuführen, waren jedoch für die SPD nicht bedeutsam. Freunde spielten nur eine begrenzte Rolle im Hinblick auf die Wahl der SPD und der FDP. Anders als in Westdeutschland fanden in Ostdeutschland aber auch Gespräche unter Kollegen und im Rahmen anderer Sekundärbeziehungen sehr häufig einen Niederschlag im politischen Verhalten.

Die in Großbritannien gefundenen Muster ähneln dem aus Westdeutschland bekannten Bild: Wichtig für das Wählerverhalten waren Diskussionen unter Ehepartnern und in geringerem Umfang auch solche mit Verwandten; andere Beziehungen erwiesen sich nur im Ausnahmefall als relevant. So besaßen Nachbarn offenbar eine signifikantes Potential, Wähler zur Abkehr von den Tories zu veranlassen. Dasselbe gilt für Arbeitskollegen im Hinblick auf die Wahl von Labour. Insgesamt waren Sekundärbeziehungen, aber auch Freundesbeziehungen, in Großbritannien nur punktuell wirksam. Noch eindeutiger als in Deutschland und Großbritannien stellten Gespräche am häuslichen Herd in Spanien einen signifikante Faktor für politische Entscheidungen dar. Auch politische Unterhaltungen mit Verwandten blieben zumeist nicht ohne Konsequenzen. Diskussionen mit Freunden waren teilweise wirkungsvoll; sie schadeten der PSOE und nutzten der PP und der IU. Als einziger in Spanien relevanter Typ von Sekundärbeziehungen ließen Kollegen, die für die PP günstige Überzeugungsbotschaften vermittelten, ein Potential erkennen, die Unterstützerbasis dieser Partei zu erweitern. Auch in den USA waren Gespräche mit Ehepartnern stets sehr wirkungsvoll. Die politischen Informationen, die in der Verwandtschaft ausgetauscht wurden, stellten dort ebenfalls einen wichtigen Faktor für das Wählerverhalten dar. Je nach ihrem politischen Standort veranlaßten Freunde manche Wähler, für oder gegen Clinton bzw. für oder gegen Perot zu stimmen. Im Hinblick auf die Wahl von Bush zeigten sich hingegen keine solchen Effekte. Aus Diskussionen mit Nachbarn ergaben sich Effekte im Hinblick auf die Wahl von Bush und von Perot, Gespräche in Kirchengemeinden zeigten nur im Hinblick auf die Unterstützung von Perot Wirkungen. Generell war die Bedeutung der interpersonalen Kommunikation im Hinblick auf die Entscheidungen für oder gegen Ross Perot besonders groß. Auffällig ist, daß Gespräche am Arbeitsplatz als einzige Form der interpersonalen politischen Kommunikation in den USA ganz folgenlos blieben.

Tabelle 8-2: Effekte politischer Gespräche auf Wahlentscheidungen (EXP(B))

Westdeutschland	CDU/CSU	SPD	FDP	Grüne
Ehepartner pro	1.49*	1.51*	2.03	2.59*
Ehepartner pro | PI contra	2.25*			
Ehepartner contra	1.56^{-1}*	1.37^{-1+}	1.64^{-1}**	1.19^{-1}
Verwandte pro	1.43*	3.63**	1.08	1.09
Verwandte pro | PI contra		3.70^{-1}*		
Verwandte contra	1.19^{-1}	1.26^{-1+}	1.32^+	1.51^{-1}*
Verwandte contra | PI contra			2.86^{-1}*	
Freunde pro	1.02	1.48**	1.30	1.43*
Freunde contra	1.15^{-1}	1.41^{-1}**	1.04	1.19^{-1}
Arbeitskollegen pro	1.23	1.14	1.58	1.60
Arbeitskollegen contra	1.01^{-1}	1.23^{-1}	1.07	1.11^{-1}
Nachbarn pro	1.05	1.17	-	-
Nachbarn contra	1.15	1.43^{-1}	-	-
Nachbarn contra | PI contra		3.10*		
Selber Verein pro	1.51^{-1}	1.51^{-1}	-	-
Selber Verein contra	1.77^{-1}	1.03^{-1}	-	-
Sonstige Beziehungen pro	1.60	1.39	-	-
Sonstige Beziehungen contra	1.02^{-1}	1.30^{-1}	-	-
Nachbarn/selber Verein/sonstige Bzhgn. pro	-	-	2.86	1.15^{-1}
Nachbarn/selber Verein/sonstige Bzhgn. contra	-	-	1.31^{-1}	1.11
(N)	(889)	(870)	(870)	(870)

8 Interpersonale Kommunikation und Wahlentscheidungen

Ostdeutschland	CDU	SPD	FDP	Bündnis90/Grüne
Ehepartner pro	1.36*	2.27**	2.48**	2.12**
Ehepartner contra	1.82^{-1}**	1.12^{-1}	1.45^{-1+}	1.18^{-1}
Verwandte pro	1.20*	1.17	2.08$^+$	2.23**
Verwandte contra	1.06^{-1}	1.19^{-1}	1.27^{-1}	1.00
Freunde pro	1.15	1.15	1.88$^+$	1.19
Freunde contra	1.08^{-1}	1.20^{-1+}	1.14^{-1}	1.11^{-1}
Arbeitskollegen pro	1.25**	1.22$^+$	1.08	1.02^{-1}
Arbeitskollegen contra	1.16^{-1+}	1.23^{-1}*	1.14$^+$	1.12^{-1}
Nachbarn/selber Verein/sonstige Bzhngn. pro	1.16	1.28$^+$	2.97**	9.68
Nachbarn/selber Verein/sonstige Bzhngn. contra	1.47^{-1}*	1.47^{-1}*	1.23^{-1}	1.02
(N)	(487)	(487)	(487)	(470)
Großbritannien	**Conservatives**	**Labour**	**Liberal Democrats**	
Ehepartner pro	1.60**	1.65**	2.12**	
Ehepartner pro | PI pro		1.65^{-1}*		
Ehepartner contra	1.67^{-1}**	1.62^{-1}**	1.30^{-1}**	
Verwandte pro	1.09	1.21$^+$	1.57**	
Verwandte contra	1.13^{-1}	1.51^{-1}**	1.02^{-1}	
Freunde pro	1.11	1.06^{-1}	1.25	
Freunde pro | PI contra		1.45*		
Freunde contra	1.02^{-1}	1.22^{-1}	1.03	
Arbeitskollegen pro	1.15	1.14^{-1}	1.23	
Arbeitskollegen contra	1.02	1.42^{-1}*	1.05	
Nachbarn pro	1.46^{-1}	1.92	1.73^{-1}	
Nachbarn pro | PI contra			5.21*	
Nachbarn contra	2.34^{-1}*	1.42	1.19	
Selber Verein pro	1.38^{-1+}	1.39^{-1}	1.58*	
Selber Verein contra	1.25^{-1}	1.48*	1.12	
Selber Verein contra | PI pro		2.51^{-1}**		
Selbe Kirchengemeinde pro	1.31^{-1}	1.11^{-1}	1.38	
Selbe Kirchengemeinde contra	1.65^{-1}	9.12^{-1}	1.02	
(N)	(2185)	(2721)	(2191)	
Spanien	**PSOE**	**PP**	**IU**	
Ehepartner pro	2.75**	3.32**	2.48**	
Ehepartner pro | PI contra	5.42*			
Ehepartner contra	2.12^{-1}**	2.94^{-1}**	1.82^{-1}**	
Verwandte pro	1.35$^+$	3.63**	2.14*	
Verwandte pro | PI contra		5.53^{-1}**		
Verwandte contra	2.18^{-1}**	1.55^{-1+}	1.13^{-1}	
Freunde pro	1.45	2.20**	1.95**	
Freunde contra	1.68^{-1}**	1.75^{-1+}	1.25^{-1}	
Arbeitskollegen pro	1.05	5.42**	20.09	
Arbeitskollegen contra	1.43^{-1}	1.25^{-1}	5.42^{-1}	
Nachbarn pro	1.05	1.34	-	
Nachbarn contra	2.32^{-1}	1.95$^+$	-	
Sonstige Beziehungen pro	1.38	2.25	-	
Sonstige Beziehungen contra	1.32^{-1}	1.32^{-1}	-	
Nachb./sonstige Bzhngn. pro	-	-	1.45	
Nachb./sonstige Bzhngn. contra	-	-	1.02^{-1}	
(N)	(997)	(1038)	(997)	

USA	Clinton	Bush	Perot
Ehepartner pro	1.77**	2.14**	2.27**
Ehepartner contra	1.86^{-1}**	2.18^{-1}**	1.17^{-1}
Verwandte pro	1.32**	1.45**	1.55**
Verwandte contra	1.31^{-1}**	1.17^{-1+}	1.21^{-1}**
Freunde pro	1.25*	1.20	1.93**
Freunde contra	1.28^{-1}*	1.17^{-1}	1.31^{-1}**
Arbeitskollegen pro	1.17	1.11	1.27
Arbeitskollegen contra	1.01^{-1}	1.08^{-1}	1.15^{-1+}
Nachbarn pro	1.25$^+$	1.36*	1.54*
Nachbarn contra	1.14^{-1}	1.73^{-1}**	1.04^{-1}
Selbe Kirchengemeinde pro	1.13	1.20	2.16**
Selbe Kirchengemeinde contra	1.13^{-1}	1.26^{-1}	1.09^{-1}
(N)	(958)	(975)	(958)

** P<.01, * P<.05, $^+$ P<.10

Anmerkung: Koeffizienten für Konstanten und Prädispositionen nicht wiedergegeben.

Zusammenfassend ist festzuhalten, daß die politischen Gespräche, welche die Wähler miteinander führten, für sämtliche Wahlentscheidungen in allen untersuchten Gesellschaften Konsequenzen nach sich zogen. Allerdings variierte die Bedeutung der interpersonalen Kommunikation stark: Sie war insgesamt ziemlich gering in Westdeutschland und Großbritannien. In den neuen Bundesländern, in Spanien und in den USA stellte sie jedoch einen Faktor von erheblichem Gewicht dar. Gespräche mit Ehepartnern spielten für alle Wahlentscheidungen eine herausgehobene Rolle. Das ist ein bemerkenswerter Befund, denn wie oben demonstriert (Tabelle 7-6) ist die Konkordanz zwischen in Gesprächen vermittelten Überzeugungsbotschaften und Parteibindungen gerade bei Ehepartnern besonders hoch. Dennoch erschöpften sich die Zusammenhänge zwischen den Diskussionen mit Ehepartnern und Wahlentscheidungen nicht in der selektiven Rezeption. Aber auch Verwandte und Freunde spielten oft, wenngleich weniger durchgängig eine bedeutsame Rolle. Erhebliche Unterschiede bestanden insbesondere im Hinblick auf das Gewicht der Sekundärbeziehungen. Diese waren vor allem in den neuen Bundesländern und in den USA von Belang.

8.3 Zur Bedeutung der politischen Involvierung

Converse' später durch Zallers RAS-Modell theoretisch unterfütterter Gedankengang über den Zusammenhang zwischen politischer Involvierung und Beeinflußbarkeit von Wählern, aber auch andere theoretische Konstrukte münden in die Erwartung, daß politisch geringer involvierte Wähler eher durch politische Gespräche beeinflußt werden als stärker involvierte Wähler. Zwei empirische Anwendungen der Überlegungen Converse' am Beispiel der interpersonalen Kommunikation beschäftigten sich mit deren Rolle bei der Vermittlung von Einflüssen der parteipolitischen Zu-

8 Interpersonale Kommunikation und Wahlentscheidungen

sammensetzung sozialgeographischer Kontexte auf individuelle Parteibindungen in den USA. Sie kamen zum Schluß, daß politische Diskussionen tatsächlich insbesondere bei geringerer politischer Involvierung ein wirksames Medium für derartige Kontexteffekte darstellten (Cox 1969: 178-84; Orbell 1970). Eine deutsche Analyse von Prozessen der Angleichung der Parteiidentifikationen zwischen Ehepartnern stellte in analoger Weise fest, daß sich derartige Vorgänge politischer Konformierung bei geringerem politischem Interesse eher einstellten als bei höherem Interesse (Landua 1991: 106).

Es ist also zu vermuten, daß Novizen leichter als Experten durch neue Informationen von den politischen Routen abzubringen sind, welche durch ihre Prädispositionen vorgegeben werden. Wie in Abschnitt 5.5 demonstriert, ließen sich die Wahlentscheidungen von Novizen häufig, wenn auch keineswegs immer, schlechter aus ihren Prädispositionen vorhersagen als die Entscheidungen der Experten. Insbesondere in den neuen Bundesländern und in den USA war das politische Verhalten der Novizen wesentlich schwächer mit den Prädispositionen assoziiert als die Entscheidungen der Experten. Doch bedeuten diese Unterschiede tatsächlich, daß Novizen stärker als Experten unter dem Einfluß ihnen zugeflossener Informationen entschieden? Im folgenden Abschnitt wird versucht, diese Frage für die interpersonale Kommunikation auf der Grundlage direkter Evidenzen zu beantworten. Wenn die These des größeren Einflusses politischer Gespräche auf weniger involvierte Wähler zutrifft, dann müßten sich die Wahlentscheidungen der Novizen besser aus deren Anbindungen an interpersonale Kommunikationsflüsse vorhersagen lassen als die Entscheidungen der Experten. Um diese Vermutung zu prüfen, knüpfen wir an die in Abschnitt 5.5 vorgestellte Analyse an und folgen wiederum der Strategie des Gruppenvergleichs. Erwartet werden Zusammenhangsmuster, die jenen komplementär sind, die in diesem Abschnitt beschrieben wurden.

Wir beginnen wiederum mit einer summarischen Inaugenscheinnahme aller Wahlentscheidungen auf der Grundlage multinomialer logistischer Regressionen. Schaubild 8-2 zeigt, welche Erklärungskraft politische Gespräche insgesamt für die Wahlentscheidungen von Novizen und Experten in jeder der untersuchten Gesellschaften entfalteten. Wiederum ist das Bild uneinheitlich. In der Tat gab es Unterschiede zwischen Novizen und Experten, wenngleich keine großen. Sie betrugen überall weniger als drei Prozentpunkte. Nur in drei der fünf Gesellschaften - Westdeutschland, Spanien und den USA - liegen diese Unterschiede jedoch in der richtigen Richtung. Dort wurden die Wahlentscheidungen der Novizen tatsächlich stärker von politischen Gesprächen geprägt als die Entscheidungen der Experten. In den neuen Bundesländern übte die interpersonale Kommunikation hingegen bei den Experten die stärkeren Einflüsse aus. In Großbritannien, wo die interpersonale Kommunikation insgesamt keine große Bedeutung hatte, lag die Differenz zwischen Novizen und Experten in derselben Richtung, war jedoch nur sehr klein.

Schaubild 8-2: Erklärungskraft politischer Gespräche für Wahlentscheidungen insgesamt nach politischer Involvierung (ΔKPR^2 aus multinomialen logistischen Regressionen)

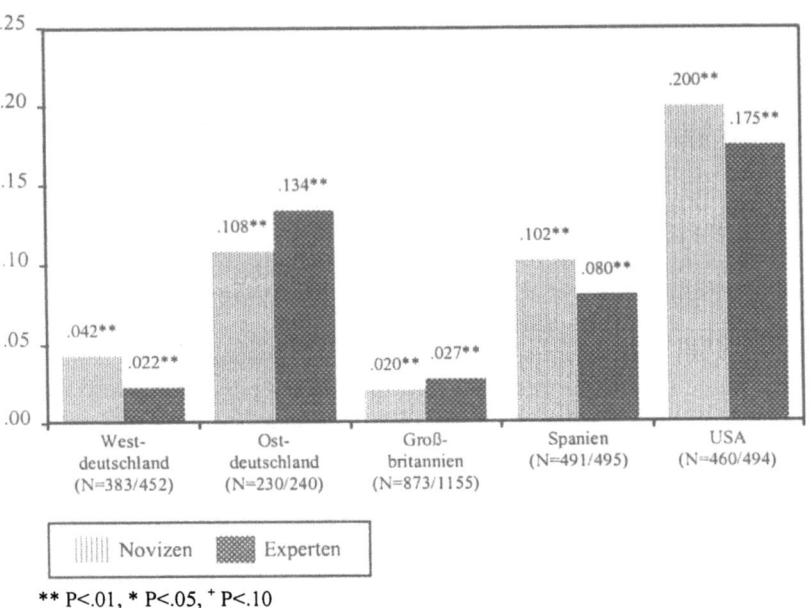

** P<.01, * P<.05, + P<.10

Die Auflösung dieses summarischen Bildes in Wahlentscheidungen zugunsten oder zuungunsten der einzelnen Parteien und Kandidaten mit Hilfe binärer logistischer Regressionen deckt auf, daß sich hinter diesen Zusammenhängen zum Teil gegenläufige Trends verbergen (Tabelle 8-3). Aufgrund zu geringer Fallzahlen können diese Detailanalysen für die beiden deutschen Kleinparteien FDP und Grüne nicht durchgeführt werden. Aus demselben Grund können Sekundärbeziehungen grundsätzlich nur als Sammelkategorie betrachtet werden. Die Befunde für die Union und für die SPD bestätigen sowohl in West- als auch in Ostdeutschland den Eindruck der jeweiligen summarischen Gesamtbetrachtung: Novizen wurden in Westdeutschland stärker und in Ostdeutschland schwächer beeinflußt als Experten. In Großbritannien erweisen sich sämtliche Unterschiede auch bei differenzierter Betrachtungsperspektive als ziemlich gering. Bemerkenswert ist allerdings, daß zwar nicht bei den Conservatives, wohl aber bei Labour und den Liberal Democrats entsprechend den Erwartungen und entgegen dem in Schaubild 8-2 wiedergegebenen Gesamttrend die größeren Einflüsse bei den Novizen zu verbuchen waren. In Spanien bestanden hinsichtlich der Erklärungskraft politischer Diskussionen für die Unterstützung von PSOE und PP keine substantiellen Unterschiede nach politischer Involvierung. Auf das Schicksal der IU wirkte sich die interpersonale Kommunikation jedoch in der Gruppe der Novizen mehr als doppelt so stark aus wie in der hoch involvierten

8 Interpersonale Kommunikation und Wahlentscheidungen

Wählerkategorie. Das amerikanische Globalmuster größerer Einflüsse bei den geringer Involvierten finden wir in der Detailanalyse nur bei den Entscheidungen für oder gegen die beiden von den Parteien nominierten Kandidaten wieder. Im Hinblick auf die Unterstützung Perots reagierten hingegen nicht die Novizen, sondern die Experten stärker auf die interpersonalen Informationsflüsse. Dies ist eine weitere Gemeinsamkeit der Wahlentscheidungen bezüglich des unabhängigen amerikanischen Präsidentschaftskandidaten mit den Wahlentscheidungen in den neuen Bundesländern. Insgesamt entsprechen aber neun von dreizehn Zusammenhangsmuster, und damit die Mehrzahl, hinsichtlich des Vorzeichens den Erwartungen. In diesen Fällen wirkten sich politische Gespräche bei Novizen stärker auf Wahlentscheidungen aus als bei Experten.

Tabelle 8-3: *Erklärungskraft von politischen Gesprächen für Wahlentscheidungen nach politischer Involvierung (ΔKPR^2)*

	Novizen	Experten	Differenz (Exp.-Nov.)
Westdeutschland			
CDU/CSU	.040**	.023**	-.017
SPD	.053**	.040**	-.013
(Mindest-N)	(400)	(470)	
Ostdeutschland			
CDU	.080**	.147**	+.067
SPD	.122**	.142**	+.020
(Mindest-N)	(241)	(246)	
Großbritannien			
Conservatives	.006	.018**	+.012
Labour	.020**	.016**	-.004
Liberal Democrats	.049**	.034**	-.015
(Mindest-N)	(950)	(1238)	
Spanien			
PSOE	.118**	.109**	-.009
PP	.098**	.097**	-.001
IU	.155**	.065**	-.090
(Mindest-N)	(491)	(495)	
USA			
Clinton	.144**	.113**	-.031
Bush	.200**	.157**	-.043
Perot	.176**	.202**	+.026
(Mindest-N)	(461)	(497)	

** P<.01, * P<.05, + P<.10

Tabelle 8-4: Effekte politischer Gespräche auf Wahlentscheidungen nach politischer Involvierung (EXP(B))

			Novizen	Experten
Westdeutschland	CDU/CSU (N = 411/478)	Ehepartner pro	1.78**	2.00**
		Ehepartner contra	2.04⁻¹*	
		Verwandte pro		1.64*
		Freunde contra	1.53⁻¹**	
	SPD (N = 400/470)	Ehepartner pro	1.97*	1.39⁺
		Ehepartner contra	1.83⁻¹*	
		Verwandte pro	1.89*	2.27*
		Freunde pro	1.76*	1.38*
		Freunde contra		1.47⁻¹**
Ostdeutschland	CDU (N = 241/246)	Ehepartner pro		2.13**
		Ehepartner contra	1.74⁻¹**	1.90⁻¹**
		Verwandte pro	1.30*	
		Freunde pro	1.29⁺	
		Sekundärbez. pro	1.22*	1.25*
		Sekundärbez. contra		1.36⁻¹**
	SPD (N = 241/246)	Ehepartner pro	2.94**	1.99**
		Freunde contra		1.50⁻¹⁺
		Sekundärbez. pro	1.43*	
		Sekundärbez. contra	1.42⁻¹*	1.30⁻¹**
Großbritannien	Conservatives (N = 950/1253)	Ehepartner pro		1.83**
		Ehepartner contra		1.63⁻¹**
	Labour (N = 1278/1443)	Ehepartner contra	1.70⁻¹**	1.61⁻¹**
		Verwandte contra	2.05⁻¹**	
		Sekundärbez. contra		1.36⁻¹*
	Liberal Democrats (N = 953/1238)	Ehepartner pro	2.47**	1.95**
		Ehepartner contra		1.33⁻¹*
		Verwandte pro	2.08**	
		Sekundärbez. pro		1.63*
Spanien	PSOE (N = 491/495)	Ehepartner pro	6.68**	2.57**
		Ehepartner contra	2.49⁻¹**	1.75⁻¹**
		Verwandte contra	1.66⁻¹*	3.27⁻¹**
		Freunde pro		1.86⁺
		Freunde contra		1.45⁻¹⁺
	PP (N = 516/511)	Ehepartner pro	3.16**	3.25**
		Ehepartner contra	3.17⁻¹**	2.42⁻¹**
		Verwandte pro		2.60*
		Verwandte contra	2.48⁻¹*	
		Freunde pro	2.65*	2.29**
		Freunde contra		3.67⁻¹*
		Sekundärbez. pro	4.02*	
	IU (N = 491/495)	Ehepartner pro	5.55**	1.88*
		Ehepartner contra	3.15⁻¹*	1.63⁻¹*
		Verwandte pro		2.16⁺
		Freunde pro		1.87*

USA	Clinton	Ehepartner pro	2.06**	1.70**
	(N = 461/497)	Ehepartner contra	2.01^{-1}**	1.63^{-1}**
		Verwandte pro	1.39**	1.38**
		Verwandte contra	1.38^{-1}**	1.26^{-1}**
		Freunde pro		1.44**
		Freunde contra	1.42^{-1}*	
		Sekundärbez. pro	1.19*	1.20*
	Bush	Ehepartner pro	2.12**	2.32**
	(N = 469/506)	Ehepartner contra	2.75^{-1}**	1.77^{-1}**
		Verwandte pro	1.38**	1.58**
		Sekundärbez. pro	1.36**	
		Sekundärbez. contra	1.41^{-1}**	1.24^{-1}*
	Perot	Ehepartner pro	2.88**	1.82**
	(N = 461/497)	Ehepartner contra		1.34^{-1}*
		Verwandte pro	1.64**	1.53**
		Verwandte contra		1.29^{-1}**
		Freunde pro	2.01**	2.02**
		Freunde contra		1.53^{-1}**
		Sekundärbez. pro	1.41*	1.50**
		Sekundärbez. contra		1.13^{-1}*

** P<.01, * P<.05, + P<.10

Anmerkung: Koeffizienten für Konstanten und Prädispositionen sowie für insignifikante Indices der Intensität politischer Gespräche nicht wiedergegeben.

Tabelle 8-4 zeigt, welche Arten des politischen Meinungsaustauschs bei Novizen und Experten wesentlich zu diesen für die Gesamterklärungskraft der politischen Diskussionen gefundenen Werten beigetragen haben. Die Befunde im einzelnen sind sehr vielfältig und lassen keine besonders deutlichen Muster erkennen. Auf einige Auffälligkeiten sei jedoch hingewiesen. Diskussionen mit Ehepartnern beeinflußten in Westdeutschland, aber auch in Spanien und den USA zumeist eher die Novizen als die Experten. Hervorzuheben ist, daß dies auch für Ehepartner galt, die Ross Perot favorisierten, obwohl das Ausmaß seiner Unterstützung insgesamt bei Experten stärker als bei Novizen von der interpersonalen Kommunikation abhing. Besonders ausgeprägt war die größere Beeinflußbarkeit von Novizen durch ihre Ehepartner in Spanien; die erhebliche Bedeutung der interpersonalen Kommunikation für die Wahl der IU bei den Novizen war praktisch ausschließlich der Kommunikation zwischen Ehepartnern zuzuschreiben. Soweit sich Freunde als einflußreich erwiesen, war ihre Bedeutung ebenfalls zumeist für Novizen größer als für Experten. Eine klare Ausnahme von dieser Regel bildete jedoch Spanien, wo Einflüsse von Diskussionen mit Freunden bei politisch höher involvierten Personen stärker zum Tragen kamen. Schließlich sei die Aufmerksamkeit noch einmal auf die Unterstützung von Ross Perot gelenkt. Diesbezüglich ist auffällig, daß offenkundig alle Arten von Beziehungen Einflußpotentiale besaßen. Allerdings waren bei den Novizen ausschließlich Gespräche mit Personen wirksam, die Perot unterstützten, während die Entscheidungen der Experten auf sämtliche Diskutanten reagierten, auch wenn sich diese gegen Perot aussprachen. Daß Ehepartner und Bekannte, die Perot nicht unterstützten, ebenfalls Wähler dazu bringen konnten, für einen der anderen Kandidaten zu stimmen, wird erst durch die Aufteilung der Wähler nach politischer Involvierung sichtbar. Dasselbe gilt auch für eine Reihe anderer Arten von Beziehungen. Bei der undifferenzierten Betrachtung aller Wähler war beispielsweise auch nicht deutlich geworden, daß die Wahl von Clinton nicht nur durch Primärbeziehungen, sondern durchaus auch - und zwar in positiver Richtung - durch Sekundärbeziehungen beeinflußt wurde.

Insgesamt entsprachen die gefundenen Zusammenhänge somit zwar mehrheitlich, aber keineswegs vollständig den Erwartungen. Auf eine stärkere Beeinflußbarkeit der Novizen im Vergleich zu den Experten lassen die Befunde für Westdeutschland und Spanien sowie ein Teil der britischen und amerikanischen Ergebnisse schließen. Im Hinblick auf alle Wahlentscheidungen in den neuen Bundesländern sowie hinsichtlich der Wahl von Ross Perot in den USA war die interpersonale Kommunikation jedoch bei den Experten bedeutsamer. Wie es scheint, stellten vor allem Ehepartner und Freunde bei weniger involvierten Wählern eine einflußreichere Informationsquelle dar als bei höher involvierten Wählern.

8.4 Zur Bedeutung der zugeschriebenen Glaubwürdigkeit

Wie in Abschnitt 3.4.4.1 ausgeführt, wird vielfach unterstellt, daß Diskutanten besonders einflußreich sind, wenn sie von den Wählern für glaubwürdig gehalten werden. Wie weiterhin erörtert, können zwei Dimensionen der Glaubwürdigkeit systematisch unterschieden werden: die Vertrauenswürdigkeit und die Sachexpertise, die den Diskutanten zugeschrieben werden. Vermutet wird also, daß Personen, denen Wähler vertrauensvoll begegnen, politisch einflußreicher sind als Diskutanten, denen die Wähler kein großes Vertrauen entgegenbringen. Außerdem wird erwartet, daß Gesprächspartner mehr Einfluß ausüben, wenn die Wähler annehmen, daß sie viel von Politik verstehen (Chaffee 1986: 66-8; Knoke 1990b: 3). Politische Meinungsführer können aus diesem Blickwinkel als Personen gesehen werden, denen andere Personen einen besonders großen politischen Sachverstand zusprechen (Merten 1994b: 317). Formuliert in der Terminologie des RAS-Modells besagen diese beiden Teilthesen, daß Wähler Überzeugungsbotschaften eher akzeptieren, wenn sie von Personen stammen, denen sie vertrauen, und wenn sie von Gesprächspartnern geäußert werden, denen die Wähler unterstellen, daß sie etwas von Politik verstehen und wissen, wovon sie reden, wenn sie politische Urteile abgeben. In den folgenden Abschnitten werden diese beiden Annahmen einem empirischen Test unterworfen.

8.4.1 Vertrauen

Schon Lazarsfeld u.a. (1968: 155-7) hoben hervor, daß Vertrauen ein wesentliches Hilfsmittel sei, das es erleichtert, in interpersonalen Beziehungen Einfluß auszuüben. Der Schluß, daß persönliches Vertrauen eine wichtige Voraussetzung für Einflüsse durch die interpersonale Kommunikation darstellt, wird auch nahegelegt durch die im Abschnitt 8.2 demonstrierte größere Einflußkapazität von Primärbeziehungen. Für diese ist ja *per definitionem* ein hohes Maß an persönlichem Vertrauen kennzeichnend (siehe Abschnitt 3.4.3.1). Doch muß sich Vertrauen unter politischem Aspekt nicht in der Qualität der Rollenbeziehung erschöpfen. Sowohl innerhalb von Primärbeziehungen als auch innerhalb von Sekundärbeziehungen kann das Ausmaß des interpersonalen Vertrauens in politischen Dingen durchaus variieren. Eine wichtige Quelle des Vertrauens zu einer anderen Person ist die Vorstellung, mit dieser Person bei politischen Diskussionen derselben Meinung zu sein. Diese Form subjektiver Homophilie einer persönlichen Beziehung erzeugt Vertrauen, welches dann seinerseits die Effektivität des persönlichen Austausches fördert (Rogers 1973: 300-2; Chaffee 1986: 66). Wie Tabelle 6-7 zeigt, ist das Ausmaß der subjektiven Übereinstimmung insbesondere bei politischen Unterhaltungen zwischen Ehepartnern ziemlich hoch. Aber auch in dieser Kategorie von Rollenbeziehungen ist es durchaus keine Seltenheit, daß eher Dissens als Konsens wahrgenommen wird. Noch häufiger sind Eindrücke einer eher geringen politischen Übereinstimmung bei Dyaden festzustellen, die durch andere Beziehungen miteinander verbunden sind. Primärbeziehungen zwischen Verwandten und Freunden mögen zwar auf einer persönlichen Ebene durch großes Vertrauen gekennzeichnet sein; im Hinblick auf die subjektive Übereinstimmung in politischer Hinsicht erweisen sie sich jedoch keineswegs als überdurchschnittlich homophil.

Befunde verschiedener amerikanischer Studien deuten darauf hin, daß Unterschiede im Vertrauen, die in der Vorstellung ihren Ausdruck finden, mit einer anderen Person hinsichtlich der Bewertung politischer Sachverhalte einer Meinung zu sein oder nicht (Lupia/McCubbins 1998: 188), tatsächlich Konsequenzen für die Beeinflussung von Wahlentscheidungen haben. Lupia/McCubbins weisen in einer experimentellen Studie nach, daß sich Wähler eher durch Überzeugungsbotschaften von Medienpersönlichkeiten beeinflussen ließen, wenn sie mit diesen Quellen politisch übereinzustimmen glaubten (Lupia/McCubbins 1998: 184-201). Einige Analysen von Diskutantenpaaren, die im Rahmen der bereits erwähnten South Bend-Studie durchgeführt wurden, deuten in dieselbe Richtung. Sie stellten fest, daß die Entscheidungen von Wählern nur durch solche Diskutanten beeinflußt wurden, mit denen diese nach eigener Wahrnehmung bei politischen Gesprächen normalerweise einer Meinung waren (Huckfeldt/Sprague 1995: 175-7; Kenny 1998). Allerdings bezogen sich diese Befunde nur auf Diskutanten, mit denen die Wähler nicht verwandt waren. Lediglich eine Untersuchung unternahm bislang den Versuch, Primärbeziehungen und Sekundärbeziehungen unter diesem Aspekt zu vergleichen. Analysiert wurde freilich nicht der Einfluß auf Wahlentscheidungen, sondern auf Änderungen der Parteiidentifikation. Die Studie kam zu dem Schluß, daß die wahrgenommene politische Übereinstimmung bei Sekundärbeziehungen eine notwendige Voraussetzung für politischen Einfluß darstellt, während der Einfluß von engen Freunden und Ehepartnern nicht daran gebunden ist, daß die Beziehung als eher konsensuell wahrgenommen wird. In intimen Beziehungen schien das Einflußpotential vom Grad der Übereinstimmung unabhängig zu sein. Bei Gesprächen zwischen bloßen Bekannten schien fehlendes Vertrauen jedoch politischen Einflüssen entgegenzustehen (Kenny 1994: 725).

Diese Befunde sprechen dafür, daß zumindest im Rahmen von Sekundärbeziehungen politische Einflüsse von Diskutanten in der Tat durch wahrgenommenen Konsens und damit durch persönliches Vertrauen begünstigt, wenn nicht gar erst ermöglicht werden. Bei subjektivem Dissens leuchten in Gesprächssituationen gleichsam "innere Warnlichter" auf. Ein Diskutant wird dann den Empfänger seiner Mitteilungen nicht von seinen Auffassungen überzeugen können, weil dieser nicht geneigt ist, diese Informationen zu akzeptieren (Koßmann 1995: 46-55). Im folgenden wird systematisch für alle Arten von Beziehungen untersucht, ob und in welcher Weise das Vertrauen zwischen den Gesprächspartnern die Akzeptanz von Überzeugungsbotschaften begünstigte. In Anlehnung an die Vorgehensweise der referierten Studien wird zu diesem Zweck zwischen Diskutanten unterschieden, mit denen die befragten Wähler nach ihrer eigenen Wahrnehmung selten oder nie bei Gesprächen unterschiedlicher Meinung waren, und Diskutanten, mit denen öfter Dissens erlebt wurde (vgl. Tabellen 6-6 und 6-7). Nach diesem Kriterium werden die in den letzten Abschnitten benutzten Indices der Intensität politischer Gespräche weiter aufgegliedert. Aufgrund anderenfalls zu geringer Fallzahlen müssen dabei sämtliche Sekundärbeziehungen zusammengefaßt werden. Auch ist diese um eine zusätzliche Stufe vertiefte Untergliederung der Diskutanten in Deutschland sinnvoll nur für die beiden Großparteien möglich. Die Vorgehensweise bei den Analysen entspricht dem Procedere im Abschnitt 8.2. Die Analysen sollen zeigen, ob und wie die Diskussionstätigkeit der Wähler Konsequenzen für ihre Wahlentscheidungen hatte. Dabei wird nicht nur differenziert zwischen Gesprächspartnern, die sich nach der Art der Beziehung und den politischen Präferenzen unterschieden, sondern zusätzlich auch nach dem politischen Vertrauen, das diesen entgegengebracht wurde. Politische Unterhaltungen mit Verwandten im Hinblick auf die Wahl der CDU/CSU werden beispielsweise erfaßt durch insgesamt vier Indices: je einen für die Intensität der Gespräche mit Verwandten, welche die Union unterstützten und aus Sicht der Wähler mit diesen normalerweise politisch übereinstimmten, einen für dieselbe Art von Diskutanten, die jedoch mit den Wählern eher nicht übereinstimmten, und zwei analoge Indices für die Intensität der Gespräche mit Verwandten, welche eine andere Partei als die Union unterstützten.

Die in Tabelle 8-5 wiedergegebenen reletanten Ergebnisse dieser Analysen sind bemerkenswert eindeutig: Diskutanten, mit denen die Wähler politisch übereinzustimmen glaubten, waren im Hinblick auf Wahlentscheidungen fast immer einflußreicher als Diskutanten, mit denen die Wähler nach eigenem Bekunden öfter unterschiedlicher Meinung waren. Zumeist lassen sogar überhaupt nur die als vertrauenswürdig erachteten Diskutanten ein Einflußpotential erkennen. Die Mehrzahl der für die subjektiv heterophilen Diskutanten geschätzten Koeffizienten sind nicht nur kleiner, sondern auch insignifikant.[3] Die Differenzierung der Diskutanten nach dem Grad der politischen Übereinstimmung stellt also eine wesentliche Spezifikation der Bedingungen für interpersonale Einflüsse dar. Dies drückt sich auch darin aus, daß die Erklärungskraft der Modelle für eine Reihe von Wahlentscheidungen durch diese Differenzierung substantiell verbessert wird. Das betrifft in Spanien die Wahl der PP und der IU sowie sämtliche Wahlentscheidungen in den USA, ganz besonders aber die Voten für oder gegen Clinton und Perot (vgl. Spalte D|P in Tabelle 8-1). In einer ganzen Reihe von Fällen bewirkt die Untergliederung der Beziehungen nach dem Grad des subjektiven Vertrauens sogar, daß Zusammenhänge sichtbar werden, die bei der pauschaleren Betrachtungsweise unerkannt blieben (vgl. Tabelle 8-2). Das betrifft z.B. die Verwandten, die in Ostdeutschland für die SPD und sowohl in West- als auch in Ostdeutschland gegen die SPD Stellung bezogen. Zu beachten ist, daß es sich hierbei ausnahmslos um Primärbeziehungen handelt, so daß die im Abschnitt 8.2 gezogenen Schlußfolgerungen nicht revidiert werden müssen.

Tabelle 8-5: *Effekte politischer Gespräche auf Wahlentscheidungen nach wahrgenommener politischer Übereinstimmung mit den Diskutanten (EXP(B))*

			Politische Übereinstimmung		ΔKPR^2
			Gering	Hoch	
Westdeutschland	CDU/CSU (N = 886)	Ehepartner pro	1.49*	2.14**	.032**
		Ehepartner contra		3.14^{-1}**	
	SPD (N = 867)	Ehepartner pro		2.30**	.055**
		Verwandte pro		5.28**	
		Verwandte contra		3.43^{-1}*	
		Freunde pro	1.47*	1.72**	
		Freunde contra		1.69^{-1}**	
Ostdeutschland	CDU (N = 486)	Ehepartner pro		1.47*	.104**
		Ehepartner contra	1.76^{-1}**	2.13^{-1}**	
		Verwandte pro		1.77*	
		Sekundärbez. pro	1.21**	1.21^+	
		Sekundärbez. contra	1.20^{-1}*	1.23^{-1+}	
	SPD (N = 486)	Ehepartner pro	2.25**	2.47**	.151**
		Verwandte pro		1.58^+	
		Verwandte contra		1.65^{-1+}	
		Freunde contra		1.84^{-1+}	
		Sekundärbez. pro	1.18^+	1.36^+	
		Sekundärbez. contra	1.16^{-1+}	1.80^{-1}*	

---

3 Auch in der Mehrzahl der aufgrund insignifikanter Koeffizienten nicht in der Tabelle ausgewiesenen Beziehungen waren die Koeffizienten bei höherem Vertrauen größer als bei niedrigerem Vertrauen. In den USA war dies ausnahmslos bei sämtlichen Beziehungen der Fall.

Land	Partei	Variable			
Großbritannien	Conservatives (N = 2182)	Ehepartner pro	1.59**	1.72**	.017**
		Ehepartner contra	1.61^{-1}**	2.17^{-1}*	
		Freunde pro		1.95*	
	Labour (N = 2720)	Ehepartner contra	1.42^{-1}*	2.25^{-1}**	.021**
		Verwandte contra	1.37^{-1}*	2.09^{-1}**	
		Sekundärbz. contra	1.45^{-1}**		
	Liberal Democrats (N = 2188)	Ehepartner pro	1.91**	3.52**	.038**
		Ehepartner contra		1.46^{-1}*	
		Verwandte pro		2.14**	
		Freunde pro		3.07**	
Spanien	PSOE (N = 996)	Ehepartner pro	3.49**	3.43**	.126**
		Ehepartner contra	1.96^{-1}**	2.99^{-1}**	
		Verwandte contra	1.68^{-1}*	12.70^{-1}**	
		Freunde contra		1.95^{-1}*	
	PP (N = 1037)	Ehepartner pro	2.84**	13.01**	.116**
		Ehepartner contra		7.75^{-1}**	
		Verwandte pro		15.94**	
		Freunde pro	1.95*	3.20*	
		Freunde contra	2.34^{-1}*		
		Sekundärbez. pro	4.18**		
	IU (N = 996)	Ehepartner pro	2.01**	3.65**	.121**
		Ehepartner contra	1.60^{-1}*	3.15^{-1}**	
		Freunde pro	1.86*		
USA	Clinton (N = 956)	Ehepartner pro	1.46**	2.51**	.172**
		Ehepartner contra	1.58^{-1}**	2.44^{-1}**	
		Verwandte pro		1.94**	
		Verwandte contra	1.20^{-1}*	1.87^{-1}**	
		Freunde pro		1.42*	
		Freunde contra		2.05^{-1}**	
		Sekundärbez. pro		1.44**	
		Sekundärbez. contra		1.67^{-1}**	
	Bush (N = 974)	Ehepartner pro	1.94**	2.67**	.197**
		Ehepartner contra	1.97^{-1}**	2.25^{-1}**	
		Verwandte pro	1.33**	1.81**	
		Verwandte contra		2.39^{-1}**	
		Freunde pro		2.41*	
		Sekundärbez. pro		1.36**	
		Sekundärbez. contra	1.20^{-1}*	1.56^{-1}**	
	Perot (N = 956)	Ehepartner pro	1.78**	3.39**	.250**
		Ehepartner contra		1.93^{-1}**	
		Verwandte pro		3.25**	
		Verwandte contra		1.56^{-1}**	
		Freunde pro	1.88**	2.37**	
		Freunde contra		1.52^{-1}*	
		Sekundärbez. pro		4.01**	

** P<.01, * P<.05, $^{+}$ P<.10

Anmerkung: Effektkoeffizienten für Konstanten und Prädispositionen sowie für insignifikante Indices der Intensität politischer Gespräche nicht wiedergegeben. Die angegebenen Werte für die Modellanpassung beziehen sich auf sämtliche Indices der Intensität politischer Gespräche einschließlich derjenigen, die aufgrund insignifikanter Koeffizienten in der Tabelle nicht ausgewiesen sind.

Besonders hervorzuheben ist aber auch, daß im Rahmen vertrauensvoller Beziehungen auch politische Unterhaltungen mit bloßen Bekannten Konsequenzen für die Entscheidungen pro oder contra Clinton hatten. Allgemein ist festzustellen, daß sich die amerikanischen Ergebnisse nur der Tendenz nach mit den Befunden Kennys (1994) decken. Diskussionen im Rahmen von Sekundärbeziehungen wirkten sich in den USA in der Tat - außer bei der erwähnten Ausnahme - ausschließlich dann auf Wahlentscheidungen aus, wenn die Diskutanten von den Wählern als vertrauenswürdig erachtet wurden. Lediglich Ehepartner und Verwandte konnten auch unter der Bedingung größeren subjektiv empfundenen Dissenses relevante Quellen für interpersonale Einflüsse sein. Die Bedeutung von Freunden war jedoch zumindest hinsichtlich der Wahl von Clinton oder Bush ebenfalls an die Wahrnehmung politischer Übereinstimmung gebunden - eine Beobachtung, die den Befunden Kennys widerspricht. Ebenfalls nicht im Einklang mit den Schlußfolgerungen dieser Studie steht, daß das Ausmaß des Vertrauens in keiner der Primärbeziehungen irrelevant war. Auch Informationen von Ehepartnern, Verwandten und Freunden wurden stets mit größerer Wahrscheinlichkeit akzeptiert, wenn die Empfänger der Meinung waren, daß Gespräche mit diesen Partnern eher konsensuell verliefen.

Auch in den anderen Gesellschaften finden sich kaum Indizien für die Annahme, daß das Kriterium des interpersonalen Vertrauens für Einflüsse im Rahmen von Primärbeziehungen nicht oder auch nur weniger bedeutsam sei. Genauso auffällig ist andererseits, daß vor allem in Ostdeutschland, punktuell aber auch in Großbritannien und Spanien Einflüsse im Rahmen von Sekundärbeziehungen auch durch geringeres Vertrauen keineswegs völlig blockiert wurden. Tatsächlich scheint gerade bei Sekundärbeziehungen der Grad der politischen Übereinstimmung zum Teil sogar ohne Belang zu sein, wie bei der Wahl der CDU in den neuen Bundesländern, oder sogar eine den Erwartungen entgegengesetzte Wirkung zu haben, wie in Großbritannien bei Bekannten, welche gegen die Labour Party argumentierten, und in Spanien bei Bekannten, die für die PP eintraten. Insgesamt bilden diese nicht mit den Erwartungen vereinbaren Befunde jedoch die Ausnahme vom ansonsten klaren Trend stärkerer Effekte unter der Bedingung konsensueller, d.h. durch Vertrauen gekennzeichneter Beziehungen.

8.4.2 Expertise

Zur These, daß Einflüsse von Informanten begünstigt werden, wenn ihnen die Empfänger ihrer Informationen ein hohes Maß an politischer Expertise zuschreiben, liegen nur wenige, zudem widersprüchliche Befunde vor. In der experimentellen Untersuchung von Lupia/McCubbins wurde offenbar, daß Personen sich von Überzeugungsbotschaften eher beeinflussen ließen, wenn sie deren Quellen – in diesem Fall Medienpersönlichkeiten - für politisch kenntnisreich hielten (Lupia/McCubbins 1998: 184-201). Ob das Ausmaß des politischen Wissens, das einer Informationsquelle zugeschrieben wird, auch die Stärke interpersonaler Einflüsse auf Wahlentscheidungen moderiert, untersuchten Huckfeldt/Sprague für nicht-verwandte Diskutanten. Das Ergebnis dieser Analyse war negativ: Ob Gesprächspartnern politische Expertise zugeschrieben wurde oder nicht, machte für ihr Einflußpotential keinen Unterschied (Huckfeldt/Sprague 1995: 173-5). Änderungen von Wahlentscheidungen wurden von kompetenten Bekannten hingegen sehr wohl stärker beeinflußt als von Diskutanten, die als weniger bewandert gesehen wurden (Kenny 1998).

Ein Vergleich der Einflüsse von Ehepartnern, engen Freunden und Bekannten auf Änderungen der Parteibindungen deutete überdies darauf hin, daß die Kompetenz, die einem Diskutanten zugeschrieben wird, nicht nur eine wesentliche Bedingung für dessen Einflußpotential darstellt, wenn es sich um eine nicht-intime Beziehung handelt, sondern auch eine Voraussetzung für Einflüsse von Freunden und Ehepartnern ist. Lediglich Kontakte mit engen Freunden wirkten sich auf politische Orientierungen auch dann aus, wenn diese nicht als politisch sachverständig gesehen wurden (Kenny 1994). Auf ein allgemein gesteigertes Einflußpotential von Diskutanten, die als politisch kompetent wahrgenommen werden, weist auch ein Befund von Robinson hin: Dieser Untersuchung zufolge erhöhte sich der Einfluß von - nach Beziehungstyp nicht weiter differenzierten - Diskutanten auf Wahlentscheidungen, wenn diese von Wählern als politisch besonders aufmerksam eingeschätzt wurden (Robinson 1976: 313-4). Auf komplexe Weise scheint auch das wahrgenommene politische Interesse nicht-verwandter Diskutanten sowohl im Hinblick auf Wahlentscheidungen als auch auf deren Änderungen eine Rolle zu spielen: Wenn Partner als interessiert eingeschätzt wurden, erhöhte sich ihr politischer Einfluß, und zwar insbesondere auf Wähler, die selbst eher uninteressiert waren. Sichtbar wurde hier also ein Muster der Meinungsführerschaft und Meinungsgefolgschaft: "[W]here levels of interest vary between discussants, the more interested citizen is likely to exercise more influence in the relationship." (Huckfeldt/Sprague 1995: 180; siehe auch Kenny 1998)

Analog der Vorgehensweise bei der Analyse der Auswirkungen des politischen Vertrauens soll im folgenden untersucht werden, ob und wie der Grad der politischen Expertise, die Gesprächspartnern zugeschrieben wurde, deren Einflußpotential moderierte. Großbritannien kann in diesen Untersuchungsschritt nicht einbezogen werden, weil dort keine Wahrnehmungen der politischen Kenntnisse von Netzwerkpartnern erhoben wurden. Die in den Abschnitten 8.2 und 8.3 verwandten Indices der politischen Gesprächsintensität werden für diese Analyse danach weiter untergliedert, ob den Diskutanten ein hohes oder aber nur ein geringes bis durchschnittliches Maß politischen Wissens zugeschrieben wurde (vgl. Tabellen 6-6 und 6-7).[4] Aufgrund zu geringer Fallzahlen müssen Sekundärbeziehungen wiederum zusammengefaßt werden. Aus demselben Grund können in Deutschland nur Entscheidun-

---

4　In Spanien wurden auch Diskutanten mit durchschnittlichen politischen Kenntnissen der Kategorie hoher Kenntnisse zugeordnet, weil sich in der Stichprobe zu wenige Diskutanten mit hoher Kompetenz befanden (vgl. Tabelle 6-6), was bei den Analysen zu gravierenden Fallzahlproblemen geführt hätte.

gen für oder gegen die beiden Großparteien analysiert werden. Tabelle 8-6 enthält die wesentlichen Befunde der logistischen Regressionsanalysen. Offenkundig bestehen bezüglich der Konsequenzen der den Diskutanten zugeschriebenen politischen Expertise weit weniger deutliche Regelmäßigkeiten als hinsichtlich des politischen Vertrauens. Auch führt die Differenzierung der Diskutanten nach politischer Kompetenz bei keinem der Modelle zu einer nennenswerten weiteren Verbesserung der Anpassungsgüte (vgl. Tabelle 8-1). Wie die Analyse der Konsequenzen der subjektiven Übereinstimmung mit den Diskutanten gibt auch die Differenzierung nach der politischen Kompetenz der Diskutanten einigen Zusammenhängen, die aufgrund zu pauschaler Modellspezifikation unerkannt blieben, die Chance, zutrage zu treten. So wird erneut deutlich, daß die Bedeutung der Sekundärbeziehungen in den USA durch die pauschalere Betrachtungsweise unterschätzt wurde.

Tabelle 8-6: *Effekte politischer Gespräche auf Wahlentscheidungen nach wahrgenommener politischer Kompetenz der Diskutanten (EXP(B))*

			Politische Kompetenz		ΔKPR^2
			Gering	Hoch	
Westdeutschland	CDU/CSU (N = 882)	Ehepartner pro	2.19**		.042**
		Ehepartner contra	1.59^{-1}*		
		Verwandte pro		1.79*	
		Freunde contra	1.39^{-1}*		
	SPD (N = 863)	Ehepartner pro	1.81*		.038**
		Ehepartner contra	1.74^{-1}*		
		Verwandte pro	2.05**		
		Freunde pro		1.84*	
		Freunde contra	1.34^{-1}*		
Ostdeutschland	CDU (N = 483)	Ehepartner pro	1.39*	1.35$^+$	.100**
		Ehepartner contra	1.70^{-1}**	2.00^{-1}**	
		Verwandte pro	1.27*		
		Sekundärbez. pro	1.21*	1.24*	
		Sekundärbez. contra		1.35^{-1}*	
	SPD (N = 483)	Ehepartner pro	2.10**	2.89**	.149**
		Verwandte pro	1.61*		
		Verwandte contra	1.38^{-1}*		
		Freunde contra		1.51^{-1+}	
		Sekundärbez. pro		1.48**	
		Sekundärbez. contra		1.72^{-1}**	
Spanien	PSOE (N = 993)	Ehepartner pro	5.11**	2.98**	.116**
		Ehepartner contra	2.20^{-1}**	2.09^{-1}**	
		Verwandte contra		3.32^{-1}**	
	PP (N = 1034)	Ehepartner pro	3.90**	3.05**	.103**
		Ehepartner contra	6.63^{-1}**	2.04^{-1}**	
		Verwandte pro		3.91**	
		Freunde pro		3.06**	
		Sekundärbez. pro	9.70**		
	IU (N = 993)	Ehepartner pro	11.83**		.127**
		Ehepartner contra	2.35^{-1}*	1.70^{-1}**	
		Verwandte pro		3.11**	
		Freunde pro		2.11**	

USA	Clinton	Ehepartner pro	1.94**	1.52*	.137**
	(N = 957)	Ehepartner contra	1.84^{-1}**	1.92^{-1}**	
		Verwandte pro	1.43**		
		Verwandte contra		1.75^{-1}**	
		Freunde pro		1.43*	
		Freunde contra	1.41^{-1}**		
		Sekundärbez. pro		1.59**	
		Sekundärbz. contra		1.20^{-1}*	
	Bush	Ehepartner pro	2.03**	2.53**	.175**
	(N = 973)	Ehepartner contra	2.05^{-1}**	2.20^{-1}**	
		Verwandte pro	1.30*	1.70*	
		Sekundärbez. pro	1.20*	1.29*	
		Sekundärbz. contra	1.27^{-1}**	1.43^{-1}**	
	Perot	Ehepartner pro	2.28**	1.99**	.183**
	(N = 957)	Ehepartner contra	1.28^{-1}*		
		Verwandte pro	1.44**	1.78**	
		Verwandte contra	1.26^{-1}**		
		Freunde pro	1.99**		
		Freunde contra	1.33^{-1}*		
		Sekundärbez. pro	1.47**		
		Sekundärbz. contra		1.22^{-1}*	

** P<.01, * P<.05, $^+$ P<.10

Anmerkung: Effektkoeffizienten für Konstanten und Prädispositionen sowie für insignifikante Indices der Intensität politischer Gespräche nicht wiedergegeben. Die angegebenen Werte für die Modellanpassung beziehen sich auf sämtliche Indices der Intensität politischer Gespräche einschließlich derjenigen, die aufgrund insignifikanter Koeffizienten in der Tabelle nicht ausgewiesen sind.

Klare Muster lassen sich auf den ersten Blick kaum ausmachen. Die erwartete Regelmäßigkeit, daß kenntnisreiche Diskutanten weitgehend unabhängig vom Beziehungstyp einflußreicher seien als weniger kenntnisreiche Diskutanten, kann allenfalls als leichte Tendenz aufgefunden werden, und selbst dies auch nur in einem Teil der untersuchten Gesellschaften. Bei den in Ostdeutschland und in den USA aufgedeckten Zusammenhangsmustern gibt es einen leichten Überhang dergestalt, daß kompetentere Diskutanten im Vergleich zu weniger kompetenten Diskutanten etwas häufiger einflußreicher als einflußärmer waren. In Spanien, insbesondere aber in Westdeutschland bestand jedoch ein entgegengesetzter Trend. In Westdeutschland ist das Bild insgesamt deutlich klarer als in allen anderen Gesellschaften. Freilich widerspricht es dort diametral den Erwartungen.

Eine genauere, nach Beziehungen differenzierende Inspektion enthüllt einige weitere, freilich ebenfalls nicht sehr scharfkonturige Trends. So waren gerade Ehepartner zumeist einflußreicher, wenn sie als kenntnisärmer eingeschätzt wurden. Dieses Muster findet sich in Westdeutschland und Spanien, kennzeichnet aber auch die Einflüsse auf die Wahl von Clinton und von Perot in den USA. Im Gegensatz dazu wuchs in den neuen Bundesländern die Bedeutsamkeit von Diskussionen mit Ehepartnern für Wahlentscheidungen tendenziell mit der Kompetenz, die diesen zugeschrieben wurde. Vergleichsweise deutlich ist das Bild auch im Hinblick auf

Gespräche mit nicht-intimen Bekannten. Sofern sich hier Effekte zeigten, waren sie in der Mehrzahl stärker bei Diskutanten, denen ein höheres Maß an politischem Verständnis zugeschrieben wurde. Vor allem für Sekundärbeziehungen bewahrheitet sich also zumindest der Tendenz nach die Ausgangsthese, daß eine hohe Kompetenzzuschreibung dem politischen Einfluß durch die interpersonale Kommunikation förderlich sei. Sichtbar wird dieser Trend in Ostdeutschland und - insoweit die Befunde Kennys (1994, 1998) bestätigend - in den USA.

Wir können die Analyse der Auswirkungen der den Diskutanten zugeschriebenen Expertise noch einen Schritt weiter treiben, indem wir die komplementären Konzepte der Meinungsführerschaft und Meinungsgefolgschaft aufgreifen und fragen, ob der behauptete größere Einfluß kompetenter Gesprächspartner deutlicher zum Vorschein kommt, wenn wir Experten und Novizen getrennt analysieren. Zu erwarten wäre, daß Novizen eine besonders ausgeprägte Neigung aufweisen, sich bei ihren Wahlentscheidungen an Diskutanten zu orientieren, bei denen sie hohen politischen Sachverstand vermuten. Wie Tabelle 8-7 belegt, ist jedoch eher das Gegenteil der Fall.[5] In der großen Mehrzahl der Fälle, in denen Effekte politischer Gespräche auf die Wahlentscheidungen von Novizen erkennbar werden, wurden diese nicht mit Diskutanten geführt, denen die Novizen besondere Kompetenz zuschrieben. Die meisten Einflüsse auf die politischen Entscheidungen der Novizen gingen vielmehr von Diskutanten aus, die aus der Sicht der Informationsempfänger ebenfalls nicht über ausgeprägte politische Kenntnisse verfügten. In Westdeutschland waren für die Wahlentscheidungen der Novizen ausnahmslos nur Gespräche mit solchen gleichfalls eher apolitischen Diskutanten von Bedeutung, in den USA galt dasselbe für die Wahl von Perot. Demgegenüber zeigte sich bei den Entscheidungen für oder gegen Clinton und Bush am ehesten das erwartete Muster. Ob Novizen für oder gegen einen der beiden Parteikandidaten votierten, hing stark von Gesprächen mit Personen ab, die aus Sicht dieser Wähler viel von Politik verstanden. Bei diesen Entscheidungen scheinen am ehesten Prozesse der Orientierung an und der Beeinflussung durch Meinungsführer eine Rolle gespielt zu haben. Insoweit bekräftigt dieses Ergebnis für amerikanische Wähler den erwähnten Befund von Huckfeldt/Sprague (1995: 178-80).

Insgesamt sehr viel häufiger als die Novizen, bei denen dies am ehesten erwartet worden war, wurden die Experten durch Diskutanten beeinflußt, die sie für politisch kenntnisreich hielten. Insbesondere hinsichtlich der Wahl der CDU/CSU in Westdeutschland und der SPD in West- und in Ostdeutschland, aber auch der Wahl von Clinton und Bush in den USA waren für die politisch stärker involvierten Bürger Informationen am wichtigsten, die von Personen stammten, die aus ihrer Sicht sehr sachverständig waren. Zusammengenommen sprechen die Ergebnisse dieser Analyse nur sehr eingeschränkt für die Vorstellung, daß interpersonaler Einfluß vorwiegend von kompetenten Meinungsführern auf politisch weniger bewanderte Meinungsfolger ausgeübt wird. Lediglich bei den Kandidaten der Parteien in den USA

---

5 Aufgrund zu geringer Fallzahlen muß auch die IU aus dieser Analyse ausgeschlossen werden.

läßt sich ansatzweise ein solches Muster diagnostizieren. Aber selbst dort schließt es nur partiell auch die Ehepartner ein. Die in den europäischen Gesellschaften gefundenen Zusammenhangsmuster sprechen eher für eine andere Interpretation: Interpersonaler Einfluß scheint dort vorwiegend eine Angelegenheit von Personen zu sein, die einander im Hinblick auf ihren politischen Sachverstand ähnlich sind. Novizen werden vorwiegend von Diskutanten beeinflußt, die ebenfalls politisch eher wenig involviert sind. Die Wahlentscheidungen der Experten sind bemerkenswerterweise durchaus ebenfalls sensibel für Stellungnahmen von Diskutanten, von denen diese selbst annehmen, daß sie nicht allzuviel über politische Vorgänge wissen. Häufiger als Novizen werden Experten aber auch von Personen beeinflußt, die politisch wie sie selbst überdurchschnittlich kompetent sind.

Tabelle 8-7: *Politische Gespräche und Wahlentscheidungen nach wahrgenommener politischer Kompetenz der Diskutanten und politischer Involvierung (EXP(B))*

			Novizen		Experten	
		Politische Kompetenz	Gering	Hoch	Gering	Hoch
Westdeutschland	CDU/CSU	Ehepartner pro	2.18**		2.54**	
		Ehepartner contra	2.57^{-1}**			
		Verwandte pro				2.69*
		Freunde contra	2.00^{-1}**			
		Sekundärbez. pro	1.39$^+$			
		ΔKPR^2 (N)	.055** (410)		.032** (472)	
	SPD	Ehepartner pro	2.61*			
		Ehepartner contra	2.52^{-1}*			
		Verwandte pro	2.79*		2.01$^+$	3.85*
		Verwandte contra	2.01^{-1+}			1.77^{-1}*
		Freunde pro	1.63$^+$			1.69$^+$
		Freunde contra			1.47^{-1+}	
		ΔKPR^2 (N)	.052** (399)		.028** (464)	
Ostdeutschland	CDU	Ehepartner pro			2.53**	1.86*
		Ehepartner contra	1.63^{-1}*	2.01^{-1}*		2.76^{-1}*
		Verwandte pro	1.46*			
		Verwandte contra			2.41^{-1+}	
		Sekundärbez. pro		1.51*	1.44*	
		Sekundärbz. contra				1.47^{-1}**
		ΔKPR^2 (N)	.072** (241)		.142** (242)	
	SPD	Ehepartner pro	2.33*	3.51**	2.06*	2.94**
		Ehepartner contra				2.26^{-1}*
		Verwandte pro	1.75$^+$		2.54*	
		Verwandte contra	1.65^{-1+}			
		Freunde contra				1.65^{-1+}
		Sekundärbez. pro	1.63*			1.58**
		Sekundärbz. contra				1.88^{-1}**
		ΔKPR^2 (N)	.129** (241)		.188** (242)	

8 Interpersonale Kommunikation und Wahlentscheidungen

Spanien	PSOE	Ehepartner pro	10.03**	6.65**	3.47**	2.25**
		Ehepartner contra	2.47^{-1*}	2.60^{-1**}	1.77^{-1+}	1.78^{-1*}
		Verwandte pro		2.61$^+$		
		Verwandte contra		3.26^{-1*}		4.30^{-1**}
		ΔKPR² (N)		.121** (489)		.100** (493)
	PP	Ehepartner pro	4.41**	2.15$^+$	3.96**	3.98**
		Ehepartner contra	8.86^{-1*}	2.30^{-1+}	4.19^{-1*}	1.89^{-1+}
		Verwandte pro			4.93^{-1**}	9.98**
		Verwandte contra		2.04^{-1+}		1.73$^+$
		Freunde pro		2.39$^+$		4.83**
		Freunde contra				4.25^{-1+}
		Sekundärbez. pro	57.04*			
		ΔKPR² (N)		.100** (514)		.118** (509)
USA	Clinton	Ehepartner pro	1.97**	2.65*	2.09**	
		Ehepartner contra	2.09^{-1**}	1.86^{-1*}	1.57^{-1**}	1.83^{-1**}
		Verwandte pro	1.44*	1.48$^+$	1.53**	
		Verwandte contra		1.76^{-1*}		1.66^{-1**}
		Freunde pro				1.87**
		Freunde contra	1.64^{-1*}			
		Sekundärbez. pro		1.57*		1.69**
		Sekundärbz. contra		1.34^{-1*}		
		ΔKPR² (N)		.142** (460)		.127** (497)
	Bush	Ehepartner pro	2.22**	2.06*	2.06**	3.66**
		Ehepartner contra	2.52^{-1**}	3.42^{-1**}	1.65^{-1*}	1.72^{-1*}
		Verwandte pro		1.58*	1.48*	1.81**
		Freunde contra				1.78^{-1*}
		Sekundärbez. pro	1.24$^+$	1.57**	1.21$^+$	
		Sekundärbz. contra	1.38^{-1**}	1.54^{-1*}		1.43^{-1*}
		ΔKPR² (N)		.191** (467)		.158** (506)
	Perot	Ehepartner pro	2.96**	2.35**	1.82**	1.62*
		Ehepartner contra			1.55^{-1*}	
		Verwandte pro	2.17**			2.92**
		Verwandte contra			1.32^{-1*}	1.30^{-1*}
		Freunde pro	2.21**		1.89*	2.74*
		Freunde contra			1.68^{-1**}	1.57^{-1+}
		Sekundärbez. pro	1.44*		1.53*	1.56$^+$
		Sekundärbz. contra				1.25^{-1*}
		ΔKPR² (N)		.181** (460)		.207** (497)

** P<.01, * P<.05, $^+$ P<.10

Anmerkung: Effektkoeffizienten für Konstanten und Prädispositionen sowie für insignifikante Indices der Intensität politischer Gespräche nicht wiedergegeben. Die angegebenen Werte für die Modellanpassung beziehen sich auf sämtliche Indices der Intensität politischer Gespräche einschließlich derjenigen, die aufgrund insignifikanter Koeffizienten in der Tabelle nicht ausgewiesen sind.

Verschiedene beschreibende Studien haben bereits aufgezeigt, daß die interpersonale Kommunikation in struktureller Hinsicht überwiegend nicht der Vorstellung der Columbia-Studien entspricht. Diese waren davon ausgegangen, daß sie primär den Charakter einseitiger Informationsflüsse zwischen Meinungsführern und Meinungsfolgern trage. Tatsächlich lassen sich die meisten politischen Gespräche jedoch eher als Prozesse des wechselseitigen Austausches (*opinion sharing*) beschreiben, der gewissermaßen auf gleicher Augenhöhe stattfindet (Trohldahl/van Dam 1965; Robinson 1976; Schenk 1985, 1993). Unsere Befunde deuten darauf hin, daß diese Kennzeichnung nicht nur als Beschreibung der Struktur der interpersonalen Kommunikation zutreffend ist, sondern auch auf die Einflußprozesse ausgedehnt werden kann, die im Rahmen dieser Kommunikationsstrukturen ablaufen. Möglicherweise hat Chaffee recht, wenn er vermutet, daß Einflüsse durch die interpersonale Kommunikation am wahrscheinlichsten werden, "when two people are about on a par insofar as the topic under discussion is concerned. If one is clearly more 'expert' than the other, interpersonal discussion is inhibited because of the social disadvantage this situation poses for the less informed person." (Chaffee 1972: 98-9)

8.5 Einflüsse der interpersonalen Kommunikation auf Wahlentscheidungen

8.5.1 Methodische Vorbemerkungen

Der nachfolgende Abschnitt hat mehrere Ziele. Das erste und wichtigste Ziel besteht darin, genaue Angaben über die Größe der wahlpolitischen Einflüsse der verschiedenen Formen der interpersonalen Kommunikation zu machen. Gegenstand der vorangegangenen Abschnitte waren Effekte der interpersonalen Kommunikation im statistischen Sinn. Jenseits der bloßen Feststellung ihrer Existenz wurde jedoch noch nichts über die eigentlichen Einflüsse selbst ausgesagt. Wie bereits mehrfach ausgeführt, wollen wir allgemein dann von wahlpolitischem "Einfluß" sprechen, wenn Informationen, denen ein Wähler durch Informationsquellen ausgesetzt wird, diesen dazu veranlassen, anders zu stimmen, als er gestimmt hätte, wenn ihn diese Informationen nicht erreicht hätten (siehe Abschnitte 2.3.4 und 4.2). Ein Maß für die Größe des so definierten Einflusses ist die Differenz zwischen der Wahrscheinlichkeit einer bestimmten Wahlentscheidung bei einzelnen Wählern (bzw. der relativen Häufigkeit bei einem Wähleraggregat), die einer bestimmten Einflußquelle ausgesetzt waren, und bei Wählern, die dieser Einflußquelle nicht ausgesetzt waren, die sich aber in anderer Hinsicht nicht von der erstgenannten Wählerkategorie unterscheiden (Dahl 1957: 205-7, 1973: 46-7). Derartige Wahrscheinlichkeiten lassen sich anhand von Logit-Modellen in Form von Vorhersagewerten schätzen (Urban 1993: 46-51). Auf diese Weise kann anschaulich demonstriert werden, wie sich die Wahrscheinlichkeit, mit der ein Wähler für oder gegen eine Partei oder einen Kandidaten stimmte, in Abhängigkeit von der Intensität veränderte, mit der er mit bestimmten Arten von Partnern politische Gespräche führte.

Eine wichtige Eigenheit von Logit-Modellen besteht darin, daß die Höhe dieser geschätzten Wahrscheinlichkeiten nicht nur von der jeweils betrachteten unabhängigen Variablen selbst bestimmt wird, sondern auch von den Ausprägungen aller anderen unabhängigen Variablen. Interaktionseffekte sind bei Logit-Modellen also gleichsam modellimmanent "eingebaut" (Zaller 1992: 137; siehe auch Jagodzinski/Kühnel 1990: 28-36). Die geschätzten Wahrscheinlichkeiten lassen sich daher nicht in allgemeingültiger Weise bestimmen, sondern immer nur als konditionale Wahrscheinlichkeiten für bestimmte Kategorien von Wählern, die durch Kombinationen je spezifischer Ausprägungen aller unabhängigen Variablen definiert sind. Dies kompliziert die Analyse, weil einfache quantifizierende Aussagen über die Auswirkungen einzelner unabhängiger Variablen wie bei der linearen Regression, die sowohl allgemeingültig als auch anschaulich sind, nicht ohne weiteres getroffen werden können.

Man kann aus dieser Not jedoch auch eine Tugend machen, indem man diese Eigenschaft der logistischen Regressionen ausnutzt, um das zweite Ziel dieses Abschnitts einzulösen. Es besteht darin, die im RAS-Modell enthaltene, durch das Resistenz-Axiom ausgedrückte These zu testen, daß sich Wähler durch Informationen, die mit ihren Prädispositionen konsistent sind, eher beeinflussen lassen als durch Informationen, die mit diesen Prädispositionen inkonsistent sind. Trifft diese These zu, dann sind Aktivierungen von Wählern stets wahrscheinlicher als Konversionen. Über die allgemeine Frage hinaus, ob sich Muster finden, die den Erwartungen des Resistenz-Axioms entsprechen, soll dabei auch der spezifischeren Problemstellung nachgegangen werden, welche Bedeutung die verschiedenen Arten von Prädispositionen bei Prozessen der politischen Beeinflussung im Rahmen der interpersonalen Kommunikation hatten. Zusätzlich zur selektiven Akzeptanz soll überdies auch der möglichen Bedeutung der selektiven Rezeption bei der Entstehung politischen Einflüsse in geeigneter Weise Rechnung getragen werden.

Die beiden Fragestellungen sollen im folgenden gemeinsam angegangen werden. Es wird analysiert, wie unterschiedliche Intensitäten politischer Gespräche mit Diskutanten verschiedenartiger Beziehungsqualitäten und politischer Präferenzen die geschätzten Wahrscheinlichkeiten bestimmter Wahlentscheidungen für die Mitglieder ausgewählter Kategorien von Wählern verändert haben. Diese Kategorien werden durch Kombinationen von Prädispositionen definiert. Maßgebliches Kriterium der Kategorienbildung ist nicht die quantitative Relevanz dieser Wählergruppen im Sinne ihrer Anteile am Gesamtelektorat. Die Kategorien sind vielmehr als Idealtypen zu verstehen, die in ihrer Gesamtheit eine Rangordnung der Prägekraft von Prädispositionen für individuelle Wahlentscheidungen abbilden sollen. Selbstverständlich werden dabei nicht alle vorkommenden Kombinationen zwischen Prädispositionen erschöpfend berücksichtigt. Die Pole der Rangordnung werden durch Kombinationen von Prädispositionen bestimmt, die auf der einen Seite allesamt die Wahl der jeweils analysierten Partei oder des Kandidaten begünstigen und auf der entgegengesetzten Seite der Wahl der betreffenden Partei bzw. des Kandidaten konsistent entgegenwirken. Sie sind also dadurch gekennzeichnet, daß die spezifische Kombination von Prädispositionen am einen Pol zu einer möglichst hohen, am Gegenpol hingegen zu einer möglichst geringen Ausgangswahrscheinlichkeit der Wahl der jeweils analysierten Partei bzw. des Kandidaten führt. Die dazwischenliegenden Kategorien werden durch graduelle Abstufungen definiert. Dabei wird davon ausgegangen, daß die Parteiidentifikation die wichtigste Prädisposition darstellt, gefolgt von kulturellen und schließlich von strukturellen Prädispositionen. Folglich orientiert sich die Rangordnung jeweils an dem Prinzip, daß an den Polen alle drei Typen von Prädispositionen gleichgerichtet wirksam sind und die Wahl einer Partei gemeinsam begünstigen oder ihr entgegenwirken. Graduell absteigend wird dann zuerst die Wirkung der Parteiidentifikation aufgehoben, gefolgt von den kulturellen Prädispositionen und schließlich den strukturellen Prädispositionen. Die Skalenmitte bilden jeweils Wähler, die durch Prädispositionen nur geringfügig oder gar nicht zu einer bestimmten Partei hin gedrängt oder von ihr weggezogen werden.

Dies sei anhand eines Beispiels verdeutlicht: Hinsichtlich der Wahl der CDU/CSU ist es bei Anwendung dieser Regeln sinnvoll, fünf Wählerkategorien zu betrachten. Den am stärksten der Union zugeneigten Pol der Rangfolge konstituieren katholische Wähler, die sich selbst ideologisch rechts oder in der Mitte einordnen und eine affektive Bindung an die CDU/CSU empfinden (Kategorie I: 15 Prozent aller Wähler). Bei der zweiten Gruppe handelt es sich um Wähler, die ebenfalls katholisch sind und im selben ideologischen Spektrum ihre politische Heimat sehen, die sich aber nicht mit der CDU/CSU identifizieren (Kategorie II: 10 Prozent). Die neutralste Kategorie bilden parteiunabhängige Wähler, die nicht der Katholischen Kirche angehören, aber auch keine Linken sind (Kategorie III: 13 Prozent). Linke, parteipolitisch ungebundene Nicht-Katholiken formen die vierte Gruppe, und der am stärksten von der CDU/CSU abgewandte Pol der Rangfolge wird gebildet durch Personen, die nicht katholisch sind, sich ideologisch links einstufen und sich mit einer anderen Partei als der Union identifizieren (Kategorien IV und V: 4 bzw. 13 Prozent). In ähnlicher Weise wurden auch für alle anderen Parteien und Kandidaten durch Kombinationen von Prädispositionen Rangordnungen von Wählerkategorien gebildet.[6]

Für jede der auf diese Weise definierten Wählergruppen, die, auf der Basis von Tabelle 5-12, für jede Partei und jeden Kandidaten anders aussehen, wurde durch eine Serie von Simulationen bestimmt, wie Gespräche mit den Diskutanten, die in Abschnitt 8.2 anhand der dort explizierten inferenzstatistischen Kriterien als einflußreich erkannt wurden, die Wahrscheinlichkeit der Wahl der verschiedenen Parteien bzw. Kandidaten veränderten. Jeder relevante Typus politischer Gesprächspartner wurde einer gesonderten Analyse unterzogen. Die Werte für alle anderen Indices der Intensität politischer Gespräche wurden dabei jeweils auf die Mittelwerte fixiert. Basis der Analysen sind die vollständigen Regressionsgleichungen der in Abschnitt 8.2 diskutierten Analysen. Um die Auswertungen nicht übermäßig zu komplizieren und gleichzeitig Aussagen über alle untersuchten Parteien und Kandidaten zu ermöglichen, wurden die feiner ziselierten Analysen der Abschnitte 8.3 und 8.4 nicht als Grundlage gewählt.

Für jede Wählerkategorie und jede relevante Form interpersonaler Kommunikation wurden insgesamt vier verschiedene Simulationen durchgeführt. Dies sei an-

---

[6] Diese Logik kann für den unabhängigen Kandidaten Ross Perot in den USA nicht angewandt werden, da es in bezug auf ihn *per definitionem* keine begünstigenden Prädispositionen gibt. Die Kategoriendefinition für Perot orientiert sich an derjenigen für Bill Clinton.

8 Interpersonale Kommunikation und Wahlentscheidungen

hand von Schaubild 8-3 exemplarisch illustriert. Das Schaubild veranschaulicht den Einfluß von politischen Gesprächen mit Ehepartnern auf die Wahl der CDU/CSU, und zwar getrennt für Ehepartner, welche für die Union Stellung bezogen, und Ehepartner, die mit einer anderen Partei sympathisierten. Es zeigt, wie sich in den fünf durch unterschiedliche Prädispositionen definierten Wählerkategorien (I bis V) mit zunehmender Gesprächshäufigkeit die Wahrscheinlichkeit veränderte, für eine Unionspartei zu stimmen. Die ausschnittsweise sichtbare S-Form der Kurven ergibt sich aus der logistischen Funktion, die den Modellschätzungen zugrunde lag (Aldrich/Nelson 1984: 31-5; Zaller 1992: 132-7).

Entsprechend der Logik des RAS-Modells orientiert sich die Kalkulation der Wahrscheinlichkeitsunterschiede, die als Maß der Einflußstärken fungieren, nicht an der Basiskategorie sämtlicher Wähler, sondern immer nur an denjenigen Wählern innerhalb jeder der Kategorien, die *beeinflußbar* waren (Zaller 1992: 147). Es geht bei den Analysen in diesem Stadium nicht um die durch Informationen bewirkten absoluten Änderungen innerhalb jeder der Wählergruppen, sondern um die Veränderungsraten bezogen auf die Anteile derjenigen Mitglieder dieser Gruppen, deren Wahlentscheidungen in die jeweilige Richtung prinzipiell verändert werden konnten. Wird beispielsweise der Einfluß der Ehepartner auf Wählerkategorie I untersucht, so richtet sich die Problemstellung nicht auf die Frage, wieviele Mitglieder dieser Kategorie insgesamt durch Informationen dazu gebracht wurden, für oder gegen die Union zu stimmen (dieser Gesichtspunkt wird im nächsten Abschnitt aufgegriffen). Vielmehr wird für die unionsnahen Ehepartner berechnet, wieviele von den Wählern der Kategorie I, die nicht ohnehin bereits aufgrund ihrer Prädispositionen für die CDU/CSU stimmten, dieses aufgrund ihrer häuslichen Gespräche dann doch getan haben. Umgekehrt wird für die Ehepartner mit anderen Parteipräferenzen ermittelt, wie groß die Rate der Wähler in der Kategorie I war, die sich eigentlich - d.h. ohne Gespräche mit dem Ehepartner - für die Union entschieden hätten, die aber infolge dieser Diskussionen doch für eine andere Partei votierten.

In terminologischer Hinsicht ist zu rekapitulieren: Immer wenn es darum geht, daß Diskussionen Wähler dazu veranlassen, so zu stimmen, wie es in ihren Prädispositionen angelegt ist, auch wenn sie dies andernfalls nicht getan hätten, wird von Aktivierungen gesprochen. Weichen Wähler jedoch infolge ihrer politischen Gespräche von der politischen Linie ab, die durch ihre Prädispositionen vorgegeben ist, handelt es sich um Konversionen. Derselbe Terminus wird auch verwandt, wenn parteipolitisch neutrale Wähler durch die interpersonale Kommunikation in die eine oder andere Richtung bewegt werden (siehe Abschnitt 2.3.4). Für Schaubild 8-3 bedeutet dies: Bei den für die Union günstigen positiven Einflüssen unionsnaher Ehepartner handelt es sich im Hinblick auf Mitglieder der Wählerkategorien I und II um Aktivierungen, bezogen auf die Wählergruppen III bis V hingegen um Konversionen. Bei den negativen Einflüssen von Ehepartnern, die andere Parteien unterstützten, verhält es sich fast genau umgekehrt: Wähler der Kategorien I bis III werden konvertiert, solche aus den restlichen Kategorien hingegen aktiviert.

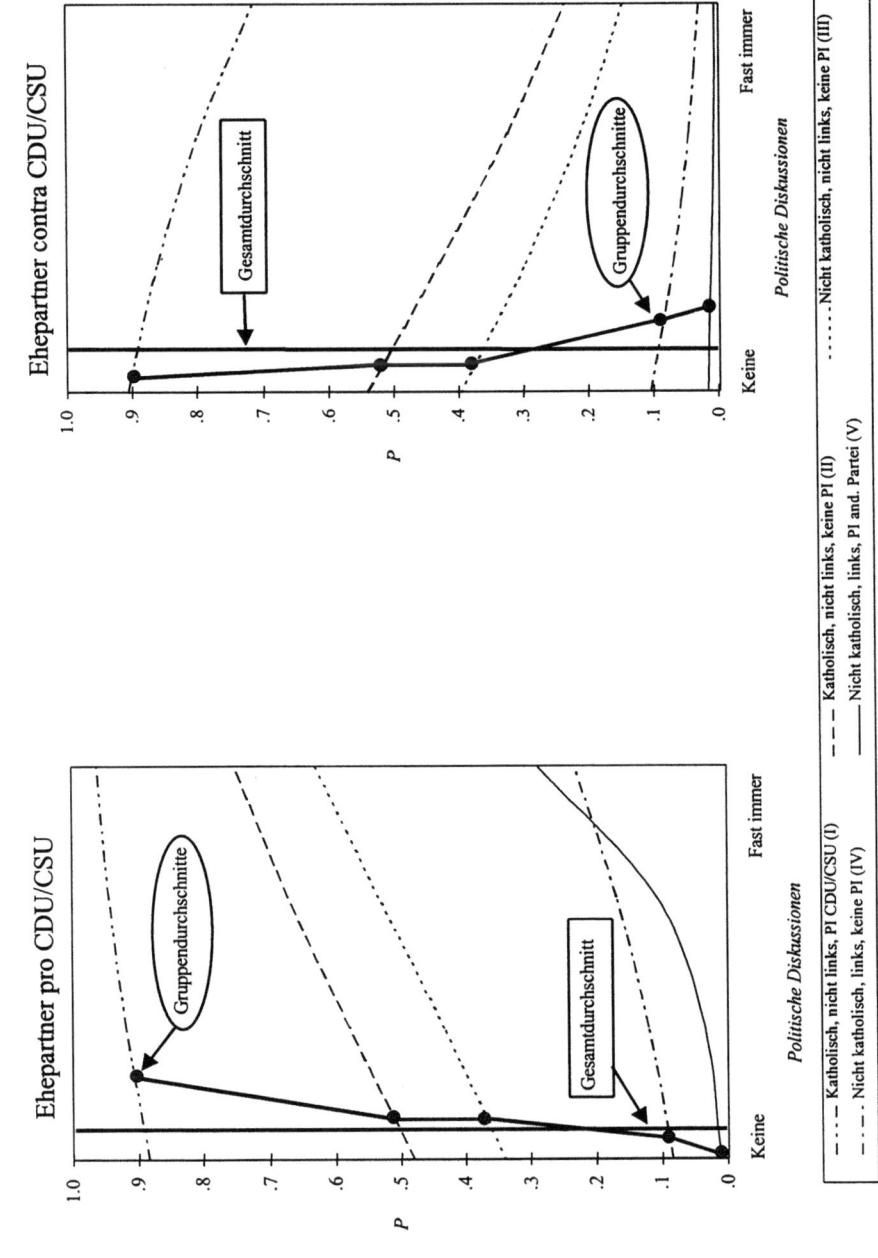

Schaubild 8-3: *Einflüsse der Ehepartner auf Wahl der CDU/CSU in Westdeutschland*

8 Interpersonale Kommunikation und Wahlentscheidungen

Die gruppenspezifischen Aktivierungs- und Konversionsraten, die vollständig in Tabelle 8-8 dokumentiert sind, werden stets für drei Intensitäten politischer Gespräche angegeben. Zunächst wird berechnet, wie groß die Einflüsse bei *maximaler* Exposition gegenüber der jeweiligen Informationsquelle sind (das Kürzel ME in Tabelle 8-8 steht für "*M*aximale *E*xposition"). Für Ehepartner heißt das: wenn sie sich - wie abgebildet in Schaubild 8-3 - nach eigenem Bekunden "fast immer" über Politik unterhalten. Für die anderen Arten von Beziehungen ist zusätzlich auch die Anzahl der Diskutanten zu berücksichtigen.[7] Maximale Exposition bedeutet dann, fast immer Gespräche mit der empirisch gefundenen Höchstzahl von Diskutanten des betreffenden Beziehungstyps und der betreffenden Parteipräferenz zu führen. Dieses Maß verdeutlicht das maximale Einfluß*potential* jeder der verschiedenen Erscheinungsformen der interpersonalen Kommunikation, dem in der Realität nur diejenigen Wähler ausgesetzt waren, die tatsächlich so intensiv Informationen der jeweiligen Herkunft rezipierten. In Bezug auf das Einflußpotential werden die Interaktionen mit den Prädispositionen der Wähler besonders markant sichtbar. In der empirischen Realität kam es allerdings äußerst selten vor, daß Wähler einen so intensiven Kontakt mit personalen Informationsquellen hatten. Die Größe des Einflußpotentials errechnet sich beispielsweise für Wähler der Kategorie I als Differenz zwischen der Wahrscheinlichkeit, als Mitglied dieser Gruppe die Union zu wählen, wenn überhaupt keine Gespräche mit einem unionsnahen Ehepartner geführt werden, und der Wahrscheinlichkeit, sie zu wählen, wenn fast immer Gespräche mit einem solchen Ehepartner geführt werden, bezogen auf jene 12 Prozent Wähler innerhalb von Kategorie I, die ohne Gespräche mit einem kongenialen Ehepartner von der Union abwandern würden. Analog wird bei allen anderen Wählerkategorien verfahren. Bei maximaler Exposition gegenüber den Überzeugungsbotschaften unionsnaher Ehepartner würden in Kategorie I zwei Drittel der aktivierbaren Wähler dazu veranlaßt werden, für die Union zu stimmen. Ein gutes Viertel der konvertierbaren 98 Prozent der Mitglieder von Kategorie V würde unter dem Einfluß des Ehepartners dieselbe Entscheidung treffen. Wenn Wähler der Kategorie I fast immer mit Ehepartnern sprachen, die gegen die Union eingestellt waren, dann verringerte sich ihre anderenfalls bei 91 Prozent liegende Wahrscheinlichkeit, für die CDU/CSU zu stimmen, auf 73 Prozent und damit um etwa ein Fünftel. Aus Kategorie V hätten sich ohne solche Diskussionen nur drei Prozent der Wähler für die CDU/CSU entschieden; gegen die Union argumentierende Ehepartner hatten jedoch das Potential, drei Viertel von diesen zu veranlassen, dies doch nicht zu tun.

Hinsichtlich der Chancen von Wählern, intensiv mit bestimmten Arten von Diskutanten in Kontakt zu kommen, ist die unterschiedliche Reichweite und "Massierung" der verschiedenen Formen der interpersonalen Kommunikation zu bedenken. Beispielsweise verhandeln wesentlich mehr Wähler politische Probleme mit Verwandten als mit Nachbarn. Überdies sprechen die Wähler im Schnitt auch mit einer größeren Anzahl von Verwandten als von Nachbarn (vgl. Tabellen 6-4 und 6-5). Bei

---

7 Technisch gesprochen wurden für die Simulationen die jeweils höchsten in der Stichprobe tatsächlich vorkommenden Werte der Indices der Intensität politischer Gespräche benutzt.

Ehepartnern ist die Zahl der möglichen Diskutanten sogar prinzipiell auf eine Person begrenzt. Außerdem divergieren die Chancen, mit Vertretern der unterschiedlichen parteipolitischen Positionen ins Gespräch zu kommen, und zwar sowohl im Hinblick auf den Kontakt selbst als auch auf die Zahl der möglichen Diskutanten (vgl. Tabelle 7-3). In einem zweiten Analyseschritt wird daher – bei prinzipiell gleichartiger Vorgehensweise - geschätzt, wie sich die als Wahrscheinlichkeiten ausgedrückten Raten von Aktivierungen und Konversionen bei insgesamt *durchschnittlicher* Exposition veränderten (Kürzel GD für "*G*esamt-*D*urchschnitt"). Schaubild 8-3 zeigt, daß die Durchschnitte der Gesprächsintensitäten mit unionsnahen und unionsfernen Ehepartnern für alle Wähler insgesamt weit unterhalb der maximalen Exposition lagen - und aufgrund der Vielfältigkeit der Parteipräferenzen der Ehepartner auch zwangsläufig liegen mußten. Die Differenzen zwischen den Einflüssen bei durchschnittlicher und bei maximaler Exposition geben einen Eindruck davon, wie weit im Aggregat die tatsächliche Bedeutung der betreffenden Diskutanten als Einflußquellen hinter ihrem Einflußpotential zurückblieb. Tabelle 8-8 ist zu entnehmen, daß von dem sehr beträchtlichen Einflußpotential stets nur ein Bruchteil in echten Einfluß umgesetzt wurde. Bei durchschnittlicher Exposition erhöhte sich die Aktivierungswahrscheinlichkeit in Gruppe I um neun Prozent und in den anderen Gruppen um entsprechend weniger. In Gruppe V blieb so gut wie kein Einfluß übrig. Für Ehepartner, die andere Parteien präferierten, ergab sich ein ziemlich genau spiegelbildliches Muster.

Der dritte Analyseschritt berücksichtigt die Möglichkeit der selektiven Rezeption. Möglicherweise weichen die *realen* Gruppendurchschnitte der einzelnen Wählerkategorien vom Gesamtdurchschnitt für alle Wähler ab (Kürzel RD für "*R*ealer *D*urchschnitt"), weil Wähler mit bestimmten Prädispositionen bevorzugt mit Personen derselben politischen Überzeugung diskutieren und Gesprächen mit Sympathisanten der politischen Konkurrenz aus dem Wege gehen. Schaubild 8-3 belegt, daß dies hinsichtlich der westdeutschen Ehepartner in der Tat sehr ausgeprägt der Fall war. Die politische Gesprächsintensität mit Ehepartnern, welche die CDU/CSU unterstützten, nahm fast linear zu, je ausgeprägter die Prädispositionen eines Wählers die Wahl der Union nahelegten, während umgekehrt die Diskussionsintensität mit Ehepartnern, die andere Parteien präferierten, abnahm. Wähler der Kategorie I diskutierten mit weit überdurchschnittlicher Häufigkeit mit politisch konkordanten Ehepartnern, kaum jedoch mit andersgesinnten Ehepartnern. Die im Hinblick auf Parteiidentifikationen ungebundenen Wählergruppen II und III unterschieden sich diesbezüglich hingegen nur wenig vom Durchschnitt aller Wähler. Für die Kategorien IV und vor allem V, d.h. die ideologisch links stehenden Wähler ohne oder mit Bindungen an eine andere Partei, galt mit umgekehrten Vorzeichen tendenziell dasselbe wie für Gruppe I. Das Moment der selektiven Rezeption zusätzlich in Rechnung stellend, erfahren wir, wie groß die Aktivierungen und Konversionen waren, welche politische Diskussionen tatsächlich in den verschiedenen Wählergruppen nach sich zogen. Der Vergleich zwischen den GD- und den RD-Werten verdeutlicht unmittelbar, wie groß die Bedeutung der selektiven Rezeption bei jedem Typus der

8 Interpersonale Kommunikation und Wahlentscheidungen

interpersonalen Kommunikation war. Als zusammenfassendes Signal für die Präsenz selektiver Rezeption fungiert in Tabelle 8-8 ein mit dem Kürzel SR (für "Selektive Rezeption") bezeichneter Indexwert. Angelehnt an die Logik des Chi^2-Maßes drückt er die Abweichung der RD- von den GD-Werten über alle Wählerkategorien aus.[8] Je größer SR, desto stärker die Abweichungen von RD gegenüber GD und damit die selektive Rezeption. Allerdings hat SR keine Aussagekraft im Hinblick auf das Muster der Abweichungen. Die in Tabelle 8-8 ausgewiesenen numerischen Ergebnisse zeigen, daß in Kategorie I die Quote der durch Ehepartner zugunsten der CDU/CSU aktivierten Wähler tatsächlich weit überdurchschnittlich war (22 Prozent statt 9 Prozent), während sich in den anderen Gruppen keine spürbaren Abweichungen ergaben. Damit steht fest, daß Gespräche mit unionsnahen Ehepartnern fast nur zu Aktivierungen, aber kaum zu Konversionen geführt haben. Für unionsferne Ehepartner galt wiederum spiegelbildlich dasselbe. Dieser Sachverhalt ist das Ergebnis der sich überlagernden, in dieselbe Richtung wirkenden Tendenzen der selektiven Rezeption und der selektiven Akzeptanz politischer Überzeugungsbotschaften.

8.5.2 Ergebnisse

Die Ergebnisse dieser Simulationen sind in Tabelle 8-8 dokumentiert. Es ist zweckmäßig, die Diskussion der umfangreichen und komplexen Befunde mit der zweiten Frage zu beginnen: In welcher Weise modierten politische Prädispositionen die Akzeptanz politischer Überzeugungsbotschaften im Rahmen der interpersonalen Kommunikation? In der exemplarischen Beschreibung der Befunde unserer Simulationen für westdeutsche Ehepartner, welche in Gesprächen für oder gegen die CDU/CSU eintraten, deutete sich im Grunde bereits die Antwort auf diese Frage an: Wenn die Informationen, die durch politische Gespräche vermittelt wurden, im Einklang mit den Prädispositionen ihrer Empfänger standen, dann wurden sie von diesen eher akzeptiert und fanden mit größerer Wahrscheinlichkeit einen Niederschlag im politischen Verhalten als bei Empfängern mit Prädispositionen, die mit diesen Überzeugungsbotschaften weniger oder gar nicht konsistent waren. Mitteilungen, die eine bestimmte Partei begünstigten, waren um so einflußreicher, je stärker eine Entscheidung für diese Partei bereits in den Prädispositionen des von ihnen erreichten Wählers angelegt war. Informationen, welche eine der konkurrierenden Parteien in positivem Licht erscheinen ließen, gingen gleichzeitig mit immer geringeren Einflußraten auf das Wählerverhalten einher. Dieses grundlegende Muster kennzeichnet mehr oder weniger deutlich ausgeprägt alle Arten von Rollenbeziehungen in den meisten Gesellschaften. Es gibt jedoch auch signifikante Ausnahmen.

Die individuellen Parteibindungen erwiesen sich stets als stärkster einflußfördernder oder -hemmender Faktor, während die strukturellen Prädispositionen der Wähler allein zumeist nur relativ geringe Auswirkungen auf die Akzeptanz oder

---

[8] GD wird als Erwartungswert und RD wird als beobachteter Wert interpretiert. Der Index SZ wird gebildet als Summe von $(RD-GD)^2/GD$ über alle Wählerkategorien.

Nichtakzeptanz politischer Informationen hatten. Eine sehr wichtige Rolle spielte allerdings in den USA die Hautfarbe. Selbst ohne Parteibindungen wurden afroamerikanische Wähler durch Gespräche mit Clinton-Anhängern sehr stark zu dessen Gunsten beeinflußt, während sie Informationen, welche Bush oder Perot begünstigten, ziemlich selten akzeptierten. Die Bedeutung der kulturellen Prädispositionen variierte. Ideologische Identifikationen moderierten die Einflüsse der interpersonalen Kommunikation in Spanien fast so wirksam wie affektive Bindungen an die politischen Parteien. In den USA war ihre Bedeutung hingegen vergleichsweise gering. Die ideologischen Standorte der Wähler hatten dort keine großen Konsequenzen für ihre Beeinflußbarkeit. Wertorientierungen besaßen im Hinblick auf den Einfluß von Überzeugungsbotschaften, welche die Grünen in Westdeutschland betrafen, eine zum Teil durchaus erhebliche fördernde oder hemmende Kraft. Insgesamt ziemlich schwach war die Moderatorwirkung politischer Prädispositionen allerdings in den neuen Bundesländern. Politische Gespräche jeglicher Richtung beeinflußten dort alle Wählergruppen ohne größere Abstufungen. Die deutlichsten - und in ihrer Richtung ebenfalls dem Resistenz-Axiom entsprechenden - Divergenzen zwischen Wählergruppen traten hinsichtlich der Wahl der Bündnisgrünen zutage.

Als Hauptbefund der Analyse kann somit festgehalten werden, daß stets Aktivierungen sehr viel wahrscheinlicher waren als Konversionen. Politische Überzeugungsbotschaften, die durch die interpersonale Kommunikation vermittelt werden, spielen eine wichtige Rolle im Hinblick auf das Schließen von "Leerstellen" der richtungspolitischen Mobilisierung von Parteianhängern, die entstehen, wenn Wähler eine Bereitschaft entwickeln, gegen ihre Prädispositionen abzustimmen. Kongeniale Informationen sorgen dafür, daß substantielle Anteile dieser "unzuverlässigen" Parteianhänger dennoch am Ende für ihre Partei bzw. für den Kandidaten ihrer Partei votieren. Keineswegs ausgeschlossen ist freilich, daß es daneben auch zu Konversionen infolge der Rezeption und Akzeptanz von Informationen kommt, die den Wählern durch andere Personen vermittelt wurden. Diese sind jedoch weniger wahrscheinlich und als Konsequenz auch weniger umfangreich als die korrespondierenden Aktivierungen. Bei Wählern, die sich mit anderen Parteien identifizieren, bestehen zwar häufig Einflußpotentiale durchaus substantieller Größe. Doch werden diese Potentiale kaum realisiert. Insbesondere parteigebundene Wähler erweisen sich als Gruppe faktisch als ziemlich immun gegen inkonsistente Inhalte politischer Gespräche. Zu Konversionen kommt es in erster Linie bei den ungebundenen Wählern ohne affektive Bindungen an bestimmte Parteien.

Tabelle 8-8: *Einflüsse der interpersonalen Kommunikation auf Wahlentscheidungen (geschätzte Wahrscheinlichkeiten * 100)*

Westdeutschland CDU/CSU		Katholisch			Nicht katholisch	
		Nicht links			Links	
		PI CDU/CSU	Keine Parteiidentifikation			Andere PI
Ehepartner pro	ME	67	52	44	16	28
	GD	9	5	4	1	0
	RD	22	6	4	1	0
	SR	18.98				
	VS	3	3	3	1	0
Ehepartner contra	ME	-21	-57	-63	-72	-74
	GD	-1	-7	-9	-12	-13
	RD	0	-4	-5	-18	-22
	SR	13.29				
	VS	0	-2	-2	-2	0
Verwandte pro	ME	91	85	80	49	13
	GD	7	4	3	1	0
	RD	14	4	5	0	0
	SR	9.33				
	VS	2	2	3	0	0
SPD		Nicht Alte Mittelschicht			Alte Mittelschicht	
		Gewerkschaftsgebunden			Nicht gewerkschaftsgebunden	
		Links		Mitte		Rechts
		PI SPD	Keine Parteiidentifikation			Andere PI
Ehepartner pro	ME	68	60	49	42	25	13	1
	GD	9	6	4	3	2	1	0
	RD	24	1	3	2	1	0	0
	SR	31.25						
	VS	3	3	2	1	1	0	0
Verwandte pro	ME	100	100	100	100	100	99	0
	GD	22	16	10	8	4	2	0
	RD	38	36	5	1	1	0	0
	SR	49.51						
	VS	5	15	3	1	1	0	0
Freunde pro	ME	98	98	97	96	91	82	24
	GD	9	7	4	3	2	1	0
	RD	17	5	4	2	1	0	0
	SR	9.51						
	VS	2	2	2	2	1	0	0
Freunde contra	ME	-83	-95	-97	-97	-98	-98	-98
	GD	-1	-5	-8	-10	-12	-13	-14
	RD	-1	-2	-3	-6	-21	-44	-21
	SR	90.70						
	VS	-1	-1	-1	-2	-4	-3	0
Nachbarn contra	ME	0	0	0	0	0	0	9
	RD	0	0	0	0	0	0	0
FDP		Nicht Arbeiter			Arbeiter	
		Nicht links			Links	
		PI FDP	Keine Parteiidentifikation			Andere PI
Ehepartner contra	ME	-38	-72	-74	-75	-75
	GD	-6	-20	-22	-23	-23
	RD	-4	-20	-13	-15	-25
	SR	7.30				
	VS	-3	-3	-1	0	0

Verwandte	ME	0	0	0	0	-99
contra	GD	0	0	0	0	-31
	RD	0	0	0	0	-30
	SR	0.03				
	VS	0	0	0	0	0

Grüne		Links		Mitte		Rechts
		Postmaterialist		Kein Postmaterialist		
		PI Grüne		Keine Identifikation Grüne		
Ehepartner	ME	93	72	55	39	18
pro	GD	3	1	0	0	0
	RD	21	1	0	0	0
	SR	108.0				
	VS	3	1	0	0	0
Verwandte	ME	-82	-97	-97	-97	-98
contra	GD	-2	-15	-16	-17	-17
	RD	-1	-20	-13	-15	-24
	SR	5.85				
	VS	-1	-4	-1	-1	0
Freunde	ME	99	93	85	75	51
pro	GD	5	1	0	0	0
	RD	36	2	0	0	0
	SR	193.20				
	VS	5	2	0	0	0

Ostdeutschland		Konfessionell gebunden			Konfessionell ungebunden	
CDU		Rechts		Mitte		Links
Ehepartner	ME	47	41		36	28
pro	GD	6	5		4	3
	RD	12	4		4	1
	SR	7.53				
	VS	5	2		3	1
Ehepartner	ME	-63	-70		-73	-77
contra	GD	-8	-10		-12	-14
	RD	-4	-5		-9	-27
	SR	17.32				
	VS	-2	-2		-4	-8
Verwandte	ME	85	81		78	71
pro	GD	5	4		3	2
	RD	10	3		3	2
	SR	5.25				
	VS	4	1		2	1
Kollegen	ME	88	85		82	76
pro	GD	7	5		4	3
	RD	8	5		4	2
	SR	0.48				
	VS	3	3		3	2
Kollegen	ME	-66	-72		-75	-78
contra	GD	-3	-4		-5	-6
	RD	-3	-3		-5	-9
	SR	1.75				
	VS	-2	-1		-2	-3
Sonst. Sek.-	ME	-98	-98		-98	-99
bzhgn.[1]	GD	-3	-4		-5	-6
contra	RD	0	-4		-3	-9
	SR	5.30				
	VS	0	-2		-1	-3

8 Interpersonale Kommunikation und Wahlentscheidungen

SPD		Links	Mitte	Rechts
Ehepartner	ME	73	69	38
pro	GD	4	4	1
	RD	7	2	1
	SR	3.25		
	VS	5	2	1
Verwandte	ME	-86	-86	-89
contra	GD	-8	-8	-10
	RD	-8	-7	-13
	SR	1.02		
	VS	-2	-2	-1
Freunde	ME	-93	-93	-94
contra	GD	-7	-7	-9
	RD	-8	-5	-9
	SR	0.71		
	VS	-3	-1	-1
Kollegen	ME	58	54	25
pro	GD	2	2	0
	RD	3	1	0
	SR	1.00		
	VS	2	1	0
Kollegen	ME	-89	-90	-92
contra	GD	-11	-12	-14
	RD	-11	-11	-17
	SR	0.73		
	VS	-3	-3	-1
Sonstige	ME	49	45	18
Sekundär-	GD	1	1	0
bzhgn.[1] pro	RD	2	0	0
	SR	2.00		
	VS	1	0	0
Sonst. Sek.-	ME	-96	-96	-97
bzhgn.[1]	GD	-9	-10	-12
contra	RD	-6	-9	-19
	SR	5.18		
	VS	-2	-2	-1

FDP		Nicht links		Links
Ehepartner	ME	46		19
pro	RD	0		0
Ehepartner	ME	-65		-66
contra	GD	-20		-21
	RD	-19		-24
	SR	0.48		
	VS	-1		-1
Verwandte	ME	52		23
pro	RD	0		0
Freunde	ME	26		9
pro	RD	0		0
Kollegen	ME	24		8
contra	GD	1		0
	RD	1		0
	SR	0.00		
	VS	1		0
Sonst. Sek.-	ME	98		92
bzhgn.[1] pro	RD	0		0

Bündnis 90/Grüne		Links	Nicht links			
			Kein Materialist			Materialist
		Konfessionell ungebunden		Konfessionell gebunden		
		Nicht Arbeiter			Arbeiter	
Ehepartner	ME	64	48	36	26	12
pro	GD	1	1	0	0	0
	RD	5	0	0	0	0
	SR	17.00				
	VS	4	0	0	0	0
Verwandte	ME	96	93	89	83	66
pro	GD	1	1	0	0	0
	RD	4	1	0	0	0
	SR	9.00				
	VS	3	1	0	0	0
Großbritannen		Nicht gewerkschaftsgebunden			Gewerkschaftsgebunden	
Conservatives		Kein Postmaterialist		Mitte		Postmaterialist
		Rechts				Links
		PI Cons.		Keine Parteiidentifikation		And. PI
Ehepartner	ME	75	69	57	53	16	2
pro	GD	17	13	8	7	1	0
	RD	34	-²	3	4	-	0
	SR	36.49					
	VS	1	-	1	2	-	0
Ehepartner	ME	-9	-42	-63	-66	-77	-78
contra	GD	-1	-4	-9	-10	-16	-17
	RD	0	-	-3	-6	-	-47
	SR	59.54					
	VS	0	-	-2	-3	-	0
Nachbarn	ME	-85	-97	-99	-99	-99	-99
contra	GD	0	-1	-1	-1	-2	-2
	RD	0	-	0	0	-	-8
	SR	20.00					
	VS	0	-	0	0	-	0
Labour		Links		Mitte		Rechts
		PI Labour		Keine Parteiidentifikation		Andere PI
Ehepartner	ME	2	56	44	12	2
pro	GD	1	4	3	1	0
	RD	0	5	1	0	0
	SR	3.58				
	VS	0	3	1	0	0
Ehepartner	ME	-22	-64	-69	-75	-76
contra	GD	-3	-14	-17	-22	-23
	RD	-1	-5	-6	-10	-38
	SR	30.56				
	VS	-1	-2	-2	-1	0
Verwandte	ME	-50	-86	-88	-91	-91
contra	GD	-2	-10	-13	-16	-17
	RD	-1	-5	-7	-6	-29
	SR	20.49				
	VS	-1	-2	-2	0	0
Freunde pro	ME	0	0	0	0	8
	RD	0	0	0	0	0

8 Interpersonale Kommunikation und Wahlentscheidungen   305

Kollegen	ME	-53	-87	-89	-91	-92
contra	GD	-1	-4	-5	-6	-7
	RD	0	-2	-3	0	-11
	SR	11.08				
	VS	0	-1	-1	0	0
Slb. Verein	ME	-93	92	88	57	16
contra	RD	0	0	0	0	0
Liberal Democrats		Nicht rechts			Rechts	
		Postmaterialist			Kein Postmaterialist	
		PI Lib. Dems.		Keine Parteiidentifikation		Andere PI
Ehepartner	ME	88	77	67	51	23
pro	GD	8	4	2	1	0
	RD	34	3	1	0	0
	SR	86.25				
	VS	5	2	1	0	0
Ehepartner	ME	-12	-39	-45	-50	-53
contra	GD	-2	-9	-12	-13	-15
	RD	-2	-5	-6	-11	-22
	SR	8.35				
	VS	-1	-2	-2	-2	-1
Verwandte	ME	92	85	77	64	34
pro	GD	4	2	1	1	0
	RD	19	0	1	0	0
	SR	59.25				
	VS	3	0	1	0	0
Nachbarn	ME	0	0	0	0	74
pro	RD	0	0	0	0	0
Slb. Verein	ME	93	86	79	67	36
pro	RD	0	0	0	0	0
Spanien		Nicht Mittelschicht			Mittelschicht	
PSOE[3]		Links		Mitte		Rechts
		PI PSOE		Keine Parteiidentifikation		Andere PI
Ehepartner	ME	95	92	86	81	21	67
pro	GD	27	19	11	8	1	0
	RD	59	24	5	3	0	0
	SR	46.64					
	VS	6	10	4	2	0	0
Ehepartner	ME	-32	-70	-82	-85	-89	-89
contra	GD	-2	-8	-15	-18	-24	-24
	RD	-1	-4	-8	-22	-38	-54
	SR	52.32					
	VS	-1	-3	-4	-7	-1	0
Verwandte	ME	-86	-97	-98	-99	-99	-99
contra	GD	-1	-7	-13	-15	-20	-20
	RD	0	-4	-8	-12	-44	-53
	SR	88.06					
	VS	0	-3	-3	-4	-1	0
Freunde	ME	-57	-87	-93	-94	-95	-96
contra	GD	-1	-4	-7	-8	-11	-11
	RD	0	-2	-4	-6	-19	-21
	SR	18.69					
	VS	0	-1	-1	-2	0	0

PP		Mittelschicht				Nicht Mittelschicht			
		Nicht gewerkschaftsgebunden				Gewerkschaftsgebunden			
		Kirchengebunden		Nicht kirchengebunden					
		Rechts		Mitte				Links	
		PI PP		Keine Parteiidentifikation					And. PI
Ehepartner pro	ME	97	97	95	92	86	78	22	10
	GD	21	20	12	8	5	3	0	0
	RD	65	47	21	13	2	3	0	0
	SR	140.31							
	VS	0	3	11	8	2	3	0	0
Ehepartner contra	ME	-5	-42	-89	-92	-94	-95	-96	-96
	GD	0	-2	-19	-26	-33	-37	-42	-42
	RD	0	0	-3	-20	-13	-17	-52	-68
	SR	58.27							
	VS	0	0	-2	-10	-4	-3	-1	0
Verwandte pro	ME	100	100	100	100	100	100	95	-92
	GD	20	19	11	8	4	3	0	-7
	RD	68	52	9	6	4	1	0	-1
	SR	179.85							
	VS	0	3	5	4	3	1	0	0
Freunde pro	ME	99	99	98	98	96	93	52	29
	GD	8	8	5	3	2	1	0	0
	RD	33	18	0	2	1	1	0	0
	SR	96.46							
	VS	0	1	0	1	1	1	0	0
Kollegen pro	ME	100	100	100	100	100	100	100	99
	GD	4	4	2	2	1	1	0	0
	RD	0	16	0	6	0	0	0	0
	SR	52.00							
	VS	0	1	0	3	0	0	0	0
IU		Gewerkschaftsgebunden				Nicht gewerkschaftsgebunden			
		Nicht kirchengebunden				Kirchengebunden			
		Links		Nicht links					
		Postmaterialist		Kein Postmaterialist					
		PI IU		Keine Parteiidentifikation					Andere PI
Ehepartner pro	ME	92	82	39	25	7	2		
	GD	6	2	0	0	0	0		
	RD	56	11	0	0	0	0		
	SR	457.17							
	VS	8	8	0	0	0	0		
Ehepartner contra	ME	-33	-75	-82	-83	-83	-83		
	GD	-4	-21	-30	-30	-31	-31		
	RD	-1	-18	-24	-22	-26	-44		
	SR	12.27							
	VS	-1	-8	-2	-1	0	0		
Verwandte pro	ME	99	97	81	69	36	14		
	RD	0	0	0	0	0	0		
Freunde Pro	ME	98	95	72	57	25	9		
	GD	3	1	0	0	0	0		
	RD	56	4	0	0	0	0		
	SR	945.33							
	VS	8	2	0	0	0	0		

8 Interpersonale Kommunikation und Wahlentscheidungen 307

USA Clinton[3]		Weiße Norden		Schwarze Norden	Weiße Norden	Weiße Süden		
		Gewerkschaftsgebunden	Nicht gewerkschaftsgebunden					
			Nicht konservativ				Konservativ	
		PI Dem.		Keine Parteiidentifikation				PI Rep.
Ehepartner pro	ME	77	71	76	66	57	43	16
	GD	19	15	18	12	9	5	1
	RD	41	10	11	14	5	3	0
	SR	33.77						
	VS	11	5	3	8	4	2	0
Ehepartner contra	ME	-44	-61	-50	-68	-75	-79	-83
	GD	-8	-14	-10	-18	-24	-29	-35
	RD	-3	-10	-13	-17	-31	-45	-59
	SR	32.55						
	VS	-3	-7	-11	-10	-14	-13	-5
Verwandte pro	ME	92	90	92	87	83	73	41
	GD	15	12	14	10	7	4	1
	RD	26	9	15	9	4	3	0
	SR	11.52						
	VS	6	4	5	5	3	2	0
Verwandte contra	ME	-71	-82	-75	-86	-89	-91	-93
	GD	-4	-8	-5	-10	-13	-16	-19
	RD	-2	-7	0	-10	-16	-25	-38
	SR	30.88						
	VS	-2	-4	0	-6	-7	-6	-3
Freunde pro	ME	83	79	83	76	69	56	24
	GD	7	5	7	4	3	2	0
	RD	13	6	0	4	1	0	0
	SR	15.68						
	VS	3	2	0	2	0	0	0
Freunde contra	ME	-55	-69	-60	-75	-79	-83	-85
	GD	-2	-4	-3	-5	-6	-8	-9
	RD	-1	-3	0	-5	-5	-10	-25
	SR	32.86						
	VS	-1	-2	0	-3	-2	-2	-1
Bush[4]		Weiße Süden		Weiße Norden	Schwarze	Weiße Norden		
		Nicht Arbeiter				Arbeiter		
		Nicht gewerkschaftsgebunden				Gewerkschaftsgebunden		
		Konservativ		Mitte				Liberal
		PI Rep.		Keine Parteiidentifikation				PI Dem.
Ehepartner pro	ME	88	78	70	58	43	44	31	14
	GD	27	15	11	7	4	4	2	1
	RD	66	30	15	5	0	1	1	0
	SR	81.11							
	VS	13	18	11	4	0	1	1	0
Ehepartner contra	ME	-44	-77	-83	-86	-88	-88	-89	-90
	GD	-6	-22	-29	-34	-38	-38	-40	-42
	RD	-1	-10	-21	-38	-23	-36	-39	-60
	SR	27.15							
	VS	-1	-6	-10	-12	-4	-7	-5	-3

Verwandte pro	ME	97	95	92	88	80	81	70	46
	GD	18	10	7	4	2	3	1	1
	RD	43	31	15	6	0	1	1	0
	SR	93.30							
	VS	7	17	10	5	0	0	1	0
Nachbarn pro	ME	87	79	72	62	46	48	35	16
	GD	5	3	2	1	1	1	0	0
	RD	11	6	1	3	0	0	0	0
	SR	16.70							
	VS	2	3	1	2	0	0	0	0
Nachbarn contra	ME	-85	-96	-97	-97	-98	-98	-98	-98
	GD	-2	-7	-10	-12	-13	-13	-14	-14
	RD	-2	-5	-20	-13	-32	-7	-23	-23
	SR	52.76							
	VS	-2	-3	-8	-3	-4	-1	-2	-1

Perot		Schwarze		Weiße			
		Kein Arbeiter	Arbeiter			Kein Arbeiter	
			Nicht konservativ			Konservativ	
			Kein Materialist			Materialist	
		Keine PI	PI Dem.	Keine Parteiidentifikation			PI Rep.
Ehepartner pro	ME	37	60	71	60	29	18
	GD	1	3	5	3	1	0
	RD	0	4	7	5	4	0
	SR	12.47					
	VS	0	3	6	4	4	0
Verwandte pro	ME	56	77	84	76	47	32
	GD	1	2	2	2	0	0
	RD	0	2	3	3	0	0
	SR	2.00					
	VS	0	1	2	2	0	0
Verwandte contra	ME	-93	-92	-90	-92	-93	-93
	GD	-22	-20	-17	-20	-23	-23
	RD	-18	-23	-9	-22	-29	-33
	SR	11.05					
	VS	-2	-5	-3	-5	-2	-1
Freunde pro	ME	62	80	87	80	52	37
	GD	1	1	2	1	0	0
	RD	1	2	3	1	0	0
	SR	1.50					
	VS	1	2	2	1	0	0
Freunde contra	ME	-93	-92	-91	-92	-93	-93
	GD	-16	-14	-13	-14	-16	-17
	RD	-5	0	-8	-16	-11	-18
	SR	25.39					
	VS	0	0	-2	-3	-1	-1
Nachbarn pro	ME	23	43	54	42	17	10
	GD	1	1	1	1	0	0
	RD	3	1	1	1	0	0
	SR	4.00					
	VS	3	1	1	1	0	0
Slb. Kirche pro	ME	37	59	70	59	28	17
	GD	0	1	1	1	0	0
	RD	0	1	1	0	0	0
	SR	1.00					
	VS	0	0	1	0	0	0

8 Interpersonale Kommunikation und Wahlentscheidungen

ME Aktivierungs- und Konversionswahrscheinlichkeiten bei maximaler Exposition (Basis: aktivier- bzw. konvertierbare Wähler).
GD Aktivierungs- und Konversionswahrscheinlichkeiten bei durchschnittlicher Exposition (Gesamtdurchschnitt; Basis: aktivier- bzw. konvertierbare Wähler).
RD Aktivierungs- und Konversionswahrscheinlichkeiten bei durchschnittlicher Exposition (reale Gruppendurchschnitte; Basis: aktivier- bzw. konvertierbare Wähler).
SR Index der selektiven Rezeption.
VS Verschiebungen von Stimmenanteilen (Basis: alle Wähler).

1 Nachbarn, selber Verein, sonstige Beziehungen zusammengefaßt.
2 Zu kleine Fallzahl in Gruppe (N<5), daher keine sinnvolle Mittelbewertberechnung möglich.
3 Postmaterialismus aufgrund zu kleiner Gruppengrößen bei Gruppenbildung nicht berücksichtigt (auf Mittelwert fixiert).
4 Areligiöse aufgrund resultierender zu kleiner Gruppengrößen bei Bildung der Idealgruppen nicht berücksichtigt (auf Mittelwert fixiert).

Der Vergleich der Befunde der verschiedenen Perspektiven der Betrachtung des politischen Einflusses ist auch in anderer Hinsicht aufschlußreich. Die Einflußpotentiale der interpersonalen Kommunikation (ME) waren immer außerordentlich groß. Diejenigen Wähler, die mit der größtmöglichen Intensität politische Gespräche führten, wurden durch diese sehr stark beeinflußt. Unter diesen Voraussetzungen bestand eine nicht unbedeutende Chance, daß selbst die Barriere der Identifikation mit einer gegnerischen Partei durchbrochen wurde. Selbst bei rechten, katholischen Wählern, die sich mit der CDU/CSU identifizierten und diese eigentlich auch gewählt hätten, sank die Wahrscheinlichkeit, tatsächlich für die Union zu stimmen, um über 20 Prozentpunkte, wenn sie sehr häufig mit einem Ehepartner diskutierten, der eine andere Partei unterstützte. Wenn sich hingegen ein linker, nicht katholischer Wähler, der sich an eine andere Partei gebunden fühlte, ständig mit zwei Verwandten unterhielt, welche die Union unterstützten, wählte er mit einer Wahrscheinlichkeit von 13 Prozent statt dieser Partei die Union. Beharrliche Gespräche mit vier Freunden, die allesamt für die SPD eintraten, konnten fast jeden Wähler dazu bringen, die SPD auch zu wählen, mit Ausnahme derjenigen Wähler, die sich mit anderen Parteien identifizierten. Und selbst von diesen änderte unter diesen Bedingungen immerhin jeder vierte sein Votum zugunsten der von den Diskutanten präferierten Partei.

Freilich wurden diese Einflußpotentiale nur in Einzelfällen im vollen Umfang realisiert. Bei Berücksichtigung der Verteilungen der tatsächlichen durchschnittlichen Kontaktintensitäten in der Gesellschaft ändert sich das Bild ganz erheblich (GD). Aufs Ganze gesehen setzten sich im Aggregat nur Bruchteile der Einflußpotentiale der interpersonalen Kommunikation tatsächlich in politische Einflüsse um. Die größten Differenzen gab es bei den Diskutanten, die Kleinparteien präferierten. Bei Kleinparteien waren die positiven tatsächlichen Einflüsse parteinaher Diskutanten stets sehr gering - zum Teil sogar so gering, daß sie den Simulationen zufolge als insgesamt bedeutungslos eingeschätzt werden müssen.[9] Das betraf insbesondere die

9 Um Platz zu sparen, weist Tabelle 8-8 in diesen Fällen neben den ME-Werten nur die RD-Werte aus.

FDP in den neuen Bundesländern, teilweise aber auch die Liberal Democrats in Großbritannien und die IU in Spanien. Beispielsweise hatten Ehepartner, Verwandte, Freunde sowie Personen in der Residualkategorie der "sonstigen" Beziehungen, welche die FDP präferierten, zwar ein beachtliches Einflußpotential zugunsten dieser Partei. Insgesamt wurden aber so wenige Gespräche mit diesen Personen geführt, daß ihr tatsächlicher Einfluß in allen hier betrachteten Wählerkategorien selbst bei Berücksichtigung der selektiven Rezeption vernachlässigbar blieb. Diese Befunde sind ein klarer Ausdruck der in Abschnitt 7.1.2. diskutierten strukturellen Benachteiligung von Kleinparteien, die dazu führt, daß die Chancen von Wählern, intensiven Austausch mit Diskutanten zu pflegen, die diese Parteien befürworten, insgesamt sehr klein sind.

Aufschlußreich ist auch der Vergleich der Befunde, die von der Annahme ausgehen, daß die politische Gesprächsintensität mit den nach Beziehungsart und Partei- bzw. Kandidatenpräferenz unterschiedenen Diskutanten in allen Wählerkategorien dem Gesamtdurchschnitt für alle Wähler entspricht, mit den Befunden, die sich ergeben, wenn berücksichtigt wird, wie intensiv diese Kontakte tatsächlich in den einzelnen Gruppen waren (RD). Diese Gegenüberstellung gibt Aufschluß darüber, in welchem Ausmaß die Einflüsse der interpersonalen Kommunikation als Folge einer Überlagerung der selektiven Akzeptanz durch Tendenzen gleichgerichteter selektiver Rezeption zusätzlich intensiviert oder gedämpft wurden. Deutlich wird auch, ob sich die verschiedenen Arten von Beziehungen diesbezüglich unterschieden und welche Prädispositionen maßgeblich die selektive Zuwendung gefördert haben. Festzuhalten ist zunächst, daß es im Hinblick auf die Einflüsse politischer Gespräche nahezu die Regel war, daß die Muster der selektiven Akzeptanz durch Trends der selektiven Rezeption verstärkt und gleichsam zugespitzt wurden. Die große Ausnahme von dieser Regel bildeten allerdings - wie schon mehrfach in anderen Zusammenhängen - alle Wahlentscheidungen in den neuen Bundesländer sowie die Wahl von Ross Perot. In Ostdeutschland neigten Wähler kaum dazu, ihre Unterhaltungen auf Personen zu konzentrieren, von denen sie kongeniale Äußerungen erwarten konnten. Soweit dies der Fall war, betraf es nur Ehepartner und Verwandte. Die Kirchenmitgliedschaft und die ideologische Identifikation waren diesbezüglich wichtige Prädispositionen. Am deutlichsten kam die Tendenz, vorwiegend mit konsistenten Partnern zu diskutieren, bei der Wahl von Bündnis 90/Grünen zum Tragen. Praktisch inexistent war sie hingegen mit Bezug auf die FDP. Gespräche mit Freunden und allen Arten von Bekannten folgten in den neuen Bundesländern so gut wie nicht den Linien parteipolitischer Affinitäten. Die Einflüsse auf Entscheidungen für oder gegen Ross Perot lassen ebenfalls nur schwache Muster selektiver Zuwendung erkennen.

In Westdeutschland wurden interpersonale Einflüsse hinsichtlich der Wahl der CDU/CSU, der SPD und der Grünen, nicht jedoch der FDP klar durch Trends der selektiven Rezeption moderiert. Identifikationen mit politischen Parteien und ideologischen Positionen bewirkten nicht nur, daß Wähler konsistente Überzeugungsbotschaften eher akzeptierten und dadurch von diesen stärker beeinflußt wurden. Sie führten vielmehr auch dazu, daß die Wähler von vornherein überdurchschnittlich viele Informationen dieser Art rezipierten, um aus diesem dann besonders umfangreichen Angebot im zweiten Schritt auch einen besonders großen Anteil zu akzeptieren. Umgekehrt galt natürlich das Analoge: Inkonsistente Botschaften wurden nur unterdurchschnittlich oft empfangen und dann auch seltener akzeptiert. In Großbritannien, Spanien und den USA kamen ähnliche Muster zum Vorschein. Parteibindungen und ideologische Identifikationen erwiesen sich auch in Spanien als Triebkräfte selektiver Gesprächsaktivitäten, in Großbritannien waren diesbezüglich die Parteiidentifikationen dominant. In den USA waren zumindest hinsichtlich der Wahl von Clinton und Bush ebenfalls Identifikationen mit Parteien und Ideologien wichtig, zum Teil variierten die Intensitäten politischer Diskussionen mit Anhängern bestimmter Kandidaten aber auch nach strukturellen Prädispositionen. So wurden weiße Bürger aus den Südstaaten überdurchschnittlich häufig von Diskutanten beeinflußt, die sich gegen Clinton und für Bush aussprachen. Schwarze Wähler wurden hingegen besonders stark von Nachbarn beeinflußt, die gegen Bush eingestellt waren. Beide Zusammenhänge reflektieren vermutlich nicht nur Selektivitäten im Sinne gesuchter oder vermiedener Gespräche mit bestimmten potentiellen Partnern, sondern auch variierende Gelegenheitsstrukturen. Im Süden der USA dominierten die Anhänger des Republikanischen Kandidaten, und infolgedessen hatten dort alle Wähler erhöhte Aussichten, mit Bush-Befürwortern ins Gespräch zu kommen. Afroamerikaner leben häufig in ethnisch homogenen Wohlquartieren und kommen infolgedessen, soweit es um Gespräche mit den Nachbarn geht, vorwiegend mit Unterstützern der Demokraten in Berührung.

Nach diesen umfangreichen Klärungen können wir nun zu der ursprünglich als erste Frage genannten Problemstellung zurückkehren: Wie groß waren die Einflüsse der interpersonalen Kommunikation in ihren verschiedenen Erscheinungsformen? Welche Quellen politischer Informationen waren im Gesamtzusammenhang der interpersonalen Kommunikation wie wichtig? Dabei sind zwei Aspekte zu berücksichtigen, nämlich die Häufigkeit politischer Gespräche und die Zahl der Personen, mit denen diese Gespräche geführt wurden. Da wir uns für reale Einflüsse interessieren, sind für diesen Vergleich die GD-Kennwerte am besten geeignet. Es kann nicht verwundern, daß Ehepartner immer in der Spitzengruppe der einflußreichsten Diskutanten zu finden sind. In Deutschland wurden sie jedoch gelegentlich überrundet, und zwar im Westen von Verwandten und Freunden und im Osten von Arbeitskollegen. Bei diesen Arten der Beziehungen wurde die im Vergleich zu Ehepartnern durchaus geringere Einflußkapazität der einzelnen Diskutanten dadurch wettgemacht, daß die Wähler im Schnitt nicht nur mit einem, sondern mit mehreren solcher Personen politische Gespräche führten. Freunde bildeten auch in den anderen Gesellschaften eine relativ wichtige, freilich in der Bedeutung zumeist hinter Ehepartnern und Verwandten zurückbleibende Kategorie von Diskutanten. Interessanterweise beeinflußten Freunde am häufigsten die Wahl der eher linken Parteien und Kandidaten (SPD, Labour, PSOE, Clinton), besonders wenn es sich um solche aus dem links-alternativen Spektrum handelte (Grüne in Westdeutschland, IU). Lediglich die PP und Perot bildeten hiervon Ausnahmen. Abgesehen von den Arbeitskollegen in den neuen Bundesländern spielten Sekundärbeziehungen als Quellen politischen Einflusses stets eine deutlich geringere Rolle. Hierbei kamen zwei Faktoren zusammen: die generell vergleichsweise geringe Einflußkapazität von Partnern, mit denen Wähler nicht durch emotionale Bande verknüpft waren, und der Umstand, daß sich die Wähler normalerweise nur mit relativ wenigen solcher Personen über Politik unterhielten. In einigen Fällen blieben Gespräche mit Sekundärpartnern tatsächlich sogar praktisch bedeutungslos für das individuelle Wählerverhalten.

8.6 Auswirkungen auf Wahlergebnisse

Welche politischen Konsequenzen ergaben sich aus den beschriebenen Prozessen der Beeinflussung des Wählerverhaltens durch politische Informationen? Wie wirkten sich die Einflüsse, welche die einzelnen Wähler durch politische Gespräche aufeinander ausübten, im Aggregat auf die Stimmenanteile aus, welche die verschiedenen Parteien und Kandidaten erzielten? Welche Stimmenverschiebungen ergaben sich innerhalb der einzelnen, durch Kombinationen von Prädispositionen definierten Kategorien von Wählern, und welche Auswirkungen hatten diese Verschiebungen auf die Resultate der untersuchten Wahlen? Mit diesen Fragen verbindet sich ein Wechsel der Analyseperspektive von der Individual- zur Aggregatebene. Es geht im folgenden nicht mehr darum, die Bedingungen interpersonaler Einflüsse auf einzelne Wähler aufzuklären; Ziel ist nun, zumindest grob abzuschätzen, welchen Niederschlag diese Prozesse auf der makroanalytischen Ebene des gesamten politischen Systems gefunden haben.

In direktem Anschluß an die Analysen des letzten Abschnitts ist zunächst von Interesse, welche Folgen die beschriebenen Prozesse der interpersonalen Beeinflussung für die Stimmenverteilungen innerhalb jeder der idealtypischen Wählerkategorien hatten. Um wieviele Prozentpunkte verschoben sich die Anteile der Unterstützer der Parteien in den verschiedenen Wählergruppen in Reaktion auf die Einflüsse von Diskutanten? Die absoluten Veränderungen der Stimmenanteile sind in den Zeilen von Tabelle 8-8 ausgewiesen, die mit dem Kürzel VS gekennzeichnet sind (für "*Ver*schiebungen der *S*timmenanteile"). Die Werte sind genauso berechnet wie die RD-Werte, als Referenzgröße fungierten jedoch nicht nur die aktivierbaren bzw. konvertierbaren Mitglieder, wie bei der Analyse der Einflußstärken, sondern alle Wähler innerhalb der jeweiligen Kategorien.

Dies sei wieder an einem Beispiel illustriert: Das starke Fünftel aktivierter Wähler in der Kategorie I von Schaubild 8-3 entsprach absolut gesehen – wie Tabelle 8-8 entnommen werden kann – lediglich einem Stimmenzuwachs von drei Prozentpunkten. Wähler mit der Merkmalskombination der Kategorie I stimmten mit einer Wahrscheinlichkeit von .88 für die CDU/CSU, wenn sie sich niemals mit einem

8 Interpersonale Kommunikation und Wahlentscheidungen

Ehepartner besprachen, welcher der Union zuneigte. Bei permanentem politischem Austausch mit einem solchen Ehepartner erhöhte sich diese Wahrscheinlichkeit auf .91. Weil die Anteile der Aktivierbaren in den Kategorien II und III sehr viel größer waren als in der Gruppe I, ergaben sich in diesen Gruppen trotz wesentlich geringerer Einflußstärken unionsnaher Ehepartner Stimmenverschiebungen in gleicher Höhe. Lediglich in der Wählerkategorie V, d.h. bei Wählern, die sich mit anderen Parteien identifizierten, warben Ehepartner, die für die Union argumentierten, praktisch keine zusätzlichen Stimmen für sie ein. Der doppelte Grund hierfür bestand darin, daß es in dieser Kategorie eine große Ausnahme war, wenn jemand mit einem Unionsanhänger Tisch und Bett teilte und über Politik diskutierte, und daß die Überzeugungsbotschaften dieser Diskutanten überdies kaum akzeptiert wurden.

Die in Tabelle 8-8 ausgewiesenen absoluten Veränderungen der Stimmenanteile ergeben sich also als gemeinsames Resultat von drei Faktoren: erstens den gesellschaftlichen Reichweiten der verschiedenen Formen interpersonaler Kommunikation, zweitens der kombinierten Wirkung von selektiver Rezeption und selektiver Akzeptanz interpersonal vermittelter Überzeugungsbotschaften, die dazu führten, daß die Einflüsse in den verschiedenen Wählergruppen sehr unterschiedlich ausfallen, und drittens den variierenden Anteilen beeinflußbarer Wähler innerhalb der einzelnen Wählerkategorien. Als Faustregel kann gelten, daß Wähleranteile und Einflußstärken invers verknüpft sind: Je kleiner die Anteile beeinflußbarer Wähler, desto größer die auf sie ausgeübten Einflüsse, und umgekehrt. Daraus ergibt sich häufig eine nichtlineare Verteilung der absoluten Stimmenverschiebungen über die verschiedenen Wählerkategorien, mit dem Schwerpunkt der Verschiebungen bei den eher neutralen Mittelkategorien.

Die Veränderungen der Stimmenanteile von Parteien und Kandidaten, die Einflüssen von Diskutanten zugeschrieben werden können, sind in der Mehrzahl nicht sehr groß. Sie betragen zumeist weniger als 5 Prozentpunkte. Wie bereits mehrfach betont, erwiesen sich verschiedene Formen der interpersonalen Kommunikation sogar als wahlpolitisch völlig bedeutungslos. Allerdings gibt es durchaus auch "Ausreißer" nach oben. So erhöhte sich der Stimmenanteil der SPD bei den parteiunabhängigen, aber ideologisch linken Wählern infolge von Diskussionen mit SPD-nahen Verwandten um immerhin 15 Prozentpunkte. Am häufigsten kam es in den USA im Hinblick auf die Wahl von Clinton und von Bush zu beachtlicheren Veränderungen der Stimmenanteile, die in der Größenordnung von 10 Prozentpunkten und darüber lagen.

Nicht nur Converse (1966: 155-6), sondern auch viele andere Autoren haben immer wieder gemutmaßt, daß wahlpolitischer Wandel unter dem Einfluß politischer Informationen in erster Linie von Bürgern mit schwachen Prädispositionen seinen Ausgang nimmt. Auch speziell für den Bereich der interpersonalen Kommunikation wurde diese These geltend gemacht (Kenny 1994: 724; Mondak 1995: 135-50). In der Tat finden wir zumeist die umfangreichsten Verschiebungen der Stimmenanteile bei den Wählern in den Mittelkategorien, die nur wenig oder gar nicht durch politische Voreingenommenheiten bei der einen oder der anderen politischen

Richtung festgehalten wurden. Vor allem das Wählerverhalten in Großbritannien, Spanien und zum Teil auch in den USA entsprach diesem Muster. Insbesondere die Abwesenheit affektiver Parteibindungen scheint Raum für Bewegung im Wählerverhalten zu schaffen. Diese Grundtendenz ist darauf zurückführen, daß die Kombination aus mittelstarken Einflüssen und mittelgroßen Anteilen beeinflußbarer Wähler, wie sie für die neutraleren Wählerkategorien kennzeichnend ist, tendenziell zu größeren absoluten Stimmenverschiebungen führt als die inversen Kombinationen zwischen Gruppengrößen und Einflußstärken in den polaren Wählerkategorien. An den konsistenten Polen üben Informationen starke Einflüsse auf beeinflußbare Wählersegmente aus, die zum Teil nur sehr klein sind, so daß in absoluten Zahlen nur wenige Wähler aktiviert werden. An den inkonsistenten Polen ist es gerade umgekehrt: Dort sind im Prinzip sehr viele Wähler für Konversionen verfügbar, aber aufgrund der hemmenden Wirkung von selektiver Rezeption und selektiver Akzeptanz, die in diesen Wählerkategorien besonders stark ist, werden ebenfalls absolut gesehen nur sehr wenige Wähler tatsächlich beeinflußt. Ausgeschlossen sind solche Konversionen allerdings keineswegs. Sie sind nur zumeist geringer als die Konversionen in den mental weniger fest verankerten Mittelkategorien.

Zuweilen weichen die Muster der Verteilungen aber auch von diesem idealtypischen nichtlinearen Modell ab. Insbesondere in West- und Ostdeutschland, zum Teil aber auch in den USA zeigten sich relativ starke Stimmenverschiebungen auch unter den Bedingungen konsistenter Einflüsse. Aufgrund schwächerer Bindungskräfte der Prädispositionen bestand dort viel Raum für Aktivierungen durch Informationen, welche den Prädispositionen von Wählern korrespondierten. Nicht unbeträchtliche Wähleranteile hätten sich in diesen Fällen ohne das zusätzliche Unterfutter politischer Diskussionen nicht für ihre angestammten Parteien entschieden. Bemerkenswert ist aber auch, daß mitunter Wählerverluste durch Konversionen sogar die Aktivierungen überwogen. So zogen Diskussionen mit diskordanten Ehepartnern von der FDP in Westdeutschland selbst in der Gruppe der parteigebundenen Wähler Stimmen im Umfang von drei Prozentpunkten ab – ein Verlust, der in keiner anderen Gruppe übertroffen wurde. Ähnliche Auswirkungen für die SPD hatten in den neuen Bundesländern Gespräche mit Verwandten, Freunden und Arbeitskollegen, welche eine andere Partei präferierten. Hier waren die Verluste bei Wählern, die sich ideologisch links einordneten, mit am größten. Vermutlich sind diese Anomalien, welche für die genannten Parteien ungünstige Folgen hatten, darauf zurückzuführen, daß die selektive Rezeption in diesen Fällen keine Rolle spielte.

Im letzten Schritt dieser Analyse ist schließlich zu fragen, wie sich die Einflüsse der interpersonalen Kommunikation auf das Gesamtabschneiden der Parteien und Kandidaten ausgewirkt haben. Tabelle 8-9 enthält Hochrechnungen der Stimmengewinne aufgrund positiver interpersonaler Einflüsse. Korrespondierend dazu ist ausgewiesen, in welchem Ausmaß Wähler aufgrund von Gesprächen mit Diskutanten, die sich gegen diese Parteien und Kandidaten aussprachen, nicht für diese Parteien gestimmt haben.[10] Wie sich zeigt, konnten Einflüsse von Diskutanten zuweilen durchaus erhebliche Verschiebungen der Stimmenanteile bewirken. Speziell Diskussionen mit Ehepartnern führten oft unabhängig von Prädispositionen und Gesprächen mit anderen Interaktionspartnern zu substantiellen Stimmengewinnen oder -verlusten. Besonders gilt dies für Spanien und die USA, wo die Verschiebungen manchmal die Größenordnung von 10 Prozentpunkten und mehr erreichten.

Die im einzelnen durch politische Konversationen mit den verschiedenen Arten von Diskutanten bewirkten Stimmengewinne und -verluste werden in Tabelle 8-9 für alle Parteien und Kandidaten auf zweierlei Weise zusammenfassend bilanziert. Einerseits werden die Beträge dieser Verschiebungen addiert, um einen Eindruck davon zu gewinnen, wieviele Prozentpunkte an Stimmen insgesamt durch politische Gespräche "bewegt" wurden. Zum anderen werden sie unter Berücksichtigung der Vorzeichen saldiert. Dieser Kennwert zeigt an, wieviele Stimmen die Parteien und Kandidaten insgesamt durch alle für sie jeweils relevanten Arten interpersonaler Kommunikation netto gewonnen oder verloren haben. Der Unterschied zwischen den beiden Kennwerten ist ein Ausdruck für das Ausmaß, in dem sich gegensinnige Einflüsse politischer Diskutanten mit unterschiedlichen politischen Sympathien wechselseitig neutralisierten.

Tabelle 8-9:   *Geschätzte Stimmenverschiebungen durch Einflüsse der interpersonalen Kommunikation (in Prozent)*

Westdeutschland	CDU/CSU	Ehepartner pro	+3.7
		Ehepartner contra	-3.1
		Verwandte pro	+1.6
		Brutto (Summe Beträge)	8.4
		Netto (Saldo)	+2.2
	SPD	Ehepartner pro	+1.7
		Verwandte pro	+2.7
		Freunde pro	+1.8
		Freunde contra	-2.7
		Nachbarn contra	+0.2
		Brutto (Summe Beträge)	9.1
		Netto (Saldo)	+3.7
	FDP	Ehepartner contra	-1.3
		Verwandte contra	-1.0
		Brutto (Summe Beträge)	2.3
		Netto (Saldo)	-2.3
	Grüne	Ehepartner pro	+0.2
		Verwandte contra	-1.1
		Freunde pro	+0.3
		Brutto (Summe Beträge)	1.6
		Netto (Saldo)	-0.6

10 Die Werte errechnen sich analog der VS-Werte in Tabelle 8-8. Allerdings werden keine Wählerkategorien definiert; stattdessen werden auch alle Prädispositionsvariablen auf die Mittelwerte fixiert. Es handelt sich also um das Ergebnis einer Simulation bezogen auf einen idealtypischen, in jeder Hinsicht durchschnittlichen, real so nicht existierenden Wähler.

Ostdeutschland	CDU	Ehepartner pro	+2.5
		Ehepartner contra	-5.2
		Verwandte pro	+1.9
		Arbeitskollegen pro	+2.8
		Arbeitskollegen contra	-2.1
		Sonstige Sekundärbez.[1] contra	-2.2
		Brutto (Summe Beträge)	16.7
		Netto (Saldo)	-2.3
	SPD	Ehepartner pro	+2.3
		Verwandte contra	-1.8
		Freunde contra	-1.5
		Arbeitskollegen pro	+1.0
		Arbeitskollegen contra	-2.7
		Sonstige Sekundärbez.[1] pro	+0.5
		Sonstige Sekundärbez.[1] contra	-2.2
		Brutto (Summe Beträge)	12.0
		Netto (Saldo)	-4.4
	FDP	Ehepartner pro	+0.1
		Ehepartner contra	-1.1
		Verwandte pro	+0.1
		Freunde pro	+0.1
		Kollegen contra	+0.5
		Sonstige Sekundärbez.[1] pro	+0.2
		Brutto (Summe Beträge)	2.1
		Netto (Saldo)	-0.1
	Bündnis 90/Grüne	Ehepartner pro	0.4
		Verwandte pro	0.4
		Brutto (Summe Beträge)	0.8
		Netto (Saldo)	+0.8
Großbritannien	Conservatives	Ehepartner pro	+4.4
		Ehepartner contra	-4.6
		Nachbarn contra	-0.6
		Brutto (Summe Beträge)	9.6
		Netto (Saldo)	-0.8
	Labour	Ehepartner pro	+1.0
		Ehepartner contra	-3.9
		Verwandte contra	-2.7
		Freunde pro	+0.4
		Arbeitskollegen contra	-1.0
		Selber Verein contra	+0.0
		Brutto (Summe Beträge)	9.0
		Netto (Saldo)	-6.2
	Liberal Democrats	Ehepartner pro	+1.0
		Ehepartner contra	-1.9
		Verwandte pro	+0.5
		Nachbarn pro	+0.7
		Selber Verein pro	+0.1
		Brutto (Summe Beträge)	4.2
		Netto (Saldo)	+0.4

Spanien	PSOE	Ehepartner pro	+8.8
		Ehepartner contra	-6.3
		Verwandte contra	-5.2
		Freunde contra	-2.7
		Brutto (Summe Beträge)	23.0
		Netto (Saldo)	-5.4
	PP	Ehepartner pro	+2.7
		Ehepartner contra	-8.0
		Verwandte pro	+1.6
		Freunde pro	+1.0
		Arbeitskollegen pro	+0.5
		Brutto (Summe Beträge)	13.8
		Netto (Saldo)	-2.2
	IU	Ehepartner pro	+0.3
		Ehepartner contra	-1.6
		Verwandte pro	+0.1
		Freunde pro	+0.1
		Brutto (Summe Beträge)	2.1
		Netto (Saldo)	-1.1
USA	Clinton	Ehepartner pro	+6.5
		Ehepartner contra	-11.3
		Verwandte pro	+5.2
		Verwandte contra	-5.7
		Freunde pro	+2.3
		Freunde contra	-2.5
		Brutto (Summe Beträge)	33.5
		Netto (Saldo)	-5.5
	Bush	Ehepartner pro	+5.9
		Ehepartner contra	-11.6
		Verwandte pro	+3.9
		Nachbarn pro	+1.0
		Nachbarn contra	-3.0
		Brutto (Summe Beträge)	25.4
		Netto (Saldo)	-3.8
	Perot	Ehepartner pro	+2.0
		Verwandte pro	+1.0
		Verwandte contra	-3.0
		Freunde pro	+0.9
		Freunde contra	-2.0
		Nachbarn pro	+0.3
		Selbe Kirche pro	+0.3
		Brutto (Summe Beträge)	9.5
		Netto (Saldo)	-0.5

1 Nachbarn, selber Verein, sonstige Beziehungen zusammengefaßt.

Es ist unschwer zu erkennen, daß derartige Neutralisierungen in der Tat eine große Rolle spielten. Nur in Einzelfällen wurden positive (FDP in Westdeutschland) oder negative (Bündnis 90/Grüne in Ostdeutschland) Einflüsse von Diskutanten überhaupt nicht durch entgegengesetzte Einflüsse von Personen mit anderen Präferenzen ganz oder teilweise aufgewogen. Bei allen anderen Parteien und Kandidaten balancierten sich gegensinnige Überzeugungsbotschaften zumindest teilweise aus. Das

Ausmaß der wechselseitigen Neutralisierung war dabei zumeist beträchtlich. Meist lag es in einer Größenordnung von mindestens 75 Prozent der Bruttoverschiebungen. Mit anderen Worten: Im Aggregat wird normalerweise nur ein geringer Teil der durch politische Informationen bewirkten Einflüsse nicht durch entgegengesetzte Einflüsse per saldo wieder neutralisiert.

Speziell die Einflüsse gegensätzlicher Stellungnahmen, die von derselben Art von Diskutanten vermittelt wurden, hoben sich zu erheblichen Anteilen wechselseitig auf. So gewann die CDU/CSU in Westdeutschland 3.7 Prozentpunkte infolge von Gesprächen mit Ehepartnern hinzu, welche die Union favorisierten. Gleichzeitig verlor sie aber 3.1 Prozentpunkte durch Diskussionen anderer Wähler mit Ehepartnern, die eine konkurrierende Partei unterstützten. Die Unterstützerbasis der SPD vergrößerte sich im Westen aufgrund von Diskussionen mit sozialdemokratisch eingestellten Freunden um 1.8 Prozentpunkte; gleichzeitig schrumpfte sie aber um 2.7 Prozentpunkte durch die Einflüsse von Freunden, die Anhänger einer anderen Partei waren. Ähnliche Paarungen finden sich auch bei vielen anderen Parteien sowie bei allen US-Präsidentschaftskandidaten. Sehr deutlich erkennbar ist aber auch die strukturelle Benachteiligung der Kleinparteien. Diskutanten, welche solche Parteien unterstützten, bewirkten stets allenfalls nur minimale Verschiebungen von Stimmenanteilen zu ihren Gunsten. In Westdeutschland erbrachten beispielsweise positive Einflüsse von Ehepartnern für die Grünen nur 0.2 Prozentpunkte und positive Einflüsse von Freunden nur 0.3 Prozentpunkte zusätzlich, bei einer gleichzeitigen Einbuße von 1.1 Prozentpunkten als Folge von Gesprächen mit Verwandten, die sich über andere Parteien vorteilhaft äußerten. Die FDP in Ostdeutschland verlor 1.1 Prozentpunkte durch Diskussionen mit andersgesinnten Ehepartnern, gewann aber nur 0.1 Prozentpunkte hinzu, weil Wähler sich mit FDP-nahen Ehepartnern unterhielten. Bei den anderen Kleinparteien, aber auch bei Perot in den USA finden sich weitere Muster dieser Art.

Damit bleibt festzuhalten, daß die Einflüsse, die durch politische Gespräche von Wählern zustandekamen, durchaus erhebliche Verringerungen oder Vergrößerungen der Unterstützerbasis von Parteien und Kandidaten nach sich ziehen konnten. Vor allem Wähler ohne affektive Parteibindungen trugen zu diesen Stimmenverschiebungen bei. Allerdings glichen sich im Aggregat die auf Einflüsse von Diskutanten mit unterschiedlichen politischen Präferenzen zurückzuführenden gegensinnigen Stimmenverschiebungen in erheblichem Ausmaß wechselseitig aus, so daß diese Einflüsse nur partiell auf die Ergebnisse an der Urne durchschlugen. Für Kleinparteien hatte die interpersonale Kommunikation jedoch generell eher negative Folgen.

8.7 Resümee

Sämtliche Wahlentscheidungen in allen untersuchten Gesellschaften wurden durch die interpersonale Kommunikation beeinflußt. Allerdings war ihre Bedeutung für das Wählerverhalten keineswegs in allen Gesellschaften gleich. In Westdeutschland und Großbritannien war sie alles in allem ziemlich gering. In den neuen Bundesländern sowie in Spanien und den USA steuerte sie demgegenüber einen erheblichen Beitrag zur Erklärung der individuellen Wahlentscheidungen bei. Besonders gewichtige Einflußquellen waren stets Konversationen im Rahmen von Primärbeziehungen, allen voran der Austausch zwischen Ehepartnern. Damit erfährt die Prämisse der Columbia-Studien, die sich von vornherein auf Primärbeziehungen konzentriert hatten, im nachhinein zumindest der Tendenz nach eine Bestätigung (siehe auch Schenk 1995). Allerdings war die Kommunikation in Sekundärbeziehungen durchaus ebenfalls von Bedeutung, wenngleich keineswegs universell. Konsistent spielte sie vor allem in den neuen Bundesländern und in den USA eine erhebliche Rolle.

Im Einklang mit den Erwartungen des Resistenz-Axioms waren stets Aktivierungen sehr viel wahrscheinlicher als Konversionen. Überzeugungsbotschaften, die eine bestimmte Partei oder einen bestimmten Kandidaten begünstigten, flossen um so eher in Wahlentscheidungen ein, je stärker ein Votum für diesen Wettbewerber bereits in den Prädispositionen des von ihnen erreichten Wählers angelegt war. Es bestätigt sich insoweit, was auch die Columbia-Studien angenommen hatten: Eine wichtige Funktion der interpersonalen Kommunikation besteht darin, schwankende Wähler zu veranlassen, am Wahltag doch entsprechend ihrer Prädispositionen abzustimmen. Aufgrund der bevorzugten Akzeptanz konsistenter Überzeugungsbotschaften zieht sie einen Teil der Wähler, die abzuwandern drohen, wieder in ihre angestammten Sektoren auf der politischen Landkarte zurück, und als Folge dieser Einflußprozesse "they join the fold to which they belong" (Lazarsfeld u.a. 1968: 73; siehe auch Berelson u.a. 1954: 142-7; Huckfeldt/Sprague 1995: 81-99). Daneben kam es jedoch durchaus auch in begrenztem Umfang zu Konversionen von Wählern, deren prädispositionale Ausstattung keine Entscheidung für den Wettbewerber nahelegte, den sie am Ende mit ihrer Stimme unterstützten.

Politische Prädispositionen hatten nicht nur zur Folge, daß Wähler konsistente Überzeugungsbotschaften eher akzeptierten und dadurch von diesen stärker beeinflußt wurden. Auch die selektive Rezeption politisch kongenialer Informationen spielte bei der interpersonalen Kommunikation eine gewichtige Rolle. Dadurch rezipierten die Wähler von vornherein überdurchschnittlich viele Informationen, die mit ihren eigenen Prädispositionen konsistent waren. Aus diesem dann besonders umfangreichen Angebot akzeptierten sie dann auch einen besonders großen Anteil. Gleichzeitig wurden diskordante Botschaften nicht häufig rezipiert und überdies nachfolgend auch noch selten akzeptiert. D.h. die Mechanismen der selektiven Rezeption und der selektiven Akzeptanz überlagerten sich in kumulativer Weise. Allerdings gab es auch Ausnahmen: Auf die Situation in den neuen Bundesländern, wo Prädispositionen generell noch kaum entwickelt waren, und auf Präferenzen für den parteiunabhängigen Kandidaten Ross Perot, für dessen Wahl Prädispositionen allenfalls auf negative Weise relevant werden konnten, läßt sich diese Regel nicht verallgemeinern.

In den meisten der untersuchten Gesellschaften hatten politische Gespräche als Einflußgrößen für politisch höher und geringer involvierte Wähler nicht dieselbe Bedeutung. Entsprechend den Erwartungen prägte die interpersonale Kommunikation in Westdeutschland und Spanien sowie teilweise auch in Großbritannien und den USA die Entscheidungen der Novizen stärker als das Stimmverhalten der Experten. Wiederum erwiesen sich jedoch die Wahlentscheidungen in den neuen Bundesländern sowie die Entscheidungen für oder gegen Perot als abweichende Fälle. Hinsichtlich dieser Entscheidungen wurden die Experten stärker als die Novizen durch politische Gespräche beeinflußt. Bedeutsam waren auch die Wahrnehmungen der Gesprächspartner im Hinblick auf deren Glaubwürdigkeit. Diskutanten, denen ein hohes Maß an Vertrauen entgegengebracht wurde, waren erheblich einflußreicher als Gesprächspartner, mit denen die Wähler Erfahrungen des politischen Dissens zu machen glaubten. Weniger eindeutig stellte sich die Rolle der wahrgenommenen Expertise von Gesprächspartnern dar. Allenfalls als leichte Tendenz und insbesondere im Hinblick auf Sekundärbeziehungen zeigte sich, daß Diskutanten, denen ein größerer politischer Kenntnisstand zugeschrieben wurde, einflußreicher waren als andere Personen. Anhaltspunkte für Einflüsse von kompetenten Meinungsführern auf weniger kompetente Meinungsfolger fanden sich nur bezüglich der Parteikandidaten in den USA. Die in den europäischen Gesellschaften entdeckten Muster sprechen eher für eine andere Interpretation: Interpersonaler Einfluß scheint dort durch Gesprächssituationen begünstigt zu werden, in denen sich die Partner gleichsam auf derselben Augenhöhe begegnen.

Im Aggregat waren die Stimmengewinne und -verluste bei den parteipolitisch ungebundenen Wählern am umfangreichsten. Insbesondere die Abwesenheit affektiver Parteibindungen scheint Raum für Bewegung im Wählerverhalten zu schaffen. Die Einflüsse, die in den bei politischen Konversationen vermittelten Informationen gründeten, führten zum Teil zu nicht unbeachtlichen Verringerungen oder Vergrößerungen der Unterstützerbasis von Parteien und Kandidaten. Allerdings wurden diese Stimmenverschiebungen per saldo in erheblichem Ausmaß durch gegenläufige Verschiebungen neutralisiert. Die Einflüsse der interpersonalen Kommunikation kumulierten sich zu durchaus substantiellen Verlagerungen im Tiefengefüge der politischen Präferenzen der Elektorate; diese fanden aber nur zu einem geringeren Teil in den Nettoergebnissen der Parteien und Kandidaten an der Urne einen Niederschlag. Das gilt jedoch mit einer wichtigen Einschränkung: Aus strukturellen Gründen hatte die interpersonale Kommunikation für Kleinparteien überwiegend negative Folgen, weil insgesamt zu wenige Diskutanten zur Verfügung standen, welche diese Parteien argumentativ unterstützten. Es war somit kein ausreichendes Gegengewicht vorhanden, um die negativen Einflüsse der Anhänger anderer Parteien im Aggregat auszubalancieren. Insoweit trägt die interpersonale Kommunikation dazu bei, den Status quo zu konservieren. "Within a given group [...] the political majority holds the informal social pressures to *stay* a majority." (Berelson u.a. 1954: 126).

9 Massenkommunikation und Wahlentscheidungen

Das letzte Kapitel hat gezeigt, daß die interpersonale Kommunikation eine wichtige Quelle von Informationen darstellt, die in die Entscheidungen der Wähler einfließen. In diesem Kapitel wird in analoger Weise der Frage nachgegangen, ob auch die Massenkommunikation imstande ist, das Wählerverhalten zu beeinflussen. Wiederum wird den Analysen eine Forschungsbilanz vorangestellt. Sodann wird erkundet, wie sich die fünf untersuchten Gesellschaften im Hinblick auf die Bedeutung der Massenkommunikation unterschieden, ob Medieneffekte insbesondere von bestimmten Medienangeboten ausgingen und inwieweit politische Prädispositionen sowie die politische Involvierung der Wähler diese Effekte moderierten. Den Abschluß bilden Schätzungen der Einflußstärken der verschiedenen Medien sowie Hochrechnungen der Auswirkungen dieser Einflüsse auf die von den Parteien und Kandidaten erzielten Wahlergebnisse.

9.1 Massenkommunikation und Wählerverhalten: Bilanz der Forschung

Will man den Kenntnisstand zur Thematik der Einflüsse der Massenkommunikation auf Wahlentscheidungen resümieren und einordnen, muß man etwas weiter ausholen. Während sich das Studium der Bedeutung der Primärumwelten von Wählern für das Stimmverhalten als hoch spezialisierte Untersparte der Wahlsoziologie etabliert hat, stellt der politische Stellenwert der Massenkommunikation einen der wesentlichen Bezugspunkte einer ganzen sozialwissenschaftlichen Subdisziplin dar: der politischen Kommunikationsforschung (Graber 1993; McNair 1995; Negrine 1996; Schulz 1997).

Die Medien der Massenkommunikation bilden als intermediäre Institution der Informationsvermittlung für die Bürger westlicher Demokratien eine wesentliche Brücke zur erfahrungsfernen Welt der "großen Politik". Die Idee, daß eine für die politische Realitätserfahrung der Wähler so zentrale Institution (Ball-Rokeach 1985) auch imstande sei, deren Meinungen, Einstellungen oder sogar Verhaltensweisen zu prägen, daß die Massenmedien also Einflüsse auf ihr Publikum ausüben könnten, wird im Rahmen der politischen Kommunikationsforschung neuerdings verstärkt diskutiert (Ansolabehere u.a. 1993: 129-56; Bartels 1993; Kepplinger u.a. 1994; Zaller 1996). Es ist dies indessen durchaus keine neue Thematik. Allerdings war sie bei den Forschern über Jahrzehnte ziemlich aus der Mode gekommen. Wie schon an früherer Stelle beschrieben, stand in den ersten Jahrzehnten des 20. Jahrhunderts die Vorstellung, daß die Massenmedien direkt Orientierungen und Verhalten von Wählern beeinflussen könnten, im Zentrum der Aufmerksamkeit. Doch ging die im "Propaganda-Modell" verdichtete These von der Einflußkraft "mächtiger" Medien im Lichte der ersten systematischen empirischen Studien, darunter nicht zuletzt auch der Untersuchungen der Columbia-Schule, ihrer Überzeugungskraft weitgehend verlustig. An ihre Stelle trat als dominante Sichtweise das "Modell der begrenzten Wirkungen" (Klapper 1960; siehe Abschnitt 3.4.1.2). Beginnend in den späten 60er Jahren setzte sich schließlich eine in verschiedener Hinsicht anders ausgerichtete Perspektive durch. Die Forschung beschäftigte sich nun fast ausschließlich mit Fragestellungen "jenseits des Paradigmas der Wählerpersuasion" (Nimmo/Swanson 1990).

Eines der wesentlichen Charakteristika des "Paradigmenwechsels" der 60er und 70er Jahre war eine Umorientierung im Hinblick auf die abhängigen Variablen, denen nun das Interesse hauptsächlich galt (Schulz 1982). Das neue Paradigma der Medienwirkungsforschung fragte nicht mehr, wie die Medien Meinungen und politische Entscheidungen formen oder verändern, sondern wie sie die Wissensgrundlagen bestimmen, auf deren Basis dann Entscheidungen getroffen werden (Schenk 1987: 195; Graber 1993: 305). Das zentrale Interesse galt nun nicht mehr Prozessen der Beeinflussung sondern Vorgängen des Wissenserwerbs, d.h. kognitiven Wirkungen der Massenkommunikation. Neuere und komplexere Konzepte und Hypothesen führten freilich dazu, daß das Thema der politischen Persuasion in jüngerer Zeit gewissermaßen durch die Hintertür doch allmählich wieder auf die Forschungsagenda gelangte. Diese jüngeren Ansätze beschreiben, wie die Berichterstattung der Massenmedien auf indirektem, über die Vorstellungen der Wähler vermitteltem Wege doch subtile Auswirkungen auf deren Entscheidungsverhalten nach sich ziehen kann (Joslyn 1984: 158-94; Ansolabehere u.a. 1993: 139-55, 167-77).

Zahlreiche Studien aus verschiedenen Ländern haben in den vergangenen Jahrzehnten wiederholt aufgezeigt, daß Kontakte mit Massenmedien das Wissen der Bürger über politische Sachverhalte verbessern können (Weaver 1996; Schulz 1997: 118-34). Eine Reihe von Untersuchungen belegte, daß die Medienberichterstattung die Kenntnis von Fakten der nationalen und internationalen Politik zu erhöhen vermag. Dabei scheint die Presse wirksamer zu sein als das Fernsehen, und innerhalb jeder dieser beiden Mediensparten scheinen Angebote mit höherer Informationsqualität wirksamer zu sein als solche mit geringerer Informationsqualität (Schönbach 1983: 90-105; Mondak 1995: 75-100; Delli Carpini/Keeter 1996: 178-217; Dimock/Popkin 1997; Schmitt-Beck 1998). Im Vorfeld von Wahlen kann die Medienberichterstattung dazu beitragen, die Kandidaten in der Wählerschaft bekanntzumachen. Das ist ein Effekt, der besonders bei amerikanischen Vorwahlen bedeutsam wird, bei denen regelmäßig zahlreiche in der nationalen Politik vorher kaum bekannte Persönlichkeiten antreten (Patterson 1980: 107-17). Er konnte aber auch im Hinblick auf britische Wahlkreiskandidaten und Kandidaten bei deutschen Kommunalwahlen nachgewiesen werden (Schönbach 1989; Miller 1991: 148-9). Die Medienberichterstattung erweitert auch den Fundus der Attribute, welche die Wähler mit Parteien und Kandidaten verbinden können (Schönbach 1983: 90-105; Semetko/Borquez 1991: 231-4; Just u.a. 1996: 207-8). Eine große Anzahl von Studien hat aufgezeigt, daß die Massenkommunikation die Wähler mit den sachpolitischen Positionen von Parteien

und Kandidaten vertraut macht (Berelson u.a. 1954: 248-51; Trenaman/McQuail 1961: 187-90; Blumler/McQuail 1968: 157-67; Patterson/McClure 1976: 47-58; Patterson 1980: 153-69; Iyengar/Kinder 1987: 100-2; Miller 1991: 153-6; Brians/Wattenberg 1996). Etliche Arbeiten deuten auch darauf hin, daß die Medien den Wählern einen Eindruck davon vermitteln, welche Parteien oder Kandidaten im Elektorat die größere Unterstützung genießen und infolgedessen die besseren Aussichten haben, bei einer Wahl den Sieg davonzutragen (Noelle-Neumann 1977; 1979: 204-33; Patterson 1980: 119-32; Schönbach 1983: 118-22; Miller 1991: 156-9; Schmitt-Beck 1996a, 1996b).

Eine veritable Wachstumsindustrie stellte lange die Forschung zum sogenannten "Agenda-Setting"-Effekt dar (McCombs/Shaw 1972; Brosius 1994). Die These des Agenda-Setting besagt, daß diejenigen politischen Themen, die in der Berichterstattung der Medien in prominenter Weise herausgestellt werden, von den Wählern als die dringendsten Probleme wahrgenommen werden, mit denen sich die Politik auseinanderzusetzen habe. Die formale Auffälligkeit bestimmter Themen infolge ihrer Akzentuierung durch medientypische Gestaltungsmittel (Häufigkeit der Thematisierung, Hervorhebung) setzt sich in eine entsprechende Wichtigkeitszuschreibung beim Publikum um. Zahlreiche empirische Untersuchungen sprechen für die Gültigkeit dieser These (Brettschneider 1994; Brosius 1994; Rogers u.a. 1997). Trotz kumulativ immer besserer empirischer Bestätigung mangelte es dem Konzept des Agenda-Setting jedoch lange Zeit am theoretischen Unterfutter (Iyengar/Kinder 1987: 3). Einem Vorschlag Iyengars folgend, kann man den Agenda-Setting-Effekt der Massenkommunikation jedoch sinnvoll als Ausdruck der Tendenz von Individuen interpretieren, die Komplexität der Umstände, die sie umgeben und von ihnen zu bewältigen sind, durch Anwendung der Verfügbarkeitsheuristik zu reduzieren (Iyengar 1991: 130-3; Ottati/Wyer 1990: 201; Schulz 1997: 215; siehe Abschnitt 2.3.2). Da bei Entscheidungen nicht jederzeit sämtliche möglicherweise relevanten Gesichtspunkte in Betracht gezogen werden können, neigen Individuen dazu, vor allem die im Augenblick gedanklich besonders leicht zugänglichen Aspekte zu berücksichtigen. Die Hervorhebung in der Berichterstattung der Massenmedien trägt dazu bei, die mentale Zugänglichkeit von Gegenständen zu erhöhen, und gibt den Wählern ein Kriterium an die Hand, mittels dessen sie einschätzen können, was wichtig ist und was nicht (Iyengar 1990: 168-9). Die Verwandtschaft dieser Vorstellung zur S-Komponente des RAS-Modells liegt auf der Hand (siehe Abschnitt 2.3.5.4).

Das "Priming"-Konzept baut auf diesen Überlegungen auf und führt sie fort (Iyengar/Kinder 1987; Miller/Krosnick 1997). Es bezeichnet eine Art von sekundärem Folgeeffekt des Agenda-Setting: eine indirekte, kognitiv vermittelte Form des politischen Einflusses (Ansolabehere u.a. 1993: 147-50). Dieser Idee zufolge können kognitive, auf die Vorstellungen der Wähler bezogene Medienwirkungen persuasive Implikationen haben. Es wird angenommen, daß diejenigen Probleme, die auf der Medienagenda herausgehobene Plätze einnehmen, von den Wählern nicht nur für die wichtigsten Probleme der politischen Gemeinschaft gehalten werden, sondern von ihnen auch als Beurteilungskriterien verwandt werden, an denen sie bei Wahlen die

konkurrierenden Bewerber messen. "By calling attention to some matters while ignoring others, television news influence the standards by which governments, presidents, policies, and candidates for public office are judged. Priming refers to changes in the standards that people use to make political evaluations." (Iyengar/Kinder 1987: 63; im Original hervorgehoben) Wenn die Wähler vor Wahlen die konkurrierenden Parteien und Kandidaten bewerten, berücksichtigen sie vor allem diejenigen Problembereiche, die in diesem Moment durch die Medien in ihr Bewußtsein gehoben werden, während sie andere, die gerade nicht die Medienöffentlichkeit dominieren, bei den Bewertungen eher vernachlässigen. Das nutzt einem Wettbewerber, wenn seine Leistungen im Hinblick auf die aktualisierten Themen positiv beurteilt werden, und schadet ihm, wenn er im Wähleransehen diesbezüglich schlecht abschneidet. Diese Einschätzungen selbst sind allerdings aus Sicht des Priming-Modells nicht von der Medienberichterstattung abhängig. Auch der Priming-Effekt kann als Manifestation der Verfügbarkeitsheuristik interpretiert werden und läßt sich damit in das Theorieraster des RAS-Modells einordnen (Iyengar/Kinder 1987: 63-5; Zaller/Feldman 1992: 602; Zaller 1992: 80-5).

Einen weiteren Schritt entlang derselben Gedankenkette geht das Konzept des "Framing" (Iyengar 1991; Nelson u.a. 1997; Cappella/Jamieson 1997). In diesem Zusammenhang wird darauf aufmerksam gemacht, daß die Geschehnisse, welche zum Gegenstand der Nachrichtenmedien werden, durch diese aufbereitet und bei der Präsentation in einen Kontext aus Sachbezügen gestellt werden, der den Ereignissen einen mehr oder weniger eindeutigen Sinn verleiht (Gamson 1988). "Framing essentially involves selection and salience. To frame is to select some aspects of a perceived reality and make them more salient in a communicating text, in such a way as to promote a particular problem definition, causal interpretation, moral evaluation, and/or treatment recommendation for the item described." (Entman 1993: 52; im Original hervorgehoben) Kepplinger u.a. machten im Zusammenhang mit der Diskussion ihres Konzeptes der "instrumentellen Aktualisierung", das mit dem Framing-Begriff große Ähnlichkeit hat, auf den wichtigen Umstand aufmerksam, daß die in den Medien selektiv thematisierten Attribute von Gegenständen in richtungspolitischer Hinsicht nicht unbedingt neutral sind, sondern "für oder gegen die Kontrahenten sprechen" können (Kepplinger u.a. 1989: 202). Das bedeutet, daß die Darstellung eines Ereignisses in den Medien je nach gewähltem Bezugsrahmen für bestimmte Parteien oder Kandidaten günstig oder auch ungünstig ausfallen kann. Einseitige Medienberichterstattung kann also die Form haben, daß Aspekte eines Gegenstandes in den Vordergrund gerückt werden, die einen damit verknüpften politischen Akteur begünstigen oder benachteiligen.

Dadurch eröffnet sich die Möglichkeit von Framing-Effekten: "Framing effects occur whenever altering the formulation of a problem, or shifting the point of view of an observer, changes the information and ideas the observer will use when making decisions." (Popkin 1991: 82) Ebenso wie der Agenda-Setting- und der Priming-Effekt läßt sich auch dieser Effekt als Ausdruck der Anwendung der Verfügbarkeitsheuristik durch Individuen interpretieren (Iyengar 1991: 134). Framing kann vor diesem Hintergrund als eine Art von zweiter Dimension des Agenda-Setting gesehen werden. Während Agenda-Setting die wahrgenommene Salienz von politischen Objekten selbst prägt, geht es auf der Dimension der Framing-Effekte um die Hervorhebung einzelner Attribute und Facetten dieser Objekte (McCombs/Estrada 1997: 239-40). Auch diese Vorstellung postuliert einen indirekten, durch Vorstellungen über die politische Welt vermittelten Prozeß der Beeinflussung der Orientierungen der Wähler durch die Art und Weise, wie politische Realitäten in den Massenmedien repräsentiert werden. "When frames suggest what the essence of an issue is, they provide a kind of mental recipe for preparing an opinion." (Nelson/Kinder 1996: 1058; siehe auch Zaller/Feldman 1992: 610).

Eine andere Variante indirekter, durch Kognitionen vermittelter Wirkungen der Medien auf politische Entscheidungen spielte besonders in der deutschen politik- und kommunikationswissenschaftlichen Diskussion eine große Rolle: der sogenannte "Bandwagon"-Effekt. Dieser Vorstellung zufolge orientieren sich Wähler bei politischen Entscheidungen an ihren Wahrnehmungen der Meinungsverteilung in der Gesellschaft. Wenn ihnen die Massenmedien den Eindruck vermitteln, daß sich eine bestimmte Partei vor einer Wahl auf der Siegerstraße befindet, dann neigen Wähler dazu, diese Partei zu unterstützen. Hinsichtlich des Wirkungsmechanismus, der hinter solchen Prozessen steht, gibt es widerstreitende Thesen. Verfechter der Theorie der "Schweigespirale" argumentieren, daß Individuen aus Furcht vor sozialer Isolation den vermeintlich stärkeren Bataillonen folgen (Noelle-Neumann 1977, 1979: 204-33). Eine alternative Interpretation läßt sich jedoch aus den Theorien der kognitiven Psychologie über Entscheidungsheuristiken ableiten. Sie besagt, daß sich die Wähler bei ihrer Entscheidungsfindung an einer "Konsensheuristik" orientieren und die große Zustimmung, derer sich bestimmte Wettbewerber nach ihrer Wahrnehmung erfreuen, als Hinweis auf ihre bessere Qualität interpretieren (Schmitt-Beck 1996a).

Ausgehend von einem Interesse an rein kognitiven Medienwirkungen hat sich die Forschung in den letzten beiden Jahrzehnten also immer stärker in Richtung auf Modelle vorgearbeitet, die beschreiben, wie die Massenkommunikation auf indirektem Wege die Richtung der politischen Orientierungen von Wählern formen kann. Aus dieser Sicht werden die Vorstellungen, welche die Rezipienten aus der Politikpräsentation der Massenmedien übernehmen, ihrerseits zur Ursache des Wandels von Meinungen, Einstellungen und Verhaltensorientierungen. In jüngster Zeit melden sich aber auch vermehrt Stimmen zu Wort, die für eine Neubelebung des Interesses an Vorgängen direkter Persuasion durch die Massenkommunikation plädieren. Diese gehen davon aus, daß die Medien durch wertgeladene Beiträge unmittelbare Einflüsse auf die Orientierungen der Wähler ausüben können. Ausdrücklich wird die These vertreten, daß die politische Richtung, die in der Berichterstattung akzentuiert wird, zwar nicht kurzfristig, aber doch zumindest mittel- bis langfristig in den Entscheidungen des Publikums einen Niederschlag finden kann (Page u.a. 1987; Ansolabehere u.a. 1993: 150-4; Bartels 1993; Zaller 1996). "In summary, research into the effects of mass communication has come full circle. Initial concern about the vulnerability of voters to propaganda campaigns gave way to findings of 'minimal consequences'. Effects research was rejuvenated by more limited conceptions of media influence, as manifested by the learning, agenda-setting, and priming paradigms. As these paradigms have matured, discussions of 'massive consequences' have been revived." (Iyengar 1997: 215-6)

Obwohl die Mehrzahl aller politikwissenschaftlich relevanten Medienanalysen im Kontext von Wahlen und Wahlkämpfen entstanden ist (Johnston 1990: 330; Graber 1993: 318; Ravenstein 1995: 17-9; Kaase 1997: 73), blieb vor dem beschriebenen theoretischen Hintergrund der Fundus an Evidenzen, die darauf hindeuten, daß der Kontakt mit der Berichterstattung der Massenmedien direkte Konsequenzen für die Entscheidungen von Wählern hervorrufen kann, sehr klein. Nimmo brachte die bis vor kurzem praktisch konsensuell akzeptierte Sichtweise folgendermaßen auf den Punkt: "In sum, the verdict concerning the part played by the mass media in relation to individuals' voting behavior is that they are influential informers and impotent persuaders." (Nimmo 1981: 257) Ähnliche Postulate kann man aber auch in neuesten Veröffentlichungen noch wiederfinden: "Politische Kommunikation in den Medien kann - so das Fazit aus den vorliegenden Ergebnissen - Wahlentscheidungen beeinflussen, jedoch keinesfalls im Sinne einer direkten und linearen kausalen Beziehung." (Gleich 1998: 420) Untersuchungen direkter Einflüsse der Massenkommunikation auf individuelle Wahlentscheidungen können im Lichte solcher wissenschaftlichen Grundüberzeugungen nicht als sehr sinnvolles Unterfangen erscheinen. Es wurde daher kaum je versucht, solche Einflüsse empirisch nachzuweisen (Patterson 1980: vii; Kepplinger u.a. 1994: 11-4; Holtz-Bacha 1996: 27). Statt dessen zogen sich viele Forscher auf den Standpunkt zurück, daß die Wahlentscheidung eben die "falsche" abhängige Variable sei und daß es andere Fragestellungen gebe, hinsichtlich derer die Rolle der Massenmedien bei Wahlen sinnvoller erforscht werden könne (Chaffee/Hochheimer 1983: 69-70).

So kann freilich nur im disziplinären Rahmen einer Wissenschaft argumentiert werden, für deren Selbstverständnis die Fokussierung auf eine unabhängige Variable konstitutiv ist. Zentraler Gegenstand der politischen Kommunikationsforschung sind die Massenmedien, und die wissenschaftliche Aufgabe wird vorrangig darin gesehen zu erkunden, welche gesellschaftlichen und politischen Konsequenzen die Politikvermittlung durch diese Institution nach sich zieht (Schulz 1997: 13). Für die Wahlsoziologie ist demgegenüber das Interesse an gerade jener abhängigen Variablen konstitutiv, deren Relevanz im Rahmen der politischen Kommunikationsforschung in Zweifel gezogen wurde: den individuellen Entscheidungen der Wähler an der Urne und den Hintergründen, die dazu führen, daß diese jeweils so und nicht anders ausfallen (Powell 1987: 233-4; Miller/Shanks 1996: ix). Überwiegend im Windschatten des kommunikationswissenschaftlichen "mainstream" wurden in den vergangenen Jahrzehnten allerdings immerhin vereinzelte Befunde erarbeitet, die darauf hindeuten, daß die Massenkommunikation durchaus eine gewisse Kapazität besitzt, direkt darauf einzuwirken, in welche Richtung Wahlentscheidungen gefällt werden.

9 Massenkommunikation und Wahlentscheidungen

Zum Teil handelt es sich dabei um Analysen von Aggregatdaten. So untersuchte Erikson den Zusammenhang zwischen den Veränderungen der Stimmenanteile der Demokratischen Präsidentschaftskandidaten in amerikanischen Wahlkreisen zwischen den Präsidentschaftswahlen 1960 und 1964 und den Wahlempfehlungen der dort gelesenen Tageszeitungen. Die Ergebnisse der Studie legen den Schluß nahe, daß diese *endorsements* zu Stimmenzugewinnen für den begünstigten Kandidaten in Höhe von fünf Prozentpunkten führten (Erikson 1976). Hinweise auf Einflüsse amerikanischer Tageszeitungen auf Wahlentscheidungen erbrachte auch eine gleichfalls mit Wahlkreisdaten arbeitende Studie über die Kongreßwahlen 1978. Wie sich zeigte, wirkten sich Wahlempfehlungen in Tageszeitungen, aber auch der bloße Umfang der Presseberichterstattung über die Kandidaten auf deren Stimmenanteile aus (Goldenberg/Traugott 1984: 157-8). In einer westdeutschen Zeitreihenanalyse über den Zeitraum eines Jahres fanden Kepplinger/Brosius Zusammenhänge zwischen den thematischen Schwerpunkten der Berichterstattung in den Nachrichten des öffentlich-rechtlichen Fernsehens und Schwankungen der Verteilungen der Parteipräferenzen im Elektorat (Kepplinger/Brosius 1990; Brosius/Kepplinger 1992). Diese Aggregatdatenanalysen deckten Kovariationen zwischen den Inhalten, die von Massenmedien vermittelt wurden, und dem politischen Verhalten der Wähler auf. Untersuchungen dieser Art können allerdings aus methodischen Gründen nicht belegen, daß sich in den beobachteten Zusammenhängen direkte Medieneinflüsse ausdrücken, die auf Vorgänge individueller Rezeption und Akzeptanz von Botschaften der Massenkommunikation zurückzuführen sind. Bei dem, was in diesen Ergebnissen sichtbar wird, kann es sich auch um indirekte Medienwirkungen handeln, die über andere Kanäle, wie z.B. die interpersonale Kommunikation (siehe Abschnitt 3.4.5.1) oder allgemeine "Meinungsklima"-Wahrnehmungen, vermittelt sind.

Der Nachweis direkter Einflüsse medienvermittelter politischer Informationen auf das Stimmverhalten einzelner Rezipienten kann nur auf der Grundlage von Individualdaten geführt werden. Analysen, welche dies in methodisch überzeugender Weise leisten, sind rare Ausnahmen. Chaffee/Hochheimer betonten zwar, daß bereits in der Erie County-Studie - im Einklang mit ihren ursprünglichen Zielen und entgegen den Postulaten des "Modells der begrenzten Wirkungen", zu dessen wesentlichem Stimulans sie avancierte - durchaus Hinweise auf Konversionen von Wählern durch die Medienberichterstattung enthalten gewesen seien (Chaffee/Hochheimer 1983: 68-9): Die Studie fand, daß während des Präsidentschaftswahlkampfes 1940 das Radio in Erie County eher die Seite der Demokraten unterstützte, während die Tageszeitung eher den Republikanern zuneigte. Lazarsfeld und seine Kollegen untersuchten vor diesem Hintergrund, ob sich Wähler, die im Verlaufe des Wahlkampfes ihre Parteipräferenz wechselten, im Hinblick darauf unterschieden, welches der beiden Medien sie selbst für ihre Entscheidungen verantwortlich machten. Dabei wurde deutlich, daß Wähler, die ihre Wahlabsicht zugunsten der Republikaner änderten, nach eigener Einschätzung stärker von der Zeitung beeinflußt worden waren, während es sich bei Wählern, die zu den Demokraten wechselten, gerade umgekehrt verhielt (Lazarsfeld u.a. 1968: 132). Doch stellt dieser Befund allenfalls einen schwachen Hinweis auf die Existenz von Medieneinflüssen dar, denn er ist mit mehreren Problemen behaftet. So wird methodisch der Möglichkeit selektiver Rezeption nicht in ausreichendem Maße Rechnung getragen; hinzu kommt die fragwürdige Validität der Selbsteinschätzungen der Befragten.

Bemerkenswerterweise war es niemand anders als die oft wegen ihres Desinteresses an der Bedeutung der Medien geziehenen Autoren der Michigan-Schule, die eine ähnliche Fragestellung anläßlich der Präsidentschaftswahl 1952 erneut aufgriffen (Campbell u.a. 1953). Diese Wahl gilt als die erste, bei deren Wahlkampf das neue Medium Fernsehen eine größere Rolle spielte. Vor diesem Hintergrund wurde geprüft, ob die Wahlentscheidungen in Abhängigkeit von dem Medium variierten, das die Wähler selbst als ihre wichtigste Informationsquelle einschätzten. Dabei fanden sich in der Tat kleinere Unterschiede. So stimmten Wähler, die das Fernsehen als ihre wichtigste Informationsquelle bezeichneten, etwas häufiger als die anderen Wähler für den Demokraten Stevenson. Personen, die Nachrichtenmagazine am wichtigsten fanden, votierten häufiger für Eisenhower. Allerdings blieb auch in dieser frühen Studie die Möglichkeit der selektiven Zuwendung unberücksichtigt; es gab keine Kontrolle nach politischen Prädispositionen. Außerdem ging diese Untersuchung ebenso wie die zitierte Analyse aus der Erie County-Studie stillschweigend von der fragwürdigen Prämisse aus, daß ganze Mediensparten in einheitlicher Weise ein und denselben Kandidaten unterstützten.

Methodisch angemessener waren Robinsons Analysen der Zusammenhänge zwischen individuellen Wahlentscheidungen bei den Präsidentschaftswahlen 1956 bis 1972 und den Wahlempfehlungen der von den untersuchten Wählern rezipierten Tageszeitungen. Bei Kontrolle einer Reihe von Prädispositionen zeigte sich, daß die Lektüre einer Zeitung, welche einen bestimmten Kandidaten unterstützte, die Wahrscheinlichkeit der Wahl des begünstigten Kandidaten um einige Prozentpunkte steigerte (Robinson 1972, 1974). Neben diesen Studien wurden in den USA auch einige Untersuchungen durchgeführt, die sich nicht unmittelbar mit Wahlentscheidungen beschäftigten, sondern das weniger anspruchsvolle Ziel verfolgten aufzudecken, ob die Medienberichterstattung direkte Einflüsse auf die Bewertungen der Präsidentschaftskandidaten ausüben kann. Sie gelangten zu widersprüchlichen Ergebnissen. Patterson/McClure (1976: 59-73) untersuchten am Beispiel der Präsidentschaftswahl 1972 das Einflußpotential des Fernsehens und kamen zu dem Schluß, daß dieses ein Mythos sei. Auf der Grundlage elaborierter Meßmodelle stellte Bartels (1993) hingegen fest, daß derartige Urteile bei der Präsidentschaftswahl 1980 mit der Nutzungshäufigkeit sowohl der Fernsehnachrichten als auch der Tagespresse kovariierten.

Die eklatante parteipolitische Einseitigkeit der britischen Tageszeitungen hat schon früh das Interesse an der Frage geweckt, ob die Presse in Großbritannien ein wahlpolitisches Einflußpotential besitzt. Weniger wissenschaftliche Aufmerksamkeit wurde dem neutraleren Fernsehen entgegengebracht (Denver 1994: 121-9; Norris 1997: 222). Verschiedene Analysen des politischen Verhaltens der Leser parteipolitisch unterschiedlich ausgerichteter Tageszeitungen deuten in der Tat auf ein "magnetisches" Potential (Butler/Stokes 1969: 445) der Presse hin: "Readers wo are already close to their paper's party will tend to be held close; those at some distance will tend to be pulled towards it." (Butler/Stokes 1969: 237) Anhand einer mehrere Jahre überspannenden Wiederholungsbefragung aus den 60er Jahren fanden Butler/Stokes Hinweise, daß sich die Redaktionslinien der Zeitungen mittel- bis langfristig auf die Neigung ihrer Leser auswirkten, ihre Parteipräferenz beizubehalten oder zu wechseln. Auf lange Sicht blieben Wähler, die eine mit ihrer Parteibindung übereinstimmende Zeitung rezipierten, häufiger ihrer Partei treu als Wähler, die dies nicht taten. Parteipolitisch nicht festgelegte Leser zeigten eine sehr deutliche Neigung, sich langfristig der Partei zuzuwenden, die von ihrer Zeitung unterstützt wurde. Selbst Leser, die eine Parteineigung aufwiesen und einen von dieser abweichendes Titel lasen, wurden deutlich häufiger als Leser, die eine ihrer Neigung entsprechende Zeitung konsumierten, ihrer Partei untreu und wechselten zu der Partei, die von dieser Zeitung begünstigt wurde (Butler/Stokes 1969: 229-44). Ähnliche "Magnetkräfte" wurden auch sichtbar in einer Analyse der Unterhauswahl 1987 (Miller 1991: 185-96) und in einer Studie über Stabilität und Wandel von Zeitungsleserschaft und Parteipräferenzen über einen mehrjährigen Zeitraum in den 90er Jahren (Curtice 1997). Hinsichtlich des britischen Fernsehens konnten demgegenüber zumindest bei der Unterhauswahl 1987 keine Indizien auf politische Einflüsse entdeckt werden. "[T]he press, but not television, had a significant influence on voters' preferences." (Miller 1991: 198; im Original hervorgehoben)

In der Bundesrepublik Deutschland wurde das Thema möglicher Einflüsse der Massenmedien, speziell des Fernsehens, auf das Wählerverhalten besonders in den 70er Jahren vehement und kontrovers debattiert. Auslöser waren Arbeiten von Noelle-Neumann (1977, 1979) im theoretischen Kontext der Forschungen zur "Schweigespirale". Doch ging es in diesen Arbeiten nicht um direkte Einflüsse medienvermittelter Überzeugungsbotschaften, sondern um indirekte Effekte mediengenerierter "Meinungsklima"-Wahrnehmungen. In methodisch relativ einfacher und damit für Alternativdeutungen offener Weise wurden in diesen Studien lediglich Korrelationen zwischen der Mediennutzung und den Vorstellungen der Wähler über die Wahlchancen der Parteien aufgezeigt. Daß diese "Meinungsklima"-Wahrnehmungen ihrerseits das Wahlergebnis beeinflußten, wurde lediglich rein spekulativ vermutet (Noelle-Neumann 1977: 442). In krassem Kontrast zur Vehemenz, mit der diese kontroverse Debatte geführt wurde, steht, daß bis heute kaum überzeugend abgesicherte empirische Indizien vorliegen, die dafür sprechen, daß die politische Medienberichterstattung auf die Entscheidungen der deutschen Wähler einwirken kann. Erwähnung verdient diesbezüglich eine Analyse der Wahlabsicht für die Grünen bei der Bundestagswahl 1987. Sie kam zum Ergebnis, daß sowohl das Lesen lokaler Tageszeitungen als auch das Sehen politischer Magazinsendungen zwar dazu beitrugen, existierende Präferenzen für die Grünen zu stabilisieren, diesen jedoch keine neuen Wähler zuführte (Knoche/Lindgens 1990: 601-7).

Anders als bei der interpersonalen Kommunikation existieren somit - trotz insgesamt weitaus intensiverer Forschungstätigkeit - nur punktuelle und fragmentarische Evidenzen, die darauf hindeuten, daß die Massenkommunikation ein Potential besitzt, Einflüsse auf die politischen Entscheidungen der Wähler auszuüben. Auf weitere Forschungsergebnisse, die sich auf die in der vorliegenden Arbeit analysierten Wahlen beziehen, wird im folgenden Abschnitt eingegangen. Die vorhandenen Befunde sind zumeist auf bestimmte Medien zugespitzt, während alle anderen Medienangebote ausblendet bleiben. Vergleichende Aussagen über verschiedene Arten von Medienangeboten sind daher kaum möglich. Vollständige Fehlanzeige ist im Hinblick auf international vergleichende Analysen zu vermelden (Schmitt-Beck 1998). Die Forschungslage gibt keinerlei Aufschluß im Hinblick auf die Frage, ob die Einflußkapazität der Massenmedien interkulturell – und das kann z.B. bedeuten: in Abhängigkeit von Charakteristika der Mediensysteme - variiert. Daher wird im folgenden versucht, systematisch auszuloten, ob und wie stark die Rezeption medienvermittelter politischer Informationen in den fünf untersuchten Gesellschaften mit individuellen Wahlentscheidungen kovariierte. Anders als in den existierenden Einzeluntersuchungen wird dabei keine Fokussierung auf bestimmte Medien vorgenommen; vielmehr wird versucht, nach Möglichkeit alle politischen Medienangebote in differenzierter Weise simultan zu berücksichtigen. Gleichzeitig wird eine komparative Perspektive eingenommen, indem fünf verschiedene Gesellschaften vergleichend untersucht werden.

9.2 Effekte der Massenkommunikation auf Wahlentscheidungen

9.2.1 Methodische Vorbemerkungen

Die Vorgehensweise bei den nachfolgend präsentierten Analysen entspricht der Analysestrategie für die interpersonale Kommunikation und wird daher hier nicht mehr im Detail erläutert und begründet (siehe Abschnitt 8.2.1). Das Interesse gilt wieder drei Arten von Vergleichen: Dem Vergleich der Gesamtbedeutung der Massenkommunikation als Faktor zur Erklärung von Wahlentscheidungen in den verschiedenen untersuchten Gesellschaften, des weiteren Vergleichen der Bedeutung der verschiedenen Arten von Massenmedien innerhalb jeder dieser Gesellschaften sowie schließlich dem interkulturellen Vergleich der Muster der relativen Bedeutung der verschiedenen Medienformate. Allerdings können die Vergleiche, die sich auf verschiedene Medientypen beziehen, nicht so stringent durchgeführt werden wie die Vergleiche der verschiedenen Arten von Rollenbeziehungen bei der Analyse der interpersonalen Kommunikation. Der Grund liegt darin, daß Medienformate und politische Inhalte häufig nicht unabhängig voneinander variieren. Bei der Analyse der interpersonalen Kommunikation konnte stets für jede Art von Rollenbeziehung differenziert werden zwischen Diskutanten, die für eine Partei bzw. einen Kandidaten Stellung bezogen, und Diskutanten, die konkurrierende Akteure unterstützten.

9 Massenkommunikation und Wahlentscheidungen

Ein analoges Vorgehen ist hinsichtlich der Massenmedien nicht möglich. Wenn beispielsweise in Großbritannien die Tageszeitungen typischerweise parteipolitisch wesentlich einseitiger sind als das Fernsehen, dann läßt sich aus dem RAS-Modell die Erwartung ableiten, daß Medieneinflüsse eher von der Presse als vom Fernsehen ihren Ausgang nehmen sollten. Sollten die Befunde dieser Erwartung entsprechen, bleibt immer noch die Folgefrage offen, ob die größere Wirksamkeit der Presse nur auf ihre politische Einseitigkeit zurückzuführen ist, oder ob sie durch pressetypische Präsentationscharakteristika zusätzlich befördert wurde. Diese Frage kann jedoch nicht schlüssig beantwortet werden, denn die Präsentationsmerkmale und das Ausmaß der parteipolitischen Einseitigkeit der vermittelten Informationen sind im genannten Beispiel eng miteinander verknüpft. Es gibt in Großbritannien keinen Fernsehsender, der parteipolitisch so einseitig ist wie die 'Sun' oder der 'Daily Mirror'. "When one draws retrospective conclusions about 'channels' in natural settings, then, these generalizations are necessarily about channels *and* content that customarily accompanies them." (Chaffee/Mutz 1988: 25; Hervorhebung R.S.) Soweit im folgenden Aussagen über die Bedeutung von Medienformaten gemacht werden, kann es sich infolgedessen zwangsläufig nur um vorsichtig verallgemeinernde Interpretationen beobachtbarer Muster und Trends handeln, die nicht auf einem ähnlich soliden methodischen Fundament stehen wie die Schlußfolgerungen, die im letzten Kapitel über die unterschiedliche Bedeutung der Rollenbeziehungen zwischen Wählern und ihren Diskutanten gezogen werden konnten.[1]

Analog zur Vorgehensweise im Abschnitt 8.2.2 wird im folgenden für die Massenkommunikation durch eine Serie von Modellschätzungen herausgearbeitet, ob, in welchem Umfang und auf welche Weise individuelle Wahlentscheidungen für oder gegen eine Partei bzw. einen Kandidaten in jeder der fünf untersuchten Gesellschaften durch die Rezeption und Akzeptanz medienvermittelter politischer Informationen beeinflußt wurden. Das bedeutet, Ausgangspunkt der Analyse sind wieder die in Kapitel 5 entwickelten Grundlinienmodelle. Bei den nachfolgend präsentierten Analysen werden diese Grundlinienmodelle um Variablenblöcke erweitert, welche die Intensität der Nutzung der verschiedenen Massenmedien in jeder der Gesellschaften abbilden. Dabei handelt es sich um die im Abschnitt 6.2 diskutierten Indices der Nutzungsintensität von Massenmedien. Sofern die Nutzung mehrerer Medien in einem Index zusammengefaßt wird, geschieht dies durch Addition.

Genau wie Einflüsse der interpersonalen Kommunikation können auch Medieneinflüsse auf Wahlentscheidungen - sofern es sie gibt - vor allem dann ans Licht befördert werden, wenn "Rezeptionslücken" identifiziert und bei der Untersu-

---

[1] Unter anderem als Reaktion auf solche Schwierigkeiten in der "realen Welt" greift die politische Kommunikationsforschung in jüngerer Zeit verstärkt auf experimentelle Methoden zurück. Laborexperimente, bei denen typischerweise Probanden eigens hergestellten oder manipulierten Medienberichten ausgesetzt werden, haben den Vorteil, daß Inhalte und Präsentationsformate nach Belieben unabhängig voneinander variiert werden können, so daß exakt kontrolliert werden kann, welche Probanden welchen Botschaften ausgesetzt sind und eindeutige Zurechnungen zwischen Effekten und deren Ursachen ermöglicht werden. Allerdings geht diese Vorgehensweise zu Lasten der externen Validität. Eindrucksvolle Belege für die Leistungsfähigkeit von Experimenten finden sich u.a. bei Iyengar/Kinder (1987), Iyengar (1991) sowie Nelson u.a. (1997).

chungsanlage ausgenutzt werden (Zaller 1996; siehe Abschnitt 4.2). Selbst wenn sie existieren, können Medieneinflüsse kaum oder gar nicht sichtbar werden, wenn Meßverfahren gewählt werden, die keine Trennung von Überzeugungsbotschaften unterschiedlicher politischer Richtungen erlauben. Aus diesem Grund wurde in Abschnitt 7.2 versucht, einen Eindruck davon zu gewinnen, welche Parteien bzw. Kandidaten die verschiedenen Medien in ihrer politischen Berichterstattung begünstigten. Für die europäischen Länder wurde dabei ein anderes Grundmuster identifiziert als für die USA. In der Bundesrepublik Deutschland, Großbritannien und Spanien waren Anzeichen für mehr oder weniger stark ausgeprägte politische Affinitäten einzelner Medien zu erkennen, die sich aus deren Redaktionslinien ergaben. Überspitzt gesagt, besaßen die meisten der konkurrierenden Parteien einen oder mehrere "Alliierte" im Mediensystem. Die richtungspolitischen Charakteristika der Berichterstattung amerikanischer Medien deuteten demgegenüber auf eine strukturelle Verzerrung hin, die 1992 zu einer in sämtlichen Medien ähnlich ausgerichteten Berichterstattung führte. Diese war für Bill Clinton günstig und für seine beiden Kontrahenten Bush und Perot ungünstig. Vor diesem Hintergrund orientieren sich die nachfolgenden Analysen für die europäischen Länder an der Maxime einer weitestmöglich getrennten Betrachtung einzelner Medien. Für die USA wird hingegen nicht nach Einzelmedien, sondern nur nach Medienformaten unterschieden.

Die Umsetzung dieser Analysestrategie stößt allerdings in den europäischen Gesellschaften, wo die Analyse auf der fein differenzierten Ebene einzelner Zeitungstitel und Fernsehsender ansetzen soll, aus mehreren Gründen an Grenzen. So können Medien, die nur von sehr wenigen Befragten rezipiert wurden, aufgrund zu kleiner Fallzahlen nicht separat analysiert werden. Sie müssen statt dessen in Sammelkategorien zusammengefaßt werden. Dies betrifft beispielsweise stets die Regionalpresse, teilweise aber auch Titel der Qualitäts- und der Boulevardpresse. Dieses Problem wurde bereits bei den im Abschnitt 7.2.2 präsentierten Analysen sichtbar, weitet sich jedoch nun aufgrund der besonderen Anforderungen multivariater Analysen noch aus. Ein spezifisches Problem für multivariate Kausalanalysen ergibt sich weiterhin daraus, daß bei manchen Medien ausgeprägte Trends der Parallelnutzung bestanden. Ein Beispiel sind die politischen Magazine von ARD und ZDF: Wer oft die ARD-Sendungen sah, gehörte mit hoher Wahrscheinlichkeit auch zu den häufigen Nutzern der Angebote des ZDF. Dasselbe galt auch für den 'Spiegel' und die 'Zeit'. Bei multivariaten Analysen führt die ähnlich intensive Inanspruchnahme verschiedener Medien zu Multikollinearität. Dieses Problem kann ebenfalls nur dadurch behoben werden, daß die betreffenden Medien in einer Klasse zusammengefaßt werden (Opp/Schmidt 1976: 168-84).

Aufgrund der insoweit unvermeidbaren Betrachtung auch von Sammelkategorien kann die Möglichkeit wechselseitiger Neutralisierung parteipolitisch gegenläufiger Überzeugungsbotschaften verschiedener Medien nicht, wie eigentlich erwünscht, gänzlich ausgeschlossen werden. Dadurch reduziert sich die Chance, daß Medieneinflüsse sichtbar werden, selbst wenn diese existieren. Positiv gewendet bedeutet dies, daß die Analyse die Einflußkapazität der Massenmedien eher zu niedrig als zu

9 Massenkommunikation und Wahlentscheidungen 333

hoch ansetzt - eine Verzerrung, die zwar nicht erfreulich, im Sinne einer konservativen Analysestrategie aber eher vorteilhaft als nachteilig zu bewerten ist. Sollten sich aber signifikante Koeffizienten zeigen, so läßt sich daraus keine Aussage über die einzelnen in der betreffenden Sammelkategorie zusammengefaßten Medien ableiten. Ein solcher Befund erlaubt nur die Aussage, daß eine bestimmte Kategorie von Medien in ihrer Gesamtheit Wahlentscheidungen eher in die eine als in die andere Richtung beeinflußte. Aus Gründen, die im Rahmen des gewählten methodischen Ansatzes prinzipiell nicht behebbar sind, kann das Erfordernis einer differenzierten Analyse parteipolitisch unterschiedlich ausgerichteter Medien somit auch in der vorliegenden Untersuchung nur mit Abstrichen umgesetzt werden.

Wie bei der Analyse von Einflüssen der interpersonalen Kommunikation sollen auch im Hinblick auf die Massenkommunikation Effekte auf Wahlentscheidungen nur dann als Ausdruck genuiner, d.h. von Prädispositionen unabhängiger Einflüsse interpretiert werden, wenn sie die Hürde möglicher selektiver Rezeptionstendenzen klar überwunden haben. Nur Zusammenhänge, welche auch bei Berücksichtigung aller relevanten Prädispositionen Bestand haben, werden deshalb als Indikatoren für genuine Einflüsse der Massenkommunikation interpretiert. Als Kriterium hierfür sollen wiederum die beiden Bedingungen erfüllt sein, daß bei Kontrolle nach Prädispositionen für mindestens einen der in den Modellen enthaltenen Indices der Kommunikationsintensität ein signifikanter Koeffizient beobachtet wird und daß sich gleichzeitig auch die Erklärungskraft des Gesamtmodells im Vergleich zum reinen Grundlinienmodell durch die Berücksichtigung der Mediennutzung signifikant verbessert.

9.2.2 Ergebnisse

Auch am Anfang dieses Analyseschritts steht eine Inspektion der globalen Erklärungskraft der Mediennutzung für alle Wahlentscheidungen in den fünf untersuchten Gesellschaften. Wenn die Massenkommunikation das politische Verhalten der Wähler beeinflußt hat, dann sollte dies darin zum Ausdruck kommen, daß sich die Erklärungsleistung von Analysemodellen signifikant verbessert, wenn als Erklärungsfaktoren neben den Prädispositionen auch die Häufigkeiten herangezogen werden, mit denen sich die Wähler der Berichterstattung der verschiedenen Massenmedien aussetzten. Schaubild 9-1 zeigt, inwieweit diese Erwartung gerechtfertigt ist. Auf der Basis von multinomialen logistischen Regressionen weist es aus, um welchen Betrag das Wählerverhalten jeweils besser vorhergesagt werden kann, wenn bekannt ist, mit welcher Intensität die Wähler die verschiedenen Massenmedien nutzten.[2] Beachtung verdient zunächst, daß die Berücksichtigung der Kontaktintensitäten der Wähler mit der Berichterstattung der Massenmedien in allen untersuchten Gesellschaften zu einer signifikanten Verbesserung der Fähigkeit führt, die

---

2 Zur Codierung der abhängigen Variablen siehe Fußnote 4 in Kapitel 5. Die unabhängigen Variablen entsprechen den unabhängigen Variablen, die in Tabelle 9-2 ausgewiesen sind.

Entscheidungen der Wähler vorherzusagen. Allerdings bestehen zwischen den verschiedenen Gesellschaften deutliche Unterschiede. Die Entscheidungen der westdeutschen und der spanischen Wähler wurden vergleichsweise stark, die Entscheidungen der ostdeutschen, britischen und amerikanischen Wähler hingegen nur wenig von medienvermittelten politischen Informationen mitgeprägt.

Schaubild 9-1: Erklärungskraft der Mediennutzung für Wahlentscheidungen insgesamt (ΔKPR^2 aus multinomialen logistischen Regressionen)

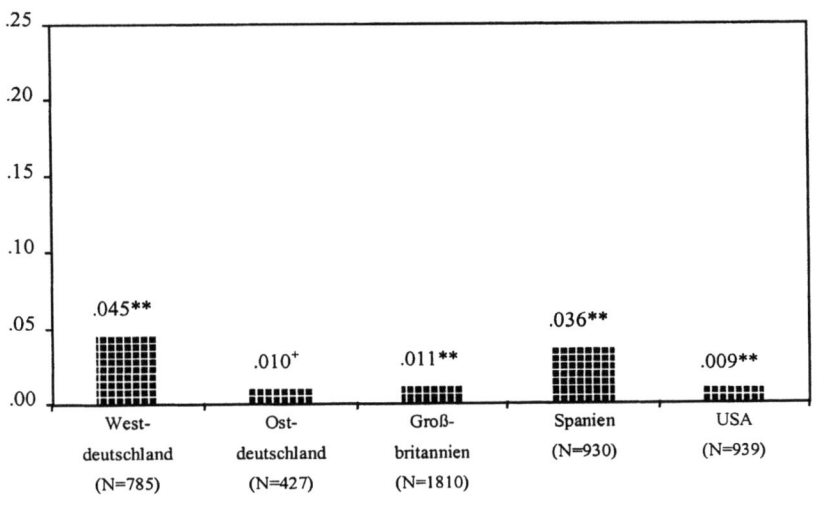

** P<.01, * P<.05, + P<.10

Den ersten Eindruck dieses summarischen Blicks aufs Ganze qualifizierend, zeigt Tabelle 9-1 auf der Basis binärer logistischer Regressionen, welche prozentuale Verbesserung der Erklärung jeder der untersuchten Wahlentscheidungen durch Berücksichtigung der Mediennutzung erreicht wird. Dabei werden jeweils zwei Werte im Vergleich angegeben: die Erklärungskraft der Mediennutzung für jede der Wahlentscheidungen, wenn nicht nach Prädispositionen kontrolliert wird (M), und die über den Beitrag von Parteiloyalitäten sowie kulturellen und strukturellen Prädispositionen hinausgehende, von diesen drei Faktorenbündeln unabhängige zusätzliche Erklärungskraft der Massenkommunikation (M|P). Letztere wird als Indikator für genuine Medieneinflüsse interpretiert. Durch diese feinere Optik ergibt sich ein sehr viel differenzierteres Bild. Wäre politisches Verhalten ausschließlich durch die Richtung der medienvermittelten Überzeugungsbotschaften determiniert, welche von den Bürgern rezipiert und akzeptiert werden, so würde die Nutzung der Massenmedien unzweifelhaft für fast alle Wahlentscheidungen eine bedeutsame, jedoch in den meisten Fällen keine überragende Erklärungsleistung erbringen. Die Entscheidungen für oder gegen die SPD, die FDP und die Bündnisgrünen in den neuen Bundesländern waren allerdings selbst bei Nichtbeachtung der Prädispositionen mit der Mediennutzung völlig unverbunden. Auf der anderen Seite erreichte die unter Außerachtlassung der Prädispositionen ermittelte Vorhersagekapazität der Mediennutzung für das Stimmverhalten nur bei den westdeutschen Kleinparteien und bei den britischen Großparteien eine wirklich substantielle Größenordnung in der Region von neun Prozentpunkten und darüber.

Tabelle 9-1: *Erklärungskraft der Mediennutzung für Wahlentscheidungen (KPR² bzw. ΔKPR²)*

	M	M|P
Westdeutschland		
CDU/CSU	.045**	.045**
SPD	.013**	.020**
FDP	.088**	.106**
Grüne	.136**	.066**
(Mindest-N)	(844)	(818)
Ostdeutschland		
CDU	.020*	.014*
SPD	.003	.004
FDP	.003	.008
Bündnis 90/Grüne	.013	-.001
(Mindest-N)	(442)	(427)
Großbritannien		
Conservatives	.140**	.016**
Labour	.125**	.009**
Liberal Democrats	.033**	.005[+]
(Mindest-N)	(2427)	(1945)
Spanien		
PSOE	.063**	.023**
PP	.052**	.010*
IU	.025**	-.009
(Mindest-N)	(974)	(930)
USA		
Clinton	.025**	.012**
Bush	.019**	.008*
Perot	.016**	.016**
(Mindest-N)	(968)	(943)

** $P<.01$, * $P<.05$, [+] $P<.10$

M   Nicht nach Prädispositionen kontrolliert.
M|P Nach Prädispositionen kontrolliert.

Bei den meisten Wahlentscheidungen verringert sich der Erklärungsbeitrag der Massenkommunikation beträchtlich - teilweise sogar bis zur Insignifikanz -, wenn politische Prädispositionen einbezogen werden. Das deutet auf eine erhebliche Bedeutung der selektiven Rezeption hin: Wähler mit bestimmten politischen Neigungen nutzten bevorzugt Medien, die zu diesen Loyalitäten paßten, und stimmten gleichzeitig aufgrund ihrer Prädispositionen für spezifische Parteien oder Kandidaten. Politische Botschaften dieser Medien flossen jedoch zumeist gar nicht oder nur wenig in die Entscheidungen der Wähler ein. Bei Kontrolle nach Prädispositionen verbleiben von den 17 untersuchten Entscheidungen für oder gegen eine Partei bzw. einen Kandidaten 12, bei denen der Kontakt mit der Medienberichterstattung einen statistisch signifikanten zusätzlichen Beitrag zur Erklärung der Entscheidungsrichtung leistete. In Westdeutschland ergeben sich allerdings nur hinsichtlich der Wahl der Grünen deutliche Hinweise auf die Wirksamkeit des Mechanismus der selektiven Rezeption. In den USA zeigt sich - ähnlich wie bei der interpersonalen Kommunikation - kein solches Muster im Hinblick auf die Wahl von Ross Perot (siehe Abschnitt 8.2.2). Überragend war die Bedeutung der selektiven Zuwendung hingegen in Großbritannien, dem einzigen der untersuchten Länder, dessen Pressesystem sich durch eine umfassende und eindeutige regelrechte "Parallelstruktur" zum Parteiensystem auszeichnet (Seymour-Ure 1974). Die meisten Tageszeitungen ordneten sich vor der Unterhauswahl 1993 in unmißverständlicher und von den meisten Lesern in der Tat auch wohlverstandener Weise (vgl. Schaubild 7-3) einer der beiden großen Parteien zu. Überdies ist zu bedenken, daß die vorwiegend überregionale Verbreitungsstruktur der britischen Tagespresse allen Wählern die Möglichkeit eröffnete, zwischen Titeln verschiedener politischer Ausrichtung eine Auswahl zu treffen. Die Prognosekraft der Mediennutzung für die Entscheidungen der britischen Wähler implodiert infolgedessen buchstäblich, wenn nach Prädispositionen kontrolliert wird. Entsprechend den hier zugrundegelegten inferenzstatistischen Ausschlußkriterien müssen wir sogar davon ausgehen, daß die Wahl der Liberal Democrats überhaupt nicht durch die Berichterstattung der Massenmedien beeinflußt wurde. In dem Land mit der parteipolitisch einseitigsten Presse ist der Erklärungsbeitrag der Medien für die Entscheidungen der Wähler somit nicht etwa besonders stark, sondern - ganz im Gegenteil - ziemlich schmal.

Auch die Entscheidungen der spanischen Wähler für oder gegen die IU blieben augenscheinlich von der Medienberichterstattung ganz unbeeinflußt; zieht man zusätzlich zu den Prädispositionen auch die Mediennutzung in Betracht, führt dies sogar zu einer Verschlechterung der Qualität des Erklärungsmodells. Auf der anderen Seite überstiegen die Zugewinne an genuiner Erklärungskraft immerhin in zwei Fällen die Marge von sechs Prozentpunkten, nämlich bei den Grünen und vor allem bei der FDP in Westdeutschland - beides Parteien, deren Wahl vergleichsweise schlecht aus den politischen Prädispositionen der Wähler vorhergesagt werden konnte (vgl. Schaubild 5-2). Bei allen anderen europäischen Parteien und bei allen drei amerikanischen Kandidaten bewegen sich die Erklärungsgewinne, die durch den zusätzlichen Rekurs auf Art und Intensität der Mediennutzung erzielt werden, im moderaten Bereich zwischen rund einem (Labour, PP, Clinton und Bush) und gut vier Prozentpunkten (CDU/CSU in Westdeutschland). Damit ist festzuhalten: Die selektive Rezeption spielte hinsichtlich der Mediennutzung oft eine gewisse Rolle, sie war aber überwiegend nicht so stark, daß Medieneffekte vollständig ausradiert wurden. Insgesamt trug die Massenkommunikation allerdings zumeist keine sehr gewichtige eigenständige Erklärungsleistung für Wahlentscheidungen bei.

Aufschlußreich ist ein Blick auf die Variationen der Bedeutung der Massenkommunikation für die Unterstützung der verschiedenen Wettbewerber innerhalb der untersuchten Gesellschaften. Dem RAS-Modell zufolge ist die Stärke von Einflüssen auch eine Funktion der Gesamtmenge der über den betreffenden Akteur vermittelten Informationen. Allgemein sollte die Massenkommunikation daher für die Wahl derjenigen Parteien und Kandidaten das größte Gewicht besitzen, die absolut gesehen am häufigsten zum Gegenstand medienvermittelter Überzeugungsbotschaften wurden, jedenfalls sofern sich günstige und ungünstige Informationen nicht in der Berichterstattung der Einzelmedien wechselseitig ausbalancierten (siehe Abschnitt 2.3.5.4). Wie in Abschnitt 7.2.2 belegt, war die Berichterstattung einer Reihe von Medien durch einen mehr oder weniger starken Regierungsbonus gekennzeichnet. Die Amtsinhaber waren öfter in den Medien präsent als ihre Konkurrenten aus der Opposition. Vielfach kommen im Hinblick auf die Erklärungskraft der Mediennutzung für Wahlentscheidungen zumindest der Tendenz nach korrespondierende Muster zum Vorschein. So war die Massenkommunikation in Westdeutschland, weniger deutlich aber auch in Ostdeutschland bedeutsamer für die Wahl der regierenden CDU/CSU als für die Wahl des Herausforderers SPD und bedeutsamer für die Wahl des kleinen Koalitionspartners FDP als für die Wahl der Grünen. In Spanien wirkte sich die Medienberichterstattung am deutlichsten auf die Wahl der PSOE aus. In den britischen Medien manifestierte sich zwar kein ausgeprägter Bonus für die regierenden Conservatives. Aber jede der beiden Großparteien wurde deutlich öfter beachtet als die Liberal Democrats. Dementsprechend spielten Medieneinflüsse zwar für die Wahl von Tories und Labour, nicht jedoch für die Wahl der Liberal Democrats eine nennenswerte Rolle. Nur in den USA läßt sich kein Zusammenhang zwischen Medienaufmerksamkeit und Einflußgewicht der Medien feststellen. Obwohl Präsident Bush in den meisten Medien mehr Beachtung fand als jeder seiner Herausforderer, spielte die Massenkommunikation im Hinblick auf seine Wahl nur eine vergleichsweise geringe Rolle.

Welche Medien waren wahlpolitisch einflußreich? Lassen sich Anhaltspunkte entdecken, die darauf hindeuten, daß bestimmte Arten von Medien einen Wirksamkeitsvorsprung hatten? Gibt es diesbezüglich Unterschiede zwischen den untersuchten Gesellschaften? Tabelle 9-2 zeigt, welche Medien im einzelnen für die in Tabelle 9-1 wiedergegeben Verbesserungen der Vorhersagbarkeit von Wahlentscheidungen verantwortlich waren. Ausgewiesen sind die Parameterschätzungen (unstandardisierte Effektkoeffizienten) für die einzelnen Indices der Intensität der Mediennutzung. Wie bereits im Hinblick auf die interpersonale Kommunikation erläutert, gibt die Höhe der Effektkoeffizienten an, in welchem Umfang rezipierte Überzeugungsbotschaften von ihren Empfängern akzeptiert wurden. Ähnlich wie in Abschnitt 8.2.2 wurde bei der Konstruktion der Modelle versucht, den Erwartungen des Resistenz-Axioms des RAS-Modells durch die Spezifikation multiplikativer Interationsterme Rechnung zu tragen, soweit sich dies unter inferenzstatistischen Gesichtspunkten als sinnvoll erwies. Die gefundenen Interaktionen korrespondieren freilich nur in der Minderzahl den Erwartungen dieses Theorems.

Tabelle 9-2:   Effekte der Mediennutzung auf Wahlentscheidungen (EXP(B))

Westdeutschland	CDU/CSU	SPD	FDP	Grüne
Rechte Qualitätspresse	1.17	1.01	1.03	1.69^{-1+}
Linke Qualitätspresse	1.09^{-1}	1.16^{+}	1.35^{-1}*	1.10^{-1}
Regionalpresse	1.01	1.06	1.26^{-1}**	1.10^{-1+}
Regionalpresse | PI CDU/CSU	1.34**			
'Bild'	1.07	1.15*	1.31^{-1}*	1.20^{-1+}
Sonstige Boulevardzeitungen	1.08	1.19	1.61^{-1}	1.18^{-1}
'Spiegel' und 'Zeit'	1.15^{-1}	1.06^{-1}	1.57**	1.70**
'Spiegel' und 'Zeit' | PI CDU/CSU	1.72^{-1}**			
'Spiegel' und 'Zeit' | PI SPD		1.59^{-1}**		
ARD-Nachrichten	1.11*	1.01	1.08^{-1}	1.19^{-1}**
ZDF-Nachrichten	1.03^{-1}	1.02	1.04	1.01
RTLplus-Nachrichten	1.04	1.07	1.14^{-1}	1.15^{-1}
SAT1-Nachrichten	1.10^{-1}	1.12^{-1}	1.01	1.42**
ARD- und ZDF-Magazine	1.02^{-1}	1.02^{-1}	1.05	1.02
(N)	(836)	(818)	(818)	(819)
Ostdeutschland	CDU	SPD	FDP	Bündnis90/ Grüne
Regionalpresse	1.05^{-1}	1.02	1.16*	1.05^{-1}
'Bild'	1.06	1.07^{-1}	1.01^{-1}	1.11^{-1}
Sonst. Boulevardzeitungen	1.12^{-1}	1.07^{-1}	-	1.16^{-1}
'Spiegel' und 'Zeit'	1.07^{-1}	1.01^{-1}	1.08	1.00
ARD-Nachrichten	1.03^{-1}	1.03	1.04^{-1}	1.01
ZDF-Nachrichten	1.02	1.02	1.09^{-1}	1.05^{-1}
DFF-Nachrichten	1.09^{-1}**	1.00	1.01^{-1}	1.03
ARD- und ZDF-Magazine	1.03^{-1}	1.04	1.01	1.01^{-1}
DFF-Magazine	1.06	1.03^{-1}	1.06^{-1}	1.14
(N)	(441)	(441)	(441)	(427)
Großbritannien	Conservatives	Labour		Liberal Democrats
'Times'	1.31	1.10^{-1}		1.92^{-1+}
'Daily Telegraph'	1.19	1.39^{-1}*		1.03
'Financial Times'	1.02^{-1}	1.47^{-1}		1.12^{-1}
'Guardian'	1.07	1.04^{-1}		1.05^{-1}
'Independent'	1.39*	1.15^{-1}		1.10^{-1}
'Daily Express'	1.28*	1.26^{-1}*		1.09^{-1}
'Daily Mail'	1.54**	1.31^{-1}**		1.25^{-1}*
'Today'	1.41^{-1}*	1.08^{-1}		1.30*
Regionalpresse	1.03^{-1}	1.19^{-1+}		1.02
'Sun'	1.23**	1.10^{-1+}		1.05^{-1}
'Daily Star'	1.22	1.12^{-1}		1.02^{-1}
'Daily Mirror'	1.16^{-1+}	1.12*		1.08^{-1}
BBC-Nachrichten	1.07^{-1}	1.02		1.02
ITN-Nachrichten	1.03^{-1}	1.15**		1.08^{-1}
Channel 4-Nachrichten	1.06	1.03^{-1}		1.10^{-1}
(N)	(1945)	(2379)		(1951)

Spanien	PSOE	PP	IU
'El País'	1.14⁻¹⁺	1.05⁻¹	1.05
'ABC'	1.64⁻¹*	1.52⁺	1.16
'El Mundo'	1.56⁻¹**	1.31*	1.17
'Diario 16'	1.03⁻¹	1.14⁻¹	1.08
'Ya'	1.26	1.14⁻¹	1.18⁻¹
'Vanguardia'	1.28⁻¹*	1.41⁻¹*	1.07
Regionalpresse	1.10⁻¹**	1.00	1.05⁻¹
Nachrichtenmagazine	2.36	1.51⁻¹	1.38
TVE-Nachrichten	1.06**	1.01	1.00
Antena 3-Nachrichten	1.01	1.09*	1.02⁻¹
Tele 5-Nachrichten	1.03	1.07	1.00
Canal+ -Nachrichten	1.20	1.06⁻¹	1.05
(N)	(930)	(967)	(930)
USA	Clinton	Bush	Perot
Qualitätszeitungen	1.01⁻¹	1.04	1.08⁻¹
Presse mittl. Info.qualität	1.03	1.03⁻¹	1.08⁻¹*
Presse mittl. Info.qu. | PI Dem.		1.30**	
Presse mittl. Info.qu. | PI Rep.			1.13*
Nachrichtenmagazine	1.09	1.03	1.10⁻¹
Nationale Fernsehnachrichten	1.09*	1.01	1.10⁻¹*
Lokalnachrichten	1.01⁻¹	1.09	1.04⁻¹
Fernsehmagazine	1.36**	1.30⁻¹*	1.04⁻¹
Talkshows	1.23⁻¹*	1.01⁻¹	1.23*
(N)	(943)	(959)	(943)

** P<.01, * P<.05, ⁺ P<.10

Anmerkung: Koeffizienten für Konstanten und Prädispositionen nicht wiedergegeben.

Einen Effekt positiver Richtung auf die Wahl der CDU/CSU in Westdeutschland hatte bei der Bundestagswahl 1990 unter anderem der Konsum der Regionalpresse. Anders als bei der Qualitätspresse erwies sich dieser Effekt auch bei Kontrolle nach Prädispositionen als robust. Das könnte eine Folge des Tatbestandes sein, daß in vielen Regionen einzelne Titel eine marktbeherrschende Stellung besitzen, so daß die Leser keine Möglichkeit haben, auf ein anderes Blatt auszuweichen. Allerdings beschränkte sich die für die Union günstige Wirkung der Regionalpresse - dem Resistenz-Axiom entsprechend - auf diejenigen Wähler, die sich ohnehin mit der Union identifizierten. Semetko/Schönbach stellten fest, daß Wähler, die regelmäßig die 'heute'-Sendung des ZDF verfolgten, der CDU/CSU mehr Sympathie entgegenbrachten als andere Wähler (Semetko/Schönbach 1994: 113). Ein ähnlicher Zusammenhang im Hinblick auf die Wahlentscheidungen selbst konnte in der vorliegenden Untersuchung nicht aufgedeckt werden. Statt dessen wuchs unabhängig von den Prädispositionen der Wähler ihre Neigung, für die CDU/CSU zu stimmen, mit der Häufigkeit, mit der sie die Nachrichten der ARD zur Kenntnis nahmen - ein Ergebnis, mit dem vor dem Hintergrund der Befunde über die Inhalte der ARD-Nachrichten nicht zu rechnen war. Ungünstig für die Union war demgegenüber offenbar die Berichterstattung der (nicht getrennt analysierbaren) links-liberalen Wochentitel 'Zeit' und 'Spiegel'. Jedoch beschränkte sich dieser negative Effekt auf die Wähler, die sich einer Unionspartei verbunden fühlten. Mit steigender Intensität der Lektüre des 'Spiegels' und der 'Zeit' verringerte sich in dieser Wählergruppe die Neigung, im Einklang mit der eigenen Parteineigung zu stimmen.

Einen gleichartigen, nur geringfügig schwächeren Effekt hatte die Lektüre dieser beiden Wochenmagazine auch auf die Wähler, die sich mit der SPD identifizierten. Dieser Zusammenhang überrascht angesichts des insgesamt eher günstigen Erscheinungsbildes der Sozialdemokraten in diesen Blättern. Umgekehrt profitierte die SPD in allen Wählergruppen von der Berichterstattung der 'Bild-Zeitung'. Das ist zunächst ebenfalls konterintuitiv, nicht zuletzt auch deswegen, weil 'Bild' eher negative Einflüsse auf die Bewertungen des SPD-Spitzenkandidaten Oskar Lafontaine ausübte (Semetko/Schönbach 1994: 118). Doch sei an das Ergebnis unserer Inhaltsanalyse erinnert, die zeigte, daß die SPD von 'Bild' zwar nicht so günstig dargestellt wurde wie die Regierungsparteien, aber doch - ganz anders als die Grünen - per saldo eher positiv (vgl. Tabelle 7-7). Tendenziell scheint auch die Lektüre einer eher links orientierten Qualitätszeitung (TAZ, FR und/oder SZ) die Neigung erhöht zu haben, die SPD zu unterstützen. Doch verfehlt dieser Effekt das erforderliche Signifikanzniveau. In diesem Zusammenhang verdient auch der Befund von Semetko/Schönbach Erwähnung, daß der Konsum anderer Qualitätszeitungen als der FAZ negative Folgen für die Bewertungen der CDU hatte (Semetko/Schönbach 1994: 121).

Während mit der Lektüre von 'Zeit' und 'Spiegel' in Westdeutschland eine sinkende Wahrscheinlichkeit einherging, sich für eine der beiden großen Parteien zu entscheiden, scheint deren Berichterstattung den beiden kleinen Parteien genutzt zu haben. FDP und Grüne wurden von häufigen Lesern der beiden Wochenperiodika häufiger gewählt als von Wählern, die aus ihnen weniger oder gar keine Informationen bezogen. Eine Reihe anderer Medien beeinflußte ebenfalls die Bereitschaft, liberal zu wählen, allerdings durchweg negativ: Unerwarteterweise verringerte sich unter dem Einfluß der 'Bild-Zeitung' und der Regionalpresse - im Gegensatz zu deren positivem Effekt auf die Unionswahl - die Neigung, für die FDP zu stimmen. Aber auch die linke Qualitätspresse leistete mit ihrer Berichterstattung einen sogar noch etwas stärkeren Beitrag, der FDP Wähler zu entfremden. Die Aussichten der Grünen verbesserten neben 'Spiegel' und 'Zeit' auch die Nachrichten von SAT1. Obwohl dieser Sender als eher konservativ gilt, war seine Darstellung der Grünen vor der Bundestagswahl 1990 durchaus günstig, und daraus resultierte ein genuiner positiver Einfluß auf seine Zuschauer (vgl. Tabelle 7-7). Umgekehrt verringerte sich die Neigung, grün zu wählen, mit wachsender Intensität der Rezeption der ARD-Nachrichten - auch dies vor dem Hintergrund der Inhaltsanalyse nicht überraschend. Knapp unterhalb der kritischen Signifikanzschwelle bleiben die negativen Effekte der Lektüre einer eher rechten Qualitätszeitung (FAZ und/oder 'Welt'), einer Regionalzeitung sowie der 'Bild-Zeitung' auf die Wahl der Grünen. In Ostdeutschland kann nur ein einziger Zusammenhang als genuiner, von Prädispositionen unabhängiger Medieneinfluß gelten: Obwohl die Nachrichten des DFF nach Maßgabe der

9 Massenkommunikation und Wahlentscheidungen

Inhaltsanalyse wie auch in den Wahrnehmungen ihrer Zuschauer sehr neutral waren, dämpfte ihr Konsum die Neigung, für die CDU zu votieren.

Während die deutschen Befunde in Einzelfällen nicht ohne weiteres plausibel zu machen sind, ist das Bild in Großbritannien sehr klar. Die Leser von Tageszeitungen neigten überwiegend dazu, die Partei zu wählen, die auch die Gunst ihres Blattes besaß. Bei Berücksichtigung der individuellen politischen Prädispositionen der Wähler bleiben jedoch nur wenige Effekte übrig, die auf genuine Einflüsse hindeuten. Den Sprachcode ihrer Leserschaft aus der Unterschicht imitierend, heftete sich die 'Sun' nach der Unterhauswahl stolz den Erfolg der Tories ans Revers, indem sie titelte: "It's *The Sun* wot won it" (Harrop/Scammell 1992: 180). Wie Tabelle 9-2 zeigt, neigten 'Sun'-Leser in der Tat eher als andere Wähler dazu, für die Conservatives zu stimmen, und zwar unabhängig von ihren Prädispositionen. Aber auch andere Blätter derselben parteipolitischen Provenienz waren einflußreich. 'Daily Express' und 'Daily Mail' führten der Regierungspartei ebenfalls Wähler zu. Spiegelbildlich dazu votierten Leser dieser Blätter eher nicht für Labour. Bemerkenswert ist, daß auch Leser des parteipolitisch ausdrücklich neutralen 'Independent' eine signifikante Neigung erkennen ließen, die Conservatives zu unterstützen. Diese Zeitung begünstigte zwar nicht die Tories, berichtete aber nach Meinung mancher Beobachter kritisch über die Labour Party (McKie 1995: 122).

Der Schwenk zugunsten der Conservatives, den 'Today' unmittelbar vor der Wahl vollzog, scheint hingegen nicht verfangen zu haben. Statt dessen kostete die vorangegangene anhaltende Unterstützung der Liberal Democrats die Conservatives bei den 'Today'-Lesern Stimmen. Korrespondierend schlug sie sich in größerer Unterstützung der Liberal Democrats nieder. Das ist ein Ergebnis, das besondere Hervorhebung verdient, denn es steht im Einklang mit einer wesentlichen Implikation des RAS-Modells: daß die Summe der über längere Frist rezipierten und akzeptierten Überzeugungsbotschaften und nicht kurzfristige und punktuelle Wahlempfehlungen für Medieneinflüsse maßgeblich sind. Unterhalb der kritischen Signifikanzschwelle bleibt der negative Effekt des Konsums des Labour-nahen 'Daily Mirror' auf die Wahl der Conservatives. Einen deutlicheren korrespondierenden Effekt positiver Richtung übte die Nutzung des 'Daily Mirror' jedoch auf die Wahl von Labour aus. Ungünstige Folgen für die Labour Party hatte es hingegen, wenn Wähler die Berichterstattung des konservativen 'Daily Telegraph' verfolgten. Diese Befunde decken sich in der Grundaussage mit den Ergebnissen einer anderen Untersuchung der Einflüsse der britischen Presse bei der Unterhauswahl 1992, die auf einer langfristigen Wiederholungsbefragung basierte (Curtice/Semetko 1994). Neben den geschilderten Effekten der Rezeption von Tageszeitungen konnte in Großbritannien aber immerhin auch ein Effekt des Fernsehens festgestellt werden. Je häufiger die ITN-Nachrichten konsumiert wurden, desto stärker tendierten Wähler dazu, für Labour zu stimmen. ITN berichtete zwar nicht besonders günstig über diese Partei. Aber die Conservatives wurden ziemlich ungünstig präsentiert, insbesondere im Vergleich zur Berichterstattung der BBC.

Eine ganze Reihe der spanischen Medien beeinflußte die Wahlchancen der PSOE. Neben der Regionalpresse, von der - obwohl von ihren Lesern als neutral eingestuft - eine geringfügige negative Wirkung ausging, trugen insbesondere die beiden regierungskritischen Qualitätszeitungen 'ABC' und 'El Mundo' dazu bei, Wähler von einer Entscheidung für die PSOE abzuhalten. Auch die Leser von 'Vanguardia' tendierten eher nicht dazu, bei der Wahl die Sozialisten zu unterstützen. Höchst bemerkenswert ist auf der anderen Seite, daß die Berichterstattung des öffentlich-rechtlichen Fernsehens TVE, in der - wie im Abschnitt 7.2.2.4 demonstriert - die Regierung begünstigt wurde, in der Tat dazu beitrug, der PSOE zusätzliche Wähler zuzuführen. Antena 3, der konservativste der drei spanischen Privatkanäle, erweiterte mit seiner Berichterstattung hingegen die Unterstützerbasis der PP. Auch unter den Lesern von 'El Mundo' fand die PP Anhänger. Der positive Effekt der Rezeption von 'ABC' verfehlt hingegen knapp die kritische Signifikanzschwelle. Wer 'Vanguardia' las, votierte nicht nur eher gegen die PSOE, sondern auch gegen die PP.

Wie erläutert, wurde bei der Analyse von Medieneinflüssen in den USA nicht nach einzelnen Zeitungstiteln und Fernsehsendern differenziert, weil diese in der Grundrichtung alle ähnlich berichteten. Eine vergleichbar angelegte, jedoch lediglich auf mehreren lokalen Stichproben basierende Untersuchung der Präsidentschaftswahl 1992 konnte keinerlei Effekte der tagesaktuellen Berichterstattung von Tageszeitungen, Lokalnachrichten und Network-Nachrichten auf die Entscheidungen der Wähler registrieren (Just u.a. 1996: 199-202). Im Gegensatz dazu fördert die hier vorgestellte Analyse einige interessante Effekte zutage. Die Qualitätspresse und die Nachrichtenmagazine blieben ohne Einfluß auf das Stimmverhalten der amerikanischen Wähler. Die Neigung, Bill Clinton zu unterstützen, wuchs jedoch sowohl mit der Intensität, mit der die von den Networks und CNN verbreiteten nationalen Nachrichtensendungen verfolgt wurden, als auch mit der Häufigkeit des Konsums politischer Magazine im Fernsehen. Talkshows erwiesen sich für Clintons Abschneiden hingegen eher als schädlich - der Saxophonauftritt des Kandidaten in der 'Arsenio Hall Show' scheint das Publikum nicht überzeugt zu haben.

Wie es scheint, tendierten Leser einer Tageszeitung mittlerer Informationsqualität eher zur Wahl von George Bush, zumindest unter den Wählern, die sich mit den Demokraten identifizierten. Diese Beobachtung ist in allerdings doppelter Hinsicht paradox: Sie paßt nicht zu dem Befund, daß Bush von der Tagespresse ungünstig präsentiert wurde, und sie steht im Widerspruch zum Resistenz-Axiom. Korrespondierend zum positiven Effekt auf die Unterstützung Clintons verringerten die durch Fernsehmagazine vermittelten Informationen die Aussichten des amtierenden Präsidenten. Wie im Abschnitt 7.2.2.5 beschrieben, war die Darstellung von Ross Perot in den Medien sehr ungünstig. Als Konsequenz führte sowohl der Kontakt mit der Berichterstattung der Tagespresse mittlerer Informationsqualität als auch das Sehen der Fernsehnachrichten zu weniger Stimmen für den unabhängigen Kandidaten. Der negative Effekt der Presse beschränkte sich allerdings auf ungebundene Wähler und auf Anhänger der Demokraten. Dieser Interaktionseffekt deckt sich partiell mit den

Erwartungen des Resistenz-Axioms. Es gab im amerikanischen Mediensystem aber auch eine Quelle positiver Einflüsse auf die Präferenzen für Perot, und zwar die Talkshows. Dieses Programmformat gab Perot Gelegenheit, sozusagen an den Nachrichtenmedien vorbei sich selbst und seine Vorstellungen dem breiten Publikum zu präsentieren. Der unabhängige Kandidat hatte sogar eine Talkshow ('Larry King Live') als Podium genutzt, um sein Interesse an einer Kandidatur publik zu machen. Wie es scheint, konnte Perot durch diese Form, sich direkt an die Wähler zu wenden, ebenso wie übrigens auch durch seine aus eigener Tasche finanzierten, aufwendigen Werbe-"Infomercials" (Just u.a. 1996: 199-202), seine "schlechte Presse" in der Tat ein Stück weit konterkarieren und sich selbst in ein besseres Licht setzen. Beim Talkshowpublikum gewann Perot jedenfalls Wähler hinzu - ein Befund, der durch Ergebnisse anderer Studien erhärtet wird (Zaller/Hunt 1994; Lemert u.a. 1996: 94-6).

Offenkundig stellte somit auch die Massenkommunikation eine relevante Quelle von Einflüssen auf individuelle Wahlentscheidungen dar. Die größte Bedeutung für das Wählerverhalten hatte sie in Westdeutschland und Spanien. Die Einzelergebnisse sind kaum mit spezifischen Hypothesen vereinbar, die bestimmten Arten von Medien ein exklusives Wirksamkeitspotential zuschreiben. Sowohl politische Angebote des Fernsehens als auch Printmedien vermochten Entscheidungen von Wählern zu beeinflussen. Überdies erwiesen sich faktenorientierte ebenso wie meinungsorientierte Formate und Angebote mit höherer ebenso wie Angebote mit minderer Informationsqualität als effektiv. Selbst unterhaltungsorientierte Talkshows besaßen ein Potential, Wahlentscheidungen zu beeinflussen. Lediglich tendenzielle Bedeutungsüberhänge bestimmter Mediengattungen scheint es gegeben zu haben. In Großbritannien waren Zeitungen eher einflußreich als das Fernsehen, was allerdings auch durch die parteipolitische Einseitigkeit der Presse erklärbar ist und nichts mit Formatcharakteristika zu tun haben muß. In den USA erwies sich das Fernsehen mit allen Angebotsformen als bedeutsam, während im Printsektor nur die Berichterstattung der Tagespresse mittlerer Informationsqualität Auswirkungen auf das Wählerverhalten zeitigte. In Ostdeutschland erwies sich überhaupt nur ein einziges Angebot des Fernsehens als einflußmächtig.

9.3 Zur Bedeutung der politischen Involvierung

Wie wirkte sich die politische Involvierung von Wählern auf das Vermögen der Massenmedien aus, Wähler zu beeinflussen? Das RAS-Modell, aber auch die Schema-Theorie behaupten, daß weniger involvierte Wähler eher durch die Massenkommunikation beeinflußbar sind als stärker involvierte Wähler. Theorien des "aktiven Publikums" vermuten hingegen, daß es sich gerade umgekehrt verhält; aus ihrer Sicht hängt die Wirksamkeit der Massenmedien davon ab, in welchem Ausmaß ihnen die Wähler Wirkungen "zugestehen", weil sie sich von ihren Informationen Orientierungshilfen versprechen und deswegen besonders motiviert die Berichterstattung verfolgen (siehe Abschnitt 3.4.2.2). Mehrere Studien haben versucht herauszufinden, ob Faktoren wie das Niveau der formalen Bildung, das politische Interesse oder das politische Wissen von Individuen ihre Beeinflußbarkeit durch die Medienberichterstattung moderieren. Zumeist konzentrierten sich diese Untersuchungen jedoch auf kognitive oder kognitiv vermittelte Medienwirkungen. Viele Arbeiten befaßten sich mit dem Agenda-Setting-Effekt, gelangten dabei aber zu widersprüchlichen Befunden (Winter 1981: 239-40; MacKuen 1984: 372). Manche von ihnen mündeten in der Schlußfolgerung, daß weniger involvierte Personen beeinflußbarer seien (Iyengar/Kinder 1987: 54-62), andere kamen zum gegenteiligen Resultat (Weaver 1977; McCombs/Weaver 1985; MacKuen 1984: 381-2; Hill 1985). Uneinheitlich ist das Bild auch im Hinblick auf den Priming-Effekt: Manche Analysen bemerkten, daß hohe politische Involvierung den Priming-Effekt fördert (Miller/Krosnick 1997), andere fanden im Hinblick auf die Stärke des Priming keine Unterschiede zwischen geringer und stärker involvierten Personen (Iyengar/Kinder 1987: 90-7). Der Framing-Effekt scheint durch größeres politisches Interesse befördert zu werden, wenngleich nicht stark (Iyengar 1991: 117-26).

Studien über direkte Medieneinflüsse auf politische Einstellungen deuten jedoch eher darauf hin, daß weniger involvierte Wähler beeinflußbarer sind. Eine Untersuchung verglich Wähler mit hohem und geringem politischem Interesse im Hinblick darauf, welche Faktoren darauf einwirkten, wie sie Präsident Nixon während der Watergate-Affäre bewerteten. Wie sich zeigte, wurde diese Einstellung bei stärker interessierten Wählern ausschließlich durch die affektiven Parteibindungen bestimmt. Bei weniger interessierten Wählern waren diese jedoch irrelevant; statt dessen hingen deren Urteile ausschließlich davon ab, wie oft sie Fernsehsendungen über den Watergate-Skandal gesehen hatten (Kazee 1981). Eine andere Arbeit befaßte sich mit den Reaktionen von Wählern auf Fernsehdebatten der Präsidentschaftskandidaten. Als Hauptergebnis konnte konstatiert werden, daß die untersuchte Debatte und die darauf bezogene Folgeberichterstattung besonders dann Auswirkungen auf die Bewertungen der Kandidaten durch die Wähler hatten, wenn diese keine umfangreichen politischen Kenntnisse besaßen (Lanoue 1992).

Doch welche Bedeutung hatte die politische Involvierung im Hinblick auf die Beeinflussung des Wählerverhaltens durch die politische Berichterstattung der Massenmedien? Schaubild 9-2 gibt wieder, welche zusätzliche, über die Bedeutung der Prädispositionen hinausgehende Gesamterklärungskraft die Massenkommunikation für die Wahlentscheidungen von Novizen und Experten besaß. Basis sind gruppenweise multinomiale logistische Regressionen analog derjenigen, die am Beginn des letzten Abschnitts vorgestellt wurde. Nur in den neuen Bundesländern war die Einflußkraft der Massenmedien bei den Novizen größer als bei den Experten und entsprach damit den Erwartungen von RAS-Modell und Schema-Theorie. Aber auch dieser Unterschied war relativ klein. In allen anderen Gesellschaften sind hingegen Muster zu erkennen, die sich eher mit den Erwartungen decken, die sich aus Theoremen des "aktiven Publikums" ergeben: Die medienvermittelte politische Kommunikation hatte für die Entscheidungen der Experten die größere Bedeutung. Die politischen Präferenzen der britischen und amerikanischen Novizen waren sogar von der Mediennutzung ganz unabhängig. Die größten Unterschiede zwischen Novizen und Experten bestanden in Westdeutschland und Spanien, den beiden Gesellschaften, in denen die Massenkommunikation auch insgesamt die größte Bedeutung hatte. Dort lag die Erklärungskraft der Massenkommunikation bei den Experten um rund drei Prozentpunkte höher als bei den Novizen und überragte diese dadurch um mehr als das Doppelte. Auffällig ist, daß überall außer in Großbritannien Muster zum Vorschein kommen, die gerade gegenläufig zu denen sind, die hinsichtlich der interpersonalen Kommunikation entdeckt werden konnten (vgl. Schaubild 8-2). In Westdeutschland, Spanien und den USA waren politische Gespräche bedeutsamer für die Wahlentscheidungen der Novizen, während die Massenkommunikation für die Experten wichtiger war. In Ostdeutschland verhielt es sich gerade umgekehrt: Politische Diskussionen spielten bei den Experten eine wichtigere Rolle, die Rezeption medienvermittelter Informationen hingegen bei den Novizen.

Schaubild 9-2: Erklärungskraft der Mediennutzung für Wahlentscheidungen insgesamt nach politischer Involvierung (ΔKPR^2 aus multinomialen logistischen Regressionen)

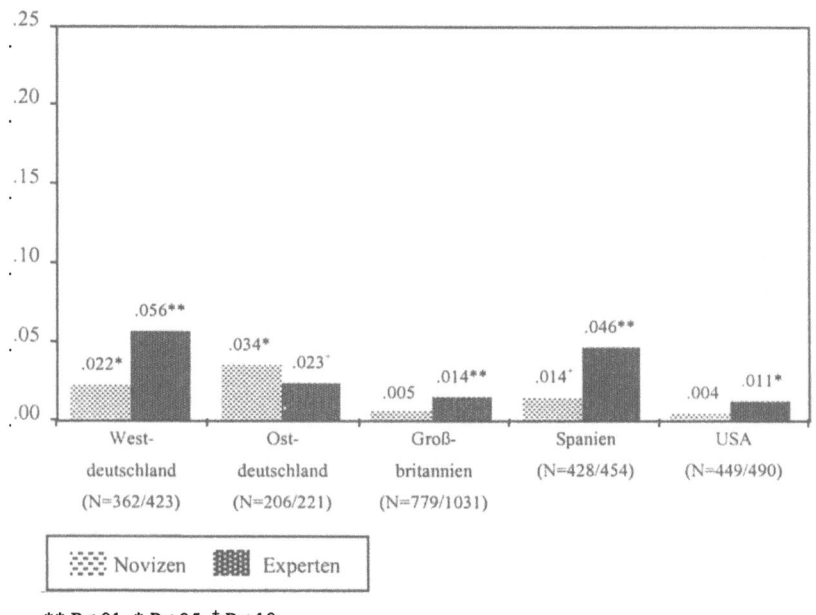

** P<.01, * P<.05, + P<.10

Diese Befunde deuten darauf hin, daß die Annahmen des RAS-Modells, aber auch der Schema-Theorie zu allgemein formuliert sind. Für die interpersonale Kommunikation und die Massenkommunikation scheinen unterschiedliche Gesetzmäßigkeiten zu gelten. Politische Gespräche, die ja oft ungezielt und beiläufig geführt werden, fanden in der Tat häufig einen deutlicheren Niederschlag in den Wahlentscheidungen der Novizen. Demgegenüber scheinen direkte Effekte der Massenkommunikation dadurch begünstigt worden zu sein, daß Rezipienten aktiv Informationen nachsuchten. Beiläufige Einflüsse spielten im Hinblick auf die Massenmedien offenbar eine weniger bedeutsame Rolle.

Tabelle 9-3: *Erklärungskraft der Mediennutzung für Wahlentscheidungen nach politischer Involvierung (ΔKPR^2)*

	Novizen	Experten	Differenz (Exp.-Nov.)
Westdeutschland			
CDU/CSU	.006	.045**	+.039
SPD	-.002	.010	+.012
FDP	.087**	.104**	+.017
Grüne	.042*	.074**	+.032
(Mindest-N)	(379)	(439)	
Ostdeutschland			
CDU	-.005	.024+	+.029
SPD	.026	-.003	-.029
FDP	.022	.015	-.007
Bündnis 90/Grüne	.014	.000	-.014
(Mindest-N)	(206)	(221)	
Großbritannien			
Conservatives	.010*	.021**	+.011
Labour	.006+	.005	-.001
Liberal Democrats	-.010	.013*	+.023
(Mindest-N)	(850)	(1095)	
Spanien			
PSOE	.009	.022*	+.013
PP	.002	.025**	+.023
IU	.035*	-.015	-.050
(Mindest-N)	(467)	(467)	
USA			
Clinton	.003	.021**	+.018
Bush	-.007	.003	+.010
Perot	.020*	-.001	-.021
(Mindest-N)	(450)	(493)	

** $P<.01$, * $P<.05$, + $P<.10$

Bei Betrachtung der Relevanz der Massenkommunikation für die einzelnen Wahlentscheidungen kommen wieder teilweise gegenläufige Zusammenhänge zum Vorschein (Tabelle 9-3). So war die Erklärungskraft der Medien in den neuen Bundesländern nur hinsichtlich der Wahl von SPD, FDP und Bündnis 90/Grünen bei den

Novizen größer als bei den Experten (wobei die Werte von ΔKPR^2 in keinem Fall ein ausreichendes Signifikanzniveau erreichten). Entscheidungen für oder gegen die Union erfolgten hingegen nicht nur in den alten, sondern auch in den neuen Bundesländern nur bei Experten unter dem Eindruck medienvermittelter politischer Informationen. In Spanien erweist sich die IU als "Ausreißer". Während Entscheidungen für oder gegen die PSOE und die PP bei den Experten, nicht aber bei den Novizen von der Massenkommunikation beeinflußt wurden, war es bei der IU gerade umgekehrt. Ausschließlich Novizen fällten ihre Entscheidungen unter dem Einfluß der Medienberichterstattung. In den USA folgte die Wahl von Ross Perot nicht nur im Hinblick auf die interpersonale Kommunikation, sondern auch bezüglich der Einflüsse der Massenkommunikation eigenen Gesetzmäßigkeiten. Während der Kontakt mit der Medienberichterstattung hinsichtlich der Wahl Clintons nur bei den Experten von Bedeutung war, verhielt es sich bei Perot umgekehrt. Nur Novizen reagierten bei ihren Entscheidungen auf Informationen aus den Massenmedien. Einmal mehr wird damit für Perot ein ähnliches Muster sichtbar wie bei den Wahlentscheidungen in den neuen Bundesländern. Von diesen Abweichungen abgesehen entsprechen die Unterschiede zwischen Novizen und Experten den Gesamtmustern, die sich bei der nicht nach Parteien und Kandidaten differenzierenden Analyse ergaben.

Tabelle 9-4 zeigt getrennt für Novizen und Experten, welche Medien die Quellen dieser Einflüsse waren (unstandardisierte Effektkoeffizienten). Hervorhebenswert an diesen Befunden ist zunächst, daß durch die nach politischer Involvierung getrennte Betrachtung einige Medieneinflüsse zutage treten, die bei der undifferenzierten Analyse unsichtbar blieben. Beispielsweise erbrachten die Effekte von 'Daily Mail' (negativ) und 'Today' (positiv) auf die Entscheidungen für oder gegen die Liberal Democrats zwar nicht auf der Ebene des Gesamtelektorat, sehr wohl aber in der Gruppe der Experten eine substantielle Verbesserung der Fähigkeit, die Wahl der Liberal Democrats vorherzusagen.

In Abschnitt 3.4.3.2 wurde die These erörtert, daß die politische Involvierung des Publikums und die Informationsqualität der Medien interaktiv miteinander verknüpft sein könnten. Dieser Annahme zufolge wären hoch involvierte Wähler eher durch anspruchsvollere Medien, weniger involvierte Wähler hingegen eher durch Medien geringerer Informationsqualität beeinflußbar (Schenk/Pfenning 1990). Die in Tabelle 9-4 ausgewiesenen Medieneffekte sind in der Tat zumeist mit diesen Erwartungen kongruent, wenngleich das Bild nicht sehr scharf konturiert ist. Soweit Printmedien mit der höchsten Informationsqualität, d.h. Qualitätszeitungen und Nachrichtenmagazine, Einflüsse auf Wahlentscheidungen ausübten, geschah dies überwiegend bei den Experten. Wenn solche Periodika auch Effekte auf Novizen zeigten, was nur selten vorkam, dann waren diese, mit der einen Ausnahme des Einflusses von 'El País' auf die Wahl der IU, stets schwächer. Weniger eindeutig ist das Bild im Hinblick auf Medienangebote mit geringer Informationsqualität, d.h. Boulevardzeitungen und Sendungen des Privatfernsehens. Sowohl die 'Bild-Zeitung' als auch die 'Sun' übten ihre Einflüsse sozusagen auf die "falschen" Wähler aus, nämlich auf die Experten. Klar im Sinne der Hypothese ist hingegen, daß die westdeutschen Privatsender nur die Novizen beeinflußten. Effekte der Rezeption von Sendungen der spanischen Privatsender fanden sich jedoch nur bei den Experten. Das scheint den Erwartungen zu widersprechen. Doch haben wir bereits in früheren Kapiteln Anhaltspunkte für die Möglichkeit gefunden, daß diese Sender aufgrund des speziellen Charakters von TVE im spanischen Rundfunksystem möglicherweise gar nicht die - hier unterstellte - Rolle der unterhaltungsorientierten Alternative zu einem anspruchsvolleren öffentlich-rechtlichen Rundfunkangebot spielten (siehe Abschnitte 6.2.1, 6.2.4 und 7.2.2.4). Die ausschließlich bei den Experten sichtbaren Einflüsse des Fernsehens auf die Wahl von Bill Clinton fügen sich ebenfalls nicht unmittelbar in die Hypothese. Freilich ist zu bedenken, daß die amerikanische Fernsehlandschaft eine Monokultur darstellte, in der es - mit Ausnahme des öffentlichen Fernsehens PBS, das nur wenig gesehen wurde - kaum anspruchsvolle Alternativen gab. Die Networks im Verein mit CNN stellten also im Hinblick auf die Berichterstattung über die nationale Politik ein nahezu konkurrenzloses Leitmedium für fast alle Wähler dar. Auch dies ist eine besondere Konstellation, auf die unsere Hypothese möglicherweise nicht umstandslos anwendbar ist. Ohne Reibungen fügt sich jedoch in unseren Erwartungshorizont, daß Fernsehnachrichten und Talkshows Ross Perots Unterstützung nur bei den Novizen beeinflußten. Tageszeitungen mittlerer Informationsqualität besetzen ebenso wie das öffentlich-rechtliche Fernsehen eine ambivalente Zwischenposition. Effekte dieser Medien zeigen sich dementsprechend manchmal bei den Novizen, manchmal aber auch bei den Experten. Zuweilen, wie im Beispiel des Einflusses der westdeutschen Regionalpresse auf die Wahl der FDP, waren die Effekte auf Novizen und Experten sogar gleich groß.

Halten wir also fest: Die Befunde entsprachen überwiegend eher den Erwartungen der Theorien des "aktiven Publikums", denn zumeist war die Erklärungskraft der Mediennutzung für das Wählerverhalten bei den Experten größer als bei den Novizen. Stärkere Medieneinflüsse bei den Novizen fanden sich jedoch in den neuen Bundesländern und bezüglich der Wahl von Ross Perot. Diese Muster sind gerade entgegengesetzt zu denjenigen, die für die interpersonale Kommunikation festgestellt wurden. Die Ergebnisse beinhalten auch einige Anhaltspunkte, die dafür sprechen, daß hoch involvierte Wähler eher durch anspruchsvollere Medien, weniger involvierte Wähler hingegen eher durch Medien geringerer Informationsqualität beeinflußt werden.

9 Massenkommunikation und Wahlentscheidungen

Tabelle 9-4: Effekte der Mediennutzung auf Wahlentscheidungen nach politischer Involvierung (EXP(B))

			Novizen	Experten
Westdeutschland	CDU/CSU (N = -/447)	Regionalpresse		1.12*
		'Spiegel' und 'Zeit'		1.80^{-1}**
	FDP (N = 379/439)	Linke Qualitätspresse		1.40*
		Regionalpresse	1.22^{-1+}	1.27^{-1}**
		'Bild'		1.48^{-1}*
		'Spiegel' und 'Zeit'	1.48$^+$	1.63**
		ARD-Nachrichten	1.30^{-1}*	
		ZDF-Nachrichten	1.23*	
	Grüne (N = 380/439)	Linke Qualitätspresse		1.19$^+$
		'Spiegel' und 'Zeit'	1.56*	1.87**
		ARD-Nachrichten		1.25^{-1}*
		RTLplus-Nachrichten	1.50^{-1+}	
		SAT1-Nachrichten	1.52**	1.49$^+$
Ostdeutschland	CDU (N = -/225)	DFF-Nachrichten		1.17^{-1}**
		DFF-Magazine		1.17*
Großbritannien	Conservatives (N = 850/1095)	'Independent'		1.42*
		'Daily Express'		1.61**
		'Daily Mail'	1.85**	1.47**
		'Today'		1.51^{-1}*
		'Sun'		1.57**
	Liberal Democrats (N = -/1238)	'Daily Mail'		1.24^{-1}*
		'Today'		1.36*
Spanien	PSOE (N = -/454)	'El Mundo'		1.41^{-1}*
		'Vanguardia'		1.29^{-1+}
		Regionalpresse		1.10^{-1+}
		Nachrichtenmagazine		3.21$^+$
		TVE-Nachrichten		1.07*
		Canal+-Nachrichten		1.28$^+$
	PP (N = -/467)	'El País'		1.61^{-1}*
		'El Mundo'		1.31$^+$
		'Vanguardia'		1.36^{-1+}
		Antena 3-Nachrichten		1.11$^+$
	IU (N = 467/-)	'El País'	1.33$^+$	
		Regionalpresse	1.68^{-1+}	
USA	Clinton (N = -/493)	Nationale Fernsehnachrichten		1.13$^+$
		Fernsehmagazine		1.59**
		Talkshows		1.30^{-1+}
	Perot (N = 450/-)	Zeitungen mittl. Informationsqualität	1.08^{-1+}	
		Nationale Fernsehnachrichten	1.15^{-1}*	
		Talkshows	1.41*	

** P<.01, * P<.05, $^+$ P<.10

Anmerkung: Koeffizienten für insignfikante Modelle sowie bei signifikanten Modellen für Konstanten, Prädispositionen und insignifikante Indices der Mediennutzung nicht wiedergegeben.

9.4 Einflüsse der Massenkommunikation auf Wahlentscheidungen

9.4.1 Methodische Vorbemerkungen

Ebenso wie im vorangegangenen Kapitel über die interpersonale Kommunikation ist auch im Hinblick auf die Massenkommunikation zu bestimmen, wie groß die Einflüsse der verschiedenen Medien waren, die sich nach den festgelegten inferenzstatistischen Kriterien als einflußreich erwiesen haben. Anhand der Vorhersagewerte, die sich auf der Basis der in Abschnitt 9.2.2 diskutierten logistischen Regressionsmodelle schätzen lassen, kann durch Simulationen demonstriert werden, wie sich die Wahrscheinlichkeit, mit der ein Wähler für oder gegen eine Partei oder einen Kandidaten stimmte, in Abhängigkeit von der Häufigkeit veränderte, mit der er die Berichterstattung bestimmter Massenmedien rezipierte. Gleichzeitig soll genauer ausgelotet werden, welche Rolle vor dem Hintergrund der politischen Prädispositionen der Wähler die selektive Rezeption und die selektive Akzeptanz für das Zustandekommen der Medieneinflüsse spielten. Zu diesem Zweck wird von denselben idealtypischen Wählerkategorien ausgegangen wie im Abschnitt 8.5.2. Auch die Vorgehensweise bei den Analysen ist gleich. Für jede Wählerkategorie wird berechnet, wie die Nutzung von Medien, die in Abschnitt 9.2.2 als einflußreich erkannt wurden, die Wahrscheinlichkeit der Wahl der verschiedenen Parteien und Kandidaten veränderte. Jedes Medium wird dabei einer gesonderten Analyse unterzogen; die Indices der Intensität der Nutzung aller anderen Medien werden jeweils auf die Mittelwerte fixiert.

Wie im Abschnitt 8.5.1 sei dies wieder anhand eines Beispiels veranschaulicht. Schaubild 9-3 gibt wieder, wie sich die Wahrscheinlichkeit, mit der Westdeutsche für die CDU/CSU stimmten, in verschiedenen Wählerkategorien veränderte, wenn die Nachrichtensendungen der ARD, die 'Tagesschau' und die 'Tagesthemen', mit unterschiedlicher Intensität verfolgt wurden. Die numerischen Ergebnisse finden sich in Tabelle 9-5. Die gruppenspezifischen Aktivierungs- und Konversionsraten, die auf die Akzeptanz medienvermittelter Überzeugungsbotschaften zurückzuführen sind, werden wieder für drei Rezeptionsintensitäten ermittelt: die intensivste in der Stichprobe vorkommende Exposition (ME), die dem Gesamtdurchschnitt der Stichprobe entsprechende Expositionsintensität (GD) sowie die tatsächliche durchschnittliche Expositionsintensität jeder Wählerkategorie (RD). Die Differenzen zwischen den Einflüssen, die sich bei dem Gesamtdurchschnitt entsprechender und bei den realen Gruppendurchschnitten entsprechender Exposition ergeben, stellen ein Maß für die Verstärkung bzw. Abschwächung von Einflüssen infolge selektiver Rezeption dar. Sie werden durch die Indexwerte ausgedrückt, die mit dem Kürzel SR gekennzeichnet sind.

9 Massenkommunikation und Wahlentscheidungen

Schaubild 9-3: Einflüsse der ARD-Nachrichten aauf Wahl der CDU/CSU in Westdeutschland

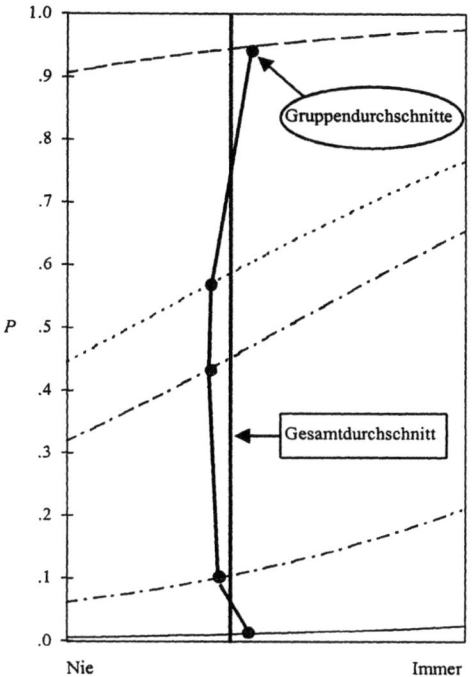

Sehen von 'Tagesschau' und 'Tagesthemen'

--- Katholisch, nicht links, PI CDU/CSU (I)   ······ Katholisch, nicht links, keine PI (II)
—·—· Nicht katholisch, nicht links, keine PI (III)   —··— Nicht katholisch, links, keine PI (IV)
——— Nicht katholisch, links, PI and. Partei (V)

Maximale Exposition (ME) bedeutet im Hinblick auf die ARD-Nachrichten, daß sowohl die 'Tagesschau' als auch die 'Tagesthemen' an jedem Wochentag gesehen wurden. In der Wählerkategorie I finden sich diejenigen Wähler, die aufgrund ihrer Prädispositionen am stärksten dazu neigten, die Union zu unterstützen. Bei größtmöglicher Zuwendung steigerte sich die Wahrscheinlichkeit einer Wahlentscheidung für die CDU/CSU bei denjenigen Mitgliedern dieser Wählerkategorie, die ohne ARD-Konsum nicht für die Union stimmen würden, um 73 Prozentpunkte. In der Wählerkategorie V, die am wenigsten dazu tendierte, die CDU/CSU zu unterstützen, bewirkte eine gleich starke Rezeption demgegenüber lediglich eine Konversion in Höhe von zwei Prozentpunkten. In den Wählerkategorien II bis IV lagen die Aktivierungs- bzw. Konversionsraten zwischen diesen Extremen. Diese Werte stehen für das maximale Einflußpotential der ARD-Nachrichten. Dieses kam jedoch nur bei wenigen Wählern ungeschmälert zum Tragen, weil nur eine Minderheit so oft diese Sendungen konsumierte. Der Gesamtdurchschnitt der Nutzung der ARD-Nachrichten lag bei rund 5.5 Sendungen pro Woche. Damit setzte sich bei den ARD-Nachrichten allerdings immerhin ein sehr viel größerer Anteil des Einflußpotentials in echten Einfluß um als bei den Ehepartnern, die exemplarisch im Kapitel 8.5.1 betrachtet wurden. Unter anderem hat das auch strukturelle Gründe: Jeder Besitzer eines Fernsehgeräts im Sendebereich der ARD kann 'Tagesschau' und 'Tagesthemen' einschalten, wenn er dies wünscht, und wird dann mit den Informationen bedient, die von diesen Sendungen vermittelt werden. Aufgrund der Familienstrukturen und der gegebenen Verteilung der Parteipräferenzen in der Gesellschaft ist es jedoch nicht möglich, daß beispielsweise alle Wähler mit Ehepartnern diskutieren, welche Anhänger der CDU/CSU sind. Viele Wähler führen ohnehin ein Single-Dasein - sehr viel mehr jedenfalls, als fernsehfrei leben. Und die Mehrzahl aller Ehepartner favorisiert nicht die Union, sondern eine der anderen Parteien. Allgemein ausgedrückt: Auf der Aggregatebene besitzt die Massenkommunikation von den strukturellen Voraussetzungen her ein größeres Potential, einen insgesamt eher einseitigen Informationsfluß zu erzeugen, als die interpersonale Kommunikation, deren Mitteilungsstruktur neben anderen Voraussetzungen immer auch die gesellschaftliche Verteilung der Parteipräferenzen widerspiegelt (siehe Abschnitt 7.1.2).

Bei durchschnittlicher Exposition (GD) ergab sich in der Wählergruppe I immerhin eine Aktivierungsrate von 40 Prozentpunkten, während in der Wählergruppe V keinerlei Konversionen stattfanden. Lediglich in der Wählerkategorie IV, die parteipolitisch ungebunden und nur aufgrund ihrer kulturellen und strukturellen Prädispositionen der Union abgeneigt war, sind Konversionen feststellen, und zwar im Umfang von vier Prozentpunkten. Ein Blick in Schaubild 9-3 verdeutlicht, daß parteipolitisch motivierte selektive Zuwendung bei den ARD-Nachrichten keine Rolle spielte. Statt dessen wird ein anderes Muster sichtbar (RD). Wähler, die sich mit einer Partei identifizierten, verfolgten diese Sendungen häufiger als die ungebundenen Wähler. Darauf hatte bereits die in Tabelle 6-17 ausgewiesene Korrelation hingedeutet. Aber die Abweichungen der realen Häufigkeiten des Konsums der ARD-Nachrichten vom Gesamtdurchschnitt sind in allen Wählerkategorien relativ gering (SR), so daß sich hinsichtlich der Aktivierungs- und Konversionsraten keine bedeutenderen Veränderungen ergeben. Da parteigebundene Wähler überdurchschnittlich häufig die ARD-Nachrichten sahen, lag die in der Wählerkategorie I faktisch bewirkte Aktivierung geringfügig über dem Wert, den die Simulation für den Gesamtdurchschnitt ergeben hatte. Überdurchschnittlich häufig kamen mit den Informationen der ARD-Nachrichten zwar auch die Wähler der Kategorie V in Kontakt. Doch hatte dies keine fühlbaren Auswirkungen auf die in dieser Gruppe ohnehin sehr niedrige Neigung, zur Union zu konvertieren. Gleichzeitig verringerten sich jedoch leicht die Aktivierungs- und Konversionsraten bei den parteiunabhängigen Wählern.

9.4.2 Ergebnisse

Im Hinblick auf den postulierten Mechanismus der selektiven Akzeptanz kann ohne größere Detaildiskussion die Schlußfolgerung aus Abschnitt 8.5.2 wiederholt werden: Auch im Hinblick auf die politischen Informationen, welche die Wähler durch die Massenkommunikation erreichten, gilt, daß diese eher akzeptiert wurden, wenn sie den Prädispositionen ihrer Empfänger entsprachen. Sie fanden bei diesen Personen mit größerer Wahrscheinlichkeit einen Niederschlag im politischen Verhalten als bei Empfängern, deren Prädispositionen mit diesen Überzeugungsbotschaften weniger oder gar nicht konsistent waren. Das entspricht den Erwartungen des Resistenz-Axioms. Die individuellen Parteibindungen waren im Hinblick auf die selektive Akzeptanz die wichtigste Prädisposition, aber auch kulturelle und strukturelle Prädispositionen spielten in unterschiedlichem Maße eine Rolle. Durchbrochen wird dieses Muster lediglich in einigen Einzelfällen durch Interaktionseffekte, die schon bei der Modellspezifikation in Form multiplikativer Terme berücksichtigt wurden. So führte in Westdeutschland die Rezeption von 'Spiegel' und 'Zeit' sowohl bei den an die CDU/CSU gebundenen Wählern als auch bei den an die SPD gebundenen Wählern, nicht aber bei anderen Personen, zu Konversionen in nennenswertem Umfang. Davon abgesehen sprechen die Befunde aber insgesamt für eine graduelle Reformulierung der klassischen "Verstärkerthese" des "Modells der begrenzten Wirkungen" (Klapper 1960; siehe Abschnitt 3.4.1.2). Wie die interpersonale Kommunikation bewirkte auch die Massenkommunikation eher Aktivierungen als Konversionen. Wichtig ist allerdings, daß ihre Effektivität nicht auf Aktivierungen beschränkt blieb; auch Konversionen waren keineswegs ausgeschlossen. Sie betrafen vor allem die parteipolitisch ungebundenen Wähler, manchmal durchaus aber auch Wähler, die sich mit konkurrierenden Parteien identifizierten.

Die Einflußpotentiale der Massenkommunikation (ME) waren substantiell. Wähler, die mit maximaler Intensität die Berichterstattung der einflußreichen Medien verfolgten, neigten in erheblichem Umfang dazu, ihre Wahlentscheidungen an die parteipolitische Richtung der Botschaften anzupassen, die von diesen Medien vermittelt wurden. Insbesondere im Hinblick auf die Wahl der kleinen Parteien bestand bei maximaler Rezeptionsintensität auch eine große Chance zur Konversion selbst parteigebundener Wähler. Der Vergleich zwischen den Einflußpotentialen unter der Bedingung maximaler Exposition und den Einflüssen bei durchschnittlicher Exposition (GD) signalisiert die große Bedeutung der unterschiedlichen Reichweiten der Medien. Im Hinblick auf die interpersonale Kommunikation war stets ein erheblicher Abfall der tatsächlichen Einflüsse im Vergleich zu den Einflußpotentialen zu verzeichnen. Das gilt zwar auch für die Mehrzahl der Massenmedien, aber nicht für alle. Mehrere Medien erreichten mit ihrer Berichterstattung so viele Wähler, daß ihre

Einflußpotentiale zu erheblichen Anteilen auch realisiert wurden. Ein Beispiel sind - wie schon in Schaubild 9-3 ersichtlich - die Nachrichten der ARD. Aber auch die meisten anderen Angebote des Fernsehens sowie die Regionalpresse in Westdeutschland und den USA waren unter diesem Blickwinkel außerordentlich einflußreich. Vermutlich aufgrund ihrer politischen Einseitigkeit erreichten die spanischen Fernsehsender keine vergleichbar hohen Reichweiten wie die Angebote des Fernsehens in den anderen Ländern. Daher wurden die Einflußpotentiale von TVE und Antena 3 nur in geringerem Ausmaß umgesetzt. Dasselbe gilt für den westdeutschen Privatsender SAT1, der 1990 aus technischen Gründen noch keine große Verbreitung fand (vgl. Tabelle 6-12). Bei allen anderen Medien, nicht zuletzt auch bei sämtlichen britischen Tageszeitungen, lagen die Aktivierungs- und Konversionsraten weit unterhalb der Einflußpotentiale.

Tabelle 9-5: *Einflüsse der Massenkommunikation auf Wahlentscheidungen (geschätzte Wahrscheinlichkeiten * 100)*

Westdeutschland CDU/CSU		Katholisch		Nicht katholisch		
		Nicht links			Links	
		PI CDU/CSU	Keine Parteiidentifikation			Andere PI
Regional-	ME	98	0	0	0	0
presse	GD	57	0	0	0	0
	RD	60	0	0	0	0
	SR	0.16				
	VS	8	0	0	0	0
'Spiegel' u.	ME	-62	0	0	0	0
'Zeit'	GD	-3	0	0	0	0
	RD	-2	0	0	0	0
	SR	0.33				
	VS	-2	0	0	0	0
ARD-Nach-	ME	73	58	49	16	2
richten	GD	40	25	19	4	0
	RD	43	22	16	4	0
	SR	1.05				
	VS	4	12	11	4	0

SPD		Nicht Alte Mittelschicht			Alte Mittelschicht		
		Gewerkschaftsgebunden		Nicht gewerkschaftsgebunden			
		Links		Mitte			Rechts
		PI SPD		Keine Parteiidentifikation			Andere PI
'Bild'	ME	62	53	38	28	23	11	1
	GD	11	8	5	3	2	1	0
	RD	14	3	5	3	1	1	0
	SR	4.44						
	VS	1	1	3	3	1	1	0
'Spiegel' u.	ME	-39	0	0	0	0	0	0
'Zeit'	GD	-2	0	0	0	0	0	0
	RD	-2	0	0	0	0	0	0
	SR	0.00						
	VS	-2	0	0	0	0	0	0

FDP		Nicht Arbeiter			Arbeiter	
			Nicht links		Links	
		PI FDP	Keine Parteiidentifikation			Andere PI
Linke Quali-	ME	-86	-97	-97	-97	-97
tätspresse	GD	-2	-8	-8	-9	-9
	RD	-2	-8	-3	0	-4
	SR	14.90				
	VS	-2	-1	0	0	0
Regional-	ME	-68	-95	-95	-95	-95
presse	GD	-10	-47	-47	-51	-52
	RD	-13	-52	-44	-59	-46
	SR	3.57				
	VS	-12	-9	-8	-2	-1
'Bild'	ME	-49	-85	-85	-86	-86
	GD	-4	-21	-20	-22	-22
	RD	-2	-17	-36	-20	-39
	SR	27.88				
	VS	-2	-2	-4	0	0
'Spiegel' u.	ME	91	44	46	13	5
'Zeit'	GD	33	4	4	1	0
	RD	32	4	2	0	0
	SR	2.03				
	VS	9	4	2	0	0
Grüne		Links			Mitte	Rechts
		Postmaterialist		Kein Postmaterialist		
		PI Grüne	Keine Identifikation Grüne			
'Spiegel' u.	ME	94	54	44	28	11
'Zeit'	GD	38	4	3	1	0
	RD	65	12	2	1	0
	SR	35.52				
	VS	17	11	2	1	0
ARD-Nach-	ME	-42	-89	-90	-90	-91
richten	GD	-10	-56	-57	-59	-61
	RD	-10	-60	-60	-59	-62
	SR	0.46				
	VS	-9	-12	-9	-4	-2
SAT1-	ME	89	44	34	20	7
Nachrichten	GD	17	2	1	1	0
	RD	7	1	1	1	0
	SR	6.38				
	VS	1	1	1	1	0
Ostdeutschland		Konfessionell gebunden			Konfessionell ungebunden	
CDU		Rechts		Mitte		Links
DFF-Nach-	ME	-40	-50	-58		-66
richten	GD	-10	-15	-19		-25
	RD	-10	-16	-17		-20
	SR	1.28				
	VS	-7	-11	-9		-6

Großbritannen Conservatives		Nicht gewerkschaftsgebunden				Gewerkschaftsgebunden	
		Kein Postmaterialist				Postmaterialist	
		Rechts		Mitte		Links	
		PI Cons.		Keine Parteiidentifikation			And. PI
'Indepen-	ME	72	68	57	52	32	4
dent'	GD	4	3	2	2	1	0
	RD	2	-¹	1	2	-	0
	SR	6.83					
	VS	0	-	0	1	-	0
'Daily	ME	63	58	46	41	23	3
Express'	GD	7	6	4	3	1	0
	RD	13	-	2	0	-	0
	SR	9.14					
	VS	0	-	1	0	-	0
'Daily	ME	82	78	68	63	42	6
Mail'	GD	15	12	8	6	3	0
	RD	25	-	9	3	-	0
	SR	8.29					
	VS	1	-	5	2	-	0
'Today'	ME	-7	-37	-59	-63	-70	-74
	GD	0	-1	-1	-2	-2	-3
	RD	0	-	0	-2	-	-3
	SR	1.00					
	VS	0	-	0	-1	-	0
'Sun'	ME	56	51	39	33	18	2
	GD	12	10	6	5	2	0
	RD	7	-	9	5	-	0
	SR	3.58					
	VS	0	-	5	3	-	0
Labour		Links		Mitte		Rechts	
		PI Labour		Keine Parteiidentifikation			Andere PI
'Daily	ME	-20	-59	-65	-72		-73
Telegraph'	GD	-1	-4	-5	-7		-8
	RD	0	-3	-4	-5		-19
	SR	17.15					
	VS	0	-1	-1	0		0
'Daily	ME	-13	-46	-52	-60		-61
Express'	GD	-1	-4	-5	-6		-7
	RD	0	-1	-2	0		-12
	SR	14.62					
	VS	0	-1	-1	0		0
'Daily	ME	-15	-51	-57	-65		-66
Mail'	GD	-1	-6	-7	-10		-10
	RD	0	-3	-5	0		-17
	SR	17.97					
	VS	0	-1	-1	0		0
'Daily	ME	34	20	14	2		0
Mirror'	GD	7	3	2	0		0
	RD	15	6	2	0		0
	SR	12.14					
	VS	2	3	1	0		0
ITN-Nach-	ME	54	32	23	3		0
richten	GD	28	13	9	1		0
	RD	32	14	8	1		0
	SR	0.76					
	VS	4	9	6	1		0

Spanien PSOE[2]		Nicht Mittelschicht			Mittelschicht		
		Links		Mitte		Rechts	
		PI PSOE		Keine Parteiidentifikation			Andere PI
'ABC'	ME	-58	-90	-95	-96	-97	-97
	GD	0	-2	-4	-5	-6	-6
	RD	0	-1	-2	-7	-28	-25
	SR	143.13					
	VS	0	0	-1	-2	0	0
'El Mundo'	ME	-46	-85	-93	-94	-95	-95
	GD	0	-2	-5	-6	-8	-8
	RD	0	-2	-3	-11	-13	-16
	SR	16.09					
	VS	0	-2	-1	-3	0	0
'Vanguardia'	ME	-17	-56	-74	-78	-82	-82
	GD	0	-1	-2	-2	-3	-3
	RD	0	-1	-1	-3	-6	-5
	SR	5.33					
	VS	0	-1	0	-1	0	0
Regionalpresse	ME	-13	-50	-71	-75	-80	-80
	GD	-1	-5	-10	-12	-16	-16
	RD	-1	-4	-8	-12	-12	-22
	SR	3.85					
	VS	-1	-3	-3	-3	0	0
TVE-Nachrichten	ME	73	65	46	34	2	0
	GD	23	17	9	5	0	0
	RD	26	16	7	5	0	0
	SR	0.89					
	VS	2	6	5	4	0	0
PP		Mittelschicht				Nicht Mittelschicht	
		Nicht gewerkschaftsgebunden				Gewerkschaftsgebunden	
		Kirchengebunden				Nicht kirchengebunden	
		Rechts			Mitte		Links
		PI PP		Keine Parteiidentifikation			And. PI
'El Mundo'	ME	85	84	78	72	60	48	6	2
	GD	5	5	3	2	1	1	0	0
	RD	12	6	7	5	1	0	0	0
	SR	20.83							
	VS	0	0	3	3	1	0	0	0
'Vanguardia'	ME	-3	-25	-77	-83	-88	-89	-91	-91
	GD	0	0	-1	-2	-3	-3	-4	-4
	RD	0	0	0	-5	-1	0	-6	-6
	SR	10.83							
	VS	0	0	0	-2	0	0	0	0
Antena 3-Nachrichten	ME	84	83	76	69	56	44	5	2
	GD	18	17	11	9	5	3	0	0
	RD	22	30	10	10	4	3	0	0
	SR	11.23							
	VS	0	1	4	5	3	2	0	0

USA Clinton[2]		Weiße Norden	Schwarze Norden	Weiße Norden	Weiße Süden			
		Gewerkschaftsgebunden	Nicht gewerkschaftsgebunden					
			Nicht konservativ				Konservativ	
		PI Dem.	Keine Parteiidentifikation					PI Rep.
Nationale Fernsehnachrichten	ME	41	31	39	24	15	8	2
	GD	26	19	24	14	8	4	1
	RD	24	18	30	13	10	5	1
	SR	2.53						
	VS	4	8	8	8	8	4	1
Fernsehmagazine	ME	55	43	53	34	21	12	3
	GD	37	27	35	20	12	6	1
	RD	37	26	24	19	13	6	1
	SR	3.63						
	VS	8	14	7	13	10	6	1
Talkshows	ME	-8	-21	-12	-29	-37	-42	-46
	GD	-4	-11	-6	-16	-21	-25	-28
	RD	-4	-10	-6	-14	-21	-23	-32
	SR	1.07						
	VS	-3	-7	-5	-8	-7	-4	-1
Bush[3]		Weiße Süden		Weiße Norden	Schwarze	Weiße Norden		
		Nicht Arbeiter				Arbeiter		
		Nicht gewerkschaftsgebunden				Gewerkschaftsgebunden		
		Konservativ		Mitte				Liberal
		PI Rep.	Keine Parteiidentifikation					PI Dem.
Zeitungen mittlerer Informationsqualität	ME	0	0	0	0	0	0	10
	GD	0	0	0	0	0	0	1
	RD	0	0	0	0	0	0	1
	SR	0.00						
	VS	0	0	0	0	0	0	1
Fernsehmagazine	ME	-4	-18	-29	-39	-48	-51	-54
	GD	-2	-10	-17	-25	-32	-34	-37
	RD	-2	-12	-20	-22	-29	-35	-34
	SR	2.13						
	VS	-2	-10	-13	-10	-6	-4	-1
Perot		Schwarze			Weiße			
		Kein Arbeiter	Arbeiter			Kein Arbeiter		
			Nicht konservativ				Konservativ	
			Kein Materialist				Materialist	
		Keine PI	PI Dem.	Keine Parteiidentifikation				PI Rep.
Zeitungen mittlerer Informationsqualität	ME	-64	-59	-52	-57	-64		2
	GD	-30	-26	-21	-24	-30		1
	RD	-12	-24	-18	-25	-30		1
	SR	11.42						
	VS	-1	-6	-8	-8	-3		1
Nationale Fernsehnachrichten	ME	-49	-44	-37	-42	-49		-51
	GD	-32	-28	-22	-26	-32		-33
	RD	-32	-25	-20	-28	-38		-39
	SR	2.87						
	VS	-3	-7	-9	-9	-4		-2

9 Massenkommunikation und Wahlentscheidungen

Talkshows	ME	4	12	20	14	4	2
	GD	2	6	10	7	2	1
	RD	2	5	9	7	2	1
	SR	0.27					
	VS	2	5	7	6	2	1

ME Aktivierungs- und Konversionswahrscheinlichkeiten bei maximaler Exposition (Basis: aktivier- bzw. konvertierbare Wähler).
GD Aktivierungs- und Konversionswahrscheinlichkeiten bei durchschnittlicher Exposition (Gesamtdurchschnitt; Basis: aktivier- bzw. konvertierbare Wähler).
RD Aktivierungs- und Konversionswahrscheinlichkeiten bei durchschnittlicher Exposition (reale Gruppendurchschnitte; Basis: aktivier- bzw. konvertierbare Wähler).
SR Index der selektiven Rezeption.
VS Verschiebungen von Stimmenanteilen (Basis: alle Wähler).

1   Zu kleine Fallzahl in Gruppe (N<5), daher keine sinnvolle Mittelbewertberechnung möglich.
2   Postmaterialismus aufgrund zu kleiner Gruppengrößen bei Gruppenbildung nicht berücksichtigt (auf Mittelwert fixiert).
3   Areligiöse aufgrund resultierender zu kleiner Gruppengrößen bei Bildung der Idealgruppen nicht berücksichtigt (auf Mittelwert fixiert).

Verschiedentlich wurde die Vermutung geäußert, daß die selektive Rezeption bei der Massenkommunikation eine geringere Bedeutung habe als bei der interpersonalen Kommunikation (Huckfeldt/Sprague 1993: 296) Die in Tabelle 9-5 ausgewiesenen Befunde bestätigen diese Annahme. Viele Medien wurden nicht oder nur in geringfügigem Maße von Wählern mit konsistenten politischen Loyalitäten intensiver und von Wählern mit inkonsistenten Prädispositionen seltener genutzt. Sehr deutlich treten Muster der selektiven Zuwendung jedoch bei den spanischen Qualitätszeitungen zutage. Wähler, die sich ideologisch rechts einordneten, lasen intensiv 'ABC' und wurden von diesem Blatt auch stärker zu Lasten der PSOE beeinflußt als andere Wähler. Die für die PSOE ungünstige und für die PP günstige Berichterstattung von 'El Mundo' wurde von Wählern aus der Mittelschicht eher rezipiert und eher akzeptiert. Eine gewichtige Rolle spielte die parteipolitisch motivierte selektive Zuwendung auch bei manchen, jedoch keineswegs allen Titeln der britischen Tagespresse. Die Inhalte von 'Daily Telegraph', 'Daily Express' und 'Daily Mail' wurden von Wählern, die sich mit den Conservatives identifizierten, nicht nur eher als von anderen Wählern akzeptiert. Diese setzten sich diesen Informationen auch mit größerer Häufigkeit aus und wurden von ihnen daher besonders stark aktiviert. Das spiegelbildliche Muster beschreibt den Stellenwert des 'Daily Mirror' für die Anhänger von Labour. Aber die 'Sun' wurde trotz ihrer unverkennbaren Redaktionslinie von den Parteigängern der Conservatives keineswegs mit überdurchschnittlicher, sondern nur mit unterdurchschnittlicher Häufigkeit gelesen. Auch zum 'Independent' griffen Wähler, die sich mit den Conservatives identifizierten, eher selten. Die Mitteilungen dieser beiden Titel wurden von den Anhängern der Tories eher selten rezipiert, aber dann bereitwillig akzeptiert.

In Westdeutschland bestanden Muster politisch begründeter selektiver Zuwendung im Hinblick auf die Einflüsse von 'Spiegel' und 'Zeit'. Die Berichterstattung dieser Titel hatte ein Potential, an die CDU/CSU gebundene Wähler zu konvertieren, wurde von diesen aber nur mit unterdurchschnittlicher Häufigkeit zur Kenntnis genommen. Anhänger der Grünen zeigten hingegen nicht nur eine große Bereitschaft, diese Informationen zu akzeptieren, sondern sie rezipierten sie auch mit weit überdurchschnittlicher Intensität. Bezüglich des Fernsehens gibt es nur in Spanien Hinweise auf Tendenzen selektiver Zuwendung. Die für die PSOE positiven Informationen von TVE wurden von Wählern, die sich mit dieser Partei identifizierten, nicht nur bereitwilliger akzeptiert, sondern auch etwas öfter rezipiert. Umgekehrt erreichten die Botschaften von Antena 3 verstärkt die ideologisch rechten Wähler, von denen sie dann auch eher akzeptiert wurden. Diese Trends sind allerdings wesentlich weniger ausgeprägt als bei der Presse.

Bei den anderen Medien lassen sich keine Hinweise auf Mechanismen der exponentiellen Steigerung von Medieneinflüssen durch die Überlagerung von selektiver Rezeption und selektiver Akzeptanz ausmachen. Wie das Beispiel der ARD belegt, sind bei der Medienrezeption jedoch zuweilen auch andere Motivationsfaktoren wirksam. Diese haben nichts mit der gezielten Suche nach politisch konsistenten Informationen zu tun, sondern bringen andere Nutzungsorientierungen gegenüber den Massenmedien zum Ausdruck, beispielsweise eine besondere Affinität zu bestimmten Medienformaten (siehe Tabelle 6-17). In der Konsequenz können sie dazu führen, daß die faktische Zuwendung zu Informationen und die Bereitschaft, diese zu akzeptieren, sogar gegenläufig sind. In Westdeutschland und den USA lassen sich besonders häufig solche Muster feststellen. Erinnert sei an die Anhänger anderer Parteien als der Union, die aufgrund ihrer erhöhten Nutzungsfrequenz der ARD-Nachrichten verstärkt Informationen ausgesetzt wurden, die ihren Prädispositionen zuwiderliefen (Schaubild 9-3). Spiegelbildlich dazu wurde das für die Grünen günstige Potential der Nachrichten von SAT1 nur wenig ausgeschöpft, weil Wähler, die sich mit den Grünen identifizierten, nur selten diesen kommerziellen Sender einschalteten. In analoger Weise wurde das Einflußpotential der Berichterstattung der linken Qualitätspresse, die für die FDP abträglich war, durch das relative Desinteresse gedämpft, das die für diese Botschaften besonders empfänglichen Arbeiter diesen Zeitungen entgegenbrachten. Zum Ausgleich kam jedoch der negative Effekt der Lektüre der 'Bild-Zeitung' auf die Wahl der FDP bei den Arbeitern um so stärker zum Tragen, weil sie zu diesem Titel besonders oft griffen.

Die Amerikaner schwarzer Hautfarbe sind eine Gruppe, die sich durch eine besonders intensive Fernsehnutzung auszeichnet (Comstock u.a. 1978: 289-309). Dementsprechend kam der für Clinton günstige Einfluß der Fernsehnachrichten in dieser Gruppe verstärkt zum Tragen. Fernsehmagazine wurden von afroamerikanischen Wählern allerdings nur mit unterdurchschnittlicher Häufigkeit konsumiert, so daß deren positiver Effekt gedämpft wurde. Auch Tageszeitungen wurden von den Schwarzen eher selten gelesen, mit der Folge, daß ihr negativer Effekt auf die Wahl von Perot bei ihnen nur relativ schwach zum Tragen kam. Ebenfalls häufige Zu-

9 Massenkommunikation und Wahlentscheidungen

schauer der Fernsehnachrichten waren konservative und materialistische weiße Wähler, die sich nicht mit der Arbeiterschaft identifizierten. Das hatte zur Folge, daß der negative Einfluß der Fernsehnachrichten auf Entscheidungen für oder gegen Perot bei ihnen zusätzlich verstärkt wurde.

Abschließend ist zu betonen: Das Resistenz-Axiom ist auch im Hinblick auf medienvermittelte politische Informationen wirksam; diese werden eher akzeptiert, wenn sie mit den Prädispositionen ihrer Rezipienten im Einklang stehen. Daraus folgt, daß Aktivierungen stets wahrscheinlicher sind als Konversionen, ausgeschlossen sind letztere aber keineswegs. Die Einflußpotentiale der Massenkommunikation sind substantiell, und sie werden bei reichweitenstarken Medien auch in beachtlichem Umfang realisiert. Die in politischen Prädispositionen wurzelnde selektive Rezeption spielte allerdings bei der Massenkommunikation eine geringere Rolle als bei der interpersonalen Kommunikation; sie betraf vor allem die europäische Presse.

9.5 Auswirkungen auf Wahlergebnisse

Den Abschluß des Kapitels bildet wieder der Versuch auszuloten, welche Konsequenzen auf der Aggregatebene die beschriebenen Einflüsse der Massenkommunikation am Wahltag nach sich zogen. In welchem Ausmaß gewannen oder verloren die Parteien und Kandidaten in den verschiedenen Wählerkategorien Stimmen? Und welche Verschiebungen der Stimmenanteile resultierten insgesamt aus diesen teils gleichgerichteten, teil einander entgegengerichteten Einflüssen der Massenkommunikation? Wie bei der interpersonalen Kommunikation sind die in Tabelle 9-5 unter dem Kürzel VS ausgewiesenen gruppenspezifischen absoluten Veränderungen der Stimmenanteile von Parteien und Kandidaten, die Einflüssen der Massenkommunikation zugeschrieben werden können, überwiegend recht gering. Die meisten europäischen Tageszeitungen mit relativ eindeutigen Redaktionslinien bewirkten aufgrund ihrer geringen Reichweiten zumindest in den hier nach idealtypischen Kriterien herausgegriffenen Wählerkategorien kaum Stimmenverschiebungen in nennenswertem Umfang. Aufgrund der breiteren Leserschaft der Boulevardzeitungen ('Bild', 'Sun', 'Daily Mirror') resultierte deren Lektüre allerdings in stärkeren gruppenspezifischen Stimmenverschiebungen von vereinzelt bis zu fünf Prozentpunkten. Stimmenverluste bzw. -gewinne in nur wenig geringerer Größenordnung ergaben sich in manchen spanischen Wählerkategorien auch als Konsequenz von Rezeption und Akzeptanz der Informationen von 'ABC' und 'El Mundo'. Diesbezüglich sei daran erinnert, daß die Qualitätspresse in Spanien eine größere Reichweite hatte als in jeder anderen untersuchten Gesellschaft (vgl. Tabelle 6-13). Für bedeutendere Veränderungen von Stimmenanteilen waren stets Medienangebote mit sehr umfangreichen Rezipientenkreisen verantwortlich. Dadurch wurde in einzelnen Wählerkategorien bisweilen sogar die Marge von 10 Prozentpunkten an Gewinnen oder Verlusten überschritten. Stimmenverschiebungen, die partiell in solcher Höhe lagen, bewirkten in Westdeutschland die Nachrichten der ARD, zumindest im Hinblick auf die Kleinparteien aber auch die Regionalpresse sowie 'Spiegel' und 'Zeit', in Ostdeutschland die Nachrichten des DFF und in den USA die Magazinsendungen des Fernsehens.

Noch häufiger als im Hinblick auf die interpersonale Kommunikation wurde bezüglich der Massenkommunikation die These vertreten, daß Wählerbewegungen unter dem Einfluß medienvermittelter politischer Informationen vor allem, wenn nicht gar ausschließlich bei den parteipolitisch ungebundenen Wählern zu erwarten seien (Butler/Stokes 1969: 238; Robinson 1972: 246; Chaffee/Hochheimer 1983: 95; Iyengar/Kinder 1987: 55; Blumler 1990; Oberreuter 1996; Schulz 1997: 195-6). Tabelle 9-5 bestätigt diese Vermutung in qualifizierter Weise. Insgesamt am beeinflußbarsten waren die Wähler, deren Entscheidungen weniger stark durch Prädispositionen verankert waren, keineswegs. Vielmehr neigten gerade die parteigebundenen Wähler dazu, Informationen sogar besonders häufig zu akzeptieren und in ihre Entscheidungen einfließen zu lassen - vorausgesetzt diese waren mit ihren Prädispositionen konsistent. Allerdings waren die Anteile aktivierbarer Wähler unter den parteigebundenen Wählern ziemlich klein, weil die meisten von ihnen ohnehin für die Partei oder den Kandidaten stimmten, deren Unterstützung durch ihre Parteiidentifikation nahegelegt wurde. Daher resultierten aus diesen Aktivierungen häufig dennoch in absoluten Zahlen nur geringfügige Wählerbewegungen. Mit Konversionen war allerdings in der Tat am ehesten, jedoch keineswegs ausschließlich bei den parteiunabhängigen Wählern zu rechnen. Aufgrund dieser sich überlagernden Gesetzmäßigkeiten ergab sich am Ende im Hinblick auf die absoluten Veränderungen der Stimmenanteile in den einzelnen Wählerkategorien tatsächlich in der Mehrzahl der Fälle ein Muster, bei dem die größten Stimmengewinne und -verluste bei den parteipolitisch ungebundenen Wählern zu verbuchen waren, die gar nicht oder nur aufgrund kultureller oder struktureller Prädispositionen in eine bestimmte politische Richtung tendierten.

In Westdeutschland manifestierte sich dieses Muster allerdings nur bei den ARD-Nachrichten und der 'Bild-Zeitung'. 'Spiegel' und 'Zeit' konvertierten ausschließlich parteigebundene Anhänger von Union und SPD und aktivierten gleichzeitig auch in absoluten Zahlen am häufigsten Wähler, die sich mit der FDP oder den Grünen identifizierten. Kontakte mit der Berichterstattung der Regionalpresse führten lediglich bei den unionsgebundenen Wählern zu Stimmengewinnen, zogen aber bei denjenigen, die sich mit der FDP identifizierten, die umfangreichsten Verluste für diese Partei nach sich. Auch der Konsum einer linken Qualitätszeitung kostete die FDP bei ihren eigenen Anhängern mehr Stimmen als in jeder anderen Wählerkategorie. Die SAT1-Nachrichten führten in allen Wählerkategorien außer denjenigen mit affektiver Bindung an andere Parteien zu gleich hohen Gewinnen für die Grünen. Eine weitere Ausnahme bildete der Einfluß der Tagespresse auf die Wahl von George Bush in den USA.

Von besonderem Interesse ist die Frage, in welchem Umfang Rezeption und Akzeptanz medienvermittelter Überzeugungsbotschaften parteigebundene Wähler dazu veranlaßten, ihrer Partei bei der Wahl den Rücken zu kehren. In den USA, wo die Haltekraft der Parteiidentifikationen bei Präsidentschaftswahlen begrenzt ist, waren solche Phänomene durchgängig, in Westdeutschland und Spanien waren sie vereinzelt zu beobachten. Die negativen Einflüsse der reichweitenstarken Medien Regionalpresse und ARD-Nachrichten kosteten FDP und Grüne selbst unter den eigenen Kernanhängern in ganz erheblichem Umfang Stimmen (12 bzw. 9 Prozentpunkte). Die spanische Regionalpresse sowie alle einflußreichen amerikanischen Medien "entführten" aus dem "Gegenlager" jeweils - ähnlich wie 'Spiegel' und 'Zeit', aber auch die linken Qualitätszeitungen in Westdeutschland - Stimmen in der Größenordnung zwischen einem und drei Prozentpunkten.

Tabelle 9-6: *Geschätzte Stimmenverschiebungen durch Einflüsse der Massenkommunikation (in Prozent)*

Westdeutschland	CDU/CSU	Regionalpresse	+6.5
		'Spiegel' u. 'Zeit'	-8.5
		ARD-Nachrichten	+11.2
		Brutto (Summe Beträge)	26.2
		Netto (Saldo)	+9.2
	SPD	'Bild'	+2.2
		'Spiegel' u. 'Zeit'	-4.3
		Brutto (Summe Beträge)	6.5
		Netto (Saldo)	-2.1
	FDP	Linke Qualitätspresse	-0.3
		Regionalpresse	-3.6
		'Bild'	-1.0
		'Spiegel' u. 'Zeit'	+1.4
		Brutto (Summe Beträge)	6.3
		Netto (Saldo)	-3.5
	Grüne	'Spiegel' u. 'Zeit'	+1.6
		ARD-Nachrichten	-5.4
		SAT1-Nachrichten	+0.7
		Brutto (Summe Beträge)	7.7
		Netto (Saldo)	-3.1
Ostdeutschland	CDU	DFF-Nachrichten	-9.7
		Brutto (Summe Beträge)	9.7
		Netto (Saldo)	-9.7
Großbritannien	Conservatives	'Independent'	+0.9
		'Daily Express'	+1.7
		'Daily Mail'	+3.8
		'Today'	-0.7
		'Sun'	+3.0
		Brutto (Summe Beträge)	10.1
		Netto (Saldo)	+8.7
	Labour	'Daily Telegraph'	-1.1
		'Daily Express'	-1.0
		'Daily Mail'	-1.5
		'Daily Mirror'	+1.1
		ITN-Nachrichten	+4.3
		Brutto (Summe Beträge)	9.0
		Netto (Saldo)	+1.8

Spanien	PSOE	'ABC'	-1.4
		'El Mundo'	-1.7
		'Vanguardia'	-0.6
		Regionalpresse	-3.9
		TVE-Nachrichten	+5.5
		Brutto (Summe Beträge)	13.1
		Netto (Saldo)	-2.1
	PP	'El Mundo'	+0.7
		'Vanguardia'	-0.6
		Antena 3-Nachr.	+2.6
		Brutto (Summe Beträge)	3.9
		Netto (Saldo)	+2.7
USA	Clinton	Nationale Fernsehnachrichten	+8.4
		Fernsehmagazine	+12.9
		Talkshows	-8.5
		Brutto (Summe Beträge)	29.8
		Netto (Saldo)	+12.8
	Bush	Zeitungen mittl. Info.qualität	+4.5
		Fernsehmagazine	-10.5
		Brutto (Summe Beträge)	15.0
		Netto (Saldo)	-6.0
	Perot	Zeitungen mittl. Info.qualität	-2.6
		Nationale Fernsehnachrichten	-6.1
		Talkshows	+3.8
		Brutto (Summe Beträge)	12.5
		Netto (Saldo)	-4.9

Tabelle 9-6 zeigt die hochgerechneten Brutto- und Netto-Verschiebungen der Wahlergebnisse, die sich als Folge der Einflüsse der Medienberichterstattung auf individuelle Wähler im Aggregat ergeben haben.[3] Sehr deutlich wird wiederum die große Bedeutung unterschiedlicher Reichweiten von Medien. Im Aggregat bewirkte insbesondere das Fernsehen erhebliche Brutto-Verschiebungen von Stimmenanteilen, welche zum Teil die Größenordnung von 10 Prozentpunkten und mehr erreichten (ARD- und DFF-Nachrichten bezüglich der Wahl der Union sowie amerikanische Fernsehnachrichten und -magazine bezüglich der Wahl von Clinton und Bush). Die Änderungen von Stimmenanteilen, die auf Informationen von Tageszeitungen und Nachrichtenmagazinen zurückgeführt werden können, waren zwar keineswegs unbedeutend, aber doch durchweg schmäler. Jedenfalls aufgrund seiner größeren Reichweite erweist sich das Fernsehen somit in der Tat im Vergleich zu den Printmedien als das wahlpolitisch wichtigere Medium. Wo die Rezeption von Informationsangeboten dieses Mediums durch politisch motivierte selektive Zuwendung gedämpft wird, wie in Spanien, geht allerdings auch seine Gesamtbedeutung für das Wählerverhalten im Aggregat zurück. Selbst sehr einflußreiche Einzeltitel der Ta-

---

3 Die Werte errechnen sich analog der VS-Werte in Tabelle 9-5. Allerdings werden keine Wählerkategorien definiert; stattdessen werden auch alle Prädispositionsvariablen auf die Mittelwerte fixiert. Es handelt sich also um das Ergebnis einer Simulation bezogen auf einen idealtypischen, in jeder Hinsicht durchschnittlichen, real so nicht existierenden Wähler.

gespresse bewirkten aufgrund ihrer aufs Ganze gesehen eher geringen Verbreitung im Vergleich zum Fernsehen nur schmale Verschiebungen der von Parteien insgesamt erzielten Stimmenanteile. Die vielgelesenen Titel der Boulevardpresse bewirkten dabei noch die größten Stimmenverschiebungen.

Das Moment des wechselseitigen Ausbalancierens gegensinniger Einflüsse hatte auch bei der Massenkommunikation eine große Bedeutung. Insgesamt war sie aber geringer als bei der interpersonalen Kommunikation. Zwar lagen die Nettoveränderungen der Wahlergebnisse von Parteien und Kandidaten, die auf die Medienberichterstattung zurückführbar waren, fast immer deutlich unterhalb der Brutto-Verschiebungen. Jedoch war die Differenz zwischen Brutto- und Netto-Verschiebungen zumeist geringer als bei der interpersonalen Kommunikation. Im Schnitt wurden zwischen der Hälfte und zwei Dritteln der insgesamt durch Medien ausgeübten Einflüsse durch entgegengerichtete Einflüsse anderer Medien neutralisiert und schlugen sich infolgedessen nicht im Wahlergebnis nieder. Hervorhebenswert ist, daß die medienbedingten tatsächlichen Veränderungen von Wähleranteilen in den USA genau der strukturellen Verzerrung entsprachen, welche die Berichterstattung sämtlicher amerikanischer Medien kennzeichnete (siehe Abschnitt 7.2.2.5). Per saldo profitierte somit Clinton von der Medienberichterstattung, während Bush und Perot aufgrund der Informationen, die durch die Massenkommunikation vermittelt wurden, weniger Stimmen erhielten.

Besonderes Interesse verdient auch der Fall Großbritannien. Dort hatte die Tatsache, daß 70 Prozent der verkauften Zeitungsexemplare auf Tory-freundliche Titel und nur ein gutes Viertel auf Labour-nahe Blätter entfielen, in der Vergangenheit immer wieder Anlaß zu der Besorgnis gegeben, daß die Presse dazu beitragen könnte, die Dominanz der Conservatives zu zementieren (Denver 1994: 124-5; McNair 1995: 55). Curtice/Semetko waren in ihrer Analyse der Wählerwanderungen zwischen 1987 und 1992 zum Schluß gekommen, daß sich die Verluste und Gewinne der beiden großen Parteien, die auf Einflüsse der Tagespresse zurückzuführen waren, gerade die Waage hielten (Curtice/Semetko 1994: 51). Das in Tabelle 9-6 erkennbare Muster bestätigt jedoch eher die Bedenken der kritischen Beobachter: Die günstigen Einflüsse, welche Tory-freundliche Tageszeitungen auf die Wahl dieser Partei ausübten (insgesamt 9.4 Prozentpunkte), wurden nur minimal durch die gegenläufigen Einflüsse von 'Today' geschmälert (0.7 Prozentpunkte). Gleichzeitig waren nur die günstigen Wirkungen der ITN-Nachrichten dafür verantwortlich, daß die Saldierung der medienbedingten Wählergewinne und -verluste für Labour nicht sehr viel ungünstiger ausfiel. Drei Zeitungstitel, welche die Conservatives favorisierten, verringerten die Stimmenanteile dieser Partei um insgesamt 3.6 Prozentpunkte, während nur einer - der 'Daily Mirror' - für zusätzliche Stimmen im Umfang von 1.1 Prozentpunkten sorgte.

Die Massenkommunikation bewegte also in absoluten Zahlen wie die interpersonale Kommunikation vorwiegend, aber nicht ausschließlich Wähler ohne Parteibindungen. Aufgrund seiner größeren Reichweite erwies sich insbesondere das Fernsehen als wichtige Triebkraft für Veränderungen der Stimmenanteile, die von Parteien und Kandidaten erzielt wurden. Daß sich gegensinnige Einflüsse per saldo wechselseitig neutralisierten, kam bei der Massenkommunikation in geringerem Umfang vor als bei der interpersonalen Kommunikation. Wenn bestimmte Wettbewerber durch die Berichterstattung der meisten oder sogar sämtlicher Medien begünstigt wurden, fand dies durchaus einen für diese Parteien oder Kandidaten positiven Niederschlag im Wahlergebnis.

9.6 Resümee

In allen untersuchten Gesellschaften wurden Zusammenhänge zwischen der Richtung, in der Wahlentscheidungen gefällt wurden, und der Häufigkeit der individuellen Nutzung bestimmter Massenmedien gefunden. Allerdings variierte die Bedeutung der Massenkommunikation für das Wählerverhalten stark. Insgesamt am größten war die Bedeutung der Medien in zwei Gesellschaften, deren Presse zwar Tendenzen politischer Einseitigkeit aufwies, allerdings nicht in so vordergründiger Weise wie die britischen Tageszeitungen. Das dämpfte die Tendenzen der selektiven Rezeption und implizierte darüber hinaus, daß die Wähler diesen Medien mehr Vertrauen entgegenbrachten und dadurch leichter beeinflußbar waren (Iyengar/Kinder 1985; Friedrichsen 1995). Hinzu kam, daß in Westdeutschland sowie insbesondere in Spanien auch die Politikpräsentation des Fernsehens nicht frei von Unausgewogenheiten war. Besondere Hervorhebung verdient dabei, daß in Spanien das öffentlich-rechtliche Fernsehen TVE, das notorisch von der Regierung als Sprachrohr instrumentalisiert wurde, dieser in der Tat auch Wähler zuführte. Allerdings fand es einen einflußreichen Gegenspieler in Antena 3, einem der neugegründeten Privatsender. Bemerkenswert ist auch, daß die Bedeutung der Massenkommunikation in mehreren Gesellschaften für diejenigen Wettbewerber am größten war, die am öftesten in den Medien thematisiert wurden und über die infolgedessen die meisten Überzeugungsbotschaften vermittelt wurden, nämlich die Regierungsparteien, die in der Berichterstattung statusbedingt mit einem Aufmerksamkeitsbonus bedacht wurden.

Die selektive Rezeption war bei der Mediennutzung insgesamt weniger wichtig als bei politischen Gesprächen. Insbesondere hinsichtlich der Intensität, mit der politische Beiträge im Fernsehen verfolgt wurden, waren die politischen Prädispositionen der Wähler zumeist ohne Bedeutung. Über die selektive Rezeption hinaus moderierten die politischen Prädispositionen der Wähler aber auch durch den Mechanismus der selektiven Akzeptanz, wie groß die Einflüsse waren, die von der Massenkommunikation ausgingen. Ebenso wie bei der interpersonalen Kommunikation waren infolgedessen Aktivierungen in der Regel wahrscheinlicher als Konversionen. Allerdings waren Konversionen durchaus möglich, und zwar unter bestimmten Umständen, etwa bei den Anhängern von Kleinparteien, auch in durchaus substantiellem Umfang.

Die Frage, in welcher Weise Medienformate den Prozeß der Beeinflussung von Wahlentscheidungen durch medienvermittelte Informationen moderierten, konnte aus methodischen Gründen nicht stringent verfolgt werden. Allerdings läßt sich zumindest soviel zweifelsfrei sagen: Die Befunde sprechen gegen einige geläufige Verallgemeinerungen im Hinblick auf die möglichen politischen Wirkungen von Massenmedien. Alles in allem passen sie weniger zu der Formel "the medium is the message" als zur lapidaren Gegenthese "the message is the message" (Neuman 1986: 142). Sowohl für politische Angebote des Fernsehens als auch der Printmedien wurden nämlich Zusammenhänge mit dem Wählerverhalten gefunden. Das Fernsehen besitzt zwar zumeist keine größere Einflußkapazität auf die Individualebene. Sehr wohl hat es aber aufgrund seiner größeren Reichweite, die sich in einer höheren mittleren Nutzungshäufigkeit in der Gesamtwählerschaft ausdrückt, im Aggregat durchaus einen Wirksamkeitsvorsprung gegenüber der Presse. Auf Wahlergebnisse wirkte sich die Politikberichterstattung des Fernsehens deswegen zumeist stärker aus als die Beiträge der Printmedien. Im Vergleich dazu konnten selbst die sehr einseitigen britischen Tageszeitungen nur geringfügige Verschiebungen von Stimmenanteilen bewirken, weil ihre Leserzahlen zu gering waren, um für mehr Bewegung an der Urne zu sorgen. Der reichweitenbedingte Wirkungsvorsprung des Fernsehens wurde nur dann gedämpft, wenn auch die Rundfunksender, wie in Spanien, als politisch eher einseitig wahrgenommen wurden und sich das Publikum tendenziell nach politischen Affinitäten auf die unterschiedlichen Programmanbieter aufteilte. Die Ergebnisse enthalten auch keinen Anhaltspunkt für die Vermutung, daß ausschließlich Medien mit einer bestimmten Informationsqualität wirksam werden können. Allerdings ergaben sich Hinweise, daß weniger involvierte Wähler eher von Medien geringerer Informationsqualität und stärker involvierte Wähler eher von Angeboten mit höherer Informationsqualität beeinflußt wurden.

Die Vergleiche von Experten und Novizen legten auch den Schluß nahe, daß Einflüsse der interpersonalen Kommunikation und der Massenkommunikation insgesamt unterschiedlichen Regeln folgen. Während in den meisten Gesellschaften geringer involvierte Wähler am stärksten durch die interpersonale Kommunikation beeinflußt wurden, verhielt es sich bei der Massenkommunikation gerade umgekehrt. Die Befunde passen insoweit besser zu Theorien des "aktiven Publikums", die davon ausgehen, daß Medien nur in dem Maße einflußreich sein können, wie die Rezipienten dies wünschen und erlauben. Freilich gab es auch signifikante Abweichungen von dieser Regel: Hinsichtlich der Wahl des unabhängigen Kandidaten Ross Perot, aber auch hinsichtlich sämtlicher Wahlentscheidungen in den neuen Bundesländer galt in jeder Hinsicht gerade das Entgegengesetzte.

Im Aggregat sorgte die Massenkommunikation vorwiegend, aber nicht ausschließlich bei denjenigen Segmenten der Wählerschaft für Bewegung, deren Präferenzen nicht in den starken Fundamenten affektiver Parteibindungen verankert waren. Freilich gab es auch Ausnahmen, zum Teil sogar dergestalt, daß sich die Einflüsse auf Konversionen beschränkten. Da die medienvermittelten politischen Informationsflüsse anders als die interpersonale Kommunikation richtungspolitisch nicht die Präferenzverteilungen in den Elektoraten reflektieren, sondern ein Ausdruck der Mechanismen sind, die bei der Nachrichtenproduktion in den verschiedenen Mediensystemen zum Tragen kommen, können diese unter Umständen insgesamt wesentlich einseitiger sein. Das kann auf strukturelle Verzerrungen zurückzuführen sein, wie im Fall der amerikanischen Medien, in denen Bill Clinton stets erheblich vorteilhafter präsentiert wurde als seine beiden Konkurrenten, aber auch auf politische Verzerrungen, wie bei den britischen Tageszeitungen, die in der großen Mehrzahl den Conservatives freundlich gesonnen waren. Jedesmal aber schlugen sich diese tendenziellen Einseitigkeiten des Informationsangebots an der Urne per saldo in Stimmengewinnen für die begünstigten Parteien und Kandidaten und in Stimmenverlusten für ihre Konkurrenten nieder.

10 Zum Verhältnis von interpersonaler Kommunikation und Massenkommunikation

Die beiden vorangegangenen Kapitel haben gezeigt, daß sowohl die interpersonale Kommunikation als auch die Massenkommunikation imstande sind, die Entscheidungen der Wähler zu beeinflussen. Jedoch wurde bislang jede dieser Formen der politischen Informationsvermittlung für sich gewürdigt, ohne mögliche Bezüge zum jeweils anderen Informationskanal zu beachten. Im folgenden Kapitel geht es nun darum, diese Analysen fortzuführen, indem - an die klassischen Betrachtungen von Katz/Lazarsfeld (1955) anknüpfend - beide Informationsquellen gemeinsam unter die Lupe genommen werden. Gerade die simultane Analyse beider Kommunikationsformen stellt - wie in Abschnitt 3.1 erläutert - ein stark vernachlässigtes Forschungsfeld dar. Die nachfolgend präsentierten Analysen gehen im wesentlichen aus von den Modellen, die in den Abschnitten 8.2 und 9.2 entwickelt wurden, und kombinieren bzw. modifizieren diese vor dem Hintergrund unterschiedlicher Fragestellungen.

Bei der gemeinsamen Analyse von interpersonaler Kommunikation und Massenkommunikation können zwei Perspektiven unterschieden werden: die Konkurrenzthese und die Interaktionsthese (siehe Abschnitte 3.3 und 3.4.5). Die Konkurrenzthese deutet beide Kommunikationsformen als funktional äquivalente Quellen politischer Informationen, die unabhängig voneinander Einflüsse auf die politischen Präferenzen der Empfänger dieser Botschaften ausüben. Daraus ergibt sich die Fragestellung: Ist einer dieser beiden Informationskanäle im Hinblick auf Wahlentscheidungen einflußreicher und, falls ja, welcher ist das?

Die Interaktionsthese interpretiert die interpersonale Kommunikation und die Massenkommunikation nicht als zwei alternative, voneinander unabhängige Informationsquellen, sondern postuliert, daß sie ihre Wirkung in wechselseitiger Verschränkung entfalten. Dabei lassen sich zwei Varianten unterscheiden. Die These der Sekundärdiffusion behauptet, daß es für das Einflußpotential der interpersonalen Kommunikation einen Unterschied macht, welche Informationen den Diskutanten durch die Massenkommunikation zufließen. Sie nimmt an, daß Personen, die der Massenkommunikation viele Überzeugungsbotschaften entnehmen können, die sich mit ihren eigenen Standpunkten decken, imstande sind, bei politischen Unterhaltungen stärkere Einflüsse auszuüben als Diskutanten, denen durch die Medienberichterstattung nur wenige Argumente zur Verfügung gestellt werden. Die Filterthese argumentiert umgekehrt. Ihr zufolge wirkt sich die interpersonale Kommunikation darauf aus, ob und wie die Massenmedien ihre Rezipienten beeinflussen können: Diskutiert ein Wähler ausschließlich mit Partnern, die einhellig eine bestimmte politische Position vertreten, dann fungiert die interpersonale Kommunikation wie eine Schutzhülle gegen oder wie ein Verstärker für Medieneinflüsse, je nachdem, ob die Informationen, die diesen Wähler durch die Massenkommunikation erreichen, im

Widerspruch oder im Einklang mit dem in seiner Primärumwelt herrschenden Konsens stehen. Heterogene Primärumwelten lassen hingegen sowohl positive als auch negative Einflüsse zu, ohne diese jedoch zu fördern oder zu dämpfen. Dasselbe gilt vermutlich auch für Personen, die sich überhaupt nicht an politischen Gesprächen beteiligen.

Im folgenden werden die Konkurrenzthese sowie die Interaktionsthese mit ihren beiden Varianten empirischen Tests unterzogen. Zunächst wird der Konkurrenzthese nachgegangen, indem vergleichend analysiert wird, ob die interpersonale Kommunikation oder die Massenkommunikation die stärkeren Einflüsse auf Wahlentscheidungen ausübten. Sodann wird untersucht, ob und wie der Einfluß der interpersonalen Kommunikation auf Wahlentscheidungen von den Informationen abhängig war, welche die Massenkommunikation als Argumente für politische Gespräche bereitstellte, sowie - umgekehrt - ob und wie der Einfluß der Massenkommunikation auf Wahlentscheidungen durch die interpersonale Kommunikation moderiert wurde.

10.1 Die Konkurrenzthese

10.1.1 Bilanz der Forschung

Wie in Abschnitt 3.3 erwähnt, wird häufig die Auffassung vertreten, daß der interpersonalen Kommunikation im Vergleich zur Massenkommunikation das überlegenere Einflußpotential zu eigen sei. Eine wichtige Inspirationsquelle für diese Annahme waren die Untersuchungen der Columbia-Schule, insbesondere die Erie County-Studie. Deren Autoren bilanzierten ihre Befunde in späteren Rückblicken folgendermaßen: "The findings of that study indicated that the effect of the mass media was small as compared to the role of personal influences." (Katz/Lazarsfeld 1955: 3) An anderer Stelle formulierten sie: "Wir erhielten den Eindruck, daß Menschen in ihren politischen Entscheidungen mehr durch Kontakte von Mensch zu Mensch beeinflußt werden - etwa durch Familienmitglieder, Bekannte und Nachbarn sowie Arbeitskollegen - als unmittelbar durch die Massenmedien." (Lazarsfeld/Menzel 1964: 120).

Doch stützte sich dieses weitreichende Postulat praktisch ausschließlich auf zum Teil recht heroische Verallgemeinerungen indirekter und fragmentarischer Evidenzen. Ein wichtiges Argument der Columbia-Studien war beispielsweise die Beobachtung, daß sehr viele Befragte überhaupt nicht von der Medienberichterstattung erreicht wurden, weil sie diese nicht verfolgten. Selbst wenn man davon absieht, daß sich dieses Argument nicht mit dem Konzept des politischen Einflüssen deckt, das der vorliegenden Studie zugrunde gelegt ist, muß man die Aussagekraft dieser Feststellung in Zweifel ziehen. Auch wenn diese Situation vor einem halben Jahrhundert so existiert haben mag, kann sie heute, nach Jahrzehnten einer beispiellosen Expansion der Massenmedien, insbesondere des Fernsehens, nicht mehr als zutreffende Diagnose gelten (Klingemann 1986). Wie Abschnitt 6.2 illustriert hat, sind heute praktisch alle Mitglieder der westlichen Gesellschaften an die Massenkommunikation angeschlossen und können auf diesem Wege politische Informationen empfangen. Wenn aber die große Mehrheit der Bevölkerung sowohl von der Berichterstattung der Medien direkt erreicht wird, als auch mit anderen Personen politische Gespräche führt, dann ist es sinnvoll und notwendig, die Frage nach den relativen Einflußgewichten neu zu stellen.

Der einzige Versuch der Columbia-Forschergruppe, die Bedeutung der interpersonalen Kommunikation und der Massenkommunikation als Hintergründe für Entscheidungen direkt zu vergleichen, wurde im Rahmen der Decatur-Studie unternommen (Katz/Lazarsfeld 1955: 175-86). Dabei wurden die Befragten gebeten, für eine Reihe von Entscheidungsproblemen des täglichen Lebens (z.B. Konsumentscheidungen) einzuschätzen, welche Informationsquellen – die Massenmedien einschließlich der Werbung oder andere Personen – für ihre Entscheidungen wichtiger gewesen seien. Als zentralen Befund resümierte Katz rückblickend, "that personal influence figured both more frequently and more effectively than any of the mass media" (Katz 1957: 71). Chaffee/Hochheimer (1983: 68) hoben indessen hervor, daß in den Befunden der Erie County-Studie durchaus auch Indizien zu finden seien, die als Hinweise auf eine größere Bedeutung der Medien hätten gelesen werden können. So beurteilten mehr als zwei Drittel der Befragten Zeitungen und Radio als Ursprünge von Informationen, die für ihre Wahlentscheidungen nützlich gewesen seien, während nur knapp die Hälfte andere Personen als hilfreiche Quellen nannte. Mehr als 50 Prozent der Befragten behaupteten sogar, daß ein Massenmedium die insgesamt wichtigste Quelle entscheidungsrelevanter Informationen gewesen sei (Lazarsfeld u.a. 1968: 127, 171). Doch ist keines dieser Argumente wirklich überzeugend. Allesamt beruhen sie methodisch auf einer Grundlage von höchst zweifelhafter Validität, nämlich auf Selbstzeugnissen der Befragten.

Neuere Studien haben zwar mehrheitlich, wenn auch nicht immer (z.B. Dufty 1981), diesen Fehler vermieden. Gleichwohl muß man insgesamt feststellen, daß die Grundlage für vergleichende Aussagen über die relative Bedeutung der interpersonalen Kommunikation und der Massenkommunikation als Einflußquellen für politische Orientierungen noch immer sehr schwach ist. Der weitaus größte Teil der insgesamt nicht sehr zahlreichen Studien, die inzwischen zu dieser Thematik publiziert wurden, setzt sich mit den kognitiven Wirkungen dieser beiden Kommunikationsformen auseinander, d.h. mit ihren Effekten auf Wissen und Vorstellungen von Individuen. Vergleichende Untersuchungen über die Bedeutung der Rezeption politischer Informationen durch Gespräche und Mediennutzung für Meinungen, Einstellungen und Verhalten von Bürgern sind äußerst rar. Überdies arbeiten die vorliegenden Studien in der großen Mehrzahl mit schwachen Meßinstrumenten. Auf genuine Netzwerkanalysen stützen sich nur einige wenige Untersuchungen jüngeren Datums (Schenk/Pfenning 1991; Schenk/Rössler 1994; Schenk 1995; Rössler 1997). Ein weiterer Schwachpunkt ist, daß die meisten Studien nur auf lokalen Stichproben beruhen.

Ein vergleichsweise intensiv bearbeitetes Thema ist die relative Bedeutung von Massenmedien und persönlichen Gesprächen bei der Diffusion von Neuigkeiten über aktuelle politische Ereignisse. Der überwiegende Teil des politischen Alltagsgeschehens wird den meisten Bürgern zuerst durch die Massenmedien vergegenwärtigt. Anders verhält es sich jedoch bei sehr außergewöhnlichen Ereignissen von großer Tragweite, wie beispielsweise politischen Attentaten. Wie das sprichwörtliche "Lauffeuer" verbreiten sich solche Neuigkeiten äußerst rasch, wobei interpersonale Kanäle das wichtigere Trägermedium darstellen. Ebenfalls dominant ist die interpersonale Kommunikation aber auch im Hinblick auf eher unbedeutende Sachverhalte von geringem Nachrichtenwert, die durch die Massenmedien nicht prominent herausgestellt werden (Chaffee 1972: 100-1; Schenk 1987: 254-61).

Einige Studien verglichen die Bedeutung von Tageszeitungen, Fernsehnachrichten und persönlichen Gesprächen als Quellen politischer Kenntnisse von Bürgern. Im Hinblick auf die Vermittlung politischen Wissens erwies sich - genau wie in anderen "Inter-Medien"-Vergleichen (Schönbach 1983: 90-105) - stets die Presse gegenüber dem Fernsehen als das wirksamere Massenmedium (siehe Abschnitt 9.1). Aber bezüglich der interpersonalen Kommunikation waren die Befunde uneinheitlich. Manche Studien kamen zum Schluß, daß auch politische Diskussionen einen wesentlichen Beitrag zum politischen Kenntnisstand der Bürger leisten könnten (Kuo 1986; Kennamer 1990), andere stellten dies in Abrede (Jackson-Beeck 1979; Berkowitz/Pritchard 1989). Eindeutiger sind die vorliegenden Befunde zum Agenda-Setting-Effekt - einem Gegenstand, dem die politische Kommunikationsforschung große Aufmerksamkeit gewidmet hat (siehe Abschnitt 9.1) und der daher zumindest in geringem Umfang auch Arbeiten über das Konkurrenzverhältnis zwischen Massenkommunikation und interpersonaler Kommunikation angeregt hat. Mehrere Studien deuten darauf hin, daß der Einfluß der interpersonalen Kommunikation im Hinblick auf die Wichtigkeit, die politischen Themen zugeschrieben wird, den Einfluß der Massenkommunikation überwiegt (Wanta/Wu 1992; Schenk/Rössler 1994: 263-83; Schenk 1995: 185-97; Rössler 1997).

"Meinungsklima"-Wahrnehmungen, d.h. die Auffassungen der Bürger über die politische Meinungsverteilung in der Gesellschaft, sind ein Gegenstand, der gleichsam an der Schnittstelle zwischen rein kognitiven Wirkungen und persuasiven Wirkungen politischer Kommunikation liegt (siehe Abschnitt 9.1). Auf den kognitiven Aspekt konzentrierten sich Studien, die analysierten, inwieweit die interpersonale Kommunikation als zweite, die Massenmedien ergänzende Vermittlungsinstanz den Bürgern Aufschluß über die tatsächlichen politischen Meinungstrends in ihrer Gesellschaft gibt. Myers (1994) untersuchte anhand der Demokratischen Vorwahl 1992 in New Hampshire (dem Staat, in dem bei Präsidentschaftswahlen traditionellerweise die erste Vorwahl durchgeführt wird), inwieweit die Aufmerksamkeit gegenüber den Massenmedien und die Teilnahme an politischen Diskussionen die Chance vergrößerten, daß Wähler in korrekter Weise identifizieren konnten, welcher Kandidat bei dieser Vorwahl der Favorit war. Die zutreffende Wahrnehmung, daß es sich dabei um Bill Clinton handelte, wurde durch die Aufmerksamkeit gegenüber der

10 Zum Verhältnis von interpersonaler Kommunikation und Massenkommunikation

Berichterstattung von Zeitungen und Fernsehen, noch stärker aber durch Gespräche mit Familienmitgliedern, Freunden, Kollegen und Nachbarn gefördert. Schmitt-Beck (1996a, 1996b) untersuchte in ähnlicher Weise, inwieweit das Interesse an der politischen Berichterstattung von Tageszeitungen und Fernsehen sowie politische Gespräche mit Freunden und Familienmitgliedern der zutreffenden Einschätzung förderlich waren, daß bei der Bundestagswahl 1990 die amtierende Regierungskoalition erneut siegen würde. Der Kontakt mit beiden Informationsquellen erhöhte die Wahrscheinlichkeit einer korrekten Wahrnehmung, die Effekte unterschieden sich jedoch nicht bezüglich der Größenordnung.

Bei anderen Studien stand nicht im Vordergrund, wie akkurat solche Wahrnehmungen waren, sondern inwieweit sich die von den Informationsquellen selbst eingenommenen Positionen darauf auswirkten, welcher Standpunkt als Mehrheitsmeinung gesehen wurde. Eine Analyse der "Meinungsklima"-Wahrnehmungen bezüglich der Volkszählung 1987 in der Bundesrepublik kam zum Schluß, daß die Einschätzungen der Befragten, ob die Bürger mehrheitlich für oder gegen die Volkszählung eingestellt seien, in erster Linie davon abhingen, welche Haltung ihre Freunde und Bekannten dazu einnahmen. Die wahrgenommene Position der rezipierten Medien erwies sich hingegen als nahezu irrelevant (Scherer 1990: 257-64). Ähnlich, wenngleich methodisch schlechter abgesichert auch das Ergebnis einer Untersuchung der Wählerwartungen vor der Bundestagswahl 1983: In einer offenkundig von den Columbia-Studien inspirierten Vorgehensweise wurde die Bedeutung von parteipolitisch homogenen Familien und Freundeskreisen sowie Fernsehmagazinen verglichen. Wie sich zeigte, hing die politische Charakteristik der Primärumwelten sehr stark mit den Wahrnehmungen des künftigen Wahlsiegers zusammen, während für die Mediennutzung kein Effekt sichtbar wurde (Feist/Liepelt 1986).

Nur sehr selten wurde bislang der Versuch unternommen, die Stärken der Einflüsse von interpersonaler Kommunikation und Massenkommunikation auf die Richtung politischer Orientierungen vergleichend abzuschätzen. Nach wie vor am solidesten fundiert sind die Ergebnisse einer von Robinson (1976) durchgeführten Analyse des Wählerverhaltens bei der Präsidentschaftswahl 1968. Untersucht wurde, inwieweit die Wahrscheinlichkeit einer Entscheidung für den Demokraten Humphrey in Abhängigkeit davon variierte, ob Wähler von anderen Personen Meinungsäußerungen erhielten, die für Humphrey oder für seinen Kontrahenten Nixon argumentierten, und in Abhängigkeit davon, ob diese Wähler in Tageszeitungen Wahlempfehlungen für Humphrey oder für Nixon wahrgenommen hatten. Die interpersonale Kommunikation bewirkte einen Unterschied von 14 Prozentpunkten im Hinblick auf die Unterstützung der konkurrierenden Kandidaten, die *endorsements* der Presse lediglich einen Unterschied von sechs Prozentpunkten (Robinson 1976: 312/Fn. 7). Der Einfluß der interpersonalen Kommunikation beschränkte sich dabei auf passive Meinungsempfänger, die gegenüber anderen Personen keine eigenen Meinungen vertraten. Der Medieneinfluß betraf hingegen nur Wähler, die keinerlei politische Gespräche führten. Der Autor schloß aus diesen Befunden, daß "when interpersonal and mass media sources are compared or are in conflict, interpersonal sources wield greater influence" (Robinson 1976: 315).

Die wenigen weiteren Studien, die seither realisiert wurden, können keine ähnlich schlüssigen Ergebnisse vorweisen. Schenk/Pfenning (1991) interessierten sich für die Effekte von Medienexposition und Netzwerkeinbindungen auf Einstellungen deutscher Wähler zur Wiedervereinigung. Als Medienvariable fungierte die Zahl der von einer Person genutzten Medien. Die sozialen Netzwerke der Befragten wurden unter den Strukturaspekten der Meinungskongruenz und der emotionalen Harmonie betrachtet. Beide Faktoren hingen mit den politischen Einstellungen der Befragten zusammen, allerdings wurde kein Übergewicht einer der beiden Informationsquellen erkennbar. Von der Analyselogik her einleuchtender, aber im Hinblick auf die Datenbasis - eine kleine, nicht-zufällig gezogene lokale Stichprobe - schwach sind die Befunde einer Untersuchung der amerikanischen Präsidentschaftswahl 1988 (Lenart 1994: 84-7). Dieser Analyse zufolge kovariierten die Bewertungen der beiden Kandidaten Bush und Dukakis zu drei Meßzeitpunkten während des Wahlkampfes sowohl mit der Intensität und wahrgenommenen politischen Richtung der rezipierten Medien, als auch mit der wahrgenommenen Kandidatenpräferenz des wichtigsten politischen Diskussionspartners. Allerdings ließ sich keine klare Aussage über die relative Wichtigkeit der beiden Arten politischer Kommunikation treffen. Die Effektgrößen waren sehr ähnlich; manchmal war der Medieneffekt etwas stärker, zu anderen Zeitpunkten aber auch der Diskutanteneffekt.

Erwähnung verdient schließlich eine jüngst vorgelegte Untersuchung, die prüfte, wie interpersonale Kommunikation und Massenkommunikation vermittelt über den "Priming"-Mechanismus (siehe Abschnitt 9.1) auf Wahlentscheidungen bei der kanadischen Parlamentswahl 1988 einwirkten. Sie ging von der Vorannahme aus, daß die Medien eine stark personalisierte, auf die Kandidaten fokussierte Berichterstattung pflegten, während in der interpersonalen Kommunikation verstärkt politische Probleme thematisiert würden. Mit zunehmender Mediennutzung wurden in der Tat kandidatenbezogene Erwägungen für die Wahlentscheidungen bedeutsamer, während die interpersonale Kommunikation das Gewicht sachbezogener Gesichtspunkte steigerte. Jede Informationsquelle war in ihrer "Domäne" der anderen überlegen. Insgesamt war der kandidatenbezogene Effekt des Kontaktes mit der Medienberichterstattung aber geringfügig stärker als der problembezogene Effekt der interpersonalen Kommunikation (Mendelsohn 1996).

Alles in allem ist zu resümieren, daß die geläufigen Generalisierungen über das relative Gewicht von interpersonaler Kommunikation und Massenkommunikation zwar theoretisch begründbar (siehe Abschnitt 3.3), aber nicht durch den empirischen Forschungsstand abgesichert sind. Im Hinblick auf die Vermittlung politischer Vorstellungen liegen einige zum Teil recht gut untermauerte Befunde vor. Hinsichtlich des politischen Faktenwissens sind die Ergebnisse jedoch so uneindeutig, daß kein abschließendes Urteil über die Einflußkapazität der interpersonalen Kommunikation im Vergleich zur Massenkommunikation möglich ist. Die Analysen zum Agenda-

Setting und zu den "Meinungsklima"-Wahrnehmungen deuten auf ein größeres Gewicht der interpersonalen Kommunikation hin. Die Forschungslage im Hinblick auf den Einfluß, den politische Gespräche und Medienkontakte auf die Richtung politischer Orientierungen und Entscheidungen ausüben, ist äußerst dürftig. Die Ergebnisse der besten vorliegenden Studie deuten jedoch darauf hin, daß die interpersonale Kommunikation auch im Hinblick auf Wahlentscheidungen die einflußreichere Quelle politischer Informationen darstellt (Robinson 1976).

10.1.2 Analysen

In den Kapiteln 8 und 9 wurden die Einflüsse der interpersonalen Kommunikation und der Massenkommunikation je für sich studiert. Wenn es nun darum geht, beide Kanäle der politischen Informationsvermittlung hinsichtlich ihrer Wirksamkeit einem direkten Vergleich zu unterziehen, dann ist es erforderlich, sie simultan zu analysieren. Identische Meßinstrumente sind dabei, wie in Abschnitt 4.2. diskutiert, keineswegs zwingend erforderlich oder auch nur wünschenswert. Vielmehr kommt es darauf an, die Intensität der Rezeption politischer Informationen über jeden der beiden Kanäle durch Instrumente zu erfassen, welche die Spezifika der jeweiligen Form der politischen Kommunikation möglichst valide erfassen (Chaffee/Mutz 1988: 32-4). Da wir beide Kommunikationsformen durch ganze Sätze entsprechender Indices ziemlich differenziert gemessen haben und überdies interkulturell vergleichende Aussagen möglich sein sollen, wird ein einfaches Maß benötigt, das die Ergebnisse der Analysen, ohne deren notwendige Differenziertheit aufzugeben, in einer summarischen Kennziffer zusammenfaßt. Wiederum verwenden wir zu diesem Zweck ΔKPR^2, den Kennwert, der ausdrückt, in welchem Umfang Wahlentscheidungen besser vorhergesagt werden können, wenn zusätzlich zu den Prädispositionen der Wähler auch Art und Menge der von ihnen rezipierten politischen Informationen beachtet werden. Dieses Vorgehen korrespondiert der von Chaffee/Mutz postulierten methodischen Grundregel für den Vergleich der Wirksamkeit der interpersonalen Kommunikation und der Massenkommunikation: "By comparing the relative predictive power of maximally valid measures of two kinds of communication [...], we will be on the most solid ground in drawing conclusions about their relative impact." (Chaffee/Mutz 1988: 40)

Wie in den Abschnitten 8.2.2 und 9.2.2 steht ein undifferenzierter Blick auf alle Wahlentscheidungen am Beginn der Analyse. Basis sind multinomiale logistische Regressionen. Schaubild 10-1 gibt wieder, um welche Beträge das Wählerverhalten in jeder der fünf untersuchten Gesellschaften gegenüber Referenzmodellen, die lediglich die Prädispositionen der Wähler berücksichtigen, besser erklärt werden kann, wenn zusätzlich zu diesen Prädisposition auch bekannt ist, wie oft und mit welchen Diskutanten jeder Wähler politische Gespräche führte *und* mit welcher Intensität jeder Wähler spezifische Angebote des Mediensystems zur Kenntnis nahm.[1] Keiner der Werte für die dadurch erzielte Modellverbesserung liegt sehr weit von der Summe der Werte entfernt, die sich bei den getrennten Analysen ergeben haben und in den Schaubildern 8-1 und 9-1 wiedergegeben sind.

Schaubild 10-1: Erklärungskraft von politischen Gesprächen und Mediennutzung für Wahlentscheidungen insgesamt (ΔKPR^2 aus multinomialen logistischen Regressionen)

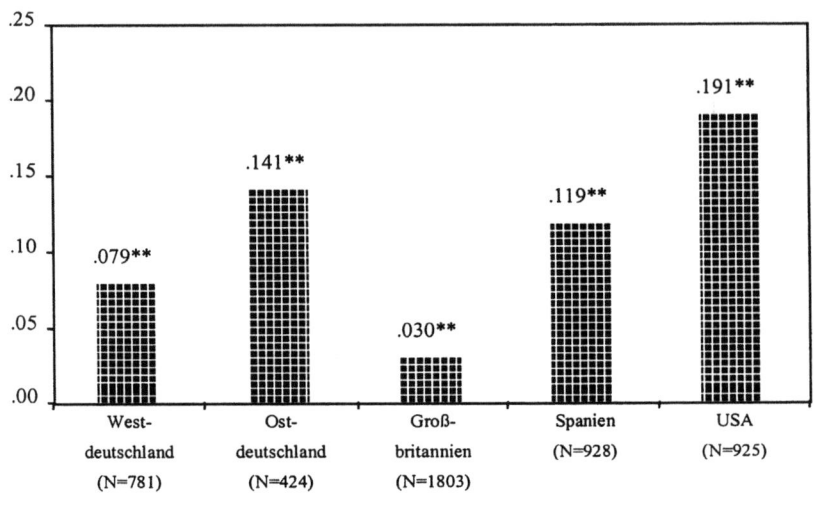

** P<.01, * P<.05, + P<.10

Die größte Bedeutung hatten politische Informationen insgesamt für die Entscheidungen der amerikanischen Wähler. Gegenüber dem Grundlinienmodell (vgl. Schaubild 5-1) kann die Treffsicherheit von Vorhersagen der individuellen Wahlentscheidungen um zwei Drittel erhöht werden, wenn zusätzlich auch Rezeption und Akzeptanz interpersonal und massenmedial vermittelter Informationen in Rechnung gestellt werden. Ebenfalls ziemlich groß war die Relevanz gesellschaftlicher Informationsflüsse für die Entscheidungen der ostdeutschen und der spanischen Wähler. In Spanien verbesserte sich die Vorhersagekapazität im Vergleich zu einem rein prädispositionalen Modell um rund ein Viertel. Für das Stimmverhalten in den neuen Bundesländern waren bei der Bundestagswahl 1990 die Anbindungen der Wähler an die gesellschaftlichen Informationsströme doppelt so bedeutsam wie ihre politi-

---

1 Zur Codierung der abhängigen Variablen siehe Fußnote 4 in Kapitel 5. Als Diskutanten-Variablen wurden die pro-Indices aus Tabelle 8-2 benutzt. Die Medien-Variablen entsprechen den unabhängigen Variablen, die in Tabelle 9-2 ausgewiesen sind.

schen Vorprägungen. Wesentlich geringer war die Bedeutung der politischen Kommunikation demgegenüber in Westdeutschland sowie insbesondere in Großbritannien.

Doch wie verhält es sich mit der relativen Bedeutung der interpersonalen Kommunikation und der Massenkommunikation als Prägekräfte für die Richtung der politischen Entscheidungen? Schon eine bloße Gegenüberstellung der Schaubilder 8-1 und 9-1 ist in dieser Hinsicht natürlich suggestiv. Eine stringent vergleichende Analyse verlangt indessen, daß der Erklärungsbeitrag jeder dieser beiden Kommunikationsformen unter Berücksichtigung der jeweils anderen Informationsquelle ermittelt wird. Die meisten der in Abschnitt 10.1.1 diskutierten Studien entledigten sich dieser Aufgabe durch den direkten Vergleich der geschätzten Parameter für einfache Indices der interpersonalen Kommunikation und der Massenkommunikation auf der Grundlage simultaner Schätzungen. Wenn der Kontakt mit diesen Informationsquellen jedoch nicht durch pauschale Indices, sondern wie im vorliegenden Fall in sehr fein differenzierter Weise abgebildet wird, dann kann dieses Verfahren nicht angewandt werden. Wir konzentrieren uns daher im folgenden statt dessen sowohl für die interpersonale Kommunikation als auch für die Massenkommunikation auf die Frage, welcher Erklärungsbeitrag für das politische Verhalten jeder dieser Kommunikationsformen zugerechnet werden kann, wenn nicht nur nach den Prädispositionen, sondern auch nach der Exposition gegenüber der jeweils anderen Informationsquelle kontrolliert wird. Berechnet wird also für die interpersonale Kommunikation stets die durch ihre Berücksichtigung zusätzlich erzielte Erklärungsleistung relativ zu Referenzmodellen, die neben den prädispositionalen Merkmalen der Wähler auch die Indices ihrer Mediennutzung enthalten. Analog wird für die Massenkommunikation verfahren. Die auf diese Weise für beide Kommunikationsformen erzielten Resultate können dann direkt miteinander verglichen werden. Für Wahlentscheidungen insgesamt findet sich eine solche, wiederum auf multinomialen logistischen Regressionen basierende Gegenüberstellung in Schaubild 10-2.

In vier der fünf untersuchten Gesellschaften hatten die Informationen, welche den Wählern im Rahmen politischer Gespräche zuflossen, größere, zum Teil sogar sehr viel größere Konsequenzen für ihre Entscheidungen am Wahltag als die politischen Inhalte der Periodika und Fernsehsendungen, die sie zur Kenntnis nahmen. Besonders groß war das Übergewicht der interpersonalen Kommunikation in den USA, gefolgt von Ostdeutschland und Spanien. In Großbritannien hatten beide Informationsquellen nur eine ziemlich geringe Bedeutung für das Wählerverhalten; im direkten Vergleich erwiesen sich aber auch dort politische Gespräche als etwas wirksamer. Insoweit findet die auf die Studien der Columbia-Schule zurückgehende, durch diese wie auch durch die meisten Folgestudien jedoch nur unzureichend untermauerte Hypothese vom überlegenen Einflußpotential der informellen persönlichen Kommunikation der Wähler Bestätigung. Freilich gilt diese Regel offenkundig nicht universell: Die Wahlentscheidungen der westdeutschen Wähler wurden insgesamt etwas stärker durch Informationen geprägt, welche den Massenmedien entstammten, als durch Überzeugungsbotschaften, welche die Wähler im Rahmen politischer Konversationen erreichten. Es bestätigt sich somit weitgehend, doch keineswegs uneingeschränkt: Die interpersonale Kommunikation ist die einflußreichere Quelle entscheidungsrelevanter politischer Informationen.

Schaubild 10-2: *Vergleich der Erklärungskraft von politischen Gesprächen und Mediennutzung für Wahlentscheidungen insgesamt (ΔKPR^2 aus multinomialen logistischen Regressionen)*

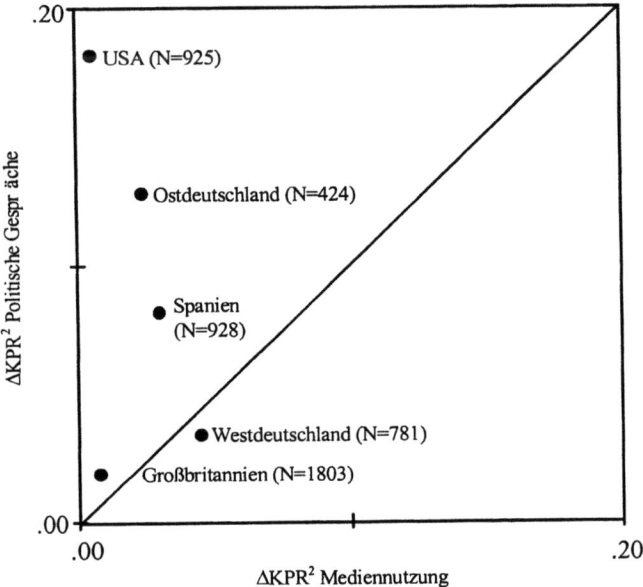

Bei der differenzierten Analyse einzelner Wahlentscheidungen mittels binärer logistischer Regressionen ergibt sich ein ähnliches Bild mit Variationen. Dies zeigt Tabelle 10-1. In der ersten Spalte weist die Tabelle aus, welchen von Prädispositionen unabhängigen Erklärungsbeitrag interpersonale Kommunikation und Massenkommunikation gemeinsam hinsichtlich der Entscheidungen für oder gegen die verschiedenen Parteien und Kandidaten beisteuerten. Diese mit dem Kürzel (D+M)|P gekennzeichneten Werte sind als Disaggregation der in Schaubild 10-1 ausgewiesenen Globalbefunde zu verstehen. Ferner zeigt die Tabelle – in direkter Entsprechung zu Schaubild 10-2 - die separaten, über die Bedeutung der Prädispositionen und der jeweils anderen Informationsquelle hinausgehenden Erklärungsbeiträge der interpersonalen Kommunikation und der Massenkommunikation (Kürzel D|(P+M) bzw. M|(P+D)).

Tabelle 10-1: *Erklärungskraft von politischen Gesprächen und Mediennutzung für Wahlentscheidungen im Vergleich (ΔKPR^2)*

	(D+M)|P	D|(P+M)	M|(P+D)
Westdeutschland			
CDU/CSU	.089**	.043**	.042**
SPD	.075**	.054**	.016**
FDP	.148**	.042**	.101**
Grüne	.095**	.029**	.065**
(Mindest-N)	(814)	(814)	(814)
Ostdeutschland			
CDU	.130**	.113**	.023**
SPD	.151**	.144**	.009
FDP	.164**	.153**	.030⁺
Bündnis 90/Grüne	.088**	.090**	.006
(Mindest-N)	(424)	(424)	(424)
Großbritannien			
Conservatives	.027**	.011**	.013**
Labour	.027**	.018**	.005*
Liberal Democrats	.035**	.030**	.005⁺
(Mindest-N)	(1938)	(1938)	(1938)
Spanien			
PSOE	.128**	.124**	.023**
PP	.109**	.099**	.004
IU	.098**	.107**	-.005
(Mindest-N)	(928)	(928)	(928)
USA			
Clinton	.137**	.125**	.009*
Bush	.185**	.177**	.006*
Perot	.192**	.176**	.006⁺
(Mindest-N)	(929)	(929)	(929)

** P<.01, * P<.05, ⁺ P<.10

(D+M)|P Interpersonale Kommunikation und Massenkommunikation, kontrolliert nach Prädispositionen.
D|(P+M) Interpersonale Kommunikation, kontrolliert nach Prädispositionen und Massenkommunikation.
M|(P+D) Massenkommunikation, kontrolliert nach Prädispositionen und interpersonaler Kommunikation.

Diese differenziertere Analyse legt offen, daß die interpersonale Kommunikation in Großbritannien nicht für alle Entscheidungen bedeutsamer war als die Massenkommunikation, sondern nur für die Wahl der Labour Party und der Liberal Democrats. Hinsichtlich der Wahl der Conservatives waren beide Kommunikationsformen gleichermaßen einflußreich. Auch in Westdeutschland wurde das in Schaubild 10-2 dargestellte Gesamtmuster partiell durchbrochen: Ob Wähler für oder gegen die SPD stimmten, hing in stärkerem Maße von persönlichen Gesprächen ab als von der Rezeption politischer Medienberichte. Hinsichtlich ihrer Bedeutung für die Wahl der CDU/CSU hielten sich beide Informationsquellen die Waage. Ein unzweideutiges Übergewicht hatte die Massenkommunikation nur im Hinblick auf die Wahl der beiden westdeutschen Kleinparteien. Gleichwohl bleibt der Gesamteindruck bestehen: Politische Gespräche waren in den USA, Ostdeutschland und Spanien sehr viel und in Großbritannien etwas wichtiger für Wahlentscheidungen als der Kontakt mit der Berichterstattung der Massenmedien. In Westdeutschland verhielt es sich überwiegend umgekehrt.

Welche Konsequenzen für die relative Bedeutung von interpersonaler Kommunikation und Massenkommunikation für das Wählerverhalten ergaben sich aus den Unterschieden der Wähler im Hinblick auf ihre politische Involvierung (Schaubild 10-3)? Die Dominanz der interpersonalen Kommunikation gegenüber der Massenkommunikation war bei den Novizen häufig erheblich deutlicher ausgeprägt als bei den Experten. Daß die Massenmedien die stärkeren Einflüsse ausübten, kam ausschließlich bei Experten vor. Schaubild 10-3 weist solche - freilich nur schwach ausgeprägten - Muster aus für die CDU/CSU in Westdeutschland und für die Conservatives in Großbritannien. Bedauerlicherweise ist es nicht möglich, diese Schlußfolgerung durch Analysen der westdeutschen Kleinparteien zu erhärten. Das ist mißlich, denn dies sind die beiden Fälle, in denen die Bedeutung der Massenkommunikation am deutlichsten die Bedeutung der interpersonalen Kommunikation überragte. Diese Parteien können jedoch nicht nur in Westdeutschland, sondern auch in Ostdeutschland aufgrund zu geringer Fallzahlen nicht in die Analyse einbezogen werden (vgl. Abschnitt 8.3). Allerdings gab es auch klare Fälle entgegengesetzter Trends. Erneut betrafen sie gleichermaßen das Wählerverhalten in den neuen Bundesländern und die Entscheidungen für oder gegen den unabhängigen Präsidentschaftskandidaten Ross Perot in den USA. Auch in diesen Fällen erwies sich zwar stets die interpersonale Kommunikation als die gewichtigere Informationsquelle. Anders als bei allen anderen untersuchten Wahlentscheidungen war die Überlegenheit der persönlichen gegenüber der massenmedialen Vermittlung politischer Informationen jedoch nicht bei den Novizen, sondern bei den Experten stärker ausgeprägt.

Als Hauptbefund dieser Analysen ist festzuhalten, daß in der Tat die interpersonale Kommunikation zumeist für das Wählerverhalten wichtiger war als die Massenkommunikation. Ganz besonders galt dies für die Wähler mit geringer politischer Involvierung. Allerdings gab es auch signifikante Ausnahmen. Wahlentscheidungen in Westdeutschland, und zwar insbesondere diejenigen für oder gegen eine der beiden Kleinparteien FDP und Grüne, hingen stärker davon ab, welche Informationen die Wähler über die Massenmedien erreichten, als von den Argumenten, mit denen sie im Rahmen politischer Unterhaltungen konfrontiert wurden. Dem ansonsten überwiegenden Trend entgegen standen auch bei dieser Analyse wieder die Befunde für die neuen Bundesländer und für die Wahl von Ross Perot: In diesen Fällen war das Übergewicht der interpersonalen Kommunikation im Vergleich zur Massenkommunikation bei den Experten größer als bei den Novizen.

10 Zum Verhältnis von interpersonaler Kommunikation und Massenkommunikation 381

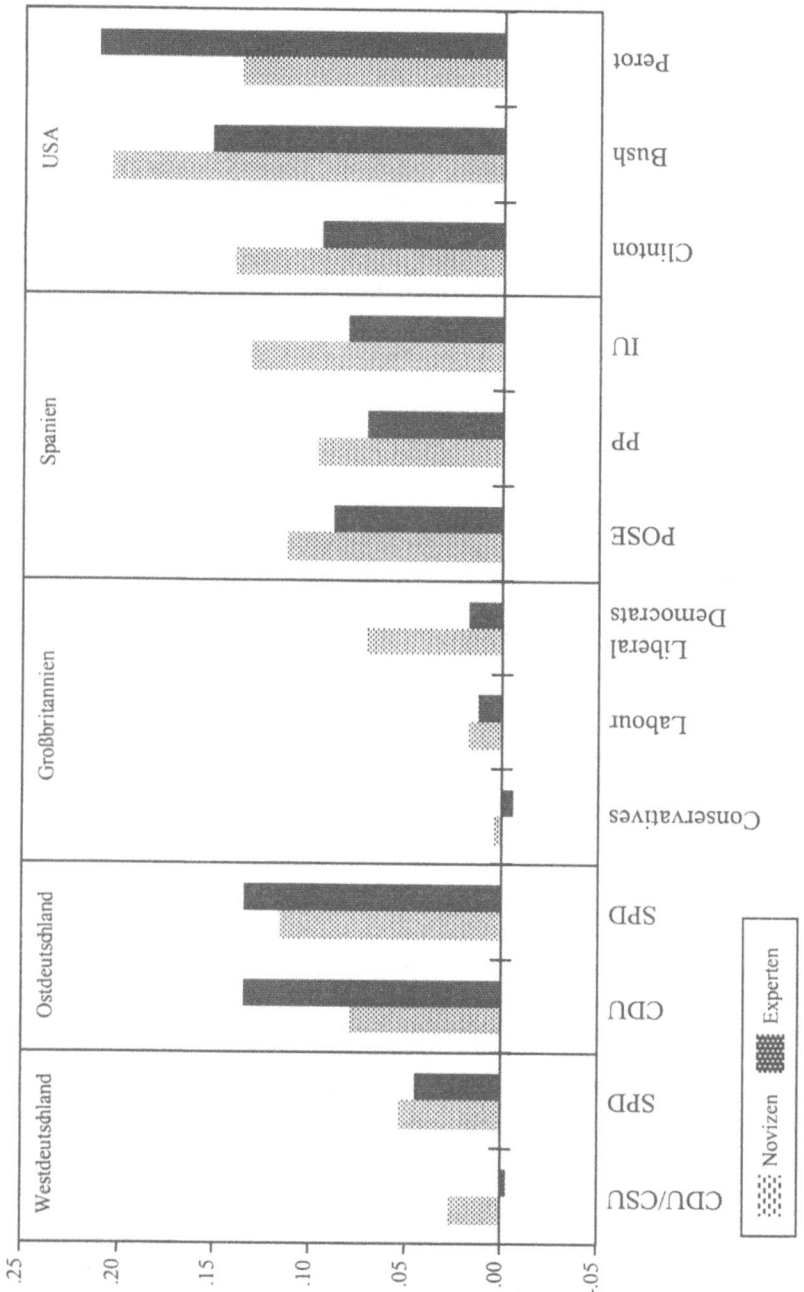

Schaubild 10-3: Differenzen zwischen der Erklärungskraft von politischen Gesprächen und Mediennutzung nach politischer Involvierung (ΔKPR^2 für politische Gespräche minus ΔKPR^2 für Mediennutzung)

10.2 Die Interaktionsthese

10.2.1 Die These der Sekundärdiffusion

10.2.1.1 Bilanz der Forschung

Wie in Abschnitt 3.4.5 erläutert, liefert die Massenkommunikation in erheblichem Umfang den "Treibstoff" für die politischen Diskussionen, die Wähler in ihrem persönlichen Umfeld führen (Mondak 1995: 108). Offenbar sind medienvermittelte Informationen für solche Debatten sogar so nützlich, daß Personen dazu neigen, alleine aus diesem Grund die Medien intensiver zu nutzen (Kepplinger/Martin 1986: 127). Gestützt wird diese Vermutung durch experimentelle Befunde, denen zufolge die Antizipation zukünftiger Diskussionen über bestimmte Themen dazu führte, daß deren Teilnehmer im Vorfeld verstärkt Medienberichte über diese Themen rezipierten (Atkin 1972). In dieselbe Richtung deuten Pfadanalysen, die signalisieren, daß Massenmedien um so häufiger genutzt werden, je intensiver Wähler mit anderen Personen politische Gespräche führen (Tan 1980; Hügel u.a. 1992; Voltmer u.a. 1995). "Many people seem to gather news and other media content largely for the purpose of passing it on to others." (Chaffee 1986: 71) Vor diesem Hintergrund wurde vermutet, daß politische Gespräche die Funktion der Sekundärdiffusion von Informationen übernehmen, welche ursprünglich den Massenmedien entstammen (Erbring u.a. 1980: 46), und insoweit ein Medium darstellen, über das die Reichweite der Massenkommunikation indirekt verlängert wird.

Dies könnte zur Folge haben, daß Überzeugungsbotschaften, die Wählern von den Massenmedien vermittelt werden, nicht nur deren eigene politische Positionen beeinflussen, sondern von ihnen auch in Diskussionen und Debatten mit anderen Personen als Argumente weiterverwendet werden. Das wiederum könnte bedeuten, daß das Einflußpotential der interpersonalen Kommunikation nicht zuletzt davon abhängt, in welchem Umfang die Berichterstattung der Massenmedien die Anhänger der verschiedenen Parteien und Kandidaten mit argumentativer "Munition" versorgt, die sie dann bei politischen Konversationen einsetzen können, um ihre Präferenzen zu bekräftigen. Möglicherweise wirkt sich infolgedessen die Gewichtsverteilung der für die Parteien und Kandidaten vorteilhaften und unvorteilhaften Informationen, die durch die Medienberichterstattung bereitgestellt werden, auf die Einflußkapazität der interpersonalen Kommunikation aus. Ist die Medienberichterstattung eher einseitig, dann werden vor allem diejenigen Diskutanten mit Argumenten ausgestattet, deren Präferenzen dem Tenor der Berichterstattung entsprechen. Anhänger des politischen Lagers, das durch die Massenkommunikation weniger positiv präsentiert wird, leiden demgegenüber eher unter Argumentenmangel. Man kann daher die Erwartung formulieren, daß sie in politischen Gesprächen weniger Einfluß ausüben werden als ihre Kontrahenten, deren Präferenzen sich mit dem Medientenor decken (MacKuen/Brown 1987).

Diese Hypothese leiteten MacKuen/Brown ab aus Ergebnissen einer Analyse politischer Konsequenzen der Zusammensetzung von Nachbarschaftsnetzwerken im Hinblick auf die Kandidatenpräferenzen bei der Präsidentschaftswahl 1980. Die Untersuchung hatte - wie bereits erläutert (siehe Abschnitt 8.1) - ergeben, daß die politische Komposition der persönlichen Verkehrskreise von Wählern erhebliche Auswirkungen darauf hatte, ob und in welche Richtung diese ihre Bewertungen der Kandidaten Carter und Reagan veränderten. An den beobachteten Veränderungen fiel auf, daß die interpersonalen Einflußprozesse nicht für beide Kandidaten gleich abzulaufen schienen. Kontaktpartner, die Carter zuneigten, gewannen in geringerem Umfang Wähler für ihren Kandidaten als Personen, die Reagan unterstützten. Diese Asymmetrie interpretierten die Autoren als Reflex der Struktur der Medienberichterstattung über die Kandidaten, die für Reagan wesentlich günstiger gewesen sei als für Carter. Als Folge davon hätten Reagan-Anhänger in politischen Diskussionen über mehr Argumente verfügt, die für ihren Favoriten positiv und für den politischen Gegner negativ waren, als Unterstützer des Demokratischen Amtsinhabers Carter. Politische Gespräche mit Reagan-Sympathisanten seien daher konsequenzenreicher gewesen als Unterhaltungen mit Carters Gefolgsleuten. "Citizens in Reagan contexts would have had good news about Reagan and bad news about Carter confirmed by their peers. Those in Carter circles would find good news about Carter confirmed. However, given the relative one-sidedness of the Reagan presentation, these same individuals would find little bad news about Reagan to be confirmed by their friends. This twist in the evidence [..] indicates that the social circle is not an active independent force in politics but instead shapes information that comes from outside. Thus it is proper to think of the social environment not as a source of influence but as an intervening mechanism in a larger communication system." (MacKuen/Brown 1987: 483) Allerdings stützte sich diese Interpretation nicht auf empirische Evidenzen über die Struktur der Berichterstattung (siehe jedoch Abschnitt 7.2.2.5). Wie die Kandidaten in den Medien tatsächlich dargestellt wurden, wurde nur postuliert, aber nicht gezeigt.

10.2.1.2 Analysen

Wenn die These zutrifft, daß die Massenkommunikation die Effektivität der interpersonalen Kommunikation moderiert, indem sie die Argumente liefert, die dabei ausgetauscht werden, dann ist zunächst einmal wichtig, ob es einen Medientenor gibt, d.h. eine zumindest der vorherrschenden Tendenz nach "konsonante" Berichterstattung (Noelle-Neumann 1979: 127-68), die das gesamte Mediensystem kennzeichnet und für bestimmte Wettbewerber günstig und für andere ungünstig ist. Sofern ein solcher Medientenor existiert, sollten Diskutanten, deren Standpunkte damit im Einklang stehen, einflußreicher sein als Diskutanten, deren Präferenzen diesem widersprechen. Weisen die in der vorliegenden Arbeit aufgezeigten interpersonalen Einflüsse Muster auf, welche dieser Erwartung entsprechen? Diese Frage läßt sich beantworten, indem die Erklärungskraft politischer Gespräche mit Diskutanten unterschiedlicher Präferenzen separat in Augenschein genommen wird. Zu diesem Zweck wird für jede Wahlentscheidung getestet, um wieviel die Erklärungskraft der im Abschnitt 8.2.2 entwickelten Modelle, die sowohl pro- als auch contra-Diskutanten einschließen, die Erklärungskraft von Modellen überwiegt, die neben den Prädispositionen entweder nur die contra- oder nur die pro-Diskutanten berücksichtigen. Diese beiden Analysen geben in vergleichbarer Weise Aufschluß über den Gesamteinfluß der Diskutanten, die für, und der Diskutanten, die gegen einen Wahlbewerber Stellung bezogen.

Das Ergebnis dieser Analyse ist eindeutig negativ. Es werden keine Muster sichtbar, die darauf hindeuten, daß Diskutanten, deren Präferenzen der in der Medienberichterstattung vorherrschenden Richtung entsprachen, einflußreicher waren als Diskutanten, deren Positionen dazu im Widerspruch standen. Im Hinblick auf die europäischen Mediensysteme ist es kaum möglich, aus Rezipientenwahrnehmungen und Inhaltsanalysen einen einheitlichen Medientenor zu destillieren, der als nationaler Gesamttrend der Berichterstattung zu interpretieren wäre (siehe Abschnitt 7.2.2). Die Berichterstattung europäischer Medien orientierte sich entweder mit mehr oder weniger großer Deutlichkeit an parteipolitischen Affinitäten oder sie war weitgehend neutral. Doch selbst wenn die Wahlergebnisse der Parteien oder die Veränderungen ihrer Stimmenanteile (vgl. Tabelle 4-1) als indirekte Indikatoren nationaler Stimmungstrends gedeutet werden, zeigen sich keine korrespondierenden Muster in der Wirksamkeit der interpersonalen Kommunikation; von einer detaillierten Wiedergabe dieser Befunde wird daher abgesehen.

Tabelle 10-2: *Erklärungskraft von politischen Gesprächen unterschiedlicher Richtungen für Wahlentscheidungen in den USA (ΔKPR^2)*

	Pro	Contra	Differenz (Pro-Contra)
Clinton	.039**	.049**	-.010
Bush	.062**	.052**	+.010
Perot	.130**	.025**	+.105
(Mindest-N)		(958)	

** P<.01, * P<.05, ⁺ P<.10

Präziser können die Erwartungen im Hinblick auf die USA formuliert werden. Da die Berichterstattung der amerikanischen Medien über die Präsidentschaftskandidaten eine klare strukturelle Verzerrung aufwies, kann dort von einem einheitlichen Medientenor ausgegangen werden. Dieser war für Clinton günstig, für Bush ebenso wie für Perot war er ungünstig (siehe Abschnitt 7.2.2.5). Demzufolge sollten Diskutanten, die im Gespräch Stellung für Clinton bezogen, über einen größeren Vorrat an Argumenten verfügt haben, um ihre Präferenz im Gespräch zu unterfüttern, als Anhänger jedes der beiden konkurrierenden Kandidaten. Gleichzeitig hatten sie mehr kritische Argumente gegen Bush und Perot im Köcher, als deren Anhänger im Hinblick auf Clinton ins Feld führen konnten. Zu erwarten ist also, daß Gespräche mit Personen, die Clinton favorisierten, stärkere positive Effekte nach sich zogen als Unterhaltungen mit Unterstützern der konkurrierenden Kandidaten. Umgekehrt sollten Gegner von Clinton in negativer Richtung weniger einflußreich gewesen sein als Opponenten von Bush oder Perot. Wie Tabelle 10-2 zeigt, war jedoch das Gegenteil der Fall. Von pro-Diskutanten profitierten Bush und vor allem Perot stärker als Clinton. Umgekehrt war die Prägekraft gegnerischer Diskutanten im Hinblick auf die Wahl von Perot am geringsten und bei Clinton und Bush ungefähr gleich groß. Insgesamt überwog hinsichtlich der Wahl von Clinton die Bedeutung der negativen persönlichen Einflüsse, bei Bush und Perot jedoch die Bedeutung der positiven Einflüsse.

Dieses Ergebnis widerspricht klar dem Muster, das sich ergeben würde, wenn bei den politischen Gesprächen, welche die amerikanischen Wähler vor der Präsidentschaftswahl 1992 miteinander führten, im wesentlichen nur die Überzeugungsbotschaften weitergegeben worden wären, welche den Diskutanten zuvor über die Massenkommunikation zugeflossen waren. Die interpersonale Kommunikation scheint durchaus nicht nur als Transmissionsriemen für Medienbotschaften zu fungieren, sondern stellt eine eigenständige politische Einflußquelle dar.

10.2.2 Die Filterthese

10.2.2.1 Bilanz der Forschung

Die Filterthese sieht in der interpersonalen Kommunikation "more than just another channel of campaign information" (Hacker 1995: 71). Vielmehr wird angenommen, daß Intensität und Inhalte der politischen Gespräche von Wählern tiefgreifende Auswirkungen auf den Prozeß der Beeinflussung der Wähler durch die Massenkommunikation haben. Nur wenige empirische Studien haben sich bislang des Problems angenommen, welche Konsequenzen die interpersonale Kommunikation für das Einflußpotential der Massenkommunikation hat. Am häufigsten wurde im Kontext der Agenda-Setting-Forschung die Frage aufgegriffen, ob politische Unterhaltungen die Wirkungen der Medienberichterstattung schwächen oder intensivieren. Allerdings wurde dabei nur die Intensität politischer Gespräche berücksichtigt, und dies auch nur in sehr pauschaler Weise. Welche Informationen dabei vermittelt wurden, blieb jedoch außer acht. Die Befunde dieser Forschungen sind höchst disparat. Einige Arbeiten stellten fest, daß politische Gespräche mit anderen Personen ein Gegengewicht darstellen, das mediengenerierte Agenda-Setting-Effekte dämpft (McLeod u.a. 1974: 156-7; Erbring u.a. 1980; Hügel u.a. 1992), andere gelangten jedoch zur entgegengesetzten Schlußfolgerung, daß Personen, die sich häufig unterhalten, eher die Themenagenda der Massenmedien übernehmen (Shaw 1977; Atwood u.a. 1978; McLeod u.a. 1974: 153-5; MacKuen 1984: 381-2). Eine dritte

Gruppe von Untersuchungen kam zum Ergebnis, daß das Ausmaß der interpersonalen Kommunikation für das Agenda-Setting durch die Massenmedien unerheblich sei (Iyengar/Kinder 1987: 54-62; Lasorsa/Wanta 1990). Zutreffend resümierte daher eine jüngere Forschungsbilanz: "[R]esearch examining the role of interpersonal communication remains a tangled web of contradictory results." (Wanta/Wu 1992: 847) Für den Priming-Effekt scheint es keine Rolle zu spielen, ob sich Wähler selten oder oft mit anderen über Politik unterhalten (Iyengar/Kinder 1987: 90-7). Das Verständnis von Fernsehnachrichten wird jedoch offenbar durch Gespräche über die Inhalte solcher Sendungen verbessert (Robinson/Levy 1986a). Mit direkten Einflüssen der Medienberichterstattung auf Wahlentscheidungen setzte sich lediglich eine einzige Studie auseinander. Mittels einer nach Gruppen getrennten Analyse zeigte diese Arbeit, daß bei der Präsidentschaftswahl 1968 nur Personen, die nach eigenem Bekunden keinerlei politische Gespräche führten, durch die Presse beeinflußt wurden. Im Gegensatz zu den Befragten, die sich an politischen Gesprächen beteiligten, ließen diese Nicht-Diskutierer eine leichte Tendenz erkennen, für denjenigen Kandidaten zu stimmen, den ihre Tageszeitung durch eine Wahlempfehlung unterstützt hatte (Robinson 1976).

Der Aspekt der inhaltlichen Homogenität oder Heterogenität der interpersonalen Kommunikation wurde nur selten beachtet. Beinstein (1977) interessierte sich für die Frage, inwieweit die Beziehungsdichte von Netzwerken[2] Auswirkungen auf die Bedeutung hat, die Personen Massenmedien als Informationsquelle zuschreiben. Wenn man davon ausgeht, daß die Beziehungsdichte bei Primärbeziehungen höher ist als bei Sekundärbeziehungen (Schenk 1995: 117) und daß Primärbeziehungen zumindest der Tendenz nach durch größere politische Homogenität gekennzeichnet sind (siehe Abschnitt 7.1.3), dann deuten die Ergebnisse darauf hin, daß Massenmedien insbesondere für Personen, die in eher heterogene Netzwerke eingebettet sind, eine wichtige Informationsquelle darstellen. Da dieser Befund hinsichtlich der Medien auf Selbsteinschätzungen und nicht auf genuinen Messungen von Einfluß beruht, ist dies jedoch allenfalls ein schwacher Hinweis auf die behauptete Schutzschirmwirkung homogener Mikroumwelten. Überdies läßt die Datenbasis dieser Studie - eine kleine, nicht-zufällig ausgewählte Stichprobe - zu wünschen übrig.

Als indirekter Hinweis auf die Gültigkeit der Filterthese lassen sich auch Ergebnisse einer Analyse der Stabilität individueller Wahlentscheidungen in Großbritannien und den USA interpretieren (Zuckerman u.a. 1994). Diese Studie ging von der These aus, daß die Einbindung von Wählern in Interaktionsnetze Gleichgesinnter die Stabilität individueller Wahlentscheidungen erhöht. Sie basierte auf national repräsentativen Wählerbefragungen, verwandte jedoch vorwiegend indirekte Maße der politischen und sozialen Einbettung von Individuen. Der Grad der persönlichen Verankerung in politisch homogenen Primärumwelten wurde gemessen durch die wahrgenommenen Parteipräferenzen von Bezugspersonen, aber auch durch Indika-

---

2 Die Dichte ist eine Struktureigenschaft sozialer Netzwerke; sie ist definiert als der Anteil der realisierten Beziehungen an allen potentiell möglichen Beziehungen, die zwischen den Interaktionspartnern einer Person bestehen können (Schenk 1995: 17).

toren wie die Mitgliedschaft in Parteien, Gewerkschaften und Kirchen oder die Partizipation in Wahlkämpfen und Verbandsaktivitäten. Als wesentliches Ergebnis ist festzuhalten, daß solchermaßen verankerte Wähler ein wesentlich stabileres Entscheidungsverhalten an den Tag legten als weniger oder nicht eingebundene Wähler. Die größere Entscheidungsinstabilität dieser schwächer verankerten Wähler interpretierten die Autoren als Ausdruck ihrer Responsivität gegenüber situativen Kurzfristfaktoren in Wahlkämpfen. Dazu kann auch die Berichterstattung der Massenmedien gezählt werden.

Nur eine einzige Untersuchung versuchte bislang, die Filterthese gezielt zu testen, und zwar am Beispiel der Bewertungen der Kandidaten Bush und Dukakis bei der Präsidentschaftswahl 1988 (Lenart 1994). Aber auch diese Arbeit fußte auf einer schmalen Datenbasis (siehe Abschnitte 8.1 und 10.1.1) und stützte sich nur auf indirekte Indikatoren für das Ausmaß der politischen Einheitlichkeit der Primärumwelten der befragten Wähler. Vor dem Hintergrund der Prämisse, daß familiäre Beziehungen durch größere Kongruenz gekennzeichnet seien als außerfamiliäre Beziehungen, wurde die Häufigkeit politischer Diskussionen innerhalb der Familie als Ausdruck der Einbindung in homogene Primärumwelten und die Häufigkeit von Gesprächen mit anderen Personen als Indikator für die Bedeutung heterogener sozialer Netzwerke interpretiert (Lenart 1994: 58). Anhand von Interaktionseffekten wurde deutlich, daß familiäre Konversationen Medieneinflüsse auf Bewertungen des Kandidaten George Bush in positiver Richtung verstärkten, während diese durch Gespräche mit anderen Personen abgeschwächt wurden (Lenart 1994: 85-9). "The relatively homogeneous family was found to reinforce the media effect on candidate preference. The heterogenous other group, however, appears to cross-pressure the individual, hence independently and interactively competing with the media influence." (Lenart 1994: 88) Da diese Arbeit sowohl die Richtung der politischen Präferenzen der Gesprächspartner als auch deren Konsistenz mit der Bewertungstendenz der Medienbotschaften unbeachtet ließ, ist diese Verallgemeinerung jedoch problematisch. Nur wenn alle familiären Kontexte Bush favorisiert hätten, ließe sich dieser Befund eindeutig als Bestätigung der Verstärkerwirkung homogener Primärumwelten interpretieren.

Der Forschungsstand zur Filterthese ist somit insgesamt ausgesprochen unbefriedigend. Eindeutige Befunde auf solider methodischer Grundlage liegen nicht vor. Im folgenden soll daher der Versuch unternommen werden, die Filterthese einem direkten Test zu unterziehen. Dabei ist zu prüfen, ob und auf welche Weise die Einflüsse der Massenkommunikation auf die Entscheidungen der Wähler, die in Kapitel 9 aufgedeckt und im einzelnen diskutiert wurden, in Abhängigkeit von der politischen Struktur der Primärumwelten der Medienrezipienten variierten.

10.2.2.2 Zur politischen Zusammensetzung von Primärumwelten

Abweichend von allen existierenden Arbeiten soll bei den nachfolgenden Analysen nicht mit indirekten Meßverfahren gearbeitet werden. Statt dessen wird auf der Grundlage der Befunde über die politischen Präferenzen der Diskutanten der Wähler ermittelt, wie die ego-zentrierten Netzwerke der Wähler in den fünf untersuchten Gesellschaften tatsächlich politisch zusammengesetzt waren. Anders als bei den in allen bisherigen Kapiteln präsentierten Analysen der interpersonalen Kommunikation müssen dabei die Primärumwelten der einzelnen Wähler als Gesamtheiten ins Visier genommen werden (Lenart 1994: 43-4). Die Analysen der früheren Kapitel konzentrierten sich im wesentlichen auf die "relationalen Merkmale" dyadischer Beziehungen, d.h. auf die Charakteristika der Beziehungen zwischen den Wählern und jeder ihrer verschiedenen Kontaktpersonen. Im folgenden geht es hingegen nicht mehr um die Relationen zwischen Wählern und einzelnen Diskutanten, sondern um "strukturelle Merkmale" gesamter Netzwerke (Schenk 1995: 97-9; Knoke 1990b: 7-11).

Zu beachten ist, daß dadurch keineswegs die Analyseebene gewechselt wird. Untersuchungseinheit bleibt der individuelle Wähler. Für die Filterthese ist jedoch nicht unmittelbar von Belang, welche Merkmale einzelne Partner aufweisen, mit denen ein Wähler Beziehungen unterhält, und welche Eigenschaften jedes dieser Beziehungspaare kennzeichnen. Von Bedeutung ist vielmehr, wie die Primärumwelt, welche durch alle Interaktionspartner eines Individuums gemeinsam konstituiert wird, in ihrer Gesamtheit beschaffen ist. Dabei sind insbesondere zwei Merkmale wichtig. Wesentlich ist zunächst, ob sich ein Wähler überhaupt mit anderen Personen über politische Themen austauscht oder nicht. Falls dies der Fall ist, kommt es entscheidend darauf an, ob die politischen Standpunkte, mit denen der Wähler bei diesen Gesprächen konfrontiert wird, homogen oder heterogen sind (Lenart 1994: 43). Es muß also für jeden Wähler festgestellt werden, ob alle Personen, mit denen er kommunizierte, dieselbe Partei oder denselben Kandidaten präferierten, oder ob es in den ego-zentrierten Netzwerken Personen gab, die verschiedene Wettbewerber unterstützten. Und selbstverständlich ist auch wichtig, was frühere Arbeiten zum Teil zu wenig beachtet haben: welche Parteien und Kandidaten die homogenen Primärumwelten unterstützt haben und inwieweit sie damit im Einklang oder im Widerspruch zur Bewertungstendenz der Informationen standen, die von den Massenmedien vermittelt wurden.

10 Zum Verhältnis von interpersonaler Kommunikation und Massenkommunikation

Tabelle 10-3: *Politische Zusammensetzung der ego-zentrierten Netzwerke (in Prozent)*

Westdeutschland		CDU/CSU	SPD	FDP	Grüne
Nicht-Diskutierer	24.7				
Neutral[1]	18.2				
Homogen[2]	37.1				
- davon pro		15.7	16.8	0.8	3.0
Heterogen[3]	20.0				
- davon auch pro		14.7	15.4	4.7	6,5
(N)	(1238)				
Ostdeutschland		CDU	SPD	FDP	B90/Grüne
Nicht-Diskutierer	22.2				
Neutral	17.0				
Homogen	37.4				
- davon pro		22.6	8.7	1.5	2.4
Heterogen	23.3				
- davon auch pro		16.7	15.4	4.8	6.6
(N)	(663)				
Großbritannien		Conservatives	Labour		Liberal Democrats
Nicht-Diskutierer	35.5				
Neutral	3.4				
Homogen	37.8				
- davon pro		21.0	12.7		3.4
Heterogen	23.3				
- davon auch pro		17.7	16.0		12.0
(N)	(2650)				
Spanien		PSOE	PP		IU
Nicht-Diskutierer	21.0				
Neutral	20.4				
Homogen	49.5				
- davon pro		22.9	15.8		4.7
Heterogen	9.1				
- davon auch pro		6.2	4.9		3.3
(N)	(1374)				
USA		Clinton	Bush		Perot
Nicht-Diskutierer	6.8				
Neutral	4.0				
Homogen	45.0				
- davon pro		21.6	18.2		5.2
Heterogen	44.3				
- davon auch pro		36.8	34.9		24.9
(N)	(1314)				

1   Alle Diskutanten sind entweder Nichtwähler oder haben eine politische Präferenz, die dem Befragten nicht bekannt ist.
2   Alle Diskutanten, deren Partei- bzw. Kandidatenpräferenz den Befragten bekannt ist, unterstützen dieselbe Partei bzw. denselben Kandidaten, u.U. auch in Kombination mit neutralen Diskutanten.
3   Mindestens zwei Diskutanten, deren Partei- bzw. Kandidatenpräferenzen bekannt ist, unterstützen unterschiedliche Parteien bzw. Kandidaten, u.U. auch in Kombination mit neutralen Diskutanten.

Tabelle 10-3 vermittelt einen Eindruck von der politischen Beschaffenheit der Primärumwelten der Wähler in jeder der fünf untersuchten Gesellschaften. Eine wichtige Kategorie sind die Nicht-Diskutierer, d.h. diejenigen Wähler, die nach eigenem Bekunden entweder überhaupt keine Kontakte zu anderen Personen hatten oder sich zumindest mit keinem ihrer Kontaktpartner über Politik unterhielten. Die Größenordnungen der Anteile der Nicht-Diskutierer unter allen Wählern sind bereits aus Tabelle 6-5 bekannt. Sie lagen in Großbritannien bei einem guten Drittel aller Wähler, in West- und Ostdeutschland und in Spanien bewegten sie sich im Bereich zwischen einem Viertel und einem Fünftel der Wähler. In den USA fielen nur knapp sieben Prozent der Befragten in diese Kategorie. Aufgrund der uneinheitlichen Erhebungsverfahren für die ego-zentrierten Netzwerke ist die komparative Aussagekraft dieser Werte beschränkt (siehe Abschnitt 6.1.1). Sehr unterschiedlich waren jedoch auf alle Fälle die Anteile der Wähler, die zwar mit anderen Personen politische Gespräche führten, dabei jedoch keine eindeutigen politischen Signale empfingen, so daß ihre Netzwerke als neutral einzustufen sind. Das hat sich bereits bei den Analysen der Dyaden im Abschnitt 7.1.1 angedeutet. Wie sich nun zeigt, ergibt sich als Konsequenz hieraus, daß rund ein Fünftel der deutschen und der spanischen Wähler ausschließlich mit parteipolitisch neutralen Diskutanten Gespräche führten. In Großbritannien und den USA diskutierten hingegen nicht mehr als fünf Prozent der Wähler nur mit Personen, von denen sie keine klaren politischen Signale empfingen.

Wie schon mehrfach betont, stellt die große Homogenität der Primärumwelten von Wählern eine Art stehendes Thema in der Analyse sozialer Netzwerke dar (Berelson u.a. 1954; Rogers/Bhowmik 1970; Schenk 1995; siehe Abschnitte 3.4.1.1 und 7.1.3). Unter denjenigen Wählern, die aus ihren Primärumwelten politische Informationen einer identifizierbaren Tendenz rezipierten, überwogen in der Tat in allen Gesellschaften diejenigen, die ausschließlich mit Stellungnahmen ein und derselben Richtung konfrontiert wurden. In Westdeutschland, Ostdeutschland und Großbritannien waren fast zwei Drittel aller nicht-neutralen Netzwerke homogen. In Spanien überwog der Anteil parteipolitisch einseitiger Primärumwelten den Anteil der heterogenen Netzwerke sogar um mehr als das Fünffache. Lediglich in den USA gab es nur geringfügig weniger Netzwerke, die hinsichtlich der Kandidatenpräferenzen ihrer Mitglieder gespalten waren, als Mikrokontexte, deren Mitglieder Anhänger desselben Kandidaten waren. Hervorhebenswert ist gleichzeitig aber auch, daß die Anteile der Wähler, die in homogene Primärumwelten eingebunden waren, in allen Gesellschaften unterhalb von 50 Prozent lagen. In ein politisch einförmiges Kommunikationsnetzwerk integriert zu sein, war also keineswegs eine Selbstverständlichkeit. In allen Gesellschaften diskutierte die Mehrzahl der Wähler entweder überhaupt nicht über Politik oder aber nur mit Personen ohne erkennbare Präferenzen bzw. mit unterschiedlichen Präferenzen.

Schaubild 10-4: Anteile politisch einseitiger und mehrseitiger Netzwerke nach Größe der Netzwerke (in Prozent)

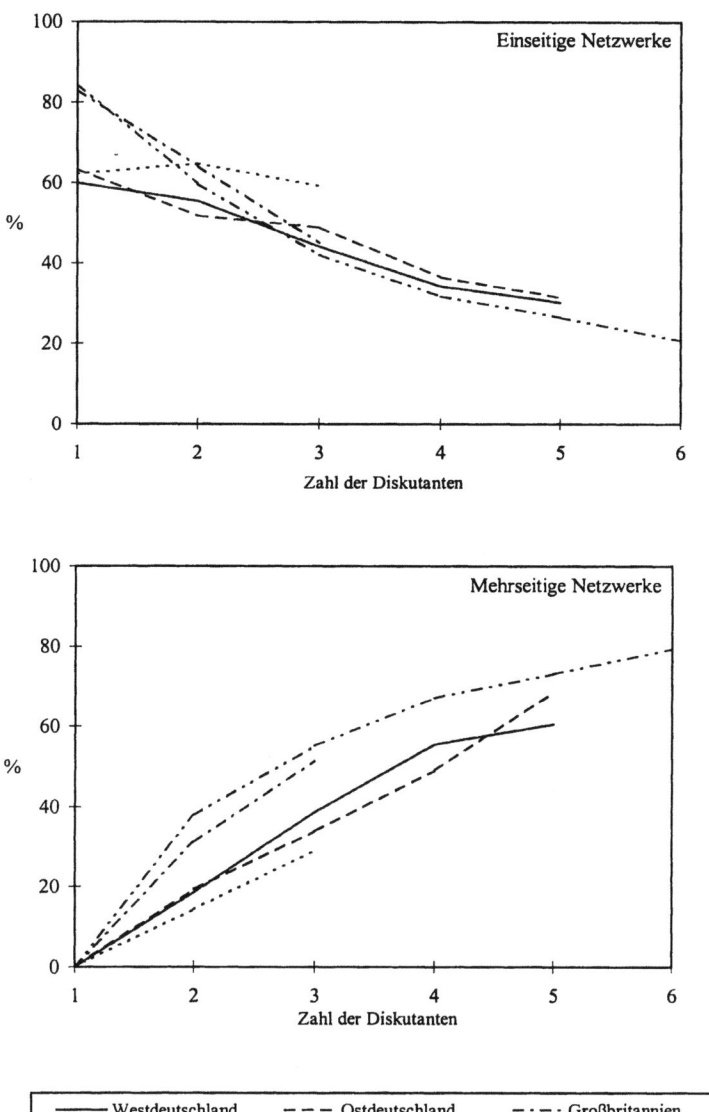

Zu beachten ist auch, daß die Primärumwelten der Wähler um so häufiger politisch heterogen waren, je mehr Mitglieder sie umfaßten (Schaubild 10-4). Einen ähnlichen Zusammenhang fand Schenk im Hinblick auf die Geschlossenheit und subjektiv empfundene Harmonie innerhalb persönlicher Kontaktkreise sowie ihre Homogenität im Hinblick auf soziodemographische Merkmale (Schenk 1995: 116-8). Netzwerke, die nur einen einzigen Diskutanten enthielten, konnten zwangsläufig nur neutral oder einseitig, nicht jedoch mehrseitig sein. Mit wachsender Netzwerkgröße erhöhten sich jedoch in allen Gesellschaften nahezu linear die Anteile der Primärumwelten, deren Mitglieder nicht alle denselben Wahlbewerber unterstützten. Bei denjenigen west- und ostdeutschen Wählern, die mit fünf Personen politische Gespräche führten, enthielten diese Netzwerke in rund zwei von drei Fällen mindestens eine Person, die eine andere Partei als die sonstigen Diskutanten präferierte. In den USA lag der Anteil mehrseitiger Netzwerke bei denjenigen Diskutantenkreisen, die fünf Partner umfaßten, sogar noch etwas höher. Wurde in den USA die dort maximal mögliche Zahl von sechs Diskutanten erreicht, so lag die Wahrscheinlichkeit, daß nicht alle von ihnen denselben Kandidaten präferierten, bei fast 80 Prozent. In den USA und Großbritannien überwog der Anteil heterogener Netzwerke schon bei einer Netzwerkgröße von drei Diskutanten den Anteil der homogenen Netzwerke, in West- und Ostdeutschland waren die homogenen Netzwerke ab vier Mitgliedern in der Minderzahl. Lediglich in Spanien waren die Primärumwelten stets überwiegend homogen.[3]

Wenn es zutrifft, daß Primärumwelten, die einhellig eine bestimmte Partei bzw. einen bestimmten Kandidaten unterstützen, eine Barriere gegen negative und einen Verstärker für positive Einflüsse der Massenkommunikation auf die Wahl dieser politischen Akteure konstituieren, dann ist die Frage von Interesse, welche Parteien und Kandidaten im allgemeinen die besten Aussichten haben, aus diesem Mechanismus Vorteile zu ziehen. Tabelle 10-3 weist auch aus, wie die homogenen Netzwerke im Hinblick auf die Präferenzen ihrer Mitglieder zusammengesetzt waren. Zum Vergleich ist auch für alle Parteien und Kandidaten dokumentiert, in wievielen heterogenen Netzwerken sie mindestens einen Sympathisanten hatten. Wie an früherer Stelle herausgearbeitet, kamen nur relativ wenige Wähler mit einem Diskutanten in Kontakt, der einen Wahlbewerber unterstützte, welcher insgesamt nur über eine

---

3   Es sei darauf hingewiesen, daß diese Länderunterschiede in den relativen Anteilen homogener und heterogener Netzwerke teilweise, jedoch keineswegs zur Gänze ein Produkt der uneinheitlichen Erhebungsmodalitäten in den verschiedenen Ländern darstellen, in denen Daten über unterschiedlich viele Diskutanten gesammelt wurde (vgl. Abschnitt 6.1.1). Als Folge wird in Spanien und Großbritannien, den Ländern, in denen nur Angaben über höchstens drei Kontaktpartner gesammelt wurden, der Grad der Homogenität der Primärumwelten im Vergleich zu den anderen Ländern überschätzt. Eine genauere Analyse, welche nach der Zahl der Diskutanten kontrolliert, die genannt werden konnten, zeigt indessen, daß der Eindruck einer sehr großen Homogenität der persönlichen Kontaktkreise der spanischen Wähler durchaus nicht inadäquat ist. Die relative Bedeutung homogener Primärumwelten war in Spanien tatsächlich weitaus größer als in jeder der anderen Gesellschaften. Vergleichsweise gering war das relative Gewicht politisch einseitiger Netzwerke demgegenüber nicht allein in den USA, sondern in beiden angelsächsischen Demokratien.

eher geringe Zahl von Anhängern verfügte (siehe Abschnitt 7.1.2). Diese Gesetzmäßigkeit spiegelt sich auch in den Verteilungen von Tabelle 10-3, und zwar in doppelter Weise. Nicht nur waren die strukturellen Chancen von Minderheitenparteien und -kandidaten geringer, überhaupt zusätzliche Wähler über interpersonale Kanäle zu erreichen. Sofern ein solcher Kontakt zustande kam, war vielmehr überdies auch die Chance wesentlich geringer als bei Parteien und Kandidaten mit breiterer Wählerbasis, daß dies im Rahmen eines homogenen und nicht eines heterogenen Kontaktkreises geschah. Je geringer die Unterstützung einer Partei oder eines Kandidaten in der Wählerschaft, desto seltener kam es vor, daß ein Wähler ausnahmslos mit Personen kommunizierte, welche diesen Wettbewerber unterstützten.

Weniger als ein Prozent aller westdeutschen Wähler diskutierte beispielsweise ausschließlich mit Anhängern der FDP. Fünfmal größer war der Anteil inhomogener Netzwerke, in denen unter anderem auch FDP-Sympathisanten zu finden waren. Von den - insgesamt wenigen - Primärumwelten, zu denen FDP-Anhänger gehörten, waren mithin weniger als ein Sechstel homogen und rund 85 Prozent heterogen. Tendenziell in dieselbe Richtung, jedoch weniger scharf ausgeprägt, weist auch das Muster, das im Hinblick auf die Grünen sichtbar wird. Ganz anders verhielt es sich jedoch bei den großen Parteien CDU/CSU und SPD: Mit Diskutanten, die sich für eine dieser Parteien aussprachen, kamen immerhin jeweils fast ein Drittel aller Wähler ins Gespräch. Überdies waren die Mikrokontexte, zu denen diese Diskutanten gehörten, öfter homogen als heterogen. Das bedeutet: Wenn die Filterthese zutrifft, dann konnte das Einflußpotential von Nachrichten, die für die FDP negativ waren, nur in einem extrem kleinen Wählersegment durch die interpersonale Kommunikation blockiert werden, weil es selbst in den wenigen Netzwerken, in denen pro-FDP-Stimmen zu vernehmen waren, zumeist auch Anhänger anderer Parteien gab. Im Hinblick auf die Einflüsse positiver Nachrichten galt mit umgekehrtem Vorzeichen dasselbe. Weitaus mehr Wähler wurden demgegenüber über interpersonale Kanäle durch Informationen erreicht, welche eine der großen Parteien begünstigten; und von diesen Wählern wurde überdies auch jeweils ein sehr viel größerer Anteil als bei den kleinen Parteien *nur* mit solchen günstigen Informationen konfrontiert. Insgesamt ist also zu schließen: Wenn die Filterthese richtig ist, dann wird dadurch die strukturelle Benachteiligung von Wettbewerbern mit geringer Wählerunterstützung zusätzlich potenziert (siehe auch Abschnitt 8.6).

Bei den bisherigen Analysen stand unter anderem stets auch die Frage im Vordergrund, welche Bedeutung Unterschiede der Wähler im Hinblick auf ihre individuelle politische Involvierung für politische Einflüsse durch die interpersonale Kommunikation und die Massenkommunikation hatten. Dieses Problem erneut aufgreifend, demonstriert Tabelle 10-4, daß die politische Involvierung auch Konsequenzen für die Zusammensetzung der Diskutantenkreise von Wählern hatte. Das betraf weniger die Bedeutung neutraler Primärumwelten. Deren Anteil war lediglich in Ostdeutschland und den USA bei den Novizen geringfügig höher als bei den Experten. Deutlicher waren die Unterschiede im Hinblick auf das relative Gewicht homogener und heterogener Primärumwelten. Schenk fand in seiner westdeutschen Regionalstudie, daß die Netzwerke höher gebildeter Personen weniger harmonisch und soziodemographisch vielfältiger waren als die Netzwerke von Personen mit geringerem Bildungsniveau (Schenk 1995: 106-49). Ein analoger Unterschied nach politischer Involvierung läßt sich im Hinblick auf die Homogenität bzw. Heterogenität der Parteipräferenzen der Diskutanten zwar in Westdeutschland nicht ausmachen. In Großbritannien, Spanien und den USA waren die Anteile einseitiger Netzwerke jedoch bei den Novizen höher als bei den Experten. Korrespondierend dazu waren überall außer in Westdeutschland die Anteile der Wähler mit heterogenen Primärumwelten bei den Experten erheblich größer als bei den Novizen. Bei den amerikanischen Experten, nicht jedoch bei den Novizen, überwogen sogar sehr deutlich die mehrseitigen Netzwerke die einseitigen Netzwerke. Zum Teil, jedoch keineswegs ausschließlich war die größere Heterogenität der Primärumwelten der Experten darauf zurückzuführen, daß diese im Schnitt mit mehr Personen politische Gespräche führten als die Novizen. Trifft die Filterthese zu, dann ist möglicherweise die größere Bedeutung homogener Netzwerke bei den geringer involvierten Wählern in zumindest drei der untersuchten Gesellschaften eine der Ursachen dafür, daß Medieneinflüsse stärker bei den Experten als bei den Novizen zum Tragen kamen (siehe Abschnitt 9.3).

Tabelle 10-4: Politische Zusammensetzung der ego-zentrierten Netzwerke nach politischer Involvierung (in Prozent)

	West-deutschland		Ost-deutschland		Groß-britannien		Spanien		USA	
	Nov.	Exp.	Nov.	Exp.	Nov.	Exp.	Nov.	Exp.	Nov.	Exp.
Neutral	24.2	24.1	25.4	18.6	5.9	4.8	25.5	26.1	6.8	1.5
Homogen	48.4	50.0	48.8	47.3	64.8	54.3	67.1	58.5	53.7	42.3
Heterogen	27.4	25.9	25.8	34.1	29.3	40.9	7.4	15.4	39.5	56.2
(N)	(430)	(502)	(252)	(264)	(697)	(1014)	(502)	(573)	(643)	(582)

Tabelle 10-5 zeigt am Beispiel der Parteiidentifikation, daß die Zusammensetzung der persönlichen Kontaktkreise auch nach den politischen Prädispositionen der Wähler variierte. Neutrale Primärumwelten traten vor allem bei Wählern auf, die sich nicht mit einer politischen Partei identifizierten. Parteigebundene Wähler nahmen sehr viel häufiger bei ihren politischen Gesprächspartnern Präferenzen für bestimmte Parteien oder Kandidaten wahr. Ferner war die relative Bedeutung homogener Netzwerke bei den ungebundenen Wählern etwas geringer als bei den Parteiloyalisten. Trifft die Filterthese zu, so waren infolgedessen ungebundene Wähler nicht nur wegen ihrer schwächeren oder fehlenden Prädispositionen, sondern auch aufgrund ihrer geringeren Einbindung in homogene Kontaktzirkel insgesamt durch die Massenkommunikation eher beeinflußbar.

Tabelle 10-5: *Politische Zusammensetzung der ego-zentrierten Netzwerke nach Parteiidentifikation (in Prozent)*

Westdeutschland	Identifikation mit ...				keine Parteiiden-tifikation
	CDU/CSU	SPD	FDP	Grünen	
Neutral	17.7	15.0	20.7	7.7	38.8
Homogen	55.1	60.7	37.9	53.8	34.3
- davon konkordant	50.2	53.2	24.1	34.6	-
Heterogen	27.2	24.2	41.4	38.5	26.8
- davon partiell konkordant	25.7	22.9	31.0	30.8	-
(N)	(265)	(293)	(29)	(52)	(242)
Großbritannien	Identifikation mit ...				keine Parteiiden-tifikation
	Conservatives	Labour	Liberal Democrats		
Neutral	3.9	2.4	3.4		27.4
Homogen	64.2	60.3	43.0		50.4
- davon konkordant	58.5	53.7	20.4		-
Heterogen	31.9	37.8	53.6		22.2
- davon partiell konkordant	30.4	32.8	43.4		-
(N)	(819)	(484)	(235)		(113)
Spanien	Identifikation mit ...				keine Parteiiden-tifikation
	PSOE	PP	IU		
Neutral	12.8	19.8	23.8		31.2
Homogen	74.4	67.2	54.8		58.8
- davon konkordant	63.0	57.7	40.5		-
Heterogen	12.8	12.9	21.4		10.0
- davon partiell konkordant	11.8	12.9	14.3		-
(N)	(211)	(116)	(42)		(641)
USA	Identifikation mit ...				keine Parteiidentifikation
	Demokraten	Republikanern			
Neutral	1.9	2.5			7.5
Homogen	52.4	43.8			48.6
- davon konkordant	44.8	34.9			-
Heterogen	45.6	53.7			43.8
- davon partiell konkordant	43.7	49.1			-
(N)	(366)	(393)			(463)

Wir hatten bereits an früherer Stelle gesehen, daß unter den Diskutanten parteigebundener Wähler solche mit konkordanten - also den Parteibindungen entsprechenden - Präferenzen ein klares Übergewicht hatten (Tabellen 7-4 und 7-5). Das hatte natürlich auch Implikationen für die Gesamtstruktur der Netzwerke. Die meisten Primärumwelten parteigebundener Wähler enthielten Diskutanten mit konkordanten Orientierungen. Hervorhebung verdient jedoch, daß selbst diejenigen Wähler, die sich mit politischen Parteien identifizierten, zu durchaus erheblichen Anteilen *auch* mit Andersgesinnten interagierten. Substantielle Anteile ihrer Primärumwelten - bis zu einer Größenordnung von 50 Prozent und mehr - waren parteipolitisch heterogen, wenngleich zumeist unter Beimischung auch konkordanter Partner. Am größten war die Bedeutung parteipolitisch mehrseitiger Netzwerke bei den Anhängern kleinerer Parteien. Überdies setzten sich selbst homogene Primärumwelten von Parteiloyalisten keineswegs immer aus konkordanten Partnern zusammen. Beispielsweise waren in Westdeutschland 55 Prozent der Diskutantenkreise von CDU/CSU-Anhängern parteipolitisch homogen. Aber nur 50 Prozent davon favorisierten die Union, während sich die restlichen fünf Prozent aus Sympathisanten anderer Parteien zusammensetzten. Auch die relative Bedeutung solcher homogen diskordanten Netzwerke wuchs mit abnehmender Parteigröße. So waren von den Anhängern der Grünen zwar ebenfalls über 50 Prozent in homogene Primärumwelten eingebunden. Aber ein gutes Drittel dieser homogenen Primärumwelten bestand aus Personen, die nicht die Grünen, sondern eine andere Partei unterstützten.

10.2.2.3 Analysen

Im folgenden Abschnitt geht es nun darum, die Filterthese zu testen. Es wird geprüft, ob und wie die Einflüsse der Massenkommunikation, die im Abschnitt 9.2.2 aufgedeckt wurden, mit der Struktur der Primärumwelten ihrer Rezipienten interagierten. Kleinparteien werden bei dieser Analyse sowohl aus substantiellen als auch aus methodischen Gründen außer acht gelassen. Der substanzwissenschaftliche Grund ist, daß die postulierten Filtereffekte bei Kleinparteien aufgrund der Seltenheit homogener Primärumwelten, die solche Parteien favorisierten, allenfalls von marginaler Bedeutung sein konnten. Überdies stellen sich durch die geringe Anzahl der Befragten, die nur mit Anhängern von Kleinparteien diskutierten, unlösbare Fallzahlenprobleme.

Die Filterthese fokussiert auf unterschiedliche Aspekte der Primärumwelten. Tabelle 10-6 veranschaulicht die damit verbundenen Erwartungen. Von entscheidender Bedeutung ist, ob Wähler in homogene Netzwerke eingebettet sind oder nicht und ob die von den Diskutanten vertretenen Standpunkte mit der politischen Tendenz der Medienberichterstattung konsistent sind oder nicht. Je nach Konsistenz oder Inkonsistenz medienvermittelter Überzeugungsbotschaften mit den politischen Präferenzen der Mitglieder homogener Diskutantenkreise verstärken oder dämpfen diese die Einflüsse dieser Informationen auf die Entscheidungen für oder gegen die Parteien, auf welche sich diese Botschaften beziehen - so lautet die Annahme. Wenn die von einem Wähler rezipierten Überzeugungsbotschaften eines Mediums eine Partei oder einen Kandidaten begünstigen, der von allen Gesprächspartnern dieses Wählers gleichermaßen favorisiert wird, dann werden sie durch interpersonale Anschlußkommunikation auf jeden Fall bekräftigt und infolgedessen eher akzeptiert. Daher erhöht sich die Wahrscheinlichkeit, daß sich dieser Wähler für den betreffenden Wahlbewerber entscheidet. Unter der Bedingung heterogener Mikrokontexte hängt es hingegen von den wechselnden Präferenzen der Diskutanten ab, mit denen die

Medienbotschaften jeweils erörtert werden, ob diese eher akzeptiert oder eher nicht akzeptiert werden. Es besteht also eine mittlere, die anteilige parteipolitische Zusammensetzung der Primärumwelt reflektierende Wahrscheinlichkeit, daß diese Informationen sich in Einfluß umsetzen. Wenn die Massenkommunikation einem Wähler hingegen Überzeugungsbotschaften vermittelt, die mit den konsensuellen Orientierungen seiner Diskutanten inkongruent sind, wird jeder von ihnen dem Wähler unzweifelhaft klarmachen, daß die Informationen nicht akzeptabel sind. Die Informationen werden aus diesem Grund eher nicht als Erwägungen verinnerlicht und können dann auch keine Wahlentscheidungen beeinflussen. Das Einflußpotential dieser Informationen wird also ganz oder überwiegend abgeblockt. Medieneinflüsse sollten sich daher bei Wählern, die in homogene Umfelder eingebettet sind, deren Präferenzen mit den Medienbotschaften nicht im Einklang stehen, gar nicht oder zumindest nur schwächer als bei anderen Wählern einstellen. Von Medienbotschaften, die dem Konsens homogener Primärumwelten entsprechen, sollten hingegen besonders starke Einflüsse ausgehen.

Tabelle 10-6: Erwartete Stärken politischer Medieneinflüsse in Abhängigkeit von der Zusammensetzung von Primärumwelten

Tendenz medienvermittelter Informationen über Partei oder Kandidat A	Zusammensetzung von Primärumwelten bezüglich Partei oder Kandidat A	
	Homogen pro	Nicht homogen pro (Nicht-Diskutierer, neutrale, heterogene und homogen entgegengerichtete Primärumwelten)
Pro	Sehr starker positiver Einfluß	Mittelstarker positiver Einfluß
Contra	Geringer negativer Einfluß	Mittelstarker negativer Einfluß

Neben Wählern, deren Primärumwelten politisch heterogen sind, werden ausdrücklich auch diejenigen Wähler, die überhaupt keine politischen Gespräche führen, von Varianten der Filterthese thematisiert. Diese Nicht-Diskutierer verzichten darauf, Medienbotschaften Realitätstests im Rahmen ihrer persönlichen Kontaktkreise zu unterziehen. Bei ihnen sollten Medieneinflüsse positiver Richtung weniger markant - da nicht verstärkt -, solche negativer Richtung hingegen stärker - da nicht gedämpft - zum Tragen kommen als bei Wählern, die in konsistent homogene Primärumwelten eingebunden sind. Mit anderen Worten: Es werden ähnliche Effekte erwartet wie bei Wählern, die mit Personen uneinheitlicher Präferenzen diskutieren. Dieselbe Überlegung kann man auch für die Wähler geltend machen, deren Diskutantenkreise politisch neutral sind. Diese drei Typen von Wählern werden deswegen bei den nachfolgend präsentierten Analysen zusammengefaßt. Um die Modellschätzungen zu vereinfachen, werden überdies bei der Betrachtung der einzelnen Wahlentscheidungen diejenigen Wähler, deren Netzwerke ausschließlich aus Diskutanten bestehen, die homogen eine andere Partei bzw. einen anderen Kandidaten unterstützen als denjenigen, dessen Wahl gerade untersucht wird, ebenfalls dieser Kategorie zugeschlagen. Sie ist damit als Sammelkategorie all derjenigen Wähler zu verstehen, die nicht in Primärumwelten eingebunden sind, welche homogen den Wettbewerber favorisieren, auf den die Analyse fokussiert.

Tabelle 10-7: *Mediennutzung und Wahlentscheidungen nach Zusammensetzung der Primärumwelten (EXP(B))*

				ΔKPR^2
West-deutschland	CDU/CSU (N = 836)	Keine homogene Primärumwelt (PU)	1.92^{-1}	.080**
		Regionalpresse	1.02	
		Regionalpresse | PI CDU/CSU	1.07^{-1}	
		Reg.presse | PI CDU/CSU | keine homogene PU	1.49*	
		'Spiegel'/'Zeit'	1.17^{-1}	
		'Spiegel'/'Zeit' | PI CDU/CSU	1.63^{-1}**	
		ARD-Nachrichten	1.39**	
		ARD-Nachrichten | keine homogene PU	1.30^{-1}*	
	SPD (N = 818)	Keine homogene Primärumwelt (PU)	6.10^{-1}**	.047**
		'Bild'	1.13^+	
		'Spiegel'/'Zeit'	1.04^{-1}	
		'Spiegel'/'Zeit' | PI SPD	1.56^{-1}**	
Ost-deutschland	CDU (N = 441)	Keine homogene Primärumwelt (PU)	3.46^{-1}**	.053**
		DFF-Nachrichten	1.13^{-1}**	
		DFF-Magazine	1.10^+	
Groß-britannien	Conservatives (N = 1945)	Keine homogene Primärumwelt (PU)	2.35^{-1}**	.021**
		'Independent'	1.36*	
		'Daily Express'	1.27*	
		'Daily Mail'	1.50**	
		'Today'	1.41^{-1}*	
		'Sun'	1.24**	
		'Daily Mirror'	1.15^{-1+}	
	Labour (N = 2379)	Keine homogene Primärumwelt (PU)	1.02	.014**
		'Daily Telegraph'	1.35^{-1}	
		'Daily Express'	1.29^{-1}*	
		'Daily Mail'	1.31^{-1}**	
		Regionalpresse	1.18^{-1+}	
		'Sun'	1.12^{-1+}	
		'Daily Mirror'	1.12*	
		ITN-Nachrichten	1.47**	
		ITN-Nachrichten | keine homogene PU	1.33^{-1}*	
Spanien	PSOE (N = 930)	Keine homogene Primärumwelt (PU)	10.89^{-1}**	.105**
		'El Mundo'	1.60^{-1}**	
		'Vanguardia'	1.37^{-1}*	
		Regionalpresse	1.30^{-1}**	
		Regionalpresse | keine homogene PU	1.19^+	
		Nachrichtenmagazine	3.09^+	
		TVE-Nachrichten	1.24*	
		TVE-Nachrichten | keine homogene PU	1.19^{-1+}	
		Canal+-Nachrichten	1.28*	
	PP (N = 967)	Keine homogene Primärumwelt (PU)	21.93^{-1}**	.082**
		'ABC'	1.60^+	
		Antena 3-Nachrichten	1.07^+	

USA	Clinton (N = 943)	Keine homogene Primärumwelt (PU)	28.65^{-1}**	.065**
		Nachrichtenmagazine	1.18$^+$	
		Nationale Fernsehnachrichten	1.09$^+$	
		Fernsehmagazine	1.39**	
		Talkshows	2.61^{-1}**	
		Talkshows | keine homogene PU	2.37**	
	Bush (N = 959)	Keine homogene Primärumwelt (PU)	34.96^{-1}**	.087**
		Zeitungen mittl. Informationsqualität	1.01^{-1}	
		Zeitgn. mittl. Info.qualität | PI Demokr.	1.21*	
		Fernsehmagazine	2.28^{-1}*	
		Fernsehmagazine | keine homogene PU	1.81$^+$	
	Perot (N = 943)	Keine homogene Primärumwelt (PU)	10.21^{-1}**	.066**
		Zeitungen mittl. Informationsqualität	1.08^{-1}*	
		Zeitungen mittl. Info.qualität | PI Rep.	1.14*	
		Nationale Fernsehnachrichten	1.14^{-1}**	
		Talkshows	1.24*	

** P<.01, * P<.05, $^+$ P<.10

Anmerkung: Effektkoeffizienten für Konstanten und Prädispositionen sowie für insignifikante Indices der Intensität der Mediennutzung nicht wiedergegeben. Die angegebenen Werte für die Modellanpassung beziehen sich auf sämtliche Indices der Intensität der Mediennutzung einschließlich derjenigen, die in der Tabelle nicht ausgewiesen sind.

Die im folgenden gewählte Vorgehensweise entspricht der Analyselogik, welche im Abschnitt 9.2.2 auf das Resistenz-Axiom angewandt wurde. Ausgehend von den in diesem Abschnitt entwickelten Modellen wurde zunächst auf induktivem Wege für alle Medien, die sich in diesen Analysen als politisch einflußreich erwiesen hatten, geprüft, ob sich signifikante Interaktionsterme für Netzwerkstruktur und Mediennutzung finden ließen. Da die multiplikative Spezifikation von Interaktionseffekten automatisch zu einem hohen Grad an Multikollinearität führt, wurde bei den auf diesem Wege inkrementell aufgebauten Modellen eine weniger anspruchsvolle inferenzstatistische Hürde zugrunde gelegt, ab der Effekte als relevant erachtet wurden. Stets wurde schon bei einem Signifikanzniveau von P < .10 davon ausgegangen, daß ein gefundener Effekt substantiell ist. Signifikante Interaktionen manifestierten sich - vermutlich nicht zuletzt aus Fallzahlengründen - ausschließlich für reichweitenstärkere Medien, d.h. vor allem für Angebote des Fernsehens (Nachrichten von ARD, ITN und TVE sowie Fernsehmagazine und Talkshows in den USA) und für die Regionalpresse (in Westdeutschland und Spanien). Besonders komplex war offenbar der Wirkungsmechanismus der westdeutschen Regionalpresse. Tabelle 10-7 enthält alle für die hier untersuchte Fragestellung unmittelbar relevanten Koeffizienten (unstandardisierte Effektkoeffizienten). Sie beziehen sich auf die Haupteffekte der Struktur der Primärumwelten sowie auf die anhand des genannten inferenzstatistischen Kriteriums als relevant erachteten Medieneinflüsse, zum Teil spezifiziert durch Interaktionseffekte.

Schaubild 10-5: **Einflüsse der ARD-Nachrichten auf die Wahl der CDU/CSU in Westdeutschland nach Zusammensetzung der Primärumwelten**

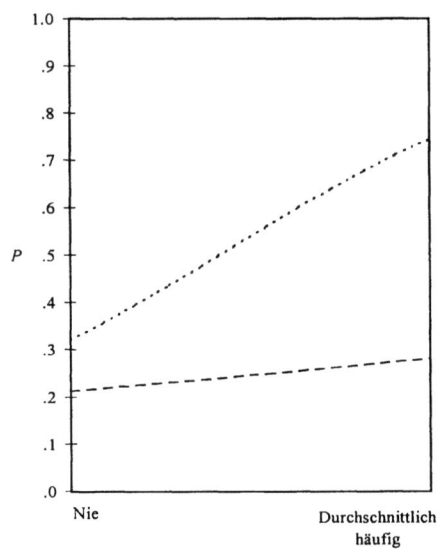

Diese wenig anschaulichen Koeffizienten sollen hier nicht näher diskutiert werden. Um einen Eindruck von der Moderatorwirkung der Primärumwelten für Medieneinflüsse zu gewinnen, wird statt dessen im folgenden, analog der Vorgehensweise in Abschnitt 9.4, auf die geschätzten Wahrscheinlichkeiten der Wahl der verschiedenen Parteien zurückgegriffen, die als direktes Maß für die Stärke der Einflüsse interpretierbar sind. Berücksichtigt werden dabei alle Medien, die laut Tabelle 10-7 signifikante Effekte auf Wahlentscheidungen erkennen ließen. Einige spanische Medien, die im Abschnitt 9.2.2 als einflußreich identifiziert wurden, erreichten aufgrund der geänderten Modellspezifikation nicht die kritische Signifikanzschwelle und bleiben daher hier unbeachtet. Dafür finden sich einige nun signifikante Effekte von Medien, deren Bedeutung für das Wählerverhalten in Kapitel 9 nur bei Differenzierung nach politischer Involvierung erkennbar geworden war.

Tabelle 10-8: *Einflüsse der Massenkommunikation auf Wahlentscheidungen nach Zusammensetzung der Primärumwelten (geschätzte Wahrscheinlichkeiten * 100)*

			Primärumwelt homogen pro	Primärumwelt nicht homogen pro
Westdeutschland	CDU/CSU	Regionalpresse	0	+9
		'Spiegel' u. 'Zeit'	-4	-11
		ARD-Nachrichten	+62	+9
	SPD	'Bild'	+6	+2
		'Spiegel' u. 'Zeit'	-6	-11
Ostdeutschland	CDU	DFF-Nachrichten	-13	-25
		DFF-Magazine	+19	+10
Großbritannien	Conservatives	'Independent'	+2	+1
		'Daily Express'	+4	+2
		'Daily Mail'	+8	+5
		'Today'	-1	-2
		'Sun'	+7	+4
		'Daily Mirror'	-4	-6
	Labour	'Daily Telegraph'	-5	-6
		'Daily Express'	-5	-6
		'Daily Mail'	-7	-9
		Regionalpresse	-2	-3
		'Sun'	-5	-6
		'Daily Mirror'	+2	+1
		ITN-Nachrichten	+17	+3
Spanien	PSOE	'El Mundo'	-1	-6
		'Vanguardia'	-1	-3
		Regionalpresse	-6	-10
		Nachrichtenmagazine	+4	+1
		TVE-Nachrichten	+50	+3
		Canal+-Nachrichten	+2	0
	PP	'ABC'	+4	+1
		Antena 3-Nachrichten	+10	+1
USA	Clinton	Nachrichtenmagazine	+13	+5
		Nat. Fernsehnachrichten	+24	+10
		Fernsehmagazine	+35	+15
		Talkshows	-17	-10
	Bush	Zeitgn. mittl. Info.qualität	+19	+5
		Fernsehmagazine	-20	-28
	Perot	Zeitgn. mittl. Info.qualität	-7	-16
		Nat. Fernsehnachrichten	-16	-36
		Talkshows	+17	+4

Getrennt für Wähler, deren Diskutanten konsensuell mit den jeweils betrachteten Parteien bzw. Kandidaten sympathisierten, und die Sammelkategorie aller sonstigen Wähler geben die nachfolgend präsentierten Simulationen Aufschluß über die Wahrscheinlichkeit einer Entscheidung für diese Parteien bzw. Kandidaten. Als

Kriterium der Einflußstärke dient dabei der Unterschied der Wahrscheinlichkeit einer bestimmten Wahlentscheidung zwischen Wählern, die das jeweils betrachtete Medium überhaupt nicht nutzten, und Wählern, die es mit durchschnittlicher Häufigkeit nutzten. Die Simulationen werden am Beispiel eines idealtypischen Wählers durchgeführt, der - abgesehen von seiner Primärumwelt und der Nutzung des jeweils interessierenden Mediums - in jeder Hinsicht, d.h. sowohl im Hinblick auf seine Prädispositionen als auch auf die Nutzung anderer Medien, genau dem Durchschnitt aller Wähler entspricht.

Schaubild 10-5 veranschaulicht eine solche Simulation am Beispiel der ARD-Nachrichten. Mit zunehmender Häufigkeit des Konsums von 'Tagesschau' und 'Tagesthemen' wuchs die Wahrscheinlichkeit, für die CDU/CSU zu stimmen; das ist bereits aus Kapitel 9 bekannt. Wie Schaubild 10-5 belegt, kam der Einfluß der ARD-Nachrichten jedoch besonders stark bei Wählern zum Tragen, die ausschließlich mit Anhängern einer Unionspartei politische Gespräche führten. Schon allein aufgrund der direkt von ihren Gesprächspartnern ausgeübten Einflüsse neigten solche Wähler zwar auch ohne Konsum dieser Sendungen häufiger als andere Wähler dazu, die Union mit ihrer Stimme zu unterstützen (32 Prozent vs. 21 Prozent). Aber von denjenigen 68 Prozent bzw. 79 Prozent der Mitglieder dieser Wählerkategorien, die ansonsten nicht für die Union gestimmt hätten, wurden durch diese Nachrichtensendungen unterschiedlich viele veranlaßt, dies doch zu tun. Bei durchschnittlicher Sehhäufigkeit der ARD-Nachrichten erhöhte sich die Wahrscheinlichkeit einer Entscheidung für die CDU/CSU bei Wählern, deren Primärumwelten einmütig mit der Union sympathisierten, um über 60 Prozentpunkte. Bei Wählern, die keine politischen Gespräche führten oder aber nur mit Diskutanten sprachen, die neutral waren, unterschiedliche Parteien unterstützten oder gar allesamt für eine andere Partei als die Union eintraten, führte die Rezeption derselben Informationsmenge nur zu einer sehr viel geringeren Zunahme des Anteils der CDU/CSU-Wähler. Sie betrug nicht mehr als neun Prozentpunkte.

Dieses Zusammenhangsmuster entspricht sehr deutlich den Erwartungen der Filterthese. Die für die CDU/CSU günstigen Informationen der ARD-Nachrichten wurden offenbar durch den Realitätstest der interpersonalen Kommunikation in den homogenen Primärumwelten, die der Union zuneigten, bestätigt. Dadurch erhöhte sich die Wahrscheinlichkeit, daß die rezipierten Überzeugungsbotschaften auch akzeptiert wurden. Der Einfluß der ARD-Nachrichten auf Wahlentscheidungen wurde dadurch zum Vorteil der CDU/CSU verstärkt. Auch hinsichtlich der meisten anderen Medien, deren politische Berichterstattung positive Einflüsse auf die Wahl bestimmter Parteien oder Kandidaten ausübte, erhöhte sich mit zunehmender Rezeptionsintensität bei Wählern, die in homogene und politisch konsistente Primärumwelten eingebunden waren, die Wahrscheinlichkeit, daß sie diese politischen Akteure wählten, stärker als bei den restlichen Wählern (Tabelle 10-8). Lediglich bei der westdeutschen Regionalpresse war dies nicht so. Wie schon im letzten Kapitel gezeigt, beschränkte sich der Einfluß dieser Zeitungen auf die Aktivierung von Wählern, welche sich mit der CDU/CSU identifizierten. Tabelle 10-7 ist zu entnehmen, daß dies wiederum nur bei solchen unionsgebundenen Wählern der Fall war, die nicht in homogen CDU/CSU-freundliche Primärumwelten eingebunden waren. Hierin dürfte ein "Decken-Effekt" zum Ausdruck kommen: Bei den Wählern, die sich mit der Union affektiv verbunden fühlten und überdies nur mit Personen derselben Präferenz diskutierten, war vermutlich für zusätzliche positive Medieneinflüsse schlicht kein Raum mehr.

Mit wiederum nur einer einzigen Ausnahme entsprachen auch die Muster bei negativen Medieneinflüssen den Erwartungen der Filterthese. Stets waren die negativen Einflüsse bei Wählern, die nur mit Personen kommunizierten, welche eine Partei oder einen Kandidaten einhellig unterstützten, geringer als bei Personen, die offener für solche Einflüsse waren, weil sie sich gar nicht oder aber nicht ausschließlich mit Unterstützern des betreffenden Wettbewerbers unterhielten. Die Ausnahme bildet der negative Effekt des Sehens von Talkshows auf die Entscheidungen für oder gegen Bill Clinton. Talkshows veranlaßten Personen mit Clinton-freundlichen Primärumwelten häufiger als andere Wähler, nicht für den Demokratischen Kandidaten zu votieren. Insgesamt ist das aber das einzige Ergebnis, das sich nicht mit den Vorhersagen der Filterthese vereinbaren läßt, weil die behauptete Schutzschildfunktion gegen Medieneinflüsse von der interpersonalen Kommunikation hier offenkundig nicht erfüllt wurde.

Die Filterthese wird durch diese Analysen bestätigt. Wenn Wähler ausschließlich mit Personen diskutieren, die einhellig dieselbe Partei oder denselben Kandidaten unterstützen, dann wird dadurch das Einflußpotential von Medienbotschaften verstärkt, die mit dem Netzwerkkonsens konsistent sind, während das Einflußpotential inkonsistenter Informationen der Massenkommunikation gedämpft wird. Insgesamt scheinen die Realitätstests im Rahmen der interpersonalen Kommunikation gerade im Hinblick auf Einflüsse des Fernsehens, das sich durch eine sehr große Reichweite auszeichnet, besonders prägnante Folgen zu haben.

10.3 Resümee

In der Mehrzahl der untersuchten Gesellschaften - nicht jedoch in Westdeutschland - trugen die politischen Gespräche der Wähler mehr zur Erklärung ihrer Wahlentscheidungen bei als ihr Kontakt mit der Berichterstattung der Massenmedien. Insbesondere die Entscheidungen westdeutscher Wähler für oder gegen die beiden Kleinparteien FDP und Grüne wurden eindeutig stärker durch die Massenkommunikation als durch die interpersonale Kommunikation beeinflußt. Die Dominanz der interpersonalen Kommunikation gegenüber der Massenkommunikation war bei den geringer involvierten Wählern zumeist deutlicher ausgeprägt als bei den stärker involvierten Wählern. Wiederum wurde ersichtlich, daß das Wählerverhalten in den neuen Bundesländern und die Entscheidungen für oder gegen Ross Perot eigenen Gesetzmäßigkeiten zu folgen schienen: Zwar war auch für diese Entscheidungen stets die interpersonale Kommunikation wichtiger als die Massenkommunikation. Aber anders als bei den meisten anderen Entscheidungen war die Überlegenheit der interpersonalen gegenüber der massenmedialen Informationsvermittlung nicht bei den Novizen, sondern bei den Experten stärker ausgeprägt.

Die These der Sekundärdiffusion konnte nicht bestätigt werden. Diskutanten, deren Präferenzen im Einklang mit dem Tenor der Medienberichterstattung standen, erwiesen sich nicht als einflußreicher als Gesprächspartner, denen von den Massenmedien nur wenige Argumente zur Verfügung gestellt wurden. Die Befunde bekräftigten hingegen die Filterthese. Insbesondere die Einflüsse der reichweitenstarken Angebote des Fernsehens wurden durch die interpersonale Kommunikation in markanter Weise moderiert. Die Wirksamkeit des durch die Filterthese beschriebenen Mechanismus trägt dazu bei, die strukturelle Benachteiligung von Kleinparteien und Kandidaten mit geringer Wählerunterstützung zu potenzieren. Daß die Primärumwelten von Wählern einhellig eine Kleinpartei unterstützten, kam so selten vor, daß die von diesen ausgeübten Verstärkungs- und Blockadeeffekte insgesamt nur von allenfalls marginaler Bedeutung sein konnten.

11 Fazit: Converse, Lazarsfeld und das Verhalten der Wähler in fünf Gesellschaften

Diese Untersuchung griff ein Thema auf, das von der Politikwissenschaft lange vernachlässigt worden war und erst in jüngerer Zeit wieder zum Gegenstand verstärkter Forschungsbemühungen avancierte: die Bedeutung der politischen Informationen, welche durch die Kommunikationsadern der Gesellschaften westlicher Demokratien verbreitet werden, für die Wahlentscheidungen der Mitglieder dieser Gesellschaften. Hinter dieser Schwerpunktsetzung stand die Überlegung, daß der Wandel politischer Präferenzen in Reaktion auf aktuelles politisches Geschehen voraussetzt, daß die Wähler in der einen oder anderen Form darüber informiert werden, was in der Politik vorgeht, und insbesondere auch, wie diese Vorgänge bewertet werden können. Würden die Wähler bei ihren Wahlentscheidungen keine neuen Informationen berücksichtigen, könnten sie immer nur anhand ihrer verinnerlichten Prädispositionen abstimmen. Unter solchen Voraussetzungen könnten Wahlen kaum ihre essentielle Funktion der Kontrolle der politischen Entscheidungsträger erfüllen, denn ihre Ergebnisse würden stets nur die tradierte soziopolitische Segmentierung der Gesellschaft reflektieren. Kurz- oder mittelfristiger politischer Wandel wäre dann nicht möglich. Die politischen Eliten bräuchten sich nicht darum zu sorgen, welche Resonanz ihr Entscheidungshandeln in der Wählerschaft findet. Die Anpassungsfähigkeit des politischen Systems an neue Bedürfnisse und Problemlagen würde empfindlich beeinträchtigt. Huckfeldt/Sprague kann daher schwerlich widersprochen werden, wenn sie feststellen: "Indeed, the ways in which citizens become informed, the content and effect of political information, and the effects of various information sources are among the most important topics being addressed in contemporary research on electoral politics. And their importance traces to fundamental issues of citizenship in democratic politics." (Huckfeldt/Sprague 1995: 288)

Individuelle Wahlentscheidungen und die aus der Gesamtheit der individuellen Wahlentscheidungen aggregierten Wahlergebnisse sind zu verstehen als Resultat einer Interaktion intrapsychischer Voraussetzungen, welche die einzelnen Wähler in die Entscheidungssituation mitbringen, mit politischen Informationen, welche von der sozialen Umwelt dieser Wähler bereitgestellt und nach Maßgabe ihrer persönlichen Voraussetzungen von ihnen empfangen und verarbeitet werden (Miller/Shanks 1996: xiv). Die in dieser Untersuchung vorgestellten Analysen der Bedeutung politischer Informationen für das Wählerverhalten orientierten sich am Konzept der politischen Beeinflussung. "Persuasion pervades politics. [...] Persuasion, changing another's beliefs and attitudes, is about influence; and influence is the essence of politics." (Cobb/Kuklinski 1997: 88-9) Von "Einfluß" wurde dann gesprochen, wenn die Befunde darauf hindeuteten, daß Informationen, denen ein Wähler ausgesetzt war, diesen dazu veranlaßten, sich am Wahltag anders zu verhalten, als er sich verhalten hätte, wenn ihn diese Informationen nicht erreicht hätten.

Eine wichtige Rolle für diese Analysen spielte die Auseinandersetzung mit verschiedenen klassischen Studien der Politikwissenschaft. Diese bahnbrechenden Untersuchungen bereicherten den politikwissenschaftlichen Diskurs schon früh um wichtige Konzepte und Hypothesen. Sie stimulierten jedoch keine eigenständigen Forschungstraditionen, sondern finden erst neuerdings im Rahmen der Renaissance politikwissenschaftlicher Beschäftigung mit der Thematik der Bedeutung gesellschaftlicher Informationsflüsse bei Wahlen wieder vermehrte Aufmerksamkeit. Eine wesentliche Inspirationsquelle waren Converse' Überlegungen über die Interaktion zwischen gesellschaftlichen Informationsflüssen, politischen Prädispositionen und der politischen Involvierung von Wählern bei der Entstehung von Wahlentscheidungen (Converse 1966). Wesentlich für dieses Modell sind zwei Grundgedanken: Es wird angenommen, daß Wahlergebnisse in zwei Komponenten zerlegt werden können - eine Grundlinie, welche die gesellschaftliche Verteilung politischer Prädispositionen ausdrückt, und Oszillationen, die in Abhängigkeit von Intensität und politischer Färbung der gesellschaftlichen Informationsflüsse variieren. In der politischen Involvierung von Wählern wird ein Faktor gesehen, der einerseits die individuelle Chance der Rezeption von Informationen fördert, andererseits aber die Beeinflußbarkeit durch diese Informationen dämpft. Waren diese Gedanken grundlegend für die Gesamtanlage der Untersuchung, so erwiesen sich im Detail die drei unter Leitung von Lazarsfeld entstandenen großen Studien der Columbia-Schule als fruchtbare Anregungen (Lazarsfeld u.a. 1968; Berelson u.a. 1954; Katz/Lazarsfeld 1955). Nicht zuletzt auf die Impulse dieser Untersuchungen geht auch die Entscheidung zurück, die Analysen auf die zwei wichtigsten Formen der politischen Informationsvermittlung zu fokussieren, nämlich die interpersonale Kommunikation und die Massenkommunikation. Man kann diese Untersuchung auch lesen als einen Versuch, einige der als empirische Verallgemeinerungen in diesen Studien formulierten Theoreme einer empirischen Prüfung zu unterziehen.

In Rechnung zu stellen war dabei unter substanzwissenschaftlichem Aspekt der in den letzten Jahrzehnten vollzogene soziale Wandel sowie in methodologischer Hinsicht das doppelte Erfordernis, die Analysen auf ein begrifflich und theoretisch präziser gebautes Fundament zu stellen sowie die Möglichkeiten fortentwickelter Erhebungs- und Analysemethoden auszunutzen. Im RAS-Modell der politischen Meinungsbildung und -änderung, das Converse' klassisches Modell in die Theoriewelt der modernen politischen Psychologie übersetzt, wurde gedankliches Rüstzeug gefunden, das in dieser Hinsicht fruchtbar gemacht werden konnte (Zaller 1992). Insbesondere die durch dieses Modell vorgenommene analytische Trennung zwischen der vorgeschalteten Rezeption wertgeladener politischer Informationen und ihrer Akzeptanz als unmittelbarer Voraussetzung für politische Einflüsse erwies sich für die Analysen als hilfreich. Dabei wurde jedoch insoweit nicht der Maxime möglichst sparsamer Modellierung gefolgt, als das in der Essenz sehr einfache RAS-Modell durch eine Reihe zusätzlicher Faktoren verkompliziert wurde, deren Berücksichtigung spezielle Hypothesen über die interpersonale Kommunikation und die Massenkommunikation angezeigt erscheinen ließen.

11 Fazit: Wählerverhalten in fünf Gesellschaften

Es bietet sich an, bei der abschließenden Diskussion der Befunde zunächst Schaubild 1-1 in Erinnerung zu rufen. Dieses hatte gezeigt, daß das Ausmaß der Wechselhaftigkeit des Wählerverhaltens in den fünf Gesellschaften, die in dieser Untersuchung studiert wurden, sehr unterschiedlich ist. Zwei Gesellschaften mit relativ geringen Schwankungsraten stehen drei Gesellschaften gegenüber, in denen zwischen Wahlen jedenfalls auf der Aggregatebene im Schnitt deutlich mehr Wechsel stattfindet. In den neuen Bundesländern im Osten Deutschlands, aber auch in Spanien und in den USA veränderten sich die Stimmanteile der Parteien bzw. Kandidaten von Wahl zu Wahl in den vergangenen Jahrzehnten um deutlich größere Beträge als in Westdeutschland und Großbritannien. Wenn die Prämisse zutrifft, daß gesellschaftliche Informationsflüsse eine wesentliche Vorbedingung für den Wandel im Wählerverhalten darstellen, dann sollte sich ein ähnliches Muster auch im Hinblick auf die Bedeutung politischer Informationen für die Entscheidungen der Wähler beobachten lassen. Dieses Muster findet sich in der Tat in Schaubild 10-1, das wiedergibt, in welchem Umfang das Stimmverhalten der Wähler in jeder der fünf Gesellschaften unter Rekurs auf die Rezeption politischer Informationen durch die interpersonale Kommunikation und die Massenkommunikation prognostizierbar ist. In den Gesellschaften, die durch hohe Wechselhaftigkeit des politischen Verhaltens gekennzeichnet sind, leisten politische Informationsflüsse einen deutlich größeren Beitrag zur Erklärung der Wahlentscheidungen als in den Gesellschaften, in denen das Stimmverhalten eher stabil ist. Diese Korrespondenz ist sicherlich ein schwacher Beleg, denn sie ist aufgrund der Unterschiedlichkeit der ausgewählten Gesellschaften in besonderem Maße mit dem Kernproblem der komparativen Forschung behaftet, daß nur wenige Fälle betrachtet werden, die sich jedoch in einer Vielzahl von Merkmalen - und keineswegs nur im Hinblick auf die Bedeutung von Informationen, wie dies für eine "härtere" Analyse wünschenswert wäre - unterscheiden. Eindeutige Ursache-Wirkungs-Zuordnungen sind in einer solchen Konstellation nicht möglich (Lijphart 1971, 1975). Während infolgedessen die Möglichkeit alternativer Erklärungen nicht ausgeräumt ist, stehen die Ergebnisse aber jedenfalls nicht in Widerspruch zu unseren Erwartungen.

Ein korrelierender Faktor, bezüglich dessen sich bei den fünf Gesellschaften gerade das entgegengesetzte Muster findet, sind die politischen Prädispositionen (Schaubild 5-1). Wo die Wähler eine große Wechselbereitschaft aufweisen und Informationen eine wichtige Rolle bei der Erklärung des Stimmverhaltens zukommt, ist die Bedeutung von Faktoren wie politisierten Gruppenbindungen, ideologischen Identifikationen und Wertorientierungen sowie affektiven Parteibindungen im Hinblick auf die Erklärung des Wählerverhaltens relativ gering. Daß die Wahlentscheidungen in drei der fünf Gesellschaften nur vergleichsweise schwach prädispositional verankert sind, hat unterschiedliche Gründe. Zunächst ist zu bedenken, daß parteibezogene Prädispositionen bei den amerikanischen Präsidentschaftswahlen, bei denen für Personen und nicht für Parteien gestimmt wird, eine deutlich geringere Rolle spielen als bei Wahlentscheidungen in den europäischen Parteiendemokratien. Überdies haben die USA in den vergangenen Jahrzehnten eine Periode des "dealignment" durchlaufen, in welcher der Anteil der Wähler, die sich affektiv einer der Parteien verbunden fühlen, stark abgenommen hat. In den postautoritären Gesellschaften Spaniens sowie insbesondere Ostdeutschlands unmittelbar nach der Wende konnten die politischen Parteien hingegen noch gar keine tiefen Wurzeln in der Gesellschaft schlagen. Es bleibt abzuwarten, ob dies noch in nennenswertem Umfang geschehen wird oder ob diese Gesellschaften in politischer Hinsicht einen hohen Grad an Fluidität beibehalten werden. Als wichtige Implikation, die über die geschilderten Befunde hinausweist, bleibt aber in jedem Fall festzuhalten, daß die Bedeutung politischer Informationen für das Wählerverhalten - wie vielfach postuliert - offenbar in der Tat in dem Maße wächst, wie die Prägekraft von Prädispositionen für das politische Verhalten der Bürger nachläßt. Wenn vielfach vertretene Diagnosen eines allgemeinen Trends in Richtung eines stärker "individualisierten", d.h. von soziopolitischen Konfliktlinien und deren kulturellen Emanationen entkoppelten Wählerverhaltens (Dalton/Wattenberg 1993) zutreffen, dann wird die Bedeutung gesellschaftlicher Informationsflüsse für die Entscheidungen der Wähler und darüber vermittelt für die Ergebnisse von Wahlen in der Zukunft auch dort wachsen, wo sie derzeit noch gering ist.

Die Columbia-Studien hatten in der interpersonalen Kommunikation die gegenüber der Massenkommunikation wichtigere Quelle politischer Informationen gesehen. Unsere vergleichende Analyse der Rezeption von Informationen über beide Kommunikationsformen zeigte indessen, daß heute nicht mehr davon ausgegangen werden kann, daß weniger Wähler durch Massenmedien als durch persönliche Gespräche über Gegenstände der Politik unterrichtet werden. Eher hat sich diese Relation in ihr Gegenteil verkehrt. Insbesondere die Ausbreitung des Fernsehens, das in allen Gesellschaften ein nahezu ubiquitäres Medium darstellt, hat in den vergangenen Jahrzehnten dazu geführt, daß nur noch sehr wenige Bürger überhaupt nicht von medienvermittelten politischen Informationen erreicht werden. Die Verbreitung von Printmedien variiert demgegenüber sehr stark zwischen den verschiedenen Gesellschaften; nationale Traditionen scheinen diesbezüglich bis heute fortzuwirken. Interkulturelle Variationen der Bedeutung der interpersonalen Kommunikation als politische Informationsquelle ergeben sich unter anderem vor dem Hintergrund unterschiedlicher Grade gesellschaftlicher Mobilisierung - dies verdeutlicht der Fall der neuen Bundesländer, wo in der Übergangsphase unmittelbar nach der Demokratisierung eine extrem hohe politische Gesprächsintensität zu verzeichnen war. Wichtig scheinen aber auch kulturell tradierte Unterschiede des sozialen Vertrauens zu sein, die dazu führen, daß Wähler bei politischen Gesprächen nicht in allen Gesellschaften gleichermaßen offen und bereitwillig ihren persönlichen Standpunkten Ausdruck verleihen. In den alten angelsächsischen Demokratien wissen die Wähler deutlich häufiger über die politischen Ansichten ihrer Interaktionspartner Bescheid als in beiden Regionen Deutschlands und in Spanien - Gesellschaften, die in teils jüngster, teils aber auch fernerer Vergangenheit die Erfahrung der Unterdrückung des freien Wortes durch autoritäre und totalitäre Regimes machten. Vermutlich als

Folge ihrer größeren Offenheit im persönlichen Kontakt nehmen Briten und Amerikaner ihre Primärumwelten auch häufiger als politisch heterogen wahr.

Die Columbia-Studien hatten insbesondere aber auch postuliert, daß die interpersonale Kommunikation eine wesentlich wirksamere Einflußquelle sei als die Massenkommunikation, ohne dies jedoch in eindeutiger Weise zu belegen. Unsere Untersuchung hat diese Hypothese in qualifizierter Weise bestätigt. Im Einklang mit einer punktuell einsetzenden Rückbesinnung der politischen Kommunikationsforschung auf frühere Vorstellungen, daß die Massenmedien imstande seien, unmittelbare, d.h. nicht durch komplizierte kognitive Prozesse vermittelte, sondern durch die Akzeptanz wertender Überzeugungsbotschaften herbeigeführte Einflüsse auf die politischen Präferenzen ihrer Rezipienten auszuüben, wurde zwar erkennbar, daß sich der Empfang medienvermittelter politischer Informationen durchaus direkt darauf auswirken kann, mit welcher Wahrscheinlichkeit Wähler für bestimmte Parteien oder Kandidaten votieren. Allerdings führen die politischen Gespräche der Bürger in den meisten Gesellschaften zu erheblich weitreichenderen Konsequenzen an der Urne. Unter bestimmten Bedingungen kann die Bedeutung der Massenkommunikation allerdings durchaus auch das Gewicht der interpersonalen Kommunikation überwiegen. Einflüsse der Massenkommunikation werden offenbar vor allem durch zwei Faktoren begünstigt: In inhaltlicher Hinsicht scheint ein moderates Maß an politischer Einseitigkeit in der Politikpräsentation von Medien, das zwar tendenziell bestimmte Parteien bzw. Kandidaten begünstigt, jedoch nicht so eklatant und offensichtlich, daß dies jedem Rezipienten sofort ins Auge springt, die Wahrscheinlichkeit von Einflüssen zu erhöhen. Zudem legen unsere Ergebnisse den Schluß nahe, daß Einflüsse der Massenkommunikation durch Strukturen von Medienmärkten gefördert werden, die durch beschränkte Angebotsvielfalt gekennzeichnet sind. Hierzu tragen beispielsweise Konzentrationstendenzen auf dezentralen Pressemärkten bei, aber auch Abhängigkeiten elektronischer Medien gegenüber politischen Herrschaftsträgern. Diese inhaltlichen und strukturellen Merkmale sind für die Mediensysteme sowohl Westdeutschlands als auch Spaniens symptomatisch - derjenigen beiden Kontexte, in denen sich die Massenkommunikation als insgesamt am einflußreichsten erwies. Trifft eine solche Konstellation mit einer Situation insgesamt nur geringer Wirksamkeit der interpersonalen Kommunikation zusammen, dann kann es durchaus vorkommen, daß die Massenkommunikation zur bedeutsameren Einflußquelle wird. Für Westdeutschland, und dort insbesondere für die Kleinparteien, ist dieses Muster kennzeichnend. In allen anderen Gesellschaften hängt das Verhalten der Wähler stärker davon ab, mit welchen Personen sie politische Gespräche führen, als welche Medien sie konsumieren. Die insgesamt erhebliche Prägekraft gesellschaftlicher Informationsflüsse für das Wählerverhalten in den drei Gesellschaften, in denen die politischen Prädispositionen nur schwach wirksam sind, ist fast ausschließlich auf die außerordentlich große Bedeutung des informellen persönlichen Austausches der Wähler zurückzuführen. In Großbritannien spielen hingegen beide Informationsquellen nur eine sehr geringe Rolle. Das ist besonders bemerkenswert in Anbetracht der Tatsache, daß der britischen Tagespresse aufgrund ihrer kruden parteipolitischen Einseitigkeit häufig ein erhebliches Einflußpotential zugetraut wird.

Sowohl für die interpersonale Kommunikation als auch für die Massenkommunikation war allerdings festzustellen, daß sich die auf der Individualebene ausgeübten Einflüsse im Aggregat in erheblichem Ausmaß wechselseitig neutralisieren. Einflüsse bestimmter Gesprächspartner bzw. Massenmedien, die eine Partei oder einen Kandidaten begünstigen, werden per saldo zu großen Teilen durch Einflüsse anderer Diskutanten bzw. Medien aufgewogen, die denselben Wettbewerber benachteiligen und andere favorisieren. Infolgedessen finden die individuellen Präferenzbewegungen nur deutlich gedämpft auf der Aggregatebene in Stimmengewinnen oder -verlusten für die Parteien und Kandidaten einen Ausdruck. Daß sich gegensinnige Einflüsse in erheblichem Umfang wechselseitig aufwiegen, geschieht bei der interpersonalen Kommunikation, nicht jedoch bei der Massenkommunikation aus strukturellen Gründen mit Zwangsläufigkeit. Die politische Farbpalette der interpersonalen Informationsströme ist eine Funktion der Verteilung der politischen Präferenzen im Elektorat. Die Struktur von Parteiensystemen unter dem Aspekt der Größenverhältnisse der Parteien stellt einen wesentlichen Hintergrundfaktor dar, der auf der Aggregatebene die politische Gesamtzusammensetzung der durch persönliche Gespräche vermittelten Informationen kanalisiert und auf der Individualebene festlegt, mit welchen Wahrscheinlichkeiten Wähler mit Botschaften konfrontiert werden, die für die verschiedenen Wettbewerber positiv oder negativ sind. Für Kleinparteien, aber auch für amerikanische Drittkandidaten mit eher geringer Unterstützung im Elektorat, wie den unabhängigen Bewerber Ross Perot, impliziert dies, daß durch politische Gespräche stets mehr negative als positive Informationen vermittelt werden. Diese Wettbewerber werden durch die interpersonale Kommunikation strukturell benachteiligt, der insoweit im Hinblick auf die politischen Kräfteverhältnisse ein konservierendes Moment eignet.

Wie die Informationen, die von den Massenmedien verbreitet werden, unter dem Aspekt der in ihnen enthaltenen Bewertungen beschaffen sind, hängt von Charakteristika der nationalen Mediensysteme ab. Die vergleichsweise stark politisierten westeuropäischen Mediensysteme sind gekennzeichnet durch einen mehr oder weniger ausgeprägten "Parallelismus" zwischen Massenmedien und politischen Akteuren, der zur Folge hat, daß stets gleichzeitig Informationen mit unterschiedlicher politischer Färbung mitgeteilt werden. Für die Gesamtzusammensetzung dieser Informationsflüsse ist wesentlich, wieviele Medien mit jeder der politischen Seiten affiliiert sind und wie groß die gesellschaftlichen Reichweiten dieser Medien sind. Dies illustriert das Beispiel der britischen Tagespresse, deren Titel parteipolitisch ungewöhnlich einseitig sind, und zwar mehrheitlich zugunsten der Conservatives. Dadurch überwiegen per saldo deutlich die für diese Partei günstigen Einflüsse gegenüber den Einflüssen, die zu mehr Stimmen für eine der anderen Parteien führen. Ein noch deutlicheres Übergewicht von Einflüssen zugunsten eines bestimmten Wettbewerbers kann, muß jedoch nicht aus der Konstellation folgen, die für die Politikpräsentation in den amerikanischen Massenmedien typisch ist: eine strukturelle Verzerrung, die - wie bei der Präsidentschaftswahl 1992 geschehen - dazu führen kann, daß ein bestimmter Kandidat in praktisch allen Medien vorteilhafter präsentiert wird als seine Konkurrenten. Da diese der gesamten Medienberichterstattung eigentümliche Einseitigkeit nicht in politischen Affinitäten von Medien, sondern in den für alle Medien geltenden Mechanismen der professionellen Nachrichtenproduktion wurzelt, kommt sie keineswegs zwangsläufig bei jeder Wahl derselben Partei zugute. Aber auf das Wahlergebnis des jeweils begünstigten Kandidaten wirkt sie sich jedenfalls vorteilhaft aus. Strukturelle Verzerrungen anderer Art finden sich in der Berichterstattung vieler westeuropäischer Medien, nämlich in Gestalt eines Aufmerksamkeitsbonus für die Exekutive und die Parteien, die sie tragen. Doch hat dies nicht für die Richtung, sondern nur für die Menge der vermittelten Informationen Konsequenzen.

Die Einflüsse der interpersonalen Kommunikation und der Massenkommunikation werden durch eine Reihe von Faktoren moderiert. Eine große Bedeutung haben die politischen Prädispositionen der Wähler. Sie prägen nicht nur das Wählerverhalten direkt, sondern steuern auch, ob und wie politische Informationen aufgenommen und verarbeitet werden. Je nach Konsistenz der Bewertungstendenz der vermittelten Informationen mit den politischen Prädispositionen der Wähler fördern oder dämpfen diese die Einflüsse der Informationen. Allerdings ist diese Moderatorwirkung nicht überall gleich stark. In Gesellschaften, in denen Prädispositionen generell das Wählerverhalten nur schwach prägen, bleibt auch ihre moderierende Wirkung bei Prozessen politischer Beeinflussung begrenzt. Analoges ließ sich aber auch im Hinblick auf den parteiunabhängigen Drittkandidaten Ross Perot bei der amerikanischen Präsidentschaftswahl 1992 feststellen.

Politische Prädispositionen werden auf zwei Stufen moderierend wirksam. Zum einen hängt in erheblichem Ausmaß von den individuellen Prädispositionen der Wähler ab, ob rezipierte Informationen akzeptiert und damit bei Wahlen als Entscheidungsgründe berücksichtigt werden. Dabei ist unerheblich, ob diese Informationen im Rahmen des Medienkonsums oder bei politischen Gesprächen zur Kenntnis genommen werden. Konkordante Informationen, deren Bewertungsrichtung mit den Prädispositionen der Empfänger im Einklang steht, werden stets eher akzeptiert als diskordante Informationen. Ausgeschlossen ist letzteres aber keineswegs. Der Mechanismus der selektiven Rezeption, der dazu führt, daß Wähler von vornherein ihre Aufmerksamkeit verstärkt auf Quellen richten, von denen sie Informationen erwarten, die mit ihren politischen Prädispositionen konsistent sind, spielt vor allem bei der interpersonalen Kommunikation eine bedeutsame Rolle. Wähler tendieren dazu, eher und in größerer Zahl mit Personen zu kommunizieren, die ihre politischen Grundauffassungen teilen. Dies führt dazu, daß sie im Rahmen politischer Konversationen überdurchschnittlich viele Informationen rezipieren, deren Bewertungstendenz mit ihren Prädispositionen übereinstimmt. Allerdings gilt dies nicht für alle Arten von Beziehungen im gleichen Ausmaß; Ehepartner vermitteln besonders oft konkordante Botschaften, von Arbeitskollegen, aber auch Freunden kommen hingegen vergleichsweise häufig Informationen diskordanten Inhalts. Hinsichtlich der Massenkommunikation ist die selektive Zuwendung von erheblich geringerer Bedeutung. Bezüglich der westeuropäischen Qualitätspresse, deren Titel vergleichsweise klare Redaktionslinien verfolgen, lassen sich solche Mechanismen noch am deutlichsten ausmachen. Beiträge des Fernsehens erreichen zumeist Wähler mit unterschiedlichen Prädispositionen gleichermaßen; lediglich in Spanien, wo die verschiedenen Fernsehkanäle relativ ausgeprägte politische Affinitäten besitzen, teilt sich auch das Publikum tendenziell entsprechend auf. Die kombinierte, sich gleichgerichtet überlagernde und damit wechselseitig potenzierende Wirkung von selektiver Rezeption und selektiver Akzeptanz von Informationen führt dazu, daß die politischen Einflüsse vor allem der interpersonalen Kommunikation, in geringerem Ausmaß aber auch der Massenkommunikation in erster Linie die Form von Aktivierungen bestehender Prädispositionen haben. Die Wahrscheinlichkeit, daß es zu Konversionen von Wählern kommt, ist zumeist wesentlich geringer. Personen, die sich mit bestimmten Parteien identifizieren, sind sogar gegen Konversionen ziemlich immun. Allerdings gilt das nur eingeschränkt für die Anhänger von Kleinparteien, weil diese sich bei politischen Gesprächen häufig einer "Übermacht" von Unterstützern der Konkurrenz gegenübersehen. Insgesamt bestätigen sich aber auch in dieser Hinsicht zumindest der Tendenz nach die Vermutungen der Columbia-Forscher. Die umfangreichsten Wählerbewegungen im Aggregat finden sich - mit signifikanten Ausnahmen bei den Kleinparteien - in der Regel bei den parteipolitisch ungebundenen Wählern, die nur durch strukturelle oder kulturelle Prädispositionen in die eine oder andere politische Richtung gelenkt werden. Dies bekräftigt den aus dem interkulturellen Vergleich gezogenen Schluß, daß die nachlassende Bindungskraft politischer Prädispositionen, speziell von Parteiidentifikationen, langfristig zu beweglicheren Elektoraten führen wird.

Die Columbia-Studien hatten sich bei der Analyse der interpersonalen Kommunikation nur auf die Primärbeziehungen der Wähler konzentriert und Sekundärbeziehungen weitgehend außer acht gelassen. Unsere Untersuchungen haben gezeigt, daß die intimen Beziehungen zwischen Ehepartnern, Verwandten und Freunden auch heute noch den mit Abstand wichtigsten Rahmen für den persönlichen politischen Austausch der Wähler bilden. In allen Gesellschaften nehmen nur Minderheiten der Wähler an politischen Konversationen im Rahmen von Sekundärbeziehungen teil, wobei den Beziehungen zu Arbeitskollegen stets eine vorrangige Bedeutung zukommt. Diskussionen innerhalb von Primärbeziehungen, insbesondere solche zwischen Ehepartnern, stellen auch in allen Gesellschaften die wichtigste interpersonale Quelle politischer Einflüsse dar. Die Kommunikation in Sekundärbeziehungen hat keine vergleichbar universelle Bedeutung als Einflußquelle; in den neuen Bundesländern erwies sich der Arbeitsplatz als wichtiger Kontext für politische Einflüsse, in den USA wirken sich hingegen alle anderen Arten von Sekundärkontakten relativ stark auf das Wählerverhalten aus. Die individuelle Intensität der interpersonalen Kommunikation, von der abhängt, ob und in welchem Umfang es zu Einflüssen kommen kann, beruht auf individuellen motivationalen Faktoren wie dem

Interesse an der Politik. Aber auch Gelegenheitsstrukturen haben eine große Bedeutung. Singles können nicht mit Ehepartnern diskutieren; die einflußmächtigste Art von Rollenbeziehungen bleibt für ihr politisches Verhalten daher ohne Belang. Und Personen, die nicht erwerbstätig sind, haben keine Arbeitskollegen, mit denen sie ins Gespräch kommen und von denen sie dabei beeinflußt werden könnten. Neben variierenden Politisierungsgraden ziehen daher auch Unterschiede von Gesellschaften im Hinblick auf Familienstrukturen und Erwerbsquoten Konsequenzen für die Bedeutung der interpersonalen Kommunikation als politische Einflußquelle nach sich.

Die differenzierte Betrachtung unterschiedlicher Arten von Massenmedien führte zu weniger eindeutigen Befunden. Die Rezeptionsintensität wird in erster Linie durch motivationale Faktoren gesteuert. Entsprechend der durch die Columbia-Studien formulierten "the more, the more"-Regel tendieren Wähler zur Parallelnutzung von Medien mit ähnlicher Informationsqualität. Insbesondere wenn innerhalb nationaler Mediensysteme Angebotssegmente ausdifferenziert sind, die sich an weniger anspruchsvolle Publika richten, werden aber auch deren Mitglieder in erheblichem Umfang durch medienvermittelte politische Informationen erreicht. Besonders für politische Gespräche mit Freunden, Verwandten und Arbeitskollegen einerseits und für Printmedien mit höherer Informationsqualität andererseits läßt sich auch die Informationsrezeption durch die interpersonale und die Massenkommunikation entsprechend der "the more, the more"-Regel beschreiben. Hinsichtlich der Einflüsse der Massenkommunikation konnten geläufige Verallgemeinerungen, die lediglich bestimmten Arten von Medien Einflußpotentiale zuschreiben, nicht bestätigt werden. In differenzierter Weise erwiesen sich alle Arten von Massenmedien als potentiell einflußreich. Freilich kommt dem Fernsehen zumindest in einer Hinsicht eine besondere Bedeutung zu: Es besitzt zwar auf der Individualebene keine größere Einflußkapazität als die Presse. Da es mit seinen Angeboten zumeist erheblich mehr Wähler erreicht als die in sich sehr viel differenziertere und in den meisten Gesellschaften weniger breitflächig rezipierte Presse, führt seine Berichterstattung aber oft zu weitreichenderen politischen Konsequenzen auf der Aggregatebene.

Unterschiede der Wähler im Hinblick auf ihre politische Involvierung werden bei der Entstehung politischer Einflüsse in komplexer Weise wirksam. Die in dieser Studie als "Experten" etikettierten höher involvierten Wähler rezipieren politische Informationen intensiver, und zwar über die Massenkommunikation noch ausgeprägter als über die interpersonale Kommunikation. Allerdings nehmen auch die als "Novizen" bezeichneten weniger involvierten Wähler in erheblichem Umfang politische Informationen zur Kenntnis. Manche Medienangebote erreichen diese Wähler sogar eher als höher involvierte Personen. In den meisten Gesellschaften folgen die Wahlentscheidungen der Novizen weniger ausgeprägt den Vorgaben der politischen Prädispositionen als die Entscheidungen der Experten. Hinsichtlich der Bedeutung politischer Informationen für das politische Verhalten von Experten und Novizen scheinen für die interpersonale Kommunikation und die Massenkommunikation unterschiedliche Regeln zu gelten. In der Mehrzahl der untersuchten Fälle wirken sich politische Gespräche bei den Novizen stärker auf Wahlentscheidungen aus als bei den Experten, während es sich hinsichtlich der Massenkommunikation gerade umgekehrt verhält: Die Mediennutzung ist mit den Präferenzen der Experten enger verknüpft. Vermutlich begründet die Beiläufigkeit, mit der politische Gespräche oft geführt werden, ein größeres Einflußpotential dieser Kommunikationsform bei Wählern mit geringerer politischer Kompetenz. Einflüsse von Massenmedien scheinen hingegen eine aktive Komponente in Gestalt einer entsprechenden Motivation auf Seiten der Rezipienten vorauszusetzen, mit der Folge, daß höher involvierte Wähler eher und stärker beeinflußt werden. Daß sich die Massenkommunikation gegenüber der interpersonalen Kommunikation als die einflußreichere Informationsquelle erwies, kam nur bei Experten, nicht aber bei Novizen vor.

In wesentlichen Aspekten gerade entgegengesetzt sah jedoch die Konstellation der Zusammenhänge aus, die für das Wählerverhalten in den neuen Bundesländern und in ganz ähnlicher Weise auch für die Wahl von Ross Perot in den USA zu beobachten war: Die interpersonale Kommunikation trug mehr zur Erklärung der Entscheidungen der Experten bei, die Massenkommunikation war hingegen für das Verhalten der Novizen wichtiger. Ein gemeinsames Merkmal dieser Entscheidungen ist, daß Wettbewerber beurteilt werden mußten, die für die Wähler neu waren. Die Bürger in den neuen Bundesländern hatten vor der ersten gesamtdeutschen Bundestagswahl mit allen politischen Parteien erst wenige Erfahrungen sammeln können. Der parteiunabhängige Kandidat Perot war vor dem Präsidentschaftswahlkampf 1992 in der amerikanischen Politik noch nicht in Erscheinung getreten. Möglicherweise wird in einer solchen Situation von den Experten die interpersonale Kommunikation intensiv zur Erstorientierung eingesetzt, mit entsprechend stärkeren Auswirkungen auf ihr Entscheidungsverhalten, während die Massenkommunikation vor allem aktualitätsbezogene Informationsleistungen im Hinblick auf bereits bekannte Wahlbewerber erbringt.

Ob Wähler Informationen, die ihnen im Rahmen politischer Gespräche zufließen, akzeptieren und in ihre Entscheidungen einfließen lassen, hängt unter anderem auch davon ab, in welchem Maße sie mit den Gesprächspartnern, von denen diese Informationen stammen, politisch übereinzustimmen glauben. Ein solcher subjektiv empfundener Konsens begründet politisches Vertrauen, das eine Komponente der Glaubwürdigkeit ist, die dem Partner zugeschrieben wird. Diskutanten, die als vertrauenswürdig eingeschätzt werden, sind erheblich einflußreicher als Gesprächspartner, mit denen die Wähler nach eigener Einschätzung politisch im Dissens stehen. In den USA, nicht jedoch in den europäischen Gesellschaften sind Einflüsse der interpersonalen Kommunikation im Rahmen von Sekundärbeziehungen sogar nahezu ausgeschlossen, wenn das Vertrauen zum Gesprächspartner fehlt. Eine weniger eindeutige Rolle spielt die zweite Dimension der wahrgenommenen Glaubwürdigkeit von Diskutanten: die diesen zugeschriebene politische Expertise. Nur bezüglich der Entscheidungen für oder gegen die Kandidaten der etablierten Parteien in den USA fanden sich - entsprechend den Vermutungen der Columbia-Studien - Anhaltspunkte für Einflüsse kompetenter Meinungsführer auf weniger kompetente Meinungsfolger. In den europäischen Gesellschaften scheint interpersonaler Einfluß hingegen vorrangig von Gesprächspartnern auszugehen, die den Empfängern ihrer Informationen hinsichtlich ihrer politischen Kompetenz ähnlich sind.

Für die Akzeptanz medienvermittelter politischer Informationen ist schließlich von erheblicher Bedeutung, welche Auffassungen die Personen vertreten, mit denen die Rezipienten über diese Botschaften diskutieren. In allen fünf Gesellschaften zeigten sich Befunde, die den Schluß nahelegen, daß Einflüsse der Massenkommunikation verstärkt werden, wenn die Inhalte ihrer Botschaften mit den einhelligen Auffassungen aller politischen Gesprächspartner ihrer Empfänger übereinstimmen. Stehen sie zu diesen Positionen im Widerspruch, wird ihr Einflußpotential hingegen stark gedämpft. "Fenster der Gelegenheit" für Einflüsse mittlerer Stärke öffnen sich jedoch bei Rezipienten, deren Diskutanten unterschiedliche politische Auffassungen vertreten, und bei Personen, die auf politische Konversationen ganz verzichten. Dies ist nicht zuletzt deswegen von besonderer Bedeutung, weil die meisten Wähler keineswegs in politisch homogene Primärumwelten eingebettet sind. Mit steigender Anzahl der politischen Gesprächspartner wächst die Wahrscheinlichkeit, daß diese politisch nicht einer Meinung sind. Auch sind die Primärumwelten von Experten häufiger heterogen als die Primärumwelten der Novizen; dies trägt vielleicht ebenfalls dazu bei, daß Experten durch die Berichterstattung von Massenmedien eher beinflußt werden. Die auf die Massenkommunikation bezogene Filterwirkung der persönlichen politischen Kommunikation von Wählern impliziert ebenfalls eine strukturelle Benachteiligung von Wahlbewerbern in Minderheitspositionen. Daß die Primärumwelten von Wählern einhellig eine Kleinpartei oder einen Außenseiterkandidaten unterstützen, kommt nämlich so selten vor, daß die von diesen ausgeübten Verstärkungs- und Blockadeeffekte allenfalls marginale Bedeutung haben können.

"Mass Political Behavior: Is There More to Learn?" - so lautete die von Dunleavy (1990) aufgeworfene Frage, die am Anfang dieser Untersuchung stand. Wie die vorgestellten Analysen gezeigt haben, läßt sich mit den Mitteln der Erfahrungswissenschaft durchaus noch einiges über die Hintergründe und Bedingungen des politischen Verhaltens der Bürger westlicher Demokratien lernen. Allerdings erscheint es angezeigt, hierfür die analytische Optik zu erweitern. Neben den persönlichen Merkmalen der einzelnen Wähler sollte auch beachtet werden, auf welche Weise sie an die gesellschaftlichen Informationsflüsse angeschlossen sind und wie diese beschaffen sind. Diese Informationsströme sind den Wählern äußerlich und können von ihnen nur eingeschränkt kontrolliert werden. Sie stellen den Wählern das gedankliche Rohmaterial zur Verfügung, aus dem diese im Zuge komplexer, mehrstufiger Verarbeitungsprozesse ihre politischen Entscheidungen formen. Dadurch werden sie zu einer wichtigen Quelle politischer Einflüsse.

Anhang 1: Datenbeschreibung

Alle in dieser Arbeit vorgestellten Analysen basieren auf Daten, die im Rahmen des internationalen Projektverbundes "Comparative National Elections Project (CNEP)" erhoben wurden. Die Erhebungen wurden durchgeführt anläßlich der Bundestagswahl 1990, der britischen Unterhauswahl 1992, der Wahl zu den spanischen *Cortes* im Jahr 1993 und der amerikanischen Präsidentschaftswahl 1992. Die Umfragedaten basieren auf Befragungen repräsentativer Zufallsstichproben der wahlberechtigten Bevölkerung.

Die *deutsche* Datenerhebung wurde im Rahmen des DFG-Projektes "Vergleichende Wahlstudie - Bundestagswahl 1990 in West- und Ostdeutschland" durchgeführt. Das Projekt wurde gemeinsam geleitet von Max Kaase, Hans-Dieter Klingemann, Manfred Küchler und Franz Urban Pappi. Verantwortlicher Projektbearbeiter war Rüdiger Schmitt-Beck. Ferner waren an dem Vorhaben wissenschaftlich beteiligt Rolf Hackenbroch, Rainer Mathes, Barbara Pfetsch, Peter R. Schrott, Katrin Voltmer und Bernhard Weßels. Die Befragung wurde in Form einer dreiwelligen Panel-Erhebung durchgeführt, wobei es sich bei den ersten beiden Wellen um Vorwahlbefragungen (Feldzeiten 3. Oktober - 16. November bzw. 14. November - 1. Dezember 1990) und bei der dritten Welle um eine Nachwahlbefragung handelte. Die Daten der dritten Welle wurden in der vorliegenden Untersuchung nicht benutzt. Die Befragungen der ersten Welle wurden in Form persönlicher Interviews realisiert, die Befragungen der zweiten Welle wurden in den alten Bundesländern telefonisch, in den neuen Bundesländern wiederum als persönliche Interviews durchgeführt. Die Fallzahlen für die ersten Wellen betrugen N=1340 für die Stichprobe in den alten Bundesländern und N=692 für die Stichprobe in den neuen Bundesländern. Aufgrund ungewöhnlich hoher Panelmortalität sanken die Fallzahlen der zweiten Befragungswelle auf N=449 in den alten Bundesländern und N=253 in den neuen Bundesländern. Die Daten der zweiten Erhebungswelle wurden nur für die Analysen des Abschnittes 7.2.2.2 verwendet; alle anderen Analysen stützen sich auf die erste Befragungswelle. Die deutsche Inhaltsanalyse umfaßte die Berichterstattung ausgewählter Massenmedien in den sieben Monaten, die dem Wahltermin vorausgingen. Tabelle 7-7 ist zu entnehmen, um welche Medien es sich dabei handelte. Im Interesse der Vergleichbarkeit mit den anderen Inhaltsanalysen, deren Erhebungszeiträume kürzer waren, wurde bei den in Abschnitt 7.2.2.2 präsentierten Auswertungen nicht der gesamte Erhebungszeitraum berücksichtigt. Um den Bezug zu den Umfrageanalysen zu wahren, die überwiegend auf der ersten Befragungswelle basieren, wurde ein Zeitraum für die Analyse ausgewählt, der rund zwei Monate vor Beginn der Erhebungsphase dieser Befragung einsetzte und mit Ende der Feldzeit schloß (30. Juli - 11. November 1990). Die Inhaltsanalyse umfaßte alle Beiträge über Themen der deutschen Politik in den ausgewählten Medien. Tageszeitungen wurden an jedem dritten Wochentag mit den ersten drei Seiten in die Analyse einbezogen. Von den Periodika mit wöchentlicher Erscheinungsweise wurden alle Ausgaben im Untersuchungszeitraum berücksichtigt ('Spiegel': Titelgeschichte und erster Beitrag über deutsche Politik; 'Zeit': erste drei Seiten). Von den Nachrichtenangeboten des Fernsehens wurden die Sendungen jedes dritten Tages komplett codiert. Von den politischen Magazinen wurde pro Kanal ein Sendeplatz ausgewählt; die betreffenden Sendungen wurden ebenfalls komplett ausgewertet. Insgesamt umfaßte die Inhaltsanalyse im hier berücksichtigten Beobachtungszeitraum N=10874 Beiträge (Presse: N=7053, Fernsehen: N=3821).

Die *britische* CNEP-Befragung wurde im Rahmen der "British Election Study 1992" von John Curtice, Anthony Heath und Roger Jowell verantwortet. Es handelte sich um eine einwellige Nachwahlbefragung, die Fallzahl belief sich auf N=2855 (gewichtet, um Oversampling in Schottland auszugleichen). Die Erhebung wurde durchgeführt mittels persönlicher Interviews, die um einen schriftlichen 'drop-off'-Fragebogen ergänzt wurden. Die britische Inhaltsanalyse wurde von Holli Semetko in Zusammenarbeit mit Margaret Scammell und T.J. Nossiter geleitet. Sie umfaßte den gesamten Wahlkampf, der in Großbritannien traditionell drei Wochen dauert. Einbezogen wurden alle Beiträge über britische Politik von ausgewählten Tageszeitungen und Fernsehnachrichten; welche Medien dies waren, ist Tabelle 7-8 zu entnehmen. Aus allen Ausgaben der Tageszeitungen im Erhebungszeitraum wurden die Beiträge der Titelseiten sowie die Beiträge auf den politischen Seiten und auf den Meinungsseiten codiert. Die Analyse der Fernsehnachrichten berücksichtigte alle Sendungen im Erhebungszeitraum komplett. Insgesamt wurden N=1757 Beiträge in die Analyse einbezogen (Presse: N=1212, Fernsehen: N=545).

Die *spanische* CNEP-Befragung hatte zwei Wellen, die beide in Form persönlicher Interviews durchgeführt wurden. Die erste Erhebungswelle wurde vor der Wahl realisiert (Feldzeit 1. - 21. Mai 1993), die zweite nach der Wahl. Die Fallzahlen waren N=1448 für die erste Welle und N=1374 für die zweite

Welle. Die Analysen basieren überwiegend auf den Variablen der zweiten Welle. Das spanische Projekt wurde geleitet von Richard Gunther, Franceso Llera, José Ramón Montero und Francesc Pallarès.

Die *amerikanische* CNEP-Befragung wurde als einwellige telefonische Nachwahlbefragung durchgeführt (N=1318). Projektleiter waren Paul Allen Beck, Russell J. Dalton und Robert Huckfeldt sowie für die Inhaltsanalyse Holli Semetko. Die Inhaltsanalyse der Medienberichterstattung deckte den Zeitraum des offiziellen Wahlkampfes ab, der traditionell von Anfang September bis zum festgelegten Wahltermin Anfang November geht. Die Presseanalyse umfaßte insgesamt 50 ausgewählte Tageszeitungen (siehe Tabelle 7-9) und berücksichtigte nur diejenigen Artikel, die sich direkt mit dem Präsidentschaftswahlkampf oder den Kandidaten beschäftigten. Für die Codierung ausgewählt wurden die Ausgaben jeden dritten Tages mit den Beiträgen bis zur Mittelseite der ersten Nachrichtensektion und den Beiträgen auf Wahl-Sonderseiten und auf *Op/Ed*-Seiten. In die Analyse der Fernsehnachrichten (siehe Tabelle 7-9) wurden alle Beiträge über amerikanische Politik sämtlicher Hauptnachrichtensendungen der drei Networks im Untersuchungszeitraum einbezogen. Die Fallzahl betrug insgesamt N=8166 (Presse: N=6537, Fernsehen: N=1629).

Anhang 2: Beschreibung der Variablen

(a) *Interpersonale Kommunikation und Massenkommunikation*:

Ausführliche Beschreibungen dieser Variablen finden sich in den Abschnitten 6.1.2, 6.2.2, 7.1.1, 8.2.1, 8.4.1, 8.4.2 sowie 9.2.1.

(b) *Politische Prädispositionen*:

Strukturelle Prädispositionen: Die Identifikation mit bestimmten beruflichen Statusgruppen wurde nach Möglichkeit mittels Selbstzuschreibungen der Gruppenzugehörigkeit gemessen (Selbsteinordnung in Mittelschicht bzw. als Arbeiter). Da eine solche Variable in den deutschen Befragungen nicht enthalten war, mußte dort stattdessen auf die objektive Berufsgruppenzugehörigkeit zurückgegriffen werden. Nicht berufstätige Befragte wurden gegebenenfalls anhand der früheren Berufstätigkeit eingestuft.

Gewerkschaftsbindungen wurden in Anlehnung an Weßels (1994) durch die Wahrnehmung von Befragten abgebildet, daß ihre Interessen von Gewerkschaften vertreten würden. Da diese Variable in der britischen Befragung nicht enthalten war, wurde für Großbritannien stattdessen auf die aktuelle oder frühere Mitgliedschaft in einer Gewerkschaft zurückgegriffen.

Ebenfalls anhand der Variable der subjektiv empfundenen Interessenvertretung wurde in den europäischen Ländern die Bindung an eine Kirche gemessen. Die für Deutschland zusätzlich berücksichtigte Konfessionszugehörigkeit wurde durch die objektive formale Mitgliedschaft erfaßt. In den neuen Bundesländern konnte dabei aufgrund des geringen Katholikenanteils und der daraus resultierenden niedrigen Fallzahlen für katholische Befragte nicht zwischen Mitgliedern der Katholischen und der Evangelischen Kirche unterschieden werden. Da es in den USA keine formalisierte Kirchenmitgliedschaft gibt, stützte sich die Messung der religiösen Zugehörigkeit im wesentlichen auf eine Frage nach der subjektiven religiösen Selbstidentifikation. Diese Frage unterschied Protestanten nicht weiter nach Strömungen. Als evangelikale Protestanten wurden Befragte vor diesem Hintergrund dann eingestuft, wenn sie sich nicht nur als Protestanten bezeichneten, sondern zusätzlich auch folgende Frage zustimmend beantworteten: "Some Christians consider themselves to be 'born again', because they have had a personal conversion experience. Do you consider yourself to be 'born again'?" Das "born-again"-Phänomen bezieht sich auf die individuelle Erweckungserfahrung einer Wiedergeburt in Christus - ein spirituelles Erlebnis, das in den USA außerordentlich verbreitet ist (vgl. Leege/Kellstedt u.a. 1993: 199-215). Sonstige Protestanten wurden als "mainline"-Protestanten eingestuft.

Die Einstufung der Rassenzugehörigkeit in den USA erfolgte gemäß Selbstkennzeichnung der Befragten. Die regionale Zuordnung erfolgte auf der Basis des Wohnsitzes, wobei es sich bei den Südstaaten um die 11 Staaten der ehemaligen Konföderation handelt (Alabama, Arkansas, Florida, Georgia, Louisiana, Mississippi, North Carolina, South Carolina, Tennessee, Texas, Virginia).

Kulturelle Prädispositionen: Die Messung der ideologischen Identifikation erfolgte überwiegend auf der Basis von 10-Punkt-Links-Rechts-Skalen bzw. in den USA einer analogen Liberal-Conservative-Skala. Befragte mit den Skalenwerten 1 - 4 wurden als "links" bzw. "liberal" eingestuft, Befragte mit den Skalenwerten 7 - 10 analog als "rechts" bzw. "konservativ". Befragte, die sich auf diesen Skalen nicht einstufen konnten, wurden der Mittelkategorie zugeordnet (vgl. Gibowski 1977: 610-3). Die britische Erhebung enthielt anstelle der Links-Rechts-Skala einen von Evans/Heath (1995) entwickelten komplexen Index mit äquivalenter Bedeutung (Wertebereich 6 - 28). Befragte mit den Skalenwerten 6 - 13 wurden als "links", Befragte mit den Skalenwerten 21 - 28 wurden als "rechts" eingestuft.

Die Messung der individuellen Wertorientierungen erfolgte anhand des 4-Item-Postmaterialismus-Index (Inglehart 1977: 27-30).

Parteiidentifikationen: Zur Messung der affektiven Parteibindungen der Wähler wurden in den meisten Erhebungen aus Äquivalenzgründen Fragen eingesetzt, die sich an das in der deutschen Wahlforschung übliche Instrument anlehnen (vgl. Roth 1998: 125-6). Die Stärke der Parteibindung wurde bei den Analysen nicht berücksichtigt. Befragte, welche die Frage nach der Parteibindung nicht beantworten konnten, wurden der Kategorie der ungebundenen Wähler zugeordnet.

Einen anderen Weg ging die spanische Erhebung; dort wurden die Befragten direkt gebeten anzugeben, ob sie sich "mit einer politischen Partei identifizieren". Abgesehen von der eingeschränkten Vergleichbarkeit mit den in den anderen Ländern benutzten Fragen ist dies auch deswegen ein problematischer Indikator, weil er von den beiden zentralen theoretischen Eigenschaften des Konstrukts "Parteiidentifikation" - der Verbindung von Parteilichkeit mit der eigenen persönlichen Identität und dem langfristigen Zeithorizont dieser affektiven Bindung (Miller/Shanks 1996: 125) - nur den ersteren Aspekt berücksichtigt. Aus diesem Grund wurde ein umfassender Validitätstest durchgeführt, der sich an der von Falter (1977) explizierten Logik der Konstruktvalidierung orientierte und insgesamt ein positives Ergebnis erbrachte. Die spanische Frage konnte mithin als Maß der affektiven Parteiidentifikation akzeptiert werden, auch wenn die Frageformulierung vermutlich eine Konfundierung durch Kurzfristfaktoren begünstigte.

(c) *Politische Involvierung*:

Um Aspekte der politischen Involvierung von Wählern zu messen, werden in der politikwissenschaftlichen Forschung vielfältige Instrumente eingesetzt. Teilweise wird auf subjektive Indikatoren zurückgegriffen, beispielsweise Selbsteinschätzungen der Befragten im Hinblick auf das Ausmaß ihrer politischen Kenntnisse oder ihres politischen Interesses. Auch Selbsteinschätzungen der Intensität der Mediennutzung oder der Häufigkeit politischer Diskussionen werden gelegentlich benutzt - eine Option, die in der vorliegenden Untersuchung natürlich ausschied. Häufig werden aber auch objektive Maße angewandt, wie zum Beispiel das formale Bildungsniveau, die Konsistenz der Orientierungen gegenüber verschiedenen politischen Gegenständen, das Ausmaß der Fähigkeit, politische Fragen in ideologischen Termini zu fassen, oder Tests des politischen Wissens (Neuman 1986: 52-7; Luskin 1987; Smith 1989; van Deth 1989; Zaller 1992: 333-6; Price/Zaller 1993; Delli Carpini/Keeter 1993, 1996: 294-306; Mondak 1995: 81-100). Auf der Grundlage vergleichender Analysen der Performanz unterschiedlicher Meßverfahren vertritt Zaller die Auffassung, daß politische Wissenstests das beste Instrument seien, um die im Sinne des RAS-Modells definierte politische Involvierung von Wählern operational abzubilden (Zaller 1992: 333-7; Price/Zaller 1993).

Vor diesem Hintergrund wurden in der vorliegenden Arbeit politische Wissenstests als Indikatoren für die individuelle politische Involvierung der Wähler eingesetzt. Dabei wurde für alle Gesellschaften außer Großbritannien ein Meßverfahren gewählt, das Zaller als "location test" bezeichnet (Zaller 1992: 337-8; siehe auch Luskin 1987). Die Grundidee dieser Vorgehensweise bestand darin festzustellen, inwieweit die einzelnen Befragten in der Lage waren, die verschiedenen Parteien bzw. Kandidaten im Hinblick auf ihre Haltung bezüglich einer Reihe von Positionsissues der jeweiligen nationalen Politik korrekt einzustufen. Das Augenmerk galt dabei lediglich den relativen Positionen von Parteien bzw. Kandidaten im Verhältnis zu den anderen politischen Akteuren, nicht den absoluten Positionen. Auch die Distanzen zwischen den Positionen der verschiedenen Parteien bzw. Kandidaten gingen nicht in die Indexkonstruktion ein. Die als Bezugsgrößen für die Indexbildung dienenden tatsächlichen Positionen der Parteien in Deutschland und Spanien wurden durch Ratings anhand von Partei- und Wahlprogrammen ermittelt. Dies übernahm für die spanischen Parteien dankenswerterweise Alfredo Retortillo von der Baskischen Universität Bilbao. Zur Ermittlung der korrekten Issuepositionen der Kandidaten bei der amerikanischen Präsidentschaftswahl 1992 wurde die im 'Congressional Quarterly' veröffentlichte Zusammenstellung der Auffassungen der Kandidaten zu den interessierenden Issues benutzt (Congressional Quarterly 50 (1992), 3276-3279). Bezüglich der deutschen Datensätze basierte die Indexkonstruktion auf Positionierungen der Parteien bezüglich folgender Issues: Staatsintervention zur wirtschaftlichen Gesundung der neuen Bundesländer, Asylrecht, Abtreibungsrecht und Kernenergie. Bezüglich der amerikanischen Daten bezog sie sich auf die Positionierungen der drei Präsidentschaftskandidaten bezüglich der Issues Krankenversicherung, Abtreibungsrecht, staatliche Unterstützung von Minderheiten sowie Wirtschaftswachstum versus Umweltschutz. Die Indexwerte geben jeweils die Zahl korrekt angeordneter Paare von Parteien bzw. Kandidaten wieder.

Im Falle Spaniens war bei der Indexkonstruktion zusätzlich das Problem zu bewältigen, daß der spanische CNEP-Datensatz keine wahrgenommenen Issuepositionen der Parteien zu Positionsissues enthielt. Der Wissensindex wurde daher durch eine Instrumentvariable gleichsam simuliert. Dabei wurde auf das Verfahren der "Two-Stage Auxiliary Instrumental Variables Estimation (2SAIV)" zurückgegriffen (Franklin 1989). Dieses Verfahren ist anwendbar, wenn ein zweiter, auf derselben Population basierender Datensatz zur Verfügung steht, der die fehlende Variable enthält und überdies eine Reihe weiterer, mit der interessierenden Variablen korrelierender Variablen mit dem eigentlich interessierenden Datensatz gemeinsam hat. Mit der "European Election Study (EES) 1994" konnte ein solcher Datensatz gefunden werden. In der spanischen EES-Befragung wurden für drei Positionsissues aus dem Bereich der europäischen Politik (Währungsunion, Beschäftigungspolitik, Grenzkontrollen) die Kenntnisse der Wähler über die Positionen der wichtigsten Parteien abgefragt. Auf dieser Basis wurde der spanische Wissensindex auf die beschriebene Weise in der Urform gebildet. In einem zweiten Schritt wurde dann versucht, die Indexwerte der spanischen EES-Befragten durch Variablen vorherzusagen, die der EES-Datensatz mit dem CNEP-Datensatz gemeinsam hatte. Mittels einer multiplen linearen Regression (OLS) konnte ein Modell angepaßt werden, daß 20 Prozent der Varianz des Wissensindex aufklärte (Tabelle A1). Unabhängige Variablen waren dabei eine Reihe von demographischen Merkmalen sowie verschiedene Alternativindikatoren der politischen Involvierung. Im dritten Schritt wurde im CNEP-Datensatz durch Linearkombination der korrespondierenden unabhängigen Variablen auf der Basis der für den EES-Datensatz ermittelten Regressionsgewichte die Instrumentvariable erzeugt, die den Wissensindex simuliert. Verteilungen sowie Kenngrößen der zentralen Tendenz und Streuung des "echten" EES- und des "simulierten" CNEP-Wissensindex sind sehr ähnlich. Auch die Zusammenhänge mit anderen, nicht zur Indexkonstruktion benutzten Variablen fallen sehr ähnlich aus.

Tabelle A1: Determinanten der Werte von spanischen EES-Befragten auf Wissensindex

(N = 835)	B
Politisches Interesse (1 = Interesse, 0 = kein Interesse)	.81*
Fähigkeit, die CiU auf Links-Rechts-Skala zu lokalisieren	1.47**
(1 = Zuschreibung von Skalenwert, 0 = "Weiß nicht")	
Fähigkeit, die PNV auf Links-Rechts-Skala zu lokalisieren	1.76**
(1 = Zuschreibung von Skalenwert, 0 = "Weiß nicht")	
Kenntnis des Namens des amtierenden Finanzministers	1.51**
(1 = richtiger Name genannt, 0 = falscher Name oder "Weiß nicht")	
Geschlecht (1 = m, 0 = w)	.51+
Lebensalter	-.04**
Konstante	1.76**
Adj. R^2	.200

** $P<.01$, * $P<.05$, + $P<.10$

Datenbasis: European Election Study 1994.

Der britische CNEP-Datensatz enthielt ebenfalls keine geeigneten Positionsissues, jedoch umfaßte er einen Test des politischen Faktenwissens. Daher wurde für Großbritannien dieses Instrument als Indikator für das Ausmaß der individuellen politischen Involvierung herangezogen. Die Befragten wurden für eine Reihe von Faktenfeststellungen bezüglich des britischen Regierungssystems gebeten anzugeben, ob diese richtig oder falsch waren. Der Wissensindex basiert auf einer Addition der Zahl der korrekten Antworten. Daß aufgrund dieser abweichenden Vorgehensweise in den verschiedenen Gesellschaften unterschiedliche Formen von Meßinstrumenten für die politische Involvierung eingesetzt wurden, kann als unproblematisch gelten, denn das politische Wissen von Bürgern ist in der Regel nicht bereichsspezifisch organisiert, sondern allgemein. Aus diesem Grund können auch bereichsspezifische Meßinstrumente als Indikatoren einer generellen politischen Involvierung interpretiert werden; dies haben Delli Carpini/Keeter (1996: 135-77) für amerikanische Wähler umfassend herausgearbeitet.

Ein Nachteil der gewählten Vorgehensweise, die freilich in Anbetracht der Datensituation alternativlos war, ist die eingeschränkte interkulturelle Vergleichbarkeit der Indices (siehe auch Abschnitt 5.5). Der in Tabelle A2 ausgewiesene Validitätstest kann als Bestätigung interpretiert werden, daß alle Indices dieselbe Dimension politischer Involvierung abbilden. Aber die Indices haben keine gemeinsame Skalierung. Das wesentliche Problem ist dabei nicht die Tatsache, daß die Indices auf länderspezifischen Indikatoren beruhen; auch die Verwendung identischer Indikatoren in allen Gesellschaften würde nicht unbedingt ihre Äquivalenz sicherstellen. Wesentlich für die Gewährleistung der Äquivalenz der Meßinstrumente, welche die Voraussetzung für präzise interkulturelle Vergleiche darstellt, wäre vielmehr, daß Indikatoren zugrundegelegt werden, die einander hinsichtlich ihres "Schwierigkeitsgrades" entsprechen.

Auch für identische Indikatoren kann nicht a priori unterstellt werden, daß sie für Befragte aus verschiedenen Gesellschaften gleich schwierig sind. Für "location tests" bedeutet das, daß sowohl die Issues als auch die einzustufenden Parteien bzw. Kandidaten so ausgewählt werden müßten, daß sie einander hinsichtlich der Beurteilungsschwierigkeit für durchschnittliche Befragte *aus den jeweiligen Gesellschaften* entsprechen. Da sich die in der vorliegenden Untersuchung herangezogenen Kenntnisobjekte jedoch hinsichtlich der Wahrscheinlichkeiten stark unterscheiden, mit der von solchen Befragten erwartet werden kann, daß sie zu korrekten Antworten in der Lage sind, besteht keine direkte Vergleichbarkeit hinsichtlich der Skalierung der Indices, die auf diesen Urteilen aufgebaut sind. Wir können mithin nicht davon ausgehen, daß dieselben Skalenwerte für Befragte aus den verschiedenen Gesellschaften dieselbe Bedeutung haben. Das gilt auch nicht für den Wert 0, der vergeben wurde, wenn Befragte überhaupt keine korrekten Kenntnisse besaßen. Denn der Anteil dieses Wertes wird natürlich erhöht, wenn nur sehr schwierige Items in die Indexbildung eingehen.

Tabelle A2: Korrelate der Indices der politischen Involvierung (Pearson's r)

	Westdeutschland	Ostdeutschland	Großbritannien	Spanien	USA
Politisches Interesse[1]	.18**	.21**	-	.31**[3]	.29**
Stärke der Parteibindung[2]	.14**	-	.11**	.18**	.14**
Bildungsniveau	.23**	.20**	.34**	.33**	.33**
Geschlecht (1 = m, 0 = w)	.19**	.14**	.28**	.32**[3]	.14**
Erwerbstätigkeit	.13**	.19**	.15**	.29**	.17**
(Mindest-N)	(1204)	(649)	(2806)	(1380)	(1312)

** P<.01, * P<.05, + P<.10

1 In Großbritannien nicht erhoben.
2 In Ostdeutschland nicht erhoben.
3 Zur Konstruktion des Index der politischen Involvierung benutzte Variable.

Aus diesem Grund können hinsichtlich der politischen Involvierung der Bürger keine Ebenenvergleiche zwischen den verschiedenen Gesellschaften durchgeführt werden. Es ist daher nicht möglich anzugeben, ob größere oder kleinere Einflüsse von Informationsquellen in bestimmten Gesellschaften im Vergleich zu anderen Gesellschaften etwas damit zu tun haben, daß sich diese Gesellschaften hinsichtlich der durchschnittlichen politischen Involvierung ihrer Bürger unterscheiden. Etliche Befunde deuten zwar darauf hin, daß es zwischen verschiedenen Gesellschaften in dieser Hinsicht systematische Variationen gibt (Barnes/Kaase u.a. 1979: 215-254; Dalton 1996: 15-39; Delli Carpini/Keeter 1996: 89-91; Dimock/Popkin 1997; Gordon/Segura 1997). Aber ohne auch hinsichtlich der Skalierung äquivalente Indices kann dieser Aspekt bei vergleichenden Analysen nicht in Rechnung gestellt werden. Um zumindest ansatzweise eine gemeinsame Vergleichsbasis zu erhalten, wurden die Indices jedoch für die meisten Analysen am Median dichotomisiert. Es wird also zumeist innerhalb der Gesellschaften die stärker involvierte Hälfte der Wähler - als "Experten" bezeichnet - mit der geringer involvierten Hälfte der Wähler - den sogenannten "Novizen" - verglichen. Dadurch werden interkulturell vergleichende Aussagen darüber möglich, ob diese Unterschiede in derselben oder in unterschiedlichen Richtungen liegen. Nicht möglich ist jedoch der direkte Vergleich der "Experten" bzw. "Novizen" zwischen verschiedenen Gesellschaften, da nicht davon ausgegangen werden kann, daß diese durch dasselbe Niveau politischer Involvierung gekennzeichnet sind.

Literaturverzeichnis

Abramson, Paul R./Aldrich, John H./Rohde, David W., 1995: Change and Continuity in the 1992 Elections, revised edition, Washington, D.C.: CQ Press.
Abramson, Paul R./Inglehart, Ronald, 1995: Value Change in Global Perspective, Ann Arbor: University of Michigan Press.
Achen, Christopher, H., 1975: Mass Political Attitudes and the Survey Response, in: American Political Science Review 69, 1218-1231.
Achen, Christopher H., 1992: Social Psychology, Demographic Variables, and Linear Regression: Breaking the Iron Triangle in Voting Research, in: Political Behavior 14, 195-211.
Aldrich, John H./Nelson, Forrest D., 1984: Linear Probability, Logit, and Probit Models, Newbury Park: Sage.
Alexander, Jeffrey C., 1990: The Mass News Media in Systemic, Historical and Comparative Perspective, in: Alexander, Jeffrey C./Colomy, Paul (Hrsg.), Differentiation Theory and Social Change. Comparative and Historical Perspectives, New York: Columbia University Press, 323-366.
Alford, Robert R., 1963: Party and Society. The Anglo-American Democracies, Chicago: Rand McNally.
Almond, Gabriel A./Verba, Sidney, 1963: The Civic Culture. Political Attitudes and Democracy in Five Nations, Princeton: Princeton University Press.
Alt, James E., 1984: Dealignment and the Dynamics of Partisanship in Britain, in: Dalton, Russell J./Flanagan, Scott C./Beck, Paul Allen (Hrsg.), Electoral Change in Advanced Industrial Societies. Realignment or Dealignment?, Princeton: Princeton University Press, 298-329.
Altheide, David L./Snow, Robert P., 1988: Toward a Theory of Mediation, in: Anderson, James E. (Hrsg.), Communication Yearbook 11, Newbury Park: Sage, 194-223.
Altheide, David L./Snow, Robert P., 1991: Media Worlds in the Postjournalism Era, New York: Aldine de Gruyter.
Alvarez, R. Michael, 1997: Information and Elections, Ann Arbor: University of Michigan Press.
Andreß, Hans-Jürgen/Hagenaars, Jacques A./Kühnel, Steffen, 1997: Analyse von Tabellen und kategorialen Daten. Log-lineare Modelle, latente Klassenanalyse, logistische Regression und GSK-Ansatz, Berlin: Springer.
Ansolabehere, Stephen/Behr, Roy/Iyengar, Shanto, 1993: The Media Game. American Politics in the Television Age, New York: Macmillan.
Armingeon, Klaus, 1994: Gründe und Folgen geringer Wahlbeteiligung, in: Kölner Zeitschrift für Soziologie und Sozialpsychologie 46, 43-64.
Atkin, Charles K., 1972: Anticipated Communication and Mass-Media Information-Seeking, in: Public Opinion Quarterly 36, 188-199.
Atkin, Charles K./Bowen, Lawrence/Nayman, Oguz B./Sheinkopf, Kenneth, 1973: Quality versus Quantity in Televised Political Ads, in: Public Opinion Quarterly 37, 209-224.
Atwood, L. Erwin/Sohn, Ardyth B./Sohn, Harold, 1978: Daily Newspaper Contributions to Community Discussion, in: Journalism Quarterly 55, 570-576.
Avery, Robert K./McCain, Thomas A., 1986: Interpersonal and Mediated Encounters: A Reorientation to the Mass Communication Process, in: Gumpert, Gary/Cathcart, Robert (Hrsg.), Inter/Media. Interpersonal Communication in a Media World, 3rd edition, New York/Oxford: Oxford University Press, 120-131.
Axelrod, Robert, 1972: Where the Votes Come From: An Analysis of Electoral Coalitions, 1952-1968, in: American Political Science Review 66, 11-20.
Ball-Rokeach, Sandra J., 1985: The Origins of Individual Media-System Dependency. A Sociological Framework, in: Communication Research 12, 485-510.
Ball-Rokeach, Sandra J./Reardon, Kathleen, 1988: Monologue, Dialogue, and Telelog. Comparing an Emergent Form of Communication with Traditional Forms, in: Hawkins, Robert P./Wiemann, John M./Pingree, Suzanne (Hrsg.), Advancing Communication Science: Merging Mass and Interpersonal Processes, Newbury Park: Sage, 135-161.
Barnes, Samuel H., 1989: Partisanship and Electoral Behavior, in: Jennings, M. Kent/van Deth, Jan W., u.a., Continuities in Political Action, Berlin/New York: de Gruyter, 235-272.
Barnes, Samuel H./Kaase, Max, u.a., 1979: Political Action. Mass Participation in Five Western Democracies, Beverly Hills: Sage.

Barnes, Samuel H./McDonough, Peter/López Pina, Antonio, 1985: The Development of Partisanship in New Democracies: The Case of Spain, in: American Journal of Political Studies 29, 695-720.
Barnes, Samuel H./McDonough, Peter/López Pina, Antonio, 1986: Volatile Parties and Stable Voters in Spain, in: Government and Opposition 21, 56-79.
Bartels, Larry M., 1993: Messages Received: The Political Impact of Media Exposure, in: American Political Science Review 87, 267-285.
Bartels, Larry, 1996: Uninformed Votes: Information Effects in Presidential Elections, in: American Journal of Political Science 40, 194-230.
Bartolini, Stefano/Mair, Peter, 1990: Identity, Competition, and Electoral Availability: The Stabilisation of European Electorates, 1885-1985, Cambridge: Cambridge University Press.
Barton, Allen H., 1968: Bringing Society Back In. Survey Research and Macro-Methodology, in: American Behavioral Scientist 12, 1-9.
Bauer, Raymond, 1964: The Obstinate Audience: The Influence Process from the Point of View of Social Communication, in: American Psychologist 19, 319-328.
Bausinger, Hermann, 1984: Media, technology and daily life, in: Media, Culture and Society 6, 343-351.
Beck, Paul Allen, 1984: The Dealignment Era in America, in: Dalton, Russell J./Flanagan, Scott C./Beck, Paul Allen (Hrsg.), Electoral Change in Advanced Industrial Societies. Realignment or Dealignment?, Princeton: Princeton University Press, 240-266.
Beck, Paul Allen, 1986: Choice, Context, and Consequence: Beaten and Unbeaten Paths toward a Science of Electoral Behavior, in: Weisberg, Herbert F. (Hrsg.), Political Science: The Science of Politics, New York: Agathon, 241-283.
Beck, Paul Allen, 1991: Voters' Intermediation Environments in the 1988 Presidential Contest, in: Public Opinion Quarterly 55, 371-394.
Beck, Paul Allen, 1997: Party Politics in America, 8th edition, New York: Longman.
Beinstein, Judith, 1977: Friends, the Media, and Opinion Formation, in: Journal of Communication 27, 30-39.
Bennett, Stephen Earl, 1998: Young Americans' Indifference to Media Coverage of Public Affairs, in: PS - Political Science and Politics 31, 535-541.
Bennett, W. Lance, 1981: Perception and Cognition. An Information-Processing Framework for Politics, in: Long, Samuel L. (Hrsg.), The Handbook of Political Behavior, Vol. 1, New York/London: Plenum Press, 69-193.
Bentele, Günter, 1988: Der Faktor Glaubwürdigkeit. Forschungsergebnisse und Fragen für die Sozialisationsperspektive, in: Publizistik 33, 406-426.
Bentele, Günter/Beck, Klaus, 1994: Information - Kommunikation - Massenkommunikation: Grundbegriffe und Modelle der Publizistik- und Kommunikationswissenschaft, in: Jarren, Otfried (Hrsg.), Medien und Journalismus 1, Opladen: Westdeutscher Verlag, 15-50.
Berelson, Bernard R./Lazarsfeld, Paul F./McPhee, William N., 1954: Voting. A Study of Opinion Formation in a Presidential Campaign, Chicago: University of Chicago Press.
Berelson, Bernard R./Steiner, Gary A., 1972: Menschliches Verhalten, Band 2: Soziale Aspekte, Weinheim: Beltz.
Berghaus, Margot, 1999: Wie Massenmedien wirken. Ein Modell zur Systematisierung, in: Rundfunk und Fernsehen 47, 181-199.
Berkowitz, Dan/Pritchard, David, 1989: Political Knowledge and Communication Resources, in: Journalism Quarterly 66, 697-701.
Bineham, Jeffery L., 1988: A Historical Account of the Hypodermic Model in Mass Communication, in: Communication Monographs 55, 230-246.
Biocca, Frank A., 1982: Opposing Conceptions of the Audience: The Active and Passive Hemispheres of Mass Communication Theory, in: Anderson, James E. (Hrsg.), Communication Yearbook 11, Newbury Park: Sage, 51-80.
Blumer, Herbert, 1948: Public Opinion and Public Opinion Polling, in: American Sociological Review 13, 542-549.
Blumler, Jay G., 1990: Elections, the Media and the Modern Publicity Process, in: Ferguson, Marjorie (Hrsg.), Public Communication. The New Imperatives. Future Directions for Media Research, London: Sage, 101-113.
Blumler, Jay G./Gurevitch, Michael, 1975: Towards a Comparative Framework for Political Communication Research, in: Chaffee, Steven H. (Hrsg.), Political Communication. Issues and Strategies for Research, Beverly Hills: Sage, 165-193.

Blumler, Jay G./McQuail, Denis, 1968: Television in Politics: Its Uses and Influence. London: Faber and Faber.
Böckelmann, Frank E. (Hrsg.), 1989: Medienmacht und Politik. Mediatisierte Politik und Wertewandel, Berlin: Spiess.
Books, John W./Prysby, Charles L., 1991: Political Behavior and the Local Context, New York: Praeger.
Boudon, Raymond/Bourricaud, Francois, 1992: Soziologische Stichworte. Ein Handbuch, Opladen: Westdeutscher Verlag.
Brady, Henry E./Sniderman, Paul M., 1985: Attribute Reasoning: A Group Basis for Political Reasoning, in: American Political Science Review 79, 1061-1078.
Brettschneider, Frank, 1994: Agenda-Setting. Forschungsstand und politische Konsequenzen, in: Jäckel, Michael/Winterhoff-Spurk, Peter (Hrsg.), Politik und Medien, Berlin: Vistas, 211-229.
Brettschneider, Frank, 1997: Mediennutzung und interpersonale Kommunikation in Deutschland, in: Gabriel, Oscar W. (Hrsg.), Politische Orientierungen und Verhaltensweisen im vereinigten Deutschland, Opladen: Leske+Budrich, 265-289.
Brians, Craig L./Wattenberg, Martin P., 1996: Campaign Issue Knowledge and Salience: Comparing Reception From TV Commercials, TV News, and Newspapers, in: American Journal of Political Science 40, 172-93.
Brosius, Hans-Bernd, 1994: Agenda-Setting nach einem Vierteljahrhundert Forschung: Methodischer und theoretischer Stillstand?, in: Publizistik 39, 269-288.
Brosius, Hans-Bernd/Kepplinger, Hans Mathias, 1992: Beyond Agenda-Setting: The Influence of Partisanship and Television Reporting on the Electorate's Voting Intentions, in: Journalism Quarterly 69, 893-901.
Brown, Thad A., 1981: On Contextual Change and Partisan Attributes, in: British Journal of Political Science 11, 427-447.
Bruck, Peter A./Stocker, Günther, 1996: Die ganz normale Vielfältigkeit des Lesens. Zur Rezeption von Boulevardzeitungen, Münster: Lit.
Bruns, Thomas, u.a., 1996: Das analytische Modell, in: Schatz, Heribert (Hrsg.), Fernsehen als Objekt und Moment des sozialen Wandels, Opladen: Westdeutscher Verlag, 19-55.
Bürklin, Wilhelm/Klein, Markus, 1998: Wahlen und Wählerverhalten. Eine Einführung, 2. Auflage, Opladen: Leske+Budrich.
Burnell, Peter/Reeves, Andrew, 1984: Persuasion as a Political Concept, in: British Journal of Political Science 14, 393-410.
Burstein, Paul, 1976: Social Networks and Voting: Some Israeli Data, in: Social Forces 54, 833-847.
Burt, Ronald S., 1984: Network Items and the General Social Survey, in: Social Networks 6, 293-339.
Bustamante, Enrique, 1989: TV and Public Service in Spain: a difficult encounter, in: Media, Culture and Society 11, 67-87.
Butler, David, 1989: British General Elections since 1945, Oxford: Basil Blackwell.
Butler, David/Kavanagh, Dennis, 1992: The British General Election of 1992, New York: St. Martin's Press.
Butler, David/Stokes, Donald, 1969: Political Change in Britain. Forces Shaping Electoral Choice, London: Macmillan.
Campbell, Angus/Converse, Philip E./Miller, Warren E./Stokes, Donald E., 1960: The American Voter, New York: Wiley.
Campbell, Angus/Gurin, Gerald/Miller, Warren E., 1953: Television and the Election, in: Scientific American 188, 46-48.
Campbell, Angus/Gurin, Gerald/Miller, Warren E., 1954: The Voter Decides, Evanston/Ill.: Row, Petersen & Co.
Campbell, James E./Munro, Mary/Alford, John R./Campbell, Bruce A., 1986: Partisanship and Voting, in: Long, Samuel (Hrsg.), Research in Micropolitics, Vol. 1: Voting Behavior, Grennwich: JAI Press, 99-126.
Cappella, Joseph N./Jamieson, Kathleen Hall, 1997: Spiral of Cynicism. The Press and the Public Good, New York: Oxford University Press.
Carmines, Edward G./Huckfeldt, Robert, 1996: Political Behavior: An Overview, in: Goodin, Robert E./Klingemann, Hans-Dieter (Hrsg.), A New Handbook of Political Science, Oxford: Oxford University Press, 223-254.
Carmines, Edward G./Kuklinski, James H., 1990: Incentives, Opportunities, and the Logic of Public Opinion in American Political Respresentation, in: Ferejohn, John A./Kuklinski, James H. (Hrsg.), Information and Democratic Processes, Urbana/Chicago: University of Illinois Press, 240-268.

Carmines, Edward G./Layman, Geoffrey C., 1997: Value Priorities, Partisanship, and Electoral Choice: The Neglected Case of the United States, in: Political Behavior 19, 283-316.
Carmines, Edward G./Stanley, Harold, 1992: The Transformation of the New Deal Party System: Social Groups, Political Ideology, and Changing Partisanship Among Northern Whites, 1972-1988, in: Political Behavior 14, 213-237.
Cassel, Carol A./Lo, Celia C., 1997: Theories of Political Literacy, in: Political Behavior 19, 317-335.
Castellani, Jean-Pierre, 1998: Die Tagespresse im Medienwettbewerb - (teilweise) eine Erfolgsgeschichte, in: Bernecker, Walter L./Dirscherl, Klaus (Hrsg.), Spanien heute. Politik - Wirtschaft - Kultur, Frankfurt: Vervuert, 565-580.
Castles, Francis G./Mair, Peter, 1984: Left-Right Political Scales: Some 'Expert' Judgments, in: European Journal of Political Research 12, 73-88.
Chaffee, Steven H., 1972: The Interpersonal Context of Mass Communication, in: Kline, F. Gerald/Tichenor, Phillip J. (Hrsg.): Current Perspectives in Mass Communication Research, Beverly Hills: Sage, 95-120.
Chaffee, Steven H., 1986: Mass Media and Interpersonal Channels: Competitive, Convergent, or Complementary?, in: Gumpert, Gary/Cathcart, Robert (Hrsg.), Inter/Media. Interpersonal Communication in a Media World, third edition, New York/Oxford: Oxford University Press, 62-80.
Chaffee, Steven H./Hochheimer, John L., 1983: Mass Communication in National Election Campaigns: The Research Experience in the United States, in: Schulz, Winfried/Schönbach, Klaus (Hrsg.), Massenmedien und Wahlen, München: Ölschläger, 65-103.
Chaffee, Steven H./Mutz, Diana C., 1988: Comparing Mediated and Interpersonal Communication Data, in: Hawkins, Robert P./Wiemann, John M./Pingree, Suzanne (Hrsg.), Advancing Communication Science: Merging Mass and Interpersonal Processes, Newbury Park: Sage, 19-43.
Chaffee, Steven H./Schleuder, Joan, 1986: Measurement and Effects of Attention to Media News, in: Human Communication Research 13, 76-107.
Chaiken, Shelly/Eagly, Alice H., 1976: Communication Modality as a Determinant of Message Persuasiveness and Message Comprehensibility, in: Journal of Personality and Social Psychology 34, 605-614.
Cobb, Michael D./Kuklinski, James H., 1997: Changing Minds: Political Arguments and Political Persuasion, in: American Journal of Political Science 41, 88-121.
Coleman, James S., 1964: Introduction to Mathematical Sociology, New York: Free Press.
Comstock, George, 1991: Television in America, Newbury Park: Sage.
Comstock, George/Chaffee, Steven/Katzman, Natan/McCombs, Maxwell/Roberts, Donald, 1978: Television and Human Behavior, New York: Columbia University Press.
Conover, Pamela Johnston, 1984: The Influence of Group Identifications on Political Perceptions and Evaluation, in: Journal of Politics 46, 760-785.
Conover, Pamela Johnston/Feldman, Stanley, 1984a: How People Organize the Political World: A Schematic Model, in: American Journal of Political Science 28, 95-126.
Conover, Pamela Johnston/Feldman, Stanley, 1984b: The Origins and Meaning of Liberal/Conservative Self-Identifications, in: Niemi, Richard G./Weisberg, Herbert F. (Hrsg.), Controversies in Voting Behavior, second edition, Washington, D.C.: Congressional Quarterly Press, 354-376.
Converse, Philip E., 1962: Information Flow and the Stability of Partisan Attitudes, in: Public Opinion Quarterly 26, 578-599.
Converse, Philip E., 1964: The Nature of Belief Systems in Mass Publics, in: Apter, David E. (Hrsg.), Ideology and Discontent, New York: Free Press, 206-261.
Converse, Philip E., 1966: Information Flow and the Stability of Partisan Attitudes, in: Campbell, Angus/Converse, Philip E./Miller, Warren E./Stokes, Donald E., Elections and the Political Order, New York: Wiley, 136-157.
Converse, Philip E., 1970: Attitudes and Non-Attitudes: Continuation of a Dialogue, in: Tufte, Edward R. (Hrsg.), The Quantitative Analysis of Social Problems, Reading: Addison-Wesley, 168-189.
Converse, Philip E., 1990: Popular Representation and the Distribution of Information, in: Ferejohn, John A./Kuklinski, James H. (Hrsg.), Information and Democratic Processes, Urbana/Chicago: University of Illinois Press, 369-388.
Cox, Kevin R., 1969: The Spatial Structuring of Information Flow and Partisan Attitudes, in: Dogan, Mattei/Rokkan, Stein (Hrsg.), Social Ecology, Cambridge/Mass.: M.I.T. Press, 157-185.
Crewe, Ivor/Denver, David (Hrsg.), 1985: Electoral Change in Western Democracies. Patterns and Sources of Electoral Volatility, London: Croom Helm.
Crotty, William (Hrsg.), 1993: America's Choice. The Election of 1992, Guilford: Dushkin.

Curtice, John, 1994: Great Britain: Imported Ideas in a Changing Political Landscape, in: European Journal of Political Research 25, 267-286.
Curtice, John, 1995: Is talking over the garden fence of political import?, in: Eagles, Munroe (Hrsg.), Spatial and Contextual Models in Political Research, London: Taylor & Francis, 195-209.
Curtice, John, 1997: Is the *Sun* Shining on Tony Blair? The Electoral Influence of British Newspapers, in: Press/Politics 2, 9-26.
Curtice, John/Semetko, Holli, 1994: Does it matter what the papers say?, in: Heath, Anthony/Jowell, Roger/Curtice, John (Hrsg.), Labour's Last Chance? The 1992 Election and Beyond, Aldershot: Dartmouth, 43-63.
Dahl, Robert A., 1957: The Concept of Power, in: Behavioral Science 2, 201-215.
Dahl, Robert A., 1973: Die politische Analyse, München: List.
Dalton, Russell J., 1986: Wertwandel oder Wertwende. Die Neue Politik und Parteienpolarisierung, in: Kaase, Max/Klingemann, Hans-Dieter (Hrsg.), Wahlen und politischer Prozeß. Analysen aus Anlaß der Bundestagswahl 1983, Opladen: Westdeutscher Verlag, 427-454.
Dalton, Russell J., 1992: Two German Electorates?, in: Smith, Gordon/Paterson, William E./Merkl, Peter H./Padgett, Stephen (Hrsg.), Developments in German Politics, Durham: Duke University Press, 52-76.
Dalton, Russell J. (Hrsg.), 1993: The New Germany Votes. Unification and the Creation of a New German Party System, Providence/Oxford: Berg.
Dalton, Russell J., 1996: Citizen Politics. Public Opinion and Political Parties in Advanced Western Democracies, second edition, Chatham: Chatham House.
Dalton, Russell J./Flanagan, Scott C./Beck, Paul Allen (Hrsg.), 1984: Electoral Change in Advanced Industrial Societies. Realignment or Dealignment?, Princeton: Princeton University Press.
Dalton, Russell J./Rohrschneider, Robert, 1990: Wählerwandel und die Abschwächung der Parteineigungen von 1972 bis 1987, in: Kaase, Max/Klingemann, Hans-Dieter (Hrsg.), Wahlen und Wähler. Analysen aus Anlaß der Bundestagswahl 1987, Opladen: Westdeutscher Verlag, 297-324.
Dalton, Russell J./Wattenberg, Martin P., 1993: The Not So Simple Act of Voting. in: Finifter, Ada W. (Hrsg.), Political Science: The State of the Discipline II, Washington: APSA, 193-218.
Danowski, James A., 1986: Interpersonal Network Structure and Media Use: A Focus on Radiality and Non-Mass Media Use, in: Gumpert, Gary/Cathcart, Robert (Hrsg.), Inter/Media. Interpersonal Communication in a Media World, 3rd edition, New York/Oxford: Oxford University Press, 168-175.
Davis, Richard, 1992: The Press and American Politics. The New Mediator, New York: Longman.
de Mateo, Rosario/Joan M. Corbella, 1992: Spain, in: Euromedia Research Group, The Media in Western Europe, London: Sage, 192-206.
Deimling, Susanne/Bortz, Jürgen/Gmel, Gerhard, 1993: Zur Glaubwürdigkeit von Fernsehanstalten. Entwicklung und Erprobung eines Erhebungsinstrumentes, in: Medienpsychologie 5, 203-219.
del Castillo, Pilar, 1990: Aproximacion al Estudio de la Identificacion Partidista en España, in: Revista de Estudios Politicos 70, 125-141.
del Castillo, Pilar/Delgado, Irene, 1994: Las elecciones legislativas de 1993: movilidad de las preferencias partidistas, in: del Castillo, Pilar (Hrsg.), Comportamiento político y electoral, Madrid: Centro de Investigaciones Sociológicas, 125-148.
del Castillo, Pilar/López Nieto, Lourdes, 1994: Spain, in: European Journal of Political Research 26, 423-429.
Delli Carpini, Michael X./Keeter, Scott, 1993: Measuring Political Knowledge: Putting First Things First, in: American Journal of Political Science 37, 1179-1206.
Delli Carpini, Michael X./Keeter, Scott, 1996: What Americans Know about Politics and Why It Matters, New Haven/London: Yale University Press.
Democracy in Action (Hrsg.), 1996: Field Guide to the 1992 Presidential Campaign, Washington, D.C.: Democracy in Action (CD-ROM).
Dennis, Jack, 1991: The Study of Electoral Behavior, in: Crotty, William (Hrsg.), Political Science: Looking to the Future, Vol. 3: Political Behavior, Evanston: Northwestern University Press, 51-89.
Denver, David, 1994: Elections and Voting Behaviour in Britain, 2nd edition, New York u.a.: Prentice Hall/Harvester Wheatsheaf.
Díez Nicholás, Juan/Semetko, Holli, 1995: La televisión y las elecciones de 1993, in: Muñoz-Alonso, Alejandro/Rospir, Juan Ignacio (Hrsg.), Communicación Politica, Madrid: Editorial Universitas, 243-302.
Dimock, Michael A./Popkin, Samuel L., 1997: Political Knowledge in Comparative Perspective, in: Iyengar, Shanto/Reeves, Richard (Hrsg.), Do the Media Govern?, Thousand Oaks: Sage, 217-224.

Dogan, Mattei/Pelassy, Dominique, 1984: How to Compare Nations. Strategies in Comparative Politics, Chatham: Chatham House.
Donsbach, Wolfgang, 1990: Wahrnehmung von redaktionellen Tendenzen durch Zeitungsleser, in: Medienpsychologie 2, 275-301.
Donsbach, Wolfgang, 1991: Medienwirkung trotz Selektion. Einflußfaktoren auf die Zuwendung zu Medieninhalten, Köln: Böhlau.
Donsbach, Wolfgang, 1992: Die Selektivität der Rezipienten. Faktoren, die die Zuwendung zu Zeitungsinhalten beeinflussen, in: Schulz, Winfried (Hrsg.), Medienwirkungen. Einflüsse von Presse, Radio und Fernsehen auf Individuum und Gesellschaft, Weinheim: VCH, 25-70.
Donsbach, Wolfgang, 1993: Täter oder Opfer - Die Rolle der Massenmedien in der amerikanischen Politik, in: Donsbach, Wolfgang/Jarren, Otfried/Kepplinger, Hans Mathias/Pfetsch, Barbara, Beziehungsspiele - Medien und Politik in der öffentlichen Diskussion, Gütersloh: Bertelsmann-Stiftung, 221-281.
Donsbach, Wolfgang, 1997: Media Thrust in the German Bundestag Election 1994: News Values and Professional Norms in Political Communication, in: Political Communication 14, 149-170.
Donsbach, Wolfgang/Brosius, Hans-Bernd/Mattenklott, Axel, 1993: Die zweite Realität. Ein Feldexperiment zur Wahrnehmung einer Wahlkampfveranstaltung durch Teilnehmer und Fernsehzuschauer, in: Holtz-Bacha, Christina/Kaid, Lynda Lee (Hrsg.), Die Massenmedien im Wahlkampf. Untersuchungen aus dem Wahljahr 1990, Opladen: Westdeutscher Verlag, 104-143.
Donsbach, Wolfgang/Wolling, Jens/v. Blomberg, Constanze, 1996: Repräsentation politischer Positionen im Mediensystem aus der Sicht deutscher und amerikanischer Journalisten, in: Hömberg, Walter/Pürer, Heinz (Hrsg.), Medien-Transformation. Zehn Jahre Dualer Rundfunk in Deutschland, Konstanz: UVK Medien, 343-356.
Downs, Anthony 1968: Ökonomische Theorie der Demokratie. Tübingen: Mohr.
Dreyer, Edward C., 1971: Media Use and Electoral Choices: Some Political Consequences of Information Exposure, in: Public Opinion Quarterly 35, 544-553.
Dryzek, John S., 1992: Opinion Research and the Counter-Revolution in American Political Science, in: Political Studies 40, 679-694.
Dufty, N. F., 1981: Influences on Public Opinion of Unions and Industrial Relations, in: Journal of Industrial Relations 23, 417-429.
Dunleavy, Patrick, 1990: Mass Political Behaviour: Is There More to Learn?, in: Political Studies 38, 453-469.
Eagly, Alice H./Chaiken, Shelly, 1993: The Psychology of Attitudes, Fort Worth u.a.: Harcourt Brace Janovich.
Edo, Concha, 1994: La crisis de la prensa diaria. La línea editorial y la trayectoria de los peródicos de Madrid, Barcelona: Editorial Ariel.
Eilders, Christiane/Pfetsch, Barbara/Neidhardt, Friedhelm, 1997: Pressekommentare und öffentliche Meinung, in: Schatz, Heribert/Jarren, Otfried/Knaup, Bettina (Hrsg.), Machtkonzentration in der Multimediagesellschaft?, Opladen: Westdeutscher Verlag, 176-187.
Engelmann, Frederick C./Schwartz, Mildred A., 1974: Austria's Consistent Voters, in: American Behavioral Scientist 18, 97-110.
Entman, Robert M., 1989: How the Media Affect What People Think: An Information-Processing Approach, in: Journal of Politics 51, 347-370.
Entman, Robert M., 1993: Framing: Toward Clarification of a Fractured Paradigm, in: Journal of Communication 43, 51-58.
Erbring, Lutz, 1989: Nachrichten zwischen Professionalität und Manipulation. Journalistische Berufsnormen und politische Kultur, in: Kaase, Max/Schulz, Winfried (Hrsg.), Massenkommunikation. Theorien, Methoden, Befunde (Sonderheft 30 der Kölner Zeitschrift für Soziologie und Sozialpsychologie), Opladen: Westdeutscher Verlag, 301-313.
Erbring, Lutz/Goldenberg, Edie N./Miller, Arthur H., 1980: Front- Page News and Real-World Cues: A New Look at Agenda-Setting by the Media, in: American Journal of Political Science 24, 16-49.
Erikson, Robert S., 1976: The Influence of Newspaper Endorsements in Presidential Elections: The Case of 1964, in: American Journal of Political Science 20, 207-33.
Erikson, Robert S./Lancaster, Thomas D./Romero, David W., 1989: Group Components of the Presidential Vote, 1952-1984, in: Journal of Politics 51, 337-346.
Eulau, Heinz, 1980: The Columbia Studies of Personal Influence: Social Network Analysis, in: Social Science History 4, 207-228.

Eulau, Heinz/Rothenberg, Lawrence S., 1986,: Life Space and Social Networks as Political Contexts. in: Eulau, Heinz (Hrsg.), Politics, Self, and Society, Cambridge/Mass.: Harvard University Press, 300-324.
Europäische Audiovisuelle Informationsstelle (Hrsg.), 1995: Statistisches Jahrbuch 1996. Filmindustrie, Fernsehen, Video und Neue Medien in Europa, Straßburg: Council of Europe.
Evans, Geoffrey A./Heath, Anthony F., 1995: The measurement of left-right and libertarian-authoritarian values: a comparison of balanced and unbalanced scales, in: Quality & Quantity 29, 191-206.
Falter, Jürgen W., 1977: Einmal mehr: Läßt sich das Konzept der Parteiidentifikation auf deutsche Verhältnisse übertragen? Theoretische, methodologische und empirische Probleme einer Validierung des Konstrukts "Parteiidentifikation" für die Bundesrepublik Deutschland, in: Kaase, Max (Hrsg.), Wahlsoziologie heute. Analysen aus Anlaß der Bundestagswahl 1976, Opladen: Westdeutscher Verlag, 476-500.
Falter, Jürgen W., 1992: Wahlen 1990. Die demokratische Legitimation für die deutsche Einheit mit großen Überraschungen, in: Jesse, Eckhard/Mitter, Armin (Hrsg.), Die Gestaltung der deutschen Einheit. Geschichte - Politik - Gesellschaft, Bonn: Bundeszentrale für politische Bildung, 163-188.
Falter, Jürgen W./Klein, Markus/Schumann, Siegfried, 1994: Politische Konflikte, Wählerverhalten und die Struktur des Parteienwettbewerbs, in: Gabriel, Oscar W./Brettschneider, Frank (Hrsg.), Die EU-Staaten im Vergleich, Opladen: Westdeutscher Verlag, 194-220.
Falter, Jürgen W./Schumann, Siegfried/Winkler, Jürgen, 1990: Erklärungsmodelle von Wählerverhalten, in: Aus Politik und Zeitgeschichte B37-38, 3-13.
Feist, Ursula/Liepelt, Klaus, 1986: Vom Primat des Primären. Massenkommunikation im Wahlkampf, in: Kase, Max/Klingemann, Hans Dieter (Hrsg.), Wahlen und politischer Prozeß. Analysen aus Anlaß der Bundestagswahl 1983, Opladen: Westdeutscher Verlag, 153-179.
Ferejohn, John A./Kuklinski, James H. (Hrsg.), 1990: Information and Democratic Processes, Urbana/Chicago: University of Illinois Press.
Finifter, Ada W., 1974: The Friendship Group as a Protective Environment for Political Deviants, in: American Political Science Review 68, 607-625.
Finkel, Steven E., 1993: Reexamining the "Minimal Effects" Model in Recent Presidential Campaigns, in: Journal of Politics 55, 1-21.
Finkel, Steven E./Schrott, Peter, 1995: Campaign Effects on Voter Choice in the German Election of 1990, in: British Journal of Political Science 25, 349-377.
Fiorina, Morris P., 1981: Retrospective Voting in American National Elections, New Haven: Yale University Press.
Fiorina, Morris P., 1990: Information and Rationality in Elections, in: Ferejohn, John A./Kuklinski, James H. (Hrsg.), Information and Democratic Processes, Urbana/Chicago: University of Illinois Press, 329-342.
Fischer, Claude S., 1982: To Dwell Among Friends. Personal Networks in Town and City, Chicago: University of Chicago Press.
Fischer, Claude S., u.a., 1977: Networks and Places. Social Relations in the Urban Setting, New York: Free Press.
Flanigan, William H./Zingale, Nancy H., 1994: Political Behavior of the American Electorate, 8th edition, Washington, D.C.: Congressional Quarterly.
Franklin, Charles H., 1989: Estimation Across Data Sets: Two-Stage Auxiliary Instrumental Variables Estimation (2SAIV), in: Political Analysis 1, 1-23.
Franklin, Mark N./Mackie, Thomas T./Valen, Henry, u.a., 1992: Electoral Change. Responses to Evolving Social and Attitudinal Structures in Western Countries, Cambridge: Cambridge University Press.
Franklin, Mark, 1992: Britain, in: Franklin, Mark N./Mackie, Thomas T./Valen, Henry u.a., Electoral Change. Responses to Evolving Social and Attitudinal Structures in Western Countries, Cambridge: Cambridge University Press, 101-122.
Friedrich, Robert J., 1982: In Defense of Multiplicative Terms in Multiple Regression Equations, in: American Journal of Political Science 26, 797-833.
Friedrichsen, Mike, 1995: Medienbewertung als Element des politischen Informationsprozesses, in: Klingemann, Hans-Dieter/Erbring, Lutz/Diederich, Nils (Hrsg.), Zwischen Wende und Wiedervereinigung. Analysen zur politischen Kultur in West- und Ost-Berlin 1990, Opladen: Westdeutscher Verlag, 260-303.
Friedrichsen, Mike, 1996: Im Zweifel für die Angeklagten. Zur Wahrnehmung Akzeptanz von Parteien im Superwahljahr 1994, in: Holtz-Bacha, Christina/Kaid, Lynda Lee (Hrsg.), Wahlen und Wahl-

kampf in den Medien. Untersuchungen aus dem Wahljahr 1994, Opladen: Westdeutscher Verlag, 45-79.
Früh, Werner, u.a., 1991: Medienwirkungen: Das dynamisch-transaktionale Modell. Theorie und empirische Forschung, Opladen: Westdeutscher Verlag.
Fuchs, Dieter/Klingemann, Hans-Dieter, 1989: The Left-Right-Schema, in: Jennings, M. Kent/van Detz, Jan W., u.a., Continuities in Political Action, Berlin/New York: de Gruyter, 203-234.
Fuchs, Dieter/Kühnel, Steffen, 1994: Wählen als rationales Handeln: Anmerkungen zum Nutzen des Rational-Choice-Ansatzes in der empirischen Wahlforschung, in: Klingemann, Hans-Dieter/Kaase, Max (Hrsg.), Wahlen und Wähler. Analysen aus Anlaß der Bundestagswahl 1990, Opladen: Westdeutscher Verlag, 305-364.
Fuchs-Heinritz, Werner, u.a. (Hrsg.), 1994: Lexikon zur Soziologie, 3. Auflage, Opladen: Westdeutscher Verlag.
Gabriel, Oscar W./Brettschneider, Frank, 1994: Soziale Konflikte und Wählerverhalten: Die erste gesamtdeutsche Bundestagswahl im Kontext der längerfristigen Entwicklung des Parteiensystems der Bundesrepublik Deutschland, in: Rattinger, Hans/Gabriel, Oscar W./Jagodzinski, Wolfgang (Hrsg.), Wahlen und politische Einstellungen im vereinigten Deutschland, Frankfurt: Lang, 7-45.
Gabriel, Oscar W./Van Deth, Jan W., 1995: Political Interest, in: Van Deth, Jan W. (Hrsg.), The Impact of Values, Oxford: Oxford University Press, 390-411.
Gaensslen, Hermann/Schubö, Werner, 1976: Einfache und komplexe statistische Analyse, 2. Auflage, München/Basel: Reinhardt.
Gamson, William A., 1988: The 1987 Distinguished Lecture: A Constructionist Approach to Mass Media and Public Opinion, in: Symbolic Interaction 11, 161-174.
Geer, John G., 1985: Voting and the Social Environment, in: American Politics Quarterly 13, 3-27.
Gellner, Winand, 1995: Medien und Parteien. Grundmuster politischer Kommunikation, in: Gellner, Winand/Veen, Hans-Joachim (Hrsg.), Umbruch und Wandel in westeuropäischen Parteiensytemen, Frankfurt: Lang, 17-33.
Gellner, Winand, 1998: Medien im Wandel, in: Kastendiek, Hans/Rohe, Karl/Volle, Angelika (Hrsg.), Länderbericht Großbritannien. Geschichte - Politik - Wirtschaft - Gesellschaft, Bonn: Bundeszentrale für Politische Bildung, 543-561.
Gerhards, Jürgen, 1994: Politische Öffentlichkeit. Ein system- und akteurstheoretischer Bestimmungsversuch, in: Neidhardt, Friedhelm (Hrsg.), Öffentlichkeit, öffentliche Meinung, soziale Bewegungen (Sonderheft 34 der Kölner Zeitschrift für Soziologie und Sozialpsychologie), Opladen: Westdeutscher Verlag, 77-105.
Gerhards, Maria/Klingler, Walter, 1995: Politikmagazine im öffentlich-rechtlichen Fernsehen. Nutzungsdaten und Zuschauererwartungen, in: Media Perspektiven 4, 166-171.
Gibowski, Wolfgang, 1977: Die Bedeutung der Links-Rechts-Dimension als Bezugsrahmen für politische Präferenzen, in: Kaase, Max (Hrsg.), Wahlsoziologie heute. Analysen aus Anlaß der Bundestagswahl 1976, Opladen: Westdeutscher Verlag, 600-626.
Gibowski, Wolfgang/Kaase, Max, 1990: Auf dem Weg zum politischen Alltag. Eine Analyse der ersten gesamtdeutschen Bundestagswahl vom 2. Dezember 1990, in: Aus Politik und Zeitgeschichte B11-12, 3-20.
Gleich, Uli, 1998: Die Bedeutung medialer Kommunikation für Wahlen, in: Media Perspektiven 8, 411-422.
Gluchowski, Peter, 1978: Parteiidentifikation im politischen System der Bundesrepublik Deutschland. Zum Problem der empirischen Überprüfung eines Konzepts unter variierten Systembedingungen, in: Oberndörfer, Dieter (Hrsg.), Wählerverhalten in der Bundesrepublik Deutschland. Studien zu ausgewählten Probleme der Wahlforschung aus Anlaß der Bundestagswahl 1976, Berlin: Duncker & Humblot, 265-323.
Gluchowski, Peter, 1983: Wahlerfahrung und Parteiidentifikation. Zur Einbindung von Wählern in das Parteiensystem der Bundesrepublik, in: Kaase, Max/Klingemann, Hans-Dieter (Hrsg.), Wahlen und politisches System. Analysen aus Anlaß der Bundestagswahl 1980, Opladen: Westdeutscher Verlag, 442-477.
Gluchowski, Peter/von Wilamowitz-Moellendorff, Ulrich, 1997: Sozialstrukturelle Grundlagen des Parteienwettbewerbs in der Bundesrepublik Deutschland, in: Gabriel, Oscar W./Niedermayer, Oskar/Stöss, Richard (Hrsg.), Parteiendemokratie in Deutschland, Bonn: Bundeszentrale für Politische Bildung, 179-208.
Goidel, Robert K./Shields, Todd G./Peffley, Mark, 1997: Priming Theory and RAS Models. Toward an Integrated Perspective of Media Influence, in: American Politics Quarterly 25, 287-318.

Goldenberg, Edie N./Traugott, Michael W., 1984: Campaigning for Congress, Washington, D.C.: CQ Press.
Gordon, Stacy B./Segura, Gary M., 1997: Cross-National Variation in the Political Sophistication of Individuals, in. Journal of Politics 59, 126-147.
Graber, Doris, 1993: Political Communication: Scope, Progress, Promise, in: Finifter, Ada W. (Hrsg.), Political Science: The State of the Discipline II, Washington: APSA, 305-332.
Graber, Doris, 1997: Mass Media and American Politics, fifth edition, Washington, D.C.: Congressional Quarterly Press.
Granberg, Donald/Holmberg, Sören, 1988: The Political System Matters. Social Psychology and Voting Behavior in Sweden and the United States, Cambridge: Cambridge University Press.
Granberg, Donald/Holmberg, Sören, 1990: The Berelson Paradox Reconsidered. Intention-Behavior Changers in U.S. and Swedish Election Campaigns, in: Public Opinion Quarterly 54, 530-550.
Granovetter, Mark S., 1973: The Strength of Weak Ties, in: American Journal of Sociology 78, 1360-1380.
Grofman, Bernard (Hrsg.), 1993: Information, Participation, and Choice. *An Economic Theory of Democracy* in Perspective, Ann Arbor: University of Michigan Press.
Gunther, Richard/Montero, José Ramón, 1994: Los anclajes des partidismo: un análisis comparado del comportamiento electoral en cuatro democracias del sur de Europa, in: del Castillo, Pilar (Hrsg.), Comportamiento político y electoral, Madrid: Centro de Investigaciones Sociológicas, 467-548.
Gunther, Richard/Sani, Giacomo/Shabad, Goldie, 1986: Spain After Franco. The Making of a Competitive Party System, Berkeley: University of California Press.
Gurevitch, Michael/Blumler, Jay G., 1990: Comparative Research: The Extending Frontier, in: Swanson, David L./Nimmo, Dan (Hrsg.), New Directions in Political Communication. A Resource Book, Newbury Park: Sage, 305-325.
Gurin, Patricia/Hatchett, Shirley J./Jackson, James S., 1989: Hope and Indepence: Blacks' Response to Electoral and Party Politics, New York: Russell Sage Foundation.
Hacker, Kenneth L., 1995: Interpersonal Communication and the Construction of Candidate Images, in: Hacker, Kenneth L. (Hrsg.), Candidate Images in Presidential Elections, Westport: Praeger, 65-82.
Hagen, Lutz M., 1992: Die opportunen Zeugen. Konstruktionsmechanismen von Bias in der Zeitungsberichterstattung über die Volkszählungsdiskussion, in: Publizistik 37, 444-460.
Hagle, Timothy M./Mitchell, Glenn E., 1992: Goodness-of-Fit Measures for Probit and Logit, in: American Journal of Political Science 36, 762-784.
Hajok, Daniel/Schorb, Bernd, 1998: Informationssendungen europäischer Fernsehanbieter in der Prime time. Ausgewählte Ergebnisse einer vergleichenden Analyse zur Präsenz von Informationsangeboten 1997, in: Media Perspektiven 7, 331-336.
Hamill, Ruth/Lodge, Milton/Blake, Frederick, 1985: The Breadth, Depth, and Utility of Class, Partisan, and Ideological Schemata, in: American Journal of Political Science 29, 850-870.
Hardy, Melissa A., 1993: Regression with Dummy Variables, Newbury Park: Sage.
Harrison, Martin, 1988: Broadcasting, in: Butler, David/Kavanagh, Dennis (Hrsg.), The British General Election of 1987, Houndsmill: Macmillan, 139-162.
Harrison, Martin, 1992: Politics on the Air, in: Butler, David/Kavanagh, Dennis (Hrsg.), The British General Election of 1992, Houndsmill: St. Martin's Press, 155-179.
Harrop, Martin, 1986: The press and post-war elections, in: Crewe, Ivor/Harrop, Martin (Hrsg.), Political Communications: The general election campaign of 1983, Cambridge: Cambridge University Press, 137-149.
Harrop, Martin, 1988: Press, in: Butler, David/Kavanagh, Dennis (Hrsg.), The British General Election of 1987, Houndsmill: Macmillan, 163-188.
Harrop, Martin/Scammell, Margaret, 1992: A Tabloid War, in: Butler, David/Kavanagh, Dennis (Hrsg.), The British General Election of 1992, Houndsmill: St. Martin's Press, 180-210.
Hastie, Reid, 1986: A Primer of Information-Processing Theory for the Political Scientist, in: Lau, Richard R./Sears, David O. (Hrsg.), Political Cognition, Hillsdale: Lawsrence Erlbaum, 11-39.
Heath, Anthony, u.a., 1991: Understanding Political Change. The British Voter 1964-1987, Oxford: Pergamon.
Heath, Anthony/Jowell, Roger/Curtice, John (Hrsg.), 1994: Labour's Last Chance? The 1992 Election and Beyond, Aldershot: Dartmouth.
Herstein, John A., 1985: Voter Thought Processes and Voting Theory, in: Kraus, Sidney/Perloff, Richard M. (Hrsg.), Mass Media and Political Thought. An Information-Processing Approach, Berverly Hills: Sage, 15-36.

Hetherington, Marc J., 1996: The Media's Role in Forming Voters' National Economic Evaluations in 1992, in: American Journal of Political Science 40, 372-395.
Heywood, Paul, 1995: The Government and Politics of Spain, New York: St. Martin's Press.
Hildebrandt, Kai/Dalton, Russell J., 1977: Die neue Politik. Politischer Wandel oder Schönwetterpolitik?, in: Kaase, Max (Hrsg.), Wahlsoziologie heute. Analysen aus Anlaß der Bundestagswahl 1976, Opladen: Westdeutscher Verlag, 230-256.
Hill, David B., 1985: Viewer Characteristics and Agenda Setting by Television News, in: Public Opinoin Quarterly 49, 340-350.
Hofstetter, C. Richard, 1976: Bias in the News. Network Television Coverage of the 1972 Election Campaign, Columbus: Ohio State University Press.
Höllinger, Franz/Haller, Max, 1990: Kinship and social networks in modern societies: a cross-cultural comparison among seven nations, in: European Sociological Review 6, 103-124.
Holm, John D./Robinson, John P., 1978: Ideological Identification and the American Voter, in: Public Opinion Quarterly 42, 235-246.
Holmberg, Sören, 1994: Party Identification Compared Across the Atlantic, in: Jennings, M. Kent/Mann, Thomas E. (Hrsg.), Elections at Home and Abroad, Ann Arbor: University of Michigan Press, 93-121.
Holtz-Bacha, Christina, 1996: Massenmedien und Wahlen. Zum Stand der deutschen Forschung - Befunde und Desiderata, in: Holtz-Bacha, Christina/Kaid, Lynda L. (Hrsg.), Wahlen und Wahlkampf in den Medien. Untersuchungen aus dem Wahljahr 1994, Opladen: Westdeutscher Verlag, 9-44.
Huber, John/Inglehart, Ronald, 1995: Expert Interpretations of Party Space and Party Locations in 42 Societies, in: Party Politics 1, 73-111.
Huckfeldt, Robert, 1986: Politics in Context: Assimilation and Conflict in Urban Neighborhoods, New York: Agathon.
Huckfeldt, Robert/Beck, Paul Allen/Dalton, Russell J./Levine, Jeffrey, 1995: Political Environments, Cohesive Social Groups, and the Communication of Public Opinion, in: American Journal of Political Science 39, 1025-1054.
Huckfeldt, Robert/Sprague, John, 1987: Networks in Context: The Social Flow of Political Information, in: American Political Science Review 81, 1197-1216.
Huckfeldt, Robert/Sprague, John, 1988: Choice, Social Structure, and Political Information: The Informational Coercion of Minorities, in: American Journal of Political Science 32, 467-482.
Huckfeldt, Robert/Sprague, John, 1991: Discussant Effects on Vote Choice: Intimacy, Structure, and Interdependence, in: Journal of Politics 53, 122-158.
Huckfeldt, Robert/Sprague, John, 1993: Citizens, Contexts, and Politics, in: Finifter, Ada W. (Hrsg.), Political Science: The State of the Discipline II, Washington: APSA, 281-303.
Huckfeldt, Robert/Sprague, John, 1995: Citizens, Politics, and Social Communication. Information and Influence in an Election Campaign, Cambridge: Cambridge University Press.
Hügel, Rolf/Degenhardt, Werner/Weiß, Hans-Jürgen, 1992: Strukturgleichungsmodelle für die Analyse des Agenda-Setting-Prozesses. in: Schulz, Winfried (Hrsg.), Medienwirkungen. Einflüsse von Presse, Radio und Fernsehen auf Individuum und Gesellschaft, Weinheim: VCH, 143-159.
Huggins, Richard/Turner, John, 1997: The Politics of Influence and Control, in: Axford, Barrie/Browning, Gary K./Huggins, Richard/Rosamond, Ben/Turner, John (Hrsg.), Politics. An Introduction, London/New York: Routledge, 369-407.
Hume, Ellen, 1996: The New Paradigm for News, in: Jamieson, Kathleen Hall (Hrsg.), The Media and Politics (Annals of the American Academy of Political and Social Science 546), Thousand Oaks: Sage, 141-153.
Humphreys, Peter, 1996a: Das Rundfunksystem Großbritanniens, in: Hans-Bredow-Institut (Hrsg.), Internationales Handbuch für Hörfunk und Fernsehen 1996/97, Baden-Baden/Hamburg: Nomos, D94-D109.
Humphreys, Peter, 1996b: Mass Media and Media Policy in Western Europe, Manchester: Manchester University Press.
Inglehart, Ronald, 1971: The Silent Revolution in Europe: Intergenerational Change in Post-Industrial Societies, in: American Political Science Review 65, 991-1017.
Inglehart, Ronald, 1977: The Silent Revolution. Changing Values and Political Styles among Western Publics, Princeton: Princeton University Press.
Inglehart, Ronald, 1984: The Changing Structure of Political Cleavages in Western Society, in: Dalton, Russell J./Flanagan, Scott C./Beck, Paul Allen (Hrsg.), Electoral Change in Advanced Industrial Democracies. Realignment or Dealignment?, Princeton/NJ: Princeton University Press, 25-69.

Inglehart, Ronald, 1990: Culture Shift in Advanced Industrial Society, Princeton: Princeton University Press.
Inglehart, Ronald/Klingemann, Hans-Dieter, 1976: Party Identification, Ideological Preference and the Left-Right Dimension Among Western Mass Publics, in: Budge, Ian/Crewe, Ivor/Farlie, Dennis (Hrsg.), Party Identification and Beyond. Representations of Voting and Party Competition, London u.a.: Wiley, 243-273.
Iyengar, Shanto, 1990: Shortcuts to Political Knowledge: The Role of Selective Attention and Accessibility, in: Ferejohn, John A./Kuklinski, James H. (Hrsg.), Information and Democratic Processes, Urbana/Chicago: University of Illinois Press, 160-185.
Iyengar, Shanto, 1991: Is Anyone Responsible? How Television Frames Political Issues, Chicago/London: University of Chicago Press.
Iyengar, Shanto, 1997: The Effects of News on the Audience. Minimal or Maximal Consequences? - Overview, in: Iyengar, Shanto/Reeves, Richard (Hrsg.), Do the Media Govern? Politicians, Voters, and Reporters in America, Thousand Oaks: Sage, 209-216.
Iyengar, Shanto/Kinder, Donald R., 1985: Psychological Accounts of Agenda-Setting, in: Kraus, Sidney/Perloff, Richard M. (Hrsg.), Mass Media and Political Thought. An Information-Processing Approach, Beverly Hills: Sage, 117-140.
Iyengar, Shanto/Kinder, Donald R., 1987: News That Matters, Chicago/London: University of Chicago Press.
Jackson-Beeck, Marilyn, 1979: Interpersonal and Mass Communication in Children's Political Socialization, in: Journalism Quarterly 56, 48-53.
Jagodzinski, Wolfgang/Kühnel, Steffen M., 1990: Zur Schätzung der relativen Effekte von Issueorientierungen, Kandidatenpräferenz und langfristiger Parteibindung auf die Wahlabsicht, in: Schmitt, Karl (Hrsg.), Wahlen, Parteieliten, politische Einstellungen, Frankfurt am Main: Peter Lang, 5-63.
Jarren, Otfried, 1998: Medien, Mediensystem und politische Öffentlichkeit im Wandel, in: Sarcinelli, Ulrich (Hrsg.), Politikvermittlung und Demokratie in der Mediengesellschaft. Beiträge zur politischen Kommunikationskultur, Bonn: Bundeszentrale für politische Bildung, 74-94.
Johnston, Anne, 1990: Trends in Political Communication: A Selective Review of Research in the 1980s, in: Swanson, David L./Nimmo, Dan (Hrsg.), New Directions in Political Communication. A Resource Book, Newbury Park/London/New Dehli: Sage, 329-63.
Joslyn, Richard, 1984: Mass Media and Elections, Reading/Mass.: Addison-Wesley.
Just, Marion R./Crigler, Ann N./Alger, Dean E./Cook, Timothy E./Kern, Montague/West. Darrell M., 1996: Crosstalk. Citizens, Candidates, and the Media in a Presidential Campaign, Chicago/London: University of Chicago Press.
Kaase, Max, 1986: Das Mikro-Makro-Puzzle in der Empirischen Sozialforschung: Anmerkungen zu einem Problem, in: Köner Zeitschrift für Soziologie und Sozialpsychologie 38, 209-222.
Kaase, Max, 1993: Electoral Politics in the New Germany: Public Opinion and the Bundestag Election of December 2, 1990, in: Anderson, Christopher/Kaltenthaler, Karl/Luthardt, Wolfgang (Hrsg.), The Domestic Politics of German Unification, Boulder/London: Lynne Rienner, 37-59.
Kaase, Max, 1997: Medien und Politik, in: Ruprecht-Karls-Universität Heidelberg (Hrsg.), Massen, Macht und Medien, Heidelberg: HVA, 51-80.
Kaase, Max, 1998: Demokratisches System und Mediatisierung der Politik, in: Sarcinelli, Ulrich (Hrsg.), Politikvermittlung und Demokratie in der Mediengesellschaft. Beiträge zur politischen Kommunikationskultur, Bonn: Bundeszentrale für politische Bildung, 24-51.
Kaase, Max/Klingemann, Hans-Dieter, 1994a: Der mühsame Weg zur Entwicklung von Parteiorientierungen in einer "neuen" Demokratie: Das Beispiel der früheren DDR, in: Klingemann, Hans-Dieter/Kaase, Max (Hg,.), Wahlen und Wähler. Analysen aus Anlaß der Bundestagswahl 1990, Opladen: Westdeutscher Verlag, 365-396.
Kaase, Max/Klingemann, Hans-Dieter, 1994b: Electoral Research in the Federal Republik of Germany, in: European Journal of Political Research 25, 343-366.
Katz, Elihu, 1957: The Two-Step-Flow of Communication: An Up-To-Date Report on an Hypothesis, in: Public Opinion Quarterly 21, 61-78.
Katz, Elihu, 1987: Communication Research Since Lazarsfeld, in: Public Opinion Quarterly 51, S25-S45.
Katz, Elihu/Gurevitch, Michael/Haas, Hadassah, 1973: On the Use of the Mass Media for Important Things, in: Studies in Broadcasting 9, 31-65.
Katz, Elihu/Lazarsfeld, Paul F., 1955: Personal Influence. The Part Played by People in the Flow of Mass Communication, Glencoe/Ill.: Free Press.

Kazee, Thomas A., 1981: Television Exposure and Attitude Change: The Impact of Political Interest, in: Public Opinion Quarterly 45, 507-518.
Kelley, Stanley, 1983: Interpreting Elections, Princeton/NJ: Princeton University Press.
Kelley, Stanley/Mirer, Thad W., 1974: The Simple Act of Voting, in: American Political Science Review 68, 572-591.
Kennamer, J. David, 1990: Political Discussion and Cognition: A 1988 Look, in: Journalism Quarterly 67, 348-352.
Kenny, Christopher B., 1994: The Microenvironment of Attitude Change, in: Journal of Politics 56, 715-728.
Kenny, Christopher B., 1998: The Behavioral Consequences of Political Discussion: Another Look at Discussant Effects on Vote Choice, in: Journal of Politics 60, 231-244.
Kepplinger, Hans Mathias, 1985: Die aktuelle Berichterstattung des Hörfunks, Freiburg: Alber.
Kepplinger, Hans Mathias, 1989: Theorien der Nachrichtenauswahl als Theorien der Realität, in: Aus Politik und Zeitgeschichte B15, 3-16.
Kepplinger, Hans Mathias, 1990: Realität, Realitätsdarstellung und Medienwirkung, in: Willke, Jürgen (Hrsg.), Fortschritte der Publizistikwissenschaft, Freiburg/München: Alber, 39-55.
Kepplinger, Hans Mathias, 1992: Ereignismanagement. Wirklichkeit und Massenmedien, Zürich/Osnabrück: Edition Interfrom/Fromm.
Kepplinger, Hans M./Brosius, Hans-Bernd, 1990: Der Einfluß der Parteibindung und der Fernsehberichterstattung auf die Wahlabsichten der Bevölkerung, in: Kaase, Max/Klingemann, Hans-Dieter (Hrsg.), Wahlen und Wähler. Analysen aus Anlaß der Bundestagswahl 1987, Opladen: Westdeutscher Verlag, 675-686.
Kepplinger, Hans M./Brosius, Hans B./Dahlem, Stefan, 1994: Wie das Fernsehen Wahlen beeinflußt. Theoretische Modelle und empirische Analysen, München: R. Fischer.
Kepplinger, Hans Mathias/Brosius, Hans Bernd/Staab, Joachim Friedrich/Linke, Günter, 1989: Instrumentelle Aktualisierung. Grundlagen einer Theorie publizistischer Konflikte, in: Kaase, Max/Schulz, Winfried (Hrsg.), Massenkommunikation. Theorien, Methoden, Befunde (Sonderheft 30 der Kölner Zeitschrift für Soziologie und Sozialpsychologie), Opladen: Westdeutscher Verlag, 199-220.
Kepplinger, Hans Mathias/Martin, Verena, 1986: Die Funktionen der Massenmedien in der Alltagskommunikation, in: Publizistik 31, 118-128.
Kepplinger, Hans Mathias/Rettich, Markus, 1996: Publizistische Schlagseiten. Kohl und Scharping in Presse und Fernsehen, in: Holtz-Bacha, Christina/Kaid, Lynda Lee (Hrsg.), Wahlen und Wahlkampf in den Medien. Untersuchungen aus dem Wahljahr 1994, Opladen: Westdeutscher Verlag, 80-100.
Kerbel, Matthew Robert, 1994: Edited for Television. CNN, ABC, and the 1992 Campaign, Boulder: Westview.
Kiefer, Marie-Luise, 1992: Massenkommunikation IV, in: Berg, Klaus/Kiefer, Marie-Luise (Hrsg.), Massenkommunikation IV, Baden-Baden: Nomos, 13-298.
Kindelmann, Klaus, 1994: Kanzlerkandidaten in den Medien. Eine Analyse des Wahljahres 1990, Opladen: Westdeutscher Verlag.
Kinder, Donald R./Sears, David O.,1985: Public Opinion and Political Action, in: Lindzey, Gardner/Aronson, Elliot (Hrsg.), Handbook of Social Psychology, Vol. III, 3rd edition, New York: Random House, 659-740.
Klapper, Joseph T., 1960: The Effects of Mass Communication, Glencoe/Ill.: The Free Press.
Kleinnijenhuis, Jan, 1991: Newspaper Complexity and the Knowledge Gap, in: European Journal of Communication 6, 499-522.
Kleinsteuber, Hans J., 1996: Das Rundfunksystem der USA, in: Hans-Bredow-Institut (Hrsg.), Internationales Handbuch für Hörfunk und Fernsehen 1996/97, Baden-Baden: Nomos, D119-D129.
Klingemann, Hans-Dieter, 1984: Soziale Lagerung, Schichtbewußtsein und politisches Verhalten. Die Arbeiterschaft der Bundesrepublik im historischen und internationalen Vergleich, in: Ebbighausen, Rolf/Tiemann, Friedrich (Hrsg.), Das Ende der Arbeiterbewegung in Deutschland?, Opladen: Westdeutscher Verlag, 593-621.
Klingemann, Hans-Dieter, 1986: Massenkommunikation, interpersonale Kommunikation und politische Einstellungen. Zur Kritik der These vom "Zwei-Stufen-Fluß" der Kommunikation, in: Kaase, Max (Hrsg.), Politische Wissenschaft und politische Ordnung, Opladen: Westdeutscher Verlag, 387-399.
Klingemann, Hans-Dieter/Klingemann, Ute, 1983: "Bild" im Urteil der Bevölkerung. Materialien zu einer vernachlässigten Perspektive, in: Publizistik 28, 239-259.

Klingemann, Hans-Dieter/Voltmer, Katrin, 1989: Massenmedien als Brücke zur Welt der Politik. Nachrichtennutzung und politische Beteiligungsbereitschaft, in: Kaase, Max/Schulz, Winfried (Hrsg.), Massenkommunikation. Theorien, Methoden, Befunde (Sonderheft 30 der Kölner Zeitschrift für Soziologie und Sozialpsychologie), Opladen: Westdeutscher Verlag, 221-238.

Knight, Kathleen, 1985: Ideology in the 1980 Election: Ideological Sophistication Does Matter, in: Journal of Politics 47, 828-853.

Knoche, Manfred/Lindgens, Monika, 1990: Fünf-Prozent-Hürde und Medienbarriere. Die Grünen im Bundestagswahlkampf 1987: Neue Politik, Medienpräsenz und Resonanz in der Wählerschaft, in: Kaase, Max/Klingemann, Hans-Dieter (Hrsg.), Wahlen und Wähler. Analysen aus Anlaß der Bundestagswahl 1987, Opladen: Westdeutscher Verlag, 569-618.

Knoke, David, 1990a: Networks of Political Action: Toward Theory Construction, in: Social Forces 68, 1041-1063.

Knoke, David, 1990b: Political Networks. The Structural Perspective. Cambridge: Cambridge University Press.

Knutsen, Oddbjørn, 1988: The Impact of Structural and Ideological Party Cleavages in West European Democracies: A Comparative Empirical Analysis, in: British Journal of Political Science 18, 323-352.

Knutsen, Oddbjørn, 1989: Cleavage Dimensions in West European Countries: A Comparative Empirical Analysis, in: Comparative Political Studies 4, 495-533.

Knutsen, Oddbjørn, 1995: Party Choice, in: van Deth, Jan W./Scarbrough, Elinor (Hrsg.), The Impact of Values, Oxford: Oxford University Press, 461-491.

Knutsen, Oddbjørn, 1998: Expert Judgments of the Left-Right Location of Political Parties: A Comparative Longitudinal Study, in: West European Politics 21, 63-94.

Knutsen, Oddbjørn/Scarbrough, Elinor, 1995: Cleavage Politics, in van Deth, Jan W./Scarbrough, Elinor (Hrsg.), The Impact of Values, Oxford: Oxford University Press, 492-523.

Koßmann, Ingo, 1995: Meinungsbildungsprozesse in egozentrierten Netzwerken, Frankfurt: Lang.

Koszyk, Kurt/Prause, Jürgen, 1990: Regionalzeitungen aus dem Ruhrgebiet im Bundestagswahlkampf 1986/87. Eine Themen- und Tendenzanalyse, in: Kaase, Max/Klingemann, Hans-Dieter (Hrsg.), Wahlen und Wähler. Analysen aus Anlaß der Bundestagswahl 1987, Opladen: Westdeutscher Verlag, 619-646.

Kramer, Caroline, 1996: Medienpluralität geht nicht auf Kosten der Printmedien. Mediennutzung und Bedeutung der Medien im Vergleich, in: Informationsdienst Sozial-Indikatoren 15, 12-15.

Kraus, Sidney/Davis, Dennis, 1976: The Effects of Mass Communication on Political Behavior, University Park/London: Pennsylvania State University Press.

Krause, George A., 1997: Voters, Information Heterogeneity, and the Dynamics of Aggregate Economic Expectations, in: American Journal of Political Science 41, 1170-1200.

Kreikenbom, Henry/Bluck, Carsten, 1994: Das Wahlverhalten von ostdeutschen Bürgern am Beispiel der Jenaer Wahlbefragungen 1990, in: Niedermayer, Oskar/Stöss, Richard (Hrsg.), Parteien und Wähler im Umbruch. Parteiensystem und Wählerverhalten in der ehemaligen DDR und den neuen Bundesländern, Opladen: Westdeutscher Verlag, 298-312.

Kriesi, Hanspeter, 1999: Bildung und Wandel der Bevölkerungsmeinung, in: Gerhards, Jürgen/Hitzler, Ronald (Hrsg.), Eigenwilligkeit und Rationalität sozialer Prozesse, Opladen: Westdeutscher Verlag, 206-233.

Krüger, Udo Michael, 1992: Programmprofile im dualen Fernsehsystem 1985-1990, Baden-Baden: Nomos.

Küchler, Manfred, 1996: Einheit über alles? - What Did the Voter Decide in the 1990 German Elections?, in: Hayashi, Chikio/Scheuch, Erwin K. (Hrsg.), Quantitative Social Research in Germany and Japan, Opladen: Leske+Budrich, 93-121.

Kühnel, Steffen M., 1990: Lassen sich mit SPSSx-Matrix anwenderspezifische Analyseprobleme lösen? Ein Anwendungstest am Beispiel der multinomialen logistischen Regression, in: ZA-Information 27, 89-109.

Kuo, Cheng, 1986: Media Use, Interpersonal Communication, and Political Socialization: An Interactional Model Analysis using LISREL, in: McLaughlin, Margret L. (Hrsg.), Communication Yearbook 9, Beverly Hills: Sage, 625-641.

Lalljee, Mansur/Evans, Geoffrey, 1998: Political talk and the stability and consistency of political orientation, in: British Journal of Social Psychology 37, 203-212.

Lancaster, Thomas D., 1992: Spain, in: Franklin, Mark N./Mackie, Thomas T./Valen, Henry, u.a., Electoral Change. Responses to Evolving Social and Attitudinal Structures in Western Countries, Cambridge: Cambridge University Press, 327-338.
Lancaster, Thomas D./Lewis-Beck, Michael S., 1986: The Spanish Voter: Tradition, Economics, Ideology, in: Journal of Politics 48, 648-674.
Landgrebe, Klaus Peter, 1994: Nachrichtenmagazine - ihr Stil, ihr Erfolg. In Europa und den USA, München: Burda.
Landua, Detlef, 1991: Möglichkeiten längsschnittorientierter und kontextbezogener Auswertungsverfahren für die Analyse subjektiver Einstellungsdaten. Eine mehr-perspektivische Betrachtungsweise am Beispiel der Querschnitt- und Panelauswertungen von Parteipräferenzen, in: Politische Vierteljahresschrift 32, 92-110.
Lane, Jan-Erik/Ersson, Svante O., 1991: Politics and Society in Western Europe, second edition, London: Sage.
Lane, Robert E., 1959: Political Life. Why and How People Get Involved in Politics, New York: Free Press.
Lanoue, David J., 1992: One That Made a Difference: Cognitive Consistency, Political Knowledge, and the 1980 Presidential Debate, in: Public Opinion Quarterly 56, 168-184.
Laponce, J. A., 1981: Left and Right. The Topography of Political Perceptions, Toronto: University of Toronto Press.
Lasorsa, Dominic L./Wanta, Wayne, 1990: Effects of Personal, Interpersonal and Media Experiences on Issue Saliences, in: Journalism Quarterly 67, 804-813.
Lau, Richard R., 1986: Political Schemata, Candidate Evaluations, and Voting Behavior, in: Lau, Richard R./Sears, David O. (Hrsg.), Political Cognition, Hillsdale/NJ: Lawrence Erlbaum, 95-126.
Lau, Richard R., 1995: Information Search during an Election Campaign: Introducing a Processing-Tracing Methodology for Political Scientists, in: Lodge, Milton/McGraw, Kathleen M. (Hrsg.), Political Judgment. Structure and Process, Ann Arbor: University of Michigan Press, 179-205.
Laumann, Edward O., 1973: Bonds of Pluralism: The Form and Substance of Urban Social Networks, New York: Wiley.
Laver, Michael/Schofield, Norman, 1990: Multiparty Government. The Politics of Coalition in Europe, Oxford: Oxford University Press.
Layman, Geoffrey C., 1997: Religion and Political Behavior in the United States. The Impact of Beliefs, Affiliations, and Commitment from 1980 to 1994, in: Journal of Politics 61, 288-316.
Lazarsfeld, Paul F./Berelson, Bernard/Gaudet, Hazel, 1968 (1944): The People's Choice. How the Voter Makes Up his Mind in a Presidential Campaign, 3. Auflage, New York: Columbia University Press.
Lazarsfeld, Paul F./Menzel, Herbert, 1964: Massenmedien und personaler Einfluß, in: Schramm, Wilbur (Hrsg.), Grundfragen der Kommunikationsforschung, München: Juventa, 117-139.
Leege, David C./Kellstedt, Lyman A., u.a., 1993: Rediscovering the Religious Factor in American Politics, Armonk/NY: M.E.Sharpe.
Lemert, James B./Elliott, William R./Rosenberg, William L./Bernstein, James M., 1996: The Politics of Disenchantment. Bush, Clinton, Perot, and the Press, Cresskill/NJ: Hampton Press.
Lenart, Silvo, 1994: Shaping Political Attitudes. The Impact of Interpersonal Communication and Mass Media, Thousand Oaks: Sage.
Levine, Jeffrey/Carmines, Edward G./Huckfeldt, Robert, 1997: The Rise of Ideology in the Post-New Deal Party System, 1972-1992, in: American Politics Quarterly 25, 19-34.
Levitin, Teresa/Miller, Warren, 1979: Ideological Interpretations of Presidential Elections, in: American Political Science Review 73, 751-771.
Lijphart, Arend, 1971: Comparative Politics and the Comparative Method, in: American Political Science Review 65, 682-693.
Lijphart, Arend, 1975: The Comparable-Cases Strategy in Comparative Research, in: Comparative Political Studies 8, 158-177.
Lippmann, Walter, 1932 (1922): Public Opinion, third edition, New York: Macmillan.
Lipset, Seymour Martin/Rokkan, Stein, 1967: Cleavage Structures, Party Systems, and Voter Alignments: An Introduction, in: Seymour Martin Lipset/Stein Rokkan (Hrsg.), Party Systems and Voters Alignments: Cross-National Perspectives, New York: Free Press, 1-64.
Listhaug, Ola/MacDonald, Stuart Elaine/Rabinowitz, George, 1994: Ideology and Party Support in Comparative Perspective, in: European Journal of Political Research 25, 111-149.
Liu, William T./Duff, Robert T., 1972: The Strength in Weak Ties, in: Public Opinion Quarterly 36, 361-366.

Lodge, Milton/McGraw, Kathleen/Stroh, Pat, 1989: An Impression-Driven Model of Candidate Evaluation, in: American Political Science Review 83, 399-420.
López-Escobar, Esteban, 1992: Spanish Media Law: Changes in the Landscape, in: European Journal of Communication 7, 241-259.
Luhmann, Niklas, 1981: Veränderung im System gesellschaftlicher Kommunikation und die Massenmedien, in: Luhmann, Niklas, Soziologische Aufklärung 3, Opladen: Westdeutscher Verlag, 309-320.
Luhmann, Niklas, 1996: Die Realität der Massenmedien, 2., erweiterte Auflage, Opladen: Westdeutscher Verlag.
Lupia, Arthur, 1994: Shortcuts Versus Encyclopedias: Information and Voting Behavior in California Insurance Reform Elections, in: American Political Science Review 88, 63-76.
Lupia, Arthur/McCubbins, Mathew D., 1998: The Democratic Dilemma. Can Citizens Learn What They Need to Know?, Cambridge/New York: Cambridge University Press.
Luskin, Robert C., 1987: Measuring Political Sophistication, in: American Journal of Political Science 31, 856-899.
Luskin, Robert C., 1990: Explaining Political Sophistication, in: Political Behavior 12, 331-361.
Luttbeg, Norman R./Gant, Michael M., 1995: American Electoral Behavior: 1952 - 1992, second edition, Itasca/Ill.: Peacock.
MacKuen, Michael, 1984: Exposure to Information, Belief Integration, and Individual Responsiveness to Agenda Change, in: American Political Science Review 78, 372-391.
MacKuen, Michael/Brown, Courtney, 1987: Political Context and Attitude Change, in: American Political Science Review 81, 471-490.
Maletzke, Gerhard, 1978: Psychologie der Massenkommunikation, Hamburg: Hans-Bredow-Institut.
Marcinkowski, Frank, 1993: Publizistik als autopoietisches System. Politik und Massenmedien: eine systemtheoretische Analyse, Opladen: Westdeutscher Verlag.
Marcinkowski, Frank/Bruns, Thomas, 1996: Politische Magazine im dualen Fernsehen. Probleme einer Unterscheidung, in: Schatz, Heribert (Hrsg.), Fernsehen als Objekt und Moment des sozialen Wandels, Opladen: Westdeutscher Verlag, 255-286.
Marquis, Lionel/Sciarini, Pascal, 1999: Opinion formation in foreign policy: the Swiss experience, in: Electoral Studies 18, 453-471.
Marsden, Peter V., 1987: Core Discussion Networks of Americans, in: American Sociological Review 52, 122-131.
Mathes, Rainer/Czaplicki, Andreas, 1993: Meinungsführer im Mediensystem: 'Top-Down' und 'Botton-Up'-Prozesse, in: Publizistik 38, 153-166.
Mathes, Rainer/Freisens, Uwe, 1990: Kommunikationsstrategien der Parteien und ihr Erfolg. Eine Analyse der aktuellen Berichterstattung in den Nachrichtenmagazinen der öffentlich-rechtlichen und privaten Rundfunkanstalten im Bundestagswahlkampf 1987, in: Kaase, Max/Klingemann, Hans-Dieter (Hrsg.), Wahlen und Wähler. Analysen aus Anlaß der Bundestagswahl 1987, Opladen: Westdeutscher Verlag, 531-568.
McAllister, Ian, 1985: Campaign Activities and Electoral Outcomes in Britain 1979 and 1983, Public Opinion Quarterly 49, 489-503.
McClosky, Herbert/Dahlgren, Harold E., 1959: Primary Group Influence on Party Loyalty, in: American Political Science Review 53, 757-776.
McCombs, Maxwell/Estrada, George, 1997: The News Media and the Pictures in Our Heads, in: Iyengar, Shanto/Reeves, Richard (Hrsg.), Do the Media Govern? Politicians, Voters, and Reporters in America, Thousand Oaks: Sage, 237-247.
McCombs, Maxwell E./Shaw, Donald L., 1972: The Agenda-Setting Function of Mass Media, in: Public Opinion Quarterly 36, 176-184.
McCombs, Maxwell E./Weaver, David H., 1985: Toward a Merger of Gratifications and Agenda-Setting Research. in: Rosengren, Karl Erik/Wenner, Lawrence A./Palmgreen, Philip (Hrsg.), Media Gratifications Research. Current Perspectives, Beverly Hills: Sage, 95-108.
McDermott, Monika L., 1997: Voting Cues in Low-Information Elections: Candidate Gender as a Social Information Variable in Contemporary United States Elections, in: American Journal of Political Science 41, 270-283.
McDonough, Peter/Barnes, Samuel H./López Pina, Antonio, 1988: Social Identity and Mass Politics in Spain, in: Comparative Political Studies 21, 200-230.
McDonough, Peter/López Pina, Antonio, 1984: Continuity and Change in Spanish Politics, in: Dalton, Russell J./Flanagan, Scott C./Beck, Paul Allen (Hrsg.), Electoral Change in Advanced Industrial Democracies. Realignment or Dealignment?, Princeton/NJ: Princeton University Press, 365-396.

McDonough, Peter/López Pina, Antonio/Barnes, Samuel H., 1981: The Spanish Public in Political Transition, in: British Journal of Political Science 11, 49-79.
McFadden, Daniel, 1974: Conditional Logit Analysis of Qualitative Choice Behavior, in: Zarembka, Paul (Hrsg.), Frontiers in Econometrics, New York: Academic Press, 105-142.
McGuire, William J., 1968: Personality and Susceptibility to Social Influence, in: Borgatta, Edgar F./Lambert, William W. (Hrsg.), Handbook of Personality Theory and Research, Chicago: Rand McNally, 1130-1187.
McGuire, William J., 1969: The Nature of Attitudes and Attitude Change, in: Lindzey, Gardner/Aronson, Elliot (Hrsg.), The Handbook of Social Psychology, Vol. III: The Individual in a Social Context, Reading/Mass.: Addison-Wesley, 136-314.
McGuire, William J., 1973: Persuasion, Resistance, and Attitude Change, in: de Sola Pool, Ithiel/Schramm, Wilbur (Hrsg.), Handbook of Communication, Chicago: Rand McNally, 216-252.
McGuire, William J., 1986: The Myth of Massive Media Impact: Savagings and Salvagings, in: Comstock, George (Hrsg.), Public Communication and Behavior, Vol. 1, Orlando u.a.: Academic Press, 173-257.
McGuire, William J., 1992: Possible Excuses for Claiming Massive Media Effects Despite the Weak Evidence, in: Rothman, Stanley (Hrsg.), The Mass Media in Liberal Democratic Societies, New York: Paragon House, 121-46.
McKie, David, 1995: 'Fact is free but comment is sacred'; or was it *The Sun* wot won it?, in: Crewe, Ivor/Gosschalk, Brian (Hrsg.), Political communications: the general election campaign of 1992, Cambridge: Cambridge University Press, 121-136.
McLeod, Jack M./Becker, Lee B./Byrnes, James E., 1974: Another Look at the Agenda-Setting Function of the Press, in: Communication Research 1, 131-166.
McLeod, Jack M./Glynn, Carroll J./McDonald, Daniel G., 1983: Issues and Images. The Influence of Media Reliance in Voting Decisions, in: Communication Research 10, 37-58.
McNair, Brian, 1995: An Introduction to Political Communication, London: Routledge.
McPhee, William N., 1963: Note on a Campaign Simulator, in: McPhee, William N. (Hrsg.), Formal Theories of Mass Behavior, Glencoe/London: Free Press/Collier Macmillan, 169-183.
McQuail, Denis, 1987: Mass Communication Theory. An Introduction, second edition, London: Sage.
McQuail, Denis, 1992: Media Performance. Mass Communication and the Public Interest, London: Sage.
McQuail, Denis, 1998: Reflections on *The People's Choice*: Start of a Great Tradition or of a False Trail?, in: Holtz-Bacha, Christina/Scherer, Helmut/Waldmann, Norbert (Hrsg.), Wie die Medien die Welt erschaffen und wie die Menschen darin leben, Opladen: Westdeutscher Verlag, 155-172.
McQuail, Denis/Windahl, Sven, 1993: Communication Models for the Study of Mass Communication, second edition, London/New York: Longman.
Mendelsohn, Harold/O'Keefe, Garrett J., 1976: The People Choose a President. Influences on Voter Decision Making, New York u.a.: Praeger.
Mendelsohn, Matthew, 1996: The Media and Interpersonal Communications: The Priming of Issues, Leaders, and Party Identification, in: Journal of Politics 58, 112-125.
Merrill, John C./Fisher, Harold A., 1980: The World's Greatest Dailies, New York: Hastings House.
Merten, Klaus, 1982: Wirkungen der Massenkommunikation. Ein theoretisch-methodischer Problemaufriß, in: Publizistik 27, 26-48.
Merten, Klaus, 1988: Aufstieg und Fall des "Two-Step-Flow of Communication". Kritik einer sozialwissenschaftlichen Hypothese, in: Politische Vierteljahresschrift 29, 610-635.
Merten, Klaus, 1991: Artefakte der Medienwirkungsforschung. Kritik klassischer Annahmen, in: Publizistik 36, 36-55.
Merten, Klaus, 1994a: Evolution der Kommunikation, in: Merten, Klaus/Schmidt, Siegfried J./Weischenberg, Siegfried (Hrsg.), Die Wirklichkeit der Medien, Opladen: Westdeutscher Verlag, 141-162.
Merten, Klaus, 1994b: Wirkungen von Kommunikation, in: Merten, Klaus/Schmidt, Siegfried J./Weischenberg, Siegfried (Hrsg.), Die Wirklichkeit der Medien, Opladen: Westdeutscher Verlag, 290-328.
Meyer, Alan S., 1962: The Independent Voter, in: McPhee, William N./Glaser, William A. (Hrsg.), Public Opinion and Congressional Elections, Glencoe: Free Press, 65-77.
Miller, Arthur/Lockerbie, Brad, 1992: United States of America, in: Franklin, Mark N./Mackie, Thomas T./Valen, Henry u.a., Electoral Change. Responses to Evolving Social and Attitudinal Structures in Western Countries, Cambridge: Cambridge University Press, 362-380.

Miller, Gerald R., 1987: Persuasion, in: Berger, Charles R./Chaffee, Steven H. (Hrsg.), Handbook of Communication Science, Newbury Park: Sage, 446-483.
Miller, Joanne M./Krosnick, Jon A., 1997: Anatomy of News Media Priming, in: Iyengar, Shanto/Reeves, Richard (Hrsg.), Do the Media Govern? Politicians, Voters, and Reporters in America, Thousand Oaks: Sage, 258-275.
Miller, Warren E., 1956: One-Party Politics and the Voter, in: American Political Science Review 50, 707-725.
Miller, Warren E., 1976: The Cross-National Use of Party Identification as a Stimulus to Political Inquiry, in: Budge, Ian/Crewe, Ivor/Farlie, Dennis (Hrsg.), Party Identification and Beyond, London/New York: Wiley, 21-31.
Miller, Warren E./Levitin, Teresa E., 1976: Leadership and Change. Presidential Elections form 1952 to 1976, Cambridge: Winthrop.
Miller, Warren E./Shanks, J. Merrill, 1996: The New American Voter, Cambridge/London: Harvard University Press.
Miller, William L., 1991: Media and Voters. The Audience, Content, and Influence of Press and Television at the 1987 General Election, Oxford: Clarendon Press.
Mondak, Jeffery J., 1993: Public Opinion and Heuristic Processing of Source Cues, in: Political Behavior 15, 167-192.
Mondak, Jeffery J., 1995: Nothing to Read. Newspapers and Elections in a Social Experiment, Ann Arbor: University of Michigan Press.
Montero, José Ramón, 1998: Stabilising the Democratic Order: Electoral Behavior in Spain, in: West European Politics 21, 53-79.
Montero, José Ramón/Torcal, Mariano, 1994: Value Change, Generational Replacement and Politics in Spain. Madrid: Centro de Estudios Avanzados en Ciencias Sociales/Instituto Juan March de Estudios e Investigaciones (Working Paper 1994/56).
Moon, David, 1990: What You Use Depends on What You Have. Information Effects on the Determinants of Electoral Choice, in: American Politics Quarterly 18, 3-24.
Moon, David, 1992: What You Use Still Depends on What You Have. Information Effects in Presidential Elections, 1972-1988, in: American Politics Quarterly 20, 427-441.
Morley, David, 1990: The Construction of Everyday Life: Political Communication and Domestic Media, in: Swanson, David L./Nimmo Dan (Hrsg.), New Directions in Political Communication. A Resource Book, Newbury Park, London, New Delhi: Sage, 123-146.
Mortimore, Roger, 1992: The British General Election of 1992, in: Electoral Studies 11, 352-355.
Müller, Walter, 1998: Klassenstruktur und Parteiensystem, in: Kölner Zeitschrift für Soziologie und Sozialpsychologie 50, 3-46.
Mutz, Diana, 1994: Contextualizing Personal Experience: The Role of Mass Media, in: Journal of Politics 56, 689-714.
Mutz, Diana C./Sniderman, Paul M./Brody, Richard A. (Hrsg.), 1996a: Political Persuasion and Attitude Change, Ann Arbor: University of Michigan Press.
Mutz, Diana C./Sniderman, Paul M./Brody, Richard A., 1996b: Political Persuasion: The Birth of a Field of Study, in: Mutz, Diana C./Sniderman, Paul M./Brody, Richard A. (Hrsg.), Political Persuasion and Attitude Change, Ann Arbor: University of Michigan Press, 1-14.
Myers, R. Kelly, 1994: Interpersonal and Mass Media Communication: Political Learning in New Hampshire's First-in-the-Nation Presidential Primary, in: Sociological Spectrum 14, 143-165.
Negrine, Ralph, 1994: Politics and the Mass Media in Britain, second edition, London: Routledge.
Negrine, Ralph, 1996: The Communication of Politics, London: Sage.
Nelson, Thomas E./Clawson, Rosalee A./Oxley, Zoe M., 1997: Media Framing of a Civil Liberties Conflict and Its Effect on Tolerance, in: American Political Science Review 91, 567-83.
Nelson, Thomas E./Kinder, Donald R., 1996: Issue Frames and Group-Centrism in American Public Opinion, in: Journal of Politics 58, 1055-1078.
Neuman, W. Russell, 1986: The Paradox of Mass Politics. Knowledge and Opinion in the American Electorate, Cambridge/Mass.: Harvard University Press.
Neuman, W. Russell/Just, Marion R./Crigler, Ann N., 1992: Common Knowledge. News and the Construction of Meaning, Chicago/London: University of Chicago Press.
Newton, Kenneth, 1999: Social and Political Trust in Established Democracies, in: Norris, Pippa (Hrsg.), Critical Citizens. Global Support for Democratic Governance, Oxford: Oxford University Press, 169-187.

Nie, Norman H./Verba, Sidney/Petrocik, John R., 1976: The Changing American Voter, Cambridge: Harvard University Press.
Niedermayer, Oskar/Stöss, Richard, 1994: DDR-Regimewandel, Bürgerorientierungen und die Entwicklung des gesamtdeutschen Parteiensystems, in: Niedermayer, Oskar/Stöss, Richard (Hrsg.), Parteien und Wähler im Umbruch. Parteiensystem und Wählerverhalten in der ehemaligen DDR und den neuen Bundesländern, Opladen: Westdeutscher Verlag, 11-33.
Nimmo, Dan, 1978: Political Communication and Public Opinion in America, Santa Monica: Goodyear.
Nimmo, Dan, 1981: Mass Communication and Politics, in: Long, Samuel L. (Hrsg.), The Handbook of Political Behavior, Vol. 4, New York/London: Plenum, 241-288.
Nimmo, Dan, 1985: Information and Political Behavior, in: Ruben, Brent D. (Hrsg.), Information and Behavior, Vol. 1, New Brunswick/Oxford: Transaction, 343-368.
Nimmo, Dan/Swanson, David L., 1990: The Field of Political Communication: Beyond the Voter Persuasion Paradigm, in: Swanson, David L./Nimmo, Dan (Hrsg.), New Directions in Political Communication. A Resource Book, London, Newbury Park, New Delhi: Sage, 7-47.
Noelle-Neumann, Elisabeth, 1977: Das doppelte Meinungsklima. Der Einfluß des Fernsehens im Wahlkampf 1976, in: Kaase, Max (Hrsg.), Wahlsoziologie heute. Analysen aus Anlaß der Bundestagswahl 1976, Opladen: Westdeutscher Verlag, 408-451.
Noelle-Neumann, Elisabeth, 1979: Öffentlichkeit als Bedrohung. Beiträge zur empirischen Kommunikationsforschung, 2. Auflage, München: Alber.
Noelle-Neumann, Elisabeth, 1990: The People's Choice - Revisited, in: Langenbucher, Wolfgang (Hrsg.), Paul F. Lazarsfeld. Die Wiener Tradition der empirischen Sozial- und Kommunikationsforschung, München: Ölschläger, 147-155..
Noelle-Neumann, Elisabeth, 1994: Wirkung der Massenmedien auf die Meinungsbildung, in: Noelle-Neumann, Elisabeth/Schulz, Winfried/Wilke, Jürgen (Hrsg.), Fischer Lexikon: Publizistik Masssenkommunikation, Frankfurt: Fischer, 518-571.
Nohlen, Dieter, 1989: Wahlrecht und Parteiensystem, Opladen: Leske+Budrich.
Nohlen, Dieter/Hildenbrand, Andreas, 1992: Spanien. Wirtschaft - Gesellschaft - Politik, Opladen: Leske+Budrich.
Norris, Pippa, 1997: Electoral Change in Britain Since 1945, Oxford: Blackwell.
Nossiter, T. J./Scammell, Margaret/Semetko, Holli A., 1995: Old values versus news values: the British 1992 election campaign on television, in: Crewe, Ivor/Gosschalk, Brian (Hrsg.), Political communications: the general election campaign of 1992, Cambridge: Cambridge University Press, 85-103.
Noyes, Richard E./Lichter, Robert S./Amundson, Daniel R., 1993: Was TV Election News Better This Time? A Content Analysis of 1988 and 1992 Campaign Coverage, in: Journal of Political Science 21, 3-25.
Oberreuter, Heinrich, 1982: Übermacht der Medien: Erstickt die demokratische Kommunikation?, Zürich: Edition Interfrom.
Oberreuter, Heinrich, 1996: Zwischen Erlebnisgesellschaft und Medieneinfluß: Die offene Zukunft des Parteiensystems, in: Oberreuter, Heinrich (Hrsg.), Parteiensystem am Wendepunkt? Wahlen in der Fernsehdemokratie, Landsberg: Olzog, 9-22.
Oehmichen, Ekkehardt/Simon, Erk, 1996: Fernsehnutzung, politisches Interesse und Wahlverhalten. Ergebnisse einer Befragung in Hessen, in: Media Perspektiven 11, 562-571.
O'Keefe, Daniel J., 1990: Persuasion. Theory and Research, Newbury Park: Sage.
O'Keefe, Garrett J., 1982: The Changing Context of Interpersonal Communication in Political Campaigns, in: Burgoon, Michael (Hrsg.), Communication Yearbook 5, New Brunswick: Transaction, 667-681.
Opp, Karl-Dieter/Schmidt, Peter, 1976: Einführung in die Mehrvariablenanalyse. Grundlagen der Formulierung und Prüfung komplexer sozialwissenschaftlicher Aussagen, Reinbek: Rowohlt.
Orbell, John M., 1970: An Information-Flow Theory of Community Influence, in: Journal of Politics 32, 322-338.
Ottati, Victor C./Wyer, Robert S., 1990: The Cognitive Mediators of Political Choice: Toward a Comprehensive Model of Political Information Processing, in: Ferejohn, John A./Kuklinski, James H. (Hrsg.), Information and Democratic Processes, Urbana/Chicago: University of Illinois Press, 186-216.
Owen, Diana, 1991: Media Messages in American Presidential Elections, New York: Greenwood Press.
Page, Benjamin I., 1996a: The Mass Media as Political Actors, in: PS - Political Science and Politics 29, 20-24.

Page, Benjamin I., 1996b: Who Deliberates? Mass Media in Modern Democracy, Chicago/London: University of Chicago Press.
Page, Benjamin I./Shapiro, Robert Y./Dempsey, Glenn R., 1987: What Moves Public Opinion?, in: American Political Science Review 81, 23-43.
Pappi, Franz Urban, 1977a: Sozialstruktur, gesellschaftliche Wertorientierungen und Wahlabsicht. Ergebnisse eines Zeitvergleichs des deutschen Elektorats 1953 und 1976, in: Kaase, Max (Hrsg.), Wahlsoziologie heute. Analysen aus Anlaß der Bundestagswahl 1976, Opladen: Westdeutscher Verlag, 195-229.
Pappi, Franz Urban, 1977b: Sozialstruktur und politische Konflikte in der Bundesrepublik. Individual- und Kontextanalysen der Wahlentscheidung, unveröff. Habilitationsschrift, Universität Köln.
Pappi, Franz Urban, 1979: Konstanz und Wandel der Hauptspannungslinien in der Bundesrepublik, in: Matthes, Joachim (Hrsg.), Sozialer Wandel in Westeuropa, Frankfurt: Campus, 465-479.
Pappi, Franz Urban, 1985: Die konfessionell-religiöse Konfliktlinie in der deutschen Wählerschaft: Entstehung, Stabilität und Wandel, in: Oberndörfer, Dieter/Rattinger, Hans/Schmitt, Karl (Hrsg.), Wirtschaftlicher Wandel, religiöser Wandel und Wertewandel. Folgen für das politische Verhalten in der Bundesrepublik Deutschland, Berlin: Duncker & Humblot, 263-290.
Pappi, Franz Urban, 1987: Die Netzwerkanalyse aus soziologischer Perspektive, in: Pappi, Franz Urban (Hrsg.), Methoden der Netzwerkanalyse, München: Oldenbourg, 11-37.
Pappi, Franz Urban, 1990: Klassenstruktur und Wahlverhalten im sozialen Wandel, in: Kaase, Max/Klingemann, Hans-Dieter (Hrsg.), Wahlen und Wähler. Analysen aus Anlaß der Bundestagswahl 1987, Opladen: Westdeutscher Verlag, 15-30.
Pappi, Franz Urban, 1998: Soziale Netzwerke, in: Schäfers, Bernhard/Zapf, Wolfgang (Hrsg.), Handwörterbuch zur Gesellschaft Deutschlands, Opladen: Leske+Budrich, 584-596.
Pappi, Franz Urban/Laumann, Edward, 1974: Gesellschaftliche Wertorientierungen und Wahlverhalten, in: Zeitschrift für Soziologie 3, 157-188.
Pappi, Franz Urban/Melbeck, Christian, 1988: Die sozialen Beziehungen städtischer Bevölkerungen, in: Friedrichs, Jürgen (Hrsg.), Soziologische Stadtforschung (Sonderheft 29 der Kölner Zeitschrift für Soziologie und Sozialpsychologie), Opladen: Westdeutscher Verlag, 223-250.
Pappi, Franz Urban/Mnich, Peter, 1992: Germany (BRD), in: Franklin, Mark N./Mackie, Thomas T./Valen, Henry, u.a., Electoral change. Responses to evolving social and attitudinal structures in western countries, Cambridge: Cambridge University Press, 179-204.
Patterson, Thomas E., 1980: The Mass Media Election. How Americans Choose Their President, New York: Praeger.
Patterson, Thomas E., 1993: Out of Order, New York: Knopf.
Patterson, Thomas E., 1997: The News Media: An Effective Political Actor?, in: Political Communication 14, 445-455.
Patterson, Thomas E./McClure, Robert D., 1976: The Unseeing Eye. The Myth of Television Power in National Politics, New York: Paragon.
Pedersen, Mogens N., 1990: Electoral Volatility in Western Europe, 1948-1977, in: Mair, Peter (Hrsg.), The West European Party System, Oxford: Oxford University Press, 195-207.
Pfenning, Astrid/Pfenning, Uwe/Mohler, Peter Ph, 1989: Parteipräferenzen in sozialen Netzwerken, in: ZUMA-Nachrichten 24, 73-86.
Pfetsch, Barbara, 1991: Politische Folgen der Dualisierung des Rundfunksystems in der Bundesrepublik Deutschland, Baden-Baden: Nomos.
Pfetsch, Barbara, 1996: Konvergente Fernsehformate in der Politikberichterstattung? Eine vergleichende Analyse öffentlich-rechtlicher und privater Programme 1985/86 und 1993, in: Rundfunk und Fernsehen 44, 479-498.
Pfetsch, Barbara, 1997: Zur Beobachtung und Beeinflussung öffentlicher Meinung in der Mediendemokratie, in: Rohe, Karl (Hrsg.), Politik und Demokratie in der Informationsgesellschaft, Baden-Baden: Nomos, 45-54.
Plasser, Fritz, 1993: Tele-Politik, Tele-Image und die Transformation demokratischer Führung, in: Österreichische Zeitschrift für Politikwissenschaft 22, 409-425.
Poguntke, Thomas, 1989: The 'New Politics Dimension' in European Green Parties, in: Müller-Rommel, Ferdinand (Hrsg.), New Politics in Western Europe, Boulder: Westview, 175-194.
Poguntke, Thomas, 1993: Alternative Politics. The German Green Party, Edinburgh: Edinburgh University Press.
Pomper, Gerald, u.a., 1993: The Elections of 1992, Chatham/NJ: Chatham House.

Popkin, Samuel L., 1991: The Reasoning Voter. Communication and Persuasion in Presidential Campaigns, Chicago/London: University of Chicago Press.
Powell, G. Bingham, 1987: Comparative Voting Behavior: Cleavages, Partisanship and Accountability, in: Long, Samuel (Hrsg.), Research in Micropolitics, Vol. 2, Greenwich: JAI Press, 233-264.
Price, Vincent/Zaller, John, 1993: Who Gets the News? Alternative Measures of News Reception and their Implications for Research, in: Public Opinion Quarterly 57, 133-164.
Przeworski, Adam/Teune, Henry, 1970: The Logic of Comparative Social Inquiry, New York: Wiley.
Pürer, Heinz/Raabe, Johannes, 1996: Medien in Deutschland, Band 1: Presse, 2. Auflage, Konstanz: UVK Medien.
Putnam, Robert D., 1966: Political Attitudes and the Local Community, in: American Political Science Review 60, 640-654.
Pye, Lucian W., 1963: Models of Traditional, Transitional, and Modern Communications Systems, in: Pye, Lucian W. (Hrsg.), Communications and Political Development, Princeton: Princeton University Press, 24-29.
Radunski, Peter, 1980: Wahlkämpfe. Moderne Wahlkampfführung als politische Kommunikation, München/Wien: Olzog.
Ranney, Austin, 1983: Channels of Power. The Impact of Television on American Politics, New York: Basic Books.
Rattinger, Hans, 1980: Empirische Wahlforschung auf der Suche nach dem rationalen Wähler, in: Zeitschrift für Politik 27, 44-58.
Rattinger, Hans, 1994: Parteineigungen, Sachfragen- und Kandidatenorientierungen in Ost- und Westdeutschland 1990 bis 1992, in: Rattinger, Hans/Gabriel, Oscar W./Jagodzinski, Wolfgang (Hrsg.), Wahlen und politische Einstellungen im vereinigten Deutschland, Frankfurt: Lang, 267-315.
Ravenstein, Marianne, 1995: Politikvermittlung durch Medien. Bilanz zum Forschungsstand und zur Forschungsstrategie der Medienwirkungsforschung, in: Jarren, Otfried/Knaup, Bettina/Schatz Heribert (Hrsg.), Rundfunk im politischen Kommunikationsprozeß, Münster: Lit, 17-30.
Reardon, Kathleen K./Rogers, Everett M., 1988: Interpersonal Versus Mass Media Communication. A False Dichotomy, in: Human Communication Research 15, 284-303.
Redelfs, Manfred, 1996: Investigative Reporting in den USA. Strukturen eines Journalismus der Machtkontrolle, Opladen: Westdeutscher Verlag.
Reeves, Richard, 1997: The Question of Media Bias, in: Iyengar, Shanto/Reeves, Richard (Hrsg.), Do the Media Govern? Politicians, Voters, and Reporters in America, Thousand Oaks: Sage, 40-42.
Reiser, Stefan, 1991: Parteienkampagne und Medienberichterstattung im Europawahlkampf 1989, Konstanz: Ölschläger/UVK Medien.
Renckstorf, Karsten, 1989: Mediennutzung als soziales Handeln. Zur Entwicklung einer handlungstheoretischen Perspektive der empirischen (Massen-)Kommunikationsforschung, in: Kaase, Max/Schulz, Winfried (Hrsg.), Massenkommunikation. Theorien, Methoden, Befunde, Opladen: Westdeutscher Verlag, 314-336.
Reuband, Karl-Heinz, 1971: Die Bedeutung der Primärumwelten für das Wahlverhalten, in: Kölner Zeitschrift für Soziologie und Sozialpsychologie 23, 544-567.
Richardson, Bradley M. 1991: European Party Loyalties Revisited, in: American Political Science Review 85, 751-775.
Riehl-Heyse, Herbert, 1997: Aktion und Reaktion. Was unterscheidet Qualitätszeitungen von Fußballclubs, in: Süddeutsche Zeitung vom 22. Mai.
Rivers, Douglas, 1988: Heterogeneity in Models of Electoral Choice, in: American Journal of Political Science 32, 737-757.
Roberts, Donald F./Maccoby, Nathan, 1985: Effects of Mass Communication, in: Lindzey, Gardner/Aronson, Elliot (Hrsg.), The Handbook of Social Psychology, third edition, New York: Random House, 539- 598.
Robinson, John P., 1972: Perceived Media Bias and the 1968 Vote: Can the Media Affect Behavior After All?, in: Journalism Quarterly 49, 239-46.
Robinson, John P., 1974: The Press As King-Maker: What Surveys From Last Five Campaigns Show, in: Journalism Quarterly 51 587-94.
Robinson, John P., 1976: Interpersonal Influence in Election Campaigns: Two-Step-Flow Hypotheses, in: Public Opinion Quarterly 40, 304-319.
Robinson, John P./Levy, Mark R., 1986a: Interpersonal Communication and News Comprehension, in: Public Opinion Quarterly 50, 160-175.

Robinson, John P./Levy, Mark R., 1986b: The Main Source. Learning from Television News, Beverly Hills: Sage.
Robinson, Michael J./Sheehan, Margret A., 1983: Over the Wire and On TV: CBS and UPI in Campaign '80, New York: Russell Sage Foundation.
Rössler, Patrick, 1997: Agenda-Designing als individuelle Realitätskonstruktion. Massenmedien, soziale Netzwerke und die politische Tagesordnung der Rezipienten, in: Bentele, Günter/Haller, Michael (Hrsg.), Aktuelle Entstehung von Öffentlichkeit. Akteure - Strukturen - Veränderungen, Konstanz: UVK Medien, 349-365.
Rogers, Everett M., 1973: Mass Media and Interpersonal Communication, in: de Sola Pool, Ithiel/Frey, Frederick W./Schramm, Wilbur/Maccoby, Nathan/Parker, Edwin P. (Hrsg.), Handbook of Communication, Chicago: Rand McNally, 290-310.
Rogers, Everett M./Bhowmik, Dilip K., 1970: Homophily-Heterophily: Relational Concepts for Communiation Research, in: Public Opinion Quarterly 34, 523-538.
Rogers, Everett M./Hart, William B./Dearing, James W., 1997: A Paradigmatic History of Agenda-Setting Research, in: Iyengar, Shanto/Reeves, Richard (Hrsg.), Do the Media Govern? Politicians, Voters, and Reporters in America, Thousand Oaks: Sage, 225-236.
Rohe, Karl, 1994: Politik. Begriffe und Wirklichkeiten, 2. Auflage, Stuttgart: Kohlhammer.
Rohe, Karl, 1998: Parteien und Parteiensystem, in: Kastendieck, Hans/Rohe, Karl/Volle, Angelika (Hrsg.), Länderbericht Großbritannien, 2. Auflage, Bonn: Bundeszentrale für Politische Bildung, 239-256.
Rokkan, Stein, 1970a: Readers, Viewers, Voters, in: Rokkan, Stein, Citizens, Elections, Parties. Approaches to the Comparative Study of Processes of Development, New York/Oslo: David McKay/Universitetsforlaget, 417-431.
Rokkan, Stein, 1970b: The Voter, the Reader and the Party Press, in: Rokkan, Stein, Citizens, Elections, Parties. Approaches to the Comparative Study of Processes of Development, New York/Oslo: David McKay/Universitetsforlaget, 397-416.
Rose, Richard, 1989: Politics in England, fifth edition, Glenview/Ill.: Scott, Foresman and Co.
Rospir, Juan I., 1996: Political Communication and Electoral Campaigns in the Young Spanish Democracy, in: Swanson, David L./Mancini, Paolo (Hrsg.), Politics, Media, and Modern Democracy. An International Study of Innovations in Electoral Campaigning and Their Consequences, Westport/Conn.: Praeger, 155-169.
Rossi, Peter H., 1966: Research Strategies in Measuring Peer Group Influence, in: Newcomb, Theodore M./Wilson, Everett K. (Hrsg.), College Peer Groups. Problems and Prospects for Research, Chicago: Aldine, 190-214.
Roth, Dieter, 1998: Empirische Wahlforschung, Opladen: Leske+Budrich.
Ruben, Brent D., 1992: Communication and Human Behavior, New York: Prentice Hall.
Ruhland, Walter, 1979: Fernsehmagazine und Parteien, Berlin: Spiess.
Rusk, Jerrold G., 1987: Issues and Voting, in: Long, Samuel (Hrsg.), Research in Micropolitics, Vol. 2, Grennwich/Conn.: JAI, 95-141.
Ruß-Mohl, Stephan, 1996: US-Zeitungsmarkt: Innovationsdynamik in einer stagnierenden Branche. Zur ökonomischen und publizistischen Entwicklung von Tageszeitungen in den Vereinigten Staaten, in: Media Perspektiven 1, 30-40.
Salamanca O., Daniel, 1996: Spaniens Medien auf dem Weg zu Konzentration und Konsolidierung, in: Media Perspektiven 4, 209-223.
Salomon, Frank (Hrsg.), 1993: World Press Trends, Paris: Fédération Internationale des Editeurs de Journaux.
Sani, Giacomo/Montero, José R., 1986: El Espectro Politico: Izquierda, Derecha y Centro, in: Linz, Juan/Montero, José R. (Hrsg.), Crisis y Cambio: Electores y Partidos en la España de los Años Ochenta, Madrid: Centro de Estudios Constitucionales, 155-200
Sarcinelli, Ulrich, 1987: Symbolische Politik. Zur Bedeutung symbolischen Handelns in der Wahlkampfkommunikation der Bundesrepublik Deutschland, Opladen: Westdeutscher Verlag.
Sarcinelli, Ulrich (Hrsg.), 1998: Politikvermittlung und Demokratie in der Mediengesellschaft. Beiträge zur politischen Kommunikationskultur, Bonn: Bundeszentrale für politische Bildung.
Sartori, Giovanni, 1994: Compare Why and How. Comparing, Miscomparing and the Comparative Method, in: Dogan, Mattei/Kazancigil, Ali (Hrsg.), Comparing Nations. Concepts, Strategies, Substance, Oxford: Blackwell, 14-34.

Saxer, Ulrich, 1998: Mediengesellschaft: Verständnisse und Mißverständnisse, in: Sarcinelli, Ulrich (Hrsg.), Politikvermittlung und Demokratie in der Mediengesellschaft. Beiträge zur politischen Kommunikationskultur, Bonn: Bundeszentrale für politische Bildung, 52-73.
Saxer, Ulrich/Langenbucher, Wolfgang/Fritz, Angela, 1989: Kommunikationsverhalten und Medien. Lesen in der modernen Gesellschaft, Gütersloh: Bertelsmann Stiftung.
Scarbrough, Elinor, 1984: Political Ideology and Voting: An Exploratory Study, Oxford: Clarendon Press.
Scarbrough, Elinor, 1995: Materialist-Postmaterialist Value Orientations, in van Deth, Jan W./Scarbrough, Elinor (Hrsg.), The Impact of Values, Oxford: Oxford University Press, 123-159.
Scharf, Wilfried, 1981: Programmauftrag und Programmstruktur des Rundfunks, in: Aufermann, Jörg/Scharf, Wilfried/Schlie, Otto (Hrsg.), Fernsehen und Hörfunk für die Demokratie, 2. Auflage, Opladen: Westdeutscher Verlag, 238-264.
Schement, Jorge Reina, 1993: Communication and Information, in: Schement, Jorge R./Ruben, Brent D. (Hrsg.), Between Communication and Information, New Brunswick/London: Transaction, 3-33.
Schenk, Michael, 1983a: Das Konzept des sozialen Netzwerkes. in: Neidhardt, Friedhelm (Hrsg.), Gruppensoziologie (Sonderheft 25 der Kölner Zeitschrift für Soziologie und Sozialpsychologie), Opladen: Westdeutscher Verlag, 88-104.
Schenk, Michael, 1983b: Meinungsführer und Netzwerke persönlicher Kommunikation, in: Rundfunk und Fernsehen 31, 326-336.
Schenk, Michael, 1985: Politische Meinungsführer: Kommunikationsverhalten und primäre Umwelt, in: Publizistik 30, 7-16.
Schenk, Michael, 1987: Medienwirkungsforschung, Tübingen: Mohr.
Schenk, Michael, 1989: Massenkommunikation und Interpersonale Kommunikation, in: Kaase, Max/Schulz, Winfried (Hrsg.), Massenkommunikation. Theorien, Methoden, Befunde (Sonderheft 30 der Kölner Zeitschrift für Soziologie und Sozialpsychologie), Opladen: Westdeutscher Verlag, 406-417.
Schenk, Michael, 1993: Die ego-zentrierten Netzwerke von Meinungsbildnern ("Opinion-Leaders"), in: Kölner Zeitschrift für Soziologie und Sozialpsychologie 45, 254-269.
Schenk, Michael, 1995: Soziale Netzwerke und Massenmedien. Untersuchungen zum Einfluß der persönlichen Kommunikation, Tübingen: Mohr.
Schenk, Michael/Pfenning, Uwe, 1990: Politische Massenkommunikation: Wirkung trotz geringer Beteiligung? Neue Strategien der Persuasion, in: Politische Vierteljahresschrift 31, 420-435.
Schenk, Michael/Pfenning, Uwe, 1991: Individuelle Einstellungen, soziale Netzwerke, Massenkommunikation und öffentliches Meinungsklima: ein analytisches Interdependenzmodell, in: Müller-Doohm, Stefan/Neumann-Braun, Klaus (Hrsg.), Öffentlichkeit, Kultur, Massenkommunikation. Beiträge zur Medien- und Kommunikationssoziologie, Oldenburg: bis, 165-184.
Schenk, Michael/Rössler, Patrick, 1994: Das unterschätzte Publikum. Wie Themenbewußtsein und politische Meinungsbildung im Alltag von Massenmedien und interpersonaler Kommunikation beeinflußt werden, in: Neidhardt, Friedhelm (Hrsg.), Öffentlichkeit, öffentliche Meinung, soziale Bewegungen (Sonderheft 34 der Kölner Zeitschrift für Soziologie und Sozialpsychologie), Opladen: Westdeutscher Verlag, 261-295.
Scherer, Helmut, 1990: Massenmedien, Meinungsklima und Einstellung. Eine Untersuchung zur Theorie der Schweigespirale, Opladen: Westdeutscher Verlag.
Scheuch, Erwin K., 1965: Die Sichtbarkeit politischer Einstellungen im alltäglichen Verhalten, in: Scheuch, Erwin K./Wildenmann, Rudolf (Hrsg.), Zur Soziologie der Wahl (Sonderheft 9 der Kölner Zeitschrift für Soziologie und Sozialpsychologie), Köln: Westdeutscher Verlag, 169-214.
Scheuch, Erwin K., 1969: Social Context and Individual Behavior, in: Dogan, Mattei/Rokkan, Stein (Hrsg.), Quantitative Ecological Analysis in the Social Sciences, Cambridge/London: MIT Press, 133-155.
Schmidt, Siegfried J., 1994: Konstruktivismus in der Medienforschung: Konzepte, Kritiken, Konsequenzen, in: Merten, Klaus/Schmidt, Siegfried J./Weischenberg, Siegfried (Hrsg.), Die Wirklichkeit der Medien, Opladen: Westdeutscher Verlag, 592-623.
Schmitt, Hermann, 1992: So dicht war die Mauer nicht! Über Parteibindungen und Cleavages im Osten Deutschlands, in: Eisenmann, Peter/Hirscher, Gerhard (Hrsg.), Die Entwicklung der Volksparteien im vereinten Deutschland, München: Bonn aktuell, 229-252.
Schmitt, Hermann/Holmberg, Sören, 1995: Political Parties in Decline?, in: Klingemann, Hans-Dieter/Fuchs, Dieter (Hrsg.), Citizens and the State, Oxford: Oxford University Press, 97-133.

Schmitt, Karl, 1989: Konfession und Wahlverhalten in der Bundesrepublik Deutschland, Berlin: Duncker & Humblot.
Schmitt, Karl, 1993: Politische Landschaften im Umbruch: Das Gebiet der ehemaligen DDR 1928 - 1990, in: Gabriel, Oscar W./Troitzsch, Klaus G. (Hrsg.), Wahlen in Zeiten des Umbruchs, Frankfurt: Lang, 403-441.
Schmitt-Beck, Rüdiger, 1994a: Intermediation Environments of West German and East German Voters: Interpersonal Communication and Mass Communication during the First All-German Election Campaign, in: European Journal of Communication 9, 381-419.
Schmitt-Beck, Rüdiger, 1994b: Vermittlungsumwelten westdeutscher und ostdeutscher Wähler: Interpersonale Kommunikation, Massenkommunikation und Parteipräferenzen vor der Bundestagswahl 1990, in: Rattinger, Hans/Jagodzinski, Wolfgang/Gabriel, Oscar W. (Hrsg.), Wahlen und politische Einstellungen im vereinigten Deutschland, Frankfurt: Lang, 189-234.
Schmitt-Beck, Rüdiger, 1994c: Wählerpotentiale von Bündnis 90/Die Grünen im Ost-West-Vergleich: Umfang, Struktur, politische Orientierungen, in: Journal für Sozialforschung 34, 45-70.
Schmitt-Beck, Rüdiger, 1996a: Mass Media, the Electorate, and the Bandwagon. A Study of Communication Effects on Vote Choice in Germany, in: International Journal of Public Opinion Research 8, 266-291.
Schmitt-Beck, Rüdiger, 1996b: Medien und Mehrheiten. Massenmedien als Informationsvermittler über die Wahlchancen der Parteien, in: Zeitschrift für Parlamentsfragen 27, 127-144.
Schmitt-Beck, Rüdiger, 1998: Of Readers, Viewers, and Cat-Dogs, in: van Deth, Jan W. (Hrsg.), Comparative Politics: The Problem of Equivalence, London/New York: Routledge, 222-246.
Schmitt-Beck, Rüdiger/Pfetsch, Barbara, 1994: Politische Akteure und die Medien der Massenkommunikation. Zur Generierung von Öffentlichkeit in Wahlkämpfen, in: Neidhardt, Friedhelm (Hrsg.), Öffentlichkeit, öffentliche Meinung, soziale Bewegungen (Sonderheft 34 der Kölner Zeitschrift für Soziologie und Sozialpsychologie), Opladen: Westdeutscher Verlag, 106-138.
Schnell, Rainer/Kohler, Ulrich, 1995: Empirische Untersuchung einer Individualisierungshypothese am Beispiel der Parteipräferenz von 1953-1992, in: Kölner Zeitschrift für Soziologie und Sozialpsychologie 47, 634-657.
Schönbach, Klaus, 1977: Trennung von Nachricht und Meinung. Empirische Untersuchung eines journalistischen Qualitätskriteriums, Freiburg/München: Alber.
Schönbach, Klaus, 1983: Das unterschätzte Medium. Politische Wirkungen von Presse und Fernsehen im Vergleich, München: Saur.
Schönbach, Klaus, 1989: Die Bekanntheit des Dr. Eiteneyer. Eine exemplarische Analyse der Erklärungskraft von Medienwirkungsmodellen, in: Kaase, Max/Schulz, Winfried (Hrsg.), Massenkommunikation. Theorien, Methoden, Befunde (Sonderheft 30 der Kölner Zeitschrift für Soziologie und Sozialpsychologie), Opladen: Westdeutscher Verlag, 459-472.
Schönbach, Klaus/Lauf, Edmund, 1998: Soziodemographische Bestimmungsgründe des Zeitungslesens in den USA und in Westdeutschland, 1974-96: Distinktion und Integration?, in: Holtz-Bacha, Christina/Scherer, Helmut/Waldmann, Norbert (Hrsg.), Wie die Medien die Welt erschaffen und wie die Menschen darin leben, Opladen: Westdeutscher Verlag, 205-229.
Schulz, Winfried, 1982: Ausblick am Ende des Holzweges. Eine Übersicht über die Ansätze der neuen Wirkungsforschung, in: Publizistik 27, 49-73.
Schulz, Winfried, 1989: Massenmedien und Realität. Die "ptolemäische" und die "kopernikanische" Auffassung, in: Kaase, Max/Schulz, Winfried (Hrsg.), Massenkommunikation. Theorien, Methoden, Befunde (Sonderheft 30 der Kölner Zeitschrift für Soziologie und Sozialpsychologie), Opladen: Westdeutscher Verlag, 135-149.
Schulz, Winfried, 1994: Kommunikationsprozeß, in: Noelle-Neumann, Elisabeth/Schulz, Winfried/Wilke, Jürgen (Hrsg.), Das Fischer-Lexikon Publizistik Massenkommunikation, aktualisierte und vollständig überarbeitete Neuausgabe, Frankfurt/M.: Fischer, 140-171.
Schulz, Winfried, 1996: Resonance Effects in Television News. A Study of the Success of the Chancellor Candidates' Strategies during the 1990 German Bundestag Elections, in: European Journal of Communication 11, 33-55.
Schulz, Winfried, 1997: Politische Kommunikation. Theoretische Ansätze und Ergebnisse empirischer Forschung, Opladen: Westdeutscher Verlag.
Schulz, Winfried/Berens, Harald/Zeh, Reimar, 1998: Das Fernsehen als Instrument und Akteur im Wahlkampf. Analyse der Berichterstattung von ARD, ZDF, RTL und SAT1 über die Spitzenkandidaten bei der Bundestagswahl 1994, in: Rundfunk und Fernsehen 46, 58-79.

Schulz, Winfried/Kindelmann, Klaus, 1993: Die Entwicklung der Images von Kohl und Lafontaine im Wahljahr 1990, in: Holtz-Bacha, Christina/Kaid, Lynda Lee (Hrsg.), Die Massenmedien im Wahlkampf, Opladen: Westdeutscher Verlag, 10-45.
Schulz, Wolfram/Friedrichsen, Mike, 1995: Das Thema "deutsche Vereinigung" im politischen Alltagsgespräch, in: Klingemann, Hans-Dieter/Erbring, Lutz/Diederich, Nils (Hrsg.), Zwischen Wende und Wiedervereinigung. Analysen zur politischen Kultur in West- und Ost-Berlin 1990, Opladen: Westdeutscher Verlag, 333-347.
Schwarz, Norbert, 1985: Theorien konzeptgesteuerter Informationsverarbeitung in der Sozialpsychologie, in: Frey, Dieter/Irle, Martin (Hrsg.), Theorien der Sozialpsychologie, Bd. III: Motivations- und Informationsverarbeitungstheorien, Bern u.a.: Huber, 269-291.
Semetko, Holli A., 1996: The Media, in: LeDuc, Lawrence/Niemi, Richard G./Norris, Pippa (Hrsg.), Comparing Democracies. Elections and Voting in Global Perspective, Thousand Oaks u.a.: Sage, 254-279.
Semetko, Holli A./Borquez, Julio, 1991: Audiences for Election Communication in France and the United States: Media Use and Candidate Evaluations, in: Kaid, Lynda Lee/Gerstlé, Jacques/Sanders, Keith R. (Hrsg.), Mediated Politics in Two Cultures. Presidential Campaigning in the United States and France, New York: Praeger, 223-245.
Semetko, Holli A./Schönbach, Klaus, 1994: Germany's 'Unity Election'. Voters and the Media, Cresskill, N.J.: Hampton Press.
Severin, Werner J./Tankard, James W., 1997: Communication Theories. Origins, Methods, and Uses in the Mass Media, fourth edition, New York: Longman.
Seymour-Ure, Colin, 1974: The Political Impact of Mass Media, London: Constable.
Seymour-Ure, Colin, 1995: Characters and assassinations: portrayals of John Major and Neil Kinnock in *The Daily Mirror* and *The Sun*, in: Crewe, Ivor/Gosschalk, Brian (Hrsg.), Political communications: the general election campaign of 1992, Cambridge: Cambridge University Press, 137-159.
Shaw, Eugene F., 1977: The Agenda-Setting Hypothesis Reconsidered: Interpersonal Factors, in: Gazette 23, 230-240.
Sheingold, Carl A., 1973: Social Networks and Voting: The Resurrection of a Research Agenda, in: American Sociological Review 38, 712-720.
Shively, W. Phillips, 1972: Party Identification, Party Choice, and Voting Stability: The Weimar Case, in: American Political Science Review 66, 1203-1225.
Simon, Herbert A., 1957: Models of Man. Social and Rational, New York/London: Wiley.
Simon, Klaus. 1976: Einfluß von Gruppenzugehörigkeiten auf politisches Verhalten. in: Kevenhörster, Paul, u.a., Kommunales Wahlverhalten, Bonn: Eichholz, 59-113.
Smith, Eric R. A. N., 1989: The Unchanging American Voter. Berkeley: California University Press.
Sniderman, Paul M., 1993: The New Look in Public Opinion Research, in: Finifter, Ada W. (Hrsg.), Political Science: The State of the Discipline II, Washington: APSA, 219-245.
Sniderman, Paul M./Brody, Richard A./Tetlock, Philip E., 1991: Reasoning and Choice. Explorations in Political Psychology, Cambridge: Cambridge University Press.
Spangenberg, Peter M., 1998: Die Liberalisierung des Fernsehens. Iberische Variationen über kulturelle, politische und wirtschaftliche Interessenlagen, in: Bernecker, Walter L./Dirscherl, Klaus (Hrsg.), Spanien heute. Politik - Wirtschaft - Kultur, Frankfurt: Vervuert, 609-640.
Sprague, John, 1982: Is There a Micro Theory Consistent with Contextual Analysis?, in: Ostrom, Elinor (Hrsg.), Strategies of Political Inquiry, Beverly Hills u.a.: Sage, 99-121.
Stanley, Harold W./Niemi, Richard G., 1991: Partisanship and Group Support, 1952-1988, in: American Politics Quarterly 19,189-210.
Stanley, Harold W./Niemi, Richard G., 1995: The Demise of the New Deal Coalition: Partisanship and Group Support, 1952-92, in: Weisberg, Herbert F. (Hrsg.), Democracy's Feast. Elections in America, Chatham/NJ: Chatham House, 220-237.
Stinchcombe, Arthur L., 1975: Social Structure and Politics, in: Greenstein, Fred I./Polsby, Nelson W. (Hrsg.), Macropolitical Theory, Reading: Addison-Wesley, 557-622.
Stokes, Donald E., 1981: What Decides Elections?, in: Butler, David/Penniman, Howard R./Ranney, Austin (Hrsg.), Democracy at the Polls. A Comparative Study of Competitive Elections, Washington/London: AEI, S. 264-292.
Strack, Fritz, 1985: Urteilsheuristiken, in: Frey, Dieter/Irle, Martin (Hrsg.), Theorien der Sozialpsychologie, Band III: Motivations- und Informationsverarbeitungstheorien, Bern: Huber, 239-267.
Straits, Bruce C., 1991: Bringing Strong Ties Back In. Interpersonal Gateways to Political Information and Influence, in: Public Opinion Quarterly 55, 432-448.

Streul, Irene Charlotte, 1996: Die Medien, in: Niedermayer, Oskar (Hrsg.), Intermediäre Strukturen in Ostdeutschland, Opladen: Leske+Budrich, 443-463.
Stuiber, Heinz-Werner, 1998: Medien in Deutschland, Band 2: Rundfunk (zwei Teilbände), Konstanz: UVK Medien.
Tan, Alexis S., 1980: Mass Media Use, Issue Knowledge and Political Involvement, in: Public Opinion Quarterly 44, 241-248.
Tate, Katherine, 1995: Structural Dependence or Group Loyalty? The Black Vote in 1992, in: Weisberg, Herbert F. (Hrsg.), Democracy's Feast. Elections in America, Chatham/NJ: Chatham House, 179-194.
Tedin, Kent L., 1987: Political Ideology and the Vote, in: Long, Samuel (Hrsg.), Research in Micropolitics, Vol. 2: Voting Behavior II, Greenwich: JAI, 63-94.
Tingsten, Herbert, 1963 (1937): Political Behavior: Studies in Election Statistics, Totowa/NJ: Bedminster.
Trenaman, Joseph/McQuail, Denis, 1961: Television and the Political Image. A Study of the Impact of Television on the 1959 General Election, London: Methuen.
Troldahl, Verling C./van Dam, Robert, 1965: Face-to-Face Communication about Major Topics in the News, in: Public Opinion Quarterly 29, 626-634.
Urban, Dieter, 1993: Logit-Analyse, Stuttgart: Fischer.
Vallès, Josep M., 1994: The Spanish General Election of 1993, in: Electoral Studies 13, 87-91.
Van Deth, Jan W., 1989: Interest in Politics, in: van Deth, Jan W./Jennings, M. Kent, u.a., Continuities in Political Action. A Longitudinal Study of Political Orientations in Three Western Democracies, Berlin: de Gruyter, 275-312.
Van Deth, Jan W./Scarbrough, Elinor, 1995: The Concept of Values, in: Van Deth, Jan W./Scarbrough, Elinor (Hrsg.), The Impact of Values, Oxford: Oxford University Press, 21-47.
Voges, Burkhard, 1995: Der geteilte Lesemarkt. Pressenutzung in Ost und West, in: Haller, Michael/Puder, Klaus/Schlevoigt, Jochen (Hrsg.), Presse Ost - Presse West. Journalismus im vereinten Deutschland, Berlin: Vistas, 167-171.
Volkens, Andrea/Klingemann, Hans-Dieter, 1992: Die Entwicklung der deutschen Parteien im Prozeß der Vereinigung. Kontinuitäten und Verschiebungen, in: Jesse, Eckhard/Mitter, Armin (Hrsg.), Die Gestaltung der deutschen Einheit. Geschichte - Politik - Gesellschaft, Bonn: Bundeszentrale für politische Bildung, 189-214.
Voltmer, Katrin, 1997: Medien und Parteien im Wahlkampf. Die ideologischen Präferenzen der meinungsführenden Tageszeitungen im Bundestagswahlkampf 1990, in: Rundfunk und Fernsehen 45, 173-193.
Voltmer, Katrin/Schabedoth, Eva/Schrott, Peter R., 1995: Individuelle Teilnahme an politischer Kommunikation. Zur Bedeutung von interpersonaler und massenmedialer Kommunikation im Prozeß der deutschen Vereinigung, in: Klingemann, Hans-Dieter/Erbring, Lutz/Diederich, Nils (Hrsg.), Zwischen Wende und Wiedervereinigung. Analysen zur politischen Kultur in West- und Ost-Berlin 1990, Opladen: Westdeutscher Verlag, 230-259.
von Winter, Thomas, 1996: Wählerverhalten in den östlichen Bundesländern: Wahlsoziologische Erklärungsmodelle auf dem Prüfstand, in: Zeitschrift für Parlamentsfragen 27, 298-316.
Vowe, Gerhard, 1994: Politische Kognition. Umrisse eines kognitionsorientierten Ansatzes für die Analyse politischen Handelns, in: Politische Vierteljahresschrift 35, 423-447.
Wald, Kenneth D., 1992: Religion and Politics in the United States, 2nd edition, Washington, D.C.: CQ Press.
Wanta, Wayne/Wu, Yi-Chen, 1992: Interpersonal Communication and the Agenda-Setting Process, in: Journalism Quarterly 69, 847-855.
Ware, Alan, 1996: Political Parties and Party Systems, Oxford: Oxford University Press.
Watzlawik, Paul/Beavin, Janet H./Jackson, Don D., 1974: Menschliche Kommunikation. Formen, Störungen, Paradoxien, 4. Auflage, Bern: Huber.
Weatherford, M. Stephen, 1982: Interpersonal Networks and Political Behavior, in: American Journal of Political Science 26, 117-143.
Weaver, David, 1977: Political Issues and Voter Need for Orientation, in: Shaw, Donald L./McCombs, Maxwell E. (Hrsg.), The Emergence of American Political Issues: The Agenda-Setting Function of the Press, St. Paul: West, 107-119.
Weaver, David, 1980: Audience Need for Orientation and Media Effects, in: Communication Research 7, 361-376.

Weaver, David, 1996: What Voters Learn from the Mass Media, in: Jamieson, Kathleen Hall (Hrsg.), The Media and Politics (Annals of the American Academy of Political and Social Science 546), Thousand Oaks: Sage, 34-47.
Weaver, David H./Buddenbaum, Judith M., 1980: Newspapers and Television. A Review of Research on Uses and Effects, in: Wilhoit, G. Cleveland/de Bock, Harold (Hrsg.), Mass Communication Review Yearbook, Vol. 1, Beverly Hills: Sage, 371-380.
Weber, Max, 1980 (1921): Wirtschaft und Gesellschaft, 5., revidierte Auflage, Tübingen: Mohr.
Wegener, Bernd, 1987: Vom Nutzen entfernter Bekannter, in: Kölner Zeitschrift für Soziologie und Sozialpsychologie 39, 278-301.
Weimann, Gabriel, 1994: The Influentials. People Who Influence People, Albany: State University of New York Press.
Weisberg, Herbert F. (Hrsg.), 1995: Democracy's Feast. Elections in America, Chatham/NJ: Chatham House.
Weischenberg, Siegfried, 1995: Journalistik. Medienkommunikation: Theorie und Praxis, Band 2, Opladen: Westdeutscher Verlag.
Weiß, Hans-Jürgen, 1982: Die Wahlkampfberichterstattung und Kommentierung von Fernsehen und Tagespresse zum Bundestagswahlkampf 1980, in: Media Perspektiven 4, 263-275.
Weiß, Hans-Jürgen, 1998: Informationsqualität, in: Jarren, Otfried/Sarcinelli, Ulrich/Saxer, Ulrich (Hrsg.), Politische Kommunikation in der demokratischen Gesellschaft, Opladen: Westdeutscher Verlag, 659-660.
Weßels, Bernhard, 1991: Vielfalt oder strukturierte Komplexität? Zur Institutionalisierung politischer Spannungslinien im Verbände- und Parteiensystem in der Bundesrepublik, in: Kölner Zeitschrift für Soziologie und Sozialpsychologie 43, 454-475.
Weßels, Bernhard, 1994: Gruppenbindung und rationale Faktoren als Determinanten der Wahlentscheidung in Ost- und Westdeutschland, in: Klingemann, Hans-Dieter/Kaase, Max (Hrsg.), Wahlen und Wähler. Analysen aus Anlaß der Bundestagswahl 1990, Opladen: Westdeutscher Verlag, 123-157.
Wheeless, Lawrence R./Cook, John A., 1985: Information Exposure, Attention, and Reception, in: Ruben, Brent D. (Hrsg.), Information and Behavior, Vol. 1, New Brunswick/Oxford: Transaction Books, 251-286.
Wilke, Jürgen, 1994: Lokal, regional, national, international - zu Angebot und Nutzung der Tageszeitung, in: Jäckel, Michael/Winterhoff-Spurk, Peter (Hrsg.), Politik und Medien, Berlin: Vistas, 89-101.
Winter, James P., 1981: Contingent Conditions in the Agenda-Setting Process, in: Wilhoit, G. Cleveland/de Bock, Harold (Hrsg.), Mass Communication Review Yearbook, Vol. 2, Newbury Park: Sage, 235-243.
Wolf, Christof, 1993: Egozentrierte Netzwerke: Datenorganisation und Datenanalyse, in: ZA-Information 32, 72-94.
Wolf, Christof, 1996: Konfessionelle versus religiöse Konfliktlinie in der deutschen Wählerschaft, in: Politische Vierteljahresschrift 37, 713-734.
Yum, June O./Kendall, Kathleen E., 1995: Sex Differences in Political Communication During Presidential Campaigns, in: Communication Quarterly 43, 131-141.
Zaller, John R., 1987: Diffusion of Political Attitudes, in: Journal of Personality and Social Psychology 53, 821-833.
Zaller, John R., 1989: Bringing Converse Back In: Modelling Information Flow in Political Campaigns, in: Political Analysis 1, 181-234.
Zaller, John R., 1990: Political Awareness, Elite Opinion Leadership, and the Mass Survey Response, in: Social Cognition 1, 125-153.
Zaller, John R., 1991: Information, Values, and Opinion, in: American Political Science Review 85, 1215-1237.
Zaller, John R., 1992: The Nature and Origins of Mass Opinion, Cambridge: Cambridge University Press.
Zaller, John R., 1993: The Converse-McGuire Model of Attitude Change and the Gulf War Opinion Rally, in: Political Communication 10, 369-388.
Zaller, John R., 1994: Elite Leadership of Mass Opinion. New Evidence from the Gulf War, in: Bennett, W. Lance/Paletz, David L. (Hrsg.), Taken by Storm. The Media, Public Opinion, and U.S. Foreign Policy in the Gulf War, Chicago/London: University of Chicago Press, 186-209.
Zaller, John R., 1996: The Myth of Massive Media Impact Revived: New Support for a Discredited Idea, in: Mutz, Diana C./Sniderman, Paul M./Brody, Richard A. (Hrsg.), Political Persuasion and Attitude Change, Ann Arbor: University of Michigan Press, 17-78.

Zaller, John R./Feldman, Stanley, 1992: A Simple Theory of the Survey Response: Answering Questions versus Revealing Preferences, in: American Journal of Political Science 36, 579-616.

Zaller, John R./Hunt, Mark, 1994: The Rise and Fall of Candidate Perot: Unmediated Versus Mediated Politics - Part I, in: Political Communication 11, 357-390.

Zaller, John R./Hunt, Mark, 1995: The Rise and Fall of Candidate Perot: The Outsider Versus the Political System - Part II, in: Political Communication 12, 97-123.

Zelle, Carsten, 1995: Der Wechselwähler. Politische und soziale Erklärungsansätze des Wählerwandels in Deutschland und den USA, Opladen: Westdeutscher Verlag.

Zuckerman, Alan S./Kotler-Berkowitz, Laurence A./Swaine, Lucas A., 1998: Anchoring Political Preferences: The structural bases of stable electoral decisions and political attitudes in Britain, in: European Journal of Political Research 33, 285-321.

Zuckerman, Alan S./Valentino, Nicholas A./Zuckerman, Ezra, 1994: A Structural Theory of Vote Choice: Social and Political Networks and Electoral Flows in Britain and the United States, in: Journal of Politics 56, 1008-1033.

Zukin, Cliff, 1977: A Reconsideration of the Effects of Information on Partisan Stability, in: Public Opinion Quarterly 41, 244-254.

If you have any concerns about our products,
you can contact us on
ProductSafety@springernature.com

In case Publisher is established outside the EU,
the EU authorized representative is:
**Springer Nature Customer Service Center GmbH
Europaplatz 3, 69115 Heidelberg, Germany**

Printed by Libri Plureos GmbH
in Hamburg, Germany